Gerhard Bauer
Gefangenschaft und Lebenslust
Oskar Maria Graf
in seiner Zeit

Gerhard Bauer

Gefangenschaft und Lebenslust
Oskar Maria Graf

in seiner Zeit

——

Bildredaktion: Hans Dollinger

Süddeutscher Verlag München

Umschlagentwurf: Design Team
unter Verwendung eines Fotos
von Felicitas Timpe (Aufnahme 1958)

ISBN 3-7991-6355-7

INHALT

III.
GESCHICHTEN UND DIE EIGENE GESCHICHTE
1920-1927

IV.
ERFOLG, GELÄCHTER, BEKLEMMUNG
1927-1933

V.
KAMPFJAHRE IM EXIL
1933-1940

ANHANG

EIN WIDERBORSTIGER ERZÄHLER,
WELTBÜRGER UND MITMENSCH

In den gewöhnlichen, alltäglichen Geschichten, unter der Oberfläche von Verhaltensweisen, in denen wir uns leicht zurechtfinden und gern – manchmal auch ungern – wiedererkennen, sind die eigentlichen Entdeckungen zu machen.

Oskar Maria Graf ist heute kein Unbekannter mehr. Seine Romane, Erzählungen und autobiographischen Schriften erscheinen in zwei Werkausgaben, inzwischen sechzehn und zwölf Bände, und als Taschenbücher. Immer mehr Werke werden verfilmt. Nachdem er lange genug tot ist und keinem mehr widersprechen kann, wird er auch offiziell geehrt. Die »Kunst der Erzählens« kann in germanistischen Seminaren »am Beispiel von Oskar Maria Graf« veranschaulicht werden, wie jüngst an der Münchner Universität, allerdings zum Kopfschütteln älterer Fachvertreter. Selbst die spezifische Verkennung, er sei nichts als ein lustiger Biertischunterhalter – zu der er bei Lebzeiten kräftig beigetragen hat und die ihm in seinen letzten Lebensjahren leid war –, beginnt sich zu lichten. Dank der politisch interessierten Analysen seiner Werke seit der Studentenbewegung, dank Recknagels Buch über Grafs Leben wissen wir, was für ein ernsthaft engagierter Zeitgenosse, Sozialist, Pazifist, vor allem »Rebell« er im Leben wie im Schreiben gewesen ist.

Dennoch gibt es an ihm noch vieles zu entdecken, in den wiederveröffentlichten, viel diskutierten Werken nicht weniger als in denen, die noch auszugraben wären (aus seiner frühen Zeit bis etwa 1927), oder in bis heute noch nicht veröffentlichten Texten im Nachlaß. Die Beiläufigkeit, Unaufdringlichkeit seines Erzähltons, der ausdrückliche Verzicht auf allen ›Tiefgang‹, die gelungene Ansiedlung der Geschichten in einem Jedermannsland, das jeder längst zu kennen glaubt, diese ganze absichtliche Selbstverkleinerung verbirgt oft erfolgreich, wie abgründig die Geschichten in Wahrheit sind. Je genauer wir die ›normal‹ erscheinenden Figuren aus Grafs Feder betrachten, um so fremder, wilder, heimtückischer kommen sie uns vor. Selbst die simplen Storys des DEKAMERON haben es in sich. »So ist es«, suggerieren uns die dargestellten Verhältnisse. Aber so wie sie sind, sind sie unerträglich, unhaltbar. So dürfen sie nicht bleiben.

Auch die verdiente Würdigung als ›linker‹, revolutionärer Schriftsteller und Emigrant ist erst oberflächlich, bestenfalls halb geleistet. Sie krankt bisher an den rigiden Einheitsvorstellungen von dem, was links oder fortschrittlich heißen darf. Die kämpfenden und denkenden Individuen einer Zeit an einer Norm auszurichten, und sei es die des ZK der fortgeschrittensten Partei, tut vielen Intellektuellen, diesen notorischen Querköpfen, Gewalt an. Für einen so unangepaßten Menschen wie Graf ist dieses Verfahren vollends unmöglich. Ja, er war für den Sozialismus, für die Bewegung – und Erhebung! – der Massen. Er kämpfte für die Einheit der Arbeiter, der Sozialisten, aller freiheitlich denkenden Menschen. Er verhielt sich praktisch solidarisch wie nicht sehr viele. Er war radikal für die Gleichheit der Menschen, gegen alle Überhebung, gegen Eliten, gegen Personenkult. Aber *er* war es, der das schrieb und vertrat, er mit seinem ungebärdigen, widerborstigen Ich und den sehr speziellen Erfahrungen seines Lebens. Er tat es undiszipliniert. Selbst wenn er sich an Organisationen anlehnte, tat er es auf eigene Faust, auf eigene Verantwortung. Bei allem praktischen Einsatz für den Sozialismus vergaß er nicht seinen früh und gründlich, von Herzen gelernten Anarchismus.

Graf war ein zuverlässiger, herzlicher, ungeheuer persönlicher Freund und Mitmensch, und er konnte äußerst launisch, persönlich verletzend reagieren; er wollte manchmal einfach »ungerecht« sein. Er wurde ebenso weise wie schlau. Im Zentrum seiner Lebensklugheit jedoch stand die nie widerlegte Einsicht, daß wir im Grunde nichts wissen, uns auf nichts verlassen können – außer schließlich darauf, daß alle Menschen und alles von Menschen Geschaffene zunichte werden. Sein sprühender, oft »krachender« Humor war womöglich noch durchschlagender als seine Menschenliebe und sein Utopismus. Bei einer erstaunlichen Belesenheit und praktischen Erfahrenheit fehlte Graf manche (formale, logische) Elementarbildung, das merkt man selbst am Bau seiner Sätze. Er war ein sehr untheoretischer Mensch und kaum an Theorien interessiert – außer an selbstgemachten, von sinnlich-konkreten Fakten aus. Das darf bei der Würdigung des Denkers und politisch engagierten Menschen Graf nicht als belanglos übergangen werden. Seine Stärken lagen woanders. Sie haben aber mit der Produktion von Einsichten viel zu tun. Ein Mensch in seiner Leiblichkeit, schwitzend, keuchend und spuckend, vielleicht »zerschlissen«, »zerstoßen«, vielleicht wieder »aufgleimend«, sich straffend für einen neuen Gang, war ihm mehr ›Beweis‹ für die Bestimmung des Menschengeschlechts als die höchsten theoretischen Gewißheiten.

Die »Gefangenschaft« bezieht sich auf seine Erfahrung, sein Leben lang in seinem Körper, seinen Fixierungen und Projekten, in der Gesellschaft seiner Zeit mit ihren Ordnungen und ihrem unübersehbaren Wahnsinn eingesperrt zu sein. »Lebenslust« meint seinen eigenen »ordinären«, oft boshaften Umgang mit Zeitgenossen wie mit Lesern und bedeutet zugleich eine allgemeine Lust am Leben. Graf durfte annehmen oder nahm in seiner ererbten und erworbenen Respektlosigkeit einfach an, daß seine Mitmenschen und Leser (manchmal fügt er etwas zaghafter hinzu: die Leserinnen) diese Lust voll mit ihm teilten.

Wie der politische Einsatz und die persönliche Spontaneität, die Konzentration aufs Konkrete und Gemeine und Grafs bewußtes Weltbürgertum zusammenhängen, wie sie sich widersprechen und doch eine produktive Spannung bilden, das läßt sich nur richtig verstehen, wenn wir dem Gang seines Lebens folgen. Graf wurde dreimal aus dem Lebensbereich vertrieben, in den er ›gehörte‹, in dem er geistig und emotional am intensivsten lebte: Berg, München und Brünn. Er suchte mit Erfolg Ersatzwelten, Lebensräume, die stellvertretend seine wurden und als lohnend gelten mußten. Diese gekrümmte Lebenslinie macht die Heftigkeit, die Unbedingtheit, aber auch die vielfältige Gebrochenheit seines Schreibens und schließlich eine späte Verklärung jener entfernten Welten verständlich. Sein Leben, wie er es im Lande und draußen, vor sich selbst und mit anderen geführt hat, bildet die Substanz seiner literarischen Produktion. Das ist bei den meisten Schriftstellern ähnlich. Wenige aber machten es so vehement und rücksichtslos zu ihrem Angelpunkt wie Graf. Er habe »Leben in die Literatur gebracht«, schrieb ihm sein Freund Guttenbrunner zu seinem letzten Werk: »Du hast nicht aus Büchern Bücher gemacht, sondern aus Fleisch und Blut und Haut und Atem«.

Trotz der intensiven literarischen Verwertung seines Lebens ging für Graf dieses Leben nicht in den Darstellungen auf. Manche Provokation und manche Freude machte er lieber live als auf dem Papier. Obgleich er kein sonniges Leben hatte, bestand er auf einem unverkürzten Leben. Er wollte es auch nicht zur bloßen Triebkraft oder zum Rohstoff für seine literarische Fabrik machen. In der folgenden Darstellung kommt es daher auf Grafs Leben nicht weniger an als auf seine Werke. Es geht um den ganzen Oskar Maria, der sich auf vielfältige Weise verausgabt und objektiviert hat. In manchen mündlichen Nebenbemerkungen – von denen natürlich nur die wenigsten ungefähr aufbewahrt wurden – hat er nicht weniger zu bedenken gegeben als in ausformulierten Geschichten. Er war ein ebenso hinreißender Erzähler wie unerbittlicher Zeuge einer Zeit, die im wesentlichen immer noch unsere Zeit ist.

Graf als Person ist aber schwer zu fassen. Jede und jeder der etwa fünfundfünfzig Bekannten von ihm, die ich noch sprechen konnte, gab mir ein etwas anderes oder ganz anderes Bild von ihm. Welches ist der »wahre« Graf?

»Wer Biograph wird«, schrieb Freud an Arnold Zweig, »verpflichtet sich zur Lüge, Verheimlichung, Heuchelei, Schönfärberei und selbst zur Verhehlung seines Unverständnisses, denn die biographische Wahrheit ist nicht zu haben, und wenn man sie hätte, wäre sie nicht zu brauchen…«. Ich hoffe, nicht direkt zu lügen. Wo ich Graf nicht verstehe, gebe ich das lieber zu, als es gelehrt zu vertuschen. Aber mein ganzes Buch gibt eine Deutung und nicht »die Wahrheit« über Graf. Ich habe Einzelheiten über ihn erfahren, die ich in dieser Gesamtdarstellung lieber weglasse. Der Schönfärberei hoffe ich dadurch entgegenzuwirken, daß ich auch markante Angriffe auf Grafs Art zu leben und zu schreiben aufnehme. An bedenklichen Stellen seines Lebenslaufs überlege ich mir, warum er so und nicht anders reagiert hat; ich versuche aber nicht, ihn zu rechtfertigen. Vor allem vertraue ich auf die Kraft der Widersprüchlichkeit in seinen Lebensbekundungen. Ich bemühe mich, die Brüche, Lücken und Inkonsequenzen in seiner Entwicklung so wenig wie möglich zu überdecken. Sie sollen im Gegenteil scharf hervortreten, denn in ihnen scheint mir ein zentraler Impuls von Grafs schwerem Leben zu liegen. Sie machen seine geistige Produktion erst so faszinierend und trotz ihrer durchgehaltenen Kargheit in einem spezifischen Sinne ›reich‹. Ich möchte Graf dem Lesepublikum näherbringen, ja zu seiner Aneignung beitragen. Doch ein nicht auszulöschender Faktor unseres Gefallens an ihm ist, daß er uns gelegentlich ausgesprochen befremdet.

Ich habe bei dieser Arbeit gelernt, daß unsere Wissenschaft sich gründlich ändern muß, um einem lebendigen, widerspruchsreichen Autor wie Graf halbwegs gerecht zu werden. Um über ihn angemessen zu schreiben, reicht es nicht aus, die wichtigsten Entwicklungsstränge seiner Person wie seines Werkes mit analytischer Schärfe herauszuarbeiten. Sie dürfen nie abstrakt, als Resultat der Reflexion stehenbleiben; sie müssen aus dem Alltäglichen, dem »Anekdotischen« abgeleitet, in ihm beglaubigt werden. Ich hoffe, hinreichend anschaulich über diesen so sinnlich-optischen Autor zu schreiben und doch nicht zu »barock« in seinem Sinne zu werden…

Die Zeit ist reif für eine Gesamtdarstellung, vielleicht wäre eine solche längst fällig gewesen. Ich kann mich auf viele Hilfsmittel stützen: allgemeine Erkenntnisse über die Erzählkunst (leider erst wenige über die volkstümliche Erzählkunst), über die Autobiographie, über das Exil und viele Mitemigranten, Spezialliteratur über Graf. Grafs weit verstreute Publikationen sowie die Arbeiten über ihn bis 1974 sind sorgfältig und nahezu vollständig in Pfanners dicker Bibliographie gesammelt (ich habe nur wenige noch fehlende entdeckt). Sheila Johnson hat eine Fülle von Stimmen über Grafs Prosa inhaltlich aufgeschlüsselt und auch innerhalb der Forschung ständige Widersprüche herausgearbeitet. Rolf Recknagels minutiösen Forschungen verdanken wir die erste Biographie Grafs, in allen Faktenfragen (mit einigen Ausnahmen) zuverlässig. Von Georg Bollenbeck stammt eine zweite, schmalere Biographie, in der das produktive Ich stärker in den Mittelpunkt gerückt wurde. Von den zahlreichen Deutungen von Grafs Position fand ich Hans Albert Walters verschiedene Beiträge und Wilfried Schoellers Nachworte in der Werkausgabe der Büchergilde am erhellendsten. Bildmaterial zu Grafs Leben hat seit langem Hans Dollinger gesammelt und in einer Wanderausstellung in bisher 27 Städten gezeigt. Ich freue mich, daß er die Bildzusammenstellung für diesen Band übernommen hat. Von der Familie, den Freunden und persönlichen Bekannten Grafs waren besonders hilfsbereit und auskunftswillig: seine Witwe Gisela Graf, seine Tochter Annemarie Koch, Else Fischer in London, Harry Asher und Will Schaber in New York, Hein und Resl Kirchmeier in Midvale/New Jersey, Hilde Claassen in Hamburg.

Texte und Zitierweise

Die meisten Texte zitiere ich nach der Werkausgabe im Süddeutschen Verlag (von Hans Dollinger betreut), die Grafs Schriften am reichhaltigsten präsentiert und für die später eine annähernde Vollständigkeit in geplanten 24 Bänden angestrebt wird. Für drei Werke stütze ich mich auf die Werkausgabe der Büchergilde Gutenberg (von Wilfried F. Schoeller herausgegeben, auf 14 Bände geplant). Die übrigen zitiere ich nach den Erstausgaben (s. Abkürzungsschlüssel S. 403) Die Ausgabe im Süddeutschen Verlag bietet jedoch die Texte letzter Hand. Für eine Darstellung von Grafs Werk in seiner Entwicklung muß ich von den Erstfassungen (und manchmal von ihren allmählichen Abwandlungen) ausgehen. Dieses Buch wird das Bild von dem am ehesten bekannten alten Graf stark auf den jüngeren und ganz jungen verschieben, das ist Absicht. Viele Erzählungen und sonstige Texte zitiere ich also nach ihrer ersten Veröffentlichung in Zeitschriften oder den nie wieder aufgelegten Sammlungen der zwanziger Jahre. Wurden Texte (auch in geänderter Form) in die heute zugänglichen Sammlungen aufgenommen, so gebe ich die heutigen Fundstellen an, nur bei bedeutsamen Änderungen die alten und die neuen. Um den Nachweis- und Anmerkungsapparat zu entlasten, gebe ich bei den meisten frühen Arbeiten nur die Nummer aus Pfanners Bibliographie an.

Titel, die Graf selbst veröffentlicht hat, sind in KAPITÄLCHEN, und zwar sowohl von ganzen Bänden wie von einzelnen Geschichten, Gedichten und Aufsätzen. Unveröffentlichte Titel erscheinen in Anführungszeichen.

Zusätzliche inhaltliche Informationen und weitere Belege sind in die »Anmerkungen« aufgenommen. Quellenangaben für Grafs Texte sowie Feststellungen über ihn aus anderen Quellen und Erwägungen über die Wahrscheinlichkeit von Angaben erscheinen in den »Nachweisen zum Text« (ab S. 430).

I.
HERKUNFT, STARTKAPITAL,
VERWIRKLICHUNGSDRANG
1894-1911

Prügel, Verwünschungen, Schinderei vom 12. oder 13. Lebensjahr
an. Arbeit in der Backstube ganze Nächte durch, bis er vor Erschöpfung in den Teig fiel, und wiederum Prügel dafür. Wenn Oskar Maria Graf auf seine harte Jugendzeit zu sprechen kommt,
knirscht er noch Jahrzehnte später mit den Zähnen. Die gehässige,
durch Herrschsucht vergiftete Atmosphäre zu Hause, der Druck
auf sein Leben und seinen Lebensweg müssen unerträglich gewesen sein. Er hat sie schließlich nicht mehr ausgehalten. Mit 17 Jahren ist er ausgerissen. Sein Leben lang aber kam er wieder auf
diese Jugend zurück. Sie war mehr als nur eine Qual, die in der
Erinnerung bewältigt werden mußte. Sie war längst nicht so atemlos, wie die ersten Berichte sie darstellen. Nicht nur Haß und eine
barbarische Arbeitsfron müssen sie bestimmt haben, sondern
auch eine große Portion von Lebenslust. Er spricht von Entdecker-
drang, Übermut, vom Ausleben seiner jugendlichen Wünsche,
von seiner geistigen und persönlichen Selbstverwirklichung.
Wir haben aus dieser Startphase seines Lebens nur spärliche äußere Zeugnisse, nichts mehr von seiner Hand. Wir sind fast völlig
auf die Bilder angewiesen, die er in späteren Zeiten, immer wieder
anders, davon gezeichnet hat. Oft müssen wir raten, uns mit bestehenden Widersprüchen begnügen. Nicht jede Aussage über
»Oskar« in diesem Kapitel heißt: So war es wirklich. Graf erzählt
Geschichten von sich, durchweg mit einem Wahrheitskern und
immer mit Ausschmückungen. Die Entstehung seines Selbstbewußtseins, die Entwicklung seiner Liebe zur Literatur, die Ausbildung der irren Idee, sich in der Stadt mit Gedichten und anderen
Schreibwerken durchzubringen, können wir nur aus den Spuren
in seinen späteren Erinnerungen erschließen. Jedenfalls aber muß
diese Jugend an Erfahrungen, denkwürdigen Vorgängen, Strei-
chen, Verblüffungen, Desillusionierungen ein unerschöpflicher
Schatz gewesen sein.
»Ich war elf, dann war ich sechzehn. Wenn ich auch keinerlei Eh-
ren auf mich gezogen habe, das waren die wunderbaren Jahre«.
Grafs Jugend war natürlich völlig anders als die Erlebnisse und
Fiktionen, die Truman Capote in seiner »Grasharfe« ausgestaltet.
Aber er erkennt in ihr einen ähnlichen Schwung, eine ähnliche
Selbstverständlichkeit des Daseins. Ohne Bezug auf eine äußere
Skala für seinen Wert läßt er sich antreiben von der unbezweifelba-
ren Gewißheit, jung zu sein.

Eigentlich soll in diesem Anfangskapitel herauskommen, was Graf geistig, emotional, an Antriebskräften und Zielvorstellungen von zu Hause »mitbekommen« hat. Aber fangen wir ruhig mit der materiellen Ausstattung an. Die vielen Schmalz- und Rohrnudeln, die die Mutter parat hielt, die Gemütlichkeit der kleinen, fast immer vollen Küche, die Wärme der Backstube, die relative Weitläufigkeit des ganzen Betriebs haben einen so sinnlichen Menschen wie Oskar Graf nicht weniger geprägt als die Worte, die er zu hören bekam, und die zu Hause vorhandenen Bücher.

Viel Brot, weniger Spiele

Oskar hat in den ersten siebzehn Jahren seines Lebens nie gehungert. Das war zur Zeit der Jahrhundertwende – er wurde 1894 geboren – alles andere als selbstverständlich. Das unterschied ihn von nahezu allen Proletarierkindern, die später seine Kampf- und Schreibgenossen wurden, aber auch von vielen Kleinbürgern und kleinen Bauern. In der Stadt hat er diese »Erfahrung« nachgeholt. Für das Elend anderer entwickelte er einen scharfen Blick. Er hob es in seinen frühen Erzählungen geradezu beißend hervor. Und trotzdem steckt in seinem Blick und seinen Ausdrücken für die »notigen« Kleinbauern und Gütler, die »Notschnapper« in der Stadt noch etwas vom Abstand, ja von der (unbewußten) Unbarmherzigkeit des Begüterten gegenüber dem Habenichts. Selbst in intellektuellen Beziehungen schlägt diese soziale Grunderfahrung durch. Im Umgang mit dem etwas älteren Schriftstellerkollegen Adam Scharrer z. B., den Graf auf eine merkwürdig irritierte Weise »gern mag« und ständig frozzelt, kehrt er sichtlich – in der Hochstimmung zur Zeit seiner Rußlandreise ausgesprochen mutwillig – das sichere Weltkind gegenüber dem immer Zukurzgekommenen heraus.

Der Wohlstand der Familie war solide. Er hielt noch etwa ein Jahrzehnt nach des Vaters Tod (1906) bis in den Krieg, in ansehnlichen Resten bis in die Republik hinein. Der Vater hatte ihn gegründet.[1] Seine Spekulation, nach dem Deutsch-Französischen Krieg und der ersten Welle der Gründerjahre in der bis dahin fast reinen Bauerngegend eine Bäckerei aufzumachen, war aufgegangen. Die Gegend war günstig: das Ostufer des Starnberger Sees mit seinem anwachsenden Fremdenverkehr, insbesondere das Dorf Berg mit dem alten Königsschloß, in dem der »romantische«, immer absonderlicher werdende Ludwig II. bis zu seinem Tod im See (1886) am liebsten Hof hielt. Die Zeit war günstig: eine rasch fortschreitende Industrialisierung, die auch das Umfeld der großen Städte veränderte (Berg ist von München knapp 30 Kilometer entfernt), dazu die Gewerbefreiheit, die immer mehr kleine Handwerksbetriebe ohne die früher selbstverständliche Grundlage einer eigenen Landwirtschaft ermöglichte, eine Bereicherung des Bürgertums wie noch nie, die sich in dieser lieblichen Gegend in zahlreichen Villen (neben ein paar Prunkvillen von Adligen) und einer brisanten Bodenspekulation niederschlug. Als Oskar heranwuchs, war das Haus schon mehrmals vergrößert. Neben der jetzt gutgehenden Bäckerei hatte der Vater noch eine Gemischtwarenhandlung aufgemacht. Als der älteste Sohn Max das Regiment übernahm (1905), fügte er in richtiger Einschätzung der verwöhnten Kundschaft eine Konditorei hinzu. Die Mutter trug entscheidend zur Sicherung des Wohlstands bei. Sie stammte aus einem alten, ausgesprochen großen Hof (Familie Heimrath) gerade jenseits des Kirchdorfes (Berg, Aufkirchen und Aufhausen liegen dicht beisammen). Ihre Mitgift ermöglichte erst die Gründung des Brot- und späteren Kaufladens. Um ihretwillen wurden stets einige Kühe und Schweine gehalten; das Land dafür und sogar ein Stück Wald hatte sie mit in die Ehe gebracht. Ihre Arbeitskraft im Haushalt, im Laden, im Stall und auf dem Feld war unschätzbar. Nicht geringer zu veranschlagen war bei der konservativen Mentalität der Dorfbewohner ihre Reputation als Tochter aus einer alteingesessenen Familie, Nichte des Müllers (März), der unter den Dorfhonoratioren eine bestimmende Rolle spielte. Der junge Bäcker aus einer Familie, die erst vor wenigen Generationen zugewandert war, die immer noch im Dorf als etwas Fremdes empfunden wurde und sich äußerst kümmerlich durchbrachte (der Vater als Stellmacher, vor allem Schnitzer von hölzernen Rechen, der Onkel als verkrachter Bauspekulant), mußte schlechterdings eine Einheimische nehmen, um sich im Dorf durchzusetzen. Wirtschaftlich gesehen wurde die Verbindung ein voller Erfolg.

Die »geruhsam zunehmende Wohlhäbigkeit«, wie Graf sie später bezeichnet, in der die Kinder »sorgenlos« aufwuchsen, kostete natürlich ihren Preis. Mit der allnächtlichen Plackerei in seinem Einmannbetrieb hatte der Vater früher den Rest seiner Gesundheit, den der Krieg ihm gelassen hatte, ruiniert. Jetzt hatte er zwei Gesellen, die die Hauptarbeit machten; ihm blieb die Tätigkeit als Unternehmer und Geschäftsmann. Der Vertrieb der Brote und Wekken war nicht weniger mühsam, daran mußten sich von früh an die Kinder beteiligen. Was für Wege waren nötig, um die Hunderte von Backwaren, z. T. Kleingebäck für wenige Pfennige, überall an den Mann zu bringen! Die älteste Schwester Theres fuhr die großen Bestellungen mit Pferd und Wagen aus. Die kleineren Mengen mußten zu Fuß in die verstreuten Villen von Leoni bis Kempfenhausen gebracht werden, täglich und sehr früh. Das wurde die Aufgabe der jüngsten Kinder, Oskars und seiner jüngeren Schwester Nanndl. Anscheinend gab es auch in noch entfernteren Dörfern Kunden; diese Wege halsten sie ihrem armen stumpfen, grenzenlos gutmütigen Vetter Lorenz oder »Quasterl« auf. Daß sie Kühe hüten mußten, wird wiederholt erwähnt. Aufs Feld wurden sie zuweilen mitgenommen, etwa zum Heumachen. Auf dem Boden über dem Stall das »G'sott« (Streu für das Vieh) zu schneiden, oblag ihnen, oder Oskar im besonderen. Kein Wunder, daß in seinen Dorfgeschichten das G'sottschneiden unter allen landwirtschaftlichen Verrichtungen am häufigsten vorkommt. Rackern, »Werkeln«, Schuften erfuhr Oskar von klein auf als die unvermeidliche Kehrseite des Wohlstands. Seine Mutter kannte er nicht anders als in ständiger Bewegung. Wenn sie ihm manchmal, bedrückt vom Krach in der Familie oder noch schwach auf den Beinen nach einer Krankheit, »scheu« und »wie beschämt« über den Kopf fuhr, war das schon das Maximum an mütterlicher Zuwendung – außer der guten Verpflegung natürlich und relativ häufigen Leckerbissen. Den Vater erlebte er als schon arrivierten Geschäftsmann, aber durch seine Geschäfte und seine Erweiterungspläne ebenfalls »pausenlos« tätig, immerhin auch durch sein Geschäftsinteresse zu häufigen Wirtshausbesuchen verpflichtet. In einer späten Stilisierung zeichnet er den lebenslustigen Vater, der mit den Kindern jährlich eine Wallfahrt mitmacht und dabei, nach dem Kirchgang, vor allem das Bier, den kühlen Biergarten und den säuerlichen Käse von Altötting genießt. Hier wirkt er einmal ganz entlastet, für die Kinder sehr anziehend. Aber die Aufbauschung der kleinen Genüsse und der Muße dazu unterstreicht die Seltenheit eines solchen Umgangs.

Dieses karge, aber auskömmliche Familienleben, der Bäckereibetrieb mit seiner materiellen Sicherheit und permanenten Strapaze, mit seinem bestimmten, soliden Ansehen in der Dorföffentlichkeit muß ein massiver, verläßlicher, schließlich bedrückender Faktor im Leben des jungen Oskar wie aller seiner Geschwister gewesen sein. Seine Erziehung zum Materialismus setzte früh ein. Wie groß der Druck des Vaterhauses war, trotz aller Fliehkräfte, die diese Familie ebenfalls produzierte, zeigt sich daran, daß alle fünf Söhne das Bäckerhandwerk lernten und sich kürzer oder länger damit fortbrachten, Oskar am kürzesten. Der zweitälteste Bruder Eugen brachte es damit immerhin bis zum Millionär in Amerika. Als Oskar vor seinem Ausreißen mit anderen Berufsplänen spielte, sich so etwas Unsicheres wie Tierarzt in den Kopf setzte, suchte ihn die Mutter auf den goldenen Boden der Nahrungsmittelproduktion herunterzuholen: »Das Fresserts geht immer«. Was das Geschäft für den Weg ins Leben alles hergab, malt Graf in aller Drastik anläßlich seiner Flucht von Zuhause aus. Nicht nur haltbare Nahrungsmittel ließ er mitgehen, sondern auch Seife, Spiritus mit einem alten Kocher, Kragenknöpfe, Briefpapier, Federn und Tinte.

Erbe zweier Naturen und Lebenshaltungen

Wo Graf von der »wohlhäbigen«, »sorgenlosen« Kindheit schreibt (nachdem er sich über 20 Jahre lang vorwiegend kritisch mit ihren Härten beschäftigt hat), gibt er auch eine sehr vorteilhafte Beschreibung des »Erbes« an Charakterzügen von beiden Eltern. Er spricht von einer für die Kinder »glücklichen Mischung«: »das Bäuerlich-Beharrliche der Mutter und »der aufgeschlossene Unternehmungsgeist« des Vaters. Das klingt wie pure Harmonie. Es war aber im Leben ein sehr spannungsgeladener, oft unausgleichbarer Gegensatz. Als Leser Grafs hat man manchmal den Eindruck, als hätten sich diese Tendenzen gar nicht »gemischt«, sondern in den Kindern wie in der Ehe der Eltern fremd oder feindlich gegenübergestanden. Der Wechsel, ja die Flucht von der einen Lebenshaltung zur anderen kennzeichnen den äußeren wie den inneren Lebensweg der Kinder. In allen aber (mit Ausnahme vielleicht der ältesten Schwester Theres) wirkten die beiden Anlagen mächtig, treibend, manchmal beherrschend. Wenn schon keine »glückliche Mischung«, so bildeten sie anscheinend einen fruchtbaren, produktiven Gegensatz.

Wenn wir von »Anlagen« reden und es mit zwei so komplexen sozialen »Anlagen« wie Konservatismus und Liberalismus zu tun haben: Natürlich kommen sie in die Kinder nicht so naturwüchsig hinein wie die graublauen Augen in ihre Köpfe. Über Naturanlage und Umwelteinfluß braucht hier nicht gestritten zu werden, auch wenn alte Bekannte selbst beim alten Graf haben feststellen wollen, sein Verhalten sei »typisch Graf« (oder auch typisch Heimrath). Schon allein wie Oskar seine Eltern erlebt hat, was er ihnen abgeguckt oder unwillkürlich übernommen hat, ergibt ein reiches, spannungsvolles Erbe.

Die Mutter hat Oskar viel länger und stärker beeindruckt als der Vater. Ihre Haltung, alles hinzunehmen und sich einzufügen, stand im Einklang mit dem, was ihm ringsum Mensch und Vieh seines Dorfes vor Augen stellten. Fast jedesmal, wenn sie erwähnt wird, fällt der Blick auf ihre unendliche Arbeit. Sie wird als unermüdlich bezeichnet. Die Arbeit, d. h. die Herstellung von Lebensmitteln für ihre Familie, war das A und O ihres Lebens. Dabei war sie oft müde oder schwach, schlief im Sitzen ein, manchmal sogar beim Arbeiten, raffte sich dann schuldbewußt wieder auf. Sie übernahm schlechterdings alles, was auf ihren Haushalt zukam, und arbeitete es bienenfleißig ab, jahrzehntelang (bis nach der Jahrhundertwende) ohne Magd. Die Kinder ihrer Schwägerin (Kathl) versorgte sie mit, später Eugens Tochter Pepperl (als Eugen emigrierte), noch später Oskars Tochter Annamirl. Sie war keine Arbeitsfanatikerin, sie hatte überhaupt nichts Fanatisches an sich. »Kinder sind doch keine Rekruten!«[2] Sie wußte Behagen und die seltenen Momente des Ausspannens zu schätzen. Später bewunderte sie ihren Sohn, daß er sich eine Arbeit geschaffen hatte, bei der er ohne zu schwitzen seinen Unterhalt verdiente. Die blinde, subalterne Hinnahme sämtlicher Arbeitslasten erregte öfters den Protest ihrer Kinder, allerdings einen von vornherein vergeblichen Protest. Die nächste Generation wollte ihr Leben nicht so verzehren. Oskar und seine Geschwister entwickelten die Fähigkeiten, Arbeiten auch zu beenden, sie anderen zu übertragen, vor manchen Arbeiten sich zu drücken. Aber zur Grundausrüstung ihres Lebens gehörte die Gewöhnung an Fleiß, der Wille, sich durch Arbeit zu verwirklichen. Alle acht haben ihr Leben lang ungemein viel getan, und Oskar, der größte Lobredner des Feierns und Genießens, vermutlich am meisten.

Die Mutter muß eine sehr fromme Frau gewesen sein, im Herzen wie in der Beachtung der kirchlichen Pflichten. Sie gehörte seit früher Jugend einem strengen weltlichen Orden an, der Erzbruderschaft »Maria zum Troste«. Beten, beichten, die Messe besuchen, sich bekreuzigen, andere vom Fluchen und sonstigen Sünden abhalten, alles mit Weihwasser besprengen, was auf dieser Welt neu oder verdächtig ist, das war für sie ebenso »natur«notwendig wie die nie endende Arbeit. Es bedeutete nicht einmal eine zusätzliche

Pflicht neben den Alltagspflichten. Es gab der ganzen Arbeit ihren Platz in der Weltordnung, ihr persönlich die Kraft zum Durchhalten, sowie manche notwendige Ruhepause. Mit dieser Frömmigkeit fand sie in der übrigen Familie wenig Anklang. Oskar war nie in einem kirchlichen Sinne fromm, auch wenn er sich später mit unterschiedlichen Graden von Ernsthaftigkeit als »Katholik« definiert hat. Aber die zugrundeliegende Haltung gegenüber der Welt: die Dinge nehmen, wie sie geworden sind, sich den Gegebenheiten einfügen, ja unterordnen, hat ihn nachhaltiger beeinflußt, als er es in seinem Selbstbewußtsein als Revolutionär wahrhaben wollte. In seiner Jugend lernte er als Wichtigstes erst einmal, am Vorbild der Mutter wie am Verhalten der meisten Gespielen und Älteren, daß man sich anpaßt. Er tat, was alle taten, er machte es so, wie es »der Brauch« war. Lernen hieß überhaupt: genau zusehen und behalten, wie etwas »gemacht wird«, zu Hause, auf der Straße, in der Schule, in der Backstube. Mit dieser Haltung muß Graf offenbar auch an die ungewohnten Verhältnisse in der Stadt und an die Literatur herangegangen sein. Was im NOTIZBUCH DES PROVINZSCHRIFTSTELLERS OSKAR MARIA GRAF (1932) ganz provokant und unwahrscheinlich dummdreist klingt: ›Ich schreib, wie es gewünscht wird‹, hatte wohl in dieser demütigen Haltung gegenüber dem Gegebenen seinen Grund.

Selbstlosigkeit und Güte gegenüber anderen war der Lebensinhalt der Mutter. Mit ihrem Wunschbild eines friedfertigen Zusammenlebens ist sie gescheitert. Die Familie zerbrach. Unerträgliche Spannungen herrschten zwischen den Geschwistern schon vor dem Machtantritt des »Militärschädels« Max, und dieser trieb vollends alle Geschwister außer den beiden jüngsten und schließlich auch Oskar aus dem Haus. Streit, Haß, Mißgunst schwelten in dem Haus, das sie zu einem Ort der Verträglichkeit hatte machen wollen. (Auch nach Max' Tod waren ihre letzten zwanzig Jahre zusammen mit Resl und Maurus alles andere als ungetrübt). Oskar war mehr an den Streitereien beteiligt als an dem ohnmächtigen Versuch des Ausgleichs. Trotzdem muß sich ein Stück der großen Freundlichkeit von ihr in ihm festgesetzt haben. Fast jedesmal, wenn er seine Vorstellungen von Mitmenschlichkeit entwickelt, kommt er auf seine Mutter zu sprechen. Geltenlassen der anderen, Wahrnehmung der Kleinen, Unterlegenen, Fürsorge für sie wie für den Zwerg (die verkrüppelte, nur lallende Schwester des Bäckermeisters, die selbstverständlich mit zum Haus gehörte) – das waren Haltungen, die im Familienleben nicht die Oberhand gewinnen konnten und sich trotzdem tief einprägten. In Oskar bildeten sie den verläßlichen Grundstock seiner Menschenliebe, und diese war bei seinen sonstigen Erlebnissen und seinem Bildungsweg alles andere als selbstverständlich.

Der Vater – selfmademan und erfolgreicher Unternehmer – trat dem jungen Oskar vor allem als der Motor des Betriebes und als unangefochtener Haushaltungsvorstand gegenüber. In allen Fragen der Modernisierung der Bäckerei und den Anschaffungen für das Geschäft hatte er sich gegen die Sorgen seiner Frau durchgesetzt. Er hatte auf den Fortschritt gesetzt und war gut damit gefahren. Der Wirtschaftsliberalismus der siebziger und frühen achtziger Jahre war ganz nach seinem Herzen, deshalb schwor er auf Bismarck und lehnte die Säbelraßler, die danach kamen, vollständig ab. Er gehörte zu den ersten im Dorf, die die Elektrizität einführten (um die Jahrhundertwende). In seinen letzten Lebensjahren führte ihm Eugen noch die doppelte Buchhaltung in seinem Betrieb ein. Er konnte stolz auf seine Leistung sein, er kehrte manchmal heftig seinen Stolz heraus: als Veteran und Verwundeter des Krieges 1870/71, als selbstbewußter Bürger, als Achtung verlangendes Mitglied seiner Gemeinde.

Nicht nur als »aufgeschlossen«, sondern auch als ausgesprochen dickköpfig und streitsüchtig erlebte ihn der Sohn. Mit seinen Schwestern und einer Nichte in München muß er sich immer wieder oder ein für allemal überworfen haben. Sein Recht gegenüber einem übermütigen Baron, der ihn mutwillig schwer verletzt hatte, klagte er mit so unbeherrschten Beschimpfungen ein, daß er mehr für die Beleidigung zahlen mußte, als er an Schmerzensgeld erhielt.

An der Erziehung der Kinder nahm der Vater weniger teil als die Mutter und konnte sich noch weniger durchsetzen. Er wirkt in seinem Umgang mit ihnen gutmütig und ermunternd, aber auch rasch wechselnd, letzten Endes verschlossen. Da er bei seiner Frau für seine Pläne, für sein ziemlich ausgreifendes Bild von der Welt nie die erwartete Resonanz gefunden hatte, scheint er es bei den Kindern nicht mehr ernsthaft erwartet und nur unzusammenhängend probiert zu haben. Dennoch bildete Oskar ein starkes Bild von ihm als dem Mann der Unzufriedenheit und Veränderung aus. Er projizierte in ihn das Element der Abweichung und Unangepaßtheit schlechthin, ja des Ketzerischen. Aus dunklen schriftlichen Andeutungen des Onkels Kastenjakl entnahm er und suchte es durch eigene Nachforschungen zu untermauern: Die Grafs sollen ausgewiesene Waldenser aus dem Salzburgischen gewesen sein, sich nur zwangsweise als Katholiken bekannt haben, seit Generationen einen Hang zum Schweifen in sich haben. Den stärksten »Beweis« sah er im zuweilen laxen oder sarkastischen Umgang des Vaters mit der Kirche und Religionsdingen und seiner Hochschätzung für Luther. Die Aufklärung, die der Vater dem jüngsten Sohn sporadisch zuteil werden ließ, stand im Widerspruch zu dem, was Schule, Kirche und Zeitungen ihm weismachen wollten. Über Kriege erfuhr der staunende, erst allmählich begreifende Sohn, daß sie nicht um hohe Ideen, sondern um Besitztümer geführt werden: der Burenkrieg um die Diamanten, der Kampf zwischen Tilly und Wallenstein »bloß wegen dem Holz«, den großen Wäldereien, die sie sich streitig gemacht hätten. Hinnahme und Infragestellung, Dienstbarkeit und Widerstreben oder Aufbrausen konnte Oskar in dieser Familie reichlich lernen. Er lernte es mehr abwechselnd, sich ausschließend, als in einer »glücklichen Mischung«. Er wurde aber auch nicht unglücklich bei diesen konträren Impulsen. Seine Schwester Emma habe ihm einmal gesagt: »Du bist ein Kind der Liebe.« Was immer sie oder der berichtende Oskar damit gemeint haben mag: er verdankte dem Zusammenleben seiner Eltern, die so wenig Zeit für eine eigentliche Liebe zueinander und zu ihren Kindern hatten, eine ganz taugliche, reiche, förderliche Ausstattung fürs Leben.

Das Leben voller Fallen

Nicht nur wohlbehütet und mühevoll war Oskars Kindheit, sie war auch bedroht, selbst von der nächsten Umgebung. Schon objektiv, beim Stand der Hygiene auf dem Lande, war es damals nicht selbstverständlich, daß er überhaupt groß wurde. Von seinen zehn Geschwistern starben drei im frühesten Alter. Kranksein, Sterben, Tote müssen schon den kleinen Oskar sehr beeindruckt haben. Den ersten Teil von WIR SIND GEFANGENE, den zweiten Teil von DAS LEBEN MEINER MUTTER beginnt Graf mit einer Sterbeszene. Die DORFBANDITEN münden in zwei grausige Begegnungen mit Toten, im Wald und unterm Schnee auf seinem Weg beim Brotaustragen. Da er seine Angst niemandem sagen will (oder niemanden dafür hat), so schreibt er im letzten Satz des übermütigen Buches, er gewöhnte sich damals »einen schlürfenden Gang an, weil ich immer glaubte, ich müßte plötzlich an eine Leiche stoßen«. Bei acht Kindern reichten der Wohlstand und die Baulust des Vaters doch nicht so weit, daß jedes eine eigene Kammer und ein eigenes Bett gehabt hätte. Oskar mußte offenbar jahrelang auf der Kante zwischen den Betten der älteren Brüder Maurus und Lenz schlafen. Schlaftrunken zu sein, Wärme und eine bequeme Lage zu suchen und in diesem Zustand dem »Puffen, Stoßen und Zwikken« von überlegenen Älteren zu begegnen – die Rückwirkung auf sein Innenleben läßt sich denken. Oft schikanierten sie ihn »aus reinem Übermut«, fand er. Sein eigenes Verhalten kann er nur als »kläglich«, »wimmernd« und hilflos angeben. An die schützende Macht der Eltern durfte er nicht appellieren, Verklagen war feig. Diese geliebten Brüder nahmen ihn zu vielen Abenteuern mit und gaben ihm manchen Schubs in die Welt hinein. Sie prügelten ihn aber auch und foppten ihn tückisch. Er war nicht schwindelfrei, seit einem Fall als Fünfjähriger. Sie verlockten und zwangen ihn faktisch, wenn er nicht vom weiteren Mitspielen ausgeschlossen werden wollte, über eine hohe Mauer zu balancieren. Natürlich fiel er herunter, war danach längere Zeit bewußtlos. Er hat diesen wie manche späteren Abstürze verwunden. Er wurde hart im Nehmen. Er feiert sogar als Abschluß dieser Episode das wieder in ihn einströmende Leben, das »ganze, unüberwindliche Jungsein«. Aber als Ausgangspunkt der vielfältigen Abhärtungsprozesse schimmert immer etwas von einer vorausgegangenen Weichheit, Naivität und Vertrauensseligkeit durch. Vom Hund der Familie vermerkt Graf: »Weil er so grundgut war, mußte er die größten Schindereien ertragen«. Oskar wurde in den späteren Jugendjahren ein vorsichtiger, mißtrauischer Junge, aber nur aus Notwendigkeit. Er wollte lieber vertrauen. Noch sein späteres Ideal des »unverblüffbaren« Menschen war davon gezeichnet, daß er sich sehr oft hatte verblüffen und täuschen lassen, ja manche Enttäuschung geradezu herausgefordert hat.

Die übermütige und die harte Jugendzeit

Oskars Schufterei unter den Fäusten des ältesten Bruders und das Austoben draußen voll Wildheit und Zerstörungswut gehörten zusammen, das drückt schon die erste Darstellung (in FRÜHZEIT) aus. Wie sie zusammengehörten, ist eine offene Frage. Der nächstliegende, von Graf oft ausgesponnene Gedanke, daß er die Woche durch geschuftet und am freien Sonntag sich dafür schadlos gehalten, ja »gerächt« habe, bezeichnet genau die Entlastungsfunktion im seelischen Haushalt des Jungen, verträgt sich aber nicht mit der Chronologie. Zum Wildern und Randalieren kamen die Kinder vor allem, solange der Bruder Lenz noch zu Hause war (bis 1905). Danach bildete Oskar mit der Schwester Nanndl und dem getreuen Martl vom Kramerfeichthof eine gefürchtete Jugendbande, aber höchstens noch zwei Jahre lang. 1905 mußte er aber nur nachmittags in der Konditorei helfen, 1906, in seinem letzten regulären Schuljahr, auch schon nachts in der Bäckerei, doch vermutlich nur sporadisch. Erst vom Frühjahr 1907 an, seit seiner Entlassung aus der »Werktagsschule«, bis zu seiner Flucht im Herbst 1911 arbeitete er alle Nächte durch und den größten Teil der Tage. Die »Rache« hat er also schon ausgekostet und schließlich als »zu klein« oder untauglich beendet, ehe seine Pein ihre ganze Tiefe erreicht hatte.

Trotzdem gab es schon einiges zu rächen. Max erwies sich als unbarmherziger Grobian schon seit seiner Entlassung vom Militär (im Frühjahr 1905). Mit seinem »regiererischen«, militärisch bornierten Auftreten hatte er dem kränkelnden Vater das Heft aus der Hand gewunden. Lenz verließ nach einem furchtbaren Zusammenstoß mit dem neugebackenen Tyrannen das Haus; auch die übrigen Brüder wurden mehr oder minder vertrieben. »Rache für Lenz« war deshalb der leitende Kampfruf von Oskars Indianerbande. Mit dem Elend der täglichen, jahrelangen Arbeitsfron aber konnten die übermütigen Einfälle nicht Schritt halten. Es suchte sich andere, individuellere, gedankliche und frei fabulierte Kompensationen.

Wildheit, Bandenlogik, Menschenhaß

Graf schreibt gern über seine Jugendstreiche, freimütig, mit freiwilliger Übertreibung der Schandtaten. GRÖSSTENTEILS SCHIMPFLICH überschreibt er die letzte Sammlung solcher Geschichten (1962). Er beruft sich auf einen Zeugniseintrag, mit dem ein »damischer Hilfslehrer« die ständige offene Verachtung seiner Person im letzten Jahr der Sonntagsschule quittiert haben soll: »Betragen: größtenteils schimpflich«. Die Behauptung ist höchst unwahrscheinlich. Von der ersten bis zur achten Klasse (nicht alle Zeugnisse waren mir zugänglich) hatte der Schüler Oskar Graf im »sittlichen Betragen«: »sehr lobenswürdig« – wie übrigens alle seine Geschwister und wahrscheinlich alle Schüler seines Jahrgangs.

Natürlich hat er sich nicht musterhaft benommen. Daß die Bäckerbuben »ein paar ganz wilde« gewesen sind, hat sich der Dorföffentlichkeit so eingeprägt, daß noch die heute lebenden Älteren, die Kinder der damaligen Gespielen und Nachbarn, es bezeugen können. Er hat nur seine Frechheiten nicht so zur Schau getragen wie im Nachhinein.

Die Kinder tobten sich aus und eigneten sich die Welt an, natürlich im Freien: in der sanft hügeligen, damals noch weniger als heute bewaldeten Umgebung des Dorfes und im Forst zwischen Berg und Kempfenhausen. Am liebsten spielten sie im Etztal, das ein paar Schritte hinter dem Bäckerhaus beginnt und dicht bei der Dampferanlegestelle in Unterberg in den See ausmündet (inzwischen bebaut). Sie lernten hier und voneinander natürlich eifriger als in der Schule oder der Backstube. Sie lernten Pirschen, Schießen (mit Teschings auf Hasen, Fasane u. a. Kleinwild), sogar Feuerspeien, wenn sie dabei auch viel Petroleum schluckten. In mehrtägiger »Arbeit« schafften sie es, ein neugebautes Almhäuschen aus Holz aus seinen Fundamenten zu lockern und es die Anhöhe am Etztal hinabpoltern zu lassen. In FRÜHZEIT wird nur das Faktum berichtet. In WIR SIND GEFANGENE wird das Vernichtungswerk, die Bedrohung für die Anwohner und der eigene Genuß daran ausgemalt: »Das war direkt gigantisch«.

Von Zeltbauen oder anderen produktiven Tätigkeiten dieser selbsternannten Indianer ist nie die Rede. Ihre Aktivität richtete sich ausschließlich darauf, etwas zu zerstören und anderen zu schaden. Selbst das Vieh hatte unter ihren ausgelebten Aggressionen zu leiden. In manchen Fällen ist der Mechanismus der Zerstörungslust leicht zu durchschauen. Der verhaßte Bruder Max war der Vorstand des neu gegründeten »Fremdenverkehrs- und Verschönerungsvereins«, also mußte »jede« Bank dran glauben, die der Verein aufstellte. An anderen mußten sie sich für deren Denunziationen rächen. Das gab eine Schraube ohne Ende. Schließlich standen sie gegen das ganze Dorf oder »die ganze Welt«. Nach dem Vorbild eines Indianerbuches stilisierten sie sich als die »letzten«, zum Untergang bestimmten Seminolen gegen die erdrückende Übermacht der »Weißen«. Ihr pfiffigster, materiell folgenreichster Racheakt traf die gesamte Einwohnerschaft des Dorfes: Sie füllten vor dem Gottesdienst Tinte in die Weihwasserbecken der Kirche und bekreuzigten tapfer, um nicht aufzufallen, sich auch selber damit.

Die Lausbuben wurden »drastisch« in einem Sinne, dem Graf später in seinen Werken großes Gewicht gab. Zu zweit rächten sie sich an einem törichten und feigen Herrschaftssöhnchen: sie pinkelten ihm, der still auf dem Rücken lag, von oben in den Mund. Seitdem waren sie verschrien im übelsten Sinne des Wortes. »Mäubiesler« rief man ihnen nach; der Pfarrer sprach von einer »säuischen Todsünde«.

Die Streiche verselbständigten sich gegenüber dem, was ein einzelner hätte wollen oder verantworten können. Unter der Inspiration, dem Druck, dem Automatismus der Überbietung, die von ihrem kleinen Kollektiv und der aufgeheizten Stimmung ihrer Beratungen »auf Indianisch« ausging, beredete Oskar sich selbst dazu, einem »Feind« aus Unterberg »die Augäpfel umzudrehen«. Als handelnder, strategisch denkender Mensch lernte der Junge offenbar früher »wir« als »ich« sagen. Nicht zu unterschätzen ist dabei die Kraft der Verführung, die von dem Anführer und Vorbild Lenz ausging. DER QUASTERL und weitere Geschichten der MITMENSCHEN verraten mehr von dieser Faszination als die früheren autobiographischen Schriften. Einige Initiativen, die Graf zunächst sich selbst zugeschrieben hatte, werden hier dem bewunderten Bruder »zurück«gegeben.

Feindbilder bestimmten Oskars Selbstbewußtsein, ein unangekränkeltes Schwarz-Weiß-Denken sein Weltbild. Später bringt er diese Bandeneinstellung in Zusammenhang mit seiner ebenfalls tief eingewurzelten »romantischen« Liebe zu Aufstand, Rebellion und »allem Umstürzlerischen«. Irgendwelche Gruppen von Erwachsenen, und wenn es die Dorffeuerwehr war, wurden zu Volksfeinden oder Zaren »umgedichtet« und also mit allem Schabernak verfolgt. Daß er als Elf- oder Zwölfjähriger – sowie er allein war – »stets mit größtem Pathos ›Freiheit oder Tod!‹« vor sich hingerufen habe, ist plausibel. Es zeigt aber eher eine Suche nach einem durchgehenden Sinn als eine feste oder gar politische Ideologisierung an.

Manchmal lief der Haß nur noch leer, ein eingerasteter Automatismus ohne konkretes Ziel. Der Erzähler betont diese jugendliche Übertreibung und Verabsolutierung. Daß sie die Tiere nur noch schossen und liegen ließen, daß sie im Winter leerstehende Villen ganz gleichgültiger Bewohner demolierten und mit dem Blut der erlegten Tiere beschmierten, zeigt einen offenkundigen Mangel an lohnenden Objekten ihrer Verfolgung. In der Phantasie wurden ihre Haßgefühle noch weiter übersteigert. Die Strafe für eine Nachbarin, die sie wegen einer entdeckten Lumperei bei ihren Eltern verklagt hatte, nannten sie »Blutrache«. Einer ebenfalls petzenden Betschwester gegenüber begnügten sie sich mit der grollenden Formel »Wart no!«, deren heimtückischen, ja blutrünstigen Charakter Graf später in verschiedenen fabulierten Geschichten entfaltet. Bis zur Vernichtungsphantasie steigerten sie sich in ihrer »rätselhaften Grausamkeit«. Menschenhaß und Racheaktionen waren offenbar ein Ventil für die Drucksituation, in der sie sich fühlten. Das Klima des Hasses und der angetanen Gewalt konnten diese Reaktionen nicht verändern. Sie verstärkten es nur noch, sie ließen es aber auch ertragen. Sie bauten einen guten Teil der späteren Ich-Stärke auf.

Lehrjahre unter der Fuchtel

Backen war damals eine schwere, langwierige Arbeit. Die Lasten, die getragen, geknetet, geschoben werden mußten, waren beträchtlich; das Mehl kam in Zentner- oder Zwei-Zentner-Säcken. Der Backvorgang dauerte fast die ganze Nacht, zum Glück mit Pausen dazwischen, in denen man ausruhen konnte – oder lesen, woran Oskar immer mehr Gefallen fand. Graf schreibt von FRÜHZEIT an von einem 18-, im Sommer 20-stündigen Arbeitstag, vor den Feiertagen noch länger. Das läßt sich nicht ganz wörtlich nehmen. Fast alle Zeitangaben bei ihm beruhen eher auf gefühlsmäßigen Schätzungen als auf genauem Zählen. Daß er oft bis zur Erschöpfung gearbeitet hat, wird deutlich. Trotzdem wäre die Arbeit an sich auszuhalten gewesen – verglichen mit den meisten Berufen der Zeit war sie immerhin keine gesundheitsgefährdende Tätigkeit. Unerträglich wurde sie durch das Regiment des gewalttätigen Bruders Max. Die ständige Antreiberei fraß sich tief in die Nerven des 12- bis 17-jährigen Jungen. Noch Jahrzehnte später kommt er auf das peitschende »Los, los!«, »Marsch, marsch!« zurück. Unterstrichen wurde das durch Püffe und Stöße, bei jedem Aufmucken durch Prügel, in schlimmen Fällen bis er blutete und liegen blieb. Auch die Gesellen prügelten ihn, mindestens anfangs, als er noch nicht voll mithalten konnte.

Graf schreibt nie wehleidig von den unzählbaren Schlägen, die er in seiner Jugend bekam. Daß der Mensch »eigentlich« unantastbar sei, daß jeder Schlag ein Angriff auf seine persönliche Autonomie darstellte, diese Protestvorstellungen oder gar Schockerlebnisse anderer, verwöhnterer Zeitgenossen hat er anscheinend gar nicht erst gehabt. Die »Freiheit der Rücken«, die Gneisenau hundert Jahre früher von Preußen aus als bürgerliche Reformen durchzusetzen suchte, hatte sich auch zu Beginn dieses Jahrhunderts noch

nicht sehr weit durchgesetzt. Graf lernte von früh an, daß er körperlich belangt und verletzt werden konnte, ja daß er den Körper
hinzuhalten hatte. In der Schule waren die »Tatzen« – Schläge auf
die offene Hand, die dann anschwoll und manchmal aufplatzte –
eine gebräuchliche Währung. Die Lausbuben konnten bei ihren
Untaten fest damit rechnen; sie wußten die Schmerzen zu verknei-
fen. Zweimal zwölf Tatzen war anscheinend das Maximum, das
Lenz einmal vom Lehrer und vom Pfarrer erhielt. In der Phase der
Indianerspiele wurden die Prügel zu den Bewährungen gerechnet, die ein tapferer Krieger ohne Klagen auf sich zu nehmen hat,
etwas wie die Marter in den Indianerbüchern. Graf war auch über
die Schläge während seiner Lehrzeit nicht eigentlich entsetzt oder
schockiert. Aber er empörte sich über die Rohheit, Verständnislosigkeit, die Ungerechtigkeit, die er in diesen Schlägen zu spüren
bekam. Anscheinend wuchs auch seine Furcht, der unbeherrschte
Wüterich könne ihn zuschanden schlagen. In Berg und Umgebung hatte er genügend Beispiele vor Augen, daß eine Rauferei
bleibenden Schaden hinterlassen kann. Als ihm einmal (das muß
im letzten Jahr zu Hause gewesen sein) der Geselle einen Zentner-
Sack auf das Genick warf,[3] wurde sein Wunsch wegzugehen
schon sehr dringlich.

Nach dem Ersten Weltkrieg und in den folgenden niemals mehr
friedlichen Zeiten bringt Graf das Verhältnis zu dem tyrannischen
Bruder Max auf die Formel, mit ihm sei der Militarismus in ihre
friedfertige Familie eingedrungen. Er zeichnet in dem Bruder einen Typ, dessen ganze politische Gefährlichkeit erst in den Weißen Truppen und Freikorps nach der Revolution und in den terro-
ristischen Nationalsozialisten (vor und nach ihrer Machtüber-
nahme) ans Licht kam: dumm und ungern gelitten, unverstanden,
im Militär ganz an seinem Platz, seitdem erfüllt von dem Drang,
das schlappe, unbefriedigende Zivilleben auf militärische Zucht
und Effektivität auszurichten. Maxls verändertes Wesen nach seinem Militärdienst muß auch den anderen Familienangehörigen
aufgefallen sein. Seine Mutter soll eine Messe haben lesen lassen,
daß er nicht ganz vom Militär verdorben werde. Als Max dann im
zweiten Kriegsjahr fiel, übrigens als der einzige aus der großen Familie Graf, schrieb Graf (nach der späten Darstellung in DAS LEBEN
MEINER MUTTER) richtig erlöst nach Hause und identifizierte ihn hier
mit dem »Element, das uns alle so unglücklich gemacht hat«: »Diejenigen, die so sind wie er, haben auch diesen sinnlosen Krieg
über uns gebracht. Sie bringen immer Krieg und in jeder Form!«

33

Graf hatte zwar der Autorität, dem Drill, selbst dem unmittelbaren Zwang mehr entgegenzusetzen als etwa Rilke, Musil und andere total gequälte Jugendliche und Kadettenzöglinge. Womit er dagegen schwer fertig wurde, war seine Isolation in der Phase der schwersten Arbeit und härtesten Tyrannei. Der Vater hatte sich entschieden gegen das Herumkommandieren gewandt, hatte aber nicht die Kraft gehabt, es zu unterbinden – und war zu früh gestorben. Oskar spricht wahrscheinlich deswegen so überwiegend reserviert von ihm, weil er sich in seiner Jugend von ihm alleingelassen fühlte. Die Mutter mit ihrer großen, beharrlichen Friedfertigkeit blieb ohnmächtig der neuen Herrschaftsform gegenüber. All ihre Bemühungen um den lieben Frieden liefen auf Unterwerfung, auf Verlängerung der Qual hinaus. Die älteren Geschwister waren allmählich alle vertrieben, Nanndl zu schwach, die ehemaligen Gefährten von draußen in der Auseinandersetzung im Haus keine Hilfe. Oskar war (jedenfalls physisch) wehrlos ausgeliefert. In der entscheidenden Phase, in der er sich als ein Ich fühlen lernte, erlebte er dieses Ich als unfrei, passiv, in allen Streitigkeiten unterlegen. Wenn er nicht ganz verzweifeln, sich nicht aufgeben wollte wie sein Vetter Quasterl, mußte er andere Bereiche suchen, in denen er stärker war. Schließlich mußte er aus diesem familiären Dienstverhältnis ausbrechen.

Lernen. Lesen. Erfinden? Können?

Hätte man und woran hätte man ahnen können, daß aus dem Lausbuben Oskar, aus dem verstörten, geduckten Lehrling ein weithin beachteter Schriftsteller werden würde? Außer einer Sensibilität und »Aufgewecktheit«, einem beachtlichen Eigensinn, einem anwachsenden Ehrgeiz sprach eigentlich noch nichts dafür.

Der Gewinn der Schulzeit

Die Schule scheint Oskar außer in seltenen Höhepunkten nicht übermäßig beeindruckt zu haben. Dabei war er ein rundum guter Schüler, besser als seine Brüder; nur seine Schwester Emma übertraf ihn noch ein wenig. In den meisten Fächern hatte er eine 2, in Religion und Rechnen fast immer eine 1, in der 3. Klasse überall 1 oder 1-2. Sie hatten in Aufkirchen sehr große Klassen, 60 bis 90 Schüler, aus jeweils 2 oder 3 Jahrgängen zusammengefaßt.

Die Schule als Veranstaltung kommt in Grafs Schriften häufig vor; über ihre Inhalte schreibt er fast nichts. Aus einer geschickt-beiläufigen Bemerkung im ersten Absatz von WIR SIND GEFANGENE erfahren wir, daß er Rechnen nicht mochte:»Es überraschte nicht, es lief immer klar und glatt ab«. Die Disziplin und die Gesellschaftsform Schule interessierten ihn mehr als die Fächer. Sorgfältig registrierte er die Selektionsprozesse und Strafrituale, einfühlsam auch dann, wenn sie ihn nicht betrafen. Die »eisige Verachtung« des Lehrers für dumme oder unaufmerksame Schüler, die Ausgrenzung aus der Klasse muß er lange gefürchtet haben. »Dieses jähe Stehengelassen-Werden, Nicht-mehr-gefragt, Nicht-mehr-angeblickt und vom ganzen weiteren Unterricht Ausgeschlossen-Werden erträgt ein Kind am schwersten«. Trotz solcher Härten fand er den Lehrer, den Hauptlehrer Männer, bei dem er von der 4. bis zur 7. Klasse Unterricht hatte, anziehend und, je länger er über ihn nachdachte, um so faszinierender. Als imposant, einschüchternd und doch »tief zivil« rekonstruiert er später seine Erscheinung. Besonders beeindruckt war Oskar von der Kraft von Männers Definitionen. »Denkfaul« war eine starke Vokabel von ihm. Nur auf die Denkfaulheit vieler Menschen führte Männer »die vielen Streitigkeiten und Feindseligkeiten« zwischen ihnen zurück. Dieser Lehrer muß die Klasse für Geschichten und für Gedichte begeistert haben, muß sogar Oskars Antipathie gegen das zu feierliche (indezente) laute Vorlesen von Gedichten besiegt haben. Als Höhepunkt der Schulzeit präpariert Graf später die Schillerfeier zum 100. Todestag am 9.5.1905 heraus, in der der Lehrer die Klasse hinriß in Bewunderung für den Kampf dieses »schwächlichen«, mageren Mannes gegen »alle Ungerechtigkeit und Fürstenwillkür«.

Der Schule ebenso wie seiner früh einsetzenden eigenen Lektüre verdankte Graf eine ziemlich vollständige Beherrschung des Hochdeutschen. Er behielt lebenslänglich einen Respekt vor dieser Sprache. So oft er den Provinzschriftsteller herauskehrte, spielte er mit Abweichungen, mit dialektähnlichen Verkürzungen und Härten des Ausdrucks. Seine mündliche Sprache war immer ein bayerisch gefärbtes Hochdeutsch. »Harte Aussprache!« steht auf seinem ersten Zeugnis; die hat er behalten. Im Schriftlichen hatte er mit den Vorschriften der Duden-Orthographie, z.T. auch mit der Grammatik, seine Schwierigkeiten. Er lernte sein Leben lang weiter, doch bis zur Meisterschaft in diesen äußerlichen Disziplinen der Sprache brachte er es nie. Bücher von anderen, von

Erfolgsautoren nennt er »Schmöcker«. Eine Backware, die in der Backstube zu Hause noch nicht vorkam, die er aber in München schon selber hergestellt hat, schreibt er in einem Text aus New York »Bisquitt«. Von früh an baute er die Zweisprachigkeit zu einem bewußten Ausdruck seiner Lebenseinrichtung aus. Das »gestelzte hochdeutsche Hersagen« von Glückwünschen, jedes Jahr mit der gleichen Formel, liebte er gar nicht. Er hing sich lieber mit einem Alltagsausdruck an die Glückwünsche der anderen an: »Und i aa…« – auch wenn er dafür eine Watschn von seinem Vater einfing. In der Schule machte er die Bildungssprache willig und gekonnt mit, ebenso wo er von sich aus mit Bildungsgütern zu tun hatte. Wenn er das nicht wollte, konnte er auch seine »natürliche« Sprache, den Insiderjargon der Dorfgemeinschaft, etwa gegen einen zugezogenen Lehrer mit ziemlicher Bosheit ausspielen. Mit seiner Jugendbande sprach er hochdeutsch, »daß es indianischer ausgesehen hat«.

Bücher als Schätze und Verheißungen

Es gab spannende Bücher und es gab schöne Literatur in Oskars Jugend. Mit beiden ging er ziemlich unterschiedlich um, aber Schätze, Bildungsgüter, Schlüssel zu einem geheimnisvollen Leben in der Phantasie waren beide.
Seine erste selbständige Lektüre waren anscheinend Indianergeschichten, Abenteuerbücher, Krimis und Reisebeschreibungen. Er lebte und träumte sich von Anfang an in die geschilderten Situationen hinein. Nicht nur die Indianer, auch Nansen, auch Napoleon und immer wieder die großen Freiheitshelden waren Vorbilder für ihn, Anweisungen, wie »man« sich in bedrohlichen Situationen zu verhalten hat. Sie erweiterten aber auch seinen Gesichtskreis, seinen Zugang zur wirklichen Welt. Zur bürgerlichen Bildung um die Jahrhundertwende gehörte unbedingt auch die Weltaneignung, ja Welteroberung. In diesem Sinne war Oskars Vaterhaus (in beschränktem Maßstab, versteht sich) ein modernes, weltoffenes Haus. Außer der Tageszeitung, dem »Starnberger Land- und Seeboten«, hielten sie mehrere Jahre lang (vermutlich nicht immer gleichzeitig) das selbstbewußte, freche, zum Teil Oppositionsblatt »Simplicissimus«, die Monatszeitschrift »Über Land und Meer« und die »Gartenlaube«. Die »Gartenlaube« ist inzwischen zum Inbegriff einer verlogenen Sentimentalität geworden. Sie war aber nicht nur das und nicht nur ein Organ des erstarken-

den Nationalismus (mit leisen Vorbehalten gegen die preußische Führung). Sie informierte auch über die wichtigsten Entwicklungen der Technik, über Naturkunde, Geschichte und Geographie (mit viel Völkerkunde, zum Teil als »Rassen«kunde) und enthielt zu Oskars Freude eine bedeutende Abteilung Biographien. Neben Herzögen, Gelehrten, Arrivierten aller Art wurden auch Ibsen, Laube, Vischer, Freiligrath, Strindberg, Jules Verne, Gutzkow u.v.a., auch viele Maler vorgestellt. Graf bezieht sich später auf einen Artikel über Tolstoi. Er glaubt, auch auf Gorki zum ersten Mal in der »Gartenlaube« gestoßen zu sein. Er hätte sogar einen verständnisvollen, positiven Artikel über Stirner darin finden können, wenn er mit 12 Jahren dafür schon empfänglich gewesen wäre.

Oskar entwickelte bei aller jugendlichen Verstiegenheit doch ein auffällig pragmatisches, ja instrumentelles Verhältnis zu Büchern. Vom Schmöker eines Gesellen »Wie werde ich Erfinder« ließ er sich zur Zukunftsvision eines schnellen Reichtums durch Erfindungen anregen und machte gleich zwei eigene, allerdings nicht taugliche Erfindungen. Als er Tierarzt werden wollte, ging der Weg umgekehrt, hin zu den Büchern. Bücher erlebte er als Hilfen, Abkürzungen, Anweisungen in seinem komplizierten Bildungsweg – und sie zeichneten ihm ein anderes, »richtiges« Leben vor, das er irgendwann einmal erreichen mußte.

Die »schöne« oder »gute« Literatur brachte ihm vor allem sein Bruder Maurus nahe. Er gab sie ihm zu lesen, las ihm vor, erzählte, was er gelesen hatte, kommentierte oder hinterließ lakonische, für Oskar aufregende Randbemerkungen in den Büchern. Er überprüfte auch Oskars Verständnis. Er half mit Schimpfworten und selbst hier mit Schlägen nach, wenn Oskar nicht begreifen wollte, warum etwas »schön« oder zum Lachen war. Zunächst standen die Klassiker im Vordergrund: Heine, Stifter, Uhland, Lessing, Shakespeare, Cervantes, Kleist, Hauff, Hoffmann. Schon hier kommt aber Ibsen dazu und dann: »die Russen«. Gemeint sind vor allem die modernen, die damals auch die westliche Welt aufregten. In WIR SIND GEFANGENE hebt Graf hervor, was ihm in FRÜHZEIT wohl noch nicht so am Herzen lag: »Tolstoi hauptsächlich«. In die gleiche Richtung, geleitet von einer Annonce der Reihe »Bongs Klassiker«, gingen Grafs eigene Bestellungen, in denen er heimlich seine Wochenlöhne als Bäckereigehilfe anlegte: Schiller (Goethe kam erst später daran), Petöfi, Mörike, Lenau, Grabbe. Später (oder in einer späteren Stilisierung derselben Lebensphase, das läßt sich nicht deutlich ausmachen) brachte Maurus die modernen, umstrittenen Autoren und ein ausgesprochen internationales Spektrum von Literatur nach Hause:»Flaubert, Balzac, Stendhal, Maupassant und Zola. Ibsen, Björnson und Strindberg, die damals in Deutschland gerade berühmt wurden, lagen ihm näher als Dostojewski und Gogol, und Gorki mochte er lieber als Tolstoi«. Dazu Wedekind, ferner Longfellow, Bret Harte und manche inzwischen vergangene Größen der Jahrhundertwende. Nicht zu vergessen die Literaturproben, die immer wieder in der»Gartenlaube« sowie in der Münchner oder eigentlich Schwabinger Avantgarde-Zeitschrift»Jugend« standen, von der Maurus viele Hefte mitbrachte und die Oskar ein faszinierendes Erlebnis der modernen, anderswo unerhörten Literatur bot. Als Graf 1947 begann, mit Hermann Hesse zu korrespondieren, gestand er ihm, daß er die ersten Gedichte von ihm im»Simplizissimus« gelesen und als Bub beim Brotaustragen auswendig gelernt habe.

Die Lektüre seiner Jugendzeit war wahrhaftig reich und vielfältig. Zum Teil muß sie ihn völlig überfordert haben. Was hat er mit diesen fulminanten Leseerlebnissen angefangen? Vor allem hat er den Stoff verschlungen, ist darin eingetaucht, ja hat sich darein fallen lassen wie in ein fremdes Gebiet, den Zwängen seiner Gegenwart entrückt.»Es wuchs ein Drang nach jenen Welten in uns auf«. Im Rückblick auf das, was er bei seiner Flucht von Zuhause in seinem Herzen mit sich nahm, schildert er einen intensiven und intimen Umgang mit diesen Schätzen. Hier nennt er außer den Dichtern auch noch die Philosophen: Schopenhauer, Stirner, Nietzsche, Bakunin, Herzen.»Ganze lange Stellen daraus konnte ich auswendig, zitierte sie oft, liebte sie, wurde bis zum Weinen bewegt durch sie und berauschte mich daran. Und sagte die Worte fast wie ein wohltuendes Gebet und kannte sie nicht«. Er muß sie nicht nur, nicht immer so introvertiert geschätzt und für sich genommen haben. Mit Maurus, später mit Nanndl und versuchsweise mit Emma hat er sich oft über sie ausgetauscht. Um die Gestalten der jüngeren Schwester nahezubringen, verglich er sie mit Menschen aus dem Dorf oder aus der Verwandtschaft. Eine dieser Gestalten – leider schreibt er nicht welche; es könnte sich um Shakespeares Falstaff handeln, den er anderswo erwähnt – setzte er direkt mit dem Schmalzerhans gleich, über den er später mit großem Verständnis geschrieben hat. Mit Maurus »verstieg« er sich soweit, die Ehe ihrer Eltern mit dem Ehedrama in Strindbergs »Vater« zu vergleichen. Der Wettstreit zwischen den Geschwistern um die pure Leseleistung, um ein ausgedehntes äußerliches Bescheidwissen über die Inhalte muß ein starker Antrieb gewesen sein. Einer suchte über den anderen zu »triumphieren«, indem er mehr kannte.

Im Rückblick steigen Graf weniger die Leseerlebnisse im einzelnen auf als das Vorhandensein der Bücher als solches, ihre Menge, die Potenz, die von ihrer »stattlichen Zahl« ausging. Er mußte sie hüten, nämlich vor den Blicken des verständnislosen Bruders Max verbergen. Dieser Zwang verstärkte noch das Bewußtsein, einen »Schatz« zu besitzen. Wie er sie versteckt hat: »unterm Blechdach, wohlverwahrt in eine große Pappschachtel verpackt«, dann jeden Abend die Bettlektüre, dieses »teure Kleinod«, unter die Matratze: das erinnert an den Umgang des Geizhalses mit seinen Reichtümern. Bei der Anfertigung eines Geheimfaches im Schrank für seine Buchschätze erwies er sich, anders als bei seinen fragwürdigen »Erfindungen« zum Geldverdienen, als wirklicher Könner. Jetzt konnte er die Bücher darin »schön nebeneinander« ausrichten, »die goldenen Rücken strahlend nach vorne«. Die Bezeichnung »Fetisch« wäre nicht zu hoch gegriffen. Grafs Umgang mit Büchern trägt religiöse Züge. Die Gebildeten: der Tierarzt, ein wenig auch der Lehrer, ganz sicher die »großen« Menschen, deren Werke gedruckt waren, sie alle übten mit Worten offenbar zauberhafte, unkontrollierbare Wirkungen aus. Was Wunder, daß er sich solche Zauberbücher einverleibte und selber das Zaubern mit Worten zu lernen suchte.

Überforderungen
und die beginnende eigene Produktion

»Die Welt erkannte eben mein Genie nicht«. Mit dieser Einsicht brach der junge Oskar seine Laufbahn als Erfinder ab. Die Zukunftsperspektiven und die Ansprüche an sich selbst waren zum Teil bombastisch, reine Hochstapelei, jenseits seiner Fähigkeiten und finanziellen Möglichkeiten. »Millionär« wollte er werden – oder egal was, nur berühmt. »Die ganze Welt wird mich bestaunen«. »Etwas mit Universität« sollte in seiner Laufbahn vorkommen. Er war eben 15 bis 17 Jahre und verlangte sehnsüchtig hinaus aus seiner Misere. Gemessen an dieser Ausgangslage war die Idee, das zu einem Beruf auszubauen, was ihm am meisten Spaß machte, nicht ganz so abenteuerlich, wie sie seiner Familie vorkommen mußte.

Was hatte er aber vorzuweisen oder worin hatte er sich erprobt, daß er so sicher war, aus seiner ›literarischen Begabung‹ etwas machen zu können? Da er Gedichte und Balladen unter allen Werken seiner geliebten Dichter besonders schätzte, schrieb er Gedichte und Balladen. Er errang damit die Bewunderung Nanndls, vielleicht auch noch Emmas und der Magd Leni und das Kopfschütteln seiner Mutter. (Max durfte wieder nichts davon wissen!) Besonders gern malte er sich »die verschiedenen Werdegänge und Lebensgeschichten der Dichter« aus und trug darin zugleich seine erhoffte Zukunft ein. »Dabei wurden mir – glaube ich – die Gestalten klarer, als wenn mir's einer geschildert hätte«. Mehr als diese pauschalen Angaben bekommen wir nicht. Als Graf über diese Jugendsünden schrieb, hatte er Geschmack und Distanz genug entwickelt, um den Lesern Kostproben zu ersparen.

Immerhin gibt es zwei kleine Vorfälle, die für einen ernsthafteren Bezug der verschollenen Jugendwerke auf die vorhandene Realität sprechen. Eins seiner ersten Schriftwerke außerhalb der Schule war die Aufzeichnung der Abschiedspredigt des sehr beliebten Pfarrers Jost von seiner Gemeinde (1902). Sie muß als eine Botschaft des Friedens, des Vertrauens auf das ruhige Fortschreiten der Welt durch Arbeit die Gemeinde und besonders den jungen Oskar ergriffen haben. Er schrieb sie natürlich zu Hause aus dem Gedächtnis auf. 1910 schickte er dem Reclam-Verlag zu einem Preisausschreiben eine Besprechung von Turgenjews »Gedichten in Prosa« und erhielt dafür den 1. Preis.[4] Was immer er geschrieben hat und wie immer es beurteilt wurde, die Tatsache des Preises zeigt, daß er mit seiner Literaturbegeisterung und dem Schreiben darüber nicht ganz neben den Erwartungen und vergleichbaren Bemühungen seiner Zeit lag.

Die übrigen Künste waren in der Familie und im Dorf ebenfalls vertreten, aber so, daß Oskar keinerlei zünftigen Begriff von »Kunst« gewinnen konnte. Maurus malte, Lenz zeichnete wenigstens Embleme. Nanndl sang, verehrte Beethoven über alles und schmetterte am liebsten »Wer uns getraut« (aus dem »Zigeunerbaron« von Johann Strauß), was sie offenbar für Beethovens bestes Musikstück hielt. Max ging in den Gesangverein. Oskar sollte beim Schneider des Dorfes Zither spielen lernen. Es war ihm nichts als eine Qual, die Noten, das Üben, das ewige »Rosenstock, Holderblüh!«. Er konnte sich nicht anders befreien, als daß er das verhaßte Instrument in Nachbars Weiher versenkte. Anscheinend flößten ihm all diese Kunstübungen für den Alltagsgebrauch mehr

Widerwillen als Lust und Verständnis ein. Die Menschen, die er später auf dem Dorf und auch in der Stadt schildert, sind fast ohne Ausnahme amusisch, unempfänglich für Kunst, ohne Verlangen nach ihr.

Soziale Gesetzmäßigkeiten, und wo bleibt die Individualität?

Eine überschaubare Welt

Graf ist alles andere als ein Idylliker seines Heimatdorfes. Er wollte weg von da. Er suchte und fand seinen Platz draußen in einer weniger abgekapselten, viel weniger stabilen Welt. Aber wenn wir vergleichen mit der Verlorenheit, in die ihn in der ersten Zeit das Leben in der Großstadt, das Gerede der Intellektuellen, die politischen Gedanken der Anarchisten, seine Verpflanzung in den Krieg versetzten, dann können wir ermessen, wie viel er der relativen Abschirmung und (nicht nur materiellen) Gesichertheit seiner ersten 17 Lebensjahre verdankt.

Die Überschaubarkeit, Verläßlichkeit des Gemeinwesens Berg war ein Grunderlebnis von weiterwirkender Bedeutung. Oskar lernte soziale Zustände, Vorgänge, Institutionen, soziale Spannungen zunächst in Formen kennen, die wie die Natur selbst erschienen. Diese »kleine Welt« war nicht gerade zurückgeblieben gegenüber der Zeit. In technischer, sportlicher, touristischer Hinsicht waren Berg und Leoni geradezu ›moderne‹ Ortschaften. Aber auch die Neuerungen wurden eingefügt in eine ziemlich statische Ordnung der Welt, die vom Herkommen, von den Bräuchen, den ständig wiederholten Redensarten, dem gewohnten Ausgleich der (ihrerseits ziemlich gleichbleibenden, egoistischen) Interessen und der heiligen katholischen Kirche bestimmt wurde.

Der junge Oskar wuchs in die soziale Ordnung seines Dorfes ziemlich arglos hinein, und er zeichnet sie später als überwiegend arglose, verläßliche Welt – allerdings mit besonderer Aufmerksamkeit auf die fatale Gefährdung der ganzen Epoche und auf die Anfälligkeit der einzelnen Menschen. Das Gefüge dieser Gesellschaft setzte er wie etwas Selbstverständliches voraus. Was sich ihm besonders eingeprägt hat, sind die Zufälle, die lebendigen Interaktionen und Eigenheiten, die voll sozialer Bedeutsamkeit stecken und sich doch nicht einfach aus der Regel oder dem Typ ableiten lassen. Er erlebte anscheinend seine Umwelt schon stark in der Form von Geschichten. Die Macht der Kirche konkretisierte sich ihm in dem »uralten«, d. h. 400 Jahre alten Gotteshaus in Aufkirchen, von jeher ein berühmtes Wallfahrtsziel, erst im 19. Jahrhundert durch das »kräftigere Idol« in Andechs übertroffen. Oskar konnte hier noch über hundert Votivtafeln für wunderbare Heilungen zählen. Die kirchliche Aufsicht über die Schule kommt nicht vor, dagegen erwähnt er am Rande, daß der Lehrer zu hohen Feiertagen die Orgel spielte. Wie und weshalb die Mutter zum Pfarrer lief, beichtete, Messen bestellte, war ihm denkwürdiger als der sonntägliche Gottesdienst. Der Pfarrer wurde ihm nie so bedeutsam und sympathisch (wie dem Dorf überhaupt), als wo er auch Mensch, Natur war. Er wurde wegen eines angeblichen Fehltritts mit einer Kellnerin des Postwirts strafversetzt; aus dieser Zeit stammt die erwähnte Abschiedspredigt.[5] Der Dorfdepp, der in Berg die kleine Kirche läutete und vor Weihnachten den »Klaubauf« spielen mußte, war Oskar wichtiger als der Mesner bei der richtigen Messe. Daß der Schuster mondsüchtig war, frappierte ihn; was für Schuhe er machte, war belanglos. Ebenso kommt der Schneider nur vor als Oskars erfolgloser Lehrer im Zitherspiel, der Wagnermeister als der einzige verläßliche Redepartner des Vaters, der »Postillon von Aufkirchen« wegen seines Blasens, der Jäger nur als eine Projektion der Furcht bei der Wilderei (neben dem Gendarm, der wirklich einschreitet), ein Schlachter gar nicht (das Schlachten besorgte der Postwirt mit), aber das Wort »Metzgergesell« hat Oskar als Höhepunkt einer Schimpfkanone des Vaters gegen seinen militaristischen Ältesten in Erinnerung. Oskar war selbst ein Teil dieser Welt der alltäglichen Geschichten. Als Junge des Bäckers und Kramhändlers, als Schulkind, als Lausbub, als Bäckerlehrling hatte er seinen selbstverständlichen Platz in ihr. Anders als in den geträumten Welten mancher bürgerlichen Kindheit, anders als in seinen »echt indianischen« Phantasien bekam die Umwelt nicht erst von ihm ihren Sinn und ihre Bewegung. Sie schloß ihn dicht, fest und voll Überraschungen ein. Er trat in sie ein, sowie er aufwachte; von seinen Träumen erfahren wir aus dieser Zeit außer einigen Tagträumen nichts. Auch wenn er isoliert von der Außenwelt die Nächte durch nur mit einem oder zwei Gesellen in der Backstube schuftete, war er mit dem ganzen Dorf verbunden, und das sogar besonders fest, denn daß jeder seine Arbeit zu machen hatte, war das oberste der eisernen Gesetze dieser Welt. Später, aus dem Abstand von zwanzig und mehr Jahren, sprach er selbst mit Stolz von seinen handwerklichen Fähigkeiten. Bei seinen späten Besuchen in München waren ihm die Bäcker lieber als die Schriftsteller.

Historisch war diese Zeit die letzte Phase einer langen Friedensperiode und die Vorbereitungszeit auf den Krieg, in der eine nur anscheinend oder oberflächlich zivile Gesellschaft allmählich kriegsbereit und kriegsfähig wurde. In dieser Ambivalenz stellt sie auch der Schriftsteller Graf dar. Er zeichnet im Bruder Max, in einigen Raufbolden und nichtsnutzigen Bauernsöhnen oder Knechten den Haß, die Barbarei, die Durchsetzung eigener Interessen um jeden Preis, die – in ungefährer Entsprechung zu den kriegstreiberischen Reden und Gesten einer allerhöchsten kaiserlichen Regierung – die historische Katastrophe mit herbeigeführt haben sollen. Aber er malt vor allem eine dörfliche Welt und Dorfmeinung, die an friedlichen Geschäften, am ruhigen Fortgang von Arbeit, Wachstum, Austausch mit der Natur interessiert war. Der »reelle Segen«, auf den die Geschäftsleute ebenso erpicht waren wie diejenigen, die ihn materiell erst schufen, vertrug sich nicht mit Kriegslärm, auf die Dauer auch nicht mit persönlicher Gewalt oder Übervorteilung. Das hatte sich dem kollektiven Gedächtnis der Dorfbevölkerung seit Urzeiten eingegraben: seit dem Dreißigjährigen Krieg und dem Einfall der Panduren 1705 (während die napoleonischen Kriege und Befreiungskriege an diesem Landstrich mit nur einigen Aderlässen vorübergingen). Das hatte der Krieg von 1870/71 nochmal mit seinen Spuren in manchen Familien bekräftigt. »Was brauchen wir ein Militär, wenns kein Krieg nicht ist? Wenn er [Ludwig II.] baut und eine Musik spielt, kommt Geld und Fidelität unter die Leute«.

Es gab auch einen »Veteranen- und Kriegerverein« im Dorf. Die Alten, darunter Oskars Vater als überzeugter Antimilitarist, waren stolz auf ihre Kriegstaten, waren aber auch bedächtig, waren harmlos geworden. Jüngere, unbesonnen daherredende Krieger drängten sie an den Rand. Als die Böller des Dorfes zu einer religiösen Feier knallen sollten, platzte Oskars Vater der Kragen, so daß er sich an diesem »mißbrauchten« Kriegsgerät heimlich vergriff. Die offizielle Dorfmeinung dagegen dürfte eher der Veteranenhauptmann ausgedrückt haben: »In da Religion müaßn mir Kriaga vorausgeh...«.

Auch Manöver gab es einmal in der Gegend. Sie wirkten gar nicht »kriegerisch«, »eher schon krachlustig und ein wenig fastnachtsmäßig«. Die Kinder sahen die »blitzblanken« Offiziere an »wie was ganz Großartiges, das wo es im gewöhnlichen Leben überhaupt nicht, sondern bloß beim Militär und am königlichen Hof gibt«. Es ging hier dem Kind, später dem Schriftsteller vor allem darum, die

Absonderlichkeit des militärischen Fremdkörpers in der Alltagswelt herauszustellen. Noch durfte frei über sie gelacht werden. Daß sie durchs Lachen nicht verschwinden, daß die friedlichen Landleute, die ihnen nichts Ernsthafteres entgegenzusetzen haben, ihnen unterlegen sind, ja ihnen verfallen werden, das liegt, zumindest in Grafs Darstellung, schon als dämpfender Schleier über der Gaudi.

Zweifel. Abweichungen. Ichbewußtsein?

Den dörflichen Zusammenhalt erfuhr Oskar als ziemlich fest, wie eine Naturordnung. Ausgesprochene Liebe kam selten darin vor. Wenn sie vorkam, war sie eher karg als herzlich. Persönliche Zuneigung und Solidarität brauchte es gewissermaßen im Normalablauf eines so gesicherten Lebens nicht zu geben. Erst die Entbehrungen der Lehrzeit machten ihn dafür empfänglich und bedürftig. In der ganzen bewegten Jugendzeit verzeichnet er nur zwei Momente, in denen er andere als seinesgleichen, als Genossen erlebte und ihnen offen seine Sympathie ausdrückte. Zu einem der Gesellen, einem spöttischen, nicht unterwürfigen, der ihn zum erstenmal über die Sozialdemokratie aufklärte und ihn einlud, als Arbeiter müsse er später bei »den Roten« stehen, überkam ihn zum ersten Mal ein »Gefühl der Brüderlichkeit«. Ein fremdes Wort und anscheinend eine fremde Regung. Seine Beziehung zu den Geschwistern und den verschworensten Mitgliedern seiner Bande hat er nie ›Brüderlichkeit‹ genannt. Er sah dann einen momentanen »Überschwang« darin, aber er konnte diesen »Kameraden« (nur ihn nannte er so unter den vielen wechselnden Gesellen) nicht vergessen.

Die Magd Leni, die engste Vertraute seiner Mutter, zeigte sich ihm einmal, als er blutend und weinend in der Küche saß, als eine »Gleichleidende und Begreifende«. Ohne ein Wort über Max' Grobheit sagte sie nur: »Bei uns war es der Vater«. Immer lieber und immer erregter war er mit ihr zusammen, z.B. beim täglichen G'sott-Schneiden. Einmal fiel er ihr dabei um den Hals. Danach war er nur »beschämt und verwirrt«, wie sie auch, und verehrte sie von weitem. »Das war meine ganze Liebe«.

Weitere Liebesgeschichten kommen in all seinen Büchern über seine abenteuerliche Jugend nicht vor. Das Erwachen seiner Sexualität, sonst eins der spannendsten Momente in der Entwicklung von Jugendlichen und der Ausbildung ihres Ich-Bewußtseins, interessierte ihn anscheinend nicht. Die sexuelle Aufklärung ging auf dem Land ohnehin viel beiläufiger vor sich, von klein auf, ohne den Stau und die Entladung des Geheimnisvollen. Auch das soziale Mitgefühl, eine der stärksten Triebkräfte seiner späteren Erzählungen, läßt sich in dieser Zeit kaum wahrnehmen. Der physisch, ökonomisch und lebensgeschichtlich so benachteiligte Vetter Quasterl z. B. taucht in den frühen Erinnerungen höchstens als der geduldige Packesel auf. Er ist ebenso selbstverständlich vorhanden und ausnutzbar wie alle übrigen Dörfler mit ihren Fähigkeiten und Macken, ihren Gütern oder ihrer Armut.

Trotzdem dürfen wir uns seine Jugend nicht zu problemlos und einig mit seiner Umwelt vorstellen. Nicht nur in der fernen, aufregenden Welt der Bücher, auch in der verläßlichen Umgebung gab es Sprünge. Gerade die Instanz, die den Sinn der irdischen Verhältnisse garantieren sollte, bot zu Zweifeln Anlaß. Der Vater, der »heimliche Lutheraner«, womöglich gar »Ketzer«, verhielt sich in Glaubensdingen anders als die sonstigen Dörfler, mußte also wohl »anders denken«. Nicht weil er so gotteslästerlich fluchte – das war eine ganz gewöhnliche Bekräftigung der christ-katholischen Religion. Selbst die drastischen Verwünschungen wie »O'gnogelter Himmiherrgott-sakrament-sakrament« ließen sich als echtes Christentum auf Bayrisch verstehen. Auf wirkliche Abweichung deutete sein wütender Protest gegen die Flut von Heiligenbildchen im Haus, die pro Stück für ein kurzes Gebet »Hundert Tage Ablaß« versprachen. Der Vater ereiferte sich gegen diesen »Handel«, mit dem die »staubigen« Brüder den Herrgott zu einem »billigen Jakob« machen wollten. An einen Gott, der sich mit ein paar Mark etwas abhandeln ließe, wollte er nicht glauben.[6]

Der junge Oskar teilte noch die »Sündenangst« der Mutter, aber horchte doch auf. Er seinerseits kam nicht ohne einen pragmatischen Handel mit Gott aus: das Unverfängliche beichten und sogar übertreiben (kleine Naschdiebstähle), damit er das Bedenkliche (veruntreutes Geld von seinen Botengängen) verschweigen konnte. Weil er zu seinen »jeweiligen Feinden« aus dem Unterdorf, mit denen er sich immer prügelte, unmöglich hingehen und ihnen »vergeben« konnte, wie es in der kirchlichen Bitte aber zwingend vorgeschrieben war, ließ er diese Bitte im Vaterunser immer aus.

In der früheren Beschreibung seiner ersten heiligen Kommunion (am Ende von FRÜHZEIT wie von WIR SIND GEFANGENE) liest sich die Erschütterung des Kirchenglaubens viel dramatischer. Danach hat

Oskar die drastische Belehrung des Pfarrers über die bevorstehende Verklärung durch den Empfang der Hostie, über die zeitlichen und ewigen Strafen für die »Gottesräuber«, die sie unwürdig empfangen, bedingungslos geglaubt. Er verfiel – als Zehnjähriger – in »irre Verzückung« bei der Vorfreude und in »furchtbare Angst«, er könne nicht würdig sein. Er »lispelte in einem fort Gebete« und »putzte fanatisch die Zähne«. »Nicht nur in eine reine Seele sollte Gott Einzug halten, auch in einen reinen Magen«. Mißtrauisch wurde er nur, weil die Älteren um ihn herum noch und noch »Gott geschluckt« hatten und völlig unverändert geblieben waren. Voll Entsetzen schloß er, alle müßten Gottesräuber sein, »der Hölle verschrieben«. Als er selbst aber die Oblate hinuntergeschluckt hatte und weder zu strahlen noch zu schweben anfing, war ihm auf einmal klar: »Der Pfarrer hatte gelogen«. »Es gab keinen Gott […] Es gab gar nichts!«

Wenige Jahre später lieferte Graf auch hierzu die ländlich-alltägliche Fassung, die den gleichen Vorgang als einen ruhigen Lernprozeß darstellt. Dem Lenz hatte der Pfarrer übel mitgespielt (aus fehlendem Verständnis für seine Arbeitssituation). Lenz hatte einmal aufbegehrt und war um so härter bestraft worden. Danach wurde er »saukalt«, aß vor der ersten Kommunion, die unbedingt einen nüchternen Magen verlangte, heiße Brezen und zeigte das Oskar. Er glaubte nicht mehr an den »Schwindel«. Als tatsächlich die Oblaten ihm nicht schadeten, so schreibt Graf hier, »– da hab auch ich angefangen, nichts mehr zu glauben«.

Die Zweifel, möglicherweise auch Verstörungen der Jugend betreffen mehr Fragen des Sinns, der Rechtfertigung als der ganzen persönlichen Existenz. Persönlichkeit, Individualität war in der Welt des Brauchs und zur Zeit der ersten Auseinandersetzungen mit den Bräuchen noch keine leitende Idee. Privatheit wurde im Hause Graf nicht geduldet. Nicht nur die physische Person, auch ihr persönlicher und geistiger Besitz, ihre ›Sphäre‹ war jederzeit verletzbar, den Fäusten der Autoritätspersonen ausgeliefert. Das Strafritual über Oskar an seinem letzten Tag zu Hause veranschaulicht, wie brutal gerade sein Eigenstes, sein heiligster und geheimgehaltener Besitz negiert wurde. »Max schleppte mich an den Schrank, griff meine Taschen aus, sperrte den Kasten auf, dann die Geheimtüre und riß die Bücher heraus«.

Ein sonderlich bewußtes oder gar selbständig grübelndes Ich läßt sich in Grafs Jugend nirgends erkennen, aber doch ein starkes, pochendes Ich. Als Person und eigener Kopf zeigt er sich noch nicht recht, wartet aber schon oder lauert im geheimen. Seine Zeit wird noch kommen. Das Dorforakel Kohlhäusler-Traudl soll ihm in dieser Lebensphase prophezeit haben: »Aus dir werd amoi wos recht wos Gscheites, Bua, aber du hast z'viel Lumpereien im Kopf. Dös verdirbt dir oft ois«.

Gaben, Lasten, Antriebskräfte?

Voll von Gaben der verschiedensten Art präsentiert sich die Jugend Grafs, als eine insgesamt produktive, wenn auch gar nicht ›ordentliche‹, mitunter bedenkliche Mitgift. Sein Leben lang zehrte er von ihr. Aber auch voller Belastungen war diese Jugend. Verkümmerungen, bleibende Schädigungen in seiner Emotionalität, seinem Autonomiegefühl gehen auf seine frühe Lebenszeit zurück. Beides zusammen, die Mitgift an Produktivität wie die Hemmnisse seiner Selbstverwirklichung, bildet das Antriebspotential zum Weggehen. Er mußte sich eine eigene, vor allem eine freie, nicht konforme Existenz irgendwo draußen aufbauen.

Ehrgeiz und »Spinnerei«

»Ehrgeizig waren wir Geschwister alle«, ist Grafs Erkenntnisstand von 1927. »Eine undefinierbare Sucht, über den anderen, über die Umgebung zu herrschen, trieb jeden von uns«. Sich hervortun, das war anfangs strikt ans Lernen, ans Anhäufen von möglichst viel Wissensstoff geknüpft. »Vielleicht erstaunen deine späteren Lehrer über dich«, sagte er sich selbst.

Die Sucht, sich hervorzutun, hatte einen Pferdefuß. Sie beherrschte ihn im Moment eines neuen Plans total, bestimmte sein Denken, sein Verhältnis zu anderen, die Reste von freier Zeit, aber sie erschlaffte bald wieder. Die Erfindungen, die Tierarztbücher, die landwirtschaftlichen Kompendien, alles verstaubte nach einer Weile und moderte vor sich hin. Eine wirkliche Alternative zu der ihn verschlingenden, immer gleichen Bäckerei hätte nur ein ebenso stetig durchgeführter Berufsplan bringen können. Aber die Alternative sollte nicht selbst eine ebensolche Plackerei werden. Das riß ihn hin und her.

»Spinnen tun wir Grafs ja alle, aber der spinnt am meisten«. So zitiert Graf später seine Schwester Emma über ihn. Wieso ist gerade aus ihm unter all den begabten, eigenwilligen und ehrgeizigen Geschwistern ein berühmter Mann geworden?

47

Eugen galt in Oskars Jugendzeit als der verheißungsvollste Sproß der Familie. Er war gewandt, elegant, mit modernen Prinzipien des Wirtschaftens vertraut. Er brachte es als einziger der Familie zu viel Geld. Aber seine menschlichen Gaben scheinen dabei verlorengegangen zu sein. Oskar erlebte ihn später als unerträglich spießigen, engen, geschäftsbornierten Menschen. Lenz, der als zweiter nach Amerika ausriß, war das ganze Gegenteil. »Übrigens der einzige in unserer Familie, der einen Roman wert wäre«. »Er war abenteuerlich und phantastisch, aber naiv zugleich«, zudem kräftig, jähzornig und gutmütig. Er schrieb ganze Notizbücher voll mit »selbst erfundenen, unwahrscheinlichen Geschichten«, zum Teil in einer eigenen Sprache, »wie unentwirrbare Beschwörungsformeln«, und das offenbar bis ins hohe Alter, nach einem abenteuerlichen Leben. Soviel Oskar dem (immer wieder gehänselten) Eugen an Leichtigkeit des Lebens, an geistigen Interessen und politischem Ernst vorausgewann, ebenso viel unterschied ihn an Realitätstüchtigkeit von dem verkannten Genie Lenz (den er auf seine Art immer gern hatte). Ausdrücklich zum Problem machte sich Oskar einmal die abgebrochene künstlerische Entwicklung des Bruders Maurus, der immens belesen war, sich später als eigenartiger Geschichtenerzähler und Unterhalter in seiner eigenen Konditorei einen Namen machte und auch ein paar kleine Sachen veröffentlichte. Maurus hatte Kunstmaler werden wollen. Er wagte es aber niemandem zu sagen. »Leider fehlte ihm das Selbstvertrauen und wohl auch jener leichtbeschwingte, romantische Mut, den ein Künstler braucht«. Er war von frühauf »pedantisch«, ein »Nörgler«, voll Spott gegen andere, aber »empfindlich« für die eigene Person. Die »fanatisch-verbissene Ausdauer«, über die er wie alle Grafs verfügte, kam ihm in der entscheidenden Phase der Jugend nur beim Raufen, nicht bei seiner künstlerischen Selbstverwirklichung zugute. Für die Schwestern stellte sich die Frage nie, sie hatten auch keine so weitreichenden Ambitionen. Wichtig war Oskar die Existenz der Schwestern aber zur Relativierung des eigenen Ehrgeizes. Die bis zu ihrem frühen Tod immer als vergnügt geschilderte, hilfsbereite, anteilnehmende Emma wurde ihm frühzeitig zu einem Beweis für den Wert des unscheinbaren, gleichmütigen Lebens – und zwar in der eigenen Generation, als die Mutter noch als weit darüberstehend, nicht darstellbar empfunden wurde. An der besonders geliebten Schwester Nanndl hob er vor allem die Momente von Lebenslust hervor, die sich in ihrem harten Leben und gegen ihre Neigung zum Schwernehmen immer wieder durchgesetzt habe. Später verzeichnete er mit einer starken, auf ihn selbst zurückwirkenden Rührung, daß sie im Alter noch zu malen anfing, ganz anspruchslos, mit Wasserfarben, nur »sich zur Lust«.

Profilierung und Streit

Es gab einige erzwungene und manche gern geleistete Kooperation in Grafs Jugend. Die Landwirtschaft und das Handwerk auf dem Lande, das Lernen in so großen Klassen machten Austausch und Miteinander unentbehrlich. »Zusammenhelfen« schreibt Graf oft auf gut Bayrisch und bezeichnet damit eine wichtige, ihm am Herzen liegende Einstellung.

Im Bewußtsein oder mindestens in der erinnerten Atmosphäre dieser Zeit standen aber die aufeinander angewiesenen Menschen auch in einer vielfältigen Konkurrenz. Nicht nur im Beruf oder Geschäft – das Profitieren am Verlust anderer ist ein dicker roter Faden in Grafs späteren Schriften. Auch die lokale oder clanbezogene gegenseitige Überbietung und Unleidlichkeit spielte eine bedeutende Rolle. Nichts von Friedfertigkeit und Einigkeit des Kirchsprengels: Die Einwohner von Berg dünkten sich etwas Feineres, gebildeter als die aller übrigen Dörfer der Gemeinde, weil sie »von frühauf mit den Stadtmenschen in Berührung« kamen. Sie waren durch den (kommerziellen) Umgang mit Fremden zur »Freundlichkeit«, zum Respekt, zur »Kulanz« erzogen, und sie spielten diese Umgangstugenden als Hochnäsigkeit gegen die »Drenteren« aus. Die Ober-Berger müssen in einem ständigen Kleinkrieg mit denen von Unter-Berg gestanden haben. Wieder werden vor allem die Fehden der Kinder hervorgehoben. Dahinter schimmert einiges an Neid und Mißgunst der Erwachsenen, der ausgemachten Dorfpolitiker durch. In BILD UND GESCHICHTE EINES BAYRISCHEN DORFES hat Graf dieses Gegeneinander-Gestimmtsein als einen Grundzug des Dorflebens festgehalten. Natürlich war die Indianerbande ein Bündnis gegen alle anderen. Alle Geschwister Graf waren durch »Familienstolz und Kastengeist« verbunden. Sie fühlten sich »den sonstigen Dorfkindern überlegen« und »verachteten« sie. »Da wir freundlich, heiter und gesellig waren, merkte niemand unsere herrschsüchtige Lieblosigkeit«. Und unter den Geschwistern herrschte eine permanente Konkurrenz, eine Überbietung an Wissen, Können, Ausdauer und Zukunftschancen. Oskar mußte sich mühsam durchsetzen und setzte sich wenigstens teilweise durch. Gerade die Geduldigen unter den Geschwistern, Emma und Nanndl, zwang er mit vielen Veranstaltungen zur Aufmerksamkeit auf ihn.

Eifersucht und Streit müssen Oskars Jugend überschattet, zum Teil sogar vergiftet haben. Aus dem sicheren Abstand von München aus sprach er von »jenem widerwärtigen, gehässigen Kleinkrieg, der in der Familie Graf so zu Hause ist«. Der Mutter war nichts so zuwider wie das Streiten. Mit einer ihrerseits harten Redewendung reagierte sie auf die destruktive Einstellung: »Im ersten Bad sollt' man seine Kinder ertränken [...]! Dann wär' aller Verdruß erspart«. Und trotzdem war die Streitsucht auch ein Motor. Sie trieb auseinander, aber sie trieb auch weiter.

»Jeden Respekt verloren«

»Unverblüfft« und »unverblüffbar«, das beschreibt im späteren Erzählen Grafs eine zentrale, geradezu beneidenswerte Haltung. Die Menschen sollen sich nichts vormachen lassen, zu anderen Menschen keine Haltung der Verehrung, des Erstaunens über deren Größe oder Vollkommenheit einnehmen. Sie sollen »nichts respektieren«. Da Graf diese Unverblüffbarkeit oft mit der Natur (oder gewordenen Natur) der geschilderten Menschen verbindet und bei ihren männlichen Vertretern nicht selten mit einem Bären vergleicht, ist es vielleicht nicht abwegig, an Kleists Bären zu denken: den Meister aller menschlichen Fechter, der aus der Sicherheit eines spontanen Bescheidwissens alle Stöße pariert und auf Finten nicht einmal eingeht.

Graf selber hatte diese unverblüffbare Haltung nicht von Natur aus. Er zeichnet sich als einen Jungen, der auf viele Finten hereinfiel, der von Fremden und Hochgestellten außerordentlich hohe Begriffe hatte und immer wieder verdutzt und desillusioniert dastand. Aber er betont, daß seine Erlebnisse von früh auf ihm solche Illusionen und schließlich jeden Respekt genommen haben. Die sporadischen Belehrungen des Vaters liefen darauf hinaus, daß man sich die Motive der hohen Herren nicht niedrig genug vorstellen kann. Seine »fast blutsmäßige Abneigung gegen jegliche uniformierte Wichtigtuerei«, ja gegen sämtliche Amtspersonen muß Oskar sehr beeindruckt haben. Die Mutter anerkannte zwar einen überlegenen, allem menschlichen Urteil entzogenen Bereich der göttlichen Ratschlüsse und auch noch das Königshaus, aber eben darum hatte sie vor niemanden und nichts sonst einen übermäßigen Respekt. Auch eine gewisse Pfiffigkeit Oskars und sein Eifer, hinter seinen schon abgebrühteren Brüdern nicht zu sehr zurückzustehen, trugen zur Lust am Abwerfen von Illusionen bei. Als Schlüsselerlebnis gestaltet er wiederholt die Begegnung mit einem einquartierten Offizier, als er etwa zwölf Jahre alt war. Die Offiziere bei den Manövern waren für ihn das »Allerschönste und Gewaltigste«, »wie etwas Überirdisches«. Noch später fügt er hinzu: »Daß wir vor ihr [dieser gebieterischen Erscheinung] nicht aufs Knie gefallen sind, hat mich direkt gewundert«. Des nachts auf der Treppe aber fragte ihn ein solches Musterbild des Glanzes, schlotternd, in höchster Eile, wo es zum Häuschen ginge. »In den Abtritt hat er müssen wie jeder andere? Wie der Wirt drüben, wie unser Geselle oder sonst wer?« Das Erstaunen wird ausgemalt, als habe es ihn umgeworfen. »Aus war es, ganz und gar aus mit jedem Respekt von da ab«. Hier ist ein Vergleich mit der ebenfalls sehr drängenden, tabubrechenden, aber stärker in Grübeleien befangenen Kindheit von Toller aufschlußreich. Er fragte sich als Kind angesichts der prächtigen Kaiserbildchen: »Geht ein Kaiser auch aufs Klo? Die Frage beschäftigt mich sehr, und ich laufe zur Mutter. – Du wirst noch ins Gefängnis kommen, sagt Mutter. Also geht er nicht aufs Klo.« Die Freude am »Herabmindern« hat Graf schon frühzeitig ausgebildet. Bezeichnenderweise ging sie Hand in Hand mit einem drastisch-leiblichen Materialismus, ja mit der Präsentation der nackten Notdurft.

»Den Sozialismus auf den Rücken geprügelt«?

Mit diesem Ausdruck, den er von Gorki aufnimmt, sucht Graf das Resultat seines harten Bildungsganges zusammenzufassen. Natürlich folgt sein Engagement für den Sozialismus nicht einfach aus seiner Bedrängnis in den frühen Jahren. Zunächst einmal brachten die Prügel in ihm Menschenscheu, Furchtsamkeit, eine hektische Suche nach irgendeinem Ausweg für ihn ganz allein hervor. Aber er lernte schon, von Grund auf, für lebenslänglich: »Es rettet uns kein höh'res Wesen«. Er konnte noch nicht viel Aufmerksamkeit für seinesgleichen aufbringen. Aber er bildete einen Grundbegriff dafür aus, wer seinesgleichen war. Die Gleichheit mit anderen bestand in ihrer Situation als die Unterdrückten, Unfreien, die sich mit Arbeit (oder mit anderen Künsten oder Tricks) durchbringen mußten, nicht in dem, was sie schufen oder wie sie dachten. Diese Definition der Menschen von ihren elementaren, für alle gleichen Bedürfnissen aus, aus ihrer abhängigen Lage heraus hatte sich Graf in der Tat nicht ausgedacht und nicht aus Büchern gelernt. Sie ergab sich mit einer gewissen Zwangsläufigkeit aus der Bedrückung von fünf entscheidenden Jahren seiner Jugend. Sie saß fest in ihm, ebenso wie der in immer neuen Formen hervorbrechende Wunsch nach einer Veränderung, Verbesserung der Lage, ebenso wie seine vehemente Absage an alle Autoritäten, Vorgesetzten, Machthaber und Führer.

II.
LEHRJAHRE IN DER STADT, IM KRIEG,
IN EINER SCHEITERNDEN REVOLUTION
1911-1920

»Die Fahrt ins Leben«, so nannte Graf eine Gedichtsammlung von drei Bänden, die er Ende 1911 als Siebzehnjähriger – natürlich vergeblich – dem Cotta-Verlag anbot. Seine eigene Fahrt ins Leben stieß zunächst auf große Hindernisse und Ablenkungen. Sie nahm einen gründlich anderen Verlauf, als er sich das bei seinem Aufbruch vorgestellt hatte.

»Die Arbeiter« und die »Sozis« begegneten ihm in der Stadt viel weniger »brüderlich«, als der eine sozialdemokratische Geselle zu Hause sie hatte ahnen lassen. Die große Bewegung stagnierte; sie sprach Graf anscheinend gar nicht an. Bis in den Krieg hinein hatte er nur mit ihren radikaleren, gärenden Rädern und mit Abspaltungen von ihr zu tun. Die Intellektuellen hielten das nicht, was er in seinem gläubigen Aufblick zu ihnen erhofft hatte. Sie hatten nicht auf ihn und seinen Beitrag gewartet. Die von Berg aus ganz zivilisiert, ja konsolidiert aussehende Gesellschaft des Kaiserreichs wurde binnen weniger Jahre in einen Weltkrieg gestürzt, den viele aus Oskars Generation gar nicht, viele nur mit schweren äußeren und inneren Schäden überlebten. Am Ende dieses Krieges stand ihnen eine wirkliche Revolution bevor, danach eine viel längere, viel haltbarere Unterdrückung, Kanalisierung und Verfälschung des revolutionären Elans.

Es war eine naive, hausbackene, etwas jugendbewegte Vorstellung vom Leben, mit der sich der junge Oskar Graf in die große Stadt wagte. Da er aber mit großer Lernbereitschaft ankam, verarbeitete er auch die jeden Lebensplan sprengenden Ereignisse, allerdings auf eine ebenfalls unvorhersehbare Weise. Wurde er besonders geschädigt dadurch, daß seine fruchtbarsten Jugendjahre vom Krieg und Bürgerkrieg erschüttert wurden? Erich Kästner, fünf Jahre jünger, empfindlicher, beschwerte sich spöttisch über die Überforderungen:

> »Man hat unsern Körper und hat unsern Geist
> ein wenig zu wenig gekräftigt.
> Man hat uns zu lange, zu früh und zumeist
> in der Weltgeschichte beschäftigt!«

Wirkten die Erschütterungen bei Graf, der ebenso belastbar wie sensibel war, vielleicht gerade produktiv, provozierend? Die Spuren der Geschichte jedenfalls, die er bewußt miterlebt hat, haben sich tief in ihn eingegraben.

Die ersten Schritte in die große Freiheit waren sehr unfrei, schüchtern. Graf übte den aufrechten Gang, aber er stolperte viel und tappte herum. Im Rückblick aus acht Jahren Abstand unterstreicht er die Plumpheit, die dörfliche Naivität den städtischen Verhältnissen gegenüber. »Ungeschlacht« nannte er seine damalige Erscheinung; die Kritiker griffen das Wort gern auf. Dabei stammt die Vorstellung einer »massigen« Gestalt erst aus den zwanziger Jahren. Bis zur Revolutionszeit war Graf noch schmaler und ausgesprochen dünn. Ungeschickt, unangepaßt bewegte er sich im städtischen Milieu und (zunächst) in der Bohème. Aber er strebte danach, sich anzupassen, er lernte rasch. Graf wollte einen Platz in dieser befremdlichen, noch undurchschaubaren, eigentlich »unmöglichen« Welt finden.

Eifer, Vertrauen und Opportunismus

Von den Autoritäten zu Hause hatte sich der junge Oskar schließlich freimachen können. In der Stadt, der er sich jetzt auf Gedeih und Verderb auslieferte, gewann vieles, auch Läppisches, eine neue Autorität über ihn – bis er wieder desillusioniert war oder einen neuen Schub der Befreiung erlebte. Wie »man« auftritt, sich gegenüber Dienstboten und Kellnern verhält, sich kleidet, vor allem wie man spricht und mitredet, suchte er durch ständiges rasches Schielen nach rechts oder links festzustellen. Mit einer kindlichen Gutwilligkeit und Zuvorkommenheit machte er es nach. »Führer« suchte er, die ihm die Welt der Bildung und Kunst ein wenig durchschaubarer machen konnten. Nach einem stolzschmerzlichen Blick auf seine aufgehäuften »unmöglichen« Schreibprodukte (in WIR SIND GEFANGENE fügte er noch hinzu: »ein großes Buch über Erziehung wollte ich schreiben«) verzeichnete er völlige Ratlosigkeit: »Wenn ich wenigstens einen Menschen fände, der mich irgendwie in die Hand nehmen wollte!« Noch nach fünf Jahren der Suche »beneidete« er »jeden Straßenfeger, jeden Radfahrer«: »*Die* sind unter Dach und Fach und wissen, wo aus und wohin«, aber »du bist bloß ein Stück Nichts«.

In der Rückerinnerung stellt Graf vor allem heraus, wie tölpelhaft er sich benommen habe. Einen Schutzmann nach dem Treffpunkt der Anarchisten zu fragen, war damals nicht minder als heute ein starkes Stück. Oskar wurde denn auch gleich mit auf die Wache genommen. Er war peinlich berührt (und fast ohne Schuldbewußtsein), als der Zimmernachbar, von dem er den Tip hatte, sich und seine Genossen dadurch verraten glaubte. Aber Graf unterstreicht zugleich, wie er die Hilflosigkeit nutzbringend eingesetzt hat und mit ihr durchzukommen lernte. Gegenüber dem einen »gemächlich« daherkommenden Schutzmann hatte sein in der Kinderzeit erworbener Argwohn gegen alle Gendarmen versagt. Auf der Wachstube war er schon besser in Form. Er gewann durch offenherzige Antworten die Sympathie des Wachthabenden. Er will von ihm sogar zum ersten Mal erfahren haben, daß es Arbeitsämter gab. Er machte allerdings von dieser Auskunft lange keinen Gebrauch. Er selbst war um so weniger verstrickt und kompromittiert, je devoter er die Rolle spielte, die hier die Vernehmung, sonst das Geschäft, der Arbeitsprozeß, das Gespräch, die Etikette oder der Literaturbetrieb von ihm verlangte.

Mit der gleichen Beflissenheit, changierend zwischen überzeugter Hingabe und pflichtbewußter Beteiligung, betrieb Oskar in seinen ersten Lehrjahren in der Stadt seine allgemeine Weiterbildung und den Aufbau einer literarischen Position. Wie ein Schüler, der seine Aufgabe bestens gemacht hat, schrieb er (u.a.) an den Cotta-Verlag, als er etwa acht Wochen in München war, und bot ihm seine gesammelten Gedichte an. »Nach reifster Überlegung und Hingabe meiner ganzen geistigen Kraft« habe er sie vollendet. Einiges von diesem Stolz klingt auch in FRÜHZEIT durch – unter der selbstironischen Darstellung, mit der er hier bereits auf seine erst schülerhaften, dann »frechen« Schöpfungen zurückblickt. Als die anarchistische Gruppe »Tat« einen Schriftenverteiler suchte, ließ Graf sich im Nu dazu überreden und »hob den Finger wie ein Schulkind«. Nach der ersten Belehrung über den rein idealistischen, keinen Gewinn abwerfenden Charakter dieser Tätigkeit fühlte er sich »wie ein eingeschüchterter Angeklagter vor einem plärrenden Richter« (vor dem Genossen Mühsam!). »Furchtbar dumm und überrot muß ich dagestanden haben und wartete nur, bis irgendwer sagte: ›Setz dich‹.« Er zog die Lehre daraus: »Wie gebildet, zungengewandt und abgebrüht man sein muß!« »Vor jedem, der sich da zurechtfand, hatte ich einen – wenn auch fast bitteren – maßlosen Respekt«. Vielleicht ein halbes Jahr später hatte er »schon so viel Broschüren dieser Art gelesen und so viel Diskussionsreden gehalten«, daß er sich »allmählich ausdrücken konnte, wie ich es für richtig hielt«. Er hielt dem ahnungslosen Eugen einen Vortrag über die Ziele der Anarchisten, jetzt selber zungengewandt, beredt, und doch anheimstellend. »Abgebrüht« wirkt er dabei niemals. Im Gegenteil scheint er zu dieser Zeit leicht entflammbar zu sein für irgendwelche Ideen und Aktionen, allerdings auch bald wieder abgekühlt und unsicher. Wie sollte er, konfrontiert mit so vielen Projekten, Versuchungen, Spleens und ernsthafter politischer Arbeit und mit viel Stirner im Kopf, herausfinden, welches denn »seine Sache« war?

Arbeiten!

Der junge Graf war mit dem festen Ziel in die Stadt gekommen, sich ein »Dichterdasein« aufzubauen. Die materiellen Verhältnisse belehrten ihn rasch, daß er dazu erst seinen Lebensunterhalt verdienen, also arbeiten mußte. Alle Jobs aber, die er für kürzer oder länger übernahm, standen seiner Selbstverwirklichung als Schriftsteller diametral entgegen. Sie ließen ihm äußerst wenig Zeit zum Schreiben. Sie raubten ihm die Gedanken. Sie vergröberten ihn, der (damals) auf Verfeinerung seines Auftretens, seiner Empfindungen, seines Ausdrucksvermögens aus war. Manche seiner Arbeitsstellen machten ihn völlig wild, blind vor Zorn oder Rachsucht. Alle enttäuschten seine Hoffnung, er müsse nur eine Weile arbeiten und könne dann von dem Ersparten leben und schreiben.[1] Er wirft sich selbst immer wieder vor, er sei zu disziplinlos und begehrlich gewesen, habe dadurch alle schönen Sparpläne zunichte gemacht. Verglichen mit einzelnen zielstrebigeren Aufsteigern mag das stimmen. Aber die Serie dieser Fehlschläge verrät auch, daß die Arbeit selbst, ihre Härte, ihre Monotonie und Frustration – in vielen Arbeitern und sicher in einem so unwilligen Arbeiter wie Graf – ständig zusätzliche Bedürfnisse produziert, die den Lohn der Arbeit auffressen.

Neun Jahre dauerten die »Hunger- und Lungerjahre« des jungen Graf. Im Herst 1911 war er in die Stadt gekommen; 1920 begann er ernsthaft als »freier Schriftsteller« zu leben. In diesen neun Jahren arbeitete er in verschiedenen Bäckereien, in einer Mehl- und einer Keksfabrik, nahm Aushilfsjobs als Liftboy, Anstreicher, Plakatausträger an, konnte für kurze Zeit eine begehrte Tätigkeit im Sitzen als Postvorsortierer und (1917) in einer Kartenausgabe übernehmen, diente bald nach dem Krieg ein paar Tage als Filmkomparse. Im gleichen Zeitraum hat er sich mindestens ebenso viele Monate und Jahre ohne Anstellung durchgeschlagen. Er hat geschnorrt, geschoben, von allerlei Projekten und dem Geld anderer Leute gelebt, hat sich sein Erbe heimlich auszahlen lassen und erhielt zwei Stipendien zum Dichten. Er wurde zum Proleten, und er war etwas anderes als ein Prolet, erwartete etwas anderes, hatte ein anderes Bewußtsein von sich. Er gab keine Gastrollen in der Arbeitswelt. Er mußte seine Arbeitskraft verkaufen, nicht anders als jeder Arbeiter. Aber er konnte sich immerhin, solange er allein stand[2], die Freiheit nehmen, die Arbeit hinzuwerfen und sich (meistens nicht sofort) eine andere zu suchen.

Die Spannung zwischen dem längerfristigen Zwang zur Arbeit und den verschiedenen Ausbrüchen bestimmt auch die Art, wie Graf die Arbeitsverhältnisse wahrgenommen und wie er sie später verarbeitet hat. Er entwickelte einen scharfen, strengen, in gewisser Weise ›fremden‹ Blick auf die Verhältnisse, die ihn damals so hautnah umgaben. Seine Berichte aus den verschiedenen »Mühlen« seiner Arbeitskraft sind lückenhafter, weniger gediegen und ›von unten auf‹ erarbeitet als die von anderen schreibenden Arbeitern, die zumeist erst nach jahrelanger Arbeit zum Schreiben kamen. Sie zeichnen sich aber aus durch ihre in Momentbildern zusammengeballte, fast schreckhafte Wahrnehmung der Atmosphäre. Sie wechseln ebenso, wie er gewechselt hat, zwischen Wegschieben und Hineinschlüpfen in die eben noch für menschenunwürdig erklärte Existenz. »Welche Mittel hat eine Klasse zu lieben, die sich selbst nicht liebt?« schrieb später Franz Jung, der dem Proletariat noch ferner stand und sich noch unglücklicher, wie gebannt zu ihm hingezogen fühlte.

Die schlimmste Arbeitsstelle muß die Mehlfabrik gewesen sein, in der er halbe oder ganze Tage lang Säcke schleppen mußte. Graf erlebte sie als Schinderei im wörtlichen Sinne. Die Haut ging ihm ab von den Händen, vom Rücken, das Hemd klebte an den wunden Stellen. Auf die Dauer wurde er wie alle, die eine ›gesunde‹ Konstitution hatten, abgehärtet, d.h. er wurde stumpfer. Bis er sich eingewöhnt hatte, war er von der Arbeit total erschöpft, konnte in den verbleibenden 10 oder 11 Stunden nur noch essen und schlafen. Wie ein Vieh habe er gelebt, d.h. gearbeitet, so sieht er es nachträglich. Viehisch muß auch der Schmutz gewesen sein. Graf vermerkt ihn insbesondere von der Keksfabrik (im dritten Kriegsjahr). »Alles glitschte von Sirup und Teig« und stank von Amonium. »Alles: Halblicht, Gestank, Dreck, Teig, Staub und Dampf schien zu guter Letzt zu kochen«. Daß auch sein Schweiß in den Teig rann, konnte die Widerwärtigkeit kaum noch vermehren. »Jetzt war man selber Teig.« Mindestens ebenso wie die eigene

Abstumpfung störte ihn die Gedankenlosigkeit der Arbeitskollegen, ihre Stumpfheit, ihre Unterwürfigkeit. Statt gegen ihre Antreiber und Lohngeber zusammenzuhalten, intrigierten sie gegeneinander. Außer der Stimmung, der körperlichen und psychischen Befindlichkeit eines in die Arbeit versinkenden Menschen erfahren wir bei Graf auch die Befreiungsgelüste, die Tobsuchtsausbrüche, wenn er die Arbeit hinwarf. Einmal schildert er ausführlich die »ekelhafte Stimmung«: Flegeleien gegen Passanten, grelles Hinausschreien unverständlicher Laute, als er wieder einmal gezwungen war, eine Arbeit anzunehmen.

Graf haßte die Arbeit und scheute vor ihr zurück, aber wenn er wieder eine hatte, ergab er sich ihr rückhaltlos. Nach fünf Jahren sporadischer Übungen hatte er noch nicht das Haushalten mit seinen Kräften heraus. Er verausgabte sich gleich in den ersten Tagen und verdarb dadurch sich und seinen Arbeitskameraden den Akkord. Wenn er sich in die Arbeit hineinstürzte, wollte er sie so rasch wie möglich »wegschaffen«, in der illusionären Hoffnung, dadurch frei zu werden. Er ließ sich auch in seinem Bewußtsein in die Arbeit fallen. Er machte sie zwar nicht gern, aber doch (jeweils einige Zeit lang) gleichmütig. Er tat das Unausweichliche, das, was »alle« tun mußten. Er war oder wurde einer aus der Masse, er konnte daher auch für die Masse sprechen. Er entwickelte die Wurstigkeit, die Ungläubigkeit, den Beharrungsmaterialismus der schwer arbeitenden und politisch immer übervorteilten, für fremde Zwecke eingesetzten Mehrheit der Bevölkerung. So wenig er gegenüber seinen intellektuellen Freunden anfangs mithalten konnte, er brauchte ihre tollen Pläne nur mit der Skepsis des Arbeiters anzusehen, und vieles zerstob von selbst. Er entwickelte später einen teils offenen, teils versteckten Stolz darauf, daß er früher Arbeiter gewesen war. Anders als er es in WIR SIND GEFANGENE darstellt, war es ihm nicht gleichgültig, wo er arbeitete. Er pflegte seine Karriere als qualifizierter Handwerker. Er ließ sich bald von seinem Bruder sein Zeugnis als Bäckergehilfe nachschicken und führte sein »Prüfungs- und Dienstbuch« sorgfältig. Wie seine harte Jugendzeit in Berg, so mochte er auch seine widerwärtigen Arbeitserfahrungen nicht missen. Sie wurden ein zweiter wichtiger Stoffbereich seiner Erinnerungen. Sie wurden zur bestimmenden Kraft seiner politischen Einsichten, seines sozialen Selbstverständnisses, seiner Vorstellung vom »Volk«.

Anarchismus als Lehre und als Lebensform

Graf geriet nicht ganz so zufällig unter die Anarchisten, wie er es in WIR SIND GEFANGENE darstellt. Kropotkin und Tolstoi hatte er in seiner frühen Jugend gelesen, Lassalle und Bebel nicht, von Marx ganz zu schweigen. (Mit Marx konnte er sein Leben lang wenig anfangen). Die anarchistischen Zirkel stellten innerhalb der sozialistischen, wenig radikalen Opposition im Kaiserreich ihrerseits eine radikalere Opposition dar. Sie standen im Geruch, etwas mit »direkten Aktionen«, Attentaten auf regierende Häupter, zu tun zu haben. Graf trivialisiert die Anziehungskraft dieses ›dunklen‹ Punktes etwas, wenn er berichtet, er habe in den Versammlungslokalen immer nach den »Bombenkellern« geschielt und sich Ausreden überlegt, warum er beim nächsten »Fürstenmorden« nicht mitmachen könne (»… meine Schwester erlaube das nicht oder sonst was«). Er kam jedenfalls zu ihnen, weil sie eine grundlegende Veränderung der Gesellschaft versprachen und diese Veränderung auf das Verhalten des einzelnen gründeten, nicht auf eine ferne Revolution verschoben. Landauers »Aufruf zum Sozialismus« wurde ihm als die beste Vorbereitungsschrift in die Hand gedrückt. Er fand ihn »etwas« einleuchtend und ziemlich »harmlos«. In WIR SIND GEFANGENE zitiert er daraus und hebt vor allem den durchgehenden Idealismus der hier ausgemalten Gestaltung einer »neuen Menschengesellschaft« hervor: »»mit Hilfe eines Ideals eine neue Wirklichkeit schaffen‹«, »Umstellung unserer ganzen Lebensart durch den Geist, usw.« Der Idealismus, die Gutgläubigkeit, das Vertrauen auf »den« Menschen und seine beste Kraft ist in der Tat die wesentliche Botschaft dieses großen Propheten des Anarchismus. Es ist auch seine überzeugendste Behauptung und hat nicht nur dem jungen Oskar eingeleuchtet, sondern Graf sein Leben lang begleitet. Das »Ideal« ist nichts Ausgedachtes, heißt es in diesem Grundbuch (Graf zitiert das nicht, kommt aber später in seinen eigenen Werken auf diese Vorstellung zurück): Das Ideal entsteht aus der Einsicht der Menschen »in das Unwürdige, Gepreßte, Erniedrigende ihrer Lage«, aus dem »unsäglichen Ekel vor der Erbärmlichkeit, die sie wie ein Sumpf umgürtet«, »Geist« in diesem aktivistischen Sinn »ist Heiterkeit, ist Macht, ist Bewegung, die sich nicht, die sich durch nichts in der Welt aufhalten läßt«.

Aber Graf war nicht prädestiniert zum Anarchisten. Er hörte genau so willig, obgleich nicht so kontinuierlich auf sozialdemokratische und unorganisierte Kollegen. Zwischendurch überkamen ihn wilde Aufstiegsvisionen, Phantasien von Geld und persönlicher Macht, in striktem Gegensatz zu Landauers und Tolstois Ideal der Gewaltlosigkeit. Mit Stirners radikalem Egoismus dagegen suchte er diese Anwandlungen in Einklang zu bringen. Er war beeindruckt von dem Redner der Gruppe »Tat«, Erich Mühsam, und war enttäuscht von der kleinkrämerischen, stammtischhaften Organisationsform der Versammlungsabende.[3] Er ging trotzdem eifrig hin, solange es sie gab. Ende 1912 wurde die Münchner Gruppe »Tat« aufgelöst. Als er aus Ascona zurückkam, scheint er sie nicht sehr vermißt zu haben. Mit einzelnen Genossen, lauter interessanten, zum Teil geheimnisvollen Gestalten, konnte er sichtlich mehr anfangen als mit der Organisation. Seinen Beitrag leistete er, indem er ihre Flugblätter verteilte und ihre Schriften vertrieb, vor allem die Halbmonatsschrift »Der Sozialist«.[4] Er schrieb auch Artikel für sie, erhielt aber keine Antwort und sah sie nie gedruckt. Seine eigenen Vorstellungen von der »richtigen« Aktion der Arbeiter waren zu dieser Zeit ebenso kurz angebunden wie grob. Sie sollten endlich »sich rühren«, in der Mehlfabrik zum Beispiel, wo manche Kollegen klagten und murrten. Was sollten sie also machen? »Kurzen Prozeß«. Und wie stellte er sich das vor? »Einfach den Obermüller und den Direktor niederschlagen und die Mühle selber in die Hand nehmen«.

Am 1. Mai 1913 (oder 1912), als Maifeiern offiziell noch verboten waren, muß Graf zusammen mit seinen anarchistischen Freunden und Syndikalisten mit der Polizei zusammengestoßen und womöglich verhaftet worden sein. Seine Erinnerung, ca. 50 Jahre später, ist ungenau und sichtlich aufbauschend. Er spricht von 600 Genossen und einer gewaltigen Prügelei, u.a. mit den Maurern vom Justizpalast, die sie »von ihrer Arbeit wegreißen« wollten. Die Zeitungen berichteten einhellig von außerordentlich ruhigen Kundgebungen. (Außerdem wurde nicht mehr am Justizpalast, sondern am Polizeipräsidium, drei Straßen stadteinwärts in der Ettstraße, gebaut). Graf führt auf diesen Vorfall die zwei halblahmen Finger seiner rechten Hand zurück, die ihm sein Leben lang das Schreiben erschwerten.

Vorstellungen von einer wirklichen Revolution tauchten bei Graf vor 1917/18 gar nicht oder nur in fernen Abstraktionen auf. In seinem tatsächlichen Verhalten wie in seinen Reden schwankte er zwischen spontanem Toben und einem ruhigen oder etwas grollenden Warten auf das, was kommen mußte. Er war sich bewußt, daß er zur ausgebeuteten, unterdrückten Mehrheit der Bevölkerung gehörte, die, wenn sie einmal »losgeht«, unaufhaltsam sein wird. Großen Eindruck machte ihm die Lehre der Anarchisten, daß der Mensch »ein Opfer der Gesellschaft« sei. Er »jubelte« geradezu über diese bequeme Ausrede, fand »eine neue Religion« darin, »eine ganz nach mir eingerichtete Moral«: »Du kannst machen, was du willst, schuld ist immer bloß die Gesellschaft«. Im Rückblick von 1927 mokiert er sich sichtlich über die ideologische Selbstbeschwichtigung. In den Jahren seiner Befreiung aus vielerlei Banden scheint er die Rechtfertigung nötiger gehabt zu haben – aber auch nie ganz geglaubt zu haben. Sie widersprach allem, was »anständige«, erfahrene Menschen von sich hielten. Sie ließ keinen Raum für die praktische Verantwortung jedes einzelnen, auf die er in Überlegungen wie in eigenen Handlungen immer wieder stieß. Er machte gern mit bei den Anarchisten, aber wurde nicht ihr Gefolgsmann. Womöglich fing er auch schon in seiner Frühzeit zu spotten an. Sein Freund Jung, der sich damals ebenso eifrig beteiligte, schrieb später über die Anarchisten: Sie »singen alle an einem Choral, das Lied von der Freiheit, das wie ein Gebet gesprochen wird und nichts und alles enthält«.

Freunde, Lehrer, Spießgesellen

Was dem jungen Oskar nach seiner Flucht aus den drückenden, aber verläßlichen Verhältnissen in Berg offenbar am stärksten zugesetzt hat, war die Anonymität der Großstadt, d.h. seine Fremdheit in ihr. Er sehnte sich nach Menschen, mit denen er sprechen, die er wiedererkennen konnte. Er fand Geschäftsleute, Zimmerwirtinnen, Dienstboten, lauter Menschen, die ihm als Träger ihrer ökonomischen Funktion und nicht als Menschen begegneten. Daß er sich voll Vertrauen an sie wandte, sich von ihnen beraten ließ und blind tat, was sie ihm rieten, linderte seine Verlassenheit in der Stadt nicht wirklich, verringerte nur seine Ersparnisse.
Seine Geschwister, soweit sie gerade eine Stellung in München hatten, waren manchmal der letzte Notanker. Vor ihnen suchte er aber seine kümmerlichen Verhältnisse und seine Angewiesenheit auf andere Menschen zu verbergen. Bei den seltenen Fahrten nach Hause war er den Geschwistern gegenüber (außer Max) sehr gelöst, in München hütete er sich vor ihnen. Sie erinnerten ihn peinlich an die solide Moral von zu Hause, der er entrinnen wollte. Sie hätten die Windigkeit seiner großspurigen Erfolgsbehauptungen

bemerken und melden können, nämlich dem Bruder Max, der bis zu Oskars Einrücken beim Militär sein Vormund war. »Ich brauch euch alle nicht!«, »ich hasse euch«, fuhr er sie manchmal an und meinte damit alle Menschen, die ihm zusetzen, von ihm etwas verlangen konnten.

Graf sehnte sich nach Menschen, wollte sich einfach »unter Leute mischen«. In den Anfängen, im Winter 1911/12, lief er tagelang allein herum. Er »saß auf Anlagenbänken und wartete auf einen Menschen. Aber niemand sprach mit mir«. In einem späteren Rückblick zieht er aus seiner ganze Bohèmezeit die karge Summe: »Viele Nächte durchsoff ich mit zufälligen Kaffeehausbekannten, lebte sinnlos dahin, hungerte viel, und am meisten hungerte ich nach einem Menschen«. Diese aufgestaute Erwartung führte dazu, daß die Freunde, die er dann fand, seine besten Freunde, Freunde fürs Leben wurden. Zwei nennt er immer wieder, Georg Schrimpf und Franz Jung. Bei den entscheidenden Abenteuern und Bildungserlebnissen dieser Jahre war der eine oder der andere beteiligt. Mit keinem aber schloß er eine ausschließliche Freundschaft. Fast immer waren noch andere dabei, erst aus dem »Tat«-Kreis, später aus Künstler- und Bohèmekreisen. Karl Schultze-Morax nennt er öfters, einen 12 Jahre älteren Vagabunden, Bänkelsänger und Cafémusiker, der der erste Gruppenwart der Gruppe »Tat« war und den Mühsam »den liebsten« unter den Münchner Kameraden fand. Andere tauchen nur mit Vornamen auf, mehr Männer als Frauen. Es kommt ihm nicht auf sie als einzelne an, sie waren ihm aber die Gewähr, daß er jetzt wieder »unter Menschen« war.

Mit dem fünf Jahre älteren Georg Schrimpf verband Graf eine starke Ähnlichkeit der Lebenserfahrung und des Selbstverwirklichungsdrangs. Bei ihm war es der Stiefvater, unter dem er zu leiden hatte, der wie ein »Unteroffizier« über ihn zu herrschen suchte. Er war nach einer frühen, harten Lehre als Bäcker und Steinmetz und nach mehreren Jahren der Wanderschaft 1909 nach München gekommen und wollte etwas werden. Dekorationsmaler war sein erster Berufswunsch gewesen; jetzt bewogen ihn Freunde mehr als sein Selbstvertrauen, sich als Kunstmaler zu versuchen. Fünf Jahre etwa brauchte er, bis er seinen Stil und die erste Anerkennung fand. Noch lange soll er beim Malen mit den entstehenden Gestalten laut gesprochen haben. Graf erlebte ihn als einen ebenso suchenden, ungefestigten, sich für Stirner begeisternden, immer gutmütigen Kumpan, der sich eigenen Stimmungen ebenso wie Anstiftungen seiner Freunde, später seiner Modelle rückhaltlos ergab. Oft zeichnet er in Schrimpf so etwas wie sein anderes, manchmal sein besseres Ich: vertrauensselig, wo Oskar als der Jüngere schon Skepsis gelernt hatte, voll Tatendrang und Optimismus, mit dem er manchmal den zögernden Oskar mitriß. Die fruchtbare künstlerische Zusammenarbeit kam erst kurz vor und nach der Revolution. Schrimpf überredete Graf dazu, Kunstkritiken zu schreiben – angeblich weil Graf »so verzwickte Sätze« machen konnte. Er illustrierte zwei der frühen Werke Grafs. Graf schrieb zwei Bücher über Schrimpf und eins über Schrimpfs Frau Maria Uhden. Er hat ihn anscheinend an die »Aktion« empfohlen und dadurch seinen ersten überregionalen Erfolg eingeleitet. Später entwickelten sich Graf und Schrimpf beträchtlich auseinander, aber die Jugendfreundschaft blieb unzerstörbar. Die Geschichte EIN BAROCKES MALERPORTRÄT (1950) setzt dem Freund ein ebenso gewagtes wie liebevolles Denkmal.

Völlig anderer Art war Grafs Beziehung zu Franz Jung. Dieser, aus gutbürgerlichem Hause und um so radikaler gegen alles Bürgerliche, selbst gegen eine Ordnung seiner Einkommensverhältnisse eingestellt, hatte 1912, als Graf ihn kennenlernte, schon den ersten Erfolg als Schriftsteller (mit seinem »Trottelbuch«). Er führte ein äußerst zerrissenes Leben, als mittelloser Vagabund und als Wirtschaftsfachmann, der wiederholt Korrespondenzbüros eröffnete und dabei gut verdienen konnte. Graf verfolgte geradezu atemlos, wie Jung sich in die Aufstände von 1918 bis 1923 stürzte, wie er die linksradikale KAPD (vergeblich) mit der Komintern auszusöhnen suchte, wie er in die Entführung eines deutschen Schiffes in die Sowjetunion verwickelt wurde, dort zwei heruntergekommene Fabriken leitete, sich in der Internationalen Arbeiterhilfe hervortat, immer wieder eingesperrt wurde und immer wieder (auch noch unter der Naziherrschaft) ausbrach und seine unbändigen, rebellischen, immer verzweifelteren Aktionen startete. Diesem weit überlegenen Freund sei er »buchstäblich geistig hörig« gewesen, bekennt Graf später. Jung blieb ihm »rätselhaft«, ja er zog ihn wohl gerade durch seine Verschlossenheit, seine inneren Schwierigkeiten (samt einer unlösbaren Ehekrise) und die Hektik, die Unbedingtheit seiner Entschlüsse an. Zerrissen muß er selbst in seinem Gesicht und seiner Gestalt gewirkt haben. Sein Biograph Imhof sieht ihn (durch Mensurennarben) als »Gewaltmenschen« und »von Geheimnissen umwitterten Abenteurer« gekennzeichnet, eine Seite darauf aber »in jeder Hinsicht unauffällig, untersetzt, belanglos, ja bieder aussehend«. »Ein rührender Helfer, wenn man Hilfe nötig hatte, und ein niederträchtiger Zerstörer, wenn man keine brauchte. Ein Mensch ohne Furcht, weil er alles Materielle verachtete und nicht benötigte«. »In Wirklichkeit nämlich war um Jung nicht das Geheimnis des Abenteuers, sondern das Geheimnis der Menschenkenntnis. Einer Menschenkenntnis von mystischer Tiefe und psychoanalytischer Schulung«.

Mehr durch Beschimpfungen, durch Provokationen als durch persönliche Sympathie (»warm wurde ich nie bei ihm«) scheint Jung über Graf geherrscht zu haben. Er suchte dem sechs Jahre jüngeren schüchternen Oskar alles »bürgerliche« Verhalten, auch seine Neigung zum Schreiben und Lesen auszutreiben. Er verkaufte Grafs Bücher, die so gehüteten und mühevoll zusammensparten Klassiker, und vertrank mit ihm das Geld. Auch sonst behandelte er ihn schlecht, besuchte ihn aber fast täglich. In Berlin half er ihm »überall« und nannte ihn dabei »Trottel« und Idiot«.[5] In GELÄCHTER VON AUSSEN verzeichnet Graf mitten in den wilden und dabei faden letzten Jahren der Republik ein scharfes Gefühl der Sehnsucht nach dem »alten Rebellenkameraden« Jung. »Herrgott, wo war gerade jetzt der Mensch, der mir einst im Suff jede Illusion radikal und für immer zerstört, der mich in den tiefsten Schlamm und Dreck gestoßen und gerade dadurch eine unbändige Kraft in mir erzeugt hatte: die Unbestechlichkeit gegen sich und andere, das Nie-zufrieden-Sein mit dem, was in der Welt erreicht worden war, und die nie erlahmende Lust, den einzelnen und die Allgemeinheit aus der Lethargie des gehorsamen Dahinlebens herauszureißen?« In den frühen fünfziger Jahren, als beide in New York saßen und sich wieder manchmal zum Streiten und Saufen trafen, verfaßte Graf über Jung einen seiner tiefsinnigsten Texte: »Nekrolog für einen Freund«. Darin ist eine moderne, z.T. bissige Weiterdeutung ihrer Freundschaft gestaltet, aber auch ein starker Antrieb der früheren »blinden, beinahe hündischen Kameradschaft«, gut zu erkennen. Mit Jung und wenigen anderen zusammen, ohne die übrigen Anarchisten, denen es nur um die Veränderung der äußeren Verhältnisse gegangen sei, hätte Graf ein bestimmtes, wenn auch nicht sehr deutliches Ziel gehabt: »den ganzen, totalen Menschen, also jenen Einzelnen, der sich von allen inneren und äußeren Verstrickungen frei gemacht hatte, so daß er fähig war, eine wirklich neue Menschengemeinschaft zu bilden«.

Jung stellte an alle, die er ernst nahm, den unerbittlichen Anspruch: sich aus allen Panzerungen und Festlegungen heraus zu ihrem absoluten Selbstsein, ihrer Eigenart zu befreien. Er suchte in jedem diejenige Produktion, ja Genialität freizusetzen, deren nach seinem festen Glauben ein jeder Mensch fähig ist. Bei dem jungen Graf fiel dieser glühende Impuls auf einen fruchtbaren Boden. Graf brauchte sein ganzes Leben und fast ein Dutzend seiner ernstesten Bücher, um ihn auf seine Weise zu verarbeiten.

Zu Gast in Schwabing, Ascona und Berlin

Im ersten Jahr in München hatte Graf seine (oft gewechselten) Zimmer in der Bahnhofsgegend und im Süden der Stadt. Er lebte umgeben von Kleinbürgern, Arbeitern, zugewanderten Gesellen und halb bäuerlichen Existenzen, wie er selbst eine war. Durch Jung und Mühsam und durch seine anwachsende Bekanntschaft mit jungen Künstlern wie Schrimpf wurde er allmählich in Schwabing eingeführt, den Stadtteil im Norden, der sich seit gut 10 Jahren zum Zentrum des künstlerischen Lebens der künstlerisch führenden Stadt entwickelt hatte. Von 1913 bis 1933 wohnte er nur noch in Schwabing.

Schwabing, erst seit 1890 in die Stadt München eingemeindet, war dazumal nicht nur ein Stadtteil, sondern ein »Zustand«, ein »Lebensgefühl«. Mühsam hat wohl die umfassendste Aufzählung der Gestalten gegeben, die diesen Ort bevölkerten und zu einem »Kulturbegriff« machten: »Maler, Bildhauer, Dichter, Modelle, Nichtstuer, Philosophen, Religionsstifter, Umstürzler, Erneuerer, Sexualethiker, Psychoanalytiker, Musiker, Architekten, Kunstgewerblerinnen, entlaufene Höhere Töchter, ewige Studenten, Fleißige und Faule, Lebensgierige und Lebensmüde, Wildgelockte und adrett Gescheitelte –, die bei der denkbar größten Verschiedenheit von einander (einer individuellen Verschiedenheit, die dem juste milieu ganz unbekannt ist) nur verbunden waren durch ihre gleich himmelweite Entfernung von eben diesem juste milieu, vereint waren in einer unsichtbaren Loge des Widerstands gegen die Autorität der herkömmlichen Sitten und des Willens, ihr individuelles Gehabe nicht unter die Norm zu beugen.« Mühsam nennt auch gleich den Ahnherrn Schwabings und seiner »prachtvollen Vorurteilslosigkeit«, ein Muster der »echten und besten Schwabingerei«: den auch von Graf durchaus ernstgenommenen Theosophen Franz von Baader, der im frühen 19. Jahrhundert »täglich nach München hineinspazierte, irgendeinen harmlosen Handwerksmann beim Knopf faßte und ihm seine Fragen über das

Gottesbewußtsein oder seine mystische Sozietätswissenschaft vorlegte«. Franziska zu Reventlow schrieb mit ebenso viel Spott wie Sympathie über den Stadtteil (»Wahnmoching«), in dem sich junge Leute von überallher »gärenshalber« aufhielten. Sie eröffnet ihr Buch mit Gedanken über das sonderbare Kollektiv, das sich aus diesen unterschiedlichen Menschen mit noch unterschiedlicheren Zielen bildete. In dem ebenso fiktiven wie wirksamen Wir-Gefühl sieht sie »die große Vereinfachung und anderseits die ungeheure Bereicherung des Lebens«. »Wie armselig, wie vereinzelt, wie prätentiös und peinlich unterstrichen steht das erzählende oder erlebende ›Ich‹ da – wie reich und stark dagegen das ›Wir‹.«

Kein Zweifel, daß Graf gern nach Schwabing mitgegangen und mit Lust halbe und ganze Nächte in dieser Atmosphäre verbracht hat. Hier war alles leicht und unernst, was ihn in seinem Arbeitsleben, seiner schwierigen, stockenden Karriere quälte. Er nahm nicht wenig vom Gehabe der echten Bohemiens auf. In seinem Innern jedoch wurde er kein Bohemien. In seinen Darstellungen betont er den Abstand, das Unverständnis gegenüber den geistvollen Geplänkeln und weltumfassenden Redeschlachten. Hans-Albert Walter sieht hier schon den Anfang des lebenslänglichen ambivalenten Verhältnisses Grafs, der selber ein Intellektueller werden wollte, zu den Intellektuellen, auch zu seinen Freunden unter ihnen. Er muß zu ihnen »teils neidvoll und bewundernd, teils haßerfüllt aufgeschaut haben«. Den Auswirkungen der Bohème konnte er sich nicht entziehen. Nicht durch Eifer und Gutwilligkeit, nicht durch Aneignung von problemlosem Wissen, wie er sich das beim Weglaufen vorgestellt hatte, konnte er sich als Schriftsteller durchsetzen. Unsolidere, mehr stimmungsmäßige Qualitäten, Lebensstil, Genialität waren gefragt. Der Schriftsteller hatte schon seit dem 19. Jahrhundert immer weniger mit dem Gelehrten zu tun, war den Künstlern und Schauspielern näher gerückt und näherte sich seit dem Naturalismus und den gegennaturalistischen Strömungen als eine Art »Kunstzigeuner« auch den Deklassierten, ja den Umstürzlern. Im Lebensgefühl wie in der politischen Einstellung gab es Berührungen zwischen der Bohème und den Anarchisten. Wenn man noch einmal auf Mühsam hören will, der bei beiden aktiv mitgemacht hat, dann sang die Bohème den gleichen Choral von der so ersehnten Freiheit wie die Anarchisten: »Weder Armut noch Unstetigkeit ist Entscheidenskriterium für Bohème, sondern Freiheitsdrang, der den Mut findet, gesellschaftliche Bindungen zu durchbrechen und sich die Lebensformen zu schaffen, die der eigenen inneren Entwicklung den geringsten Widerstand entgegensetzen«.

Ein Zwischenspiel des reinen Bohèmedaseins wie des praktizierten Anarchismus, in Ruhe und Entlastung ausgelebt, waren die Wochen oder Monate, die Graf im Frühjahr 1913 in Locarno, Ascona, Brione und mit einem Abstecher nach Italien verbrachte. Schrimpf, der sich dort schon auskannte, verführte ihn regelrecht mitzukommen. Er war fast immer mit ihm; er vermittelte ihm die wichtigsten Kontakte: zu anarchistischen Genossen, die ihre Ausreise aus allen »Ländern mit Regierungen«, aus »Städten«, aus »dieser Zivilisation«, überhaupt planten und nach Brasilien gehen wollten, zu verschiedenen Zirkeln der Lebensreformer, Rohköstler, Nudisten und wiederum zu Künstlern und Philosophen aller Sparten, zu geizigen Arbeitgebern, bei denen sie sich mühsam über Wasser halten konnten. Die Abreise von München wurde so inszeniert oder wird nachträglich so gedeutet, als liefe Graf ein zweites Mal davon.[6]

Graf registrierte auf dieser Reise mehr Natur, Lebensart und ruhiges Dasein als je sonst in seinen Lehrjahren. Bemerkenswerte ästhetische Wahrnehmungen waren vorher auf seltene Momente beschränkt gewesen: auf den Abschied von Berg, das er davor nie mit solchen betrachtenden Augen wahrgenommen hatte, auf die Drucksituation vor Aufnahme einer neuen Arbeit, in der er sich nach Wiesen, Hügeln und weitem Land sehnte. Jetzt, in seiner »Ersten Freiheit«, wie er das Kapitel überschreibt, hatte er Zeit, Lust, Gelassenheit, sich auf die fremde Natur und die sonderbaren Menschennaturen einzulassen. »Kaufläden machten bunte, offene, selige Gesichter und über das alles schüttete die Sonne ihren hohen, milden Glanz«. Auch die Menschen um ihn nahm er (zunächst) so tolerant, so unbeteiligt neugierig oder spöttisch wahr, als seien sie mit ihren Ticks die verschiedensten interessanten Knorren im Wald. Aber die große Friedlichkeit in ihm wie um ihn ertrug er nicht für dauernd. »Es war zu still, zu gemütlich, zu reizlos. Der blaue Himmel allein machte es auch nicht.«

Die schöne südliche Natur konnte auch eklig sein. Dem Dasein hier fehlte die Notwendigkeit, der Ernst. »Das ganze Kameradschaftsverhältnis war lose, jeder lebte für sich. Nur die Überzeugung schloß zusammen«. Bloße Überzeugung war ihm anscheinend schon damals zum Miteinanderleben zu wenig. Mühsam, der die Aussteigerkolonie Ascona von ihren Anfängen an immer wieder besucht hatte, sah schärfer als Graf ihren Wert als Zufluchtsstätte »für entlassene oder entwichene Strafgefangene, für verfolgte Heimatlose, für all diejenigen, die als Opfer der bestehenden Zustände gehetzt, gemartert, steuerlos treiben und die doch die Sehnsucht noch nicht eingebüßt haben, unter Menschen, die sie als Mitmenschen achten, menschenwürdig zu leben.« Aber Mühsam hielt es ebenso wenig dort aus. Er mußte dahin, wo die Menschen waren und sich auf die kommenden Kämpfe vorbereiteten.

Eine dritte Flucht führte Graf Anfang 1914 nach Berlin. Wieder befreite er sich gewaltsam, diesmal mit einer berserkerhaft gestalteten Szene, aus einem zänkischen Arbeitsverhältnis. Das Wegfahren wird als innerer »Jubel« hingestellt, das Ziel in verklärendes Licht getaucht. »›Berlin! Berlin!‹ trommelten die Schienen«. In der Hauptstadt fand er dann nichts zum Jubeln, außer daß schließlich seine ersten zwei Gedichte zum Druck angenommen wurden (in der »Aktion«). Graf stieg in diesem letzten halben Jahr vor dem Krieg nicht weiter auf, sondern ab. Er nahm hier keine Arbeit an, lebte und trank mit den Freunden auf Pump, galt schließlich als ein »Pumpgenie«.

Berlin war gegenüber München die weit überlegene Metropole; in diesen Jahren wurde sie es auch in Fragen der Kunst. Die große Ausstrahlungskraft und Kraft der Erneuerung, die bis ins erste Jahrzehnt unseres Jahrhunderts von der führenden »Kunststadt« München ausgegangen war, ließ nach. Jung stellte fest, daß er 1911 für »die Schwabinger Bohème, die fast einem Jahrzehnt deutscher Kunst und Literatur ihren Stempel aufgedrückt hat«, »zu spät« gekommen war. Was modern war, wurde in den nächsten zwei Jahrzehnten in Berlin entschieden. Das Gewimmel von Künstlern und Literaten und die zugehörige Bohème waren in Berlin noch ausgedehnter, verwirrender als in München. Graf stieß hier auf »die Psychoanalyse«, »untermischt von allerhand sozialen Ideen«. Womöglich begann hier schon seine fundamentale Ablehnung dieser Wissenschaft. Am Streit um Jungs Freund Otto Gross, den Apostel und Märtyrer der neuen psychoanalytischen Heilslehre, den sein Vater in eine Anstalt steckte und den seine Freunde mittels einer öffentlichen Kampagne befreiten, hat Graf, soweit erkennbar, nicht teilgenommen. Er fand Kontakte zur »jungen Literatur«, das hieß vor allem zum Expressionismus. Er lernte selbst expressionistisch schreiben und begann sachte eine eigene Variante des Expressionismus zu entwickeln, die bei allem Menschheitspathos doch mit seiner persönlichen Erfahrung durchsetzt war. Stärker als jemals sonst war er in diesem Halbjahr auf Intellektuelle angewiesen, war geistig, materiell, in seinem Lebenszuschnitt und Lebensinhalt von ihnen abhängig. Der große Knall vom August 1914 und die dabei gemachten Erfahrungen mit seinen intellektuellen Freunden tauchten daher auf lange Zeit die Existenz in der Hauptstadt, das Leben nur mit dem Kopf und vom Kopf in ein Licht äußerster Fragwürdigkeit.

Selbstbewußtsein?

Graf hat in den ersten drei Jahren, in denen er zum Städter wurde, sich viel gefallen lassen und mitgemacht. Sicher hat er manches als Zumutung, als Beleidigung seiner Person, als ungerechte, falsche Einrichtung der Welt empfunden. Aber außer ein paar Ausbrüchen bei der Arbeit waren seine Reaktionen (jedenfalls im Vergleich mit seiner späteren Lautstärke) verhalten, mehr folgsam als selbstbewußt. Er hat vor allem gelernt. Er hatte ungeheuren Nachholbedarf an Welt- und Menschenkenntnis, auch an elementaren Möglichkeiten, sich auszudrücken.

Wie er sich in dieser Phase empfunden, was er sich zugetraut hat, läßt sich aus den übertreibenden, dramatisierenden, karikierenden späteren Darstellungen nur undeutlich herauslesen. Eins seiner Gedichte gibt einen guten, wenig verhüllten Aufschluß über das Selbstgefühl seiner Frühzeit. Weil es noch (ungeschickt) gereimt und fast unberührt vom Expressionismus ist, möchte ich annehmen, daß es mindestens in seinem Kernbestand aus den frühen Jahren, von 1912 oder 1913 stammt. Es ist als Rollengedicht gestaltet, gibt aber von dem irritierten, zum Nachdenken gebrachten Arbeiter eine sehr persönliche Anschauung, mit Grafs eigenen Erlebnissen gefüllt. Es stellt in einem naiven, gutherzigen Ton die beiden Fragen, was die »verstoßenen Gedanken« in einem alltäglichen Leben zu suchen haben und wie der Arbeitstrott auf einen empfindlichen Menschen wirkt:

Nachdenkender Arbeiter

Weiß Gott, ich bin geschlagen worden, bis ich davonlief.
Und kam in die Stadt und sank tief.
Verlassenheit und Fremde kamen
und waren mein täglicher Anfang und immer das Amen
von all dem, was ich dachte und tat.
Abends, wenn die Müdigkeit aus meinen Gliedern weicht,

erinnert mich manchmal ein Baum an meine Jugend.
Dann bin ich jedem Menschen nah
und möchte vielen ohnmachtsliebe Worte sagen.
Doch es ist keiner da.
Wenn ich aufwache in der sternblanken Nacht, nagen
verstoßene Gedanken in mir, warum dies denn alles so ist,
und das wird oft so arg und frißt
sich tief in alle meine Eingeweide hinein,
daß ich weinen möchte.
So sind alle meine Nächte
und das Dunkel in meiner Kammer ist wie ein Totenschrein.
Endlich dann kriecht milchiger Morgen zum Fenster herein
und reißt wieder alles entzwei.
Vielleicht verfrüht, vielleicht schon verblüht,
denk' ich und trotte an den kahlen Häusern vorbei,
Hergott, daß ich eigentlich nie zuschlag' oder schrei'!

»Irrsinn« gegen den Irrsinn des Kriegs

Graf war gerade zwanzig Jahre alt und wäre regulär wehrdienst-
pflichtig geworden, als der Krieg erklärt wurde und Millionen zu
seiner Durchführung eingezogen wurden. Er konnte dem Krieg
und seiner Einberufung wenig entgegensetzen. Trotz seiner Schulung bei den Anarchisten war er nicht bis zu praktizierbaren Vorstellungen vorgedrungen, wie abhängige Menschen, Kriegs-
dienstpflichtige, in die Geschichte eingreifen könnten. Aber er erlebte die Ausrufung des Kriegszustands und alle Kriegshandlun-
gen als einen ungeheuren Bruch. Die bis dahin geltenden, für
selbstverständlich gehaltenen Grundlagen der Zivilisation und
des Lebensrechts für jeden wurden über Nacht aufgekündigt. Er
fragte sich, ob sie vielleicht niemals wirklich gegolten hatten.
Wenn jetzt Menschen von Staats wegen gezwungen wurden, andere Menschen umzubringen und sich selber den Schüssen der
anderen preiszugeben, dann war dieser Staat nicht die ferne neu-
trale Überwachungsinstanz der gesellschaftlichen Interaktion in
einem weit fortgeschrittenen Kulturzustand, auch nicht nur die zu
meidende, vielleicht zu fliehende Quelle von Zwang und Gewalt,
wie Tolstoi gelehrt hatte, sondern ein gemeingefährlicher Verbrecher. Von jetzt an wurde das Leben ernst, auch wenn es vorher
kein Kinderspiel gewesen war. Diesen Krieg, seine Folgen, seine

elementaren Lehren wurde Graf sein Leben lang nicht wieder los. Wie hat er sich in diesem Krieg gehalten?

Soldat und brav

Seine eigene Beteiligung am Krieg war gering, verglichen mit der der meisten Frontsoldaten. Dennoch gewann er wenigstens einen Begriff von dieser Veranstaltung und ihren Bewegungsgesetzen. Er lernte die gehorsamen, machtlosen, aber nicht ganz kopflosen Soldaten verstehen.

Graf kam nach kurzer Ausbildung in München Anfang 1915 als Trainsoldat in einer Eisenbahnbaukompanie nach Ostpreußen. Er war Fahrer und für die Pferde verantwortlich, außerdem Ordonnanz und unfreiwilliger Bursche seines Majors. Ob er von der Winterschlacht in den Masuren noch viel mitbekommen hat, in deren Verlauf die in Ostpreußen eingedrungene russische Armee wieder aus dem Lande gedrängt wurde, ist ungewiß. Er bewegte sich immer im Nordteil der riesigen Ostfront, die im Laufe des Jahres 1915 mit vielen Schlachten und Eroberungen bis weit nach Litauen und Weißrußland vorgeschoben wurde. Im Juli lag Grafs Kompanie in Lötzen, wo Hindenburg sein Hauptquartier hatte. Sie folgte aus einigem Abstand den Operationen von »Oberost« (Hindenburg und Mackensen). Im Herbst kam sie in die neu eroberten Festungen Kowno (hier mußten die Soldaten eine Eisenbahnbrücke über die Memel bauen), Wilna und Lida. Auf dem Weg von Lida nach Riga oder Mitau, in dem kleinen Ort Rakischki (Rokiskis) verweigerte Graf den Befehl. Er kam in militärischen Arrest, wurde (vermutlich im Januar 1916) zurücktransportiert und im Lazarett für irr erklärt. Je zwei Monate etwa wurde er in den Irrenanstalten Görden bei Brandenburg und Haar bei München als Geisteskranker behandelt.

Die Eisenbahnbaukompanie operierte stets hinter der Front. »Feindberührung«, das schockierende Erlebnis aller, die von den Fronten berichten konnten, hat Graf anscheinend nie gehabt. Er erlebte vom Krieg vor allem die Ruinen. An vielen Leichen kamen sie vorbei, in Kowno an »leichengefüllten Schützengräben«. Die Not der Zivilbevölkerung und der Gefangenen im Kontrast zu der noch relativ guten Verpflegung der deutschen Soldaten machte ihm zu schaffen. Die von den Kriegsbewegungen überrollten Polen, Litauer, Russen hungerten. Viele sahen keine andere Möglichkeit als sich zu verkaufen, die Frauen an die Soldaten, die arbeitsfähigen Männer an die Verwaltung und Industrie der Besatzungsmacht. In Grafs Briefen von der Front kommt sein Mitleid mit dem Elend anderer »Kreaturen« noch direkt zum Ausdruck. In WIR SIND GEFANGENE konzentriert er es in eine groteske, verdrehte Szene. Er sieht Leute neben einem riesigen Schutthaufen lachen, grölen, wanken. Es ist eine zerschossene Brauerei, die Keller sind noch intakt und voll. Sie werden in einer Orgie der Zerstörung geplündert und demoliert. Alles betrinkt sich, Graf mit den deutschen Kameraden mitten unter den Einheimischen. Nicht Feindschaft regiert die Menschen, sondern Sinnlosigkeit.

Graf wirkt in seinen Briefen ratlos gegenüber dem Krieg. Er schrieb distanziert, aber er suchte dem überwältigenden Anschauungsmaterial, dem Leben draußen, wenigstens das Beste abzugewinnen. Auch seinen Pazifismus mußte er erst praktisch lernen. In einem Brief an Richard Dehmel äußert er die »Hoffnung«, »daß auch mich die gerechte Sache bald ins Feuer bringt«. Das würde ich nicht gleich als innere Nachgiebigkeit gegenüber der nationalen Begeisterung ansehen, die sich gerade in den ersten drei Wochen überall in Deutschland (und in den »Feindländern« kaum weniger) austobte. Eher scheint es mir ein opportunistischer Schachzug gegenüber dem als nationalistisch eingeschätzten Dichter. Graf hat sich jedenfalls nicht freiwillig gemeldet und konnte sich noch drei Monate lang vor der Aushebung drücken. Immerhin schreibt er auch noch nach den ersten verwirrenden Erlebnissen draußen: »Aber es macht auch Spaß mitunter«, und »hoffte« danach, »für die Front tauglich zu sein«, und zwar in Briefen an eine Freundin in München, vor der er keine Verstellung nötig hatte. In WIR SIND GEFANGENE schreibt er, er habe auf den Rat eines Älteren hin geradezu gedrängelt, von der Ausbildung weg an die Front zu kommen – nämlich weil er dort weniger schikaniert würde. Er war zum Kriegführen weiß Gott nicht geboren. Nach späten Äußerungen hat er nicht einmal schießen gelernt – angeblich hatte er immer gerade Arrest, wenn das »drankam«.[7] Graf war sehr passiv und oft bockig beim Militär. Reiten dagegen konnte er gut, darin zeigte er sich draufgängerischer als die meisten und sammelte Pluspunkte. Er wollte sich nicht aus der Ruhe bringen lassen, weder durch seine Vorgesetzten noch durch alles, was kam. Aber die anderen, die Militärs, hatten ihn in der Hand. Er mußte es nicht gutheißen, was sie ihm befahlen, er mußte es nur ausführen, also suchte er sich auch darin einzurichten. Wobei wir nicht unterschätzen dürfen, daß er beim Militär anders als in den freien unsicheren Hungerjahren zuvor wenigstens materiell versorgt war. Er konnte sogar in einen Hungerstreik treten: der Zwang zur Erhaltung alles kriegstauglichen Menschenmaterials garantierte ihm sein Überleben.

Die Intellektuellen und ihr Verrat

Graf fühlte sich beim Militär ziemlich einsam. Er kam zwar mit den Zwangskameraden gut aus und war wohlgelitten. »Hier haben mich alle herzlich gern«, schrieb er nach dem ersten Lazarettaufenthalt. Sie zanken viel untereinander, »aber zu mir kommen sie wie Kinder«. Doch als geistiger Mensch mit seinen Problemen, vor allem in seiner Auseinandersetzung mit dem Krieg, stand er allein. Er fand nirgendwo draußen einen Gesprächspartner, fast keine Resonanz. Er fühlte sich im Stich gelassen von den intellektuellen, ihm überlegenen Freunden. Sie hatten nicht zusammengehalten, sich nicht gegenseitig vor dem Zugriff des Militärs geschützt. Sie hatten sich sogar – die lautesten Pazifisten zuerst – freiwillig zum Kriegsdienst gemeldet. Am Ende des Krieges fällte er das generelle Urteil: Die Intellektuellen haben vor dem Krieg und dem Chauvinismus kapituliert. Sie sind dadurch mitschuldig an dem Menschenmord. Sie sind sogar, weil andere auf sie gehört und ihnen vertraut haben, »die größten Verbrecher«. Später kam er immer wieder, sooft er mit Intellektuellen zu tun hatte, auf dieses ihr Versagen zurück. Er verzieh es ihnen nie. Wie früh er dieses Urteil ausgebildet hat, ist nicht eindeutig. Nach seiner Darstellung hat er schon den behandelnden Militärarzt, der ihn darauf für verrückt erklärt habe, als »größten Verbrecher« beschimpft, weil er die Menschen nur wieder zusammenflicke, »damit man sie wieder morden, wieder zerfetzen kann«. »Die Generale, der Kaiser, die ganzen Kriegsherren handeln, wie sie es gelernt haben, aber Sie – Sie, Sie haben etwas anderes gelernt und lassen sich zur größten Schandtat benutzen.« Wie weit hatte er mit dieser Erklärung und mit ihrer Verallgemeinerung recht?
Die geistige Elite des Kaiserreichs hatte sich in der Tat weitgehend vom nationalistischen Taumel 1914 anstecken lassen. Sie hatte nicht nur mitgejubelt, sie hatte die Stimmung noch angeheizt durch martialische Aufrufe, die die Unterschrift z. B. aller namhaften Schriftsteller mit wenigen Ausnahmen trugen. Der moderne, feinnervige Thomas Mann, der Dichter des Mitleids Gerhart Hauptmann, der tiefinnerliche Rilke, der nobel konservative Hof-

mannsthal, sie fanden sich mit vielen anderen für kürzer oder länger im Chor der drakonischen »Vaterlandsverteidiger«. Ludwig Thoma, der scharfe Kritiker der Moral und aller Verlogenheiten des Kaiserreichs, schrieb immer schäumender für dieses Reich, je blutiger und verlorener dessen Krieg wurde. Ein rechter Dichter der Gemütlichkeit wie der alte Caesar Flaischlen (»Hab Sonne im Herzen«) reimte zum August 1914:

> »Und geht die ganze Welt kaputt
> in Blut und Flammenwehen,
> und wird es wirklich jüngster Tag.
> wir *bleiben* und wir *stehen*!«

Historisch schwerwiegender noch war das Umfallen, der in Lenins Augen »himmelschreiende Verrat« der Führer der Sozialdemokratie, in Deutschland wie in den meisten kriegführenden Ländern. Die Zweite Internationale hatte die Gefahr klar erkannt, die von der Entwicklung vieler rasant industrialisierter Nationalwirtschaften zu imperialistischen Mächten, von ihrer Konkurrenz und Verhetzung gegeneinander, von der Hochrüstung und dem lauten Säbelrasseln ausging. Die Führer der sozialdemokratischen Parteien hatten in großen Konferenzen gewarnt. Sie hatten die Pflicht des Proletariats in allen Ländern unterstrichen, den Waffendienst zu verweigern. Sie hatten in ihren Millionen von Anhängern die Überzeugung geweckt, der Widerstand gegen den Krieg sei bei ihnen in guten Händen, sie würden im Ernstfall durch internationale große Verweigerungsaktionen den Krieg überhaupt vereiteln. Massen von Arbeitern und anderen erschreckten Zeitgenossen hatten zwischen den Schüssen von Sarajewo und den Kriegserklärungen in riesigen Demonstrationen ihre Kriegsgegnerschaft erklärt. Sie hatten auf eine Initiative des Widerstands gewartet – aber ihre Vertreter bewilligten (im Reichstag einstimmig) die Kriegskredite und stellten ihre Parteien den gegeneinander kämpfenden Vaterländern (hier also dem Kaiser, Hindenburg und Ludendorff) zur Verfügung.

Graf hatte 1914 weder mit den arrivierten Schriftstellern und Kulturträgern noch mit der organisierten Sozialdemokratie viel zu tun. Er erlebte die Folgen ihres Versagens in seinem nächsten Umkreis in Berlin. Viele Freunde, mit denen er debattiert und getrunken hatte, lauter gescheite, auf ihre Unabhängigkeit pochende, größtenteils linke und kritische Köpfe, meldeten sich freiwillig. Jung und die beiden Oehrings meldeten sich, das muß Graf tief getroffen haben. Die Entscheidung Jungs bleibt rätselhaft, weil er in seiner genialischen Art nie jemanden in seine Motive blicken ließ. »Offen gestanden, ich habe mir nicht viel dabei gedacht«, schreibt er in seiner Autobiographie und fügt abweisend hinzu: »Was ging das mich an?«[8] Sein impulsiver Brief an den Kaiser vom 2. August, er wolle bei dem »wunderbaren und erschütternden Ausdruck völkischer Gemeinsamkeit nicht abseits stehen müssen«, läßt sich kaum rational erklären. Immerhin ist er nach seinem ersten Einsatz (zur Schlacht von Tannenberg war er gerade zu spät gekommen) desertiert und wurde schon vor Graf für 5 Monate in eine Irrenanstalt eingeliefert.

Deutlicher läßt sich die Anfechtung und die Auseinandersetzung mit ihr bei Mühsam verfolgen. Mühsam war anscheinend in den ersten Monaten des Kriegs nicht unempfänglich für die Vorstellungen, die Deutschen seien durch »Feinde« bedroht, auch für die entsprechenden Lügen der Zeitungen. Er reflektierte dann, als er sie als Lügen durchschaute, den Grund seiner Anfälligkeit. Er identifizierte sich nie mit den Kriegshelden der nationalen Propaganda. Er wurde aber spontan von Mitleid mit den Angegriffenen (vor allem der Zivilbevölkerung) erfaßt. Ihnen wollte er helfen, wenigstens als Hilfsapotheker. Seine unerschütterlichen Freunde schüttelten den Kopf über so viel fehlgeleitete Gutmütigkeit und Gutgläubigkeit. Ihm selbst war sie später peinlich, doch er suchte sie nicht zu verdrängen, er machte sie zum Gegenstand seiner Analyse und Selbstkritik.[9] Ein Problem hielt er fest, um das auch Graf nicht herumkam. Gleich am ersten Tag, vor dem Platzl in München, am 1. August, habe er gesehen, »wie sinnlos und unfruchtbar es war, gegen einen Massenwahn anzukämpfen, solange keine Mitkämpfer gefunden waren«.

Der Freund Schrimpf war damals für Graf das einzige Beispiel eines Intellektuellen, der sich konsequent dem Kriegsdienst entzog, auch wenn er damit seine Gesundheit für sein ganzes Leben ruinierte. In seinem späten Portrait des Freundes entwickelt Graf aus diesem Verhalten eine Gegenrechnung zu dem kompletten Versagen der Intelligenz. Schrimpf sei nur »einer von Tausenden« gewesen. »Wenn aber einmal die Geschichte der Kriegsdienstverweigerer geschrieben würde, was wäre sie für eine heroische Passion!« In der Isolation an der Front war er weit entfernt von einem solchen Trost. Er mußte seinen eigenen Ausweg aus dem Krieg finden. Die »geistige Hörigkeit« gegenüber den Freunden zerbrach mit dieser Enttäuschung, die sich tief in ihn einfraß. Von nun an gab er sich nie mehr einem anderen, sei er noch so beschlagen und überlegen, dermaßen rückhaltlos hin. Ganz ungeleitet von Vorbildern war er trotzdem nicht. Die Nachrichten von Jung und Schrimpf beunruhigten, alarmierten ihn. Sie gaben den Anstoß, daß er erst vorsichtig, dann immer nachdrücklicher den Gehorsam verweigerte.

Intermezzo: alle Menschen lieben!

Grafs erster Ausweg aus dem Krieg führte ihn nach innen. Sooft er konnte, zog er sich aus dem Dienst zurück in seine Bücher, seine Schreibversuche und eine Spekulation über das richtige Menschsein, die um so stürmischer und unbedingter wurde, je weniger sie sich in den Zuständen an der Front verwirklichen ließ. »Die anderen machten Weibergeschichten. Ich las. Es hieß schon: ›Der Narrenhausbruder‹.«

Er war nicht introvertiert und nicht wehleidig. Er beobachtete aufmerksam, wozu die Truppen in diesem Krieg geführt wurden und was ihre Anwesenheit in dem fremden Land für menschliche, gesellschaftlichen Wirkungen hervorrief. Vom Besuch des Kaisers in Kowno zeichnet er ein scharfes knappes Bild, in dem die Wahrnehmungen zu einem fast klassischen sozialen Kontrast geordnet werden: »Es war ein unheimlicher Anblick: mitten im Fluß ganz kleine Manndl, wie Ameisen, ächzten, plärrten, quälten sich ab, das Ungeheuer [die Brücke] dastehend zu machen, und oben auf der Straße fuhr stolzen Blicks der Herr dieser Knechte«. Aber stärker als der statische äußere Gegensatz interessiert ihn das Moment der Unruhe, die ihn selbst ansteckte und sich ins Expressive verlor. Er spricht von einem Schrei der Pioniere jedesmal, wenn der Hammer (zum Einrammen der Bohlen) aufschlug, und macht ihn sich gewissermaßen zu eigen.»– o, dieser Schrei, undeutlich, zerrissen, verzweifelt, wie Drohung, Mahnung!« Er beschäftigt sich in seinen Briefen wie in seinem Bericht viel mehr mit seinen subjektiven Zuständen als mit der äußeren Realität des Krieges.

Verglichen mit den Berichten anderer Kriegsteilnehmer hat der Trainsoldat Oskar Graf nur einen schmalen Ausschnitt aus dem Krieg miterlebt oder der Darstellung für wert gehalten. Der Kampf an der Front mit seinem Nerventerror kommt ebenso wenig vor wie die elende Existenz in Schützengräben und die quälenden Märsche vor und zurück. Graf übergeht auch manches, was die Soldaten hinter der Front peinigte. Den Dreck, den Drill, die idiotische militärische Subordination verzeichnet er, die Läuse nicht, die Lücken und Pannen in der Versorgung nur indirekt: Man kann sie ahnen an der Ausgelassenheit, wenn es einmal etwas reichlich gab. In Scharrers ziemlich autobiographisch gearbeiteter Darstellung »Vaterlandslose Gesellen« mit dem stolzen, aber zutreffenden Untertitel »Das erste Kriegsbuch eines Arbeiters« werden die Schikanen des Soldatendaseins in ihrer banalen Scheußlichkeit ausgelotet, die auch Graf getroffen haben müssen und auf die er nicht eingeht. »Die Kameradschaft im Kriege ist die größte Lüge, die je erfunden wurde. Sie war niemals eine freiwillige, sondern immer nur eine Gemeinschaft von Todeskandidaten«. Wie sich die deutsche Militärzucht und Militärdoktrin noch zusätzlich zur materiellen Gier der Soldaten in den besetzten Gebieten austobte, wie harmlose Menschen zu Franktireurs gemacht und liquidiert wurden, davon gab es in Polen und Litauen kaum weniger Beispiele als im zuerst überfallenen Belgien. »Der deutsche Geist wird uns noch teuer zu stehen kommen!«

Graf waren, so lange er in der Schreibstube saß und selber lesen und schreiben durfte, seine inneren Erlebnisse und Entdeckungen wichtiger als was man seinem äußeren Menschsein zufügen konnte. In den Briefen aus der Etappe von Marggrabowa bis Lida von Mai bis November 1915 stellt sich der 21jährige Graf mit seinen damaligen Lieblingsideen direkter, ungeschützter dar als in den zur Veröffentlichung verfertigten expressionistischen Texten der Zeit oder im nachträglichen Bericht. Er schrieb die Briefe an eine junge Frau seines Alters, Hanna Romacker (einen auch an ihre Schwester), die er als Verlagsangestellte in München flüchtig kennengelernt und beim Lazarettaufenthalt in der Heimat etwas länger gesprochen hatte. Auf sie projizierte er jetzt alle seine Ideale, seine Bildungsgüter, sein Programm vom künftigen freien Menschen. Er tut es mit bemerkenswert wenig Erotik, aber seine Ideen von der Menschheitsverbrüderung sind selbst durch und durch erotisiert. Er schreibt lange Briefe voll Sehnsucht nach einem Menschen überhaupt. Er schreibt in expressionistischer Manier, mit vielen Ausrufungszeichen, Gedankenstrichen und abgebrochenen Sätzen, die zum Erraten oder einfach zum »Mitgehen« einladen. Er entwickelt in diesen Andeutungen ein Lebensgefühl, das weder an einen Anarchisten oder Kriegsgegner noch an einen werdenden Sozialisten denken läßt, sondern am stärksten an die Jugendbewegung erinnert. Absolute Ehrlichkeit voreinander und Vertrauen zueinander fordert er, auch Stolz, Kraft, Übermut, sofern sie von innen kommen. Für sich selbst braucht er besonders »Reibung, Bewegung, Kampf«. Alle Berechnungen aber, alle auferlegten Ordnungen sollten die Menschen abstreifen. Die Liste dessen, was überwunden und abgetan werden muß, ist lang: »Staat, Gesetz, Beamtentum, hohles Gequatsch, Kaffeehaus«, dann die höllische Erfindung der Neuzeit, »die Nerven«, alle möglichen moralischen Skrupel und Einbildungen, schließlich »die Religionsmanscherei von einem Gott, der doch wahrlich eine Schweinerei ist«. Echte Menschen müßten zusammen »in die Tiefe gehen«, worunter er sich absolute Entscheidungssituationen auf Tod oder Leben vorstellt. Aber sie sollen auch immer wieder auf Berge steigen, von oben auf alles herabsehen, auch die »Berge« in ihnen selber bezwingen.

Stirner und Nietzsche konnte er hier zum ersten Mal etwas Eigenes entgegensetzen: seine Erfahrung, daß es konsequenten Egoismus nicht oder nur bei gänzlich isolierten Menschen geben könne. Keiner könne auf seinen »Nächsten« verzichten, wie sehr er auch in Worten sich selbst zu seinem Nächsten machen mag. Sein Ideal, das er im folgenden Leben tatsächlich in zahllosen Begegnungen und den meisten seiner Werke weitgehend erfüllt hat, findet er jetzt darin, andere Menschen gelten zu lassen, ja sie zu lieben und auf sie einzugehen, so wie sie sind. »Ich gehe, das ist mir ganz gleich, wer es ist (eine Dirne, oder eine unbefleckte Bürgerstochter, ein ehrsamer Arbeiter, oder ein Strolch) zu jedem und bin ihm gegenüber *ehrlich*, ich sehe es für eine der größten Gemeinheiten an, jeden nicht *ganz* zu begreifen – *ihn bessern zu wollen*. Wohlgemerkt: Bessern, einimpfen, daß diese Idee oder das das Gute ist, ist das Idiotischste, weil es Marktschreierei ist. Man kann und darf das nicht, weil man selber zuviel Sünder ist.« »Dieser schmutzigen Welt muß man nie feind sein, sondern alles lieben lernen und nur trachten, daß wir dem etwas anderes entgegensetzen können«.[10]

Wieviel Resonanz er mit diesen Überlegungen bei der »Bürgerstochter« Hanna fand und wie sie auf seine ständigen (obgleich dementierten) Erziehungs- und Belehrungsversuche (auch seine Lektüre empfahl er ihr immer wieder) reagierte, läßt sich aus seinen Briefen nicht ganz ablesen. Er hat jedenfalls jeden Brief von ihr als Resonanz ausgelegt. Mit seinen antinationalen Bemerkungen stieß er bei beiden Romackers auf Widerspruch, und dieser trieb ihn anscheinend an, sein spontanes Freundschaftsgefühl zu Polen und Russen oder sein praktisches Mitleid mit ihnen erst recht herauszustellen. »Das ist ein furchtbar rohes Wesen, dies deutsche, es

sind lauter Schlächter«, schreibt er, immerhin in einem Feldpost-
brief. »Aber Menschen wachsen aus allen Gauen der Welt. [...]
dieses urmenschliche, verständige, tatfrohe Wesen am Deutschen, am Süddeutschen, das liebe ich, wie ich es an jedem anders
Nationalen liebe, fertig!«

Neinsagen, Lachen, Durchdrehen

Die Briefe an die Schwestern Romacker sind zumeist ernst gestimmt, im Ton einer weit ausgreifenden Sinnsuche und Selbst-
verständigung. Am Rande schreibt Graf einiges über seine »Lausbüberei«, über das Spiel mit seiner »amtlichen« Rolle (»Große Faxen«), über den Ärger mit dem Leutnant. Er erwähnt sogar seine
Abstempelung zum »Trottel«. »Seine Truppe wiederfinden, gehört zu den schlimmsten Geschäften im Felde«. In FRÜHZEIT und
verstärkt in WIR SIND GEFANGENE sieht Graf in seiner Unernsthaftigkeit
seinen wesentlichen Beitrag zum Weltkrieg. »Es war sehr lustig
auf unserer Stube«, so beginnt der Bericht von seiner Einberufung.
Den Bemühungen seiner Ausbilder und Vorgesetzten begegnete
der untaugliche Soldat Graf mit gespielter Dummheit. Immer wieder brach er in Gelächter aus. Er konnte die gewaltige Militärma-
schine, später das Irrenhaus und alle quälenden Prozeduren darin
nicht ernst nehmen. Er mußte sie zwar insofern akzeptieren, als
sie die Macht hatten, aber sie konnten ihn nicht einschüchtern.
Seine frühe Schulung in Respektlosigkeit zahlte sich positiv aus,
während die Kameraden den militärischen Rängen viel unfreier,
zum Teil devot gegenüberstanden.
Graf pflegte fixe Ideen oder bildete sie jetzt erst aus. Es waren ba-
nale Sprüche, Albernheiten, etwa die unpassende Frage an jeden,
wie alt er gerade sei. Aber sie wirkten. Sie gaben ihm den Anschein, unberechenbar, vielleicht unzurechnungsfähig zu sein.
Durch Bummelei und durch laute Entrüstung, mit der er seine Un-
entbehrlichkeit an der Front vorgebracht habe, will er es geschafft
haben, daß ein ganzer Zug mit Frontsoldaten mehrere Stunden
auf ihn warten mußte. Sein hartnäckiger Plan, unter Berufung auf
die Reichsverfassung (Artikel 59) nur zwei Jahre zu dienen und
dann, ob Krieg oder nicht, heimzugehen, mußte den Kameraden
ähnlich »verrückt« vorkommen.
Graf schaffte es binnen kurzem, eigentlich von Anfang an, »unten
durch« zu sein. Der so viel schwierigere, methodisch vorgehende
Jung suchte mühsam seinen »Weg nach unten« (später gab er sei-

ner Autobiographie diesen Titel). Graf scheint diesen Weg geradezu naturwüchsig, mit der Sicherheit eines Nachtwandlers gefunden zu haben. Er weigerte sich, einem toten Pferd, das gefroren da lag, die Haut abzuziehen und blieb ungerührt, als sein Leutnant das zu einer Frage der Befehlsverweigerung machte. Als er danach abgeführt wurde und nicht wußte, ob er erschossen wird, wurde ihm plötzlich »wohlig und frei« und fing er zu singen an: »Ein Vöglein sang im Lindenbaum«. Dem Leutnant, der ihm während seines Hungerstreiks drohte, man könne ihn zum Essen zwingen, erwiderte er: »Jawohl, Herr Leutnant, aber nicht zum Appetit«.

In einer seiner KALENDERGESCHICHTEN, unter dem Titel DER UNENTWEGTE ZIVILIST, wirbt Graf geradezu für die Haltung der Renitenz. Jeder soll unberührt, geschickt, seine eigene Sache betreiben, ohne Rücksicht auf den Krieg, den die anderen mit einem solchen Menschen führen wollen. Er wählt eine betont leichtfertige Figur dafür, einen Zuhälter, das Gegenteil eines Helden. Aber er stellt ihn ausdrücklich als Sinnbild für das »Volk« hin, das Kriege immer nur über sich ergehen läßt und am besten tut, sich möglichst wenig darin zu verwickeln. Er erfaßt damit eine verbreitete Stimmung, die den Kriegführenden (je länger der Krieg dauerte, um so stärker) zu schaffen machte. Die Wurstigkeit der kriegsmüden Soldaten, der Hang, auf Befehle zu pfeifen, ergaben auf ihre Art auch eine Beeinträchtigung der angeblich hehren Kriegsziele.

Jedoch erlebte Graf, daß das nicht ausreichte. Aus der Befehlsgewalt und Schikane entrann er nicht durch Wegtauchen und Sichdumm-Stellen. Ihr mußte er den eigenen Kopf entgegensetzen. Er mußte »nein« sagen, mußte die Strafen, selbst die Androhung der Erschießung, auf sich nehmen. Das führte ihn auf sein nacktes, ziemlich ausgesetztes Ich zurück, und es machte ihn frei. »Ich blieb unerbittlich« (als die Kameraden ihm zuredeten, er solle einlenken). »Frei werden oder krepieren, dachte ich«. »Ich bin frei«, sagte er schließlich: in der Irrenanstalt. »Es stört mich nichts mehr«. Es war in seinem Fall notwendig ein einsamer Weg. Die Kameraden sympathisierten sichtlich mit ihm, hatten aber für ihre Person Angst.[11] Bei seiner zweiten Inhaftierung hatte er an die Wand seiner Zelle geschrieben: »Die Masse macht es nicht! Der einzelne muß es machen!« Bei seinem nächsten Besuch dort fand er darunter geschrieben: »Sehr richtig«. Das war das Maximum an Resonanz, das er bei seinen Kameraden fand.

Nicht alle, die einen Befehl verweigerten, wurden erschossen. Es gab andere Möglichkeiten, sie aus dem Heer auszustoßen. Ein Weg, zu dem hier der Apparat ebenso beitrug wie der Betroffene, führte durch die Irrenanstalt. Von den Vorgesetzten war Graf schon in der Phase seiner stummen oder lachenden Widerborstigkeit offenbar für irr gehalten worden. Sein Major argwöhnte, da hätte sich ein Irrenhäusler »ins deutsche Heer eingeschmuggelt«. Vollends die militärische Logik außer Kraft zu setzen und einen Befehl zu verweigern, konnte nur als Akt des Wahnsinns toleriert werden. Weitere Weigerungen und teils impulsive, teils gespielte Ausbrüche trugen Graf die Diagnose »Idiot« ein. Aus der medizinischen Beurteilung seines Falles (nur aus Haar ist der Krankenbericht erhalten) ergibt sich, daß er wirklich durch alles Erlebte ziemlich verstört war, daß er aber auch zu der vorteilhaften bösartigen Diagnose kräftig beigetragen hat.[12] Er agierte mit kindlicher Ehrlichkeit, mit Simulation und Sarkasmus. Er war trotz der Preisgabe seiner Person im Anstaltsbetrieb strikt auf die Wahrung seiner Eigenheit bedacht. Er blieb übrigens voll arbeitsfähig. Er hielt die Beziehungen zu den anderen draußen, so gut es ging, aufrecht und las viel. Schon in Görden verlangte er nach seinem Walt Whitman, den er Hanna Romacker geliehen hatte. Nachdem er einen Aufsatz »Die Beziehung als Weg zu einer neuen Ethik« beendet hatte, schrieb er einen neuen Aufsatz »Der Koller«. Er nennt sich selbst »einen schrecklichen Kerl«, verzeichnet der behandelnde Arzt – obgleich er doch gut gewachsen und gut genährt sei. »Da es ihm an Vorbildung fehlt, operiert er mit unklaren, verschwommenen Begriffen, wodurch er verschroben wird«. »Bildet sich ein, die ganze Menschheit hassen zu müssen« (nach seinem ersten langen Urlaub von der Anstalt). Im Oktober kam er von weiteren Ausgängen zurück: »ziemlich ablehnend, kurz, geschraubt und hochfahrend«. Anfang Dezember 1916 wurde er wirklich frei. Er wurde offiziell aus dem Wehrdienst entlassen, »dienstunbrauchbar ohne Versorgung«, unter 10 Prozent erwerbsunfähig, geschäftsfähig, nicht mehr anstaltsbedürftig.

Der Wahnsinn der anderen, der Kriegstreiber und der in den Krieg Getriebenen, ging weiter. »Ich lerne, daß es zwei Arten Kranke gibt«, schreibt Toller aufgrund seiner Einweisung in die Irrenanstalt (später und nur vier Tage lang): »die harmlosen liegen in vergitterten klinkenlosen Stuben und heißen Irre, die gefährlichen weisen nach, daß Hunger ein Volk erzieht, und gründen Bünde zur Niederwerfung Englands, sie dürfen die harmlosen einsperren«. Das kürzeste Verdikt über die Kriegserfahrungen dieser Ge-

neration gibt Arnold Zweig in seinem »Grischa« aus dem Mund
der schlauesten Figur des Buches: »Soldat, Idiot!«

Pazifist, aber streitbar, aber bedrückt

Gegen jeden Krieg zu arbeiten, sich jedenfalls an keinem Krieg zu
beteiligen, diese Konsequenz zog Graf aus seinen Kriegserfahrungen. Als seine Genossen eine Rote Armee bildeten und München
gegen den Weißen Terror verteidigten, war er zwar an vielen Stellen zugegen, aber nur als Beobachter; er rührte keine Waffe an. Als
die entschiedensten Kämpfer gegen den Faschismus, nicht wenige Schriftsteller darunter, der Spanischen Republik zu Hilfe eil-
ten, hat er, der in jeder anderen Hinsicht zu den entschiedensten
gehörte, nie mit dem Gedanken gespielt mitzugehen. In große
Verwirrung wurde er im Zweiten Weltkrieg gestürzt, als er feststellen mußte, daß der Sieg über Hitlers Schreckensherrschaft nur
mit Waffengewalt möglich war. Er hat sich für die kämpfenden Alliierten ausgesprochen (eine aktive Beteiligung wäre für ihn als
Staatenlosen sowieso nicht in Frage gekommen), aber mit wesentlich mehr Skrupeln als die meisten Mitemigranten. Daß er schließlich Amerika nicht mit der Waffe verteidigen wollte, daß er sich mit
aller Leidenschaft gegen den Vietnamkrieg einsetzte, stand in den
Gedanken und Aktionen seiner letzten zwanzig Lebensjahre
obenan.

Graf war anfangs ein spontaner, impulsiver, nie ein bequemer
oder illusionärer Pazifist. Daß Kriege trotz seiner Weigerung statt-
fanden, daß Millionen von Menschen in den Tod geschickt wurden, vor diesem harten Faktum konnte er seine Augen nicht ver-
schließen. Seine Kritik wurde eine grimmige, verbissene Kritik,
voll Zorn über die erfahrene Ohnmacht. So überzeugt er von seiner Sache war, so unsicher, zögernd, manchmal entschuldigend
vertrat er diese Kriegsgegnerschaft, weil sie noch nie etwas verhindern konnte. Er kannte keine Schonung der Kriegstreiber, auch
nicht der Befürworter oder der Lauen, und wenn es der Papst in
Rom war. Aber er konnte nach seinen Erfahrungen den in den
Krieg geführten Massen, Leuten wie er selbst und schwächer,
nicht so vertrauen, daß er von ihnen eine entscheidende Wendung
gegen die stattfindenden Kriege erwartet hätte. Der Krieg, die
kleine Rolle, die er darin spielen mußte, die Behandlung als Kran-
ker und Irrer brachten einen weiteren ungeheuren Schub an Mißtrauen in den einstmals sehr offenen, bereitwilligen jungen Mann:

Mißtrauen gegen sämtliche Veranstaltungen und Ziele von Körperschaften jedweder Größe, Mißtrauen auch gegen sich selbst, gegen alle Menschen, egal wie hoch oder niedrig. Graf war nach seiner Entlassung aus dem Dienst ein anderer Mensch. Er knüpfte an manche Tätigkeiten aus der Zeit bis 1914 unwillkürlich oder zwangsläufig wieder an, aber er konnte nichts mehr mit der gleichen Bereitschaft und Hingabe weiterführen. Im Feuer war er nicht gewesen, trotzdem war er hinfort ein gebranntes Kind.

Revolutionär und Zuschauer

Aus der Bahn geworfen

»Ins Freie« überschreibt Graf das letzte Kapitel von FRÜHZEIT, das bis zur Entlassung aus der Irrenanstalt führt. Das darauf folgende Kapitel in WIR SIND GEFANGENE nennt er: »Ein Unsinn hört auf, ein neuer beginnt«. Er war nur juristisch, nur auf dem Papier frei geworden. Er wußte weniger als je, was er machen, an wen er sich wenden sollte. Die fast zwei Jahre, bis im Herbst 1918 das große Knistern und endlich plötzlich die Revolution begann, waren angefüllt mit hektischen Suchbewegungen, fragwürdigen Festlegungen, scheiternden Experimenten. Graf wartete ab und suchte verzweifelt den Anschluß an etwas, was eine geschichtliche Bewegung zu werden versprach.

München war in den letzten Kriegsjahren eine andere Stadt geworden als die heitere, liberale, die der junge Graf gekannt hatte. Ludwig III. holte viel Kriegsindustrie mit einem Heer von Rüstungsarbeitern und Soldaten in die Stadt – und damit die Kräfte, die ihn stürzen sollten. Bayern stellte in diesem Krieg 25 Divisionen mit 900.000 Mann; fast 200.000 Soldaten verloren ihr Leben. Die ideologische Veränderung im Bürgertum, die Verhärtung der Mentalität war unübersehbar. Die »Patrioteska«, wie Mühsam jetzt diese Einstellung nannte, beherrschte das Straßenbild; die Presse, das geistige Leben, übte einen Druck auch auf Meinungen und Gespräche aus. Ein anderer Oskar Graf, Kriegsmaler, im Hauptquartier beschäftigt, verschickte zu Neujahr 1917 seine Glückwünsche mit einem behelmten Kriegerkopf und nacktem Bajonett. Dieser war es, der ein Vierteljahr später unserem Oskar seinen Namen abkaufte, weil er unliebsame Verwechslungen befürchtete. Es war die Zeit der Kriegsanleihen und Durchhalteparolen.[13] Selbst die Gutmütigkeit und Hilfsbereitschaft der Bevölkerung wurde zur Verlängerung des Krieges ausgebeutet. Dem Hilfsbund der Münchner Einwohnerschaft reichten die »Liebesgabenpakete« noch nicht, er verstieg sich bis zur Parole »Kriegsliebesdienst«. Graf mühte sich wie die meisten seiner expressionistischen Dichterkollegen um seine ersten Veröffentlichungen in winzigen Auflagen. Zur gleichen Zeit, in den letzten zwei Kriegsjahren, sahen Hunderttausende von Bayerinnen und Bayern das »feldgraue Spiel«: »Der Hias«. Sie ließen sich ergötzen von einem beherzten, bayrisch sprechenden Helden, der seinen Leutnant aus der Hand von ausgemacht schuftigen Franzosen heraushaut. Graf fiel es nach seiner Kriegsbeteiligung doppelt schwer, auf sich selbst gestellt zu leben. »In der Kaserne, im Feld und im Irrenhaus

Titelblatt-Holzschnitt von Grafs Freund Georg Schrimpf zur ersten Buchveröffentlichung, dem 1917 erschienenen Gedichtband DIE REVOLUTIONÄRE (Dresdner Verlag von 1917, Dresden).

war es so gewesen: Es ging einen gar nichts an. Es hatte einen gar nichts anzugehen«. Jetzt war er aus diesem »Trott« herausgerissen und war gar nicht froh, nur unsicher. Selbst der See, sein gewohnter See, den er nach kurzer Erholung zu Hause wieder verlassen mußte, »war häßlich und sah alt aus«.

Nach einem halben Jahr des ziellosen Probierens konnte Graf in all seinen Unternehmungen nur »Zerrüttung« sehen. »Das war, als hätte ich mich in unsichtbaren, klebenden Netzen verstrickt«. Er mußte wieder arbeiten. »Gefangen war man hier wie im Krieg!« Zeitweilig fand er in einer aus der Militärzeit »herübergeretteten« Stirnhöhlenvereiterung einen bequemen Grund, sich zu drücken. Er bettelte aufgrund seiner Kriegsentlassung bei wohltätigen Einrichtungen und mit Briefen an patriotisch gesinnte Persönlichkeiten. Auch seinen Einstieg ins Literaturgeschäft betrieb er devot, wie eine geistig verbrämte Bettelei. Er fand Zugang zu Schiebern, die auch im Krieg noch sämtliche Delikatessen gehamstert hatten. Er wurde selber Schieber. Seinen allmählich zahlreicher werdenden bessergestellten Bekannten in Schwabing vermittelte er Luxusgüter aller Art und verdiente gut daran. Waren seien »das einzig Reelle«, so provozierte er »die diskutierenden Dichter und Künstler« im »Simplizissimus« in der Türkenstraße. Je mehr Geld er aber in die Hand bekam, um so haltloser wurde er. Am meisten verstrickt, unselbständig, den Zwängen zum Arbeiten und zum raschen Geldverdienen ausgeliefert, fühlte er sich durch seine frühe Ehe.

Ehe und schlechtes Gewissen

»Zur einen Hälfte Schmutz, zur andern Heiligtum, so ragt die Frau in unseren Sturm«. Frauen waren, blieben Oskar Graf ein Rätsel. In seiner Vorstellung, seinen politischen Begriffen vom Verhältnis der Geschlechter war er etwa so weit fortgeschritten wie die intellektuelle Avantgarde seiner Zeit. Er betrachtete Frauen als ganze Menschen und gleichberechtigt, sprach am liebsten von »Kameraden«. Er hing nicht an der alten Rollenverteilung, der Abwälzung aller Pflege- und Dienstleistungsaufgaben auf die Frau, wie er sie zu Hause und in so gut wie allen Familien in der Stadt als selbstverständlich erlebt hat. Im amerikanischen Exil war er zwanzig Jahre lang ohne männliche Ziererei für den Haushalt zuständig.

»Freie Liebe« war das große Schlagwort und Ideal in den ersten Jahrzehnten des Jahrhunderts. Graf lernte die Botschaft von der »Freiheit der Leiber« ohne Verhüllung und Lüge aus dem unglaublich edelmütigen, sittsamen Buch von Edward Carpenter »Wenn die Menschen reif zur Liebe werden«. Mit ähnlichen programmatischen Fanfarenstößen verlangt Graf in einem frühen expressionistischen »Manifest« von den Frauen: »Eure Beziehung soll sein wie ein Entfachen zum Verwegensten, nicht ein Bitten um Beherrschtsein oder gar ein Klammern an die Beständigkeit. Um eurer Kinder und um des Lebens willen soll Familie ein Schimpfwort sein.«. »Beglückung erstrahle, wenn Eure Körper Männeralleen durchwandern und die Hingegebenste wird die Erhebendste unter Euch sein«.

Die Verwirklichung seiner Sexualität und seines Lebens in Beziehungen sah beträchtlich anders aus. Da machte er die Frauen denn doch zu Objekten, sowohl seiner Lust, zumeist als Gier gezeichnet, wie seines Besitztriebs. Aus der Vergröberung durch die Arbeit und aus der inneren Leere nach seiner Kriegsentlassung heraus, so behauptet er, trieb es ihn zu Prostituierten. Zeitweilig sei er ihnen regelrecht verfallen gewesen, sowie er eine sah. Er habe sich auf sie gestürzt, ja »brach auf sie nieder« »wie ein geplatzter Sack«.[14] In der Phantasie entwickelte er zugleich das Bild von der feinen, wohlhabenden Frau. Er projiziert alles auf sie, was ihm fehlte. Von Pelzen, Duft und feiner Wäsche, von der ganzen »etwas aufdringlichen und respekteinflößenden Gutangezogenheit bürgerlicher Damen« zeigte er sich erregt und betört. Als er durch Auszahlung seines Erbes vorübergehend zu Geld gekommen war, schmiedete er Heiratspläne und versuchte sie per Annonce in die Tat umzusetzen. Jetzt figurierten die halb ausgesuchten, halb ausgedachten Partnerinnen als die ideale Ausstattung eines Dichterheims und überdies als Stofflieferanten für seine literarische Fabrik. »Alle großen Dichter haben ihre Stoffe aus den Frauen geholt«. Nur wenige Frauen aus diesem Auf und Ab von Liebesobjekten und Phantasieanlässen erhalten im nachträglichen Bericht ein eigenes Gesicht und einen Namen. Eine »Luise«, Kollegin von Nanndl, »keck«, mit Sommersprossen, blieb ihm in guter Erinnerung. Er habe sich »redlich« in sie verliebt und öfters bei ihr geschlafen. Wie er sie kennengelernt hat: sie besuchte ihn mit seiner Mutter und Schwester in der Irrenanstalt und »lachte«, während alle weinten, das hat ihn stärker beeindruckt als ihr folgender »Liebesroman«.

Grafs Vorstellungen von Sexualität sind offenbar von früh an überschattet von einer starken emotionalen (unerfüllten) Bindung an seine Mutter. »Es ist das instinktive Sehnen des Schollenentrisse-

nen nach Gebettetsein«; »Ein Weib ist ausgebreitet wie ein Zelt-
dach: Mutter!« In der Erzählung MUTTER…! (1919) zeigt er einen
jungen Mann in der Stadt, der sich nach dem Tod seiner Mutter
das »wohlige Geborgensein« bei einem Mädchen gern gefallen
läßt, aber nach der ersten Nacht bei ihr flieht. Sie hatte ihn »Kind«
genannt, das konnte er nur als Lüge von sich weisen. »Sie hat das
Bild zerbrochen. Sein Bild. Er hat seine Mutter klein gesehen, kleiner wie er selber war, erbärmlich, bittend, flehend, wimmernd.«
Viel später noch (1953) bringt Graf die wilden Erlebnisse seiner
Frühzeit unter dem Einfluß Jungs auf die Formel: »Jeder schämte
sich noch gewissermaßen, seine Mutter zu verraten, aber, gepeitscht von einer unbändigen, fast tierischen Brunst, verriet er sie
dennoch bei jedem Coitus mit einer Hure, die doch auch nur ein
Weib war wie sie.«
Schrimpf mit seinen Modellen, die meistens, oft mehrere zugleich,
auch seine Liebsten waren, war auch für Graf ein gewisses Vorbild. Eine verlassene Freundin von Schrimpf heiratete Graf im Mai
1917 »wegen einer Viertelstunde Mitleid«. Sein späteres Urteil
über das Zusammenleben ist hart und abweisend. »Die Ehe war
unglücklich von Anfang bis zu Ende«. Für den äußeren Ablauf der
Ehe trifft das voll zu. Die beiden hatten wenig Gemeinsames. Karoline (Lina) Bretting, Buchhalterin in einem Grabsteingeschäft,
fünf Jahre älter als Graf, weshalb sie eine frühere Liebeserklärung
von ihm zurückgewiesen hatte, muß gerade die ›Normalität‹ des
Lebens verkörpert haben, in der Graf Halt suchte und an die er
sich nicht binden wollte. Sie schwärmte für Flaischlen und Nietzsche und spielte Klavier, lauter klassische Stücke, die er nicht
kannte. Er hatte eine bürgerliche Frau geheiratet und warf ihr
»Bürgerlichkeit« vor. Für seine großzügige, schweifende Lebensart und seine Lieben neben der Ehe hatte sie kein Verständnis. Sie
kämpfte um ihren Mann, als er sie verließ und nachdem er sie verlassen hatte. Sie beschimpfte ihn bitter und verletzend: »Ach du
armer Judas!!«. Sie rang sich dann zu einer »neuen Lebensauffassung« durch, wollte ihm nichts mehr nachtragen, setzte ihm aber
weiterhin mündlich und tätlich zu (er wohnte vier Straßenecken
von ihr, der ehemals gemeinsamen Wohnung entfernt), gab ihn
nicht frei und ließ sich nicht von ihm scheiden.
Da in die Zeit der Ehe mit Lina und der langwierigen Trennung
von ihr Grafs rastlose Suche nach einem Lebensinhalt und das
langsame Anwachsen der revolutionären Bewegung fällt, vermittelt Graf seinen Lesern unschwer das Gefühl, die Heirat sei nichts

als eine Verirrung gewesen. Bei genauerer Lektüre verrät sein Text noch etwas anderes über sein damaliges Bewußtsein und seinen Lernprozeß. Im gröbsten Elend bei einer Wohnungssuche für beide, als ihre Möbel beschlagnahmt waren, sein einziger Anzug beim Pfandamt, so daß er nicht einmal aus dem Bett konnte, fragte er sich, warum er nicht gleich, noch vor der Hochzeit, geflohen sei oder jetzt einfach Schluß mache. »Aber das ging ja nicht! Du *mußt*, sagte ich mir stoisch, das wird schon alles so sein müssen«. Auch als er sich innerlich von ihr abgewandt hatte, blieb ein Gefühl der Zusammengehörigkeit als Leidensgenossen, die eine mißliche Lage zusammen tragen müßten (von Liebe war in der ganzen Beziehung nie die Rede). »Ich tu' ja bloß, was sich gehört«. Wie in vielen Fällen war die Geburt eines Kindes (Annemarie) eine besondere Belastung. Graf »fürchtete« sich vor seinem Kind – »hilflose Kreaturen« machten ihn selber »hilflos«. Er konnte seine Frau in diesem Zustand, zumal als sie noch krank wurde, nicht verlassen. Aber ihn verband außer den äußeren Pflichten nichts mehr mit ihr, daher fand er sein Verhalten verlogen und wurde doppelt bedrückt. Er lernte die Verstrickung von menschlichen Verhältnissen, den Widerstand des Bestehenden gegen Lösungen der Vernunft oder einer selbstbestimmten Moral am eigenen Leibe kennen, nicht zum erstenmal, aber zäher als je zuvor.[15] Das schlechte Gewissen, das er seiner ersten Frau gegenüber ausbildete, wird verarbeitet in einer Reihe von Texten in den folgenden drei Jahrzehnten (Künstlernovellen und -romanen, meist unveröffentlicht) bis zur FLUCHT INS MITTELMÄSSIGE. Es wird in WIR SIND GEFANGENE zugedeckt durch die neue Lösung, das Leben mit Mirjam. Einen kleinen Lichtpunkt aber setzt Graf auch dem von Anfang an verfehlten Verhältnis zu seiner ersten Frau auf. In Bezug auf ihre Tochter, Oskars einziges Kind, schrieb sie einmal in ihrer Krankheit wie ein Vermächtnis auf einen Zettel: »Schau, daß das Kind ein freier Mensch wird«. Die Tochter wuchs dann in Berg bei Grafs Mutter auf.

»Nichts hält uns mehr!«

Oskar Maria Graf war noch nicht berühmt, als die Revolution anfing. Anders als Toller, Mühsam und andere bekannte Intellektuelle übernahm er keine herausragende Rolle in der Revolution und der Räterepublik. Dennoch wurde er ein bekannter, nicht führender, aber ständig treibender Revolutionär. Nach dem Zeugnis aller, die ihn in dieser Zeit gekannt haben, war er unübersehbar und vor allem unüberhörbar. Bei allen wichtigen Massenereignissen war er dabei. Nie war er selber so sehr Masse, Ausdruck und Stimme der Masse wie in der langen fieberhaften Erwartung einer großen Veränderung, beim Zug von der Theresienwiese in die Stadt am 7. November, mit dem die Revolutionäre unter Führung der Unabhängigen Sozialdemokraten von der Stadt Besitz ergriffen, und bei der unruhigen Bewegung danach. Er lief mit, schrie mit oder stand herum, wo auf irgendeine Weise die Forderung unterstrichen wurde, daß die Revolution weitergehen und radikaler werden sollte. Er war bei vielen Zusammenstößen mit der intrigierenden oder bewaffneten Konterrevolution zugegen. Er lief mit im Trauerzug für Eisner und teilte die allgemeine, nur noch knirschende Trauer über das blutige Ende der Erhebung. Hier hatte er nicht den Eindruck, daß etwas organisiert, mühsam angestoßen und dirigiert wurde. Hier war die Bewegung der hungrigen, Frieden verlangenden, ihr Recht suchenden Massen stärker als alle politischen Parteien und Programme. Es war die stärkste Bewegung, die Graf jemals erlebt hat. Sie prägte sein Bild von der Kraft des Volkes und sein Ideal einer wahren Vergesellschaftung statt aller Verstaatlichungen.

»Die Revolution war eigentlich etwas Unvorstellbares für mich«, bekennt Graf, »sie war gewissermaßen ein Zustand, dem alles zustrebte, was aber nach diesem Hereinbruch geschehen sollte, darüber war sich kaum wer klar«. »Losgehen« war seine Parole, wie im Krieg, aber jetzt mit großer Resonanz. »Wenn einfach alle losgehen – so viel Zuchthäuser haben die ja gar nicht, um die Rebellischen alle einzusperren!« »Uns kann nur die Revolution retten!« »Wie ein wildgewordener Stier rannte ich sozusagen durch die Revolution, durch Tag und Nacht«. »Der Choas [das Chaos] ist ausgebrochen«, soll sein Ruf im Bürgerbräu gewesen sein. In einem der »Manifeste«, die er in dieser Zeit schrieb, »NICHTS HÄLT UNS MEHR!«, betont er die Bewegung so stürmisch, so ausschließlich, daß alle Inhalte der Bewegungen dagegen gleichgültig werden.

Auch an den revolutionären Ereignissen nimmt Graf vor allem den jeweiligen Aufbruch wahr. Danach verliefen sie immer irgendwie undurchschaubar, stockten ganz oder ergaben schiefe Fronten. Bei der entscheidenden Demonstration am 7. November fand er sich dicht an der Spitze, »eingekeilt von einer dahinstürmenden Menge«. Er sah auf Eisner, der ihm ebenfalls vorkam, »als hätte ihn das jähe Ereignis selber überfallen«. Der »breitschulterige, wuchtig ausschreitende blinde Bauernführer Gandorfer« neben ihm »bewegte sich viel freier, derb auftretend, fest, und so eben wie ein bayrischer Bauer dahingeht«. Diese ermutigende, Vertrauen einflößende Impression vom Losgehen bleibt das positivste Bild vom Revolutionstag. Der Marsch selbst brachte nicht nur viel Jubel und kampfloses Einschwenken der überwältigten Soldaten. Er enthielt am Rande auch eine Szene der Rache und Lynchjustiz. Er endete im »Franziskanerkeller« jenseits der Isar, in dem Gäste »mit echt münchnerischen Gesichtern« saßen, »breit und uninteressiert« an den weltbewegenden Vorgängen, und »Wally, an Schweinshaxn!« bestellten. Immerhin scheint die Betonung des Anfangs, des schließlichen Durchbruchs durch die Stagnation und Passivität die tragende Empfindung der Massen und zum Teil auch ihrer Führer gewesen zu sein.

Graf wurde im Lauf der Revolution radikaler. Als geschundener Arbeiter hatte er von den Kollegen verlangt, sie sollten den Besitzer niederschlagen und die Mühle selbst betreiben (s. o.). Beim Militär hatte er gehofft, daß eine noch schärfere Knebelung, »bloß mehr mit Hundepeitschen«, die Kameraden rebellisch machen würde. »Die Unterdrückung muß unerträglich werden, dann kommt die Änderung«. Jetzt »brüllte« er in die Versammlungen, ehe die Revolution kam: »Vernichtung aller Maschinen! Streik! Einfach nichts, gar nichts mehr machen!« Weil er vor der russischen Oktoberrevolution in die Universität ein wenig hineingerochen und sich über deren Zahmheit und Weltferne, aber auch über die »Regierungs«gelüste der darin Verbildeten erregt hatte, war seine erste Reaktion auf dieses Weltereignis: »Jetzt geht's an... Und nichts wie weg mit den Universitäten und all diesem geistigen Mist! Revolution!« Er wurde radikal – aber er blieb auch Tolstoi-Anhänger: »Nicht dagegen aufstehen, daß Krieg ist, einfach ihn in nichts unterstützen, das ist's...«

Er spielte auch seine Lebenslust voll aus: Seine unpassenden Einfälle, seine Tölpeleien und allmählich zielbewußteren Provokationen vervielfachten sich in der aufgerührten Zeit vor und in der Revolution. Ungeübt in den Künsten der illegalen Arbeit, wählten Graf und Schrimpf, als sie sich mit einem verfolgten Deserteur auf die Straße wagten, die folgende Verkleidung, die von DADA inspiriert sein könnte: »Pegu setzte meinen, ich Schorschs Hut und Schorsch Pegus Hut auf«. Im Gefängnis und beim Verhör wegen eines illegalen Druckauftrags beherrschte Graf seine Rolle des harmlosen, vertrauensseligen Deppen so gut, daß er das Verhör wie eine gelungene Probe seiner Lausbüberei gestaltete. Auf den

Vorhalt, die Unabhängigen hätten doch offen gefordert, »die jetzige Staatsordnung« müsse geändert werden, erwiderte Graf geradezu tröstend und »unbeirrt«: »Herr Kommissar, *wir* zwei können daran doch auch nichts ändern«.

Eine improvisierte, halbherzige, niedergetretene Revolution

Graf muß ein hinreißender, aber auch ein äußerst unzuverlässiger Revolutionär gewesen sein. Sein tätiger Beitrag zur Revolution hielt sich in Grenzen. Durch die selbstironische Darstellungsweise in WIR SIND GEFANGENE wird er noch weiter heruntergespielt. Zur Zeit der Agitation gegen den Krieg versteckte Graf mit Schrimpf zusammen einen Deserteur aus Berlin, und dieser, merkten sie allmählich, hatte eine wichtige Funktion. Paul Guttfeld alias »Pegu« hatte die Denkschrift des Fürsten Lichnowsky in Händen, d.h. Auszüge aus dem Tagebuch, in denen der ehemalige deutsche Gesandte in London seine Unzufriedenheit mit der Verhandlungsführung der deutschen Seite ausdrückte oder, wie es der Polizeibericht prägnant erfaßt, »die Schuld am Bruche mit England der deutschen Regierung zuschob«. Diese Schrift zirkulierte seit Anfang 1918 unter den USPD-Führern in München. Bei Diskussionsabenden wurde sie teilweise vorgelesen. Eisner wurde schon als lau beschimpft, weil er sie nicht veröffentlichte. Pegu hatte sein Manuskript von Gumbel in Berlin bekommen. Friedrich Wilhelm Förster kürzte es zu einem publizierbaren Text. Graf half Pegu, ein paar Exemplare abzutippen, und trug eins in eine Druckerei, wo er zunächst eine Kostenrechnung für eine Auflage von 5000 oder 10 000 Stück verlangte. Der Drucker verständigte die Polizei, die zum Abholungstermin Pegu und Graf verhaftete und die aus der hohen Auflage messerscharf schloß, die Broschüre »sollte zweifellos zu Agitationszwecken bei dem in Aussicht genommenen Massenstreik und zur Aufhetzung der Bevölkerung gegen die Regierung« dienen. Pegu verriet nicht (»unter keinen Umständen!«), von wem er die Schrift hatte und in wessen Auftrag er sie hatte veröffentlichen wollen. Die Polizei tippte auf Toller, den sie inzwischen »wegen Landesverrats« festgenommen hatte. Auf einem Zettel, der nach Pegus Verhaftung in seiner Atelierwohnung gefunden wurde, teilte ihm ein Ungenannter (vermutlich Toller) mit, die Schrift sei schon gedruckt. Graf saß dadurch gerade zu einer Zeit im Gefängnis (verhaftet am 29. Januar), als der Streik der Munitionsarbeiter in München wie in anderen Städten ausbrach und wieder zusammenbrach. Er saß zusammen mit den in Schutzhaft genommenen Arbeiterführern und hat aus diesem biographischen Zusammentreffen später nicht weniger Zusammengehörigkeitsgefühl abgeleitet als aus der Übereinstimmung in den Zielen und seiner viel spärlicheren Praxis.

Beim großen Zug in die Stadt, mit dem die Revolution sich durchsetzte (7. November), bewahrte Graf einen der »Kleinen«, einen Zahlmeister in Uniform, vor dem Zorn der Menge. Das war kein revolutionärer Akt, aber ein Beitrag zu der allgemein bemerkten Gutmütigkeit dieser Revolution. Vermutlich deshalb hebt es Graf als seine einzige eigene Aktion in diesen turbulenten Tagen hervor. Im »Rat der geistigen Arbeiter« hätte er Arbeit gehabt. Er ging zur Zeit der ersten Räterepublik auch mindestens einmal mit (mit dem Beauftragten Achenbach, auf Anforderung von Tautz) und spielte den Hilfszensor gegen die unverschämt höhnischen, konterrevolutionären klerikalen Zeitungen. Er hielt dem Chefredakteur des »Bayrischen Kuriers« [Zentrum] und seinem Pfarrer eine geharnischte Standpauke: »Im Krieg haben Sie jede Lüge gedruckt und geschwindelt! Und jetzt auf einmal kommen Sie mit Ihrem Glauben daher!« Als aber die regierenden revolutionären Freunde sich von den Skrupeln dieser Herrn gleich wieder erweichen ließen, spottete er nur noch: »Jaja, natürlich, die Freiheit über alles, wenn auch die Revolution darüber kaputt geht«, und entließ sich aus diesem »Amt«. Ein eher atmosphärischer Beitrag war Grafs Einsicht, daß der Revolution ein Lied fehlte. »Das ist das Schlimmste!« Im Gefängnis brachte er den Mitinsassen das Lied »Schmiert die Guillotine!« bei. Bei Beginn der Revolution hatte Graf die plausibelste Widerlegung Stirners und seines destruktiven Satzes »Was soll nicht alles meine Sache sein!« parat: »Alles war doch meine Sache, was sich bewegte!« Während des Trubels aber stockte und grübelte er immer wieder. »Alleingelassen, dachte ich lang darüber nach, wie ich nun der Revolution nützlich sein konnte, aber es fiel mir nichts Gescheites ein.«

Er hatte auch andere Sorgen, aber keine blieb unberührt von der Revolution. Er war in dieser Zeit hellauf verliebt, ernsthafter und beständiger als sonst. Die Liebe zu seiner lebenslang treuen Gefährtin, seiner späteren Frau, hatte wenig mit seinen Träumen von Behaglichkeit und einer respektierlichen Existenz, etwas mehr mit dem aufregenden Lebens»stoff«, den alle Dichter brauchen, und anfangs noch fast nichts mit seinem sexuellen Heißhunger zu tun. In dieser Liebe trafen die revolutionäre Erregtheit der Zeit, der große Idealismus der Jugend, die expressionistische Literaturbewegung glücklich und äußerst beflügelnd zusammen. Dabei war es anfangs überhaupt nicht ausgemacht, daß aus dieser Liebe etwas werden würde. Mirjam Sachs, das »schwarze Fräulein«, das den Schlußpassagen von WIR SIND GEFANGENE ihren hoffnungsvollen Schimmer gibt, mochte ihn nicht, sie fand ihn einen »gräßlichen Kerl«. In ihrer Lebensart waren sie in der Tat allzu verschieden. Zu seinem Glück war sie ebenso wie er für den Expressionismus und für die Revolution. So zog ihn die Liebe nicht ab von den Zeitereignissen, sondern wurde ein befeuerndes Element im großen Trubel der Revolution.

Graf blieb aber auch Schieber zumindest in den ersten Monaten der Revolution. Obgleich die Revolutionsregierung die Todesstrafe darauf setzte, obgleich er angesichts der Not nach dem Zusammenbruch der Kriegswirtschaft Anwandlungen von schlechtem Gewissen bekam, belieferte er weiter ausgesuchte Kunden mit den ausgesuchten Waren, die verschiedene Dunkelmänner immer noch in großer Menge gehortet hatten.

Graf feierte, plauderte, soff und tobte viele Tage und Nächte dieser ebenso unruhigen wie fordernden Zeit im Kreis des Holländers Hoboken. Er spielte den unermüdlichen Unterhalter, den Clown des Kreises, den Blitzableiter für die regelmäßig auftretenden Aggressionen. In den frühen Texten kommt nur seine Aversion gegen das Treiben dieser launischen Luxusgeschöpfe zum Ausdruck. Mit dem Maler Heinrich Davringhausen, den er schon von Ascona her kannte, prügelte er sich herum, sei es um die Gunst des Hausherrn oder seiner Geliebten, sei es aus einer allgemeinen Unverträglichkeit ihrer Kunst- und Lebensanschauungen.[16] Graf konnte ihn nicht leiden, fand ihn »überelegant«. Im quirlenden »Rat der geistigen Arbeiter« sei Davringhausen als »Bügelfaltenhengst« peinlich aufgefallen. In einer frühen Novelle DER TOTSCHLAG, in der die Erlebnisse in diesem Kreis als unerträgliche Demütigung gestaltet sind, erschlägt der lange nur kuschende, als »Kuli« malträtierte Dichter schließlich seinen Widersacher, den sadistischen Maler, dem Graf den Namen »Kotlehm« verpaßt. In der nächsten Fassung, EIN DUMMER MENSCH (1922), ist die Fixierung auf den einen Widersacher aufgehoben, dafür der ganze Kreis noch widerwärtiger gezeichnet. Im Vordergrund steht hier ein berufsmäßiger Unterhalter. Diesen treibt einzig das Interesse an einem warmen und üppigen Platz, die faden Belustigungen mitzumachen und die Hanswurst-Rolle zu erdulden. Am Schluß entkommt er dem Treiben als einer, »der sich durch eine große Erschütterung die Ruhe wieder zurückerobert hat«. In WIR SIND GEFANGENE wird noch die Anziehung durch die Kabarettkünstlerin Marietta einigermaßen positiv, wenn auch in ihrer Ambivalenz dargestellt. Marietta [= Marie Kirndörfer] gehörte in ihrer Heiterkeit und Freigiebigkeit zur Seele von Schwabing. Mühsam erinnert sich aus den Jahren vor 1914, daß Marietta bei keinem Faschingsfest fehlen durfte und den Gästen die »allmählich zur lieben Gewohnheit werdende Überraschung« bot, »daß sie gegen 1 Uhr beim Tanzen ihre Hüllen fallen ließ und unter dem gutmütigen Beifall der übrigen nackt weiterhopste«. Graf war ihr dankbar; sie war ihm, als er 1917 mittellos wieder in Schwabing Fuß zu fassen suchte, als der einzige solidarische Mensch dort erschienen. Sie war damals selbst arm gewesen, hatte sich als Rezitatorin von Gedichten im »Simplizissimus« durchgebracht. Sie hatte Graf »alle möglichen Geschichten« erzählt und »oft ihr letztes Geld« gegeben. Sie brachte ihn zu Hoboken, sie klatschte am heftigsten zu seinen Tölpeleien und entschuldigte sie am längsten vor den anderen; sie konnte aber auch als die Hausherrin den Druck und die Hatz schnippisch verschärfen. In einem Prosagedicht, »Geständnis an A.v.H.«, bringt sie die innere Widersprüchlichkeit ihrer Existenz zum Ausdruck, die vermutlich auch Graf zu spüren bekam: »Menschen, die ich liebe, werde ich quälen« – »Jeder Bettler spuckt in mein Herz«. Der Hausherr selbst, Anthony van Hoboken, Millionenerbe aus einer Rotterdamer Bankiersfamilie, musikbegeistert, seit 1919 Mäzen und treibende Kraft einer bedeutenden Musikaliensammlung, kommt bei Graf nur als klein, häßlich (»schafgesichtig«) und unermeßlich reich, allenfalls als gutmütig und tolerant vor. Graf scheint in ihm aber auch einen Menschen gefunden zu haben, wie er ihn in seinem Leben immer wieder brauchte und in den verschiedensten Ländern und Kreisen von neuem fand: einen Menschen, der ihn mit all seinen Plänen und Einfällen ertrug, ihn förderte (materiell, aber nicht nur materiell), ihn ermunterte oder einfach für ihn da war. Hoboken war sieben Jahre älter. Graf begründet seinen skandalösen Rückzug aus dem Revolutionsgeschehen in die einsam gelegene Villa des Holländers[17] auch mit seinem Sicherheitsbedürfnis. Er ließ sich immer seltener, nach der Niederschlagung der Revolution gar nicht mehr in seiner Atelierwohnung sehen; er fühlte sich in der Villa des Ausländers Hoboken sicherer. Er wollte dabeisein, er wollte aber auch einigen Abstand von den Vorgängen behalten.

Der wesentliche Beitrag, den Graf als mitgerissener Zeitgenosse und als werdender Schriftsteller leisten konnte, lag schließlich in seinen Reflexionen über die Revolution und der Kritik an ihr. War das bei den anderen Intellektuellen nicht ähnlich, selbst wenn sie stärker engagiert, selbst wenn sie führend beteiligt gewesen waren?

Toller kritisierte gründlich die Halbheiten, die arglose Blindheit, die »Verschwommenheit«, ja sogar Komik der Revolution und der Räterepublik. Kritische Reflexion überwiegt im Rechenschaftbericht Mühsams, in den Erinnerungen von weiteren Beteiligten, in Levinés Ausführungen vor Gericht, in den nachträglichen Analysen aus kommunistischer Sicht.[18] Benötigte und unterlassene Maßnahmen, richtige und falsche Zeitpunkte, die notwendige Herausbildung und die notwendige Modifikation der Prinzipien einer Arbeiterselbstregierung werden darin mit großer Ehrlichkeit und zumeist Ratlosigkeit reflektiert. Die Aktion der Massen, die den Planern und Organisatoren davongelaufen war, hatte sich durch deren bemühteste Anstrengungen nicht einholen, aber deshalb auch nicht stabilisieren und verteidigen lassen. Sie ließ sich auch in den Rückblicken nie ganz überzeugend in die Kategorie einer »richtigen«, zielgerichteten Erhebung bringen.

Grafs Kritik verläuft ähnlich, gehorcht aber einem anderen Produktionsprinzip. Graf war für die Räte. Er trat sein Leben lang für direkte und zunehmend für dezentrale Demokratie ein. Er war gegen die Diktatur, auch wenn sie dem Proletariat zugeschrieben wurde. Er lehnte den Terror ab, erging sich aber manchmal in Rachephantasien und war über manches strenge Zugreifen, das von den Feinden dann als »terroristisch« verteufelt wurde, geradezu glücklich.[19] Als ein radikaler Arbeiter, den er als Pazifisten kannte, nach Waffen verlangte, um die Gegenrevolution proletarisch abzuwehren, wurde Graf stutzig. »Also haben eigentlich die Militaristen recht gehabt«? Sein Vorschlag, einen »ganz radikalen Generalstreik« zu machen, den »die Reichen und die Bürger« endlich auch zu spüren bekommen, weil »kein Wasser, kein Licht, kein Brot, überhaupt gar nichts mehr da ist«, so daß die Gegenrevolution gewissermaßen von selbst aufhören müsse, konnte nicht funktionieren, weil nicht alle mitmachen würden. Wenn sich aber die Revolutionäre stattdessen aufs Schießen verlegten – »Dann sind wir alle verloren... Die Revolution und wir... alles«. Allerdings war es ihm beim Vordringen mit der Menge gegen den »feuerspeienden Hauptbahnhof«, in dem sich ein verfrühter Vortrupp der Weißen verschanzt hatte, auch nicht recht, so »ganz und gar umsonst«, unbewaffnet, »einfach so wie ein Fleischklumpen sich wegschießen [zu] lassen«.

Auch darin wäre Graf mit Toller noch weitgehend einig. »Diese Münchner Revolution war ein Gaudium für ihre Gegner. Sie war langweilig, sie war harmlos, sie war unerträglich. Sie war eine Posse, und noch dazu eine schlechte«. Prinzipiell anders ist die Art, wie diese Kritik entwickelt wird. Toller hatte sich einen beträchtlichen Überblick angeeignet. Er stellt sich, seinen Intellekt, in manchen Fragen sein Herz gegen den fatalen Ablauf der Revolution. Graf schreibt mitten aus der Bewegung, aus ihren Halbheiten und Schwächen heraus. Er war ein Teil dieser Posse, nicht immer der bessere Teil. Er war mit schuld an ihrem Scheitern, darauf läuft die Vergegenwärtigung seines Lebens hinaus. Er war mit all seinen Bestrebungen, der Erfahrung aus seinem harten Einzelkampf im Krieg nicht besser als die vielen anderen Revolutionäre mit ihren Gedanken und Erfahrungen. Er taugte zu keinem Lehrer oder Führer ihnen gegenüber. Er konnte seinerseits in der Revolution nichts Heroisches, nichts Besseres sehen, als was er selber war. Das macht sein Mitleid mit den gefangenen Arbeitern, seine Klage um die Erschlagenen so überzeugend. Er mußte sich nicht mit ihnen identifizieren, er war einer von ihnen.

»Das sind alles meine Brüder, dachte ich zerknirscht, man hat sie zur Welt gebracht, großgeprügelt, hinausgeschmissen, sie sind zu einem Meister gekommen, das Prügeln ging weiter, als Gesellen hat man sie ausgenützt und schließlich sind sie Soldaten geworden und haben für die gekämpft, die sie prügelten. – Und jetzt? Sie sind alle Hunde gewesen wie ich, haben ihr Leben lang kuschen und sich ducken müssen, und jetzt, weil sie beißen wollten, schlägt man sie tot. *Wir sind Gefangene!* –«.

Das liegt auch dem kleinen Stück Hoffnung zugrunde, das ihm angesichts der letzten Zuckungen der Revolution (aus dem Abstand von Nymphenburg aus) noch blieb. »›Wir verlieren‹, sagte ich seltsam pathetisch. ›Aber sie können die Revolution nicht mehr umbringen‹.«

»Praktische« Auswege.
Individuum und Organisation

Ein eigentümlicher Beitrag zum allgemeinen Durcheinander der Revolution verdient noch für sich betrachtet zu werden, weil er

Grafs Hingabe an den großen Schwung der Zeit ebenso erkennen läßt wie seine persönliche Stellungnahme.

Graf hatte in den ersten Wochen der Revolution ebenso wie davor öfter in Versammlungen gesprochen, zumeist »etwas von Generalstreik und Menschsein«. Es drängte ihn, etwas »gegen den Terror« zu tun. Das Ziel klingt gemäßigt-vernünftig und so besonnen, wie es sonst weder Graf noch die meisten Revolutionäre waren: »Es muß erreicht werden, daß alle Schichten erst einmal vollkommen einverstanden sind mit der neuen Zeit, dann geht es auch vorwärts...«. Als Pegu ihn daraufhin als »reinsten Gegenrevolutionär« angriff, erklärte ihm Graf: »Im Gegenteil! Es muß jetzt wieder anarchistisch gearbeitet werden! Nur mit dem einzelnen... Bevor wir nicht brauchbare Menschen haben, kann auch keine Revolution werden!« Das Mittel dazu, eine große Versammlung, die sich an »Menschen aller Parteien« und »aller Stände« wandte, war zu dieser Erziehungsarbeit wenig geeignet.[20] Was Graf wirklich gesagt hat und wie »seine« Versammlung über ihn wegging, wird aus den Zeitungen deutlicher als aus seinem eigenen Bericht, in dem er nur sein Versagen höhnisch herausstellte. Graf fand es »unhaltbar«, »daß die Regierung nichts weiter als Erlasse bisher gemacht habe«. Er befürchtete »blutige Zusammenstöße« in München. Als es daraufhin einen großen Tumult gab, lenkte er (dem Reporter »nicht recht verständlich«) ins »radikale Fahrwasser« über: »stellte sich vor als Soldat und Gehorsamsverweigerer, sagte dem Bolschewismus einige Schmeicheleien, dankte Eisner, daß er die Revolution gemacht«. Dafür bekam er viel Beifall. Als er auf seine Warnungen zurückkam, wurde er durch einen »Entrüstungssturm« am Weiterreden gehindert. In der Aussprache kamen über 20 Redner, Syndikalisten, Spartakusleute, revolutionäre Soldaten u. a. zu Wort. Sontheimer, früher Anarchist, jetzt einer der eifrigsten Spartakisten Münchens, vom christ-katholischen Reporter spöttisch zur »Perle des Abends« erklärt, entschuldigte Graf als einen »christlichen Anarchisten«. Mit »einem Schlußwort des Hauptredners«, aber »ohne eigentliches Ergebnis« endete die Versammlung, von der Graf und seine Freunde sich einen großen Ruck in der revolutionären Stimmung versprochen hatten.

Wie eine verzagte Rückkehr auf den Boden seiner wirklichen, begrenzten Fähigkeiten klingt es, daß Graf daraufhin wenigstens einen Verein gründete, einen »Bund freier Menschen«. Der Verein blieb auf seine engsten Freunde beschränkt. In seiner Revolutionsprosa, z. B. in dem manifestartigen Text AUS EINEM BRIEF AN EINEN JUN-

GEN MENSCHEN wird die Vorstellung einer grundlegenden Veränderung durch intensive menschliche Kontakte ausgesponnen. »Ein Leben von Mensch zu Mensch muß kommen«, das gehörte zu den ersten Grundsätzen, die Graf von den Anarchisten gelernt hatte. Jetzt wird diese Wendung an den einzelnen ins Große übertragen, zur einzig verläßlichen Grundlage der Revolution gemacht. »Revolution kann nur so zur Weltveränderung werden, wenn sie aus den bewußtwollenden Einzelnen gleichsam seuchenhaft um sich greift und Bewegung einer Menschheit wird«. Zur leidigen »Organisations«frage: »Es ginge so: Man müßte sich die Menschen suchen ohne Mitgliedsliste, einfach durch Bekanntschaft. Es wäre ernsteste Aufgabe, sich mit jedem Einzelnen ganz zu befassen, als ob man einen Freund suchte. So würden es langsam mehr, immer mehr. Von allen wüßte man, was von ihnen zu erwarten ist. Das mechanische Organisieren fiele weg. Bündiges, Beziehung würde Menschen vereinen. Jeder für sich. Aus solchem Zusammentun würde am Ende eine neue Gemeinschaft herauswachsen.« Auch die Namen, dieser Hebel der Eitelkeit, müßten »ausgelöscht« werden. Jeder würde »Funktionär« seines Kollektivs, mit betont »mechanischen« Bezeichnungen. Als »Endziel einer anarchistischen Weltveränderung« schwebt ihm vor: »Aufteilung der ganzen Staaten in Bünde, Interessengemeinschaften, Gemeinden, Siedelungen, Basis, Beziehung von Mensch zu Mensch«. Von der »sozialistischen Weltform« nämlich fürchtet er, sie könnte »abgestumpfte Mechanisten« hervorbringen: »Der Volksstaat macht's schon! träge Ausrede!«

Andere praktische Aktionen verfolgte er lieber als Sympathisant aus der Ferne. Siedlungen »auf rein sozialistischer Grundlage« waren eine Idee, die in München z. Z. der Revolution großen Auftrieb erhielt. Die Siedler wollten die Menschen nicht weniger als die Verhältnisse revolutionieren und suchten dazu überschaubare, materiell wie geistig verbundene Kooperativen zu schaffen. Landauer und Kropotkin sollten »gelebt« werden, die Wandervogel-Bewegung in den Alltag übersetzt werden. Graf lernte in Kurella und Hans Koch die führenden Köpfe der Siedlungsprojekte kennen. Sie hatten 1916 in einer Wohngemeinschaft in Berlin-Friedenau, dann in der Villa Klatt (bei dem künftigen Pädagogen Fritz Klatt) zusammen mit jungen Arbeitern und Verwundeten oder desertierten Soldaten über einen praktischen Ausweg aus der kriegerisch-repressiven kapitalistischen Gesellschaft diskutiert und sich mit einer geheimen Druckerei an der revolutionären Propaganda beteiligt. Pegu als Emissär der Bremer Spartakisten sollte diesen »indischen Nabelbeschauern« (Klatts Vater war Indologe) das richtige politische Bewußtsein beibringen. Als sie Berlin im Sommer 1918 wegen zwei eingeschleuster Spitzel verlassen mußten, gingen sie ins »Ausland« Bayern. Koch gründete seine dritte Wohngemeinschaft in einem Häuschen in Berg, als »Zwischenstation« zwischen dem Stadtleben und der erstrebten Existenz als Siedler. Graf verhalf ihnen zu Geldgebern für die bedeutendste Verwirklichung ihrer Pläne, die Siedlung auf einem Bauernhof in Blankenburg (bei Donauwörth). Wieso hatte Graf gerade zu Leuten mit Geld Kontakt? Durch einen Mann vom Roten Kreuz, bei dem er um Unterstützung vorgesprochen hatte, war er an den Romanistik-Professor Roman Woerner verwiesen worden, der ihm als jungem Talent ein Stipendium vermittelt hatte. Dessen geschiedene Frau Hertha König hatte danach dieses Stipendium verdoppelt und hatte ihm auch für seine politischen Aktionen Geld gegeben, für die Versammlung gegen den Terror 2000 Mark. Wieso machte sie das, wieso erhielt der ganz unbekannte Hans Koch für nichts als seine schöne Idee, à fonds perdu, 5000 Mark von ihr (und von anderen ähnliche Beträge)? Er klärte mich darüber auf, und sein heutiges Selbstverständnis verrät noch etwas von dem Verhältnis, in dem die Klassen Ende 1918 zueinander standen. Meinen Ausdruck »zusammengebettelt« wies er mit Empörung zurück. Sie seien so »in Form«, so überzeugend gewesen, daß die Besitzenden einfach davor kapitulierten! Und zwar nicht ihrer Jugend oder Frechheit wegen, sondern politisch: »Das Bürgertum war auf den Knien, und wir hatten die neue Formel.« »Wir haben dem kaputtgegangenen Bürgertum die Möglichkeit gegeben, auch was beizutragen zu dem, was neu anfing«. Freilich konnte sich dieses »sozialistische« Experiment nicht lange halten. Die ernste Beschäftigung mit der Idee und die Enttäuschung über ihr Scheitern schimmert noch aus Grafs Geschichte DIE SIEDLER hervor (s. u.).

So praktisch und pfiffig die verschiedenen »Auswege« ausgedacht waren, sie brachten ihn nicht heraus aus der Teilnahme an der Revolution und der Konfrontation mit ihrer Misere. Seine Aufgabe war nicht so sehr, sich Lösungen auszudenken. Er hatte vielmehr, als Schriftsteller, das Elend der Mitmenschen, den Schwung ihrer Revolution und das Verrinnen dieses Schwungs zu erfassen, zu bewahren. Max Beckmann hielt diese Aufgabe des Künstlers in starken Worten fest, als er begründete, warum er in dieser Zeit in die Großstadt gehöre: »Gerade hier ist jetzt unser Platz. Wir müssen teilnehmen an dem ganzen Elend, das kommen wird. Unser Herz und unsere Nerven müssen wir preisgeben dem schaurigen Schmerzensgeschrei der armen getäuschten Menschen…«. Grafs Programme klingen stärker ichzentriert und weniger hingegeben. Aber zur Bewegung dieser Zeit nahm er ein ähnliches Verhältnis ein. Auch er wollte ausharren dort, wo er geradezu überflutet wurde, und selbstverständlich in der Großstadt. Er schrieb in seinem WEGSPRUCH, anscheinend dem ersten Text unter seinem neuen Namen Oskar Maria Graf:

»Es gibt keine Ruhe, dessen sei eingedenk. Und das Mitleid gewöhne dir früh ab. […]

Verbissen und trotzig vor wüsten Zeiten stehend, so sollst du aufstehen Tag für Tag.

Aber vergiß darüber nicht, daß es Freude ist, so zu leben und denke an das Elend Hunderttausender, wenn es dir bitter bekommt, dieses Dasein, dann, Freund, dann hast du etwas vom Rhythmus des Ganzen und bist ein Mensch, der des Lebens wert ist…«

Leiden ist stärker als Tun, fand Graf schon bei Tolstoi. Ret Marut, ein Genosse aus der Münchner Revolution, brachte es in seinem »Ziegelbrenner« auf eine höchst selbstbewußte Formel: »Ich handele, wenn ich mich nicht stark genug fühle, in Aktivität! Ich handele, wenn ich mich stark genug fühle, in Passivität! Das zweite ist das Stärkere, denn es stärkt nicht meinen Gegner, der aus meiner Aktivität Kräfte schöpft.«

Expressionismus und Selbstgedachtes

Literatur als Mode, Betrieb und Bluff.
Literatur als Ideal

Alles war ernst, was Graf in der Revolutionszeit zustieß und was er mitmachte. Vieles an diesen ernsten Begebenheiten war zugleich auch Überschwang, Versuch, Provokation. Manches war ausgemacht komisch, er hat es schon damals als komisch erlebt. Alles war überdies Ausdrucksstoff für einen werdenden Schriftsteller. Graf hat die Vorgänge nicht weniger engagiert erlebt als seine Zeitgenossen, sie hatten nur die zusätzliche Bedeutsamkeit für ihn, daß sie auch noch bedenkenswert, literarisch vorführbar für andere Augen waren. »Das kannst du später einmal alles schildern, das gibt vielleicht eine schöne Geschichte«, tröstete er sich, als er (wegen der Lichnowsky-Dokumente) im Gefängnis saß. »Eigentlich ist für einen Dichter alles rentabel«.

Das Schreiben gewann immer stärker, gegen immer neue Ablenkungen Priorität für Graf. Sein »rein künstlerisches« Interesse wurde zumindest von seinen Freunden als Persilschein benutzt, um nach der Niederschlagung der Revolution seine Beteiligung an ihr in ein Licht der Harmlosigkeit zu rücken. So kam er mit 12 Tagen Gefängnis ohne Verhandlung und Urteil davon.[21] In einer Zuschrift in der »Neuen Zeitung« beschwert sich Graf über die Beschlagnahmung seiner »schriftstellerischen und zum Teil schon vertraglich verkauften Arbeiten« während seiner Verhaftung. Er betont, es seien »rein dichterische Produkte absolut unpolitischer Natur«. Er malt die Dramatik der nachrevolutionären Zeit nur in der dramatischen Suche nach seinen Manuskripten aus, die ihn in der Polizeidirektion »vom Standgericht zur Fahndungsabteilung usw.« geführt habe. »Du schreib deine Verse!« hatte ihm Pegu schon während der Revolution in einer verwirrenden Diskussion geraten, »Revolution liegt dir nicht«.

Innerhalb der Literatur kehrten natürlich die Geschehnisse der Zeit auf ihre Weise wieder. Aber die Literatur bildete schon für den jungen Graf eine eigene Art der Wahrnehmung und Verarbeitung, eine spezifische Einstellung zur Gesellschaft. Sie hatte mit der Revolution zu tun, war vielleicht selbst revolutionär, sollte aber eine geschicktere, zuweilen eine listige, subversive Art des Umgangs mit den gesellschaftlichen Widersprüchen sein. In einem seiner programmatischen Texte berief sich Graf auf Balzac: Man »muß eindringen in die[se] Gesellschaft wie schleichendes Gift«. In seinem Umgang mit den etablierten literarischen Verbänden der Weimarer Republik kam er wiederholt darauf zurück. Persönliche Aufstiegshoffnungen und kollektive Vorbereitungen zu einem Umsturz (oder bloßes Paratsein dafür) verbanden sich ununterscheidbar in der Idealvorstellung vom Schriftsteller.

»Die Literatur beginnt« überschreibt Graf ein Kapitel seiner Autobiographie mitten aus dem vorrevolutionären Trubel seines Lebens. Mit dem Dichten hatte er freilich schon längst begonnen, auch die ersten Veröffentlichungen waren ihm geglückt. Was hier begann, war seine Teilnahme am literarischen Betrieb und die (vorerst kümmerliche) materielle Verwertung seiner Schreibfähigkeiten. Er schrieb z.B. Rezensionen, dreißig in den zwei Jahren

1917 und 1918. In WIR SIND GEFANGENE behauptet er, er habe die Bücher gar nicht gelesen, nur zum Geldverdienen »irgend plausibles Zeug« zusammengereimt. Bei dem großen Lesehunger Grafs wäre das unwahrscheinlich. Er hatte selbst beim Einsatz an der Ostfront die zerstörten Häuser nach Büchern durchschnüffelt und sich u. a. davon geistig genährt. Die ›Frechheit‹, die er so hervorkehrt, bestand in etwas anderem: Er schrieb über die abstraktesten, verstiegensten Gedankengänge so, als könnte er voll mithalten und sie aus eigenem Urteil bestätigen. Aus Paul Natorps »Geschichtsphilosophischen Richtlinien« z. B. (»Deutscher Weltberuf«, 1918) zeichnete er sehr flott einen hoch spekulativen Geschichtsgang vom Juden- und Griechentum bis zu Kant und zur Moderne nach und überbot ihn durch eigene Spekulationen. Mit einer räsonierenden ›Besprechung‹ haben seine feiernden Aneignungsbemühungen (»aus dem letzten Geistwollen herausgestanzte Bausteine für einen neuen Menschendom«) nicht viel zu tun. Manchmal schreibt er geradezu huldigend: über Knut Hamsun, Max Halbe; manche Verstiegenheiten etwa in Kriegsbüchern oder »lauwarme Sentimentalität« kritisiert er; einem Lyriker-Kollegen bescheinigt er »Talentlosigkeit«. Er war nicht zimperlich im Reden und Schreiben. Kunstkritiken, z. B. über die Bilder von Schrimpf, schrieb er oft so, »daß es grad so fetzt«. »Was der Herr zu hören wünscht, das soll er hören«, war seine »Devise« gegenüber denen, die ihm für sein Dichten Geld gaben. Als der Gönner Woerner darauf bestand, Graf sei eigentlich ein dramatisches Talent, rang Graf seiner stokkenden, aber immer wieder flottgemachten Inspiration ein ganzes Drama ab. Es war seiner Beschreibung nach ein ziemlich hölzernes Gebilde. Wollte man Tollers »Wandlung« noch ein Stück ins Kindische verzeichnen, so hätte man einen Begriff von Grafs Drama »Der Diktator«. Graf wollte eindringen, hochkommen, »sich bewähren«. Diener bei seinem Major war er äußerst widerwillig gewesen; »Privatsekretär« bei einem schreibenden Geheimrat wäre er sehr gern geworden. Auf dem Weg dahin »schwelgte« er schon »in der romantischen Vorstellung, daß ich nun ungefähr so wie die früheren klassischen Dichter bei ganz feinen Leuten aufgenommen werden würde«.

Das aber waren nur äußere Zugeständnisse an einen Literaturbetrieb, an eine Bildungsidee und an Presseinstitutionen, die seit langem bestanden und sich durch den Ansturm der »Jungen« nicht wesentlich änderten. Innerlich abhängig dagegen, bewußt abhängig, mitgerissen wurde Graf von den vielen kleinen Ansätzen der neuen gewaltigen Bewegung, des literarischen Expressionismus. Die Reihe der Zeitschriften, in denen er veröffentlichte, liest sich selber wie ein Gedicht. Sie veranschaulicht etwas von der pochenden Energie und Phantastik dieser Epoche: »Die Aktion« und »Der Sturm«, »Freie Straße«, »Neue Jugend«, »Die Glocke«, »Wieland«, »Der Berg«, »Menschen«, »Der Orchideengarten«, »Die schöne Rarität«, »Die Bücherkiste«, »Die Erde«, »Die Sichel«, »Eos«, »Marsyas«, »Der Weg«, »Die Hilfe«, »Feuer«, »Die Gegner«, »Die Tat«. Hinter jeder dieser größeren und kleinen oder winzigen Zeitschriften stand ein Kreis von jungen, mehr oder weniger begeisterten und vorwärtsdrängenden Menschen. »Die Grenzen unserer Publikation«, versicherte Herzfeldes »Neue Jugend« 1917, »werden nur bestimmt durch die Tendenz, die tüchtige Zensur, den Umfang des Heftes und unser vorläufiges Unvermögen, Beiträge zu honorieren«. Beim »Aktions«kreis hat Graf in seinem halben Jahr in Berlin viel gelernt. Die Aktivisten der »Freien Straße« waren seine nächsten Freunde: Jung (als Herausgeber), die drei Oehrings, Schrimpf u. a.[22] In »Menschen«, einem Organ der Dresdner Expressionisten, veröffentlichte Graf viel und fand durch deren Herausgeber den Verlag für sein erstes Buch DIE REVOLUTIONÄRE (1918). Eine große Zahl ähnlicher Beziehungen, Arbeitskontakte, geistiger Übereinstimmung mag es mit den Redaktionen oder einzelnen Mitarbeitern der anderen genannten Zeitschriften gegeben haben, z.B. Georg Britting und Josef Achmann, die »Die Sichel« herausgaben; sie sind noch unerforscht. »Sirius«, die Gründung seiner Bekannten Walter Serner und Christian Schad in Zürich, lehnte er ab: »So geht es denen, die mit dem Geist und dem Denken was machen wollen. Schade!« 1918 setzte er mehrfach zur Gründung einer eigenen Zeitschrift an und bekam auch Geld dafür. Von einer hat sich wenigstens der Titel erhalten: »Neuland. Zeitschrift für bekennende Literatur«, aber nicht als publizierte Zeitschrift, sondern als Briefkopf auf einem Stapel Papier, den Graf und seine Freunde in den nächsten Jahren als Briefpapier aufbrauchten.

»Die Literatur beginnt« – das bezieht sich auch auf sein neues literarisches Firmenzeichen Oskar Maria Graf. Auf die Änderung kam er durch einen äußeren Anlaß. Mit den vorsichtig kriegskritischen Impressionen TRÄUME unter seinem Namen Oskar Graf[23] hatte er Ende März 1917 das Unbehagen des Kriegsmalers Oskar Graf hervorgerufen. Dieser hatte sich bei seiner Anstellung im Hauptquartier verpflichten müssen, nichts ohne Genehmigung des Kriegspresseamtes zu veröffentlichen; er befürchtete nun, er könne mit dem Verfasser verwechselt werden. Graf ließ sich auf eine Namensänderung ein, laut WIR SIND GEFANGENE, weil er »gerührt« davon war, welche »Aufmerksamkeit« man ihm schon entgegenbrachte, laut GELÄCHTER VON AUSSEN für 500 Mark bar. Für seine Lyrik benutzte er hinfort (für die Prosa seit Mitte 1917) den klangvollen Namen »Oskar M-a-r-i-a Graf«. Er wurde so verliebt in diesen Namen, so eins mit ihm, daß er später auch seine Briefe an Duz-Freunde nur noch mit seinem Künstlernamen (meist abgekürzt »O.M. Graf«) unterschrieb. Erfunden war der Name von einem Maler-Freund, dem »sozusagen Stefan George in Fleisch und Blut übergegangen war«. Graf hatte sonst wenig Berührung mit dem weihevollen George. Der sich allmählich bildende Kreis um Graf stand im strikten Gegensatz, nach dem Eindruck von Hilde Claassen (die mit beiden »Kreisen« zu tun hatte) sogar in Konkurrenz zum George-Kreis.[24] Aber eine gewisse Stilisierungs- und Auszeichnungssucht entwickelte auch der gar nicht feierliche, noch wenig meisterliche Graf. Sechs Gedichte seines stilvoll gedruckten Bandes AMEN UND ANFANG (1919) schmückte er vornehmgeheimnisvoll mit den Initialen der nächsten Freunde und der beiden Gönner Hoboken und Woerner. Am 14.1.1919 hatte er in seinem Atelier eine (seine zweite?) Dichterlesung, anscheinend lang, in zwei Teilen. Sie scheiterte an Äußerlichkeiten. Der Ofen rauchte derart, daß Rilke z.B. vom Gelesenen nicht viel mitbekam und ganz benommen gehen mußte. Graf betont sehr die Tücken, die seinen Aufstieg zum Schriftsteller so langwierig machten. Sein Wille, seine Hartnäckigkeit und Zielstrebigkeit sind aber nicht weniger bemerkenswert.

Eine gewisse Triebkraft seines Aufstiegs war das Idealbild, das er vom Dichten, von einer Dichterexistenz, von der Schrift, der Würde des Geschriebenen und seiner öffentlichen Wirkung ausgebildet hatte. Mit einer wahren Bilderbuchphantasie, höchstens von Wilhelm Buschs »Balduin Bählamm« noch überboten, begann er sein Dichterdasein, als er ausgerissen war und im Zug nach München saß. »Ein Zimmer mit Diwan. Schön warm. Ich koche mir selbst und dichte. In kurzer Zeit erscheinen meine Werke. Die daheim hören von mir, staunen und kommen zum großen Sohn«. Sein erstes Druckwerk waren Visitenkarten, auf denen er sich als »Schriftsteller« vorstellte. »Hier stand es schwarz auf weiß in unverwischbaren, ewig gleichen Buchstaben«. Natürlich half ihm die häufige Selbstanpreisung nicht viel. Die Idealisierung seines Berufs vergrößerte mitunter noch seine Ungeschicklichkeit. Vor dem Schutzverband Deutscher Schriftsteller hatte er nach der Stilisierung in WIR SIND GEFANGENE wegen einer falschen Angabe (er sei auf dem Gymnasium gewesen) eine solche Angst, daß er (1917!) jede Nacht von der Polizei und seiner Verhaftung träumte, daß er sich vornahm zu beichten und ein anständiger Mensch zu werden, ja

Titelblatt zu Grafs zweitem Gedichtband AMEN UND ANFANG (Bachmair, München, 1919), ebenfalls mit einem Holzschnitt von Georg Schrimpf.

mit dem Gedanken einer Flucht aus München spielte. Aber seine ständigen Gedanken an diesen mächtigen Bereich Literatur, seine Hingabe, sein Fleiß wurden durch derlei ›unpraktische‹ Vorstellungen nur noch vergrößert. Das war bei den vielen Ablenkungen und seiner sprunghaften Natur ein nicht zu unterschätzendes Plus. Seine Schwester Emma warf ihm einmal vor, er hinge »an nichts« oder an nichts »Großem«, das aber müsse ein Dichter doch eigentlich. Das scheint ihn beeindruckt zu haben. In seinem Bericht setzt aber auch seine allmählich erworbene Kritik an dem ein, »was man so ›groß‹ heißt«. »Unsere Mutter ist mir jedenfalls lieber als das ganze schöne Daherreden von diesen ›Großen‹.« Die Hochachtung vor der Literatur brach in verschiedenen Zusammenhängen seines Lebens immer wieder durch. Aber sie stand dann in zunehmender Spannung mit seiner Desillusionierungsabsicht, seiner provokativen Selbstverhöhnung, seiner Kenntnis der schreibenden Kollegen oder ihres Betriebs. Sie unterlag schließlich, weil es Graf auch in geistigen Dingen immer mehr auf eine allgemeine Respektlosigkeit, später auf die »Mittelmäßigkeit« aller Menschen ankam.

Verse, Pathos, Sehnsucht, Stilisierung

Das wichtigste Ausdrucksmittel des jungen Graf, ehe er sich als Schriftsteller etablieren konnte, waren Gedichte. Eine Menge von Gedichten brachte er schon mit in die Stadt, als er 17 Jahre alt war. Er pries einen Teil davon mit dem Selbstlob an, sie enthielten »eine ganz neue Dichtungsart, die von manchen [wir dürfen annehmen, daß er vor allem seine Schwester Nanndl meint] bewundert wird«. In den knappen Stunden der Ruhe in der Stadt reimte er weiter. In Ascona und zeitweise im Krieg kam er von der Lyrik ab, aber die expressionistischen Bekannten und Vorbilder brachten ihn wieder darauf. Jetzt entwickelte er wirklich eine neue, eine hymnische, glühende »Dichtungsart«. Zwei Gedichtsammlungen erschienen als seine ersten gedruckten Bücher (1918 und 1919). Der lyrisch-pathetische Stil blieb nicht auf die Gedichte beschränkt. Die Programme und Manifeste, die er zur Revolution beigetragen hat, waren zumeist in einer ekstatischen Prosa gehalten, ebenso seine frühen Kunstbeschreibungen.

»Um mir die Zeit zu vertreiben«, so schreibt Graf später spöttisch über seine literarischen Anfänge, »rezitierte ich ab und zu ein Gedicht und kam dann selber ins Reimen«. Aber auch ernste, ernstgenommene Situationen drängten ihn zum Dichten. Seine Trauer über den Tod der Schwester Emma gestaltet er zunächst mit peinigenden Vorstellungen aus, wie die schöne Gestalt im Grab verwest. Aber diese Trauer habe sich dann »gleichsam von allem Wirklichen losgelöst«. »Wie von ungefähr« habe er ein Stück Briefpapier aus der Brusttasche genommen und zu schreiben angefangen: über die Qual der »blutverfluchten« Menschen, die zum »Nichts« bestimmt sind, und über den ersehnten einen Tag, »der Gnade trägt in alle gierverseuchten Wahnjahre unserer Erdenpein«. Die Zeit der revolutionären Unruhe wollte Graf nicht durch Aufnahme einer banalen Arbeit entweihen. »Ich wartete gleichsam jeden Tag auf die Revolution und schrieb Gedichte auf sie«. Die Produkte dieser Kunstübung lassen sich leicht kritisieren und verspotten. So etwa, wenn Graf den etwas langsamen und ziemlich pfiffigen Freund Schrimpf eine »zutiefst aufjauchzende kosmische Seele« nennt oder wenn er die sexuelle Lust mit soviel Pathos belädt, daß sie ganz in ihrer dunklen Bedeutungsschwere aufgeht: »unsere wilden Leiber sind emporgeteilt« u. v. ä. Graf selbst hat seine jugendlichen lyrischen Gebilde später dem Gelächter preisgegeben. Peter Fischer klassifiziert die erste Gedichtsammlung REVOLUTIONÄRE kurzweg als »Dutzendware aus der gedichtwütigen und gedankenschwachen Epoche des Expressionismus«. Mir scheint es aber wichtig, was sich in diesen Fingerübungen schon anzeigt und wie Graf einleuchtende Motive, ohne die er den Expressionismus nicht mitgemacht hätte, gedanklich und sprachlich bearbeitet. Die unverkennbaren Schwächen sind Schwächen des jungen, sich bildenden Graf. Ich will aus ihnen kein Zerrbild der expressionistischen Epoche überhaupt machen.

»Jung sein«, das war eine entscheidende Antriebskraft und wesentlicher Inhalt der expressionistischen Bewegung, auch einer der Berührungspunkte zwischen ihr und der Jugendbewegung. JUNG SEIN ist eins von Grafs Gedichte überschrieben: »Jung sein und kommende Morgen küssend umschlingen im Ahnen [...]«. Aber diese Jugend ist in Grafs Augen und den Augen vieler Expressionisten nur wenig draufgängerisch oder übermütig. Ahnung, Suche, Unruhe beherrscht sie ganz. Selbst die Ausbrüche von Wildheit haben etwas Verzweifeltes. »Brunstgedanken« werden nicht verschwiegen, aber auch nicht prahlerisch gefeiert, eher als ein Problem, eine Hauptquelle der Beunruhigung aufgefaßt. Diese Jungen scheinen sich unter einem ständigen Druck zu fühlen. Zuweilen werden sie von ihrer Ahnung eines besseren Seins oder Wesens gepreßt, dem sie nicht genügen. Unfrei, ein wenig verloren und voller innerer Widersprüche stürmen oder »wanken« sie dahin. »Verzweifelt in den Himmel jauchzend«, schreibt Graf in seinem ersten veröffentlichten Gedicht, KNABEN. Das Pendant dazu, MÄDCHEN, zeichnet die jungen Frauen als völlig unzugängliche Wesen, die den Männern ewige Rätsel aufgeben, »erhaben, unbefleckt und groß – Was wißt denn ihr!?...«. »Mit zwanzig Jahren ist der Mensch entmenscht, ein Mischling zwischen Kind und Tier«. Das lyrische Ich dieser frühen Gedichte präsentiert sich selbst als unfrei. Es liefert sich Impressionen aus, es erliegt oft den eigenen Regungen. Graf beklagt das Weh der Welt im allgemeinen oder setzt plakativ-weite Begriffe ein wie die Armen, die Müden, die Frauen, Huren im Plural oder grübelt über einzelne Wahrnehmungen wie etwa ein unbekanntes Gesicht. Selbst »das Volk« wird als eine große Einheit ähnlich wie beim jungen Rilke sanft, verehrend, voll Mitleid und Hingabe angehimmelt: »Erdmutteratem du, o Volk!« »Ich bin nur ein Atom und will aus allem Tränenregen/lautleise meine schwachen Worte in Dein Brausen weitergeben«. Zu den Impressionen, denen sich der junge Dichter hingibt, gehören natürlich auch die Wort- und Klangimpressionen von dichtenden Kollegen, berühmten wie Rilke oder Walt Whitman, »gleichstrebenden« wie seine Altersgenossen unter den Expressionisten. In Grafs Gedicht MELANCHOLIKER (oder JOCH), das Mirjam anscheinend sehr gemocht hat und das er ihr widmete, setzt sich in der Vorstellung wie in der Sprachführung Rilke sehr weitgehend durch. Ein Etwas, ein »Es« verfolgt uns: aus fremden Augen, aus städtischen und ländlichen Stimmungen, aus Tieren, aus dem eigenen »dunklen Ich«. »Denn uns ist aller Fremdheit letztes Wesen eingepflanzt vom Kind auf/und aller Nächte Süße schweigt an uns vorbei«.

Graf, der später mit möglichst genauen Bezeichnungen arbeitete und das Raunen von Heidegger und anderen Größen mit Hohn überschüttete, pries in dieser Phase geradezu die Unbestimmtheit. »Heiß dieses Innewohnende Geist, heiß es Idee, heiß es nur irgendwie. (Einmal sagte wer etwas von ewiger Brunst)« (MANIFESTSTÜCK). Als Gegengewicht gegen das wahrgenommene Elend und die häufige Klage setzte er nicht nur, manchmal, den eigenen Mut, sondern auch ausgesprochen herrscherliche Gestalten (WEISSAGUNG, DER PROPHET, 1919). Sie sind natürlich rein geistig gemeint, aber sie verraten eine gewisse Nachgiebigkeit gegenüber Autoritätsvorstellungen, selbst gegenüber dem Nietzsche-Kult (der im Expressionismus lebhaft zirkulierte), die Graf, wo sie außerhalb von Gedichten vorkamen, gar nicht lieb waren.

Über die »Echtheit« dieser Dichtungen möchte ich nicht spekulieren. Graf akzeptiert das Lob der anderen für seine Produkte: »Sie dichten aus Notwendigkeit«, »Das ist alles echt«. Aber er sieht (zumindest im Rückblick) diese gepriesenen Qualitäten schon als reine Funktion seines Kunstwollens. Er hat bald gemerkt, daß er ganz schön »echt« dichten konnte.[25] Wichtiger scheint mir der soziale Sinn der lyrischen Gebilde. So subjektiv das Erleben und seine Verarbeitung auch sind, es geht Graf schon in seinen Jugendwerken nicht um sein einzelnes Ich. »Wir«, »Ihr« oder »der Mensch« kommt häufiger vor als »Ich«. Die empfundene Unruhe soll sein, die Literatur ist nicht zur Beruhigung da, sondern dazu, auch anderen Unruhe zu bringen. Die Konfrontation wird gesucht, gegen was oder wen auch immer. Eine politische Zielsetzung schimmert nur ungefähr dahinter durch (DIE REVOLUTIONÄRE, 1918); Graf hat nie sozialistische oder revolutionäre Programmgedichte geschrieben. Die Gegner auf die Mächtigen, auf Mörder oder Unterdrücker festzulegen, wäre zuviel oder veraltet (ZUVERSICHT).

Projektionen des Gerichts und Wunschbilder einer innigen, bejahten, emotional-aktiven Gemeinschaft werden in Grafs Gedichten aufgebaut. »Sei gut! Dein Bruder ist so wie er ist ein Erdending,/ Wie du von einem Schicksal ausgespien«. In seinem ziemlich mystisch formulierten MYSTISCHEN REIGEN definiert Graf das Ich als »geschaffen durch das Du« und redet das Du und das so veränderte Ich an als »mein Ichgott«. Das »Ich« in den Gedichten hat wenig mit Grafs autobiographischer Situation zu tun. Nur in einem hohen Verallgemeinerungsgrad erscheint so etwas wie Arbeitsfron, Kriegsbarbarei und Einsatz für die Revolution. »Wir haben einen Tag ans schwarze Kreuz der Zeit geschlagen/und wissen nicht für wen, wozu und wie« (HEIMGANG). Als Postulat hingegen wird das Ich zu einem mächtigen, ja geschichtsbestimmenden erhoben: »Dein ist die Welt! Durch dich erblüht sie/und durch deine Lahmheit wird sie welk!« (FLEHRUF). Wenn der Expressionismus bestimmt wird als »Drang nach Zerstörung der zur leeren Maske erstarrten Erscheinungswelt« und – ergänzend dazu – als »Impuls der Erneuerung aus dem hinter der Erscheinung verborgenen ›Wesen‹«, dann läßt sich der junge Graf voll zum Expressionismus zählen.

Bedeutsam wurden für Graf die Wortzusammenballungen, mit

denen er sich unter den Expressionisten hervortat. Er mokierte sich zwar später über die bequeme Dichterei mit so »imposanten« Bildungen wie »menschheitsdurstig«, »notunterjocht«, »brudergut« usw. Aber sie entsprangen nicht schierer Bequemlichkeit oder sprachlicher Hochstapelei.[26] Sie sollten die Leser zum Stokken zwingen und womöglich dazu, hinter der ungewohnten Fügung sich ein Stück unvertraute, harte Wirklichkeit vorzustellen. Graf schrieb schwungvoll, aber er wollte nicht gefällig schreiben. Eine gewisse Penetranz, eine Zumutung übt er mit seinen schweren Ballungen aus. Mit der Zeile »Schweißtriefend, hart, gequält und adamsschwer« endet sein Gedicht HEREINBRUCH DER NACHT – so entreißen die Menschen dem »bitteren Grund« der Erde seine Frucht. Recknagel weist darauf hin, daß Graf auch in den späteren Bauerngeschichten mit schweren Fügungen vor allem in den Adjektiven arbeitet – diese liegen dann allerdings näher bei volkstümlichen Vorstellungen: »mordsbreit«, »kreuzgut« (noch öfter: »pfenniggut«), »juchtenzäh« usw.

Innerhalb der Erfahrungen und der literarischen Arbeiten Grafs stellen die expressionistischen Dichtwerke einen Fremdkörper dar. Die Anhänger des Provinzschriftstellers wie die, die vor allem den sozialistischen und antifaschistischen Schriftsteller schätzen, sehen darin geradezu eine Verirrung. Dennoch bilden diese Werke eine nicht zu vernachlässigende Epoche in Grafs Leben und Werk.

Die sprachliche Schulung durch den Expressionismus war vielleicht nicht so beträchtlich. Auf die Verfertigung von Gedichten kam Graf im Brünner und New Yorker Exil wieder zurück, manchmal auch wieder mit Reimen. Er führte manche Gedanken- oder Bildstränge fort wie den Rebellen, den Grübler usw. Aber er dichtete dann wesentlich bescheidener, handfester. Was in seinem Schreib- und Denkstil Epoche gemacht hat, war die gründlich, gut sechs Jahre lang durchgespielte Erfahrung, wieviel man mit Worten »machen« und wie wenig man daher den Worten trauen kann. Graf verlor in dieser geistig rauhen Schule seine Naivität gegenüber allen Schöpfungen des Intellekts. Er begriff die Brechungen zwischen Empfindungen und »ihren« Ausdrücken. Er lernte, daß es für nichts nur eine oder gar seine naturgegebene Bezeichnung gibt. Das Auszudrückende selbst entpuppte sich als relativ. Man konnte es so oder ganz anders betrachten, nichts davon war in einem Kindersinn einfach ›wahr‹. Was schließlich des Ausdrucks, des Festhaltens würdig war, wurde immer zweifelhafter. Graf knüpfte nach dieser Phase an viel schlichtere Modelle des Gegebenen, selbstverständlich Zutreffenden wieder an. Aber die Gewitztheit, das Raffinement in der Wahl seiner Gegenstände und Wörter gab er nie wieder auf. Von den meisten Provinzschriftstellern unterschied er sich schon dadurch, daß er den Schein von Wahrheit auf den ländlichen Verhältnissen nicht für bare Münze nahm und mit seiner Darstellung nicht die Illusion hervorrufen wollte, dieses alles sei einfach so, gottgewollt oder naturgegeben. Das meiste in der Welt, wenn nicht alles, enthält Täuschungen, Schiefheiten, ›Unsauberkeit‹, von einer erwarteten Gerechtigkeit ist nichts zu spüren.

Zwischen Kalauer und Hintersinn

Graf verschrieb sich dem Expressionismus nicht rückhaltlos. Er machte mit und begeisterte sich, aber er konnte auch voll Hohn dem ›verstiegenen‹ »rein geistigen« Zeug den Rücken kehren. In seinem ersten Literaturgespräch mit einem Mann vom Roten Kreuz (der nicht zu den Anhängern der neueren Dichter gehörte) distanzierte er sich von seinen dichtenden Genossen. »Die dichten alle so intellektuell [...], das sind lauter Kaffeehausliteraten«. Dabei hatte er schon vorher sein »biederwehleidiges Bauerngesicht« aufgesetzt. Später, mit mehr Selbstbewußtsein, wird er grundsätzlicher und gibt auch den Werten dieses literarischen Traditionalisten eine Abfuhr. »Immer heißt's gleich, man muß Geist haben und Charakter haben... Ich hab die zwei Sachen nicht gelernt«. Graf baute gleichzeitig eine untere Ebene seiner Produktion, eine möglichst materielle, z. T. offen zynische Literatur auf. Als er seine ersten Gedichte nicht anbringen konnte, orientierte er sich in den Buchhandlungen an dem, was gut ging. Er fing an, Schnurren und Witze zu schreiben. Seine neueste Lektüre und seine gesamten Jugenderinnerungen mußte er nun »nach Witz ausbeuten«. Nicht seine Gedichte, sondern acht Aphorismen waren das erste, was überhaupt von ihm gedruckt wurde (1912). Ein Beispiel: »Es ist nicht schön über seinen Nachbarn zu schimpfen, wenn man selber Nachbar ist«. Auch in der Revolutionszeit schrieb er Aphorismen, ziemlich sarkastische Bemerkungen nahe an den Zeitereignissen: »›Werdet wieder Kinder!‹ rief der Prophet. ›Es ist keine Milch da!‹ rief einer aus dem Volke«. »Der Schwurgerichtssaal: Ein öffentlicher Beichtstuhl der Gesellschaft«.
Graf verfaßte eine ganze Sammlung oberbayrischer Schnurren

etwa in der Art Queris, unter dem Titel »Dö Herrgottsakrament«, voll Dialekt, angesiedelt in dem fiktiven Ort Mertelfing. Nach den wenigen Stücken daraus, die er in Zeitungen veröffentlichen konnte (das Manuskript ist verschollen), müssen es ziemlich boshafte, herzlose Geschichten gewesen sein. Der Aberglaube der Bauern wurde weidlich ausgenutzt (und dadurch auffällig gemacht). Den Schwachen wurde noch eins draufgegeben, die Frauen wurden als ewig Keifende verhöhnt. In späteren Geschichten bis zu ER NANNTE SICH BANSCHO werden die gleichen Motive immer wieder aufgenommen. In der frühen Form sind sie noch weniger absichtsbeladen, eher so dahinerzählt, aber schon von aller Garstigkeit erfüllt. Graf bringt schon den Hühnerdreck, den man einem heißen Bad zufügen müsse als Mittel gegen ein Unterleibsleiden. Ein alter verwachsener Krüppel schafft es einfach nicht, sich zu erhängen, weil der Hals zu dick ist und durch jeden Strick rutscht. Die Leiblichkeit wird in diesen frühen Skizzen energisch ausgespielt. DER SCHLAWINER ist ein Typ, in dem ein erzählendes Ich sich selbst verhöhnt, mit ähnlich strikter Festlegung des Charakters wie in der alten Komödie. Je schäbiger der Schlawiner sich gibt, um so dümmer steht der bessergestellte Bekannte da, der sich mit ihm abgibt.

Ausgesprochene Karikaturen mißlingen noch wie DER MEHRHEITSSOZIALDEMOKRAT (1919), weil Graf hier seinem Zorn über den Unteroffizierstyp, der jetzt »Zylinder und Bratenrock, parteifarbene Krawatte« trägt, allzu freien Lauf läßt und dick aufträgt. »Revolution macht er nicht mit. Nachher auf den Boden der Tatsachen stellen, tut er. Erledigt«. Eigentlich ist dieser Beamte und Stadtrat bei Lebzeiten schon tot und deshalb kein gutes Objekt der Satire. Vielleicht war das tatsächliche Verhalten der Mehrheitssozialdemokratie in der Revolution so beschämend, daß keine Karikatur dagegen ankam. Wo Graf dagegen seiner Phantasie freien Lauf läßt und sich den fatalen Eigenheiten seiner Zeitgenossen auf Umwegen nähert wie in der Groteske DIE WUNDERBARE TAT DES BEATUS NULL, kommt ein freieres Spiel des Witzes heraus. In dieser Persiflage auf den Patriotismus, erschienen im August 1918, erfindet ein Sonderling, interessant gemacht durch einen vorausgehenden Irrenhausaufenthalt, einen Fußabtreter mit dem Bild des Sir Edward Grey (brit. Außenminister bis 1916, treibende Kraft der »Entente cordiale« gegen das Deutsche Reich). Er will »das gerechtfertigte Empörungsgefühl« seiner Landsleute »mit einer so schön im Deutschen schlummernden Reinlichkeitsregel« verbinden. Er will allerdings in seinem Größenwahn auch noch in Frankreich eine eben solche Matte »mit dem Bilde S.M.«, des Deutschen Kaisers, einführen. Der Einfall wird zerdehnt durch lang ausgesponnene Trivialitäten und zusätzliche, foppend kommentierte »Ausschweifungen« des Erzählers. Er wird aber durch die eingebauten Spiegelungen auf den Punkt gebracht: »Es gibt doch nichts pfiffigeres als einen Idioten«. In NIEMAND UND JEDER, überläßt es Graf dem (»etwas geschickteren«) Leser, »sich einen philosophischen Schluß aus dieser belanglosen Erzählung zusammenzureimen«. Schließlich entläßt er die auf sich selbst verwiesenen Leser genauso genarrt wie die Besucher seiner Veranstaltung im Mathäser im Dezember 1918.

Vielleicht war Graf die hohe Lyrik, die er machte, mitunter zu ernst. Er hielt sich schadlos mit Texten und Sätzen, in denen er sich selbst, die Mitmenschen, die ganze Gesellschaft, das Schreiben als solches überhaupt nicht ernst nehmen konnte.

Existentielle und soziale Prosa

In Ascona war Graf dazu übergegangen, Novellen zu schreiben. Nach der Rückkehr bot er Bachmair sein »erstes Prosaerzeugnis« an: »Enttäuschungen«, und sprach davon, daß ein Band mit drei Novellen von ihm (im Delphin-Verlag) geplant sei.

In Grafs ernsten Prosatexten kehrt einiges von der sprachlichen Gewaltsamkeit der expressionistischen Lyrik wieder, auch die Vorstellungen von einer Lähmung durch die Gesellschaft und ihre noch unverstandenen Mächte. »Unerhört trist steilten sich die Hauswände. [...] Nur manchmal grub sich eine schroff gezackte Hausecke in seinen Leib, schlitzend, daß die Rippen krachten, sich der zitternde Fleischleib hochzüngelte – die Mauer hoch, schlüpfrig und feig, wurmhaft – hoch ins fade, grenz- und farblose Gewölk des dämmrigen Himmels« (DER MANN, 1918). Sie berühren sich aber auch mit den Schnurren. In einer knappen Skizze aus dem Krieg, AUCH EINER, wird ein junger Bauer, der gefallen ist, ehrlich-traditionell betrauert, doch die meisten Gedanken richten sich auf den schönen Schimmel, der mit ihm in den Krieg mußte. In einem anderen Text, LAUTLOSER TOD, unter der Rubrik »Glossen«, kommt ein verblutender Bauer aus eben dem Dorf Mertelfing, in dem Graf seine »Herrgottsakrament«-Schnurren spielen läßt. Zur Vorstellung wird ein früherer Streich von ihm, eine makabre Wette um einen Schädel aus dem Leichenhaus des Dorfes nachgetragen. Jetzt liegt er apathisch auf dem Schlachtfeld im Sterben, in Gedanken, »schwer und stur, wie verdrossene Bauern seiner Heimat gewohnt waren zu denken«. Eine Anklage an das Leben wird formuliert, das ihn zu diesem Tod gebracht hat. Aber die erfahrene »leibhafte Nutzlosigkeit« treibt ihn auch zur Suche nach einem »Irgendwo«, einem »Ausgleich«, und diesen findet er schließlich in der Erinnerung an das kirchliche Zeremoniell zu Hause.

Die Kritik am Krieg kam in der Prosa deutlicher zum Vorschein als in den pathetischen Versen. Sie war verhalten, oft indirekt – Graf wollte seine Sachen ja noch im Krieg, trotz der Zensurbehörden des Kaiserreichs, veröffentlichen. Sie war jedoch spürbar. Soldaten werden einmal als »Müde, oder Tote« definiert. Daneben steht Bewunderung für die junge Frau, die nie müde ist und die die Soldaten um ihr unaufhaltsames Vorstürmen beneidet (ANNCHEN, 1917). In dem »novellistischen Versuch« DER MANN, dem Freund Pegu gewidmet, findet sich eine scharfe Charakterisierung der militärärztlichen Musterung, durch die selbst ›Ausgemusterte‹ noch ›tauglich‹ geschrieben wurden. »Es war so was wie ein Sortieren von Angefaultem, das man immerhin – denn schließlich sucht ja auch ein Krämer sein vermodertes Dürrobst nochmals aus, wäscht es und stellt es aussortiert wieder in den Laden –« (Ende des Satzes). Die Kriegsdienstverweigerung wird als ein existentieller Akt gezeichnet: »weil ich nicht kann!«, ohne die Kniffe und Tarnungen, mit denen Graf selbst sich zu entziehen verstand. »›Man muß sowas im Gefühl sein [haben?], fand ich, müssen kann man nicht und wenn man sich dazu zwingt, lügt man, Herr Leutnant!‹ Dieser Satz war unterminiert durch Menschsein, das die Hand nach irgendwem ausstreckte, oder es wenigstens wollte. –« Das Ende ist kolportagehaft und läppisch, aber in einer provozierenden Art. Der vor den Militärs ganz tapfere Verweigerer muß sich vor einer Zufallsbekannten, einer kriegsdienstbejahenden Frau bewähren und versagt vor ihr, die »übermächtig selbstsicher und unantastbar« dasitzt. Sie glaubt ihm seine Selbstmordabsicht nicht, verhöhnt ihn als Feigling, bis er sie in Panik erschießt und sich nun doch stellt. »›Na seh'n Sie‹ [...], ›warum sollte ein so mannhafter Bursch wie Sie nicht Soldat sein wollen!‹«.

Die eigene Situation verarbeitet Graf in Fiktionen, mit Übertreibungen. Sie dienen dazu, seine Verletzlichkeit, sein Befremden gegenüber der so eingerichteten Welt, auch seine Skrupel, ein frühes Schuldbewußtsein in aller Schärfe herauszubringen. »Herrschsüchtig und roh tritt der älteste Bruder auf, und die Mutter beugt sich, sie ist ganz gebrochen«. So heißt es in einer frühen Geschichte, AUS DER MÜHLE, die Graf aus dem Feld an die »Freie Straße« schickte (1915). Die Situation wird dramatisiert, ausgestaltet wie eine Schicksalstragödie. Der Besitz der Familie ist mit Schuld beladen: Sie verdanken diesen Besitz »gequälten Knechten und Gesellen« und haben diesen nie gedankt. Der Untergang der Familie folgt daraus, »alles geht auseinander«. Der Junge faßt sich bei der Arbeit in der Großstadt als »Sträfling« auf. Seiner Wut auf einen gemeinen Aufseher kann er nicht freien Lauf lassen – »ach, der Hunger und die Mutter«. Den Druck, der ihn wie ein Joch »überfällt«, trägt er »demütig, fast selber froh um ihn«. Ein Müllerbursche verunglückt, bleibt grauenhaft verkrümmt liegen. Sein toter Mund will anscheinend noch sprechen, »sprechen zu vielen« oder »hinaufschreien eine furchtbare Klage zur gottleeren Höhe«. Die »hexenhaft grausame Höllenmelodie dieses engen Lebens« wird durch den Unfall noch verschärft. »Aufladen, he, haben 's noch nie einen Toten gesehen, Sie!« fährt ihn der Aufseher an. Aber anscheinend war Graf dieses Pathos zu viel oder wollte er es verwischen, durch eine Andeutung des Krieges relativieren. So beschließt er die spukhafte Szene mit einer provozierenden Gleichgültigkeit: »Und ich muß heute – in Polen oder sonstwo, wenn ich daran denke, höchstens die Achsel zucken«.

Als Anstoß oder Ausgangspunkt werden die eigenen Erfahrungen in dieser Phase voll eingesetzt und teilweise ausgeschöpft. Ein strukturierendes Prinzip des Erzählens geben sie nicht her. Dem Faktum, daß er es ist, der dieses erlebt, gibt Graf weniger Gewicht als anfangs der allgemein-menschlichen und dann der gesellschaftlichen Bedeutsamkeit des Erlebten. In Notizen aus einem fingierten »Kriegstagebuch« unter der Überschrift DEUS EX MACHINA wird die in ihrer Banalität ausgemalte persönliche Situation in der Etappe gänzlich überdeckt durch das Bewußtsein der politischen Situation. Der Tagebuchschreiber fragt sich: »Wenn jetzt auf einmal Frieden wäre –«? Nichts würde sich ändern, stellt er fest. Die sozialen Gegensätze würden bleiben, der Nationalismus würde weiter die Köpfe und die offizielle Propaganda beherrschen. »Und alle Provinzblätter wären befrackt und reckten neugierig die gansigen Hälse – blähten sich in ihrem fadenscheinig-schwarzen Wichs: ›Ja, Deutschland‹«.

Nach der Revolution verbucht Graf die eigenen Erlebnisse (»Ich bin entlassen. Meine Träume sind unruhig und wirr«) als einen kleinen Punkt in dem großen Geschehen, den »blutigen Wochen von München«, die jetzt »vorüber«, aber nicht zu vergessen sind. Er verzeichnet aus der Nähe, aus dem Mund von Menschen seiner Heimat und von einem mitgefangenen Genossen, den Racheschrei der gequälten Menschen. Er schließt sich mit ihnen zu einem großen »Wir« zusammen, das im wesentlichen als die Gemeinsamkeit von Gefangenen bestimmt ist. Sie alle harren in ihren Zellen des Tages, »der kommt wie ein Lawinensturz«. Mit einem grausigen Bild unterstreicht er die persönlich erlebte und ins Allgemeine projizierte Pein. Er knüpft an die Schilderung einer chinesischen Folter an, bei der ein »Verbrecher« zu Tode gequält wird, indem eine Ratte durch Feuer und Schmerzen irrsinnig gemacht und in den After des Unglücklichen getrieben wird. Heute, im zivilisierten Abendland, geht es »humaner«, »glatter«, »gründlicher« zu: mit Wartenlassen, Verhungern- und »Verdorren«lassen. Auf die Seelen richten sich die heutigen »Ordnungsschaffer«. »In ihre Seelen habt ihr jene Ratte gejagt, die nun nagt und nagt und nicht krepieren kann, die jeden Atemzug und jedes Aufblicken mit Rache, mit irrsinniger, ohnmächtiger, tiergieriger Rache zernagt. Sie nagt, sie nagt, hört, hört!« (ERINNERUNG, 1919).

III.
GESCHICHTEN UND DIE
EIGENE GESCHICHTE
1920-1927

Schon als Siebzehnjähriger hatte sich Graf zum Schriftsteller erklärt. Mühevoll, sehr allmählich war er es geworden: durch seine Veröffentlichungen, seine Interessen, durch das Bild, das er von sich vermittelte. Seit 1920 lebte er als ›freier Schriftsteller‹. Er nahm keine Arbeit mehr an, die ihn von diesem Beruf abhalten konnte. Er fand 1920/21 zum ersten und letzten Mal einen bezahlten Beruf, in dem er seine geistigen Fähigkeiten zur Geltung bringen konnte: als »Dramaturg« einer kleinen, von Arbeitern getragenen Bühne. 1920 machte er Schluß mit dem Expressionismus. Er postulierte eine neue, »sachliche« Erzählkunst, dem »Leben« statt der »Idee« verpflichtet.

GEGEN DEN DICHTER VON HEUTE, so überschrieb Graf sein neues Literaturprogramm. Er sagt nicht ausdrücklich, daß er die Expressionisten meint, aber was er nicht (nicht mehr) will, trifft weitgehend sie. Der »heutige Literat« hat »eine neue Epidemie« in die Literatur gebracht: »die Propaganda der Idee«. Er »predigt« zu viel, schreibt zu viel am Schreibtisch, und er psychologisiert. »Besser auf 10 Seiten 50 Morde als psychologische Aufklärung«. Die finanzielle und zugleich die gesellschaftliche Grundlage der »Dichter von heute« ist Graf suspekt: »beschäftigungslose Söhne besserer Familien mit einem Monatswechsel.« Er formuliert sein Programm vor allem negativ und provokant:

»Ich hoffe:
1. daß die kommende Revolution alle ›Ethik‹ verbietet;
2. daß jeder Literat sein Leben einfach und ohne jede Erläuterung und Rechtfertigung in soviel Arbeiterversammlungen erzählen muß, solange – bis er hinausgeworfen wird;
3. daß sämtliche Dichter und Schreiber nur dann ihre Bücher noch auf den Markt bringen dürfen, wenn ihr Leben nicht langweilig war.«

Das positive Ideal ist nur ungefähr, nicht ohne Mißverständnisse bezeichnet. »Eine kommende Vitalität« fordert Graf, verwahrt sich aber gleich gegen eine Verwechslung mit dem »schlichten ›teutschen‹ Naturburschen«. Er hat noch die expressionistischen Totalvisionen im Ohr und in der Feder. Er formuliert die Befreiung aus dem abstrakten Idealismus sehr idealistisch und abstrakt. Er wünscht sich, daß der »Mensch von heute« »die unbezwingbar scheinende Gewalt der mechanisch-merkantilistischen Lebens-

Vielfalt in seine schwingende Seele nimmt und als gestählter Weiser das neue Wort die heroische Abenteurergröße des Ganz-Demütigen erreicht«. Aber die Intention wird deutlich. »Man lasse die Lebendigen reden und erzählen, nicht die Prediger«. »Es muß wieder gelebt werden, bitter gelebt und freudig gegeben«. Gegen das Abspulen eines Lebenslaufs aus seinen »Voraussetzungen« setzt Graf sein Stilideal: die Überraschung. »Man erzähle mir Unvorhergesehenes, Gewaltsames! / Es gibt in der Welt nichts – o, wie sie sich davor fürchten! –, was einen ordentlichen Ablauf hat.« Graf postulierte nicht nur die Abwendung von der Kunst der Verheißung und des moralischen Postulats. Er begann sie im gleichen Jahr des Umbruchs, ein Jahr nach der Niederschlagung der Revolution, auch in die Tat umzusetzen. Er gab sich nicht mehr den großen, berauschenden Worten hin, er suchte die Worte jetzt genau zu dosieren und zuzuspitzen. In der ersten Niederschrift seines Lebens (1920), aus der dann FRÜHZEIT wurde, hat er in der Tat seine Jugend- und Kriegserlebnisse weitgehend »ohne Erläuterung und Rechtfertigung« erzählt.

Graf fand noch eine zweite ästhetische Grundsatzerklärung nötig, ein Bekenntnis zur ›autonomen‹ Kunst. Es wirkt ein wenig makaber, daß er in diesem Jahr der dominierenden Konterrevolution, als Erich Mühsam mit vielen Genossen im Gefängnis saß, seine Abgrenzung von jeder »propagandistischen« Kunst ausgerechnet an einem Gedichtband Mühsams entwickelte. Graf scheute nicht den Schein der Gehässigkeit und Undankbarkeit. Er suchte auch unter diesen Umständen, ja mittels dieser Umstände zu provozieren. Die Auseinandersetzung war sein Beitrag dazu, die gefangenen Genossen nicht zu vergessen. »Aber seien wir ehrlich. Vergessen wir auch nicht, daß wir verpflichtet sind, einander die Wahrheit immer zu sagen.«

Die Kritik wird Mühsams Gedichten nicht gerecht. Sie sind zwar nicht frei von »Journalismus« und »Plattheit«, die Graf darin findet, sind aber dadurch nicht so geprägt, daß sie sprachlich »beinahe wertlos« wären. Wichtiger jedoch als die Kritik ist die Aufgabenstellung, die Graf besonders für revolutionäre Dichter formuliert. Die Sprache, die Auffassung vom Menschen, die Erfassung der Wahrheit[1] muß revolutioniert werden. Mit den »alten Mitteln der Sprache«, den gleichen, die etwa auch patriotische Dichter einsetzen, darf ein Dichter, der die Revolution will, nicht arbeiten. Den »echten« Dichter kennzeichnet, daß er »auf eine ganz andere Art formt und in die Menschen greift, als es momentan begreifbar ist«. Mühsam konnte in seiner Erwiderung leicht spotten: »Ich wünsche mit meinen Versen die arbeitenden Menschen zu revolutionieren und nicht die deutsche Grammatik.« Den eigentlichen Impuls von Grafs Streitartikel traf er damit nicht. Graf selbst konnte ihn nur andeuten. »Schlagt mich tot, hängt mich auf, haßt mich! Ich bin der Meinung, daß wir zu einem so gewaltigen Menschenänderungskampf, den wir ›Revolution‹ nennen, die größte Kraft, das Tiefste in uns aufzubringen fähig sein müssen, und hüten wir uns vor Sentimentalität und Unwahrheit gegeneinander.« Graf brauchte viele Jahre und eine ganze Reihe von Büchern, bis er ganz sichtbar gemacht hatte, was er mit dieser Andeutung über die revolutionierende Kraft aus dem Innern der Schriftsteller meinte.

Zweifel an sich selbst, Mut zu sich selbst

Grafs wichtigster literarischer Gegenstand wurde von 1920 an er selber. Das war keine abrupte Programmänderung, es entwickelte sich in mehreren Stufen.

1920 begann er, seine Autobiographie zu gestalten. Er schrieb seine Erlebnisse auf, die er schon öfter erzählt hatte. Er dehnte das dann aus auf die Geschichte seiner Familie, auf sein ganzes Dorf, auf Arbeits- und Reiseerlebnisse. Er stellte die eigene Dummheit und Unberatenheit, seinen Egoismus, bestimmte Gemeinheiten, eine durchgängige Rachsucht und Herzlosigkeit heraus. FRÜHZEIT hatte er noch relativ problemlos niedergeschrieben, angeblich »in kaum drei Wochen«. Sie zeigt ein staunendes, manchmal sich quälendes, vor allem spontan drauflos lebendes Ich. »›Unwahrscheinlich blöd, aber zum Totlachen‹«. Mit der Fortsetzung hat er sich viel länger gequält. Sie setzte ihm zu beim Schreiben, er setzte sich selbst zu, um sein Versagen zur Zeit der Revolution, sein Grauen über ihre Opfer aus den »wiedererweckten Erinnerungen« herauszuholen. »Ich lachte und ergrimmte, ich stockte und wurde ratlos«. So wenig er sein früheres Verhalten rechtfertigen will, so unnachsichtig wirft er die Frage nach einer Rechtfertigung vor den hungernden und blutenden Zeitgenossen auf. Der zweite Teil von WIR SIND GEFANGENE ist bitterer, grübelnder, heftiger in seinen Selbstanklagen als der übernommene erste. Die Beschäftigung mit sich selbst förderte im Laufe der Zeit immer mehr dunkle Punkte aus seinen Jugendjahren zutage. In WIR SIND GEFANGENE trägt Graf die peinliche Geschichte mit seinem Betrug am Bruder Maurus nach, die er in FRÜHZEIT weggelassen hatte. DORFBANDITEN und DAS LEBEN MEINER MUTTER bringen weitere ehrenrührige Geschichten, die in WIR SIND GEFANGENE fehlen. GELÄCHTER VON AUSSEN betreibt die Selbstentlarvung noch radikaler. Graf präsentiert seine befleckte, »verworrene« Vergangenheit schon durch seine Arbeitsweise und Publikationsstrategie wie ein Faß ohne Boden ...

Schließlich bietet das eigene frühere Verhalten einen unerschöpflichen Vorrat an Späßen. Gerade weil es ernst ist, weil es sich durch alles Grübeln nicht auflösen oder rechtfertigen läßt, wird es voll

Titelblatt mit einer Kreidezeichnung von Georg Schrimpf zu Grafs Indianer-Dichtungen UA-PUA...! (Habbel, Regensburg, 1921).

dazu ausgespielt, die Mitmenschen wie die Leser zum Narren zu halten. Graf will sie verunsichern, mit ihnen über alles und im Effekt über sie selbst lachen. Diese Strategie verstärkt sich, seitdem er ein erfolgreicher Autor wird (ab 1927). Sie soll gründlich im nächsten Kapitel untersucht werden. Aber schon bei seiner schweren Auseinandersetzung mit sich selbst darf der Ausweg in Provokation und Gelächter nicht übersehen werden.

Bekenntniswut

Was treibt Menschen überhaupt und was trieb den jungen Graf dazu, das Verfehlte, Peinliche, Schimpfliche am eigenen Leben darzustellen?

Es sind durchweg negative Züge an sich selbst und negative Erfahrungen, die Grafs »Bekenntnisbuch« WIR SIND GEFANGENE sowie die meisten seiner autobiographischen Werke ausfüllen. Das haben sie gemein mit den großen Bekenntnissen von Augustinus, Rousseau, Strindberg u. a., an die sich die Kritiker angesichts des »schonungslosen« Umgangs mit der eigenen Person zu Recht erinnerten. Graf wütet regelrecht gegen sich selbst oder gegen sein früheres Ich. Er stilisiert sich auf unmöglich. Er übertreibt seine sagenhafte Tölpelei, seine Gehässigkeit gegen andere, seine »eigene Jämmerlichkeit«, seinen »verworrenen, schäbigen Charakter«. Die Kapitelüberschriften des zweiten Teils von WIR SIND GEFANGENE unterstreichen die Fragwürdigkeit seines Lebensgangs: »Durcheinander«, »Geld! Geld!!«, »Dem Gockel steigt der Kamm«, »Heiraten und nicht verzweifeln«. »Pech und schlechte Gesellschaft«, »Dumpfe Krise«, »Klägliche Zwischenzeit«, »Verwirrung«, »Im Sturm und im Sumpf«. »Am liebsten hätte ich mich anspeien, verprügeln mögen, den Schädel einrennen«. Woher kommt diese Wut auf sich selbst, woher der Drang, sich damit an die Öffentlichkeit zu wenden?

Bekenntnisse haben etwas mit der Beichtpraxis der Katholischen Kirche zu tun. In seiner Kindheit hat Graf die Nötigung, sich rückhaltlos mit seinen Fehlern vor dem irdischen Ohr Gottes darzustellen, offenbar sehr ernst genommen. »Vielleicht«, schreibt er später, ging WIR SIND GEFANGENE aus dem »unbewußten, tiefkatholischen Zwang« zu beichten hervor – »meinetwegen«. Nachdem er auf die kirchliche Autorität nicht mehr hörte, nahm die innere Verpflichtung zum Geständnis nicht ab. Sie richtete sich jetzt an ein diffuseres, aber sozialer strukturiertes, faßlicheres Publikum, von dem er

Resonanz und Ermunterung zu weiteren, tiefer eindringenden Geständnissen erfuhr. In den Kreisen in München und Schwabing, mit denen er näheren Umgang hatte, stand der leibliche wie der seelische Exhibitionismus, tätlich, mündlich, bildlich und schriftlich, hoch im Kurs.

Die moderne, aufgeklärte Öffentlichkeit hat überhaupt, als sie sich aus den Dogmen der Kirche befreite, die Beichte nicht abgeschafft. Sie hat sie nur verinnerlicht, verweltlicht und literarisiert. Im Protestantismus, man denke nur an die Pietisten, wurde die Gewissenserforschung weit subtiler, skrupulöser entwickelt als in dem katholischen Vor- und Gegenbild. In der Philosophie, in der Literatur wurde die verborgene »Wahrheit« im Innern des Menschen um so dringender, je weniger sie durch einen Druck von außen ans Licht geholt wurde. Foucault hat die geschichtliche Entwicklung vom Zwang des Geständnisses zur unerschöpflichen Lust des Gestehens skizziert. Er schüttelt den Kopf über die modernen Rituale der Selbstentblößung, vor allem über die daran geknüpften Verheißungen von »Wahrheit« und »Freiheit«. Die »bloße Äußerung« soll bei dem, der sie macht, »innere Veränderungen« bewirken: »sie tilgt seine Schuld, kauft ihn frei, reinigt ihn, erlöst ihn von seinen Verfehlungen, befreit ihn und verspricht ihm das Heil«. Foucault fordert dagegen eine » ›politische Geschichte der Wahrheit‹ «, die zeigen müßte, »daß die Wahrheit weder von Natur aus frei noch der Irrtum unfrei ist, sondern daß ihre gesamte Produktion von Machtbeziehungen durchzogen ist«.

Grafs »Bekenntnisbuch« rief zur Zeit seines ersten Erscheinens 1927 wie bei seinen späten Neuauflagen große, fast einhellige Begeisterung hervor, von den unterschiedlichsten literarischen Autoritäten. Heinrich und Thomas Mann, Hugo von Hofmannsthal, Bruno Frank, Romain Rolland, Maxim Gorki, Johannes R. Becher, Walter von Molo, Hans Martin Elster u.a. lobten es teils überschwenglich, teils besonnen, durchweg seiner Radikalität und unerbittlichen »Ehrlichkeit« wegen, in der sie die Modernität dieses nicht gerade »modern« geschriebenen Buches fanden. Walter Kolbenhoff nennt im Rückblick Graf und sein Buch »schuld« daran, daß sein Leben so und nicht anders verlief. »So schicksalhaft kann Literatur sein«. Vielleicht hilft uns, um das Bekenntnishafte des Buches zu ergründen, die abschätzige Kritik weiter, die es natürlich auch gab.

Alexander M. Frey berichtet von einer feindseligen Äußerung gegen Grafs Buch: das Schrecklichste daran sei »seine Unwahrheit unter dem Mantel der primitiven Ehrlichkeit«. Frey habe sich »gegen keinen der vielen Angriffe so sehr gewehrt wie gegen diesen«. Das ehrt ihn, denn der Vorwurf der »Unwahrheit« hat bei Werken der schönen Literatur etwas Vernichtendes. Trotzdem ist die Unterscheidung zwischen aufgebotener Ehrlichkeit und erzielter »Wahrheit« nicht nur boshaft, sondern auch erhellend. Die Diskrepanzen in Grafs Buch sind unübersehbar, er will sie gar nicht verdecken. Fritz Reck-Malleczewen findet in einer entrüsteten Besprechung an Grafs Buch wie an der Münchener Revolution nur »große Worte« und »schwächliche Taten«. Peter Sloterdijk sieht das Buch voll von »Störerfahrungen«: »Erfahrungen von Zweideutigkeit, Doppelmoral, Unentscheidbarkeit von Problemen«, »Erfahrungen mit dem Widerspruch, mit dem Konflikt, mit der Unordnung, mit der Abweichung, der Lüge, der Ideologie«. Wäre er etwas weiter gegangen, hätte er die gleichen Störungen auch in der Machart des Buches wiederfinden können. Graf schreibt ungeschützt. Er verläßt sich auf die provozierende Kraft seiner Erlebnisse, er unterstreicht ihren inneren Zwang durch seinen ruppigen Ton und die Durchbrechung vieler Tabus. Aber er wird nicht zum Apostel einer oder gar der »Wahrheit«. Nichts ist fraglos, unausweichlich, notwendig so, wie er es ausgesprochen hat. Er selbst gelangt durchs Schreiben zwar zu einem festeren Selbstbewußtsein, aber zu keinem definitiven, schon gar keinem sicheren Bild von sich selbst und seiner Stellung in der Welt. Beichten muß er, wie in der frühesten Jugend, doch keine Instanz, an die er sich nun wendet, kann ihm Absolution und Ruhe erteilen. Was er anläßlich der Verfertigung seines mißratenen Dramas von seinem inneren Zustand als Produzent feststellt, gilt von ihm auch noch in späteren erfolgreichen Zeiten, auch als er an seinen besten Geschichten schrieb: »Nachts so wach liegen, wenn's immer stiller und stiller wird, ist gefährlich. Auf einmal merkt man, wie unwichtig, wie lächerlich wichtigtuerisch man sein bißchen Leben vergeudet. Ganz kleinweise und quälend kommt man hinter seine Jämmerlichkeit. Kläglich gleiten die Erlebnisse, die Tage und Jahre vorüber, alles läuft davon, rinnt weg ...«.

Das Ich, nach außen gewandt

Graf sprach häufig von sich selbst, in seinem Umgang wie in seinen Geschichten und Romanen. Wie weit hat er es tatsächlich mit seinem persönlichen, wie weit mit einem allgemeinen Ich zu tun?

Ging es ihm überhaupt um das unverwechselbare Individuum Oskar Graf, um seine Eigenheiten, seinen absonderlichen Lebensweg, oder ging es ihm um etwas anderes? Wie weit grub er in die Tiefe, was wies er von sich ab?

Ein paar persönliche Verstörungen, unerklärbare Abneigungen gegen andere, Momente der Bedenklichkeit, der Reue oder des Verzagens verraten etwas vom Innenleben dieses Oskar Graf. Ja, er hatte Nerven, weiß Gott wie reizbare! Manchmal, selten grübelte er darüber, wer er ist und daß gerade ihm dieses Ich, das spezifische Ich-Bewußtsein, das organisierende Zentrum dieser seiner Welt zugeteilt wurde. Als er nach seiner Heirat ohne Job in der Stadt in der Sonne sitzt, ringsum alles »in der gewohnten Ordnung«: »Weiber schimpften, Mädchen wippten vorüber, alte Männer saßen herum und redeten«, da überkommt ihn eine kurze Vision des Ausgeschlossenseins, des Eingesperrtseins in sich selbst, wie sie in der damaligen Literatur und bis heute so überaus häufig anzutreffen ist. »Wenn man die Augen zumachte, war es, als sitze man in einem warmen Glaskasten, an dessen Wänden unzählige Käfer kratzend auf und ab krabbelten. Unablässig, mit irritierender Emsigkeit, derart, daß man ganz dumm davon wurde«. Im Krieg war er oft so auf sich zurückgeworfen, daß ihm dieses isolierte Ich schließlich zum Problem wurde. Er hat es nicht nur in den mißlingenden Gesprächen mit den Kameraden und in der Darstellung seines berserkerhaften Draufgängertums in der Irrenanstalt zu lösen versucht. Er hat es auch, weil es sichtlich ungelöst blieb, in weiteren Geschichten bearbeitet, am radikalsten in der Erzählung ETAPPE. Die Isolation des Außenseiters, der wegen seines Pazifismus von allen Kameraden gemieden wird, wird hier als so unerträglich geschildert, daß der Betroffene die anderen anschreit und zu Kurzschlußreaktionen herausfordert. Diesen Kriegsdienstverweigerer, der für seine Weigerung eingesperrt wird, läßt Graf etwas ausführen, was er selbst vermieden, höchstens in der Vorstellung umkreist hat: Er ersticht einen Korporal und provoziert die beiden Wachen derart, daß sie ihn erschießen. Er wird von der Vorstellung seines Glaskastens ganz beherrscht. Die Kameraden stehen vor ihm »wie glatte, finstere Glasstürze. Alles rutschte an ihnen herab«. Er selber fühlte sich unter einem Glassturz. »Gespannt bis aufs äußerste mußte man an sich halten. Eine einzige Bewegung – und alles konnte zusammenfallen, klirrte herab. Und –?«

Schon die erzwungene Konzentration auf sich selbst führt den Autor nicht weit in sein Inneres. Das Ich war für Graf ein aktives, soziales, auch in seinen asozialen Regungen auf andere bezogenes Prinzip, kein Gegenstand seiner Betrachtung. Psychologie lehnte er ab. So sehr er sich mit sich selbst auseinandersetzte, er tat es völlig anders als Kafka und die späteren Existentialisten. Jung hatte einen Text in der ersten Nummer seiner »Freien Straße« mit der geheimnisvollen, programmatischen Wendung beendet: »Es gibt ja keinen Feind als sich selbst«. Graf machte später daraus seine »These«: »Es gibt keinen Feind«. Er stand ebenfalls nicht selten sich selbst im Weg und hatte seine eigene Schüchternheit oder Unbeherrschtheit gegen sich. »Dumm! Saudumm! Immer kommst du ins Gedräng', und nie hast du einen Zweck«. Er ging aber praktischer, alltäglicher, handfester mit diesem Selbst um, auch wenn er ihm zusetzen, ihm etwas abringen mußte.

Graf war weniger egozentrisch als die großen Lyriker oder Analytiker oder Problemdichter der deutschen Literatur, als seine Zeitgenossen von Rilke bis Musil. Ich bekomme beim Lesen seiner autobiographischen Schriften oft den Eindruck, als sähe er zugleich davon ab, daß es um ihn geht, wenn er sein eigenes Verhalten aufspießt. »Graf riet in der gleichen Intensität von sich ab wie er für sich warb«. Die hervorstechende Rücksichtslosigkeit und Unerbittlichkeit, mit der Graf seinen gekrümmten Lebenslauf darstellt, verrät mehr Liebe zur Erkenntnis als Liebe zu sich selbst. Mir scheint, daß Graf ziemlich frühzeitig sich selbst als einen ›allgemeinen Menschen‹, als sein gegebenes oder bequemstes Beispiel für Menschen überhaupt genommen hat, und zwar im Leben wie im Schreiben. Obgleich er ein deutliches Bewußtsein von seiner Besonderheit hatte, obgleich er die vielfältige Verschiedenheit der Menschen geradezu gefeiert hat, lag ihm mehr daran, über alle trennenden Differenzen hinweg, die im Großen die Menschheit doch nur verwirren und in Feindseligkeit verstricken, den Menschen überhaupt, die Minimalausstattung an Trieben, Bedürfnissen, Lebensrecht, Selbstbehauptung herauszufinden. Mit Hilfe seiner Erlebnisse und mit Hilfe seiner provozierenden Darstellung suchte er dem auf die Spur zu kommen, was zum Menschen gehörte, was einem Angehörigen seiner sozialen Schicht in dieser politisch bewegten Zeit zukam. Stirner verlor seine verführerische Macht über ihn. Nicht darauf kam es an, ob dies oder das, alles oder nichts »seine« Sache war. Viel wichtiger wurde für ihn, wie die vielen Sachen beschaffen waren, die er mitmachte, sich zu eigen machte oder wieder von sich stieß.

»Was bin ich? Was will ich? Wem nütze ich?«

So stellt Graf die Frage noch am Schluß von WIR SIND GEFANGENE, »verzweifelt, ruhelos«. Die Antwort gibt er nicht mehr in der Ich-Form und nicht nur durch einen Willensakt (einen ziemlich inhaltsarmen: »Leben wollte ich, leben«). Seine Selbstgewißheit nimmt er aus der Besinnung auf das, was ihn mit vielen oder allen Menschen verbindet. »›Mensch‹, notierte ich mir einmal, ›das ist seit Anbeginn das Stieselhafteste und Unsinnigste, was es gibt‹«. Graf gestaltet hier ein Wiedersehen mit einem Mitgefangenen, dem die Weißen und ihre herzlosen Gefängniswärter übel mitgespielt haben. Der keucht, verstummt unter der Erinnerung. Aber er richtet sich nach der gemeinsamen Klage wieder auf und strafft sich. Das Weggehen und Sich-Straffen ist eine Wendung, eine innere Bewegung, aber von außen wahrnehmbar, die im Werk Grafs immer wiederkehrt und eine ausschlaggebende Bedeutung erhält. »›Es ist nichts umsonst gewesen!‹ « hält Graf als das Ergebnis fest. »Mein winziger Kreis zerbarst. Ich war mehr, als bloß ›Ich‹«.[2]
Von »Verallgemeinerung« auf »den Menschen überhaupt« zu sprechen, ist natürlich eine gefährliche, leicht mißzuverstehende Redeweise. Sie ist nur brauchbar, wenn dazu angegeben wird, wie nah Graf mit seinen Beschreibungen bei seinen konkreten Erlebnissen bleibt und wie konkret, sozial bestimmt »der Mensch« in seinen Schriften erscheint. Graf suchte solche Erkenntnisse zu formulieren oder den Lesern seiner Geschichten nahezulegen, für die er aufgrund seiner spezifischen »Störerfahrungen« geradestehen konnte. Das Wirre seiner Autobiographie hat er in keiner Version eingeebnet. Er hat es nicht einmal seiner Lieblingsdeutung, dem Aufstieg zu größerer sozialer Sensibilität und Verantwortung, geopfert. Selbst in Sätzen mit »man« und »jeder«, in den frühen wie in vielen späteren Aphorismen, werden Momente der Anstößigkeit und Ungehörigkeit festgehalten, die Graf primär aus der eigenen Erfahrung gewonnen hat. »Wenn einer sagt, daß er nicht triumphiert, wenn ihm eine eingebildete oder auch eine wirkliche Macht bewußt wird, so lügt er sicher. –«.
»Leicht idiotisch, tief humoristisch«, so sieht Thomas Mann diese Darstellungsweise. Tretjakow sucht die abschätzige Bedeutung der »Idiotie« zu mildern. Er versteht sie als »ad absurdum geführten Individualismus«. So vollständig und entschieden jedoch, wie Tretjakow es gern hätte, führt Graf weder die Idiotie seiner Jugendjahre noch seinen bleibenden Eigensinn ad absurdum.

»Grauen« vor sich selbst,
»Verträglichkeit« mit anderen

Wenn ich die Entwicklung von Grafs Selbstbewußtsein seit seinem
Aufbruch in die Stadt richtig verstehe, dann fing er seine Dichterexistenz mit keinem gesicherten Bewußtsein des eigenen Wertes
an, sondern mit tiefem Mißtrauen gegen sich selbst, mit Unwert-
gefühlen, schlechtem Gewissen, einer Abwertung seiner moralischen und intellektuellen Mitgift von zu Hause. Im Zusammen-
prall zwischen seinem naiven Bildungsidealismus und den völlig
andersartigen Wertsetzungen der städtischen Kulturszene – politischen, moralischen, künstlerischen, leichtfertigen, zynischen
und ernsthaften Wertsetzungen – ergriff er weitgehend die Partei
des Neuen und Fremden. In manchen Begegnungen verhöhnte er
sein plumpes Auftreten und seine läppischen Gedanken, schärfer
als es die Partner taten, auf die er stieß. (Denn sie waren, außer
Jung vielleicht, weniger an ihm interessiert.) Er machte vieles mit,
änderte sich in den ersten Jahren in München stärker als je. Aber
sein Ziel, ein ganz anderer zu werden, sich nur noch aus der aktuellen Bewegung, vor allem dem Expressionismus, nicht mehr aus
der engen Herkunft und den harten Anfängen seiner städtischen
Existenz zu verstehen, war so nicht erreichbar. Sein Ich samt seiner bäuerlichen Gestalt und seinen »krausen«, pfiffigen Gedan-
kengängen, seiner Neigung zum Spott, zu einer oft brutalen bayerischen »Gemütlichkeit« ließ sich weder verdrängen noch nach
den Erfordernissen eines literarischen Programms ummodeln.
Seit der Revolution und ihrem Scheitern bekannte sich Graf immer
ungenierter zu dem, was er war. Er kehrte damit die Wertmaß-
stäbe nicht (oder nur sehr langsam) um. Er verherrlichte sich nie.
Er machte aus seinem rauhen, ständig aus der Bahn gebrachten
Lebenslauf keinen Bildungs- oder Entwicklungsroman, nicht einmal eine eindeutige Desillusionierungsgeschichte. Er stellte seine
Erlebnisse als diese albernen, unbedachten, heillosen Vorgänge in
einem barbarischen Abschnitt unserer Geschichte hin. Aber er
identifizierte sich immer stärker mit seinen Dummheiten und den
dafür eingesteckten Schlägen. Er ist nicht als ein unbeschriebenes
Blatt dem militärischen Apparat und allen Autoritäts- und Impo-
nierinstanzen gegenübergetreten. Er hat die Sprüche, die Erfahrungen von kleinen geduckten Leuten parat gehabt, wenigstens
innerlich, und wenn es nur die entwaffnende Belehrung von seiner Mutter war:»Herrgott, du meinst schon gleich, was sie alles

sind! ... Und wenn sie nichts mehr anhaben, sind's auch nackert, und wenn's g'storben sind, sind's auch bloß ein Haufen Dreck!« Graf zweifelte nicht nur an sich und verunsicherte seine Leser, er hatte auch einen entschiedenen Mut zu sich selbst. Er vermittelte nicht wenig Lebenslust und Lebensbejahung – gerade weil er seine Zweifel und seinen Zorn nicht unterdrückt.

Persönliches Glück im Angesicht der Konterrevolution

»Kamerad,
in jeder Stadt, in
jedem Dorf begleitet dich
ein Gefängnis« (Ernst Toller)

Graf blieb der Revolution treu. Er hat sich sein Leben lang nie von ihr losgesagt (oder höchstens zur Verstellung); er hat ihr keinen Stein nachgeworfen. Er mußte trotzdem gründlich umdenken, von vorn anfangen. Er lernte vor allem, von den schwachen wirklich vorhandenen Kräften auszugehen. Das Nachdenken über das Versagen der Revolution und das Andenken an ihre Opfer hat ihn lange beschäftigt. Der Titel seines Buches WIR SIND GEFANGENE »wurde das Etikett unserer Epoche«.
Aber Graf lebte und schrieb nicht rückwärtsgewandt. Er hatte überlebt, er suchte mit seinem Leben etwas anzufangen. Er raufte sich mit der gegenwärtigen, in Bayern besonders heftigen Konterrevolution. Er suchte und fand Genossen vor allem unter den jungen Münchner Arbeitern. Er baute seine Position und seine Strategie als Schriftsteller aus, er schuf auch einen Kreis um sich herum, bildete einen Bezugspunkt für gleich junge und jüngere Leute mit Ambitionen. Obgleich es eine sehr bewegte, hektische, ärmliche Zeit war, die erst nach dem Hitler-Putsch und der Einführung der neuen Währung (Ende 1923) ruhiger und wirtschaftlich »stabiler« wurde, war es für Graf auch, in mehrfacher Hinsicht, eine glückliche Zeit.

Die Feinde siegen

»Gustav Landauer tot –:
Sie haben in seinem Kopf
den Himmel entzweigeschossen« (Georg Kaiser).

Die literarische Bewältigung der Revolution und ihres Scheiterns war hart zu schreiben und ist peinigend zu lesen. Die menschlichen Kosten des Terrors der Weißen werden in Grafs Erinnerungen eindringlich und trotzdem unsentimental vergegenwärtigt. Menschen werden geschlagen, bespuckt, gejagt, erschossen, zu Tode getreten, mit der ›kalten Guillotine‹ der Klassenjustiz für Jahre vom Leben abgetrennt. Ihre Angehörigen hungern, leiden, recken manchmal die Fäuste. Die Frau eines erschossenen Arbeiters, der sich stets zurückgehalten hat, wird irr von der Nachricht seines Todes. Ihr Schreien und »lauerndes« Glotzen bildet die schärfste Anklage gegen die Staats- und Justizgewalt. Graf fühlte sich »erstarrt«, von innen gewürgt, als er die Schreckensbilder niederschrieb. Er verweilte lange bei den »Gefangenen«, die »wir alle« sind, und bei dem Schuppen voller Leichen. Er anerkannte eine Einheit der Betroffenheit und des Leidens.

Graf suchte aber ebenso intensiv, vergeblich, nach einer Einheit im Tun der Revolution. In einer ganzen Galerie von Sinnbildern, Vexierbildern zeichnet er die Zerrissenheit dieser Bewegung. Der Feind oder sein Einfluß dringt ein in die eigenen Reihen der Revolutionäre. Da bleiben nicht nur die behäbigen Bürger bei ihrem Schweinshaxn sitzen. Da erweisen sich auch viele Mitläufer und manche Anführer der Revolution als Tölpel, Stiesel, Hengste, mehr an ihren läppischen Eigenheiten als an der gemeinsamen Sache interessiert. Ein »Älpler« mitten im entscheidenden Demonstrationszug zu den Kasernen am 7. November „juchzte wie beim Schuhplatteln". Der hinkende Zimmerherr, den Pegu angeschleppt hatte und der jetzt von Bewaffnung und Guillotine krakeelte (»Er redete daher wie der höchste Mann im Staat«), ist für Graf ein »Symbol« der »ganzen deutschen Revolution«: »Sie hat auch einen Klumpfuß und hinkt«. Ein »Sonderling«, ein verhutzelter, schwäbisch redender alter Mann, sagt lächelnd von den zusammengerotteten Menschen voraus: »Dia werd'n all' no katholisch!« Das schlimmste Zerrbild für Graf liefert ein »fanatisch treues Parteimitglied« der Sozialdemokraten mit seinem »rettenden Vorschlag«: »Noja, macht ma hoit a Revalution, daß a Ruah is«.

Die Reaktion triumphierte nicht nur in der Rückschau. Sie zertrat nicht nur die Hoffnungen auf ein besseres erst noch zu erstreitendes Leben. Sie war in der Gegenwart, in den frühen zwanziger Jahren, während der ganzen kurzen Republik unübersehbar tätig und erfolgreich. Sie bedrohte und vernichtete schließlich auch die zaghaften, schwach verteidigten Errungenschaften der Republik. In München trat die geballte und zynische Gewalt der Reaktion besonders furchterregend in Erscheinung. Der Triumph der Ordnungskräfte über die revolutionären Arbeiter, der lange ausgekostete Jubel über diesen Sieg schufen ein Klima, in dem diktatorische, volksverhetzende Bestrebungen geradezu aufblühten.[3] Was Wilhelm Hoegner z. T. aus nächster Beobachtung mitteilt – die militärische Ausstattung der »Ordnungszelle Bayern«, die Rechtsbrüche durch staatliche Organe, die politischen Morde besonders in Bayern, die Unterstützung der politischen Justiz für nationalistische und putschistische Kräfte – liest sich, als hätte mindestens in Bayern 14 Jahre lang (die ersten fünf Jahre besonders intensiv) alles zusammengewirkt, um Hitlers Drittes Reich vorzubereiten. Vor dem November 1923 verzeichnet Hoegner die Bestrebungen von mindestens vier Gruppierungen in München, allein oder in taktischem Benehmen mit anderen die Staatsgewalt mit Hilfe militärischer Formationen an sich zu reißen. Neben den Nationalsozialisten und den weiteren politischen Putschisten gab es eine Fülle von Vereinen, Heilslehrern, einzelnen Weltverbesserern, die aus ihrem Ärger über die Zeit reaktionäre, antisemitische, nationalistische, z. T. einfach größenwahnsinnige Konsequenzen zogen – und damit schließlich den Nazis den Boden vorbereiteten. Ein selbsternannter »Richtigdenker«, Ewald Gerhard Seeliger, gründete die »Freie Menschheit, Deutsche Unparteiische Partei« und veröffentlichte im »Weltbücherverlag« in München ein »Handbuch des Schwindels« (1922), in dem er z. B. das richtige Denken dem Deutschen schlechthin zuschrieb und als Muster des Falschdenkers oder »Schwindlers« anführte: »Politiker, Priester, Staatsmann, Hirt, Moses, Mohammed, Erhard Auer«. Die Titelseite schmückte er mit einem Hakenkreuz. Der »Simplizissimus« brachte drei Wochen nach dem Hitlerputsch mit einem abstoßenden Titelblatt zum Ausdruck, daß mit der Abwehr dieses ersten Anlaufs zur Machtergreifung nichts wirklich gerettet war. Die Erwartung einer reaktionären »Lösung« schwelte nur um so dumpfer in den Köpfen der Zeitgenossen.

Graf schreibt wenig über die »Schwarze Reichswehr« und nur verworren (»traumhaft und gespenstisch«) über die Manöver der nationalistischen und bayrisch-separatistischen Putschisten. Ihm waren die Stimmungen in der Bevölkerung wichtiger: die Gereiztheit, die Unleidlichkeit gegen alles Fremde, gegen alle Neuerer. Er konnte von unerträglicher Unterdrückung schreiben, aber auch von einer unbegreiflichen Beruhigung. In einer späteren Wahrnehmung durch einen Heimkehrer aus dem revolutionären Trubel in Mitteldeutschland nannte er München im November 1919, ein halbes Jahr nach dem Terror der Weißen, eine »unglaublich dorfruhige Stadt«, die kaum oder gar nicht mit »dem übrigen, bürgerkriegsgeschüttelten Deutschland zusammenhing«. Später berichtet Graf, er habe nach dem Hitlerputsch erfahren, daß sein Name auf der Liste derer stand, die sofort »umzulegen« seien. Noch später gestaltet er drei (vermutlich fiktive) Zusammenstöße mit Hitler und seinen Paladinen, aus denen mehr die Windigkeit, ja die unfreiwillige Komik dieses Horchers und Vielredners als seine Gefährlichkeit hervorgeht.

Wie gefährdet die Republik von Anfang an war, wie wenig sie den fanatischen Feinden entgegensetzen konnte, hat Graf deutlich erkannt. Ihre Verdienste, die es sogar lohnend gemacht hätten, sie zu verteidigen, würdigte er erst in nachträglichen Betrachtungen. »Vieles ist noch faul an ihr, aber wir alle sind ihr tief verpflichtet!« Das schrieb er sieben Jahre nach der Zerschlagung der Republik, im dritten Land seines Exils. »So wie sie nun einmal fürs Erste geformt worden ist, diese Republik, gehört sie uns allen, uns, dem Volk!«[4] Solange er noch in ihr lebte, war er zu sehr »im Gedräng'« mit der abstoßenden, kapitalistisch-repressiven Erscheinungsform dieser Republik, um sich zu einer so weisen und historisch erforderlichen Haltung aufzuraffen.

Ausklang der Revolution und Schule der Solidarität: die »Neue Bühne«

Die Revolution hatte zu Grafs Leidwesen kein zündendes Lied, sie hatte aber ihre Dramaturgie. Das Theater war während der Revolutionszeit sehr politisiert. Die Bemühungen um die Arbeiterkultur, um eigene Bühnen der Arbeiter bekamen nach der Revolution einen merklichen Aufschwung. Die Aufgeschlossenheit von jungen, linken Dramatikern, Regisseuren und Schauspielern traf sich mit dem Bestreben der organisierten Arbeiter, wenigstens im zugelassenen Bereich der Kunst noch weiter ihren Zusammenhalt zu pflegen. Das Theater konnte keinen Ersatz für die Revolution bieten. Aber in den freien proletarischen Theaterexperimenten der frühen zwanziger Jahre verwirklichte sich ein gutes Stück vom revolutionären Schwung der Zeit und vom erstarkten Selbstbewußtsein der Arbeiter. Allerdings konnte das, was die Künstler boten und was die Arbeiter erwarteten, ziemlich weit auseinanderklaffen, wie im Fall der »Neuen Bühne« in München.

Die »Neue Bühne« war eine Theatergründung auf genossenschaftlicher Grundlage. Der rührige, vielseitige Regisseur Eugen Felber hatte nach der Revolution auf eigene Faust mit gut einem Dutzend stellungsloser Schauspielerinnen und Schauspieler zu spielen angefangen und hatte sich zur Absicherung des gewagten Unternehmens an die Gewerkschaften gewandt. Sie hatten einen Verein gegründet, der anscheinend ausschließlich von Arbeitern getragen wurde. Auch im Vorstand und Aufsichtsrat saßen nur Betriebsräte und einfache Arbeiter, mit einem Übergewicht der Post- und Bahnarbeiter. Vom Frühjahr 1920 bis zum Sommer oder Herbst 1921 spielte die Truppe im Tanzsaal einer Gastwirtschaft in der Senefelderstraße (dicht am Hauptbahnhof) ein außerordentlich reichhaltiges Programm: mindestens 26 verschiedene Stücke, alte und moderne Klassiker, von Plautus und Schiller bis Strindberg und Gorki, einige Komödien, ein paar brandaktuelle Autoren wie Rudolf Leonhard und Carl Hauptmann. Die »Bücherkiste« brachte es in ihrer preisenden Besprechung der »Neuen Bühne« fertig, »eine gerade Linie« im Repertoire dieses Theaters auszumachen. Die berühmteste Aufführung war Georg Kaisers »Von Morgens bis Mitternachts« mit dem Gastschauspieler Granach. In dieser Aufführung beobachtete der junge Brecht als Zuschauer an sich, »daß ich anfange, ein Klassiker zu werden«.[5] Die Produktion dieser Bühne war weniger anerkannt und wurde weniger besprochen als die der etablierten Theater. Wenn Kritiker erschienen, fanden sie die Aufführungen durchweg zu loben. Was sie störte, waren die »tendenziösen« oder überhaupt »pädagogischen« Ansprachen vorweg.

Diese Ansprachen, Einführungen in die Stücke für das Arbeiterpublikum, waren die Sache Grafs. Sie waren sein stärkster Beitrag zu dem eigentümlichen, zwischen Kunst und Politik hin- und hergerissenen Unternehmen. Graf wurde als »Dramaturg« eingestellt. Er verstand zwar nichts vom Theater und las Dramen lieber im Buch. Aber er galt als zuverlässiger Genosse und offenbar als ein allgemein interessanter, fähiger Kopf, der das gut machen könne.[6] Die eigentliche Arbeit des Dramaturgen war minimal. Graf schlug laufend politische Stücke vor, und Felber spielte sie nicht oder nur nach langem Zögern; er orientierte sich mehr auf das bürgerlich-liberale und avantgardistische Dramenrepertoire. Graf mußte große Mengen von eingesandten Stücken durchlesen, die er anscheinend ohne jede Ausnahme ablehnte, zuweilen mit boshaften Bemerkungen gegen allzu verstiegene Autoren. Er mußte unter den Arbeitern auf Betriebsversammlungen für den Besuch und den Eintritt in den Verein werben – die Stücke waren oft schwach besucht. Das machte er offenbar gern und mit Erfolg. Mit noch größerem Erfolg bei den Genossen, zum Befremden von Felber und den raren Kritikern hielt er seine Einführungen. Kristl fand, Graf sei ein schlechter Redner gewesen; seine Freunde hätten ständig Angst gehabt, er könne steckenbleiben. Aber er habe solide, informative Einführungen in die Stücke gegeben. Graf betont sein Lampenfieber, aber auch seine Begeisterung, wenn das Publikum mitging und er in Schwung kam. In der zeitgenössischen Kritik erscheint er als »ungelenker, offenbar dem Arbeiterstand angehöriger junger Mann«, der mit »hochachtungsvollen Worten« dem Stück »seine ethische Tendenz im voraus bestätigte«. Der Kritiker sieht darin »einen rührenden Mangel an Vertrauen zur Kunst oder aber eine ebenso rührende Selbstüberhebung«. Zwei Monate vorher hatte der gleiche Kritiker mit Genugtuung festgestellt: »ob sozialistisch oder nicht, diese Bühne geht den Weg zur Kunst«.

Das Verhältnis der Arbeiterbühne und des sozialistisch gesinnten Arbeiterpublikums zur Kunst war aber gerade umstritten. Graf verzeichnet die widersprechendsten Äußerungen dazu. Nach Felber waren die Vorstandsmitglieder zwar »wunderbare Menschen«, aber ohne jede Ahnung, »was Kitsch und was Kunst ist«. »Wo sollen sie's denn auch herhaben!« Graf setzte dagegen, daß »der Arbeiter« nun einmal eine andere Auffassung von Kunst habe als »der Intellektuelle«. Er persönlich sei »radikal für eine nützliche Kunst«, »für eine Dichtung, die einen Zweck hat«, gegen die nur »schöne Kunst«, die »keinem wehtut und keinen ändert«. In einer Ansprache rückte er die Kunst ihrer Wirkung nach an die gleiche Stelle wie Flugblätter, Versammlungen und Demonstrationen. Diese könnten verboten werden, »weil wir augenblicklich keine Macht haben«. Die Kunst dagegen »als Ausdruck des Bleibenden einer Zeit und unsrer Sehnsucht kann man nicht abschaffen«. Er verzeichnet großen Beifall, wenn er »richtig volksrednerisch laut« zur aktuellen Situation sprach oder an den »unvergeßlichen, hingeschlachteten Genossen und Führer Gustav Landauer« erinnerte. Er schreibt aber nicht, daß die Arbeiter bestimmte Anforderungen ans Programm entwickelt hätten. Wo sich einzelne äußerten, waren es keine revolutionären Arbeiter, sondern schlichte Menschen aus dem Volk, die lieber Komödien und Stücke mit vertrauten Figuren hätten als das ganze »geschwollene« Zeug der Revolutionsdichter wie der künstlerischen Avantgardisten. Das Äußerste an Kunstverständnis in diesem Rahmen entwickelte der wunderbare Vorstand des Vereins, ein Packträger vom Hauptbahnhof: »Man muß oft Geduld haben mit der Kunst! Aber wenn man's begriffen hat, ist's was Schönes!« Leider hatten insgesamt zu wenige Genossen etwas für die Kunst übrig (der Verein stagnierte bei etwa 2000 Mitgliedern). Viele Arbeiter zogen das brandneue Kino vor. Das Unternehmen suchte sein Heil in der Kooperation mit der länger eingeführten, gesetzteren »Freien Volksbühne« (mit 40 000 Mitgliedern). Es war deren Leitern aber zu unsolide; so mußte es unter der Last der Schulden aufgeben.[7]

Fünf bis sechs Jahre nach diesen turbulenten Ereignissen schrieb Graf sie auf und machte sein unbeschwertestes Buch daraus: WUNDERBARE MENSCHEN (1927). Die künstlerische Anstrengung des Kollektivs ist darin nur der Aufhänger, um das Gewimmel von Dichtern, »Schauspielern, Lausbuben und Menschen« zu verfolgen und auch das Publikum, den Regisseur, die bemühten Vorstandsmitglieder in ihrer Menschlichkeit vorzuführen. »Theater nicht – aber Leben«, setzt Graf als Überschrift über die gekürzte Wiedergabe in GELÄCHTER VON AUSSEN. »Wir alle« mit allen Eitelkeiten, allem künstlerischen Ehrgeiz sind nichts als »Volk«, das ist die Summe der durcheinanderspielenden Bestrebungen dieses Kollektivs mit seinen Individuen und Charakterköpfen. »Das Volk« ist sowohl die treibende Kraft des Versuchs als auch das unsichere Publikum, das sich vielerlei anhört und sich immer neu beeinflussen läßt. »Ich muß das Volk bereden«. »Wie lange wird's erst hergehen, bis der Arbeiter erkennt, daß er ein Mensch ist wie jeder andere! Mein Gott, da braucht's, glaub' ich, noch zehn Revolutionen!«

Lebenslust und Provokation

Eine Veranstaltung der »Neuen Bühne« gab es, an der Graf nicht nur kommentierend mitwirkte. Einmal trat er führend auf, als Organisator und Stimmungskanone. Als die Finanzen schon sehr schlecht standen und die Auflösung drohte, wurde ein Fest beschlossen. Oskar funktionierte die biedere Vereinsfestlichkeit um zu einem »Fest der proletarischen Verbrüderung«. Er holte »die ganze Bohème« aus Schwabing in den Saal, hundert oder mehr

Leute in phantastischen oder (vor allem bei Frauen) gewagten Kostümen. Er setzte Tanzmusik durch, rannte von Tisch zu Tisch, »feuerte jeden und jede an«, schrie »Bewegung!« und: »Proletariat und Intellektuelle! Auf zum Gefecht! Nieder mit der Bourgeoisie!« Die Verbrüderung in einer »herzhaften«, »unmanierierten Fröhlichkeit« scheint ihm hier weitgehend gelungen zu sein. Er selbst vermerkt, dieses sei von den vielen Festen in seinem Leben das heiterste, das belebendste gewesen. Graf hieß seitdem »Genosse Bewegung«.

»Krachend laut« und ausgelassen müssen auch die verrufenen Feste gewesen sein, die Graf vor allem in der Inflationszeit in seinem Atelier veranstaltete. Auch auf ihnen konnte er sich und konnten sich viele seiner Freunde und Freundinnen austoben – das waren jetzt allerdings nur die aus der Bohème und aus »besseren« Kreisen. Graf spricht von diesen Veranstaltungen nie, ohne ihre Anrüchigkeit lustvoll oder achselzuckend hervorzukehren. Hervorgegangen waren sie aus Faschingsfeiern, wenn die Teilnehmer ihre Lustbarkeit noch nach der Polizeistunde fortsetzen wollen. Grafs nahe Atelierwohnung in einem dunklen, nachts unbelebten Hinterhof in der unteren Barerstraße bot dazu eine gute Möglichkeit, und ausschweifende Tänze ließen sich in Schwabing noch nie verbieten: »einfach weils in München mehr Ateliers als Schutzleute gibt«. Graf entwickelte aber daraus bald eine eigene Veranstaltungsform und sogar Einnahmequelle. »Kaufleute und Syndici großer Firmen« wurden »geködert« und zahlten große Beträge im voraus, um die »sexuelle Aufgelockertheit« der Schwabinger Mädchen zu genießen. Graf hebt die Beteiligung von Töchtern aus »wohlbehüteten Bürgerfamilien« hervor, die damals bereit waren, sich »hemmungslos ins Orgiastische zu stürzen, da ja niemand wußte, wie der morgige Tag aussah«. Als die Freunde ihn aufzogen, er hätte eigentlich Wirt werden sollen, konterte er »ordinär«: »Zuhälter! – Mädchenhändler wär vielleicht noch lukrativer!« Graf sucht sich nie zu rechtfertigen, wenn er auf diese ›Exzesse‹ der Nachkriegszeit zu sprechen kommt. Er versteift sich eher darauf, aber er tut es mit einem merklich gespaltenen Selbstbewußtsein. Freunde wollen beobachtet haben, daß er mehr die anderen anfeuerte als selbst in Feuer geriet. Graf führte sein hektisches Toben auf seine Natur und diese »Natur« auf die äußeren Umstände zurück. »Ich brauch das einfach! Ich muß das haben, fertig! – Sonst halt' ich die ganze Scheiße nicht aus!«[8] Aber er sah auch, wie gewollt, ja nichtssagend diese Erklärungsversuche waren. »*Was* ich nicht aushielt, war mir nie klar. Solche Aufwallungen waren zum Teil Berechnung, zum Teil Wut über meinen Zustand. Ich provozierte, wo gar nichts zu provozieren war. Ich stieß Menschen, die mich gern mochten, und Menschen, die mir sympathisch waren, grundlos vor den Kopf und machte sie zu meinen Feinden«. Er entwickelte – im Rückblick, aber mit den Slogans von damals – eine ganze Philosophie der Ehrlichkeit voreinander. »Wir waren und sind doch alle nur arme, triebgeplagte Luder«. Aus dem plötzlich »losbrechenden sexuellen Verlangen« machte er etwas, »das doch genausogut zur Menschennatur gehörte wie Atmen, Sehen, Essen und Trinken, gute Verdauung und geregelter Stuhlgang!« Er ergoß seinen ganzen Hohn über die Scheinheiligkeit, die »distanzierte Ordentlichkeit« voreinander, sei es die »maskenhafte« Anständigkeit der Bürger, sei es die »eingebildete Bedeutsamkeit« der »Geistigen«. Aber was er dagegensetzen konnte, war nur »das betont brutale Mannstum«, von dem er mit leichter Distanzierung feststellte, daß es »in jenen intellektuellen Kreisen besonders hoch im Kurs« stand.

Prekär wurden seine demonstrativen Provokationen der ungenierten Triebabfuhr, wenn er sie nicht nur mit Worten oder in der aufgelockerten Stimmung eines Festes vertrat, sondern einzelne Frauen direkt damit angriff. Da die Partnerinnen gänzlich anonym und auswechselbar bleiben, nur in einem pauschalen Plural vorgestellt, dürfte es schwer herauszubekommen sein, wie sie über diese Zugriffe gedacht haben. Marta Feuchtwanger jedenfalls hatte schon beim Tanzen genug von ihm. Die einzige Erwähnung des »großen bayrischen Schriftstellers Oskar Maria Graf« in ihren Memoiren bezieht sich auf ein Fest im Hinterzimmer der Buchhandlung Steinicke. Dort »drückte er mich in dem Gedränge so heftig mit seinen gewaltigen Armen an sich, daß mir der Atem ausging«.

Ob ihn sein Toben glücklich machte, müssen wir dahingestellt sein lassen. Ein wirkliches, beständiges Glück, die Grundlage seines immer robuster werdenden Selbstbewußtseins wurde seine gelingende und allmählich anerkannte literarische Produktion. Vielleicht »brauchte« er seine drastischen Provokationen mehr, um sich selbst zu inszenieren, als zur kurzschlußartigen Triebbefriedigung. Er brauchte sie jedenfalls als Korrektur am Bild des bienenfleißigen, gemütlich in den Erfolg hineinwachsenden Intellektuellen am Schreibtisch, der er schließlich auch war.

Seit dem Durchbruch mit AMEN UND ANFANG erschien von Graf fast jedes Jahr mindestens ein Buch, in den 14 Jahren der Republik 22 Titel. In München wurde er als Schriftsteller bekannt, in einigen anderen Verlagsorten wurde man auf ihn aufmerksam. Seit 1924 hatte er außer den vielen einzelnen Kontakten zu Verlagen auch »seinen« Verlag, den Drei Masken Verlag, München (ab 1929 Berlin). Die Schriftstellerei rentierte sich zunächst noch nicht. Von den Werken bis 1927 brachte nur der auf Bestellung geschriebene Roman DIE HEIMSUCHUNG (1925) eine größere Summe ein, und dann gleich eine erstaunlich hohe: 10 000 Mark. Aber Graf hatte sein sicheres Auskommen, da Mirjam das Geld für beide verdiente.

Nach den Berichten von Grafs Vorleseabenden, die von 1924 an in Zeitungen besprochen wurden, muß er sich sehr mit seinen Werken identifiziert und ebenso vielseitig wie in vielen Rollen überzeugend gelesen haben. Er las seine eigenen Sachen ausgesprochen gern, vor und nach ihrer Veröffentlichung. Er brauchte den Kontakt mit seinem Publikum, mußte seinen Zorn, seine Beklemmungen, seine Lust- und Fadheitsgefühle mit anderen teilen. Er mußte vor allem mit ihnen lachen, laut, herzlich oder tückisch, ungemein ansteckend nach dem Zeugnis aller, die ihn erlebt haben. Er las am liebsten vor Arbeitern, Lehrlingen, auf Gewerkschaftsveranstaltungen, hielt sich danach am liebsten an die Jugendlichen und diskutierte mit ihnen auf der Straße oder in Kneipen bis in die späte Nacht. Er dachte bei der Abfassung wie bei der Verbreitung von WIR SIND GEFANGENE primär an einfache Leute, er war aber auch sehr darauf aus, daß die schon Arrivierten – Hermann Hesse, Thomas Mann u. a. – sich dazu äußerten. Daß der Preis des Buches so hoch wurde, nämlich 15 Mark, erbitterte ihn. Die folgende Ausgabe in der Büchergilde wurde für 3 Mark verkauft, das war ihm lieber, denn so erreichte sein Buch die Arbeiter, die er sich vor allem als Publikum wünschte. Graf war jetzt kein »Prolet« mehr. Er nannte sich öfters noch so, er bestand aber nicht darauf.[9]

Das Schreiben nahm er ernst, und zugleich fand er es verdächtig, daß er schrieb statt »richtig«, d. h. körperlich zu arbeiten, und daß ihm jemand für sein Schreiben etwas zahlte. Mit Faxen, Selbstverhöhnungen, Provokationen anderer verarbeitete er diese Diskrepanz. Er wurde ein Spaßmacher in der Literatur, aber auch in außerliterarischen Veranstaltungen sowie im Alltagsleben.[10] Komiker wie Valentin waren ihm lieber als seine ernsten Kollegen. In einem Text über den MÜNCHENER HUMOR verrät er eine ausgedehnte Kenntnis von der Tradition der Komiker und ihrer Ensembles (er nennt das »Prangerl«, den »Finessen-Sepperl« und neun andere)

Schutzumschlag zu dem 1922 veröffentlichten Erzählungsband
ZUR FREUNDLICHEN ERINNERUNG (Malik-Verlag, Berlin).

und ordnet sich selbst darin ein, nicht nur mit seiner »Münchhausiade« FRÜHZEIT, sondern auch mit allen anderen Werken von AMEN UND ANFANG bis zur HEIMSUCHUNG. Seinen bösartigsten sozialen Geschichten gab er den Titel ZUR FREUNDLICHEN ERINNERUNG (1922). Zu einer Lesung Anfang 1925 kündigte er »Vorder- und Hinterwäldlerisches« an.

»Graf war hinterfotzig, glänzend gelaunt, grob und lyrisch«, so faßt Ludwig Marcuse seinen Eindruck von dem Münchner Freund aus der Mitte der zwanziger Jahre zusammen. »Graf war immer laut und immer anarchisch – und nur, wenn er vorlas, wurde die Bauernstimme und das grobe Bayern-Gesicht so seltsam verwandelt, daß ich noch heute, wenn ich vom Astral-Leib reden höre, an diesen zweiten Oskar Maria denke. Abgesehen davon war er ein einziges Volksfest«. Als »das spezifisch Grafsche« definierte ein sozialdemokratischer Kritiker schon in einer frühen Lesung das »Massige und doch Schwebende«. Graf und »schwebend«? Immerhin konnte er so empfunden werden.

Freunde und Jünger

Da Graf ein so ausstrahlendes, lautes, in vieler Hinsicht bewegtes Leben führte, scharte sich eine ganze Reihe von anderen Intellektuellen um ihn und hingen sich Jüngere mit der gleichen Unbedingtheit an ihn, wie er z. B. an Jung gehangen hatte. Wilhelm von Schramm, der wegen seiner Kriegsbeteiligung zum Max-Joseph-Ritter ernannt worden war, sich an der »Befreiung« Münchens von den Roten beteiligt hatte, aber über die dabei erlebten Grausamkeiten der Weißen so entsetzt war, daß er sich auf die linke Seite schlug – als »revolutionärer Edelspießer« habe er seitdem gegolten[11] –, war einer aus dem Graf-Kreis und gab eine merkwürdige Beschreibung davon als von »einem der Mittelpunkte des Nachkriegsschwabing«. Graf habe »auf eine bajuwarische Art ›Hof gehalten‹ wie ein gestandener Bauer«. »Er hatte Proselyten und Dienstbeflissene, wie seine Voreltern ›Ehehalten‹.« Außer Schrimpf gehörten Mailer, Kurt Thiele und später noch mehr Maler zu diesem Graf-Kreis, durch den Verleger Bachmair auch der spätere Verleger Eugen Claassen und seine Frau, der unermüdliche Freund und fast schon Impressario Leo Scherpenbach mit seiner Freundin Elisabeth Oetke, der mit Bachmair zusammen Schramms »Bücherkiste« weiterführte als Buchhandlung, Treffpunkt der Literaten und Marktplatz ihrer neuesten Ideen, außerdem der vornehme Revolutionär Ado von Achenbach, Titus Tautz und eine ganze Zahl von Talenten und Genießern der verschiedensten Künste. Zur Charakterisierung der Vielfalt erwähnt Schramm noch zwei Schwestern Herzfeld aus Hannover, eine »mondän bis zur Provokation, aufreizend orientalisch«, die andere ein liebenswürdiges, hilfsbereites »Pummelchen«. Graf ließ auch Freunde in seinem Atelier vorlesen, und er gehörte seinerseits weiteren ›Kreisen‹ in München an. Er las aus seinen Werken auch im berühmten Seminar des Theaterwissenschaftlers Arthur Kutscher. Nachdem Rilke München verlassen hatte, gewann Graf zu dem älteren, »immer von irgend etwas begeisterten« Kunstkenner und George-Freund Karl Wolfskehl, dem »Zeus von Schwabing«, eine freundschaftliche Beziehung. Oswald Spengler, der »Untergangs«-Philosoph, versprach sich aus irgendeinem Grunde etwas von den Zusammenkünften bei Graf, den wilden wie den literarischen. Graf vertrieb ihn mehr durch schlechte Behandlung, aufgrund eines persönlichen Unbehagens an diesem Gast, als durch geistige Auseinandersetzung.

Graf wurde, obgleich noch nicht arriviert, schon Vorbild für eine Reihe von jungen Talenten. »Das Dichten« konnte keiner von ihm lernen. Wenn einer ihm so kam, wurde er ziemlich grantig. Mit Tips und Kontakten zu Publikationsorganen dagegen, mit Beratungen über Schreibstrategien und über die immer prekären Zwecke des Schreibens war er freigiebig. Manchmal spielte er Schicksal für andere, z. B. für mißleitete Dichteraspiranten. Knaben wie Jungfrauen mit allzu verschrobenen Liebesgedichten riet er, sie sollten bald heiraten, »dann verliert sich das«. Wenn es ihm zuviel wurde, warf er werdende Dichter auch anstandslos hinaus. Aber er spielte sich nicht auf ihnen gegenüber. Er stand sogar in Szenen der Empörung über solche Möchtegerndichter ein wenig auf ihrer Seite: Zu sehr erinnerten sie ihn an seine kaum überwundenen Anfänge. Einem wünschte er geradezu die Prügel, die ihn in seiner eigenen Jugend so erbittert hatten. »Mein Gott, wer kann denn in Wirklichkeit wem helfen!«

Bei alledem betätigte er sich auch politisch. GELÄCHTER VON AUSSEN gibt den Eindruck, als habe er die Jahre der Republik völlig durchtobt, nur Anfälle von Schaffenswut dazwischen bekommen und das heraufziehende Unheil tatenlos nur genau registriert. Manche Kritiker haben dieses abschätzige Urteil aus dem späten Werk übernommen und wundern sich dann, wodurch Graf seit Beginn seines Exils plötzlich »repolitisiert« wurde. Graf stand aber dem

Treiben der Reaktion in den zwanziger und frühen dreißiger Jahren nie passiv gegenüber. Er konnte ihm nur nichts durchschlagend Wirkungsvolles entgegensetzen – ebenso wenig wie andere aufmerksame Zeitgenossen und letzten Endes die ganze gespaltene Arbeiterbewegung.

In den frühen zwanziger Jahren, als in der Sowjetunion wegen des Bürgerkriegs und der Störaktionen der Weißen lebensbedrohlicher Hunger herrschte, lief Graf wie viele Genossen mit der Sammelbüchse der »Nansenhilfe« von Tür zu Tür. Er trat u. a. in sozialdemokratischen Versammlungen damit auf und erfuhr dort, die Kommunisten seien »selbst schuld« und sollten jetzt nicht »bei ihren Gegnern betteln«. Graf war Vorsitzender des Münchner Sacco- und Vanzetti-Komitees. Er agitierte für die Abschaffung der Todesstrafe und gegen die millionenschwere Abfindung an die Fürsten, die 1918 entbehrlich, aber in ihren Ansprüchen nicht bescheidener geworden waren. Gegen die zunehmende Beschneidung der Presse- und Meinungsfreiheit, zum Beispiel gegen die Verurteilung Johannes R. Bechers wegen seines Buchs »Levisite«, gegen das heftig umstrittene, schließlich doch verabschiedete »Schmutz-und-Schund-Gesetz« der Republik gründete Graf mit Kommunisten, Syndikalisten und Unabhängigen Sozialdemokraten den »Jungmünchner Kulturbund« und wurde auch gleich sein Vorsitzender. Graf wollte auch mit Hilfe dieses Bundes eine lokkere »Verständigung unter den freiheitlich gesinnten Publizisten« im ganzen Reich herbeiführen. In GELÄCHTER VON AUSSEN stellt er vor allem den Ulk heraus, den diese eigentümliche, viel im Geheimen arbeitende Organisation produzierte. In riesigen Buchstaben pinselten sie in der Innenstadt nichts als das Wort »HINGABE« aufs Pflaster. Die Leute rätselten, was das bedeuten sollte. Kleine Gruppen von Jugendlichen »trompeteten von Zeit zu Zeit immer wieder das schöne Wort wie eine revolutionäre Geheimlosung heraus«. Graf fand Politik in dieser Form »immer belebend«, ja eigentlich sein »Element«. Zudem fand er bei dieser politisch-impulsiven Arbeit wieder neue Freunde: Fritz Steinberger, Buchdruckermeister; Richard Politz, Architekt, der ihn besonders fasziniert haben muß[12] und der ihm seine Manuskripte grammatisch korrigierte; Kurt Rosenwald, Naturwissenschaftler und Literaturliebhaber; Willy Fischer, damals Kommunist, später SPD-Abgeordneter; Erich Müller und Fritz Kahn, junge kommunistische Intellektuelle, dazu eine ganze Zahl politisch engagierte und persönlich belebende Frauen.

Bei aller inneren Stärke, Produktivität und Provokation blieb Graf angewiesen auf einen »guten Engel«, einen ruhenden Pol in seinem unruhigen Leben. Er hatte das Glück, daß er frühzeitig einen solchen Engel fand.

Mirjam sorgte für Oskar in jeder Hinsicht. Sie verdiente als Auslandskorrespondentin einer Münchner Firma in der mageren ersten Hälfte der Republik und dann wieder in den Vereinigten Staaten in den zwanzig Jahren bis zu ihrem Tod das notwendige Geld für ihn mit. Sie ermutigte ihn zum Schreiben, sorgte sich um zuträgliche Bedingungen für seine Arbeit und suchte Störungen möglichst fernzuhalten. Sie kämpfte lebenslänglich gegen seine Arbeitshemmnisse an. Sie verabscheute seine Zechtouren, sein Gehabe als Sex- und Stimmungsprotz. Aber sie »wußte ihn zu nehmen«. Sie hielt manches seiner genialen Natur oder der Selbstinszenierung zugute, die ein Künstler nun einmal brauche. Sie hat ihn nicht nur aus dem Gefängnis geholt, sie mußte ihn noch öfter, in weniger dramatischen Situationen, freikämpfen. Mehr als einmal, so berichtet er, mußten Freunde sie holen, wenn er sich in einen Kneipenstreit verrannt hatte oder nicht zur Ruhe zu bringen war; sie wurde mit ihm fertig. Im dritten Jahr ihrer Beziehung, als sie eine Weile in Berlin bleiben mußte, legte sie ihn den mit beiden befreundeten Schaals – ebenfalls in Schwabing wohnend – ans Herz und bedankte sich ausdrücklich, daß Anni »manchmal auf mein unmündiges Baby aufpassen« wollte. Ein bißchen von dieser Einstellung behält sie in den vierzig Jahren, die ihre Beziehung dauerte. Mirjam war viereinhalb Jahre älter als Oskar und war außer seiner Geliebten und treuen Gefährtin immer auch ein wenig seine Mutter.

Was bedeutete dieses Leben für Mirjam selbst? Über sie angemessen zu schreiben ist schwer, wegen Mangel an Informationen wohl kaum möglich. All die anderen – vielen – Zeitgenossen, mit denen Graf sich in seinem Leben berührte, vorübergehend oder für längere oder lange Zeiten, hatten ihr Leben und ihre Bedeutung außerhalb dieser Begegnung. Mirjam aber hat ihm ihr Leben aufgeopfert, sie hat von den frühen zwanziger Jahren an »nur für ihn« gelebt. Sie löste sich von Rilke und gab sich dem jungen Genie hin, das schon vieles versprach und noch wenig konnte. Ihre eigene literarische Produktion gab sie auf. Drei einzelne Gedichte in drei expressionistischen Zeitschriften – sehr rilkenah, passiv, voll

Warten auf eine große Zukunft – sind die einzigen Zeugnisse ihres eigenen lyrischen Schaffens. Eines brachte »Der Weg« sinnigerweise direkt neben einem wilden Gedicht von Oskar. Nur in einer späten Notiz Grafs ist festgehalten, daß sie eigentlich Bänkelsängerin hatte werden wollen.

Sie brach ihr Studium ab und arbeitete ihr Leben lang in Positionen, die sie intellektuell unterforderten. An Logik, an Bildung, an Alltagsrealismus war sie dem naiveren Oskar überlegen. »Dialektisch-wendig« nannte Ludwig Marcuse sie. Das erkannte Oskar dankbar an, mit Bewunderung und meist ohne Konsequenzen für ihn selbst. Sie ihrerseits verfügte über soviel Verständnis und Einfühlungsgabe, daß sie auch den unvorhersehbaren eigenwilligen Weg, den Graf mit seinem Schreiben nahm, trotz mancher Skrupel der Preußin und Jüdin aus gepflegten bürgerlichen Verhältnissen voll bejahte – und ihn als wichtiger als ihre eigene Produktivität ansah.

So bleibt dieses Leben an Oskars Seite ebenso unscheinbar, nachträglich nahezu unsichtbar, wie es unerläßlich war. Manchmal findet sich eine Nachschrift auf Oskars Briefen oder ein eigener Brief von Mirjams Hand, Zeugnis von ihrem eigenen Humor, ihrer noch existentielleren Betroffenheit von der Menschenschlächterei der Nazis, von den Härten des Exils, von der Verfolgung von Freunden auch in der »befreundeten« Sowjetunion. Besucher bei Grafs hoben oft ihre Überraschung über die »feine«, »schöne«, vor allem »kluge« Frau des »vierschrötigen« Bayern hervor. Sie muß in München und in den ersten Exiljahren sehr beredt gewesen sein, am liebsten in den eigenen Wänden. Später zog sie sich vor Freunden noch mehr zurück und wurde stiller, aber nie stumm. Sie ordnete sich, ihr Leben, ihre Arbeit seinem Werk unter, aber sie behielt ihren eigenen Kopf. Sie sagte ihm schonungslos, was von seinen Arbeiten etwas taugte und was nicht – und er hörte auf sie. Sie sprach mit ihm wie mit anderen meist hart und direkt; sie konnte noch ein Gutteil gröber werden, als er es vom bayrischen Menschenschlag gewohnt war. Sie wurde immer bitterer und hatte Grund dazu. Zunächst und bis in die Exiljahre hinein fiel ihr die Selbstaufopferung leicht, da sie an ihn glaubte.

Von der feierlichen, pathetischen Kunst hatte Graf sich seit 1920 abgewandt. Er verfolgte sie seither mit seinem Spott. Eine entscheidende Kritik an den »schönklingenden, tiefsinnig scheinenden Phrasen« zitiert er in einer kurzen Wendung des dänischen Schriftstellers Andersen Nexö. Der hatte eine Lesung des »gerade in Schwung kommenden Dichters« Albrecht Schaeffer über sich ergehen lassen und sagt zu Graf nur: »Zu lange Sachen. Nicht praktisch«. Kurz und vor allem »praktisch«, nahe an der Alltagspraxis von überschaubaren Menschen zu schreiben, wurde das Stilideal des Erzählers Graf.

Feuchtwanger erklärte die »starke Wirkung« von Grafs alltäglichen Geschichten daraus, daß er, ohne »lange zu stilisieren«, »unverziert und unerbittlich hinschreibt, was ist«. Graf selbst betont wiederholt, »der Stoff« und nicht er als Dichter sei dafür verantwortlich, daß seine Sachen gelungen oder auch nur »unterhaltsam« seien. Er stellte sich gern als Stegreiferzähler hin, der nur aufschrieb, was andere ihm (vor allem an Stammtischen) erzählten, und der seine eigenen Erlebnisse ebenso kunstlos niederschrieb. In Wirklichkeit hat er intensiv an seiner Produktion gearbeitet, auch stilistisch gefeilt. Es gibt eine Fülle von Entwürfen, die seinem Ideal einer ›richtigen‹ Geschichte nicht genügten und die er verworfen hat. Parallel zum Schaffensprozeß, in dem auch einmal gewählte Figuren oder Geschichten wieder aufgegriffen und weiter ausgesponnen wurden, verlief von den frühen zwanziger Jahren an ein Prozeß der ständigen Korrektur. Erfindungen sowie Beobachtungen wurden präzisiert. Graf suchte sie knapper, frappierender, deutlicher oder typischer zu machen. Besonders an seiner Sprache fand er immer wieder etwas zu verbessern. FRÜHZEIT übernahm er im Ablauf unverändert, in der Blickrichtung fast unverändert als ersten Teil von WIR SIND GEFANGENE. Aber mit vielen Hunderten von Korrekturen machte er aus der grellen, hüpfenden, atemlos wirkenden Gestalt eine starke Figur in ruhigerem epischem Fluß. Allzu expressive Sprachgesten tilgte er, bayrische und Grafsche Eigentümlichkeiten verstärkte er.

Trotzdem ist mit dem »Hinschreiben, was ist« ein wesentlicher Zug von Grafs Prosa und das entscheidende Ziel seines Schreibens bezeichnet. In einem weiteren Sinn teilt er diesen Anspruch mit den meisten Schriftstellern aller Zeiten und Länder. Hier soll der für Graf eigentümliche Realismus, die Drastik, Ungerührtheit,

»Sinnlosigkeit« und der sinnliche Materialismus seines Darstellungstils untersucht werden, soweit er sich in den frühen Geschichten bereits ausprägt.

Leibliche, »natürliche«, vergängliche Menschen

Nirgends in der deutschen Literatur seit Büchner (andere Kritiker denken an Grimmelshausen oder an die Schwänke des 15. und 16. Jahrhunderts) sind die Figuren so leiblich-sinnlich erfaßt wie in Grafs erzählender Prosa. Menschen sind vor allem ein Stück belebte Natur. Sie sind definiert durch ihre leibliche Existenz, durch alle Verrichtungen ihres Körpers vom Essen und vor allem Trinken über das Verdauen und seine Folgeerscheinungen bis zum Sterben und Verwesen. »Zartere« Regungen werden ebenso auf leibliche Antriebe zurückgeführt. Die Vorstellungen von »Fleischeslust«, von einem »stierigen« Benehmen der Männer sprechen eine überdeutliche Sprache. Der Zusammenhang zwischen reichlichem Essen und Lust aufs andere Geschlecht, der den BOL-WIESER so anzüglich macht, taucht schon in den frühen Erzählungen auf.

Nirgends wird soviel geschwitzt wie in Grafs Geschichten. Schwitzen zeichnet die Proleten und Bauern positiv vor allen windigen Existenzen, vor Bürokraten, Händlern, Lebemännern oder auch Schriftstellern aus. Der Schweiß begleitet und markiert die harte Arbeit, mit der die Menschen zwar aus Gewohnheit weitgehend einig sind, die ihnen aber auch viel, manchen zu viel abverlangt. Mit ihrem Schwitzen verraten sie, daß sie unter einem anderen Antrieb als ihrem inneren Gleichgewicht stehen. Alle Peinlichkeit und Aufregung schlägt sich unter den Achseln oder in Schweißperlen auf der Stirn nieder. Erst recht bei kranken Menschen werden fast immer ihr Schwitzen sowie Bluten, Taumeln und andere Anzeichen ihrer Hinfälligkeit benannt. Häufig wird dabei der unangenehme Geruch ihres Schweißes vermerkt, so wie bei den gesünderen das unangenehme Gefühl, wenn der Schweiß aus den Achseln tropft.

Die Menschen sind gefangen in ihrem Körper nicht weniger als in ihrer sozialen Existenz und ihrer Ideologie, ja mitunter in ihren Möbeln. Sie sitzen z.B. »hingepflanzt« in (nicht an) Wirtshaustischen. Ein Wirt in der bösartigen Bauernstory DER MARTL »walkt sich aus der Bank«. Oft bewegen sie sich nur automatisch, so als käme ihr Denken nicht nach oder als wäre es vorübergehend stillgestellt

– meistens ist es mit etwas ganz anderem beschäftigt. Sie tappen, stolpern, glotzen, plärren, plappern, stottern und brümmeln. In etwas späteren Texten sind sie oft »verdattert«, »dasig« oder bewegen sich mit dasigen Schritten. Ein Knecht, der sich die Tochter seines (großen) Bauern in den Kopf setzt, muß wohl »ganz und gar hirnlahm« sein. Manche Figuren Grafs wirken ständig benommen, andere werden es unter schweren, unlösbaren Aufgaben. Der Erzähler zeigt uns ihre fahrigen Bewegungen, zunächst fast nur von außen, in späteren Geschichten ihre beginnende, stokkende Gedankenbewegung. Ein Bauer, dem zugemutet wird, mitten in der heißesten Erntearbeit dauernd nach seiner kranken Frau zu sehen, macht ein Gesicht, »als ob ihm ein Ochs hineingetreten wäre«.

»Vom Tode hat er seine Autorität geliehen«, der Erzähler nämlich, sagt Benjamin. In Grafs Geschichten ist das Sterben permanent einbezogen. »Z'letzt geht's uns ja allen so, daß uns bloß dies bißl Viereck im Boden bleibt«. Ein Doktor, ein sympathischer Zyniker und guter Geschichtenerzähler, kreist mit seinen Pointen ständig um den Tod. Er denkt an einzelne todbesessene Bauernburschen aus seiner Praxis. Er will sein eigenes Sterben wegspotten und läßt doch erkennen, daß es ihm in den spöttischsten oder offen »grausigen« Geschichten zusetzt. »So hab' ich keinen mehr aus der Welt gehen sehen«.

Der Tod hat in der arbeitsamen, durch und durch diesseitigen Welt der Grafschen Bauern und Stadtbewohner keinen rechten Platz. Er wird an den Rand geschoben, aber nicht verborgen oder geleugnet. Er findet in der voll bewußten, alltäglichen, sinnlich gegenwärtigen Gesellschaft statt. »Jetz is dö tot ...? Tha ... jetz dös is guat, tha!« murmelt der Bauer, dem die Bäuerin zu so »ungelegener« Zeit gestorben ist, »mehr erstaunt, als erschüttert«. Die Sterbenden selbst sind gefaßt. Manche bleiben »völlig gleichgültig«, andere plappern darüber, wie sie eingegraben werden und wie das Leben samt Zwetschgeneinkochen weitergeht. »Daß's a richtige Leich werd'«, war schon in Ludwig Thomas Erzählung »Das Sterben« ein zentraler Gedanke des sterbenden Bauern.[13] Im autobiographischen Bericht weckt das Sterben von nahen Menschen Rührung und Entsetzen bei dem empfindlichen Ich. Wie seine Lieblingsschwester allmählich verwesen wird, ist dem jungen Oskar, der im Krieg so viele Leichen gesehen hat, ein gräßlicher Gedanke. »Morgen wird man sie eingraben, sie wird langsam zerbröckeln in der Erde, ihr Gesicht, ihre Augen, ihre Zähne werden zu Kot, zu Nichts, und meine Mutter wird das Grab jeden Allerheiligentag umgraben und Geranien oder Tag- und Nachtschatten hinpflanzen und sie begießen. Das Wasser wird bis zur Leiche hinunterlaufen, zu den vermoderten Knochen, an denen die Würmer nagen ... Und die Leute werden sagen: ›Schön hat sie's bepflanzt, das Grab ... sehr schön‹. «

Bei anderen Todesfällen geht es ungerührter zu. Der Gedanke an die Verwesung fehlt selten, aber er ist nicht neu, er hat in seiner Gewöhnlichkeit nichts Bestürzendes. Die Bauern kennen sich aus und wissen, woraus der Mensch gemacht ist. Als in der Gemeinde Banzenbach eine unbekannte Leiche gefunden wurde, wird viel herumgeredet, wer das sein und wie er zu Tode gekommen sein mag, am meisten aber, »wie die Leiche gestunken habe«. »Es gab oft lange, eingehende Diskurse darüber und gewohnterweise knüpfte man daran dann seine verschiedenen Betrachtungen, was eigentlich im Grunde genommen ein Mensch schon gar anderes sei als wie ein Haufen Dreck?« Graf ist kein bißchen makaber, aber er macht von Mist und Jauche einen geradezu üppigen Gebrauch. Oft stellt sich der Hintergedanke ein, daß der Mensch selbst hauptsächlich Produkte dieser Art hervorbringt und in seinem Wesen nichts anderes ist, als was er macht. Wenn aber wir alle zu Dreck werden müssen, dann sind die, die das praktisch wissen und sich danach benehmen, besser dran oder richtiger dran als die, die sich etwas anderes einbilden.

Die stark betonte Leiblichkeit – fromme Ausleger sprechen von »Kreatürlichkeit« – hat ihren geistlich anerkannten Platz in der christ-katholischen Dorfwelt. Graf berichtet zunehmend von patenten Pfarrern, die misten und odeln (Jauchegießen) wie die Bauern, ja die sie im Wohlgefühl dabei womöglich noch übertreffen. Trotzdem haben es die Bauern in ihrer spezifisch »bayrischen Frömmigkeit« auch hinter den Ohren. Sie beschränken sich völlig aufs Sichtbare, vor allem aufs Greifbare. Alles was darüber hinausgeht, überlassen sie den Experten für die Religion. Sie leugnen es gar nicht, sie halten sich nur in einer so dichten materiellen Welt auf, daß die geistlichen Deutungen eine rein überflüssige Dreingabe werden, eben Feiertagsgerede. Das ganze Syndrom eines ›katholischen Nihilismus‹ entwickelt Graf erst in den späteren Jahren der Republik. Aber das Kernstück davon, ein geradezu heidnisches Gefangensein oder Zuhausesein im eigenen Leib, erfüllt schon die frühen Geschichten. Da gibt es z.B. die »Bruderschaft zum dritten Orden« mit ihren eigenen religiösen Pflichten. Zwölf

Vaterunser täglich – »das will bezwungen werden, wenn man arbeitet wie bei uns«. Und wie? Fragt die Rechreiterin von Atzing: sie hat ihr Lebtag einen guten Stuhlgang gehabt. Was das damit zu tun hat? Sie erfüllt ihre Gebetspflicht halt auf dem Häuschen, da geht es am leichtesten und nimmt keine Zeit weg. Und die Herren der Schöpfung und des Dorfes? Sie lassen sich vom hohen geistlichen Gast bei einer »Mission« in den glühendsten Worten ihre Sünden vorhalten – es ist immer die eine Art von Sünden, wie bei Thoma[14], wie schon im Mittelalter und in den frühneuzeitlichen Schwänken und Komödien. Und sie konstatieren danach in aller Ruhe: Wenn es keinen Sündenfall mehr gäbe, wozu wären denn dann noch die Pfarrer da? »Lebn und lebn loßn!«

Figuren, Typen, Menschen

Mit dem Maler Davringhausen hatte sich Graf im Kreis von Hoboken am schlechtesten vertragen. An Davringhausens Porträtbildern aber entdeckte er 1924 ein Gestaltungsprinzip, das er wie eine Übertragung seiner eigenen literarischen Absichten in die bildende Kunst formuliert. Die Entwicklung in den zwanziger Jahren hatte die Malerei offenbar ebenso wie die nachexpressionistische Literatur »vom Allgemeinen ins Einzelne« und »Konkrete« geführt. Während aber viele sich mit dem »Darstellen der Einzelzufälligkeit« begnügten, habe Davringhausen den »Mut zum Typischen«. Er zeichne in seinen Porträts »Glieder einer Kette«, »Stücke aus einem Zyklus, ohne dabei das Menschliche zu verlieren«. Am »Beispiel« eines Bildnisses zeige er »gleichsam das Gesicht eines Teiles der ganzen heutigen – sagen wir – Menschhaftigkeit«.
Graf zielt in seinen Geschichten sehr direkt auf das Typische, auf die in sich zusammenhängende »Welt«, von der alle einzelnen nur »Glieder« oder »Beispiele« sind. Das Individuelle ist kein hervorstechendes Ziel seiner Gestaltung, in den frühen Geschichten jedenfalls gar nicht. Die meisten Figuren werden nur durch ihre soziale und familiäre Stellung bestimmt. Ihr Name reicht, um sie festzulegen. Ihren spezifischen Beitrag zum Dorfleben oder zur sozialen Analyse der Zustände in der Stadt entfalten sie durch das, was sie sagen und tun, nicht was sie sind. Ausgemachte Charakterköpfe tauchen schon früh auf, aber auch sie sind nicht einmalig. Sie sind so geworden, wie Menschen ihres Schlages, ihrer Interessen, ihres Einkommens und ihres Prestiges zwangsläufig haben

werden müssen. Nur weil Graf sehr vielfältige, immer genauere
Bestimmungsgründe dieser Art kennt, resultieren daraus doch
»unverwechselbare« Charaktere.

»Der Lorenz Farg war wie seine Rechenstiele, genauso dauerhaft
und unnachgiebig. Einen bockstarren Kopf hatte er«. Ein anderer,
ein alter Bauer, der partout den Hof nicht übergeben will, ist gar
»bockbeinig wie eine Hagelbuche«, dazu »baumlang« und »zaun-
dürr«. Vor allem ist er undurchdringlich, völlig unzugänglich für
gute Worte und damit ein Typ, den Graf immer wieder dargestellt
hat. »Er stemmt sich gegen nichts, er geht nur nicht darauf ein. Er

Holzschnitt von Walter Bergmann zu der Geschichte »Joseph Hinreis« in
dem Erzählungsband IM WINKEL DES LEBENS
(Ausgabe Büchergilde Gutenberg, Berlin, 1927).

schreit nicht, er flucht und streitet nicht, er steht bloß da, sagt erst gar nichts und läßt den andern reden, schaut ihn durchdringend mit seinen listigen, harten Augen an und verzieht keine Wimper, wenn er nach all dem seine abweisende Antwort gibt«.

Über die Gesichtszüge und das sonstige Aussehen der Figuren erfahren wir wenig. Die Rolle, das Verhalten, das Auftreten gegeneinander ist dem Autor interessanter, als was sonst Bürgern und Künstlern als Individuation gilt. Es ist zumeist auch sprechender für die Leser.

Die Charakterisierung ist ausgesprochen karg, einfach, mitunter matt. Trotzdem wird den Bauern und kleinen Leuten nicht nur zugeteilt, was unerläßlich ist und was man für solche Leute erwartet. So sehr es Graf auf die Funktionen ankam, die den Menschen stärker definieren als alle Eigenheiten, so zuwider war ihm der reine Funktionalismus. Irgend etwas Überflüssiges, Auffälliges (später sagte er: »Barockes«) mußte hinzukommen, er mußte eine umständliche Einleitung oder Abschweifung dazugeben, sonst wäre ihm die Darstellung nicht »menschlich« oder nicht hinreichend »bayrisch« vorgekommen. Sein Unteroffizier beim Militär dient ihm nur als Figur zum Lachen: »ein kleines, kugelrundes Männchen und dazu noch Ornithologe«. Besonders in seiner Wut war er »drollig«. Er sah aus »wie eine geschwollene, kinderballonähnliche Wurst«. Als Graf überdies an das Wort »prallen« denken mußte und in Gedanken sein Kinderspiel, »das bekannte Fröscheprallen«, auf den kleinen Dicken übertrug, konnte er sich vor Lachen überhaupt nicht mehr fassen. In der ebenso liebevollen wie sarkastischen Ausmalung der BAYRISCHEN GEHIRNSUBSTANZ findet es Graf bemerkenswert, wie seine Landsleute ihre Unterhaltungen führen. Der Zuhörer wiederholt die Feststellungen seines Gesprächspartners gleichsam abschmeckend, während einer »stimmungsvollen Atempause« oder in längst nicht mehr passenden Zusammenhängen des weitergehenden Gesprächs, »wie einen zauberhaften Refrain«. Graf als Erzähler dieser Serie von kleinen Betrachtungen spießt die Sonderbarkeit geradezu auf, hat sie offenbar kürzlich entdeckt und schüttelt den Kopf darüber. Aber er ist selbst auch Bayer und macht in den Gesprächen seiner Figuren und seinen Anreden an die Leser nicht wenig Gebrauch davon. »Nach Gründen fragt man bei uns nicht sonderlich. Unsere bayrische Völkerschaft ist mehr für Betrachtungen.«

Finster wie das Leben selbst

»Durch jede, noch die schlichteste Erzählung geht ein großer Luftzug«, schreibt Benjamin. »Wir machen uns selten einen Begriff davon, wieviel Freiheit dazu gehört, die kleinste Geschichte zum besten zu geben«. Auf Benjamins Vermutung, daß diese Kunst des Erzählens in seiner Gegenwart, insbesondere seit dem Weltkrieg, zum Verstummen gebracht wurde, möchte ich mich in einem Buch über Graf ungern einlassen. Wichtig aber erscheint mir seine Erklärung dieser Freiheit an Grafs KALENDERGESCHICHTEN, denn sie trifft auf die vorangegangenen Geschichten ebenso zu. Benjamin sieht in ihnen Beispiele einer »lehrhaften« Dichtung, die gerade durch ihren Mangel an Sinn, Moral oder psychologischer Interessantheit so wirkt. Sie seien »weniger Behältnisse einer Moral, die ihnen jeder Leser entnehmen könnte, als bittend vorgestreckte Hände, denen man, vorübergehend, schamhaft den ›Sinn‹ wie einen Bettlerpfennig zustecken möchte«.[15]

Graf veranstaltet einiges, um uns den Sinn vermissen zu lassen. Er untermauert die Unzugänglichkeit seiner Gestalten. »Herr bin i«, sagt der oben angeführte »bockbeinige« Bauer und Vater. Es kommt vor, daß empfindliche Seelen an einer solchen gesunden und verständnislosen Umwelt zugrunde gehen. Sie trocknen innerlich aus oder schrumpfen ein auf ein furchtsames, nur noch träumendes Ich (DIE PUPPEN). Der lange als einziger Liebling gehätschelte Hund, der sich bei seinen Herrschaften durch deren doch noch geborenes Baby verdrängt sieht, frißt dieses Baby schließlich auf!

In den frühen Erzählungen tauchen zudem Traumelemente von tückischer Hintersinnigkeit auf, die mehr an DADA oder an den frühen Jung als an Graf denken lassen (später hat er sie fallenlassen). Aber auch wo Graf harmlose Verhältnisse vor uns stellt, in Storys mit selbstverständlichen oder ohne alle Pointen, zieht er uns durch intensive Ausmalung des Gewöhnlichen so hinein, daß wir anfangen, nach einem besonderen Sinn dieser Verhältnisse zu suchen. Er selbst, so beginnt er seine Geschichte MICHAEL JÜRGERT, sei »nachdenkend« um dieses Leben geschritten wie um einen »verfallenen, traurigen, rätselhaften Garten« und habe nach »dem Sinn dieses Ablaufs« gesucht. Er habe ihn jedoch nicht gefunden. Er habe daher keine »befriedigende Lösung« für seine Geschichte und könne »vorerst nur das nackte Tatsächliche aus diesem Leben« aufschreiben. Sheila Johnson findet in der relativen Kühle

Für die Erstausgabe der 1929 beim Drei Masken Verlag, München,
erschienenen KALENDER-GESCHICHTEN zeichnete Käthe Hoch viele
Federzeichnungen. Hier zum zweiten Abschnitt »Geschichten aus der
Stadt« die Titelzeichnung zu der Geschichte »Wirbel der Stadt«.

des ersten Erzählbandes ZUR FREUNDLICHEN ERINNERUNG, in der
»Gleichgültigkeit«, die die Figuren wie ihr Erzähler an den Tag legen, ein »Instrument«, mit dem sie sich gegen ihre Leiden, das
Schicksal und die Umstände schützen.
»Wo Finsternis ist, geht es allemal heroisch, lächerlich, derb und
banal, tragisch und komisch zugleich zu. Und wo Leben wirkt, da
ist immer Finsternis«. Das setzte Graf als Motto seinem Erzählband FINSTERNIS (1926) voran. Ob damit eine Hinnahme der so wüsten, widersprüchlichen, oft »gnadenlosen« Wirklichkeit beabsichtigt ist, wie ein zeitgenössischer Kritiker es auffaßt,[16] dürfen
wir bezweifeln. Die Anteilnahme des Autors an seinen Figuren
wird sorgfältig versteckt. Aber man kann diese Geschichten gar
nicht lesen, ohne Partei zu ergreifen, ohne den Zorn, das Mitleid,
manchmal auch die Furcht zu empfinden, die zur Lektüre starker
sozialer Prosa gehören.
In einigen Schlüssen und Zwischenbemerkungen der frühen Geschichten fällt Graf aus seiner Erzählerrolle und liefert direkte
Kommentare. Am Schluß von ABLAUF bleibt die garstige Kleinbür-
gerin und Zuhälterin Rienken als die einzige bestehen, »solange
wie diese Gesellschaft«. Als letzter Satz folgt, gesperrt gedruckt,
eine erprobte Wendung der sozialistischen Literatur: »Wie lange
noch?!«[17]
DER MARTL endet damit, daß einer der Bauern, der ausgerechnet
Lehrbacher heißt, allen eine Mitschuld an Martls Verbrechen zuschreibt, weil alle auf ihn »eingeredet« haben, und »alle« sehen
ihm jetzt »betroffen« nach. Einige Gestalten werden absichtlich
unbestimmt gelassen. »Schließlich, daß man irgendwie zur Welt
kommt, aufwächst« usw. (Schule, Lehre, Verlust irgendwelcher
Angehörigen) – »das erlebt so ziemlich jeder Mensch auf die eine
oder andere Weise«. »Weshalb soviel Aufhebens machen! Die Entwicklung der Dinge läßt sich leicht denken«. Immerhin bekommen alle ihren Namen. Ein Soldat aber, gerade der, an dem Grafs
Kriegserfahrungen zu einem wilden Schluß weitergeführt werden, heißt Peter Nirgend. Der schwache ›Held‹ der Erzählung AB-
LAUF wird am Ende ins Allgemeine aufgelöst. »Eine Million ist viel –
eine Milliarde ist mehr. – Johann Krill ist Legion«. Derartige direkte Stellungnahmen gewöhnt sich Graf später ab. Aber mit ›unpassenden‹, den Horizont öffnenden Kommentaren arbeitet er
noch in seinen episch dichtesten Texten.
Die Grundform von Grafs Prosa ist die kurze Erzählung eines Vorfalls. Mit Reihungen von mehreren Geschichten um die gleiche Fi-

gur oder das gleiche Dorf fing er früh an. Im gleichen Stil begann er, die selbsterlebten Geschichten aufzuschreiben (FRÜHZEIT). Von den frühen zwanziger Jahren an wagte er sich an längere Geschichten und ganze Romane. DIE CHRONIK VON FLECHTING (1925) ist die erste größere Darstellung seiner Familiengeschichte, mit einer Verkehrung des Namens wie des Ablaufs: Er läßt die Fargs in Flechting in der gleichen Generation zugrunde gehen, in der die Familie Graf in Berg aufblühte. Seine beiden ersten Romane jedoch, DIE CHRONIK VON FLECHTING und DIE HEIMSUCHUNG, und drei frühe lange Erzählungen (MICHAEL JÜRGERT, DIE TRAUMDEUTER, DAS MOOR) kranken daran, daß Graf dem hier durchgehaltenen Chronikstil mit den schon im 19. Jahrhundert reichlich ausgelaugten Mitteln der Schicksalstragödie einen spannenden Ablauf verleihen will. Einzelne Streber oder ganze Geschlechter gehen unter, und dabei spielen Vorausdeutungen, Verwünschungen, verborgene und wieder auftauchende Dokumente oder unerwartete Erbschaften die ausschlaggebende Rolle. Da gibt es Unheils- und Demutserlebnisse von Mitgliedern frei erfundener Sekten – später mokierte sich Graf darüber, wie leicht ihm diese abwegigen Erfindungen gefallen seien. Ausgerechnet die beiden abergläubischsten dieser Werke verkaufte er an christliche Verlage und erlebte, daß sie von ernsthaften Leuten ganz ernst genommen wurden. Einzelne Vorgänge in diesen fünf Fatalitätsstorys sind ganz reell gestaltet – »echt Graf«, möchte man hier schon sagen. Die längerfristigen Entwicklungen in der quälenden, erhitzenden Zwangsgemeinschaft Familie stecken voll von treffenden Beobachtungen, ja Entdeckungen. Selbst in der eigentümlichen Frömmigkeit der Sektenbrüder und -schwestern, diesem Gemisch aus Ergebenheit und religiösem Fanatismus, ist ein Thema angeschnitten, das in Grafs gesamtem Werk eine tragende Rolle spielt. Nur mit den übergreifenden »Schicksalen« und den sonderbaren Lehren, die sie uns nahelegen, kann ich und können wohl heutige Leser überhaupt nicht viel anfangen. Die »Finsternis« des Lebens wird nicht erhellt, wenn der Autor es künstlich noch finsterer macht.

Das Original und seine Vorbilder

Zunehmend seit dem Beginn der Republik, mit einigen Proben schon davor, entwickelte Graf seinen eigenen Prosastil. Seit FRÜHZEIT und ZUR FREUNDLICHEN ERINNERUNG können wir diesen Stil, ohne zu übertreiben, unverwechselbar nennen. Indem Graf sich vom Expressionismus löste, schüttelte er die letzte der geistigen Vormundschaften ab, die er in seinen mühseligen Anfängen nötig hatte. Er wurde ein auch innerlich »freier Schriftsteller«, sein eigener literarischer Gesetzgeber. Sein Selbstbewußtsein war dem Können schon öfters vorausgelaufen und ließ jetzt, da er »firmiert« war und sich zunehmend etablieren konnte, nicht auf sich warten. Er hatte erreicht, was er seit seiner frühen Jugend angestrebt hatte. Er hatte es ungeachtet aller Anlehnungen aus eigener Kraft erreicht.

Graf ist seit dieser Periode seines Schreibens ebenso originell wie unnachahmlich. Er schloß sich keiner »Schule« mehr an und begründete keine Schule. Je souveräner er aber zu schreiben verstand, um so intensiver bezog er sich auf das, was andere literarisch schon geleistet oder noch zu wünschen übrig gelassen hatten. Er ahmte niemanden nach. Als selbständiger Gestalter seiner literarischen Welt anerkannte er viele Meister: große unerreichbare Könner und kleinere Meister von bestimmten Fertigkeiten oder Unterhaltungskünsten. Er bezog sich ständig auf andere: Erzähler und Romanciers. Er verglich seine Werke mit ihren, er forderte zu Vergleichen heraus. Wie mit seinem Publikum, das er so greifbar wie möglich vor sich haben mußte, suchte er den Dialog mit den schreibenden Zeitgenossen und mit Vorgängern. Wo ihm literarisch gestaltete Situationen oder Menschentypen sehr einleuchteten, konnte er sie einfach aufnehmen, als wären sie in der Wirklichkeit, wie er sie selbst erlebt hatte, vorgekommen.[18]

Am häufigsten bezieht sich Graf auf die bayrische volkstümliche Erzähltradition. Ludwig Thoma, Lena Christ, Josef Ruederer und Georg Queri, diese vier nennt er immer wieder. Sie hinterließen ihm weniger ein Instrument als das Feld, auf dem er jetzt auf seine Weise tätig wurde. Graf sprach vor allem von Thoma mit großer Hochachtung. Er konnte aber auch grantig werden, wenn man ihn nur als Thoma-Nachfolger gelten ließ.[19] Er freute sich, wenn die Zeitgenossen merkten, wie er Thoma an kritischer Kraft und Relevanz seiner Darstellung überbot. Es gehört nicht viel Voraussicht zu der Prognose, daß sich Graf länger und weiträumiger halten wird als Thoma. Aber es ist auch kein Sakrileg, in einer Graf-Monographie festzustellen, daß manche Werke und Passagen von Thoma, ich denke vor allem an die Gestaltung der politischen Bigotterie, zum Beispiel in den »Filserbriefen«, besser sind als das, was Graf über die gleichen Phänomene beigesteuert hat.[20]

Karl Valentin war Graf ein unerreichbares Vorbild an Einfällen, an

irren Verknüpfungen, an Situationskomik, Sprachkomik und gestischer Komik. Ziemlich spät erst nennt Graf den Wiener und Münchner »Gesellschaftsunterhalter« Anton Kuh. Er bezieht sich auf ihn des stegreifartigen mündlichen Erzählens wegen. Mindestens ebenso viel hat er mit seinem Empirismus, seinem Spott über alle Theorie gemein. Die Wissenschaft war für Kuh »der gangbarste und angesehenste Vorwand, nicht selber denken zu müssen, eine Barriere des Erweislichen gegen die Gefahr des Wirklichen«. Wichtiger, nämlich ein Ansporn zu immer freieren, poetisch kühneren eigenen Werken waren für Graf die Meister des europäischen Romans, vor allem in ihrer Kraft, ihre Gesellschaft zu durchdringen. Tolstoi verehrte er am meisten. Ihn hat er von früh an bewundert. Mit 50 Jahren (nachdem er »Krieg und Frieden« und »Anna Karenina« viermal gelesen hatte!) nannte er sich »versessen« auf Tolstoi; im Alter trieb er einen wahren Tolstoi-Kult. Dabei stand zwar die Predigt der Gewaltlosigkeit im Vordergrund, aber sie war für Graf nicht zuletzt dadurch so überzeugend, daß Tolstoi sie in hinreißenden, unbezweifelbar gültigen Figuren und Szenen gestaltet hat. Graf zeigt sich sowohl von Tolstois allgemeinen epischen Tugenden, von seiner »Menschlichkeit«, »Gerechtigkeit«, der Dichte, Leuchtkraft und schwebenden Offenheit seiner Gestaltung[21] beeindruckt wie auch von fast allem, was Tolstoi aus seinem russischen Volk geschöpft hat. Ich möchte annehmen, daß Grafs merkwürdiges Gefühl, bayrische und russische Menschen seien wesensverwandt, weniger auf seine kurzen Begegnungen mit Russen als auf seine Lektüre von Tolstoi sowie von Gogol, Turgenjew, Tschechow – meist mit Vorbehalten: Dostojewski, dagegen mit großer Bewunderung: Gorki – zurückgeht.
An zweiter Stelle nannte Graf oft Jeremias Gotthelf. Die konservative, moralisch-betuliche Haltung des Pfarrers und Erbauungs-Schriftstellers störte ihn wenig. Er hielt sich an seine großartige Menschengestaltung und an seine Fähigkeit, den »Geist« eines Gemeinwesens, seine vielfältigen Beziehungen, wie sie auf Arbeit, Einverständnis und Störung oder Abweichung beruhen, darzustellen. Graf zitierte auch aus der Bibel reichlich, ohne sich deshalb ihren Deutungen unterzuordnen. Er bezog sich ebenso positiv auf Gottfried Keller, kritischer auf andere deutsche Erzähler des 19. Jahrhunderts. Seltener, aber immer voll Bewunderung, erwähnte er Johann Peter Hebel, von dem er das Genre und das Gütesiegel »Kalendergeschichten« übernahm.
Die westeuropäischen großen Realisten hat er gut gekannt und vor

allem Balzac oft und zustimmend erwähnt. Nach Klaus Schröter ist der stolz-bescheidene Schlußsatz seines Vorworts zu WIR SIND GE-FANGENE: »Dieses Buch soll nichts anderes sein als ein menschliches Dokument dieser Zeit«, ein genaues Echo auf Taines Grundformel für Balzacs »Comédie humaine«. Auch auf die großen Satiriker bezog er sich gern und nannte vor allem Heine, Swift, Cervantes und Rabelais.

Natürlich sind nicht alle diese Einflüsse und Meister von Anfang an, gleichzeitig oder in gleicher Stärke da. Während des Exils kam noch die intensive Auseinandersetzung mit den Werken der Mitemigranten hinzu, mit Schwanken zwischen Anerkennung und Abstoßung. In Amerika holte Graf die Beschäftigung mit den Meistern des amerikanischen Romans und der Kurzgeschichte nach. Sein Leben lang hat er sich in seinem Metier zu vervollkommnen gesucht. So wenig er dabei von anderen übernehmen konnte, so nötig brauchte er das Echo, den Kontrast, die Herausforderung und das Bewußtsein, einer in einer großen Schar von Erzählern zu sein.

Stadtgeschichten, Bauerngeschichten,
»Jedermanns« Geschichten

Auf Erfahrung beruhen die meisten von Grafs Geschichten, nicht nur seine autobiographischen. Eigene Erlebnisse und intensive Beobachtungen an anderen, die er oft auf sich bezieht, kommen zusammen und geben seinen Erzählbänden den Charakter von Beispielsammlungen, ja von Hausbüchern, in denen wichtige vorkommende Situationen in ihrer Typik herausgearbeitet sind. SINN-LOSE BEGEBENHEIT, OHNE BLEIBE, ABLAUF heißen drei solche Geschichten, die schon im Titel an die alten Ratgeber erinnern, aber den »Rat« eben verweigern. Die Ordnungszusammenhänge dieser Erfahrung bestimmen sie als Geschichten aus der Stadt, die im ersten Erzählband überwiegen, und Geschichten vom Lande, die vom BAYRISCHEN LESEBÜCHERL an (1924) im Mittelpunkt stehen. Graf hat aber schon frühzeitig betont, daß er die Landbewohner nicht nur als Bauern auffaßt und aufgefaßt wissen will, sondern auch als Menschen (die eben ihren Lebensunterhalt als Bauern gewinnen). Für die Städter gilt es entsprechend. In späten Jahren stellt er eine Sammlung vorwiegend dieser frühen Erzählungen als »Jedermanns Geschichten« zusammen (sie sollen 1987 veröffentlicht werden). Die Zuordnung zur Stadt oder zum Land ist wichtig, die Frage nach dem verbindenden Menschsein ist nicht weniger wichtig.

Kälte, Entfremdung, Norm und »Normalität«

Die Verlorenheit in der Stadt, die Entbehrungen, das Gefühl, preisgegeben zu sein – all das verdichtet sich zu dem Eindruck, in der Stadt sei es kälter, als es auf dem Dorf jemals werden könnte. Ein Auskühlen bis ins Mark, bis zu völliger Stumpfheit und Lebensmüdigkeit wird in der Szene OHNE BLEIBE gestaltet. Ein Kriegsheimkehrer findet nirgends einen warmen Platz, erregt bei angeregt aus dem Theater strömenden Bürgern nur Anstoß, kein Mitleid, wird von einem »menschlichen« Wachtmeister getröstet: »Daß einer keine Bleibe hat, kann jedem einmal passieren«, und muß wieder eine Nacht im schneidenden Wind im Winter auf einer Parkbank zubringen. Arbeit kommt nur als Routine vor, als fremdbestimmt, einzwängend und auslaugend. Von Ausbeutung ist nicht weiter die Rede, aber ein geheimer Haß auf die, die nicht arbeiten und von den Produkten der anderen leben, bricht in unbeherrschten Augenblicken durch. Meistens wird er verdrängt, da er nichts ändern würde. Die Stadt und besonders ihre Büros und Amtsstuben sind der Ort, an dem Arbeiten nie fertig werden, zu keinem vorzeigbaren Produkt führen. Als Graf im Büro der »Neuen Bühne« Stücke las und Briefe schrieb, erinnerte er sich an das, was sie zu Hause über »Büromenschen« sagten: sie »werkeln« nur herum »wie ›der Käfer im Roßdreck‹.«
Die Menschen sind in der Stadt wie auf dem Land in ihre Existenz, ihren Körper, ihren Charakter eingesperrt. Das Besitzstreben beherrscht sie hier wie dort, mit kleinen Ausnahmen. In den typischen Kleinbürgern, die nur ihrem Geiz leben – »raubfrohe Ratten« werden sie einmal genannt –, kommen wohl ländliche und städtische Antriebskräfte zusammen. Aber nur in der Stadt gibt es so völlig hohle, auf ein abstraktes, lebensfeindliches Prinzip reduzierte Existenzen, wie Graf sie in den uniformierten Mädchenscharen eines christlichen Kinderheims zeichnet. An einer Führerin dieser Mädchen verfolgt er, wie diese kurz vom Leben gekostet hatte und dafür geprügelt wird, bis sie – mit 18 Jahren – jeden eigenen Willen aufgibt und ihre Zöglinge zu der gleichen Dürre und Trostlosigkeit erzieht. In einem seiner ersten Aphorismen hatte Graf, selber 18 Jahre alt, noch festgehalten: »Wenn Du Deinem Kinde oder Deinem Knecht das Wort verwehrst, glaubst Du, daß die Ansicht nicht still in dessen Innerem weiterlebt?« Dieser Optimismus der heimlich weiterlebenden Opposition ist hier widerrufen, aber nicht für dauernd.

Die wenigen Reaktionsformen gegen die erlittene Gewalt sind in den frühen Stadtgeschichten hektisch, mehr schreckhaft als überlegt. Ein zu Unrecht Verhafteter, dann Freigesprochener kommt sein Leben lang über das Erlebnis der Zelle nicht hinweg. Ihn verfolgen die »Würmer«, die er überall »nagen« hört, das »ausgestochene Auge« in der Zellentür, dazu die sonderbare Toilettenspülung, die Graf in seiner Haft so beeindruckt hat und die er fast jeden Gefangenen in seinen Geschichten neu erproben läßt. Er versetzt sich nach einem äußerlich ruhigen Leben in einen beliebigen anderen Angeklagten, der zu 12 Jahren (»Lebenslänglich in einem Grab«) verurteilt wurde. Er sucht den eitlen, verständnislosen Staatsanwalt auf, ersticht ihn, schreit die in ihm festsitzende Horrorvision hinaus: »Zwölf Jahre Nirgends! Nicht Hölle! Nicht Welt! Zehn und zwölf Schritte … die Wü-ü-ürmer!«, schreit »Hilfe!« und springt aus dem Fenster.

Die höhnischste Sozialkritik entwickelt Graf in der knappen Geschichte einer Ehe, genannt ABLAUF. In keinem anderen Text kommt er Heinrich Mann so nahe. (Er schätzte ihn seit seiner Jugend.) Aus der Prostitution heraus, widerlich gezeichnet wie durchweg bei Graf, entsteht eine Liebe und Ehe, so sinnlich-heiß wie die im BOLWIESER. »Wie eine warme, unsagbar wohltuende Gischtwelle ergoß sich ihre Atmosphäre unaufhörlich über Johann«. Aber die Prostitution ist nur zurückgedrängt. Sie geht wie selbstverständlich weiter, und zwar für beide, als die Eheleute aus dem Rausch ihres Glücks zur Wirklichkeit des Lebensunterhalts erwachen. »Ware sind wir alle«, in der Fabrik wie im Puff. Diese Einsicht wird nicht nur so defätistisch geäußert und hingenommen. Sie wird mit einer widerwärtigen Komik durchgespielt, die die gesellschaftlichen Besitzverhältnisse schärfer entblößt, als die direkte Benennung es vermöchte. Johann geht eine Nacht nicht zu seiner Schicht, sondern in die Bar zu seiner Frau, um zu sehen, was sie mit seinem Arbeitgeber treibt. Dieser, mit einem »maliziösen Gesicht«, verzeiht ihm seinen »Seitensprung« aus der Fabrik. Johann beleidigt den feinen Herrn mit Schimpfworten, die keiner mehr vertuschen kann. Er wird entlassen, verurteilt, die Frau verliert ihre Stelle in der Bar, während der Unternehmer wieder der honette Mensch ist und die Besitzerin des Etablissements die Siegerin bleibt. Der offene Schluß fragt nach der Abschaffung dieser Welteinstellung. Bemerkenswert sind davor noch zwei immanente Schlüsse. In einer drastischen Zusammenfassung brummt Johann »beiläufig«: »das Loch und das Geld […] es geht immer rundum«. Den Klartext dazu liefert Graf viel später und schreibt ihn nun seiner Mutter zu: »›Was sie bloß immer dahermachen mit dieser beschissenen Welt! – Geht doch immer bloß alles ums Geld und ums Weiberloch!‹« Daneben wird schon eine Position der völligen »Stumpfheit« gegenüber dieser Welt skizziert, wie sie Bolwieser nach seiner Verurteilung einnimmt. »Man sagt, der Weise überwindet und kommt zu vollkommener Ruhe«. Episch überzeugend ist keiner der drei Schlüsse dieser garstigen Geschichte. Mit ihrer gegenseitigen Relativierung aber unterstreichen sie die Unerträglichkeit dieses gar nicht so ausgefallenen »Ablaufs«.

Egoismus, Unfreiheit, soziale Kontrolle

Auf dem Land ist die Welt noch in Ordnung. Das ist die treibende Vorstellung der vielfältigen Idyllen von den antiken und den frühneuzeitlichen Stadtkulturen an bis in unsere Tage. Dieses Sehnsuchtsbild gab der Heimatliteratur um die Jahrhundertwende ihren großen, bis ins Dritte Reich hineinreichenden Aufschwung. »Wo Hütte und Haus stehn dorfsanft gepaart«, dichtete auch der junge Graf, als er die »dampfenden Städte« ein wenig kannte und ein Gegenbild zu ihrem Getriebe brauchte (DER MARSCH). In der gleichen Erwartungshaltung waren die Leser und Hörer, als Graf dann Geschichten über diese Dorfseligkeit zum besten gab. Die Kritiker schätzten seine Einfälle aus dem LESEBÜCHERL höher ein als etwa seine »Proletariernovelle« (EINE GESCHICHTE OHNE ENDE), und zwar deshalb, weil sie mit Humor und »verstehender Liebe« geschrieben seien, »derb und zart zugleich« und dabei »vollkommen unsentimental«. »Heimatkunst im knappen und besten Sinne des Wortes«, schrieb die »Filmwoche«, Berlin, über Grafs CHRONIK VON FLECHTING.
Je schärfer Graf zusah auf die Verhältnisse, aus denen er gekommen war, je genauer die Leser wahrnahmen, was sie da lasen, desto weniger hielt der Eindruck von einem »sanften«, entspannenden, »köstlichen« Dorfleben stand. Zwar macht auch Graf Zugeständnisse an die Heimatliteratur. In DIE HEIMSUCHUNG heißt es beim Heimweg von einer Beerdigung durch die Felder voll arbeitender Bauern und Knechte: »Es war, als spräche die von allem Leid unberührte, ewig fruchtende Erde ihr sommerliches Gespräch«. Unter den Menschen seiner Gegenwart aber war von ländlichem Frieden nicht viel zu spüren. Mißgunst, Habsucht und Rachsucht beherrschen Grafs Bauern viel mehr als menschen- oder natur-

freundliche Regungen. Die Geldwirtschaft hat die Landwirtschaft völlig durchdrungen. Sie dirigiert sie, ist ihr erster und letzter Sinn geworden. Die Inflation (seit Kriegsende, besonders rasant 1922-23) gab zudem den Bauern den Trumpf in die Hand, daß ihre Waren, ihre »Naturalien« begehrter waren als alles andere und als das fatale Geld dazu. Sie heizte das Bereicherungsstreben ungeheuer an. Graf verzeichnet in seinen ländlichen Bildern von der Inflationszeit ebenso sinnlose Protzerei wie hemmungslose Raffgier. Sie wirken so, als hätte ein Goldrausch das ganze Land erfaßt. Später spricht er von der »schwimmenden Zeit« als Begriff für die Inflation. Geld wird als Substanz des Lebens, als Beglaubigung für ein richtiges Leben genommen. Wenn die Bauern in Wachelberg von den patriotischen Reden des Fremden Neffelsberger im Weltkrieg feststellen, er habe halt studiert und werde schon für diese Reden bezahlt werden, so drücken sie damit ein wenig von ihrem Mißtrauen gegenüber einem undurchsichtigen Geschäft aus. Hauptsächlich aber nehmen sie sein Gerede hin: es hat den Segen des Geldes gefunden, also wird es schon reell sein.

Immerhin ist auf dem Land noch für jeden gesorgt. Die Unterschiede im Besitz sind gewaltig und sehr aufdringlich, doch jeder hat sein Auskommen, sei es auch ein kümmerliches. Wehe aber, wenn einer ums Überleben kämpfen muß, wenn andere ihn um »sein Sach« bringen wollen oder der Egoismus der älteren Generation, die Erbfolge oder sonstige Machenschaften dazwischentreten! DER MARTL (1924) ist die Geschichte von einem solchen Zurückgesetzten, einem zweiten Sohn, der sich dermaßen in die Enge getrieben fühlt, daß er seinen älteren Bruder aus dem Weg räumt, den Hof gewinnt und sich selbst ruiniert. In und an diesem Unglücksraben, der nicht einmal zu einem vernünftigen Verbrecher das Zeug hat, kommt so gut wie alles zusammen, was das Leben auf dem Lande zur Tortur macht. Es ist eine von Grafs besten Geschichten.

Anfangs ist Martls Problem weder das Geld noch der Hof. Er möchte einen Hof erheiraten. Doch schon die Anstrengungen dazu verstricken ihn moralisch wie intellektuell und entblößen ihn bis auf den Grund seiner nur mühsam unempfindlich gemachten Seele. Martl ist seinen beiden Kriegskameraden, ziemlich »hinterlistigen Konsorten«, intellektuell unterlegen. Durch hartnäckiges Sinnieren und strategischen Einsatz des in der Familie vererbten Argwohns sucht er das wettzumachen. »Herumhorchen, die anderen reden lassen und sich aus allem für seine Zwecke das Beste heraussuchen«. Diese Selbstermahnung hilft ihm so wenig, wie dem verurteilten Sohn bei Kafka seine zum Habitus gemachte Vorsicht hilft.[22] Die falschen Freunde hatten ihm zur Strategie eines Geschenks gegenüber der erwählten Hoferbin geraten. Damit er sich nicht, vielleicht umsonst, in Unkosten stürzt, stiehlt er aus dem Glasschrank seiner Mutter – dem gleichen Versteck hinter den Heiligenbildern, in dem Oskar 1911 sein Sparbuch zu seiner Fahrt ins Leben gefunden hatte und an dem in all seinen Geschichten die Familienschätze aufbewahrt sind – ein Paar altmodische Ohrringe. Der Erfolg ist lediglich: er hat ein schlechtes Gewissen, wird von den Freunden sowohl verachtet wie erpreßt. Diebstahl zahlt sich bei Graf fast nie aus. Das Geschenk ist die Peitsche, mit der er sich zum Anbahnungsgespräch mit der erkorenen Fanni zwingt, und es verdirbt dieses Gespräch von Anfang an. Martl lauert ihr auf, überfällt sie mit seinem Heiratsantrag, will ihr, als sie ihn auslacht, die Ohrringe mit Gewalt zustecken. Wie er vor ihr steht und »benommen« auf sie glotzt, ist zum Steinerweichen grausam und komisch. »Aus Verlegenheit ließ er bald den rechten, dann wieder den linken Fuß etwas vorrutschen, zog die eine, dann wieder die andere Schulter ein wenig zuckend nach oben und probierte immer wieder ein anzügliches Augenzwinkern«.

Leichter geht es mit der Magd Wally, die von vornherein (im Dorf heißt es: für jeden) zugänglich ist. Als er sie das erstemal gehabt hat, im Gebüsch am Straßenrand, erlebt er seinen einzigen Glücksmoment. Die Luft ist jetzt klarer und leichter, die Natur um ihn näher und deutlicher. Sowie er zu sprechen beginnt, kommt die »Verlegenheit«, die »Feindschaft und Härte« wieder. In ihrer Kammer – sie wohnt ebenerdig, deshalb klappt das Fensterln anders als in späteren Geschichten ohne Unfall – ist es »furchtbar«, besonders, seitdem sie schwanger ist. Er ist »verstrickt in irgend etwas«, durch sein Heiratsversprechen, seine Bemühung um eine Existenz. In einer Kurzschlußhandlung, aber nicht ohne Vorbedacht, läßt er seinen Bruder durch das G'sottloch zu Tode stürzen. Er will dann auch die Schwester loswerden, die zuviel von ihm weiß. Er gibt einem der falschen Freunde Geld, daß er sie vergewaltigt, verstrickt sich dadurch aber nur noch mehr. Er fühlt sich »gefangen«, »verloren«, hat »kein Zurück mehr«. Als sein Gewissen in einer Schreckvision auch noch die Gestalt des überlegenen, inquisitorischen Freundes annimmt, keucht er »wie ein Sterbender«. Daß er sich schließlich selbst anzeigt, eröffnet keine Versöhnung, es bleibt ein Zug in seinem harten, schwerfälligen Kalkül.

»Eingesperrt werd ich vielleicht, aber nachher bleibt mir der Hof doch und mein Goldgeld!« Und schließlich: nur so kann er der Wally auskommen.

Der Geiz, die innere Enge, der Starrsinn gegeneinander werden in vielen Geschichten noch verschärft durch die Sprachlosigkeit. Insgesamt reden Grafs Bauern zwar nicht wenig, aber verglichen mit Gotthelfs Figuren, denen die richtige Rede auch die fraglos gültige, sozial verbürgte Moral eröffnet, oder gar mit Polenz' bedächtig-standesbewußt räsonierendem Büttnerbauern wirken sie ausgesprochen dumpf, gehemmt in jeder Erklärung. Sie mißtrauen jeder Rederei, bei der zwar alles Mögliche, aber für sie nichts Gescheites herauskommen kann. Sie sind nicht dümmer als andere Menschen, darauf besteht Graf. Sie sind eventuell hoffnungslos verstockt, vor lauter Starrsinn und Angabe voreinander nicht fähig, die nächstliegende Tatsache zu erkennen, so daß ein Hof im Nachbarort abbrennen kann, ehe sie auch nur mit der Spritze ausrücken. Aber man soll sie nicht unterschätzen. »Man ist allgemein der Ansicht, Bauernmenschen haben kein Hirn, sondern bloß eine mehr oder weniger ausgeprägte Verschlossenheit. Das ist ein großer Irrtum. Menschen wie der Hansgirgl, die denken sehr hart über alles nach, wenn sie sich einmal verrannt haben«. Nicht die Fähigkeiten fehlen ihnen, sondern die Möglichkeit, ihr Können zu entfalten. »Wir sind Gefangene« stand zunächst als Überschrift über dem zweiten Kapitel der TRAUMDEUTER, mit Kriegserlebnissen aus der Sicht von zwei Bauern.

Die einzelnen Bauernfamilien leben sehr für sich, jede auf ihrem Hof, manche entfernt von allen anderen auf »Einödhöfen«. Das Zusammenhocken (der Männer) in der Wirtschaft, die häufigste Situation in Grafs Geschichten, hat seine Anziehungskraft vor allem dadurch, daß es einen Ausgleich für die harte, isolierende Stall- und Feldarbeit bildet. Sonst ist die dörfliche Gemeinschaft präsent als die versammelte Öffentlichkeit beim Kirchgang, bei Festen und Beerdigungen, auch als Instanz der Moral, des Gewissens, und als Gerede der Nachbarn. Die soziale Kontrolle ist auf dem Lande noch lückenloser als in der Stadt. Sie hat den schlichten harten Sinn, daß jedem nur zugebilligt wird, was ihm ›zukommt‹ – nach der ungleichen Besitzverteilung von alters her und mit Verschiebungen durch Geschäftigkeit und Heiraten. Der »Raskolnikow auf dem Lande« kann sein gestohlenes Geld nicht ausgeben, ohne daß die Nachbarn Unrat wittern.

»Das ganze Dorf lachte knisternd«, als der arme Michael Jürgert durch Ungeschicklichkeit seine einzigen Ferkel einbüßte. Diese Dorföffentlichkeit ist voll von Sprüchen, trivialen Weisheiten über den »gewöhnlichen« Gang des Lebens, und voll grausamer Bestätigung des Sozialverhaltens, wie es sich nun einmal unter Landleuten gebildet hat. Als die zarte Leni in DIE HEIMSUCHUNG von dem brutalen Lorinser fast zuschanden geschlagen worden ist, sind alle voll Mitleid mit ihr, voll Rachsucht gegen ihn. Als aber in dessen Zuchthausjahren das Anwesen unter den Betschwestern ohne männliche Hilfe verkommt, warten alle sehnlich auf ihn. Er ist eben ein Mann, er kann zupacken, er darf auch mal zuschlagen! Wohl das Elendigste am Landleben ist die Abfindung mit dem, was ist. Die Menschen akzeptieren, was sich nun einmal nicht ändern läßt. Sie werden selber zu Bestandteilen der gemeinen, von ihnen nicht gewollten Wirklichkeit. »Zäh, gewohnt und kleinlebig«, so ist das »normale« Leben auf dem Lande. Der Knecht Hansgirgl, der »Raskolnikow auf dem Lande«, verflucht seinen Herrn, weil der ihm »so wenig Arbeit« gegeben hat, daß er sich daneben noch in eine Liebschaft verstricken konnte!

Die Margreth vom Schmaußbauernhof ist vergewaltigt worden, im Kornfeld auf dem Heimweg von der Kirche und genau wie im MARTL auf Bestellung ihres Bruders, der für seine Hochzeiterin das Haus leer haben will. »Schreiend und entsetzt« kommt sie davon. Hätte sie einer so gesehen, wäre der Schuft Wastl sicher ins Zuchthaus gekommen. Aber – »es geht sich vom Acker bis zum Dorf immerhin eine gute halbe Stunde«. Solange hält sie die Empörung nicht aufrecht; sie überlegt es sich »anders«. Noch eine Woche lang ist sie »verstört«, eines Mittags aber sagt die Mutter »sachlich über den Tisch hinweg«: » ›Noja, jetz is's scho wia's is‹.« Heiraten sei schon das Gescheiteste und der Wastl weiter kein unrechter Mensch. Margreth nickt und weint und nimmt halt den Schuft. »Es ist eben, wie es ist«, wird zur Leitmelodie einer ganzen Kette von Selbsteinschränkungen. Es bekräftigt die Einrichtung im beschädigten Leben, die Preisgabe des eigenen Willens wie des eigenen Leibes. Es läutet manche kleine Hoffnung auf eine Verbesserung des Lebens zu Grabe.

Wer einmal in Flechting gewesen ist – Flechting steht für Berg, letztlich für das oberbayrische Dorf überhaupt – der kommt so schnell nicht wieder, sagt der Schmalzer-Hans vom neuen König. »Ohne Widerrede hörten sich's die Bauern an«.

Feindschaft gegen Veränderungen,
Feindseligkeit gegen fremde Menschen

»Es kommt nichts Besseres nach«, sagen die Bauern in vielen Situationen. Ob es der Bahnbau ist oder die Republik, ein Krieg oder der Hitler – wenn die in der Stadt sich wieder etwas ausgedacht haben, kann es nichts taugen. In der Revolution sehen die Landleute nur eine Durchbrechung ihrer geheiligten, verteidigten »Ruhe«. Die DORFPOLITIK 1923, das Gerede im Wirtshaus über diese aufgeregte Zeit, führt nur zur Abwehr aller Neuerungen. »D' Judn und an Hitla und an Ludendorff und dö ganz Bagasch sollt man zum Teifi haun! Nacha waar glei a Ruah!«. »Sozialdemokratisch« ist deshalb ein Schimpfwort, weil es vor 1914 Umstürzler bezeichnet und nach 1918 die ekelhafte neue, königlose Zeit.

Grafs Bauern kümmern sich wenig um Politik. Durch Gerüchte und Zeitungsnachrichten sind sie notwendig, oft sogar rasch – Berg gehörte zum nächsten Hinterland der Hauptstadt – über die Ereignisse informiert. Aber was diese bedeuten, fassen sie nicht recht. Sie lassen es sich durch einige Wortführer z.T. abenteuerlich, z.T. kontrovers verdeutlichen und werden nur rebellisch, wenn es gegen ihre nächsten Interessen geht. Gesetzes- und Verfassungstexte nehmen die Form von »Erlassen« an, und Erlasse werden im Gemeindekasten ausgehängt, nie angesehen, vom Regen aufgelöst. Meistens denken die Bauern nur an ihre nächstliegenden Geschäfte. Was sich dahinter abspielt, ordnen sie naiv personalisierend ihren vordergründigen Vorlieben und vor allem Feindschaften zu. Die von Wachelberg sind sogar dem Krieg dankbar, daß er ausbrach, denn er hat ihren Widersacher, den »miserabligen« hergelaufenen Doktor, aus ihrer Gegend vertrieben. Daß der Krieg auch Lücken reißt und Leben kostet (weitere Schäden interessieren sie nicht oder noch nicht), »das war schließlich nicht anders zu erwarten«. »Krieg ist ganz einfach Krieg. Da läßt sich nichts dagegen machen«. Der damalige dörfliche Biedersinn und Konservatismus steht schon früh allen politischen Einflüsterungen der Nazis offen, trotz des Widerwillens gegen den Radau, den diese Brüder machen.

Liebe ist in den frühen Geschichten ziemlich rar. Feindschaft kommt um so häufiger vor. Sie scheint ein Lebenselixier, für manche der ganze Lebensinhalt zu sein. Schon untereinander, in der Familie oder der Dorfgemeinschaft wird viel mehr geschimpft, gegrantelt, anderen Schaden gewünscht und Schaden zugefügt als geholfen oder gar begütigt und ermutigt. Die Alten etwa, die »un-nützen Brotesser«, können von Glück reden, wenn sie rechtzeitig sterben.[23] Ein Geschlecht kann nicht nur an obskuren Nachwir-kungen der Vergangenheit, sondern auch am Nachleben des Krie-ges und an der Verhärtung der Familienangehörigen gegeneinan-der zugrunde gehen, das ist die weltlich-diesseitige Moral der ›Schicksalstragödie‹ in der CHRONIK VON FLECHTING. Schließlich gran-teln und raunzen die Leute auch mit ihrem Herrgott, nämlich weil sie sich von ihm ausgesucht boshaft behandelt oder geradezu un-ter seiner »Peitsche« fühlen. »Die Botschaft Gottes« als Überschrift des vorletzten Kapitels der CHRONIK VON FLECHTING ist weniger eine »Blasphemie«, wie ein besorgter Kritiker fürchtete – die sozialde-mokratische »Münchener Post« ersetzte vor Schreck die Kapitel-überschrift durch drei Gedankenstriche –, als eine Widerspiege-lung der boshaften Zustände unter den Menschen. Auf den ganz gut begründeten ersten Satz der ersten Geschichte von IM WINKEL DES LEBENS: »›Gibt es etwas Boshafteres als unsern Herrgott?!‹« antwor-tet die Einsicht einer zu Recht übervorsichtigen anderen alten Frau in der vorletzten Geschichte des Bandes: »Es gibt nichts Boshafte-res als Menschen, und besonders Nachbarn«.

Die ganze Wucht der oberbayrischen Unleidlichkeit bekommen die Fremden zu spüren. Zugereiste werden möglichst weggeekelt (DIE FIRMUNG, 1925). Die BAYRISCHE FEME (1926) holt sie ein. Es kann ih-nen passieren, daß sie mit Holzscheiten beworfen werden, bis sie halbtot liegen bleiben. (DAS SCHEITELN. EIN SPASS AUS DER BAYERISCHEN HOCHEBENE, 1926). Grausamkeit gegen andere, vor allem Fremde, unter dem Schein der Gemütlichkeit schimmert bei Graf als eigent-licher Kern aus den so beliebten »Bräuchen« hervor. Die Fremden-feindlichkeit ist anscheinend schon in der bayrischen Sprache ver-ankert. Ziemlich ekelhaftes Ungeziefer im Moder der erkalteten Bäckerei in der CHRONIK VON FLECHTING heißt »Russen« und »Schwa-ben«.

Ziemlich früh (mindestens seit dem Kriegsende) verfolgte Graf aufmerksam den anwachsenden Antisemitismus. In der WACHEL-BERGER GESCHICHTE (1924)[24] gab er eine eingehende Untersuchung, wie die Diffamierung der Juden und der Judenhaß sich auf dem Lande durchgesetzt haben. Ausgangspunkt ist der allseits be-liebte, immer reelle und kulante »Jud Schlesinger«, der Viehhänd-ler schlechthin, der (immer unter diesem Namen) in einer ganzen Reihe von Graf-Geschichten auftaucht.[25] Er wird ermordet und zu-nächst bedauert. Nach dem Text von 1932 haben ihn die Frauen sogar ins Gebet eingeschlossen, »ihn, den Juden«. Sie wußten warum: Er hatte vielen Bauern das Vieh schon in den Stall gestellt, ehe sie es abbezahlt hatten. Weil sich nun keine Erben meldeten, konnten sie es halb oder ganz umsonst behalten. Aus seiner Kulanz aber folgt eine erst heimliche, dann von einem Naseweis ausgesprochene Zustimmung zu dem Mord und Sympathie für den verurteilten Mörder, der sonst als rechter Taugenichts wenig Ansehen im Dorf genießt. Im lange anhaltenden »pietätvollen Andenken« an Schlesinger vereint sich der Nutzen, den er gebracht hat, und sein Tod, der den Nutzen erst besiegelt hat. Rassistisch wird diese ebenso biedere wie verdächtige Erinnerung erst, als während des Krieges patriotische Parolen ins Dorf getragen werden. Jetzt sind die Fremden »die Juden«, vor allem ein Doktor, der der Spekulation Tür und Tor öffnete. Der Pfarrer predigt rechtzeitig gegen alles, was aus der Stadt kommt.[26] »Der Jud is überoi derhinta!« Wer »üns dumme Hund« das Geld rauszieht, der ist mit der Definitionsgewalt der Geprellten und sonst wenig Denkenden der Jude. Der Mörder Schlesingers steigt erneut in der Achtung des Dorfes. Er darf jetzt offen räsonieren: die Juden kannst du erschlagen, sie stehen immer wieder auf. Im Wirtshaus werden schneidige und »direkt mordbrennerische« Reden gegen die Regierung wie gegen die Juden gehalten. Schließlich triumphiert das Dorf, daß durch die konzentrierten Bosheiten in Worten wie Taten die Fremden »aus unserem Gau« vertrieben wurden. »Ob's nun ein Jud ist oder nicht, das bleibt sich vollkommen gleich. Wir nehmen stets nur das an, was gut ist für unsere Interessen, denn *die* bleiben immer die unsrigen, basta«.

Mensch sein auf dem Lande?

Das völlig festgelegte, durch die Arbeit in Trab gehaltene, dem Herkommen und den Normen des Dorfes ausgelieferte Leben, es ist trotzdem ein Menschenleben. In den Stadtgeschichten zeigt Graf öfter, wie es im Innern eines dargestellten – ebenfalls gebeutelten und herumgestoßenen – Menschen aussieht. Für die Landbewohner gibt es nur wenige, aber um so intensivere Momente, ein kurzes Innehalten, eine Abweichung vom Gewohnten, in denen ausdrücklich betont wird, daß sie ein nicht minder ausgebildetes Innenleben haben als andere Menschen.

DIE BALLADE VOM PETER GREINER zeichnet nichts als einen alten Bauern, der, schon verwitwet, im Krieg beide Söhne verliert und nicht mehr leben mag. Er legt nicht Hand an sich, er verwelkt einfach, er hört auf. Er läßt den Hof verkommen, übergibt ihn fremden Leuten, was auf dem Land unerhört ist. Er will nicht einmal auf dem Hof bleiben. Er zieht in eine verfallene Hütte und werkelt interesselos weiter, bis sein Herz stillsteht. Von »Trauer« und dem »Bewußtsein des Alleingelassenseins« ist nicht viel die Rede. Sie versteht sich in einem solchen Leben von selbst. Einmal heißt es: »Er verlor den Glauben«, sonst erfahren wir nichts von seinen Gedanken. Was ihm zugefügt wurde, ist deutlich genug. Er kann sich nicht anders äußern als in der totalen Passivität, der Verweigerung gegen hilfsbereite Nachbarn wie gegen das weitergehende Leben.

Als Michael Jürgert sich um seine Ferkel gebracht hat und tagelang nicht mehr zu sehen ist, dringen zwei in sein Haus ein und finden ihn »starr auf dem Bettrand sitzend und wie irr ins Leere glotzend«. »Einen Augenblick zwang ihnen dieser Zustand Schweigen ab«.

Der fast immer lustige, obgleich noch bettelarme Maxl aus DIE CHRONIK VON FLECHTING wird einmal gefragt, wo er seinen »Humor« her hat. »Von der Not«, antwortet er. Alle lachen.

Manche fliehen vom Dorf in die Stadt, weil sie einen Funken von Menschlichkeit, von Selbständigkeit und Wert ihres Lebens nicht austreten lassen wollen. Eine Zigarrenarbeiterin, die dann nach vier Jahren Sparen und Warten auf eine »einigermaßen erträgliche Ehe« stirbt, hat die sexuelle Degradierung und Überwältigung auf dem Lande nicht vertragen. Als sie Magd war, begegneten ihr die Männer »aufdringlich und plump«, »bedacht auf offene Vergewaltigung«. Bauernsöhne kamen betrunken in den Stall, packten sie, leckten sie ab. Ein Knecht stellte ihr nach, »schlug einmal sinnlos auf sie ein«. Das bißchen Freiheit, das es in dieser Zeit doch auf dem Lande schon gab, hat sie zu dem Entschluß genutzt, daß sie ein solches Leben nicht will, lieber allein und in der Fremde sterben (DIE LUNGE).

Wie wenig die Menschen in seinem Dorf aus ihrem Leben machen, wie sie vor allem ihre Sexualität nur zu Geschäftszwecken einsetzen, das kommt dem jungen Arbeiter in ABLAUF mit Schrecken zur Erinnerung. Sein Bauer hat alle drei Töchter zielbewußt mit Nachbarsöhnen – eigentlich mit deren Höfen – verkuppelt. Er ließ jede mit ihrem Bewerber allein, bis sie befriedigt sagen konnte: »Hat schon geschnappt!« Aus, Hochzeit, »die Sache nahm ihren gewöhnlichen Verlauf«. Hier kommt nur die beklemmende Feststellung hinzu, daß es in der Stadt nicht anders ist als im Dorf. »Wir

Bayern sind sachlich«. Mit der ungerührten Darstellung dieser »Sachlichkeit« verschärft Graf die nicht ausgesprochene Frage, was bei solcher Reduktion der Menschen und ihrer Beziehungen auf die Ökonomie der Versorgung, auf den Materialismus des Geschlechts auf der Strecke bleibt.

Die Literatur wurde in diesen Jahren von höherer Warte des tätigen und betrachtenden Umgangs mit ihr zum »geistigen Raum der Nation« erklärt. Hofmannsthal hielt Anfang 1927 in der Münchner Universität seine berühmte Rede dieses Titels. »[…] denn nur dem in sich Ganzen wird die Welt zur Einheit«. Graf gab in seiner Praxis dem Schreiben mehr soziale als nationale und repräsentative Aufgaben. Er stellte sich das Schrifttum, jedenfalls solange er jung war, nicht so gern als Bezirk oder Raum, als etwas Umfassendes und Vereinendes vor; er wollte nicht »von Synthese zu Synthese« fortschreiten. Mit seinem Schreiben wollte er die ihm viel zu einheitlich erscheinende Wirklichkeit zerlegen, hinter ihre Synthesen und behaupteten Synthesen schauen. Nicht alle gleichermaßen suchte er darzustellen, sondern bevorzugt die Unterlegenen, anfangs die Leidenden, dann die Stumpfen, Uninteressanten und immer die Benachteiligten. Die wüste Story TRAUMDEUTER macht er durch eine Figur der personifizierten Dumpfheit, durch den ständig erschrockenen, gejagten, unselbständigen jüngeren Bruder doch zu einer lohnenden Geschichte. So sehr er für den aufrechten Gang eintrat und die Momente herausstellte, in denen sich Menschen wieder aufrichten, so denkwürdig ist ihm ein Junge, bei dem man »nie einen strafferen Schritt« sah, dem »alles Bestimmte, Entschlossene, was sonst die Jugend auszeichnet«, abging (DIE PUPPEN).

In einem einleitenden Kommentar zu der CHRONIK VON FLECHTING und den realen Verhältnissen vom Starnberger See schrieb Graf: »Man kann ein Volk nicht schildern, indem man die Taten seiner Regenten erzählt, man muß es schon selbst handeln lassen«. »Der Bürgermeister ist nicht das Dorf«. Ganz im Sinne Tolstois wird in Grafs Augen Geschichte immer gemacht »von den Ungenannten und Ungezählten, die schlechterdings ein Volk und wohl auch die Menschheit ausmachen«.

IV.
ERFOLG, GELÄCHTER, BEKLEMMUNG
1927-1933

Die letzten sechs Jahre der Republik brachten Graf gegenüber den ersten acht nichts grundlegend Neues. Die eifrige, gelingende Produktion ging weiter. Die Anfälle von Stocken, Ausrasten und Toben ging auch weiter, die politischen Aktionen ebenfalls. Aber das Jahr 1927 hatte mit WIR SIND GEFANGENE den Durchbruch gebracht. Aus dem bemühten, selbsternannten Schriftsteller war ein anerkannter Schriftsteller geworden. Der Erfolg, der finanziell meßbare Erfolg, veränderte die Lebenseinrichtung der Grafs und allmählich auch Oskars Lebensgefühl. Seine Geschichten erhielten einen anderen Ton, andere Akzente, einen anderen Ausgang. Ich finde die Kontinuität nicht weniger interessant als die Veränderung. Graf baute weiter an seiner umfangreichen epischen »Welt« von sparsam umrissenen Figuren, Verhältnissen und Interaktionen. Er setzte im BAYRISCHEN DEKAMERON sein LESEBÜCHERL fort, im ersten Teil der KALENDERGESCHICHTEN dasselbe und die FINSTERNIS, im zweiten Teil die städtischen Sozialstudien ZUR FREUNDLICHEN ERINNERUNG, im NOTIZBUCH und in den DORFBANDITEN die liebevoll-spöttische Beschäftigung mit der eigenen Person aus WIR SIND GEFANGENE, im BOLWIESER die psychologische und in EINER GEGEN ALLE die historisch-politische Abrechnung mit sich selbst, allerdings auf fremde Figuren übertragen und zu extremen Konsequenzen verändert. Er bereicherte die Interaktionen seiner Figuren, verfeinerte ihre inneren Regungen, ihre Wahrnehmung, seine Ausdrücke für sie. Er machte den oder die gedachten Erzähler seiner Geschichten souveräner, versierter. Immer größeres Gewicht legte er auf Gemütlichkeit und Einstimmung in den Lauf der Welt. Zugleich wurde er aber auch anzüglicher. Was er an direkt anklagenden Tönen aufgab, machte er wett durch eine sarkastische Gestaltungsweise, in der er mit seinem Urteil kaum noch hervorzutreten brauchte, weil die dargestellten Verhältnisse ihre eigene ›Unmöglichkeit‹ oder Unhaltbarkeit hinreichend ausdrückten. Sowohl an Feinheit wie an objektiver Schärfe lernte er in der Emigration noch dazu. Aber als produktiver, vielseitiger, eindringlicher Schriftsteller stand er in den sechs Jahren zwischen seinem Durchbruch zum Erfolg und seinem erzwungenen Weggang aus Deutschland auf der Höhe seines Könnens.

Der Ruhm und sein Trug

Der Ruhm seiner Werke sei ihm ziemlich gleichgültig gewesen, versicherte Graf immer wieder. Er habe ihn vor allem praktisch genützt: zur Steigerung seines Marktwerts. »Oskar Maria Graf ist ein Begriff, ein Firmenname – verstehen Sie? – wie Persil oder Odol«. In seinem ganzen Leben waren diese Jahre die einzige Epoche, in der Graf von seinem Schreiben gut, ja relativ wohlhabend leben konnte. Er war nach langen Mißerfolgen ein gewiefter, hartnäckiger Geschäftsmann in literarischen Dingen geworden. Er schlug für seine Bücher (Erstveröffentlichungen sowie Nachdrucke und Übersetzungen) gute Preise heraus. Er ließ sich seine Geschichten und Artikel anständig honorieren, die er oft (vor oder nach oder außerhalb von seinen eigenen Sammelbänden) Zeitungen anbot oder für thematische Sammelpublikationen schrieb. Er hatte keine Scheu vor ausgefallenen Werbestrategien. Für das »Diamalt-Buch« 1927 bis 1930, eine Jahresgabe der Diamalt-Gesellschaft für Bäckereien, verfaßte er 13 gut bezahlte Beiträge, in denen er seine frühere Tätigkeit als Bäcker, seine Vorgesetzten und Kollegen karikierte oder schlechterdings ein PREISLIED AUF DEN BÄCKER anstimmte. Die Firma Abeles brachte in den Jahren 1929 bis 1932 eine »Oskar-Maria-Graf-Zigarette«: Jeder Packung lag ein kurzer Text aus seinem BAYRISCHEN LESEBÜCHERL bei. Das war kostenlose Reklame für ihn und brachte ihm massenhaft Rauchwaren ein. 1958 vertraute er Hans Dollinger an, daß die Idee von ihm stammte. Graf gehörte zwar nie zu den Spitzenverdienern mit Auflagen von Hunderttausenden, doch er verdiente mehr als der Durchschnitt der freischaffenden Schriftsteller.[1] Er konnte mit Mirjam bequem von den Einkünften seines Schreibens leben. Mirjam gab jetzt ihre eigene Berufstätigkeit auf. Seit 1931 allerdings bekam auch Graf die Folgen der Wirtschaftskrise zu spüren. Statt »großer« Sachen in Ruhe mußte er lauter »Kleingeschichten für Zeitungen verfertigen«. Trotzdem schaffte er es, in diesen Krisenjahren drei Romane zu vollenden.

Graf konnte hemmungslos essen und trinken, wenn er etwas hatte. Er gönnte sich etwas, so wie er anderen etwas gönnte. Seit Beginn seiner ständig sitzenden Tätigkeit (1920) hatte er zugenommen. Seitdem seine Einkünfte stiegen und Mirjam mehr Zeit fürs Kochen hatte, wurde er dick. Auf 2 ½ Zentner veranschlagte er für etwa 1928 sein Gewicht. Diese körperliche Last, von ihm selten als Last empfunden, schleppte er auch ins Exil und wußte sie in den überwiegend mageren Exiljahren zu erhalten. Erst in seinen letzten Lebensjahren magerte er ab.

Graf wurde bequemer. Er stilisierte sich in seinen Selbstporträts zu einem saloppen, behäbigen, geistig unbedarften Verkäufer gutgehender Belanglosigkeiten. »Mit der Literatur hab' ich es nicht. Ich versteh' nichts davon und finde alles gut. In der Zeitung interessiert mich nur ›Lokales‹ und sonst lese ich überhaupt nur historische Werke«. An Lyrik begeisterte ihn nur noch »das Geschäft«, das womöglich mit ihr »geht«. So fragte er in Berlin den »falschen George«, den Schauspieler Heinrich George statt Stefan George: »Macht denn die Lyrik so dick?« »Einfach klassisch« hieß für ihn nichts anderes als: »du langweilst dich zu Tode«. In den Versammlungen der »feineren« literarischen Vereinigungen SDS und PEN, zu denen er jetzt schon gehörte, trat er als Tolpatsch und Naturbursche auf. In den Münchner Arbeitssitzungen des SDS bildete er mit Ödön von Horváth und Hugo Hartung die Bank der Spötter.[2] Zu Hause und bei manchen Freunden hieß er »Bübchen« oder »Buwei«, in einigen seiner Wirtschaften wie der »Brennessel« nur »Ossi«. Die Bezeichnung »lautester Dichter Münchens« trug er wie einen Ehrennamen. Mit fast allen Menschen, die er kannte, lebte er per »Du«.

Ob der wachsende Ruhm ihn wirklich so kalt gelassen hat, läßt sich bezweifeln. Auffällig oft setzt er sich mit ihm auseinander. In einer seiner KALENDERGESCHICHTEN, in DER RUHM TRÜGT, läßt er einen jungen linkischen Autor durch ein Buch, das er ganz ähnlich charakterisiert wie WIR SIND GEFANGENE, zu einem unermeßlichen Erfolg aufsteigen. Der Außenseiter wird die Größe des Tages, sein Werk ein Bestseller. Der Genuß des Ruhms ist gering und bekommt ihm nicht. Seine ungeheure Bekanntheit hat den Pferdefuß, daß er nirgends mehr privat, als einer unter vielen auftreten kann. Er entwickelt heftige Gelüste, aber selbst die Dirne, die er anspricht, redet ihn erstaunt mit seinem Namen an, so daß er »wie gepeitscht« davonläuft. Die einzige Rettung vor den Folgekosten des Ruhms ist das Eintauchen in die Gewöhnlichkeit. »Wir sind alle nur klägliche Wichter im Dunkel«, »nur Nummern in einer Legion«, schärft Graf den Lesern einer anderen Kalendergeschichte ein (und damit wohl auch sich selbst).

Der erdachte Dichter war so reich, daß er auf den Dichterpreis der Stadt leicht verzichten konnte. Die Freunde mußten ihm klarmachen, daß es nicht um »dieses Almosen« für ihn ging, sondern »um das Ansehen unserer Stadt«. Graf verhielt sich zum neugeschaffenen Dichterpreis der Stadt München weniger platonisch. Er hatte kräftig mitgeholfen (allerdings nicht so ausschlaggebend, wie er es darstellt), daß die Stadtväter einen solchen Preis stiften mußten. Er hätte ihn gern bekommen; er brachte sich gründlich ins Gespräch dafür. 1927 sah ihn die »Welt am Sonntag« im »Wettlauf« um den Dichterpreis »an 1. Stelle plaziert«.

Die Prognose traf nicht zu; 1927 erhielt Hans Carossa den Preis. 1931 wurde Graf von Ricarda Huch u. a. für den Preis vorgeschlagen. Er zitierte später aus der Pressekampagne darüber: »Fast hätten wir es erleben müssen, daß eine der düstersten Erscheinungen unserer Literatur den Preis bekommen hätte«. Kristl nahm Grafs Wertung auf und sprach von einer Blamage für die Stadt, daß sie lieber verdiente und weniger verdiente Schriftsteller aus Braunschweig oder dem Ruhrgebiet als den »führenden Münchner und bayerischen Dichter« auszeichnete. Inzwischen hatten Willy Seidel, Josef Magnus Wehner, Hans Brandenburg, Ruth Schaumann (1932 niemand) den Preis bekommen. In einer Notiz zur Ausbürgerung Grafs schrieb »Das bayerische Vaterland« 1934, ihm sei vom Stadtrat vor zwei Jahren der Dichterpreis »zugedacht« gewesen, »was mit knapper Not verhindert werden konnte«.

Warum wurde er eigentlich immer übergangen? Helmut Hanko gab aufgrund seines Aktenstudiums eine einleuchtende Begründung. Der zweite Bürgermeister, in dessen Verantwortung die Kultur der Stadt lag, war ein klassischer Beamter, Monarchist, Korps-Student, fest in diesem Amt von 1917 bis 1934. Er hatte einen völlig andersartigen Begriff von Literatur, als daß Graf auch nur in Betracht gekommen wäre. Der Literaturpapst der Stadt in den zwanziger Jahren war der Nobelpreisträger Paul Heyse. Vor diesen Maßstäben konnte der »beste Kenner der bayerischen Mundarten und Landesunsitten«[3] nicht bestehen. Thomas Mann, fünf Jahre lang Mitglied des Literaturbeirates, konnte sich nicht einmal mit dem »vergleichsweise harmlosen« Vorschlag durchsetzen, den Preis Karl Wolfskehl zu geben. Graf konnte es verwinden. Richtig pikiert wurde er erst, als er in den fünfziger und sechziger Jahren (vor allem zu seinem 70. Geburtstag) den Preis immer noch nicht erhielt.[4] Vorerst kam es ihm mehr auf den Rummel um seine Person als auf die Auszeichnung an. An anderen Würdigungen fehlte es ihm nicht. Er stand seit 1930 im Brockhaus und im Meyer. In der Literaturgeschichte von Werner Mahrholz wurde er

als »der saftigste, humorigste, ernsthafteste Darsteller der bayerischen Bauern« anerkannt. »Ganz starkes Erzähltalent«... »große
Anschaulichkeit«... »zu dem allen nicht nur ein origineller Bursche, sondern ein Grübler und Sinnierer«. Aber, wie es beim
Ruhm nicht anders zu erwarten ist, mit der Anerkennung verband
sich auch eine spezifische Verkennung. »Die große Kunst des
Dichters ist darin zu finden, daß auch das Schreckliche, das Peinliche, das Widrige durch die Gewalt seines Gefühls zu einem Erträg-
lichen und durch die Liebe zu den Geschöpfen zu etwas Geadel-
tem wird«. Graf als Veredler? Er schluckte aber auch das.

Das Behagen des Erzählers

»Nur Zeit lassen. Die Geschichte hat noch verschiedene Verwicklungen, genau wie das Leben. Das rinnt auch nicht dahin wie ein
gerader Bach«. Politische, tendenziöse Einmischungen des Erzählers in Grafs Geschichten treten zurück. Poetologische oder
episch-schlendernde Einmischungen nehmen dagegen stark zu.
»Gut also, die Bühne ist gezeichnet. Es kann angehen« – nämlich
eine Art von Striptease auf dem Lande. Graf dirigiert jetzt ziemlich
bewußt als Erzähler. Er kann auf der Stelle treten oder mit den Lesern plauschen.[5] Er bringt »unpassende« Vergleiche oder führt Bereiche zusammen, die nichts – wirklich nichts? – miteinander zu
tun haben. Menschen weinen immer wieder »zerknittert« und
»zerstoßen«. Eine unglückliche Mutter weint »harte Tränen«. Sie
ist ganz »ausgelaugt« – solche aus der Technik (einer sehr elementaren Technik) genommenen Bezeichnungen für Personen und ihr
Inneres begegnen öfters. Ein Bauernjunge voller Sorgen hebt
schließlich, auf einen neuen Rat hin, »seinen gußeisernen Kopf«.
Zwei arme Häusler, die ihren hoffentlich reichen Bruder aus Amerika erwarten, sind »aufgeregt wie eine eben verheiratete Jungfrau, die in der ersten Nacht in der Ehekammer steht«. Um aus der
»Enge« herauszukommen, in die die Romane, seien sie auch noch
so interessant, in der literarischen Entwicklung geführt haben,
weil sie doch nur »die lesende Oberschicht« erreichen, will Graf
wieder »ganz von vorne, ganz unten anfangen«, bei der »simplen
Volkserzählung«. »Tolstoi und Gotthelf auf die heutige Zeit übertragen, das ungefähr könnte die richtige Fährte sein«.
Der Erzähler bringt seine Figuren ungerührt oder mit ironischem
Mitleid in alle möglichen Kalamitäten und unterstreicht diese Behandlung noch als landesüblich oder im Gang der Natur (oder im

Willen Gottes) so vorgesehen. Er wird übermütig in seiner Macht über Personen und Situationen. Einigen Figuren hängt er übertriebene Charakteristiken an oder läßt sie überschüssige, nichts als ihr Lebensgefühl ausdrückende Bewegungen ausführen. Er erzählt mit Lust, und er besetzt die vorgestellten Menschen, ja selbst die äußere Szenerie mit Lust. Von einem alten Haus sagt er, es stand »arschlings der Straße zu«, von einem rundlichen, zufriedenen Schimmel: »Er schnaubte prustend und furzte gottesmächtig«. Als der verschmähte Werber von seiner Angebeteten eine Schüssel voll Sauerteig ins Gesicht bekommen hat, triefend dasteht und von allen verlacht wird, schließt Graf die Geschichte mit der Wendung: »Eine wunderschöne Nacht ist draußen gewesen und der Himmel voller Sterne«.

Graf richtet sich demonstrativ ein in der Welt, wie sie ist, oder plädiert mit übertreibender, sarkastisch klingender Überredung für eine solche Hinnahme des Gegebenen. »Alles hat seinen Grund auf der Welt, sogar das Zölibat vom Herrn Pfarrer, sagt man bei uns daheim«. »Wenn aber die Leute einander anfeinden, hat mitunter unser Herrgott ein trostreiches Einsehen«. Gottes Einsehen besteht darin, daß zum besonders exponierten Bauern neben der Wirtschaft eine Dirn kommt, die nichts aus der Fassung bringt: nicht die zudringlichen Burschen an der Stallwand, auch nicht die brühheiße Taufe ihrer Liebe mit einem dieser Burschen durch das wasserlassende Pferd. Der mitbetroffene Bursch erzählt den fiesen Vorgang »zur Gaudi aller Anwesenden«. Einer macht ein Lied darauf, Graf nennt das Ganze abschließend eine »schöne Geschichte« und setzt als Überschrift darüber DIE LIEBE HÖRET NIMMER AUF.

Graf schreibt einfach, ja betont »plump und witzlos«. Er stellt sich an, als könne er keine schlichte Lebensweisheit, keine noch so oft gehörte harmlose Bosheit über die ahnungslosen Städter, über dumme Bauernburschen, über alte oder geizige oder sauflustige Bauern und über die Einstellung der Geschlechter zueinander auslassen. Im simplen Tatsächlichen aber und in seiner ungerührten Benennung läßt er immer wieder einen Hintersinn anklingen. Man soll es sich mit diesen »einfachen Verhältnissen«, auch wenn jeder sie längst zu kennen glaubt, nicht zu leicht machen. »Ein Lesebuch für den Professor wie für die Köchin«, nennt Feuchtwanger voll Anerkennung Grafs KALENDERGESCHICHTEN.

Ist Graf jetzt »zu einem honetten Mitglied der Gesellschaft« geworden? Hat sich »der sinn- und ziellose Schreiber zu einem Dichter ausgewachsen«? Mit diesen und ähnlichen Ausdrücken, sogar als ein »Bekehrter«, wurde er 1930 (nach einer Lesung aus BOLWIE-SER) in der »Bayerischen Staatszeitung« begrüßt.[6] »Stieß OMGs Humor früher bisweilen ab durch eine gewisse dadaistische Zer-störungswut oder hemmungslose Derbheit, so ist er hier, von we-nigen Rückfällen abgesehen, in sein aufbauendes Stadium getre-ten, weit und gütig geworden«.

Die Freude der staatserhaltenden und ästhetisch maßgeblichen In-stanzen über einen ›geläuterten‹ Graf war nicht ganz grundlos. Graf war nicht gefeit gegen betuliche, dem 19. Jahrhundert ver-pflichtete Vorstellungen. »Nimm du, lieber Leser, eine Waage. Lege auf die eine Schale das Pech und auf die andere die Schuld und sag' mir, was nun hinzieht«. Was aber die Zuschreibung von Weisheit, Reife und Güte angeht – bei dergleichen Lob pflegte Graf höchst maliziös zu lächeln. »Geht mir zu mit diesen schönen Grundsätzen – ein Ruck, ein Zuck – und ganz hinten, irgendwo hockt das Leben und lächelt boshaft über uns, wenn wir drüber ge-stolpert sind«. »Das Leben« – damit berief er sich immer wieder auf Zusammenhänge, die verwickelter, sinnloser sind als alle lite-rarischen Bemühungen, eine Ordnung herzustellen. »Das Leben ist eben immer anders, als die Moral einer Geschichte es haben will«. Er beließ es nicht bei dieser pauschalen Anerkennung »des Lebens« und seiner Macht. Er konnte die Scheußlichkeiten des Le-bens, d. h. der Geschichte, der Kriegs- und Nachkriegsgesellschaft in Deutschland mit aller Härte darstellen. In EINER GEGEN ALLE wird die Bestialität, die der Krieg hervorgebracht hat, dadurch verge-genwärtigt, daß einer die gleiche Haltung nach dem Krieg auf ei-gene Faust beibehält. Wenn er dann, z.B. in einem wüsten Alp-traum, mit seinen Ängsten und Taten konfrontiert ist, dann den-ken wir als Leser nicht sehr an »aufbauende« Qualitäten und wis-sen, daß wir Grafs »Reife« nicht mit Abgeklärtheit verwechseln dürfen. Das Leben, das nicht der Moral gehorcht, kann unerhört hart und gemein sein.

»Ein geübter,
vielgerühmter und immer wirksamer Humor«

»Ich habe überhaupt herausgefunden, daß man mit der Wahrheit viel bequemer lebt. Man kann alles schreiben, selbst das Anstößig-ste und Verletzendste. Die Leute nehmen das als humorvoll auf und glauben's womöglich nicht«.

Grafs Humor war seit dem BAYRISCHEN LESEBÜCHERL und wurde immer umfassender sein literarisches Markenzeichen. Die Geschichten des BAYRISCHEN DEKAMERON, des NOTIZBUCHS und der DORFBANDITEN sind ganz auf komische Effekte hin geschrieben, eine Reihe der KALENDERGESCHICHTEN ist es mindestens teilweise. Graf bevorzugt jetzt »krachlaute« Figuren. Er kann auch den verkniffenen, verschlagenen, brummigen und gutmütig-naiven viel Lust abgewinnen. Der Münchner Humor, schreibt er »ist sogar noch in der Griesgrämigkeit daheim«. Er verfolgt die Humorlosen mit seinem Spott, die – »wie man bei uns sagt« – »zum Lachen in den Keller hinuntergehen« und ewig ein Gesicht machen, als hätten sie »Essig gesoffen«. Viele seiner Figuren, ob sauer oder lustig, führt er in Situationen, die ihnen etwas Ungeahntes oder »Unmögliches« abverlangen. Die Schadenfreude darüber teilt er freigiebig mit den Lesern. Nicht selten sucht er auch die Leser in die Verblüffung oder den Schaden einzubeziehen.

Die Freunde und das Publikum erwarteten von Graf persönlich eine immer neue Gaudi. Wo er auftauchte, wurde er zu einem Zentrum des Gelächters, als Veranstalter wie als Objekt des Gelächters. Allerdings war seinem Lachen nie ganz zu trauen. Er konnte sehr ausfällig, in Worten geradezu brutal werden. Wohlsituierte intellektuelle Freunde, die sich etwas auf ihre linke Einstellung zugute taten, fragte er z.B. mitten im friedlichsten Gesellschaftsgerede, wieviel Geld sie hätten. Er wollte sie nicht anpumpen, er wollte die verstiegene, niemandem wehtuende Begeisterung solcher »revolutionär erweckter« Hausherren auf einen Boden von Tatsachen herunterholen. Auf die Provokation kam es ihm an. »Ich hab' Sie doch nicht gefragt, Herr, was Sie mit Ihrer Frau im Bett machen, oder?« Er verspottete sich selbst nicht weniger als die anderen, wenn er so aus der Rolle fiel. »Pfiffig mit der Narrenkappe gern klingelnd«, so sieht ihn Ernst Waldinger, sein Freund aus den New Yorker Jahren, im Rückblick.

Graf lachte nicht nur aus Übermut und Wohlgefühl. Mißerfolg, Widerstände brachten ihn ebenfalls zum Lachen – später lernte er auch aus Verzweiflung lachen. Im Bericht über seinen ersten Vortrag (in Hannover, 1921) schüttelt er sich noch nachträglich vor Gelächter über seine vergeblichen Anstrengungen vor einem spärlichen norddeutschen Publikum, das absolut nicht mitgehen wollte. »Ich brach in ein höllisches, dröhnendes Gelächter aus«; es verschallte im »gähnend leeren Raum«. »Ich brüllte, ich fuchtelte, ich lachte – es war, als beredete ich eine tote Wand«. »Lieber täppisch als durchtrieben!«, war schon ein Wahlspruch des Dichters und Vagabunden Peter Hille, der den Bohemiens seit der Jahrhundertwende ein großes Vorbild des »freien« Lebens war.

In seinen provozierenden Auftritten und als Erzähler gab sich Graf so lustig, ungeniert, polternd oder tapsig, weil er angeblich von Natur so war. Er kehrte den Urbayern, den Dörfler oder Provinzstädter, den Katholiken und als Kern des Gewohnheitskatholiken den Heiden heraus. In manchen Texten aber, vor allem im NOTIZ-BUCH, wird dieses Verhalten nicht einfach ausgespielt oder gefeiert, sondern reflektiert. Graf suchte durch seine Übungen in respektlosem Verhalten wie durch seine Gedanken darüber auf die Spur eines gewissen Wesenszugs der Bayern (genauer: der Oberbayern) zu kommen. »Dieser ganz und gar Respektlose (ein bayrischer Bauer, der ins »Gewirr unserer Gesellschaft« geraten ist) sieht schärfer hinter unsere Geziertheiten, unsere Heuchelei«. »Er stimmt nur ein Gelächter an über all die Anmaßung und Unwichtigkeit der Kreatur«. Das »Kamotte« (Kommode) im Dialekt seiner Landsleute, in ihrer Sprechweise und ihrer Lebensauffassung hebt Graf immer wieder hervor. Er entwickelt einen politisch wie kulturell vernichtenden Begriff von »seiner« Stadt. Sie sei nach und trotz der Revolution »auf den Hund gekommen«, die »provinzlerischste« aller deutschen Städte. Das »gemütliche Sterben« jedoch, das ihr einzig übrig bleibe, findet Graf das Faszinierende an München. »Es macht uneitel, versöhnlich und wunderbar glaubenslos«. Die »unaufdringliche Respektlosigkeit ist die geistige Essenz Münchens«. Dem Materialismus seiner Landsleute stellt Graf jetzt ein zweites Lebensinteresse quasi gleichberechtigt an die Seite: das Vergnügen an der schimpfenden, murrenden, aber gutmütigen Überheblichkeit. Wenn sie »irgend jemand regiert« oder vorwärtsbringen will, sagen die Münchner lediglich: »Laßt's ihn nur! Wird's was, haben wir den Nutzen! Wird's nichts, kann man darüber granteln!« »Ein Volk mit Humor hat keinen Charakter«.

Graf sorgt aber dafür, daß uns bei dem nackten, raunzerischen Materialismus nicht zu wohl wird. Der Unglaube kann das Leben selbst auf nichts reduzieren – und ohne daß die darin gefangenen Menschen es so recht merken. In der bösartigen Schnurre BAYERISCHES GEMÜT beklagt der Erzähler das »Unglück«, das eine Baronsfamilie durch den Verlust ihres Sohnes erlitten hat. Eine Nachbarin, eine noch nicht sehr alte »Betschwester«, eifert sich: das sei doch ein »Sauglück«. Jetzt brauchte nur die spinnerte Tochter des Barons noch zu sterben, dann brauchten sie gar kein Heiratsgut auszuzahlen und behielten alles für sich. Und sie knüpft die »grämige« Bemerkung daran, ihre eigene Mutter wolle er schon gar nicht in die Ewigkeit nehmen, der Herrgott!

Die traditionelle, ziemlich bequeme, »zweckmäßige« und möglichst einträgliche katholische Religion bildet den Hintergrund und den eigentlichen Kern des bayrischen Lebenshumors: ein Glaube, der »keinem weh tut«. Mündlich soll Graf »katholisch« und »meschugge« gleichgesetzt haben. Er glaubte noch 1932 in einem erstaunlich optimistischen Aufsatz über den Antisemitismus, daß die bayrische Gelassenheit haltbarer sei als alle Dummheit und Verhetzung. »Denn Schärfe ist in Bayern nicht. Es herrscht das blutsmäßige Katholische hierzulande, das Weltverträgliche aus einem gemütlichen Nihilismus heraus«. Heine hatte »die letzten Gründe der katholischen Kirche« darin gefunden, »daß die Idee des Christentums, die Vernichtung der Sinnlichkeit, gar zu sehr im Widerspruch war mit der menschlichen Natur, als daß sie jemals im Leben ganz ausführbar gewesen sei«. Der Katholizismus ist für ihn »gleichsam ein Konkordat zwischen Gott und dem Teufel, d. h. zwischen dem Geist und der Materie, wodurch die Alleinherrschaft des Geistes in der Theorie ausgesprochen wird, aber die Materie in den Stand gesetzt wird, alle ihre annullierten Rechte in der Praxis auszuüben«. Graf beruft sich zuweilen auf Heine und spinnt den von der katholischen Kirche so genial gehüteten Widerspruch zwischen Glaubenssätzen und sinnlicher Wirklichkeit genußreich aus. Er geht aber mit dem Ernst und Spott des Dazugehörigen noch tiefer auf die sonderbare Stärke ein, die eine solche Religion ihren Gläubigen verleihen soll. Der »alte weißblaue Herrgott« aus dem BAYRISCHEN LESEBÜCHERL macht eine bezeichnende Veränderung durch. »Wir bekommen gewissermaßen den Unglauben an alles, was ist, schon mit auf die Welt.« »Uns kann keiner überzeugen. (Ich meine natürlich: Sie, den Präsidenten von Amerika, den Wilhelm usw., die kann man schon noch von was überzeugen. *Uns*, uns aber nicht, verstehen Sie!?)«. Er zitiert einen alten Bauern, den er einmal im »Simplicissimus« gefunden hat, mit seinem sinnreichen Ausspruch: »Lachen würde ich, wenn wir einen falschen Glauben hätten!« Und er wird geradezu pathetisch, wenn er den Ertrag einer solchen Schulung in Glaubenslosigkeit unterstreicht: »Man möcht's allen Turbulenten fast einhämmern, wenn's ginge: Sogar den Zweifel noch bezweifeln, das ist's«.[6a]

Als humorvoller Erzähler, Unterhalter und ebenso als Provokateur verspottet Graf sich selbst mit. Seine Texte werden deshalb so
anzüglich, weil er nichts und niemanden ausspart, seine Leser natürlich ebensowenig. Das »Gleichnis«, mit dem Ernst Penzoldt die
Wirkung packender Literatur auf das Publikum veranschaulicht,
scheint mir sehr auf Grafs eigenartigen Umgang mit seinen Lesern
zuzutreffen: Ein paar Witzbolde hatten eine Scheune als Theater-
saal herrichten lassen, der Zuschauerraum war voll, das Publikum
wurde ungeduldig, einer lüftete endlich den Vorhang, und dahinter – saß auch Publikum. »Denn die Gauner hatten die Scheune
durch den Vorhang in zwei Zuschauerräume geschieden, auf beiden Seiten kassiert und sich aus dem Staube gemacht«.
In der gleichen Zeit produzierte Graf auch satirische Texte. Er verspottete Haltungen, zu denen er wenig neigte, die ihm aber auf die
Nerven gingen oder die er in politischer Hinsicht gefährlich fand.
Wichtigtuerei, Großsprecherei, Beflissenheit (das Wort »hurtig«
wählt er häufig, um diese Untugend zu kennzeichnen) in Ge-
schäftsangelegenheiten wie in Kulturfragen spießt er auf in der
Geschichte KASLMAIER ODER VON EINEM, DER NICHT UMZUBRINGEN IST. Am
Rande wird auch die Herrschaft und Bürokratie eindringlich versinnlicht und damit bloßgestellt. »Drei gleichgültig dreinschau-
ende Amtspersonen« in »irgendeinem muffigen Sitzungszimmer«
sind zu nichts anderem da, als einen bekümmerten Bittsteller ab-
zuweisen. Mit einer Wendung, wie Kafka sie geliebt hat, heißt es:
»Ihre runden drei Bäuche standen unüberwindlich vor den verstörten Augen des Konditors«. Schließlich ist dieser überzeugt,
»daß das, was man Staat nennt, nichts anderes sei als eine An-
sammlung solcher bauchiger Herren, die plump und faul ein un-
gerechtes, unmenschliches Gesetz für jeden Fall anwenden.«
Aber auch der kleinlaute Bittsteller kriegt sein Fett ab. »Die bauchigen Regierungsleute scheinen das Leben viel besser zu kennen, sie
nämlich zweifeln keinen Augenblick daran, daß so ein kleiner
Mann klein bleibt und sich stets beugt.«
Wesentlich bitterer wurde Grafs Satire, wo er es mit dem Kernstück der »Wilhelminitis« zu tun hatte: mit dem erneuten Säbelrasseln, den Panzerkreuzern und den (vorerst noch wenig gezielten)
Vorbereitungen zum nächsten Krieg. In einem OFFENEN BRIEF AN DEN
DEUTSCHEN AUSSENMINISTER von Anfang 1930 zieht Graf ebenso gegen
die aufrüstende Regierung wie gegen die Kriegsbegeisterung in

der Bevölkerung vom Leder. »Überhaupts – den Frieden sieht man nicht recht, er ist so eine undeutliche Sache, und außerdem viel zu ruhig. Drum wird er sich auch nicht halten und macht nicht beliebt«. »Das Publikum möchte immer das, was es nicht gibt. Jetzt zum Beispiel, weil uns die Entente durch den Versailler Vertrag das Militär gestutzt hat, ist eine starke Nachfrag' danach. Jeder will das Militär wieder, keiner kann genug davon kriegen und jeder möchte wieder zum Kommiß.« Weil aber so viel Militär im Frieden »auch wieder nicht gut« tut, solle der Nachfolger Stresemanns auf vielfachen Wunsch endlich wieder einen Krieg machen, am besten in der Sahara. Die Sozialdemokratie würde sich sicher »nicht lumpen lassen« und Ja sagen. Der Völkerbund wäre »schon zugänglich«, »damit er was zu tun hat«. Die eigenen Kollegen würde Graf »gegen entsprechende Bezahlung« animieren. »Haben Sie keine Angst nicht, Titl. Hochwohlgeboren, diese Leute sind heutzutag zwar alle Pazifisten, aber wenn's wieder losgeht, ist das anderst bei ihnen«. In der sarkastischen Betrachtungsweise gibt es überhaupt keine Kriegsgegner mehr. Sich selbst preist der Briefschreiber als den eifrigsten Befürworter der nächsten kriegerischen Lustbarkeit an. Wie Brecht in dieser Zeit von der »Entstellung zur Kenntlichkeit« sprach, so suchte Graf zu provozieren, bis die Wahrheit zutage lag. Anton Kuh brachte die häufig angetroffene Vorschrift »Heute Maskenzwang« dazu, sich eine Veranstaltung zu wünschen, »die unter dem Leitspruch vonstatten geht: ›Heute Gesichterzwang‹.«

Anzüglichkeiten, insbesondere zwischen Männern und Frauen

Anzüglich zu schreiben, wurde immer mehr zum Stilideal Grafs. Die Geschichten oder einzelne Anspielungen sollten den Lesern »unter die Haut« gehen. Die leiblich-sinnlichen Zustände, auf die Graf so großen Wert legt, wie auch die moralischen Urteile und Gefühle dabei, Verlegenheit, Scham, Irritationen aller Art, stecken gewissermaßen an beim Lesen. Wie eine fallengelassene Torte platzt und auf dem Fußboden »pappt«: »wie ein auseinandergespritzter Fladen Kuhdreck«, wie eine klavierspielende städtische Tochter dem tückischen Rat einer Magd vom Land wirklich folgt und sich Salz in eine Wunde einstreicht, damit sie besser heilt – das können wir gar nicht lesen, ohne mit den eigenen Nerven darauf zu reagieren. Graf schafft es, mit feinen wie mit unfeinen Mitteln, seine Leser betroffen zu machen. Er attackiert und ertappt uns. Er stellt etwa nur selbstkritisch dar, wie er und seine Geschwister auf den Malzzucker lauern, den die sterbende Großmutter unterm Kopfkissen versteckt hält. Ihren ganzen Todeskampf verfolgen sie mit ihrer potenzierten Gier – und mit schlechtem Gewissen für ihre Übergriffe auf diesen Schatz. Aber wenigstens etwas von dieser Versuchung und von der Scham darüber teilt er auch seinen Lesern zu, durch seine gleichsam klebrige, unfreie, ›unerlöste‹ Darstellung.

Das wichtigste Thema, der Tummelplatz für vielerlei Anzüglichkeiten ist – besonders in dieser Schaffensphase Grafs – alles, was sich zwischen Männern und Frauen abspielt. Die menschliche Sexualität ist für den Erzähler Graf ein immer wieder staunenswertes Ereignis. Sie ist nie ein reiner Gegenstand des Gelächters; immer ist sie von Zwängen und einem tiefsitzenden Bewußtsein der Unfreiheit begleitet. Oft wird sie durch Gewalttätigkeiten überschattet oder geradezu verschlungen. Aber sie hat jetzt ihren Schrecken verloren. Zwischen Männern und Frauen können die frappierendsten Geschichten passieren, aber nichts davon ist ganz und gar neu oder unerhört. Alles fügt sich ein in ein Gesamtbild von schwachen, aber äußerst lebendigen, mit Vergnügen sündigenden unordentlichen und ausgesprochen leicht durchschaubaren Menschenkindern. Thoma hatte von dem »ewigen Humor« gesprochen, »der in der Beziehung der Geschlechter liegt«. Graf macht sich diese Anschauung jetzt weitgehend zu eigen. Er hat nur eine noch härtere Auffassung von diesem »Humor«.

Gewalt und Vergewaltigung beherrschen die Einstellung des männlichen Geschlechts zum weiblichen, in den heimlichen Gedanken und oft im tatsächlichen Umgang. Der Verführer Merkl im BOLWIESER (1931) wird in seinen irritierten Gedanken an seine Liebschaft beobachtet: »Er umspannte mechanisch den Griff seines besudelten Metzgermessers und hieb mit aller Wucht auf die Marmorplatte«. Das ist nicht ganz so unheimlich wie bei Horváth, der in seinen »Geschichten aus dem Wienerwald« (ebenfalls 1931) zwischen der Freude auf die Hochzeit oder dem Ärger über die entgangene Braut und der Lust oder Unlust, die Sau abzustechen, eine untergründige, erschreckende Relation herstellt. Aber einen Unterton von Brutalität behalten auch Grafs Geschichten. Eine Frau, die allein im Wald angetroffen wird, dazu noch unsicher durch den Gedanken an ihren unbefriedigenden Mann in der Stadt, sollte sich gefälligst verführen oder vergewaltigen lassen, sonst ist sie selbst schuld, wenn sie umgebracht wird (WER IST

SCHULD?). Ein verschmähter Liebhaber wirft sich in einer Wirtshaus-
rauferei vor vielen Menschen auf seine Angebetete und läßt sich
durch einen wahren Hagel von Schlägen, ja durch einen »lawinen-
artigen Menschenknäuel« auf ihn nicht von ihr abbringen (DER ÜBER-
FALL). Die Männer sind gern untreu und bilden sich viel darauf ein.
Ein ungetreues Mädchen wird dafür so zusammengeschlagen,
daß es sich ans Gericht wenden muß, und es verliert obendrein
seine Stelle.

Aber die in den liebestollen Burschen ständig präsente Brutalität
(Graf vergißt auch nicht die älteren Männer mit ihrer raffinierten
Lust zur Vergewaltigung) bildet in den Geschichten nur noch eine
Unterströmung. An der Oberfläche dominiert der lustige Ton des
Erzählers und die Lust beider Geschlechter an ihren Liebeshand-
lungen. Die Geschichte von der Vergewaltigung im Kornfeld auf
Anstiften des Bruders bekommt einen neuen Schluß, boshaft statt
elend. »Wastl, mi konnst hob'n«, sagt die Frau resolut, nach einigen Tagen der Niedergeschlagenheit und Überlegung. »Dös andere werd'n mir nachher schon sehng!« Mit den Waffen der verheirateten Frau sorgt sie dann dafür, daß der Mann »keine gemütlichen Zeiten mehr« hat. Die fatale Formel der Abfindung mit allem Elend und insbesondere mit der männlichen Gewalt wird in
einer anderen Geschichte vorverlegt, so daß die Frau wenigstens
noch ein bißchen davon hat. »Jetz is oiwai scho, wia's is!« sagt die
Magd, als ein vorher abgewiesener Freier sich in ihre Kammer ein-
geschlichen hat und nach ihrer heftigen Gegenwehr Besitz von ihr
ergreift. Sie ergibt sich. Er kann ungehemmt, »voller Freud'« den
oberbayrischen Brunstschrei ausstoßen, in dem die Gewalt und
die Lust als eins erklärt werden: »Mei g' härt's!« Graf unterstreicht
in diesem einen Fall das Schmatzen und Busseln bis in die Früh.
Die Frau wird später, als er sie sitzen läßt, noch einmal auf ihr an-
fängliches Widerstreben verwiesen. Ihr Bauer rät ihr, sie solle den
Burschen wegen »Notzüchtigung« anzeigen. Aber sie läßt es – »So
sind die Weiber, der Teufel kennt sich aus mit ihnen«.

Wie der bereits zitierte eingefleischte Münchner sich schließlich
mit der Revolution einverstanden erklärt hat, nur damit es wieder
Ruhe gibt, so gibt eine Frau einem besonders hartnäckigen und
»diplomatischen« Werber ihr Jawort: »In'n Goodsnam', ja... Daß a
Ruah is!«

Gewisse Kalamitäten des Landlebens für verliebte Leute werden
mit Bravour gelöst, mit einer sprühenden Lebenslust der aufeinander Entbrannten und ebensoviel Lust des Erzählers an Lebens-

äußerungen aller Art. Es gibt auf dem Land verteufelt wenig Gelegenheiten, sich unverfänglich kennenzulernen und eine Werbung erst einmal anzubringen. Manchen schwerfälligen Burschen ist der »Schmuser«, der ländliche Heiratsvermittler, wirklich unentbehrlich. Wenn sich dagegen zwei erst einmal einig sind, sind die möglichen Räume, sich zu treffen, schier unbegrenzt. Weil die soziale Kontrolle so dicht ist, bekommen viele Anbandelungsgespräche etwas brutal Direktes. Binnen kürzester Frist steuert der Liebhaber auf sein »letztes« Ziel zu. Die literarische Tradition des alten »Decamerone« und der drastischen deutschen Schwänke hat die vielerlei Verkürzungen zu einer eigenen Quelle der Lust ausgebaut und geradezu codifiziert. Die sprachliche Ungewandtheit der Bauern und das Tabu über alle einschlägigen Vokabeln produzieren viel Herumdrucksen, Verständnis auch ohne Worte, dann plötzlich gewalttätige oder in Worten unanständige Eruptionen. Der Lechner-Xaverl wollte der Pleininger-Resl schon lang »insgeheim etwas sagen«, aber er findet die Worte nicht dafür. Er »hat es nicht mit dem Reden«. Schließlich, allein mit ihr im Wald, bleibt er »hart aufschnaubend« stehn und sagt: »Soit i'n außatoa?«. Viel liebevoller löst für ein allzu frommes und keusches junges Paar die Braut das Sprachproblem. Acht Jahre lang gingen sie aufs Ehrsamste miteinander, ehe, nur durch Einschalten der Eltern, aus der Hochzeit etwas wurde. Schier unüberwindlich steht dann die »Todsünd« vor ihnen, die irgendwie zur Hochzeitsnacht gehört. Als so »heiligmäßig« lebende Menschen brauchen sie ein Wort zur Eröffnung dessen, dem sie in der Ehekammer doch nicht entrinnen können. Zum Glück besinnt sich die etwas gewitztere Braut auf einen passenden Spruch: »Grüß Gott, tritt ein, bring Glück herein, Wastl!«

So wortkarg oder gehemmt (aber nur im Sprechen gehemmt) die Bauern sind, der Bauernerzähler Graf glänzt mit einer äußerst reichen, genau abgestuften Palette von Bezeichnungen für das Lieblingsvergnügen von bäuerlichen wie städtischen Menschen. Er schafft es, den Vorgang durch seine sprachliche Formel schlagend zu vereinfachen oder ihn mit anderen Ausdrücken listig, verkniffen, aus Übermut oder aus Hintersinn in die Länge zu ziehen. Er setzt zum Vergleich die halbe Tierwelt ein, weicht aus auf die dinglichen Umstände (»Der Diwan quietschte stillvergnügt«) oder nimmt die Ökonomie zuhilfe (»man wurde schließlich handelseins«). Er nimmt die dürren Ausdrücke eines Alimentenprozesses auf, er verschmäht die Worte des Pfarrers nicht wie »Fleischeslust«, er verzeichnet aber auch, was bei der tratschenden Gemeinde von der geistlichen Unterweisung übrig bleibt: »So geht's eben, wenn man mit dem sechsten Gebot Sauereien macht«. Im THEODOR-VEREIN wird die »Todsünd« billig gemacht, nämlich auf 16 mögliche Väter für ein einziges Bams verteilt. Graf kann's auch hochdeutsch und literarisch ausdrücken: ein »Drang nach seiner Geliebten«; einmal, in einer später gestrichenen Geschichte des DE-KAMERON, »verschießt sich« sogar ein Bauer in seine Magd. Graf findet wie die galanten Schriftsteller von Wieland an viele Andeutungen, die einen mit der Nase auf das sowieso Selbstverständliche stoßen. »Kein Mensch ist aus Eisen, und – reden wir nicht lang darüber – bei solchen Gelegenheiten passieren die unerwartetsten Dinge«. Einmal setzt er sogar wie Kleist den klassischen Gedankenstrich an die entscheidende Stelle. Er gibt dem simplen bäuerlichen Materialismus recht: »Bein Hirn konnst ös doch aa nit außi-

Walter Marcuse illustrierte die Erstausgabe von Grafs derb-erotischer Geschichtensammlung DAS BAYRISCHE DEKAMERON (Verlag für Kulturforschung, Berlin-Wien-Leipzig, 1928). Die abgebildete Zeichnung gehört zur Geschichte »Der Überfall«.

schwitzn!« oder »Da steigt dir der Geist ins Blut«. Er begnügt sich
mit den kargen Verhaltensanweisungen der Eltern: Die Frau soll
»schauen, daß es was wird«, der Mann muß »zeigen, was er
kann«. Oder der Schwester: »Wennst amoi verheirat't bist,
g'schiehcht dös öfta!« Er vergißt nicht die Spottlust der dörflichen
Gemeinde und baut sie zu »saftigen« oder zierlichen Wendungen
aus. Unter den Dutzenden von Bewerberinnen, die dem »letzten
Menschen« auf seine Annonce hin zuströmen, machen die lach-
süchtigen Nachbarn auch »geschämige oder scheinheilige Halb-
jungfrauen« aus der Stadt aus. In den Reden der Männer werden
so viele Ausdrücke der Gewalt aufgeboten – »anpacken«, »einen
Generalangriff machen«, »ihr einen Stempel aufdrücken«, »dich
zuerst ausprobieren« –, als lägen sie in einem immerwährenden
Krieg mit den Frauen. Und diese reagieren manchmal, nur zurück-
weisend, auf ihre Degradierung zu »Fetzen«. »I bin koa Hand-
tuach, wo si an jeda hinputzn konn«.[7]
Graf schreibt »nicht pikant im städtischen Sinne«. Hermann Mo-
star schreibt ihm zwar in der Behandlung erotischer Probleme im
BOLWIESER die »Pikanterie eines Elefanten« zu, trifft damit aber mehr
Grafs Gegenstände als seine Darstellungsweise. Graf selbst vermerkt z. B. über Bolwiesers Schwiegervater, daß dieser sich mit einer »vielsagenden tierischen Pikanterie« nach dem ausbleibenden
Nachwuchs erkundigt. Nicht die eine oder die andere Schreib-
weise kennzeichnet den Sittenschriftsteller Graf, sondern daß er
mit einer Vielzahl von Mitteln und Tönen, krachlaut und ziemlich
leise, üppig und karg immer wieder der Natur gibt, was (angeblich) sie will. »Kein Mensch kann allein sein«.
1927, anläßlich von A. M. Freys »Arabella«, sprach sich Graf dagegen aus, daß von der Liebe und der Sexualität »viel tiefsinniges
Aufheben gemacht wird«. In der Tat hat Grafs Umgang mit diesem
Zentralthema etwas Kurzangebundenes. Bloß damit's einen »Jux«
gibt, spielt ein Nachbar dem anderen, der immer zu lang beim Ta-
rock hockt, den Streich und besucht nachts an dessen Stelle dessen
Frau. Diese plärrt kurz auf, das hilft ihr aber nichts, »Mannsbilderkraft bleibt Mannsbilderkraft«. Danach aber lacht sie nur, ist völlig
fidel, »alles an ihr war breit, gesund und alert«.
Im HIMMELREICH DER EWIGEN HOCHZEITER kommt es den Burschen mehr
auf den Schabernack als auf eine Braut an. In manchen Geschichten ist die Sexualität ein handfester, nur schwankend bewerteter
Handelsartikel. Die Personen treten direkt als Verkäufer ihrer
»Ware«, d. h. ihrer selbst einander gegenüber. Auch feinere Re-

gungen, etwa ob die Jungfrau den künftigen Partner mag, werden mit dessen zudringlichem Ansinnen, den Garantien für ein Mannsbild und den Erfahrungen von Erfahreneren abgewogen, »offen und von allen Seiten«, »vollauf ungeschmerzt«. Das beliebte »Ausprobieren« kann in einer so versachlichten Behandlung auch einmal dazu führen, daß nicht die Frau, sondern der Mann verworfen wird.

Dennoch machte Graf von den Problemen der Liebe mehr Aufhebens, als er Frey zugestehen wollte. Er verwandte einigen »Tiefsinn« darauf. In den zahllosen bayrischen Schnurren, die die schwächeren Nachfolger Queris auch im Krieg und zur Zeit der Republik produzierten, ist schon alles in Ordnung und kann es für alle Zeiten so bleiben, wenn es unter Menschen nur recht menschlich-sündig zugeht. Graf schreibt bei aller Lust an der Freud nicht so gefällig und gar nicht beschwichtigend oder rechtfertigend. »Der Mensch ist dunkel«. Graf sieht es nicht als seine Aufgabe an, ihn hell oder durchsichtig zu machen.

Der ersten Ausgabe des BOLWIESER hatte er drei philosophische Motti vorangestellt. Von Pascal: »Beschaffenheit des Menschen: Haltlosigkeit, Langeweile, Angst«. Aus einer Sammlung russischer Sprüche: »Nur eins ist in der Welt sicher: *Das Weib.*/Du erwartest von ihr nichts als Süßes. Das Süße kommt aber nur von dir selbst. Etwas anderes erwartest du von ihr nicht, darum gibt es auch keinen Betrug.«

Profil-Scherenschnitt
von Oskar Maria Graf,
1929 von E. M. Engert
angefertigt.

Die Irritationen, die Ansätze von Grübelei, das oft ausgesprochene Nichtwissen und Nichtbegreifen schmälern mitunter das Vergnügen oder können es ganz zurückdrängen. Die Sexualität Bolwiesers bringt die Leser nur selten, anfangs, zum Schmunzeln, immer mehr irritiert sie und verlangt schließlich Mitleid. An Anzüglichkeit aber, an Kraft, uns zu fesseln und zu ertappen, gewinnen die Szenen nur noch, je weiter die Monotonie dieses traurigen Liebeshelden fortschreitet. Graf schreibt oft leichtfertig über die ernstesten Themen. Bei genauerer Lektüre zeigt sich aber, daß er gar nicht schnell, ja überhaupt nicht mit ihnen fertig wird. Er will auch seine Leser eher davor stehenlassen als ihnen darüber hinweghelfen.

Parteipolitik und politische »Nadelstiche«

Im Rückblick in GELÄCHTER VON AUSSEN stellt Graf seine Entwicklung in den letzten Jahren der Republik so dar, als hätte er sich aus Enttäuschung über die Politiker (einschließlich Sozialdemokraten und Kommunisten), die doch nur redeten, und über die Intellektuellen, die ihre Verantwortung nicht wahrnahmen, zu dem unbekümmert abseitsstehenden Provinzschriftsteller entwickelt. Im NOTIZBUCH DES PROVINZSCHRIFTSTELLERS (1932) klingt eine ähnliche Aversion gegen alles Politische an. Hier werden praktische (geschäftliche) Gründe sichtbar, warum Graf sich als uninformierten Tölpel hinstellte und sich »unangreifbar« machen wollte. Aber die Rolle des dummen, nur an literarischen und sonstigen Späßen interessierten Privatmanns scheint Graf auch Gelegenheit zu bieten, seine abweichenden Vorstellungen von einer richtigen Politik wenigstens anzudeuten. Er zog sich auch als Provinzschriftsteller nicht zurück aus dem Kampf auf den Straßen und in Versammlungssälen. Er war begehrt als Redner, als Unterstützer von Resolutionen, als Sammler von Unterschriften von anderen[8], sogar als Organisator. Die Aktivisten der proletarisch-revolutionären Literatur zählten auf ihn, zumindest als »Reserve«. Die Arbeiterdichter, die auf »das Seelische« jenseits des »rein politischen Klassenkampfes« aus waren, suchten ihn zu vereinnahmen: »Graf hat unter allen Arbeiterdichtern die am dunkelsten gefärbte Stimme, die wie eine tiefe Glocke von der unüberwindlichen Tragik des Lebens singt«. Wie dachte er selbst politisch? Wie verhielt er sich?
In einer Gegenüberstellung mit Ludwig Thoma faßt Graf einmal grundsätzlich zusammen, was ihn trotz seiner »geschäftsbedach-

ten« Bauernschriftstellerei von so einem »allbeliebten bayrischen Nationaldichter« unterschied. Es sind die Kindheits- und Jugenderlebnisse, die wir auch in dieser gelösteren Phase noch stark in Rechnung stellen müssen: »wirklicher Hunger, grausige Not, von Kind auf hineingeprügelter Menschenhaß, Unsicherheit und Mißtrauen allem und jedem gegenüber«, dazu »zügellose, antimoralistische Bohème«. Und es ist das Aktuellste der zwanziger und dreißiger Jahre: »Klassenkampf, Sozialismus, Revolution und unkontrollierbarer, gefährlicher Masseninstinkt«. Graf sah sich als Sozialisten und handelte als ein solcher. Er war unbedingt für die Einheitsfront aller Arbeiter, und natürlich für eine Einheitsfront »von unten«. Wenn er sich zu einer der bestehenden Parteien bekennen mußte, stand er der KPD am nächsten. Er war angetan von allem, was er über den Aufbau des Sozialismus in der Sowjetunion hörte. Er glaubte an die Überlegenheit des Sozialismus über den Kapitalismus, der letztlich nur für den Krieg, für den Tod arbeite. 1930 sah er mit der gleichen Illusion wie die meisten Kommunisten den Sieg des Kommunismus »nach einer faschistischen Diktatur« voraus, die ihm wohl damals schon unausweichlich erschien. Und er zog das Resümee aus seiner langjährigen bitteren Enttäuschung über die Sozialdemokratie: sie sei überall auf der Welt »weder sozialistisch noch proletarisch«. Sie werde ihren Einfluß verlieren, weil sie »für jeden *etwas* und zuguterletzt – wie man bei uns sagt – ›für niemand nichts hat‹.« Er hatte viele Freunde unter den Kommunisten, vor allem den jungen. Diese waren jetzt nicht mehr alle nur ungefähr und einhellig »links« wie während und nach der Revolution. Einige von ihnen, vor allem Erich Müller, den Graf vom Exil aus seinen besten Freund nannte, suchten ihn zum Kommunisten zu machen. Er weigerte sich aber, in eine Partei einzutreten. Er begründete das später eben mit seiner Sorge für die Einheitsfront: »da ich bei den Arbeitern stehen will und weder die von der SP, von den Gewerkschaften noch von der KP als Genossen verlieren will«.[9]

Graf war aber in der »Roten Hilfe«, einer überparteilichen, vor allem von den Kommunisten propagierten Organisation, die die proletarischen Angeklagten und Verurteilten der zahllosen politischen Prozesse der Republik betreute (juristisch und materiell) und ihre Angehörigen unterstützte. Er schrieb in GELÄCHTER VON AUS-SEN und in Briefen öfter über seinen Freund Max Holy, den Münchner Leiter der Roten Hilfe. Er selbst hat, was er nicht schrieb, oft die gleiche Arbeit gemacht wie Holy. Er hat nicht nur gesammelt,

geredet, die Organisation nach außen repräsentiert (z. B. gegenüber dem Polizeipräsidenten), er hat auch im Büro der Roten Hilfe
gesessen und Genossen in ihren Händeln mit der Justiz beraten.
Hannes König erzählte mir von einer solchen – erfolgreichen – Be-
ratung. Er hatte ein »Demonstrationsdelikt« von damals began-
gen: einen Polizisten vom Pferd gezogen. In erster Instanz war er
dafür zu acht Monaten verurteilt worden. Als disziplinierter Genosse ging er zur Roten Hilfe, um sich beraten zu lassen, ob dies
ein Fall wäre, der politisch-agitatorisch für ein Berufungsverfah-
ren taugte. Als zuständiger Verantwortlicher habe Graf da gesessen, habe sich alles genau berichten lassen und nach kurzer Überlegung – mit seinen Rechtskenntnissen vom Zuschauen – geraten
und damit entschieden: »Die acht Monat', die sitzt' ab«.[10]
Graf arbeitete politisch und, wo es nottat, auch organisiert. Er
wollte aber keinem Parteiprogramm folgen. Er wandte sich gegen
den Dirigismus der Parteien und gegen den Hang vieler Genossen, sich unterzuordnen, nur die jeweilige »Parole« auszufüh-
ren.[11] Am peinlichsten berührte ihn die abstrakte Sprache der Par-
teipropaganda, vor allem das gequälte Flugblattdeutsch der Kommunisten. Die papiernen oder pathetischen Formulierungen ver-
letzten nicht nur sein inzwischen sehr entwickeltes Sprachempfin-
den. Sie demonstrierten ihm die Ohnmacht der angeblich ständig
kampfbereiten und kampfstarken Arbeiterparteien. In ihren Worten erkannte er sie eingesponnen in ihre strategischen Illusionen,
abgehoben von dem, was die einfachen Menschen, die eigentlichen Subjekte jeglicher revolutionären Politik, tatsächlich brauchten, wünschten und wie sie miteinander redeten. Nachträglich
warf er ihnen (so wie Bloch damals schon) vor, daß die Nazis sich
besser auf die Sprache der Massen verstanden hätten. In DER AB-
GRUND, im ANTON SITTINGER, im BANSCHO entwarf er eingreifende Formen der Agitation aus dem Umgang mit den Betroffenen heraus
(jedesmal Bauern). Wenn wir der späten Stilisierung in GELÄCHTER
VON AUSSEN glauben dürfen, hat Graf in den letzten Jahren der Republik mehrfach Flugblatt-Texte mit eindringlichen Mahnungen an
die Arbeiterparteien zur Einigung und sogar zur Verteidigung der
Republik entworfen – aber keine Verbreitungsmöglichkeit gefunden. Mindestens in einer Versammlung gegen den § 218, im Stei-
nicke-Saal, um 1930, hat er sich gegen die klischeehafte Argumentation gewandt, die mit Vorstellungen aus dem Bilderbuch statt
aus dem wirklichen Leben ankam. Auch er war gegen den »Zucht-
hausparagraphen« 218, aber als ein Genosse auf dem Podium in

bewegten Worten das arme schwangere Proletariermädchen schilderte, das in seiner Not zum rostigen Nagel greift, rief Graf aus dem Saal laut dazwischen: »Muß es denn ausgerechnet ein rostiger sein?«

Die Lage im »Nachkriegs- oder Vor-Hitler-Deutschland« (Alfred Neumann) war äußerst bedrohlich, und Graf wußte es. In GELÄCHTER VON AUSSEN malt er die lähmende Stimmung des letzten Jahrs vor der Machtübergabe an die Braunen. In DER ABGRUND verrät er eine detaillierte Kenntnis der Ereignisse, die schrittweise und manchmal sprunghaft zu diesem Unheil geführt haben. Er hatte seit der Veröffentlichung von WIR SIND GEFANGENE Grund, sich persönlich bedroht zu fühlen. Mehrmals fand er im Hausflur seiner Wohnung frisch gepinselte Hakenkreuze, einmal anscheinend einen Galgen: »Für dich!«. In nächster Nähe erlebte er, wie die Bevölkerung weich wurde, sich den Nazis ergab. Der arbeitslose, ausgesteuerte, bei der Wohlfahrt schon schief angesehene Sohn von Grafs Putzfrau fand, obwohl kein Freund der Nazis, einzig beim »Braunen Haus« eine Stellung und, wenn er in die Partei und SA eintreten würde, sein Auskommen. »›Da‹, sagt er ›ist man doch wieder ein Mensch‹.« Die Putzfrau weinte darüber und Graf fiel nichts ein, als sie zu trösten. »Da kann man doch nichts machen«.

Was er sonst mit seinen Freunden, Unorganisierten, Roten Helfern, Gewerkschaftern, Kommunisten, gegen das Erstarken der Nazis »machen« konnte, waren »Nadelstiche«, wie er selbst schreibt. Wieder wie in der Zeit der Revolution träumte er vom Generalstreik, der einzigen Waffe, die die Arbeiter stärker gemacht hätte als ihre Feinde. Wieder sprach die (jetzt noch viel tiefere) Spaltung der Arbeiterschaft dagegen. Mit kleinen Geschichten, die keinerlei politisches Engagement voraussetzten und aus Alltagsvorstellungen oder aus der Ideologie der Nazis selbst einen scharfen Einwand gegen die NS-Politik entwickelten, suchte er in den Meinungsstreit einzugreifen. Fünf Tage nach der Ernennung Hitlers zum Reichskanzler veröffentlichte Graf eine Wirtshausszene HEIL HITLER, in der er einen versteckten Widerwillen der Geschäftswelt gegen den »Wirbel« um Hitler und als einzige Reaktion auf den Anbruch der »neuen Zeit« die Hoffnung zeichnet, daß den Leuten eine weitere Wahl erspart bliebe. Er ahnte die Gefährlichkeit der Zeit, aber er verhielt sich spöttisch dazu, fast so, als wäre er unbeteiligt. Seinem NOTIZBUCH DES PROVINZSCHRIFTSTELLERS, schreibt er in einem Vorspruch, habe er die Jahreszahl (1932) nur deshalb angehängt, weil er nicht sicher sei, »ob er in den nächsten

Titelblatt-Illustration in der Erstausgabe von Grafs NOTIZBUCH DES
PROVINZSCHRIFTSTELLERS OSKAR MARIA GRAF. ERLEBNISSE, INTIMITÄTEN,
MEINUNGEN (Zinnen-Verlag Basel, Leipzig, Wien, 1932).

Jahren noch die gleiche Meinung haben wird, oder eine solche überhaupt noch haben darf«.

Auch im Ernst wußte Graf dem anwachsenden Terror vor allem 1932 nichts Wirksames entgegenzusetzen. Vielleicht aus Scham darüber verschwand er wieder wochenlang aus dem hektischen politischen Getriebe in München. Er tobte bei seinem Freund, dem Maler Karl Wähmann bei Wasserburg am Inn, in ähnlichen Formen wie während der Revolutionszeit beim Holländer Hoboken, nur daß Wähmanns nicht reich waren und alles Zerschlagene selbst reparieren mußten. Er fühlte wieder die »Kampflust seiner Lausbubenzeit«, sehr vital, ohne Rücksicht auf Verletzungen, aber auch ziellos. Es war eine Regression in eine erdachte karge Idylle. Politz, Steinberger u.a. fuhren ihn oft auf dem Motorrad nach Wasserburg hinaus. Manchmal bildeten sie eine ganze Kolonne, meist eine Männerpartie. Auch nach Lochhausen zu Schrimpf fuhren sie häufig. Als Mirjam ihn zur Rede stellte: »Ganz Deutschland brennt, und du machst Witze!«, erwiderte er: »Durch diese Zeit kommt unsereins nur als unterwürfiger Hund oder als Hanswurst! Ich bleib' beim Hanswurst!«[12] Es hat ihm noch weniger geholfen als den anderen ihre hektische oder dogmatische Betriebsamkeit.

Vier Wochen nach dem Beginn des Dritten Reiches war er heilfroh, dieses Reich unbeschädigt verlassen zu können.

Die Welt von Grafs Geschichten

Eine Fülle von Geschichten hatte Graf in den frühen zwanziger Jahren erdacht oder weitergesponnen. Je bekannter er wurde, desto mehr Stoffe wurden ihm zugetragen. Je erfahrener er wurde, um so mehr »Geschichten« entdeckte er in den alltäglichen Zuständen in München, Berg, Berlin oder dem Inn-Viertel um Wasserburg. Er strömte über von sinnreichen (oft auch wieder »sinnlos« gemachten) Begebenheiten und Einfällen. Er konnte gar nicht alles zu Papier bringen, was er im Kopf hatte. Noch in den langen Jahren seiner Emigration zehrte er von den Ansätzen zu Geschichten, die sich bis 1933 in ihm ausgebildet hatten.

In diesem Kapitel scheint es mir an der Zeit, die »Welt« von Grafs Geschichten überhaupt zu untersuchen: die darin vermittelten Vorstellungen von einer Weltordnung und ihren Durchbrechungen, den Aufbau seiner Figuren, ihr Mit- und ihr Gegeneinander, die eigentümliche Vertrautheit des Autors und nach kurzer Zeit auch der Leser mit ihnen. Grafs erzählte »Welt« ist kaum weniger unerschöpflich als die Wirklichkeit. Aber auch das Verharren in ihr muß bedacht werden. Hat sich Graf »in seine Geschichten verstrickt«, statt zur »brennenden« Situation in Deutschland vor 1933 etwas Nachvollziehbares zu sagen? Verstrickt er uns, heute, und mit welchem Recht?

Eine zuverlässige, aber wenig idyllische Welt

»Denn auf dem Land hängt alles zusammen, das Privateste im Leben des einzelnen spielt sich gewissermaßen vor aller Öffentlichkeit ab und geht nicht achtlos unter wie in der Stadt. Ein Wesselhofer, ein Aufkirchner, ein Starnberger oder ein Berger kann irgendwo in der weiten Welt draußen sein, im Grunde genommen wird er – wenn ich so sagen darf – doch immer und ewig in seinem Dorf mitgerechnet. Man kennt ihn, er gehört in das Auf und Ab der Geschichten, die sich in unserem Gau abspielen«.

Graf unternimmt einiges, um »das Auf und Ab der Geschichten« kenntlich und der Aufmerksamkeit wert zu machen. Er bringt es uns nahe. Er stellt vieles so dar, als hätte es sich »bei uns daheim« zugetragen. Dabei kommt es ihm wenig darauf an, es als authentisch erscheinen zu lassen. Es soll nur seinen »richtigen« Platz und seinen typischen Ablauf haben. Manchmal spricht er direkt von seinem Bezugspunkt Berg, meist erfindet er andere Ortschaften und bewegt sich doch immer in einer Gemeinde, die nach dem Muster von Berg aufgebaut ist. Flechting (Berg) mit der Familie Farg (Graf) war ein solches durchsichtiges Modell, das er noch später für weitere Geschichten beibehielt. Er wählte eine lange Reihe weiterer Tarnnamen, unter denen zum einen Wachelberg, Arglberg, Buchberg oder auch Wimbach, zum anderen Aglfing, Atzing, Berblfing und Berfelfing, Leitelfing, Matzling, Murling und Tuffing öfters wiederkehren. Immer bildet der in den Mittelpunkt gerückte Ort mit anderen Dörfern zusammen eine »Gemeinde« und gehört zu einer Pfarrei, die außerhalb, meistens auf einem Berg liegt – und die nach dem Muster von Aufkirchen Allkirchen, Altkirchen, Antelsbach, Anzhofen, Auging, Ogling oder noch anders heißt. Häufig zerfällt das Dorf in ein Ober- und ein Unterdorf. Noch öfter ist es ein beliebter Fremdenort, hat ein Schloß oder Villen von schwerreichen Leuten aus der Stadt oder von ausländischen Fürstlichkeiten. Wirtschaften, die den beliebtesten Handlungsort für Grafs Geschichten bilden, gibt es in einer Fülle von Räumlichkeiten und Namen. Doch mit Abstand am häufigsten, mehr als vierzigmal, heißen sie »Postwirt« wie in Aufkirchen oder »Unterwirt« wie in Unterberg. Eine Reihe von Figuren wie der Jud Schlesinger, die heilkundige Kohlhäuslertraudl, der König (das ist immer Ludwig II.) oder der vertrottelte Gemeindediener Schmalzerhans taucht in vielen Geschichten auf und verbindet die verschiedenen Handlungskreise und geographischen Ketten von immer wieder anderen Orten und Nachbarorten. Zu Beginn der KASL-MAIER-Geschichte (mit Vorgängen und Figuren aus Berg, zum Teil aus seiner Familie) zögert Graf, wie er den Handlungsort nennen soll. Er erwägt eine Reihe von Namen und wählt »Himmelberg«. Sein Ausweichen vor dem »richtigen« Namen solle nicht bedeuten, daß er dem Ort »etwas Unrechtes andichten möchte«. »Im Gegenteil, ich will damit bloß sagen, daß der Lauf der Dinge wo anders unter ähnlichen Umständen genau so sein würde«.

Manchmal verleiht Graf Figuren, denen er sonst wenig Sympathie zuteil werden läßt, einen zusätzlichen Akzent dadurch, daß er einen Blick auf ihre Kindheit fallen läßt – und diese ist dann oft der seinen ähnlich. Die arme Magd, die den HARTEN HANDEL mit dem total unzugänglichen Bauern ausficht und verliert, hatte acht Geschwister; ihr Vater war »ein windiger Häuslmann und Rechenmacher«. Der »habgierige Pechvogel«, der sich in Selbstmitleid und Neid auf einen bessergestellten Jugendfreund so hineinsteigert, daß er diesen erstechen will (sein »Pech« ist, daß er auch das nicht schafft und sich statt dessen selbst umbringen ›muß‹), war »der Jüngste, Schwächste und Letzte« unter acht Geschwistern, und zwei Brüder sowie eine Schwester sind nach Amerika gegangen. Eine wilde Geschichte mit Verführung und Mord aus der Rachsucht einer ständig verachteten buckligen Hoferbin heraus knüpft Graf mit einer spielerisch anzüglichen Wendung an die Verhältnisse bei ihm zu Hause an: Bei der Versteigerung des Hofes erwarb die Familie Graf die schiefe Matratze der buckligen Verbrecherin, und Oskar muß jedesmal, wenn er daheim ist, darauf schlafen.

Manchmal wird die Anspielung »wie bei uns daheim« offensichtlich dazu eingesetzt, einen Trost für die Widrigkeiten zu erteilen, die den Figuren daheim oder anderswo widerfahren. Als der Zipfelhäuslersepp von Buchberg sich einmal, mit Heiratsabsichten, »in die Fremde«, d. h. in die Stadt getraut hat und sich dort als eingeschüchterter Mensch allen möglichen »Ekelhaftigkeiten« ausgesetzt sieht, ist er richtig angeheimelt, als er ein paar Arbeiter »Buchbergerisch« reden hört, »das verstand er wenigstens«. Aber Graf verklärt das Heimelige nicht und läßt es selten ungeschoren. Eine sonntäglich versammelte Gemeinde um einen liebreichen, lustigen, manchmal donnernden Pfarrer wird als scheinbar ganz erfreuliche Erscheinung gezeichnet. Der Pfarrer weiß mit allen Registern seine Zwecke zu erreichen. Die Gemeinde aber wird bei diesem gewaltigen Prediger nicht frei, sondern unterwürfig, das bleibt bei aller Zustimmung zur Tüchtigkeit dieses Seelenfachmanns als Stachel zurück. »Wenn er einmal zornig ist und predigt, dann zittert buchstäblich die ganze Beterschar im Kirchenschiff drunten, denn da fahrt sein Donnern über die Köpfe weg wie ein peitschender Hagel übers heimgesuchte Land« (DAS DONNERWORT). Auch die so betonte Einhaltung der »Bräuche« bekommt oft einen tückischen Nebensinn. Als totale Veräußerlichung wird sie entblößt, wenn etwa die liebe Verwandte aus der Stadt zu Beginn einer Beerdigung die tieftrauernde Witwe fragt: »Wie ist jetz das, Hunglingerin...? Weint man jetz da schon vom Haus weg oder erst auf'm Friedhof?« Ihre Streitigkeiten, auch anzeigepflichtige Vergehen, erledigen die Bauern lieber untereinander. Das kann ganz plausibel aussehen: Der Anstifter eines Einbruchs beim Konkurrenten muß zur Strafe seine Helfershelfer ein Vierteljahr lang umsonst verköstigen, sonst käme er ins Zuchthaus. Aber die Selbstjustiz auch in bedenklichen Fällen liegt bei diesen Verfechtern einer überkommenen Autarkie genau so nahe.

Graf richtet die »Welt« seiner Figuren, Ortschaften und Begebenheiten ganz vertrauenerweckend ein. Aber er tut das in vielen Fällen nur, um sie um so unnachsichtiger einem unvertrauten Zugriff oder Anstoß auszusetzen oder unter den heimischen Sitten einen fatalen Pferdefuß hervorschauen zu lassen. »Wenn man Blasing hörte«, schreibt Christa Wolf über einen Erzähler, der die ganze Welt »in Schwänke und Schnurren verwandelt«, »steckte die ganze Welt mit der ganzen Welt unter einer Decke, und das war in Ordnung so«.

Namengebung: Spezifik, Vielfalt und Übermut

In Balzacs unvermeßlichem Werk treten etwa 2000 Hauptfiguren auf, die oft noch vom einen zum anderen Roman wiederkehren, neben ein paar tausend Nebenfiguren. Mit dieser methodischen Fülle und Darstellungswut kann Graf nicht konkurrieren. Immerhin lassen sich allein in seinen ländlichen Geschichten und Romanen etwa 1800 Personen unterscheiden – die Einteilung in Haupt- und Nebenfiguren funktioniert bei ihm nicht so recht, weil nicht einmal die Wirte, Postboten, Polizisten und Ärzte unwichtig sind, die Frauen, Kinder und das Gesinde schon gar nicht. Mit etwa 400 verschiedenen Ortschaften übertrifft er sogar noch Balzacs ziemlich zentralisierte fiktionale Welt.

Das Unterscheiden ist freilich ein etwas willkürlicher Akt. Die Namen sind dazu gut: etwa 800 verschiedene, zumeist Hofnamen statt Familiennamen. Aber viele Namen spinnen zugleich die Fäden von der einen zur anderen Geschichte weiter. Manchmal ist nicht sicher, ob eine Figur eine neue darstellen oder mit einer früheren des gleichen Namens identisch sein soll. Vielleicht soll es gar nicht darauf ankommen: sie heißt nur (und sie ist auch nur), wie in dieser Gegend und solcherlei Geschichten üblich. In seltenen Fällen verwechselt Graf selbst seine Figuren oder verändert aus Versehen ihre Namen, z. B. von Weixler zu Leixner. In Neuauflagen gab er den Figuren öfters neue Namen, die bayrischer (Sepp Hirneis statt Michael Jürgert) oder eigenartiger klingen sollten.

Graf unterstreicht die Beliebigkeit im Rahmen der vorgegebenen Möglichkeiten, indem er ein paar übliche Namen immer wieder auftauchen läßt. Ein Lechner und ein Reblechner, ein Hingerl, Haunigl, Neuchl, Moser und Schlemmer kommen je ein gutes Dutzend Mal vor, in immer wieder anderen Dörfern. Elf Heingeiger, davon drei Heingeiger-Silvan, und sechs Lochner hatte er schon vorgeführt, als er in UNRUHE UM EINEN FRIEDFERTIGEN den wichtigsten Bauern (Vater wie Sohn) Heingeiger-Silvan, mit Familiennamen Lochner, nannte. Im HARTEN HANDEL teilte er nur noch acht neue Namen aus und nahm zwanzig schon vergebene wieder auf. Noch lieber variiert er gegebene Namen und demonstriert, was für schier unbegrenzte Möglichkeiten die streng dingliche bayrische Hofbenennung in sich birgt. Zu dem im Bayrischen häufigen Löffler und dem manchmal vorkommenden Löffelbauern erfindet er einen Loffner, einen Leffl-, Löffel- und Lufflberger, einen Löfflinger und Lufflinger, einen Lofflfinger, Löfflfinger und Lufflfinger. Und so weiter, zu manchen Bezeichnungskernen bildet er ganze Teppiche von authentisch klingenden Abwandlungen. Die Vornamen sind die landesüblichen: viele Zenzl oder Kreszenz, Resl, Vev (Genovev) und Fanny, bei den Männern neben den hochdeutschen Peter, Michl, Hans und Franz noch mehr bayrische: Xaverl,

Silvan, Toni, Wiggerl (Ludwig), Wastl (Sebastian) und Alois. Die weitaus häufigsten Vornamen sind Marie oder Maria und Josef oder Sepp.

Graf karikiert nicht Personen, er führt vor, wie Menschen miteinander umgehen und was sie sich vor Zeiten bereits für Namen angehängt haben. Er greift ins Volle. Er benennt seine Figuren mit nicht weniger Lust, als er sie gestaltet. Mitunter sollen die Namen schon auf die dann einsetzende Komik gefaßt machen, etwa der Weigl-Wiggl, oder der Lefflberger-Simmerl von Berfelfing, der mit der Köchin vom Huglfinger von Ifflfing etwas versucht. Zuweilen arbeitet Graf mit »sprechenden« Namen. Ein Dekorationsmaler heißt Promminger, ein Pfarrer Trostinger, ein inflationsgewiegter Bauer Raffinger, ein Spekulationsgewinnler Neppersberger, ein Anwalt, der für die Nazis arbeitet, Übelacker, ein unverdrossener Lebemann und »Zivilist« Schönleber, ein Säufer, der seinen Hof durchbringt, Leerbacher. Eine Witwe in der Stadt hieß Watschler und wird es nach ihrer Wiederverheiratung: »wie eine gutgemästete Ente«. Ein Zigarrenhändler Mildreich ist einem anderen, weniger gesegneten Menschen ein Dorn im Auge – »ach, schon dieser boshafte Name!« Ein Krämer, Posthalter und Schriftführer seiner Gemeinde, Stelzinger, macht sich mit seinem »stelzigen« Hochdeutsch wichtig und unbeliebt.

Auf die Namen selbst kommt es gar nicht so an, deshalb breche ich hier ab. Wichtig sind sie nur als atmosphärische Unterstreichung der dezentralen, unerschöpflich reichhaltigen Einrichtung von Grafs fiktiver Welt. Die Namen suggerieren eine gewisse Verläßlichkeit, »Richtigkeit« und eine tief gestaffelte Skurrilität dieser Welt, und das liegt mehr an Grafs Auswahl und übermütiger Veränderung als an dem Material, das sein Land ihm geliefert hat.

»Die Freude am Bösen«

Manche Figuren werden uns sehr nahe gerückt. Der menschenkundige, in allen Tiefen (in »Höhen« weniger) bewanderte Erzähler tritt uns oft »zu nahe«. Dennoch erlaubt er keine ungetrübte Identifikation mit seinen Figuren, nicht einmal mit den sympathischsten unter ihnen. Dafür sorgt schon sein frozzelnder, gemütlich-hämischer Humor. Aus dem gleichen »breiten« Humor heraus zeichnet Graf auch die Bösewichter fast nie als nur böse und eindeutig zu verurteilen. Es gibt eine lange Reihe von Mordfällen in seinen Geschichten: Mord aus Ausweglosigkeit, aus Ra-

che, aus Habsucht. Nur diejenigen Täter, die eine politische Ord-
nungsvorstellung oder ihre Bereicherung ohne Rücksicht auf
Menschen durchsetzen, werden ganz ohne Mitleid geschildert.
Noch öfter kommen Brand, Diebstahl, Einbruch vor sowie die
ebenso recht- wie rücksichtslose Aneignung von Besitz. Egoismus
wird in vielen Spielarten vorgeführt, oft abstoßend, manchmal total, das ganze Leben verzehrend. Aber fast jeder aus der riesigen
Sippschaft der Habsüchtigen, Raffgierigen, Betrüger, »Planer«, Listigen oder ungeschickt Zupackenden hat auch irgend etwas, was
für ihn einnimmt. Bei den einen ist es ihre Pfiffigkeit, bei den anderen gerade ihre Tapsigkeit. Manchmal wird die Not oder die spezifische Enge ihres Lebens ausdrücklich benannt, noch öfter versteht sie sich von selbst: Graf hat es mit typischen Verhältnissen zu
tun, und die darin vorkommenden »normalen« Bedürfnisse und
Entbehrungen waren den Zeitgenossen ohne besondere Verdeut-
lichung geläufig.

Verbrechen und Mißgunst zeigen besonders deutlich, was mit einem Menschen los ist, mehr als solche Handlungen, die den Ge-
setzen, den Geboten oder den gewöhnlichen gutgläubigen Annahmen über Mitmenschen und ihre Motivation entsprechen.
Graf treibt bestimmte egoistische Haltungen auf die Spitze. Im BOL-
WIESER wird das ganze Leben darauf reduziert, die Ehefrau zu »besitzen« und zu genießen. In DER HARTE HANDEL werden ein paar Lebensjahre, der Ruf und sämtliche menschlichen Beziehungen
drangegeben, um einen neuen Hof zu erlangen. EINER GEGEN ALLE
zeigt den völlig beziehungslosen Menschen, der vor nichts zu-
rückschreckt, dem es aber schließlich auch auf sich selbst nicht
mehr ankommt. Viele KALENDERGESCHICHTEN kreisen um isolierte,
verhärtete, »böse« gewordene oder böse gemachte Menschen auf
dem Land wie in der Stadt, und immer ist ihre Bosheit oder Verhärtung der Punkt des Interesses, ja der Faszination an diesen
Menschen oder des offenen Wunderns und Unverständnisses. Einer, ein vorher ganz stabiler und sogar lebenslustiger Bauer,
bringt sich selbst um. Er rennt in den Tod, bergauf unter einem
schweren Kreuz aus Eichenholz, um ein Gelübde zu erfüllen, das
er wegen seiner unerhofften Errettung vom Tode getan hat. Wie er
dazu getrieben wird und sich in seinen Entschluß verrennt, wird
Schritt für Schritt ganz nachvollziehbar geschildert. Ein Nachbar
stichelt in einer verletzenden, nicht abzuschüttelnden Weise, als
der Verschonte sein Gelübde schon gut verdrängt hat. Dieser steht
daraufhin mit übertriebener Mannhaftigkeit zu seinem Wort. Er

reagiert mit Trotz auf alle Versuche, das zerstörerische Gelübde abzumildern. Das Resultat der im einzelnen verständlichen Regungen ist irrsinnig: ein Selbstmord, um einer drohenden Verachtung zu entgehen. An dieser Zuspitzung, am hervorgetriebenen destruktiven Charakter des Umgangs miteinander hat der Erzähler seine Lust. Aus ihr gewinnen seine Geschichten ihr Salz. Sie leben von der Freude am Bösen.

Diese »Freude am Bösen« ist alt und speist sich aus unfeinen Quellen, sowohl im Haushalt der Empfindungen wie in der literarischen Tradition. Werner Röcke hat die Lust an der Verletzung, am Schaden des anderen, an der Verhärtung gegeneinander als einen Kernbestand der spätmittelalterlichen Schwankromane nachgewiesen. In den Streichen des »Eulenspiegel« ist diese Tradition am lebendigsten präsent. Röcke verweist auf eine weitreichende philosophische Deutung dieses Grundprinzips des Schwanks, die er in Hegels »Ästhetik« findet. Nach Hegel ist die »romantische« (also auch die mittelalterliche) Kunst gekennzeichnet durch eine »Erhebung des Geistes zu sich selbst«, die »die Welt« zu einer beliebigen, nicht so entscheidenden Äußerlichkeit degradiert, aber die Erscheinungen der Welt gewissermaßen frei und gegeneinander gleichberechtigt macht. Wo »die Innigkeit sich in sich selbst zurückzieht«, kann sie sich »an allen [äußeren] Umständen zeigen«. In diesen Darstellungen »hat daher alles Platz, alle Lebenssphären und Erscheinungen, das Größte und Kleinste, Höchste und Geringste, das Sittliche, Unsittliche und Böse; und besonders haust sich die Kunst, je mehr sie sich verweltlicht, mehr und mehr in die Endlichkeiten der Welt ein, nimmt mit ihnen vorlieb, gewährt ihnen vollkommene Gültigkeit«.[13]

Graf ist zu modern und reflektiert, als daß er sich so ungerührt wie die alten Schwankerzähler an den Gemeinheiten der Menschen gegeneinander ergötzen könnte. Aber er folgt ihnen in der Hauptsache, und er geht selbst mit seinen Skrupeln wieder als ein lachender und drakonischer Erzähler um.

In der unveröffentlichten Erzählung »Die Höchtlin« malt Graf eine perfide, skandalöse Anziehungskraft des Verbrechens oder eines anrüchigen Zustands. Es geht um eine junge Frau, die sich in der Stadt aus Verschwendungssucht hoch verschuldet, sich mit ihrem Geldverleiher wie vorher mit ihren Mietern einläßt und offenbar in Verzweiflung den Wucherer erschlägt. Ihr Mann ist sieben Jahre älter und Beamter, hat »ein witzloses, trockenes Gesicht« und kann »siebengescheit die nüchternsten Dinge breitreden«. Die

Story ist ein rechtes Melodrama, auch wenn sie am Schluß zu einem
Exempel für das unglückliche Glücksstreben von Menschen unter
der »spürbaren Peitsche der Bosheit Gottes« erhöht wird. Interessant gemacht wird sie durch die offene Aussprache über die Motive unserer Anteilnahme. Ein Freund des Erzählers, der bei den
Höchtls als Untermieter wohnt, fühlt sich durch den Widerwillen
an der ganzen Kalamität, die er als Ohrenzeuge im Nebenzimmer
miterleben muß, zugleich sexuell schrecklich erregt. Von der
Höchtlin allein will er nichts, aber als sie nebenan mit ihrem Wucherer streitet und verstummt, gönnt er sie ihm nicht, will sie für
sich haben, will sie wild anpacken und vergewaltigen. »Das ist
schon sowas Verlogenes mit all diesen schönen Romanen, da wird
das nie erzählt« – es ist »was Teuflisches mit uns Männern«. Der
Erzähler bleibt unerregt. Er räsoniert mit seinem Gewährsmann,
läßt sich nur von der kriminologischen Neugier auf den Fall anstecken. Aber die beobachtende Phantasie wird selber lüstern. Sie
läßt sich hineinziehen in das Unsaubere, das den anteilnehmen-
den Menschen ebenso angehen soll wie den Räsoneur. Die Freude
am Bösen ist bei Graf keine frei darüberschwebende Schadenfreude mehr. Er vergißt nicht, bei aller Lust an den Schädigungen,
die die Menschen einander antun, daß er selbst einer ist, der schon
viel Übles abbekommen und viel an andere weitergegeben hat. Er
nimmt von uns Lesern an, daß wir ähnlich mit in die Geschichten
verwickelt sind, über deren Ablauf im Buch wir uns freuen sollen.

Güte?

In der zuverlässigen Welt der Egoisten und ihrer Bosheiten gegeneinander gibt es einige wenige, die selbstlos sind und anderen nur
wohltun wollen. Sie frappieren den Leser nicht weniger als wenn
er in den idyllischen Welten Roseggers oder Ganghofers einzelne
schwer erklärbare Untaten antrifft. Ist Graf im Grunde seines Herzens doch »positiv« im Sinne der Kritiker, die »das Positive« lange
an ihm vermißt haben und es nun in einzelnen KALENDERGESCHICH-
TEN, später ganz entschieden in DAS LEBEN MEINER MUTTER und den MIT-
MENSCHEN finden und begrüßen?
Graf läßt es als behaglicher Erzähler immer mal wieder sich und
den Lesern wohl sein auf den »wohlhäbigen« Bauernhöfen, in der
ständigen, ›naturnotwendigen‹ Arbeit und bei den »brauchmäßi-
gen« Festlichkeiten.[14] Er bietet Momente der Beruhigung, wenn
eine gefährliche Situation, z.B. im Bürgerkrieg, der mit scharfen

Konfrontationen auch aufs Dorf ausgreift, wieder eingerenkt ist: »Gottesfroh atmete jeder auf«. Und er stellt ein paar Menschen vor, bei denen er sich als Erzähler ausruhen, ja ›gehen lassen‹ kann. Es sind zumeist alte, »unnütze« Menschen, die sich an den Rand des Dorf- oder Hofgeschehens haben drängen lassen. In der Geschichte DER ARME REICHE ist es der invalide Onkel des ungeheuer tüchtigen, aber unfrohen, kranken Wirts. Er ist in seinem verfallenden Austräglerhaus als Müßiggänger dem rührigen Neffen ein Stachel im Fleisch. Dieser läßt seine Wut an ihm aus, weil er selbst dahin muß und der zu nichts nütze Onkel ihn überlebt. Der Alte aber nimmt alles hin, trägt ihm nichts nach, hängt an seiner Familie, auch als ihm das Haus verboten wird. »Mit seinen ewiggleichen, traurigguten Augen« sieht er von seinem Häusl aus dem Sterbenden ins Zimmer und überwindet damit am Schluß sogar dessen Feindschaft. In der Dorfwelt von Berg sind es zwei fast bedürfnislose Bettelleute, Bänkelsänger, Wahrsager, die den übrigen einen Begriff von einer anderen Lebensweise als dem ständigen Jagen nach dem Nutzen vermitteln (DAS UNRECHTE GELD). Sie nehmen nichts an, wollen von dem Bauern, dem sie zu einem hohen Lotteriegewinn verholfen haben, keinen Anteil und wollen nicht bei ihm wohnen. Sie halten sich aus allem heraus – vielleicht aus Vorsicht, vielleicht weil sie wirklich nichts brauchen. »Als wenn sie nicht von dieser Welt wären«, stellen die anderen fest, die »benommen« zurückbleiben.

Das liebevollste Bild eines selbstlosen Daseins, »ebenso trostreich wie wahr«, zeichnet Graf im DENKMAL FÜR MEIN BASL MAREI, SELIG. Das ganze Geheimnis ihrer Existenz ist, daß sie, die einzige Erbin, auf den Hof verzichtet hat. Und mit dem Hof zugleich auf das Eheglück: Sie ist nicht schön von Gestalt, sie wäre nur des Hofes wegen genommen worden, das wollte sie sich und allen nicht antun. So drängt sie darauf, daß ihr Vater zum zweiten Mal heiratet und daß der mitgebrachte Sohn der zweiten Frau den Hof erbt. Die Sorge für andere soll zugleich ihr Glück, ja ihre ganze Existenz sein. Einzig in dieser einen Geschichte wird Geld nicht begehrt, gestohlen oder mindestens gespart, sondern arglos verstreut – als Kinderspielzeug, weil es so glänzt. Ihr Abfindungsguthaben, eine hohe Summe, braucht das Basl gar nicht; sie vermacht es der Kirche. Die ganze Geschichte läuft auf simple Bewunderung für ein »richtiges« Leben hinaus. Nur die preisenden Ausdrücke verraten noch etwas von den Kosten dieses fraglosen Glücks. »Ihr Leben läuft unangerührt dahin, ohne Wunsch, ganz einfach und gut«.

In der Welt des Dorfes und der Geschäfte sind diese selbstlosen Menschen nur Randfiguren. In der epischen Welt der Geschichten gibt Graf ihnen einen kleinen, aber wichtigen Platz. Es gibt auch solche, das sollen die Leser bei der Vergegenwärtigung der überall herrschenden Geschäftspraktiken nicht vergessen. Sie wirken gewissermaßen vorbildlich: durch die Einigkeit mit sich selbst, durch das Glück, das sie (im Verzicht) gefunden haben, denn jedes persönliche Glück überzeugt und wirbt. Aber ihre Randstellung verhindert, daß sie der geltenden Norm des Egoismus Abbruch tun oder ihrerseits eine Norm abgeben könnten. »Still«, für sich, freiwillig untergeordnet zu sein, taugt nicht zum Gegenstand einer lauten Predigt, allenfalls zum Programm einer Sekte wie in DIE ERBEN DES UNTERGANGS. Zur Zeit von Grafs erfolgreichster Schriftstellerei sind die Selbstlosen wenige, isoliert, ohne Sendungsbewußtsein, ja ohne Bewußtsein ihres eigentlichen Wertes. Sie beeindrucken die anderen, die sich bei ihnen wohlfühlen oder betroffen fühlen, das ist alles.

Das verkündete Gutsein, die kirchliche und dörfliche Moral der »guten Werke«, steht auf einem anderen Blatt. Es wird von anderen Leuten und zu anderen Zwecken, nämlich fast nie ohne egoistische Hintergedanken, betrieben. Es ist gerade nicht still, sondern verlangt nach einer »ergreifenden Rede«, bei welcher der Redner selbst, stellvertretend für die so mildtätige Gemeinde, »zuletzt fast weint«. »Ein solchernes guats Werk macht ünserner Gemeinde dös schönst' Renommée und ünser Herrgott werd üns dös nia vergessn!«

Einheitlichkeit, Differenzierung, Abweichungen und ihr Recht

Alles hängt mit allem zusammen. Niemand in der Welt von Grafs Geschichten entrinnt der »Kette«, in der er ein Glied ist. Nicht nur der Konformitätsdruck, die soziale Kontrolle erzwingen eine ständige Übereinstimmung und Vergleichbarkeit. Auch innerlich, in ihren Wünschen und Zielen sind sich die Menschen sehr ähnlich. »Ein Dorfmensch ist kein Einschichtiger, er gehört zu einem natürlichen Ganzen und sein Leben, seine Taten und Meinungen haben stets eine ziemliche Ähnlichkeit mit dem des Nachbarn«.

Die Stadtgeschichten sind jetzt von den Geschichten vom Lande nicht mehr strikt getrennt, obgleich Graf diese Unterscheidung gerade der Einteilung der KALENDERGESCHICHTEN zugrunde legt. Die

Menschen leben hier wie dort in sehr ähnlichen Ordnungen und Gesetzmäßigkeiten. Graf zitiert zwar zahlreiche Wutausbrüche seiner Bauern gegen die Stadt, aber er ist inzwischen selber Städter. Er beteiligt sich nicht an der Verteufelung der Stadt wie andere Provinzschriftsteller. Land und Stadt sind nicht zwei verschiedene Welten, wie noch der junge Ausreißer aus Berg sie erlebt hatte, sie sind Teile einer einzigen Welt. Die Städter ihrerseits erweisen sich bei näherem Zusehen großenteils als ländlich-provinziell geprägt und gesinnt.

Die Zivilisation umgibt und umgarnt die Menschen, wo und wie immer sie leben. Das ist eine peinliche Erfahrung besonders für »Rebellen« und Anarchisten. Es wird wie eine erneute Absage an Stirner, ein Hohn auf alle »Freiheits«durstigen und Ausbrecher aus der Gesellschaft formuliert: Kein einziger entrinnt dem »Ganzen«. »Was immer du auch anfangen willst auf der Welt, ob du dich kraft eines bewußten oder unbewußten Rebellentums als verbissener Einzelgänger außerhalb der Gesellschaft zu stellen versuchst, ob du alle ihre gültigen Moralsätze mißachtest, ob du jede Ordnung und alle Gesetze der Staaten noch so sehr umgehst, ob du dich selbst mit Hilfe einer zurechtgedachten Philosophie von jeder Gemeinschaft lossagst und nun vermeinst, du seiest nur dir verantwortlich und ein völlig ungebundener, freier Mensch – unentrinnbar bist du dennoch dem Apparat der Zivilisation verhaftet. Jedes verbrauchte Streichholz, jedes gegessene Brot, das Trambahnbillett, die durchgelaufenen Schuhsohlen, der Knopf an deiner Jacke und Hose, kurzum alles, alles nur Erdenkbare hämmert dir von Atemzug zu Atemzug die Gewißheit ins Hirn, daß es kein Alleinsein gibt. Mit der Eintragung deines Namens in ein Geburtsregister beginnt deine Abhängigkeit vom Ganzen, und erst mit der Konstatierung deines Todes endet diese Gefangenschaft.« Graf kann zwar manchmal das Dorf ganz undifferenziert als eine »gute Gemeinschaft« bezeichnen: Die Menschen leben darin »verträglich«, »gemütlich«, im wesentlichen gleichförmig und gleichberechtigt. Aber das gilt allenfalls für die alte Dorfgemeinschaft, bevor der Fremdenverkehr oder sonst »eine Einnahmequelle von außen« den Unfrieden hineingetragen hat – und wie viele so unberührte Dorfschaften gab es noch zu seiner Zeit? Viel mehr als die Einheitlichkeit im elementaren Lebensvollzug interessiert den Erzähler Graf die unerschöpfliche Vielfalt und Gegensätzlichkeit unter den Menschen. Die sozialen Gegensätze sind ein Leitthema der KALENDERGESCHICHTEN. Ähnlich intensiv wie in den frühen Werken

werden Arme und Benachteiligte in ihren kümmerlichen Lebens-
läufen verfolgt. »Die einen kommen unter die Räder, die anderen
unter die Erde«. Etwas stärker wird jetzt die Solidarität der Unteren untereinander herausgehoben, sei es auch nur eine atmosphärische Solidarität: »…indem ich weiß, daß Du auch eine arme Haut
bist«. Dazu gibt es jetzt sonderbare, ›schiefe‹ Konfrontationen der
Deklassierten mit den Begüterten oder deren institutionellen Ver-
tretungen. »Am Schlechtwerden des Armen sei allemal der Reiche
schuld«, entnahm Graf den Reden seiner Mutter. »Reichtum ver-
derbe nicht nur seinen Besitzer, er mache dadurch, daß er überhaupt da sei, auch den Armen gierig und gottvergessen«. Die sol-
chermaßen verdorbenen, zu Dieben gewordenen »Armen« treffen
in seltenen Momenten der »Frechheit« ähnliche Feststellungen.
Einer wird verurteilt vom Gericht wie von der dörflichen Gesellschaft, kehrt aber das moralische Verdammungsurteil, daß er es
sich vom Gestohlenen habe »gut gehen lassen«, »direkt aufreizend« gegen die bestohlenen Herrschaften um: »Die lassen sich's
aber Jahr und Tag so gehn… Das soll dann eine Gerechtigkeit
sein!« Außer dem beherrschenden Kampf um Besitz und Prestige
oder versteckt in diesem Kampf gibt es eine Fülle von Berührungen und Vergleichsebenen, wo die Angehörigen der verschiedenen sozialen Schichten sich aneinander reiben. Graf verfolgt »die
Kleinen« mit ihrem beschädigten, z.T. vernarbten Selbstbewußtsein ebenso präzise wie die »Menschen von jener Sorte, die sich
bei der Berührung mit dem sogenannten ›unverfälschten Volk‹ geschmeichelt fühlen und gar nicht merken, wie geschickt sich so ein
kleiner Häusler zu ihnen hinauflassen kann«.
Frank Thieß behauptete von Graf, er habe (um 1930) »zum ›Volk‹,
obwohl er es in seinen Büchern gut zu photographieren verstand,
keine Beziehung mehr« gehabt. Grafs intime Kenntnisse der Regungen und Anschauungen in diesem »Volk« verraten jedoch einen anderen als nur beobachtenden Umgang mit ihnen.
Vor allem den Sonderlingen aller Art gehört Grafs Herz. Außer
den richtigen, als »normal« empfundenen Vollbauern mit zwei bis
sechs Rössern im Stall, zwanzig oder mehr Tagwerk Wiesen und
Feld, mindestens einem Knecht und einer Dirn, außer der Vielzahl
von Häuslern, Gütlern und »arg notigen« landwirtschaftlichen
Existenzen gibt es in seinen Dörfern eine ganze Reihe von Leuten,
die sich ohne Hofstelle ernähren und oft kümmerlich »durchfret-
ten«[15]: Schneider, Flickschuster, Bader, Wegwart; auch Krämer,
Bäcker, Hilfslehrer gehören öfters dazu, einige wenige Metzger;

Schmied und Wirt dagegen fast nie. Einige werden für untergeordnete Arbeiten, als Gemeindediener, Boten, Mesner, oder ohne Arbeit als Armenhäusler von der Gemeinde durchgefüttert. Unter diesen abseitigen, wenig geachteten Existenzen und unter den Alten und Kranken bilden sich alle möglichen Spleens und Überzeugungen heraus. Sektenbrüder und ›Selberdenker‹ werden jetzt nicht mehr nur als Ausgegrenzte, als Opfer der Gesellschaft behandelt. Sie stoßen heftig mit der »normalen« Gesellschaft zusammen, ihre Sprüche können äußerst aggressiv wirken. Es ist nicht ausgemacht, welche Seite Recht behält. Die Alten bekommen ein eigenes Selbstbewußtsein. Sie sind ungern gesehen und sollten gefälligst bald sterben, besonders wenn die Gemeinde für sie aufkommen muß. Sie tun's aber nicht, sie leben der Dorfmeinung zum Trotz. Im SCHMALZERHANS wird ein solcher nichtsnutziger, alleinstehender Mensch gezeichnet. Er führt ein äußerst eingeschränktes Leben: läuft ein wenig im Dorf herum, brümmelt immer dasselbe vor sich hin, bekommt mal ein Gläschen Schnaps und mal ein Glas Milch. Aber dieses Leben wird mit großer Sympathie beschrieben. Auch dieser alte Mensch, der sein Leben lang untüchtig war, lebt einig mit sich. Er gewinnt seine Lebenslust daraus, daß er im Widerspruch zu denen lebt, die ihn schon immer ändern wollten und die ihn jetzt lossein wollen. Er »kümmerte sich um nichts und niemanden. Für ihn lief die Welt allein und er allein«.

Dergleichen Außenseiter kommen häufiger vor als die ausgesprochen gütigen Menschen. Sie machen keinen so frappierenden Eindruck; sie gehören halt zur »Welt« wie das Fluchen und der Unglaube zum bayrisch-katholischen Christentum. Aber sie führen uns vor Augen, daß die Welt des Dorfes (wie auch der Stadt) nicht aus lauter Kräftigen, Fleißigen, nicht nur aus Vollbauern und Vollbürgern besteht. Wie eine Bucklige dennoch ihre Lust gewinnt, im Bett, aber auch auf dem Tanzboden, das interessiert Graf mehr als die »sauberen« Bauerntöchter, die das einfacher haben. Eine »Welt« ist allemal reicher, auch widerspruchsreicher als die »Norm« oder der »Typ«, die sich ein Betrachter so schnell aus ihr heraussucht.

Geschlechterrollen. Emanzipation?

Wenn man die Übertreibungen im BAYRISCHEN DEKAMERON für bare Münze nimmt, dann brauchen die Männer die Frauen vor allem als liebstes (oder auch geringstes) Spielzeug, als Objekt ihres Begehrens und ihrer Gewalt. Danach kämen die Frauen noch am besten davon, wenn sie dieses Spiel mitmachen. Die KALENDERGE-SCHICHTEN und weitere Geschichten sprechen eine andere Sprache. Die Beziehung zwischen den Geschlechtern ist vor allem eine Geschäfts- und Produktionsbeziehung. Was die Frau »mitbringt« und wie gut sie arbeiten und haushalten kann, wird in der Regel vor der Anbahnung einer persönlichen Beziehung nüchtern festgestellt. Dazu sind die »Schmuser« viel unentbehrlicher als um für die gar zu Schüchternen etwas anzubandeln. In Ludwig Thomas »Wittiber«, den Graf sehr geschätzt hat, heißt es hart und sachlich: »Ja. Wann sie Fufzehntausend auf d' Hand kriagt, mag i«, worauf das Geschäft mit einem Handschlag erst mit dem Vater, dann mit der Erwählten besiegelt wird.

Ehen auf dem Lande sind vor allem Arbeitsehen, keine Liebesehen. Wenn zwei sich trotzdem lieben und das noch nach der Verheiratung öffentlich zeigen, fallen sie auf und schütteln die anderen über sie die Köpfe (DAS ALLTÄGLICHE WUNDER). Wichtiger, fast schon das Optimum des Bauernlebens ist es, daß sie einen »guten Zusammenstand« haben, also sich vertragen und kooperieren. Die Arbeitskraft beider muß ineinandergreifen wie zwei Rädchen. Das Abarbeiten aneinander mit seinen Reibungen, die bis zur Zerstörung führen können, ist bei anderen Bauernschriftstellern schärfer erfaßt als bei Graf. Gotthelf vergleicht den bewußten oder unbewußten Kampf zwischen zwei Ehegatten miteinander mit dem Lauf zweier Mühlsteine, »welche aufeinander gehen«. Der Müller weiß, daß nur selten beide Steine gleich hart sind. Der weichere wird »abgerieben«, »untauglich für den Gebrauch«. Gotthelf geht so weit, daß er den Wunsch beider Ehepartner, der andere möge sterben, in sein Sittenbild der »falschen« Zustände aufnimmt.[16] Lena Christ kennt das Kalkül der bäuerlichen Herrscher über ihr Vieh wie über ihre Frauen sehr genau: »D' Weiber muaß ma bloß richti behandeln, die san akrat wia d' Roß: je schwoarer daß s' ziagn müassen, um so leichter daß s' zum Zügeln san.«

Graf gestattet sich und den Lesern selten einen Blick in eine einmal geschlossene Ehe – außer in dem ausführlichen intimen Gemälde im BOLWIESER. Lieber verzeichnet er von außen, daß die Frau die Hosen anhat oder daß sie von ihrem Mann geschlagen wird und den »Zusammenstand« nur schwer aushält. Die Verachtung und Degradierung der Frauen wird eher vor- und außerehelich als zwischen Ehegatten durchgespielt. Frauen werden ziemlich generell dem Vieh gleichgestellt. Der Erzähler setzt manchmal den liebenswürdigen Kommentar dazu, daß damit eine große Wertschätzung für sie als nützliche Wesen ausgedrückt wird.

>»Ob bucklt oda schelch,
> s' Weib schaugt ma net o;
> Is ja a Kuah, dö wo i melch,
> Auf d' Mili kimmt's o!«

Es gibt eine beträchtliche Zahl von Weiberfeinden in Grafs Werk, die nichts mit dem schönen Geschlecht zu tun haben wollen – vielleicht kam ihm das besonders bemerkenswert vor. Da hagelt es nur so von »Sauweiber« und »Bluatsweiba, dö windign«. Aber auch was die Weiberfreunde von den »Gegenständen« ihrer Bemühungen halten, erfüllt alle Voraussetzungen für ein Beleidigungsverfahren. »Das Mensch« wird für einen Ortsfremden sachkundig definiert als: »a G'schoos« oder »a Trumm Weiberts hoit«. »A Weiberts is schlächter ois wia a läufige Hundsmatz«. »Ein Mundwerk wie ein Schwert«, heißt es von vielen, und eine ist obendrein »couragiert wie ein Metzgerhund«.

So betrüblich diese rednerischen Bosheiten klingen, zumal in unseren heute etwas empfindlicher gewordenen Ohren, noch fataler ist die faktische Benachteiligung der Frauen. Sie wird unbeschönigt dargestellt, aber kaum je in Frage gestellt. Ganze Menschen, Entscheidungsbefugte, politisch und sozial zählende Mitglieder der Gemeinden sind mit geringen Ausnahmen nur die Männer. Die Frauen »schaffen« und »können« nicht so viel, also sollen sie auch nicht mitreden und sich in allem unterordnen. Wenn eine Magd wirklich so viel oder noch mehr »wegschafft« als ein Knecht und sich überdies noch sehr willig dazu zeigt, berührt das den Bauern so unangenehm, daß er gleich einen neuen Knecht einstellt. Zwar ist die Arbeit auf dem Land nicht so strikt nach Geschlechtern eingeteilt wie in der Stadt. In Notlagen ergibt es sich, in Kriegszeiten sogar für viele Familien, daß die Frauen alles können müssen. Aber die Männer können es eben besser, »richtiger«, das wird mit vielen gern abgegebenen und gern gehörten Beteuerungen unterstrichen. Die Erinnerung an den Krieg muß immer wieder beweisen, daß die Höfe unter dem weiblichen Regiment doch nicht so gut in Schuß waren.

Emanzipierte Frauen sind selten. Schon das Ziel, sich zu emanzipieren, kommt kaum vor. In der Welt der starren Rollenzuweisungen gibt es wenig Gelegenheit dazu. In einer Kalendergeschichte, BEINAHE EIN FILM, zeichnet Graf den Aufstieg eines schönen, lebenslustigen, trotz seiner Jugend »lebensgescheiten« Proletariermädchens zu einer begehrten Dame, die vielen den Kopf verdreht und allen überlegen bleibt. Doch außer ihrer Unangreifbarkeit, ihrer Lust an dem Trubel erfahren wir nichts von ihr selbst. Die übrige Geschichte ist angefüllt mit den Manövern der schmachtenden und herumjagenden Männer.[17] Auf dem Land und in der Kleinstadt ist der Spielraum für irgendeine selbstbestimmte Existenz der Frauen noch geringer. Wenn sie für die Männer »unerforschbar« bleiben, nicht zu »entziffern« oder »rätselhaft«, ist das schon viel. Manchmal gewinnen sie ein Übergewicht, das auch die Männer widerwillig anerkennen müssen. »Weiber, wenn was im Kopf haben, da kommt der Teufel nicht mehr dagegen auf«. Aber auch damit entrinnen sie nicht dem Kampf der Geschlechter, den Druck- und Zwangssituationen, die bestenfalls als Konkurrenz, schlimmerenfalls als Fressen oder Gefressenwerden bestimmt sind.

Dasein und Handlungen

Seitdem Graf den Expressionismus aufgegeben und sein letztes Drama verbrannt hatte, wurde er ein durch und durch epischer Dichter. Die Betrachtungen von Menschen und Verhältnissen in ihrer Zuständlichkeit wurden sein wichtigstes Ausdrucksmittel. Auch die Verwicklungen unter den Menschen suchte er vor allem in ihrer Gesetzlichkeit zu erfassen, als Vollzug von Bewegungen zwischen anschaubaren, verläßlich vorhandenen Kräften. Manche Leser Grafs fühlen sich an Bilder von Brueghel erinnert, andere an Leibl. Ruhiges Dasein ist der Grundzustand von Grafs Charakteren und Geschichten. Er hebt etwas aus dem Strom der Begebenheiten heraus und läßt es in diesen Strom zurücksinken. Deshalb betont er so oft, daß er nichts erfinde: alles sei schon da und müsse von ihm nur aufgeschrieben werden. Natürlich erfindet er, aber er geht mit dem Kontinuum der ausgedachten Gestalten und Begebenheiten nicht anders um als mit seiner realen Umgebung. Er behauptet immer wieder, daß er seine eigenen Geschichten, wenn er sie aufgeschrieben hat, völlig vergißt. Er vergißt auch, wo und wem er was schon erzählt hat. Alles liegt gleichermaßen und alles nebeneinander vor ihm.
Ein Epiker ist jedoch kein Maler, das haben Lessing und andere Theoretiker den Schriftstellern nach ihnen hinreichend eingeschärft. Graf weiß, daß er seine Figuren handeln lassen muß, wenn er unser Interesse an ihnen erregen will. Aber es kommt ihm

mehr auf innere als auf äußere Bewegungen an. »Wilde« Handlungen, mehrschichtige Verwicklungen, sogar Verbrechen sind relativ häufig. Aber auch sie geschehen »wie von Natur« oder »von selbst«. Alles liegt klar auf der Hand, umgekehrt wie im Krimi und ganz anders als in einem ordentlichen Drama. Grafs Figuren werden aus allen möglichen (egoistischen) Motiven zu Verbrechen getrieben, aber sie sind wenig geschickt dazu. Die meisten Mörder treibt es nach ihrer Tat zu einem Geständnis. Eine Diebin verrät sich, indem sie vor den Nachstellungen eines männlichen Dorfgenossen quer durch den Wald flieht und ausgerechnet über das Versteck ihrer Beute wegstapft. Die Handlungen sind oft so nachlässig gebaut oder motiviert, daß wir merken sollen: Nicht auf sie kommt es an, sondern auf die Figuren, auf die Zustände in ihnen und zwischen ihnen, die von diesen äußerlichen Anlässen ins Licht gerückt werden.

In manchen Geschichten kommt die Handlung zum Erliegen oder tritt auf der Stelle. Die sinnliche oder die Bedeutungstiefe eines Zustands, eines Vorfalls wird ausgeschöpft. Das Selbstverständliche, das aber gewöhnlich im Lebensprozeß verdeckt ist, wird plötzlich ernst genommen und gewinnt eine solche Macht über die Menschen, daß alle »normalen« Handlungen, im Extremfall das Leben selbst dagegen bedeutungslos werden. Tolstoi hatte in seiner berühmten Erzählung »Der Tod des Iwan Iljitsch« gezeigt, wie der sonst stets verdrängte Gedanke an den Tod die ganze innere Person eines qualvoll Sterbenden umkrempelt. Graf geht in seiner Erzählung TICK-TICK-TICK-TICK einen Schritt weiter. Sein alter Mann ist über das Faktum, daß er sterben muß, dermaßen entsetzt, fühlt sein Leben so entwertet, daß er sich selbst den Tod gibt. Die Geschichte SCHLAFLOSIGKEIT ist nichts als ein dramatisierter Aufruhr der Nerven. Nachts, von der Arbeit zermürbt, auf den Schlaf zu warten und durch unbarmherzig lauten Wirtshauslärm am Schlafen gehindert zu werden, wird als eine verzehrende Qual beschrieben. Alle Folgen daraus, die Bemühung um Ruhe, der Verlust des Arbeitsplatzes, die Abzehrung zu einem »Gespenst«, der Mord am Wirt und der Selbstmord dienen lediglich zur Unterstreichung, wie unerträglich ein solcher Zustand ist. Der Schluß des BOLWIESER, in dem der traurige Held in den gleichbleibenden Gang der Elemente versinkt (andeutungsweise eine Einmündung in das buddhistisch-taoistische Gedankengut, das Hesse in seinem »Siddharta« ebenfalls an einem Fährmann den abendländischen Lesern vermittelt hatte), hat bei den Kritikern vielerlei Widerspruch hervorgerufen. Dieser Ausklang kommt aber weniger überraschend als sie behaupten. Sich treiben zu lassen oder lediglich zu leiden, ist schon vorher Bolwiesers Strategie gegenüber der Frau, der er nicht gewachsen ist. Er erreicht eine Position der totalen Gleichgültigkeit, wie sie im späteren Werk große Bedeutung erlangt. »Unangerührt« heißt es wieder. Nicht einmal die Länge seiner Zuchthausstrafe wird erwähnt – das interessiert ihn nicht mehr und soll die Leser nicht interessieren.

An diesen ruhigen Menschen, die alle »Wichtigkeiten« der anderen an sich abgleiten lassen, erprobt Graf die Ruhe, Kühle und dennoch große Interessiertheit seines Blicks. Nicht die Handlungen, sondern die in den Köpfen (und Körpern) eingegrabenen Furchen der früheren Handlungen bleiben übrig. Bei diesen Menschen ist es noch offenkundiger als bei den so schrecklich betriebsamen, daß sie ihr Schicksal kaum je selbst gestalten, es vor allem erleiden. »Die Welt macht doch den Menschen und nicht umgekehrt«. Schon junge Menschen tendieren zur Ruhe, nehmen z. B. Anstrengungen nur in Kauf, damit sie endlich in Ruhe gelassen werden. Wie der typische Sozialdemokrat die Revolution und eine genervte Bauerntochter die Ehe (s. o.), so nimmt in DER HARTE HANDEL der Knecht die Brandstiftung nur deshalb auf sich, »daß a Ruah is«, daß der Bauer endlich aufhört, in ihn zu dringen.

Auch die hektische Übertreibung der Handlungen kann auf den immer gleichbleibenden Zustand, auf ein nicht dynamisches, nur für die betrachtenden Gedanken produktives Nebeneinander führen. Graf beginnt, mit Elementen der Montage zu arbeiten. Gleich die erste seiner »Geschichten aus der Stadt« nennt er WIRBEL DER STADT. Er entfaltet ein Kaleidoskop von gesellschaftlichen Bestrebungen, die sich gegenseitig lahmlegen (Rationalisierung, eine Demonstration, Verhaftungen), von alltäglichen Ereignissen, alltäglichem Elend und von befremdeten Wahrnehmungen der Großstadt Berlin. Das Prinzip ist nach vier oder fünf Jahren der »Neuen Sachlichkeit«, im Erscheinungsjahr von Döblins »Berlin Alexanderplatz« nichts umstürzend Neues. Aber Graf betont nicht nur das irre Nebeneinander und die sozialen, moralischen, vitalen Spannungen. Er arbeitet heraus, wie der Trott, das Muster, die Verkrustungen über die einzelnen Menschen und ihr Leben siegen. »Drüben stirbt ein Mensch und herüben ergötzt man sich mit ausgelassenstem Übermut. Stumme, endlose, vielfächerige Häuser schachteln das Leben ein. In all ihren Räumen und Kammern neben-, über- und untereinander wird es jahraus und jahrein gleicherweise dunkel und hell, Menschen sterben und werden geboren und immer gleich stehen diese Wände, diese Gänge und Türen und Fenster...« Ist bei einer solchen Einschachtelung und Festlegung von außen überhaupt noch eine Aktion des Menschen, besonders der Gruppen und sozialen Klassen möglich? Das wird angesichts der politischen Situation in den letzten Jahren der Republik eine sehr ernste Frage.

»Dös gibts«

Diese Formel scheint eine Lieblingswendung vieler Bayern für eine ganze Skala von Situationen zu sein. Ruederer hat den Ausdruck geliebt und über die merkwürdigsten wie die alltäglichsten Vorfälle seine spöttisch-befriedigte Feststellung »Dös gibts« ausgestoßen. Hofmiller schreibt über Ruederers Komödie »Die Fahnenweihe«: »Das Werk klagt nicht an, moralisiert nicht, hat keine satirischen Absichten (wie Hauptmann); sein Motto könnte jener bekannte, zugleich resignierte und skeptische Münchner Spruch sein: ›Dös gibts‹«.
Auch Graf moralisiert nicht und kommt mit immer weniger Anklagen aus. Er stellt die Wirklichkeit dar, wie er sie wahrnimmt, und lehnt es ab, sie zugunsten einer »Tendenz« zu beschönigen oder eindeutig oder lehrreich zu machen. »Denn mir kam und kommt es immer beim Schreiben darauf an, den Menschen darzustellen, wie er in Wirklichkeit ist, mit seinen Schwächen, seinem Dreck, seiner Verlogenheit und all seinen inneren und äußeren Hemmnissen«. Er verweilt mit großer Intensität bei den negativen Erscheinungen der Gesellschaft und des Menschenlebens – manche Kritiker finden seine Beschäftigung mit dem Garstigen geradezu liebevoll. Er rechtfertigt nicht die vielen Rücksichtslosen, Schadenfrohen und Boshaften, bei denen er mit solcher Beharrlichkeit verweilt. Er macht auch das Natürliche, das er gegen alle Verdrängung und Diffamierung hochhält, nicht schön oder glatt, er besteht darauf, daß es ziemlich ekelhaft sein kann. Sein Realismus machte ihn persönlich wenig beliebt. »Die Bauern mögen mich nicht, weil ich sie so darstelle wie sie sind«. Ein Brieffreund aus Schweden schrieb ihm über BOLWIESER: »inhaltlich leider zu wahr, um ungetrübte Freude an der Lektüre hervorzurufen«. Worin liegt dann das »außerordentliche Plus«, das z.B. Feuchtwanger darin erkannte, daß Graf »boshafter« schreibt als Thoma und andere? Zu schreiben, was ist, und es so hinzustellen, wie es ist, ist als solches noch nicht in jedem Fall befreiend. Graf macht seine Charak-

Der »Simplizissimus«-Zeichner Karl Arnold gestaltete diesen
Schutzumschlag zu dem 1931 herausgekommenen Roman BOLWIESER
(Drei Masken Verlag, München).

Der sechsjährige
Oskar (in der Mitte
sitzend, mit überge-
schlagenen Beinen)
im Jahre 1900 mit
seiner Mutter, The-
rese Graf, und den
Geschwistern
(v.l.n.r.): Maurus,
Anna (Nannderl),
Lorenz (Lenz) und
Emma.

Graf im Alter von
16 Jahren, kurz bevor
er Ende 1911 vor dem
brutalen ältesten Bru-
der Max, der nach
dem Tod des Vaters
die Bäckerei weiter-
führte, in die Stadt,
nach München, floh.

Das Leben in der Stadt, der Kriegsdienst, seine Verweigerung und die Revolution haben das Gesicht des jungen Graf verändert. Im Jahre 1917 hatte er sich in Anlehnung an den von ihm verehrten Rainer Maria Rilke den Künstlernamen »Oskar Maria« zugelegt (Aufnahme von 1918).

Mutter Therese (links) und das Deininger Basl umrahmen hier
den jungen Dichter, der gerade mit seinem 1927 erschienenen
Bekenntnis-Roman WIR SIND GEFANGENE den literarischen
Durchbruch geschafft hat.

Grafs Geburtshaus mit der Bäckerei in der Gemeinde Berg am
Starnberger See (Foto um 1960).

Grafs erste Frau, Karoline Bretting, die er im Mai 1917 geheiratet hat.

Mirjam Sachs, das »Fräulein« in WIR SIND GEFANGENE, die Graf 1918 kennengelernt hat, wurde seine zweite Frau, die an seiner Seite die Erfolgsjahre vor 1933, die Flucht vor Hitler und die langen Jahre des Exils bis zu ihrem Tode 1959 mitgemacht und sein Leben entscheidend mitgeprägt hat.

WUNDERBARE MENSCHEN, die »heitere Chronik einer Arbeiterbühne«, hat Graf 1927 veröffentlicht. In diesem Buch spielt der Packträger Lorenz Ehrhart vom Münchner Hauptbahnhof, der auf dem Bild hier mit Graf zu sehen ist, eine wichtige Rolle.

Oskar Maria Graf, gesehen von vier Künstlern zwischen 1918 und 1960: von Georg Schrimpf (1918), ...

... von Karl Wähmann (1929),

... und von Rudolf Schlichter (um 1925).

... von Magda Bittner-Simmett (1960), ...

Graf mit Mirjam und Richard Teclaw auf einem Spaziergang in der Umgebung von Brünn (1934).

Von August bis Oktober 1934 besuchte Graf die UdSSR. Im Bild (v.l.n.r.): Ernst Toller (auf dem Pferd sitzend), Theodor Plivier und Oskar Maria Graf.

Oskar Maria Graf, um 1935 von Else Fischer in Brünn porträtiert.

Schnappschuß anläßlich des Gegenbesuchs der sowjetischen Schriftsteller Tretjakow, Kolzow u. a. 1935 in Brünn (v.l.n.r.): das Ehepaar Tretjakow, Graf und seine Freunde Else und Gustaf Fischer.

Auf der Terrasse von Grafs Wohnung in Brünn um 1937: Graf und Mirjam mit Ernst Levin, dem Franz-Mehring-Verleger aus Berlin.

ter- und Sittenschilderung dadurch so anziehend, lohnend für alle, die auf Welt- und Menschenkenntnis aus sind, daß er die einfache Existenz seiner Figuren herausstreicht und eine genau abgestufte Fülle von Existenzen neben- und gegeneinander stellt. Jeder ist mit einem gewissen Schwung so, wie er ist. Auch wenn er das Unglück hat, etwa böse, verschlossen, »muffig«, schüchtern oder aus irgendeinem Grunde sonst nicht einig mit sich zu sein, so ist er das von Grund auf, aus seinem Bewegungszentrum bis in die Fingerspitzen. »Ja, so ist er« möchte man bei vielen Gestalten sagen: der Bauer, der rechnet oder der in die Stadt muß, der innerlich nicht ganz freie Freier, der ertappte »Planer«, der Mensch in Verlegenheit, in Händeln, in Wut, im Schmerz. Keiner muß sich rechtfertigen, daß er gerade so geworden ist – Gründe dafür gibt es genug in dem verwickelten Gang der Interaktionen zwischen allen Menschen. Eben darum darf auch keiner seine Art zu existieren den anderen aufnötigen. Darin ist Graf einer der entschiedensten Nachfolger Büchners. Die konkrete Beschaffenheit der anderen mit ihrer unendlichen Verschiedenheit ist der festeste Riegel gegen diese Anmaßung, zu der die Menschen so leicht, mit so unübersehbaren Folgen neigen. Die Menschen ergänzen sich nicht zu Paaren wie Gut und Böse, sie ergänzen und bereichern sich zu einer weiten Skala der Untugenden, in denen sich ihr jeweiliger Lebenswille verwirklicht. Werner Hees nennt als die wichtigsten Eigenschaften: »Grausamkeit, Bigotterie, Haß und Neid«. Er betont aber, wie mancher andere Liebhaber von Grafs Erzählkunst, daß der Autor aus den vielen einseitig festgelegten, oft »verstörten« Menschen eine wahre »bäuerliche Comédie humaine« geschaffen hat. Walter Kiewert nennt die Bauern, wie sie in DAS LEBEN MEINER MUTTER erscheinen (um einen Grad freundlicher): »starrköpfig, konservativ-klerikal, zäh im Lebenskampf, fleißig, besitzgierig, derb, mißgünstig, schadenfroh«. Graf verdankt seine Menschenkenntnis zu einem guten Teil Gerichtsverhandlungen oder Berichten darüber. Es ist selten etwas Erfreuliches, was dort verhandelt wird, und er begibt sich überdies in die Schule der »erprobtesten Menschenkenner«: der Arbeitslosen. Die haben Zeit, bei Prozessen zuzuhören. Sie kennen jeden Richter und jeden Anwalt auswendig; sie können aus den ersten Wendungen, mit denen der Angeklagte auftritt, die Höhe der Strafe vorhersagen. »Sie haben mich erst hellhörig für jede Redewendung gemacht, haben meinen Blick geschärft und mir Dinge und Wirklichkeiten erschlossen, die ich in keinem Buche mitgeteilt fand«.

Wenn aber die Menschen so sind, wie sie sind, aus hundert guten und schlechten Gründen, wenn zudem die Prozesse zwischen ihnen von vornherein determiniert erscheinen: will Graf uns damit sagen, daß sie so sein müssen? Dem Anschein nach naturalisiert er die Geschichte und die Gesellschaft. Balder Olden übersetzt sich die Handlung von BOLWIESER in einen Naturvorgang zwischen Gokkel, Henne, einem Edelhahn und ringsum viel feindseligem Federvieh. Er hat damit die Enge in den sozialen Verhältnissen wie den Verhaltensweisen gut erfaßt. Sein Modell für den Automatismus der fatalen Reaktionen paßt. Aber ist die »Verstrickung« wirklich »unausweichlich«, wie Herbert Rosendorfer im Nachwort zu BOLWIESER schreibt? »Der Leser in Bolwiesers Situation wäre so hilflos wie er«? Mir scheint es nicht ganz angemessen, fiktive Gestalten für wirkliche zu nehmen.

Graf hilft mit seiner ungerührten, unerschrockenen Darstellung, Menschen und Verhältnisse verständlicher zu machen, ganz im Sinne von Gorki: »Häßlich, schrecklich sind die Dinge nur, weil sie unverständlich sind«. Er läßt sie, wie sie sind, er springt als Erzähler nicht aus der »Ordnung der Dinge«. Aber er läßt dem Leser die Freiheit, sich sein Teil zu denken. Manches kann gar nicht, vieles soll und darf nicht so bleiben, wie es ist.

Die Toleranz des Erzählers gegenüber dem Vorhandenen, seine Sympathie mit Menschen, die dumme »falsche«, schädliche Ansichten und gemeine Gewohnheiten haben, ist erstaunlich groß. Wir dürfen von ihr aber nicht alles zudecken lassen. Wir sollen die traditionelle, von Graf noch erweiterte Einrichtung dieser Rolle nicht mit seinen eigenen politischen und gesellschaftlichen Absichten verwechseln.

Die Politik im Alltagsverhalten

MEINE INNERE EINSTELLUNG, so überschreibt Graf verheißungsvoll einen Artikel in der »Jugend«. Nach dieser »inneren Einstellung« habe ihn nämlich ein Bekannter gefragt (»ein jetziger Doktor rer. pol., und sonst ein ganz normaler Mensch«). Graf antwortet mit lauter Geschichten, die das Inquisitorische der Frage abblocken, die Schlagwörter für eine solche »Einstellung« vermeiden, aber anschaulich schildern, wodurch er so mißtrauisch geworden ist und den Glauben an alle Größe verloren hat.[18]

So machte er es immer, jedenfalls in diesen Jahren der Republik. »Im Privaten spiegelt sich stets das Allgemeine«. Ein Familientyrann, in Worten ein großer Menschenfreund, gönnt seiner Familie aus lauter »Sozialismus« nicht, sich satt zu essen, aber nascht heimlich Schokolade. Graf braucht gar nicht mehr über seine politische Überzeugung und seinen Opportunismus zu schreiben, er hat ihn hinreichend erfaßt. »Das Geringste ist immer nur ein Teil des Größten«. Aus einem übertrieben nationalistischen Beamten, den er in seiner Bohèmezeit in Berlin erlebt hat, macht er allmählich eine in ihrer Pflicht- und Ordnungsliebe tückische, politisch gefährliche Figur (ZWISCHENAKT). Später macht er daraus den Sittinger, in dem das ganze Unheil der politischen Entwicklung in Deutschland eine mickrige und überaus plastische Gestalt annimmt. »Wohl alle Bewegungen auf der Welt« kommen nach dem Kalkül des beginnenden Dichters in DER RUHM TRÜGT durch miteinander verkettete, ins Gigantische anschwellende winzige Bewegungen wie zum Beispiel privaten Ärger zustande.

Was für ein Bild von den Kräften, die der Politik zugrundeliegen, und von der Verfassung dieser Kräfte in den handelnden Menschen entwerfen Grafs Erzählungen?

Die Bauern sind desinteressiert an politischen Vorgängen. Wo von ihnen wichtige Erscheinungen gefordert werden, wirken sie dem Geschehen nicht gewachsen. »Brummig, mißtrauisch und feindlich« reagieren sie auf die Rotarmisten. Die schwer durchschaubaren Auseinandersetzungen in der Stadt setzen sich in Feindseligkeiten auf dem Lande fort, die nicht leichter werden dadurch, daß sie rein impulsiv statt politisch gezielt ausgefochten werden. In einem Dorf schießt der Bürgermeister blindwütig auf die Roten, als sie Pferde requirieren wollen, und läuft kopflos davon. Ein beherzter Konditor, der alles wieder einrenkt, kommt dadurch in den Ruf, er sympathisiere mit den Roten. Als die Weißen kommen, viel »militärischer« als die improvisierenden Roten, wird er denunziert. Der Bürgermeister, der durch die vorige Blamage eine Wut auf ihn hat, muß über ihn aussagen. Er erzählt »gewiß alles der Wahrheit gemäß, aber der Ton macht schließlich die Musik, und in solch gespannten Augenblicken kann ein Wort alles verderben«. Aus kleinen Akzenten gewinnt der Hauptmann den Eindruck, der Konditor sei einer von der roten »Bande«. Er läßt ihn ohne Vernehmung und Urteil, trotz der Bitten des erschrockenen Bürgermeisters erschießen (AUFFASSUNG FREIBLEIBEND). »Um Gottswilln hilf ja koan!« resümiert (in der ersten Fassung) die eisgraue Mutter des Opfers. »Scho in der Stund drauf is er imstand und bringt di selba um!« Der gern beschworene Zusammenhalt der Bauern untereinander hält schon diesem Stoß nicht stand, nicht einmal in den kleinen Bemerkungen über einander. Der folgenden politischen Entwicklung, dem Aufstieg der NS-Bewegung, hat die Landbevölkerung noch weniger entgegenzusetzen.

Graf verfolgt an vielen kleinen Punkten, wie die braune Propaganda in die Köpfe und die Alltagsreden eindringt. Er geht auf die aufflackernden Aufstände der Bauern um 1930 gar nicht, auf ihre gereizte Stimmung erst nachträglich ein (z.B. in DER ABGRUND). Am meisten interessiert ihn die strukturelle Anlage zu einem Entgegenkommen gegenüber der NS-Ideologie: der bäuerliche Egoismus, das »Nutzbewußtsein«. Er sieht den Egoismus und die Tendenz zur Isolierung tief in den landwirtschaftlichen Produktionsverhältnissen seiner Zeit (und schon des 19. Jahrhunderts) angelegt.[19] Aber er glaubt zu erkennen, daß die politischen Einwirkungen »von außen« auf die Landwirtschaft diesen Egoismus nur noch gesteigert haben. In der nachträglichen »Kleinen Vorbemerkung« zu DER HARTE HANDEL (von 1935) wirft er »den deutschen Gesetzgebern« vor, sie gingen immer »von der – man kann ruhig sagen – furchtsamen Voraussetzung aus, man müsse diesen Bauern noch besitzbewußter machen. Die Brüningschen Entschuldungsexperimente bäuerlicher Betriebe, der seinerzeitige Hugenbergsche Vollstreckungsschutz und das so viel gerühmte nationalsozialistische ›Erbhofgesetz‹ lösen den Bauern gewissermaßen immer mehr aus der sozialen Gemeinschaft heraus. Sie machten und machen ihn nur noch antisozialer und privater und ändern dennoch nichts an seiner wirtschaftlichen Lage«.

In den Städten ist der Bewußtseinsstand ein ganz anderer. Hier findet Graf ein Potential zu einer revolutionären statt der reaktionärsten Wendung: das Elend zur Zeit der Massenarbeitslosigkeit (Graf vergißt auch nicht die vielen Arbeitslosen in den Anfangsjahren der Republik und die in der wirtschaftlichen Erholung der zwanziger Jahre noch vorhandenen Arbeitslosen), die soziale Gärung in den verelendeten Massen und die Agitation der organisierten Arbeiter (durchweg nach dem Bild der Kommunisten gezeichnet, selten so benannt). Es gibt Streiks, Demonstrationen, Tumulte in den Arbeitsämtern. Graf konzipiert einen so gewaltigen Zusammenstoß in München mit der Polizei, daß diese ihm nicht gewachsen ist, so daß sie die Reichswehr zu Hilfe ruft, die ein Blutbad mit über hundert Toten anrichtet. Die treibende Kraft sieht er nicht in den Parteiparolen, nicht in den »geheimen Ausschüssen« der Erwerbslosen, sondern in der Menge, in ihrer großen Zahl und ihrem Zorn. »Wie ein unaufhaltsamer, breiter, grauer Strom rannen die Tausende – immer wieder stockend, immer wieder polizeiliche Hindernisse und Absperrungen überwindend – in die Stadt. Männer, Weiber, Kinder und Greise, Alt und Jung, alles, alles, was die Not nicht mehr aushielt, marschierte«. Aber so stark das Drängen auf eine Veränderung ist, es wirkt sonderbar festgefahren. Das Leben in der Stadt ist auch in seinen politischen Bewegungen »eingeschachtelt«. Jede Aktion der Arbeiter stößt auf längst bereitstehende Spanische Reiter draußen und Aufsichtsratsbeschlüsse drinnen. In den eigenen Bewegungsformen sind die Arbeiter erstarrt. Sie begeistern sich an ihrer Einigkeit in einer Demonstration, aber die entrollten Fahnen und Transparente ordnen die Aktion in ein Zeremoniell ein, wie es schon hundertmal – stets vergeblich – zelebriert wurde. »Ewig wogte dieses Heer der Verbitterten«.

Das gleiche Bild zeigen die Menschen, wo sie nicht nur als Mosaiksteinchen der Masse: »keck und furchtsam, schleichend und wutentbrannt kämpferisch«, sondern als Wesen mit Namen und eigenem Lebensgang betrachtet werden. Selbst wo einer regelrecht zum politischen Kämpfer gewonnen wird, wo er mit »der unsichtbaren Legion« der Arbeiter »sturmlaufen und schließlich die Welt verändern« will, tut er das in Auseinandersetzung mit moralisch widerwärtigen Verhältnissen, die ihm weiter anhängen. Er kann zwar »wie erlöst« losgehen – »Immer straffer, immer bewußter und männlicher wurden seine Schritte« –, aber außer der Arbeitslosigkeit und neuen Begegnungen mit seiner zermürbten oder sich durchmogelnden Familie hat er keine Perspektive vor sich. Ein anarchistischer Draufgänger wird mit Sympathie, aber nicht als Vorbild gezeichnet und wird zusammen mit einem windigen, nur durch seine Selbstbesessenheit faszinierenden Intellektuellen in zwei Erzählungen unter der Kapitelüberschrift »Abenteuerliche Menschen« in der Erstausgabe der KALENDERGESCHICHTEN (Teil 2) zusammengebracht. Die Menschen sind in sich selbst nicht frei. Statt Klassenbewußtsein, wie es in einer Geschichte der Ich-Erzähler mit massiven Einschaltungen verlangt, entwickelt ein proletarischer, von »ganz unten« kommender Genosse nichts als »Schwermut«. Seine Jugend war so hart – seine Mutter prügelte ihn z. B. für nichts anderes, als um vor der Öffentlichkeit ihre Armut und seine Schuld zu demonstrieren –, daß seitdem jeder Kampfeswille in ihm gebrochen ist. »Man darf nichts glauben«, sagt er »ohne die geringste Geschmerztheit«. Dieses lähmende »nichts glauben!«

setzt Graf an den Schluß seiner KALENDERGESCHICHTEN. Die Unterdrückung, die nach allen Revolutionslehren und nach Grafs eigenem Ideal die »rebellierenden« Menschen zum Aufstand treiben sollte, kann in starken Dosen, bei ständigem Anhalten, wenn sie schon die empfindliche Jugend trifft, die Menschen völlig lähmen und ihren Willen auslöschen. »Die Bitterkeiten und Härten der Jugend schatten über das ganze Leben«.

Graf hielt Ausschau über seine unbefriedigende Zeit hinaus und suchte Vergleiche, Kontraste, Klärung der historischen Bedingungen. Ihn interessierten die GRENZEN DER MACHT in verschiedenen Konstellationen, selbst wenn sie beim Zaren Iwan dem Schrecklichen auftraten. Er beschäftigte sich jahrelang mit dem deutschen Bauernkrieg. Er wollte einen Roman darüber schreiben und war sich »sicher«, daß dieses Werk »sein bestes« werden würde. Er mußte bei seiner Emigration das Material dafür zurücklassen (es wurde bei einer Hausdurchsuchung beschlagnahmt und vernichtet); er trauerte ihm lange nach; er fand nicht mehr den Griff, es neu zu gestalten. Eine kleine Kostprobe, wie er in dieser Zeit mit der Geschichte umging, bietet seine Geschichte aus dem Dreißigjährigen Krieg TRIUMPH DER GERECHTEN.[20] Graf wählt einen Seitenstrang des großen Bauernaufstands in Bayern im Winter 1633/34: einen Haufen von Bauern zwischen Isar und Inn, die sich gegen die Soldateska (Kaiserliche wie Schweden) und gegen ihren beschwichtigenden Kurfürsten bewaffnet erhoben haben, sich nicht wie die größere Schar rechts des Inns durch den »süßmäuligen« kurfürstlichen Pfaffen heimschicken lassen, sondern bis zum Tod beisammen bleiben, dazu als Kristallisationspunkt des Interesses[21] einen undurchschaubaren Hutmacher und Waffenkundigen, der die Waffen der herumstreunenden Soldaten an sich bringt und den Bauern weitergibt.[22] Der Zorn der Bauern, ihre Vielfalt, ihre erzwungene Einigkeit werden kräftig veranschaulicht, ihre gerechte Sache politisch weitreichend bezeichnet: »Ein Zeugnis wider Gott, Kurfürst und Vaterland«. Das Beeindruckendste an der Geschichte ist »die Mausefalle« am Schluß: Der Abt des unversehrten, reich versorgten Klosters Eberbach läßt ihnen alle Tore, alle Speicherkammern öffnen, und sie verlieren mit Naturnotwendigkeit, trotz des Fluchens und Drohens ihrer Anführer, sämtliche Disziplin.[23] Sie werden vom nachsetzenden Militär mit Leichtigkeit gejagt und zerhackt. Sie waren nur so lange heldenmütig und Rächer des unermeßlichen Bauernelends, bis ihr Feind sich mit ihren eigenen Mägen gegen sie verbündete.

Die bevorzugte Epoche, an der Graf die Tauglichkeit oder Kläglichkeit seiner Figuren in politischer Hinsicht mißt, ist die »aufgeregte Zeit« vom Kriegsende bis zum Ende der Revolutionsversuche 1923. Er findet in ihr mehr Anpassungskünstler als politisch bewußte oder kämpfende Menschen. »Krieg, Revolution und Inflation überstanden die Eheleute ohne Trauerfall und ohne allzugroße Erschütterungen, schlecht und recht und gewissermaßen wie eine unüberdenkbare, gehetzt dahinjagende Zwischenzeit, die gerade deswegen, weil man sich jeden Tag umstellen mußte, lebendig und gelenkig erhielt«. Er sieht auch die eigene Beteiligung und die seiner schön redenden Genossen immer kritischer. In der langen Erzählung DIE SIEDLER karikiert er eine selbsternannte Hilfstruppe des kämpfenden Proletariats. Sechs Genossen wollen eine Siedlung auf dem Land »auf rein sozialistischer Grundlage« errichten. Sie bekommen auch das Geld – Graf wußte, wie man das damals machen mußte (s. o.). Sie versagen aber kläglich. Sie verstehen nichts von Landwirtschaft. Ihre eindringlich dargestellte Aufgabe, zur Versorgung der Stadt beizutragen, die nach der Revolution vom umliegenden Land regelrecht ausgehungert wird, bleibt unerfüllt. Sie verstehen sich praktisch ebenso wenig auf den Sozialismus. Vor den revolutionsfeindlichen, schadenfrohen, betrügerischen Bauern haben sie nur Angst – die Bauern lernen ohne sie, durch die Ereignisse selbst, mehr als durch die sofort eingestellten Versuche der »Siedler«, die ihrerseits bei Beendigung der Revolution auseinanderlaufen und verschwinden.[24]

Eine eingreifende Auseinandersetzung mit der Figur des Rebellen, etwas wie eine einseitige Fortsetzung von WIR SIND GEFANGENE, mit der gleichen Schärfe der Selbstkritik, aber ohne allen Optimismus, gestaltet Graf in EINER GEGEN ALLE (1932). Die Zerrüttung der Moral und Lebenssicherheit durch den Krieg wird hier als so total gezeichnet, daß ein Kriegsheimkehrer den Frieden einfach nicht annimmt. Er führt allein gegen alle einen barbarischen Kampf ums Durchkommen, bis er von der »Ordnung« eingeholt, gefangen und verurteilt wird. Wichtige Grundvoraussetzungen teilt dieser Vagabund mit Graf (der ihm auch sein eigenes Geburtsjahr gibt). »Ich glaub', daß man bloß auf's Fressen satt wird. Ich glaub', daß alles auf der Welt Schwindel ist. Ich glaub', daß die Dummen ewig für die Besseren rackern und ihren Kopf hinhalten. Ich glaub', daß deswegen die Herren den Herrgott und das Vaterland, das Gesetzbuch und den Eid, das Gericht und die Polizei erfunden haben.« Mit welchem Hohn dieser Einzelgänger die Normen, den gesellschaftlichen Imperativ zu arbeiten (in einer Zeit großer Arbeitslosigkeit), die Verheißungen der neuen Verfassung abfertigt, das hat Graf sichtlich mit großer Zustimmung ausgeführt. In seinen höchst bedenklichen Räubereien gebraucht er Kniffe, die mitunter dem »positiven Helden« Bänscho gut anstünden. Als er nach einem Überfall, mit der Beute in der Hand, von Passanten eingekreist ist, streut er »einfach eine Menge loser Banknoten unter die hinter ihm herlaufenden Verfolger«. Die Wirkung ist, wie man sich denken kann, »geradezu grotesk«, der Täter entkommt in Ruhe. Aber der unfreiwillige Vagabund schlägt wahllos und rücksichtslos um sich. Er trifft sowohl Besitzende und ihre Ordnungshüter wie kleine Leute. Sein Mord an zwei einzelnen Tippelbrüdern, die ihn in seiner Selbständigkeit hätten bedrohen können, wird als grausig herausgestellt. Er wird ein Schädling der Gesellschaft. Er bringt mit seinen wüsten Aktionen die Revolution und besonders den im Vogtland operierenden sozialistischen Rebellen Max Hölz in Verruf. Allerdings werden beim einfachen Volk auch seine Schreckenstaten nach dem Muster des edlen Räubers, als Rache für soziale Unbill aufgefaßt. Gegen Ende erlahmt sein bisher so unerbittlicher Lebenswille. Mit der riesigen Beute weiß er nichts anzufangen. Fixiert auf seine Familie und den Ort seiner Herkunft, wird er ergriffen, verleugnet sich nur noch, macht sich noch im Gefängnis unangreifbar und bringt sich schließlich um. »Krieg aus, Friede überdrüssig«, hinterläßt er als Summe seines Lebens. Wilfried Schoeller nennt ihn einen »Bruder des Brechtschen Baal und des Franz Biberkopf von Alfred Döblin«. Die Nähe zu Grafs eigener Position und die objektive Verurteilung des Mörders und absoluten Egoisten machen den Roman zu einem ebenso dunklen wie faszinierenden Werk. »Der Roman ist für mich innerlich die Konsequenz meiner Glaubenslosigkeit, wenn ich so sagen darf«.

»In Geschichten verstrickt«?

Graf hat von der reinen Vernunft, von Theorie, von Systemen aller Art, von Prinzipien und zunehmend auch von Programmen wenig gehalten. Obgleich er sich zumeist noch naiver, denkfeindlicher gab, als er tatsächlich war, müssen wir uns damit auseinandersetzen, daß wir es in all den schönen Geschichten mit einem ziemlich antitheoretischen Intellektuellen zu tun haben. Schon die Intellektuellen als solche und selbst den Intellekt – im Sinne der Illusion, mit dem Kopf etwas bewerkstelligen zu können – hat er tief verachtet. Er hat sich zwar auf ihren Gefilden, aber gar nicht wie einer aus ihrer Zunft bewegt. »Vom G'scheitsein hat der Ochs nichts, aber's Heu, das mag er« – das könnte von Graf sein, wenn es sich nicht schon vor ihm viele Bayern als geflügeltes Wort weitergesagt hätten.

Grafs Geschichten bestechen durch andere Qualitäten. Eine praktische Schlauheit spricht in ihnen, eine präzise, geschulte Aufmerksamkeit auf gesellschaftliche Prozesse, viel Lebenserfahrung und eine – verglichen mit der sonstigen deutschen Literatur zumal der Zeitgenossen – unerhörte sinnliche Konkretheit. Das alles bleibt im Rahmen der Geschichten. Es macht sie voll und dicht (manche seiner Liebhaber sagen gern »prall«), es macht einige geradezu überströmend und ansteckend. Aber es läßt sich aus ihnen nicht abstrahieren, nur schwer und ungefähr auf Begriffe bringen. Es läßt sich kaum irgendwie anwenden, es sei denn wiederum in einer erzählenden Weise.

Wenn man die Geschichten genau liest, ja schon wenn man sich von ihrem Anschein des Behagens einfangen läßt und sich ihren bösartigen Weiterführungen aussetzt, kann man viel aus ihnen lernen. Interaktionen zwischen Menschen, die konkrete Auswirkung der sozialen Differenzen bis in unbeachtete, überraschende, spontan einleuchtende Folgerungen werden so sichtbar, ja plastisch fühlbar wie selten in den gebräuchlichen Verfahren der Sozialwissenschaften. Graf war auf seine Weise ein Gesellschaftsanalytiker, und zwar von beträchtlicher Kraft, mit einem für damals wie für heute bedeutenden Radius, mit einem scharfen Blick hinter die üblichen gesellschaftlichen Täuschungen und Selbsttäuschungen. Aber er verfährt nie im eigentlichen Sinne »analytisch«. Er seziert nicht, er hat wenig Sinn für die anonymen, rein funktionalen Kräfte und für Dimensionen, die das Überschaubare übersteigen. Was sich in den Alltagsvorgängen an sozialen, ökonomischen, politischen Kräften zeigt, erfaßt er präzis. Was diese Kräfte eigentlich ausmacht oder wie sie in Chefetagen, Regierungsvierteln, an der Börse, in Hörsälen oder in Komitees der betroffenen Menschen bestimmt und eingeplant werden, das entzieht sich seiner Darstellung. Allenfalls zeichnet er einzelne hilflose Menschen, die es da hinein verschlagen hat, oder Charaktermasken, von denen eher die »Bäuche« als die Köpfe sichtbar werden.[25] Der Mensch, die praktisch-sinnlich verstehbare Person war für Graf das Maß aller gesellschaftlichen Prozesse. Daran hielt er fest, auch wenn seine intellektuell geschulten Schriftstellerkollegen längst mit abstrakten, »eigenschaftslosen«, vielfältig zerstückelten oder unfaßlichen Menschen experimentierten und die Prozesse zu erfassen suchten, die die Menschen, wie Graf selbst merkte, als Subjekte ihrer Handlungen entthront hatten.

Auch Graf hat es mit modernen, mit durch und durch widersprüchlichen Personen zu tun. Seine Begrifflichkeit, seine Akzentsetzung beim Erzählen trug dem Rechnung. »Kein Mensch – gleichgültig ob Frau oder Mann – ist innerlich klar, einfach und durchsichtig. Die Zwiespältigkeit macht unser aller Leben aus. Gerade die Kraftvollsten, Lebenshungrigsten und Gesündesten sind die Zwiespältigsten«. Er kommt nicht ohne Verallgemeinerungen und Aussagen in Form von Gesetzmäßigkeiten aus. Aber seine allgemeinen Sätze haben immer noch, wie in der Zeit, als er die hochstaplerischsten Kunst- und Buchkritiken schrieb, etwas Gewolltes an sich. Sie klingen, als wären sie fahrlässig oder aufs Geratewohl verallgemeinert. Manche nutzen die Formen des allgemeinen Gesetzes als zusätzliche Provokation. »Es gibt nichts Grausameres als glückliche Ehemänner!« Graf foppt uns mit unzutreffenden, als falsch oder als fragwürdig herausgestellten Prinzipien oder Le-

Porträt-Zeichnung Grafs von dem bekannten Karikaturisten B.F. Dolbin, 1932 in Berlin entstanden.

bensweisheiten. Wie in Jakob Michael Reinhold Lenz' Dramen irgendwelche »Reform«prinzipien vertreten werden, die die viel genauere Handlung als gar keine wirkliche Lösung relativiert, so verbinden Grafs Räsoneure mit sinnlich präzisen Wiedergaben von Abläufen oft ganz unpassende pädagogische oder undeutlich raunzende Allgemeinprogramme. Die beklemmende, nach Grafs Angaben preisgekrönte Geschichte von einem Judenjungen, den seine christlichen Mitschüler in den Tod treiben, ist nach der (später hinzugefügten) Privatansicht des erzählenden Lehrers nur ein Exempel dafür, daß die Simultanschule keine rechte Lösung ist (EIN SOHN DAVIDS). In Hinterwiegelbach schlagen die Bauern einen NaziRedner, der ihnen mit Goethe daherkommt, deshalb in die Flucht, weil dieser Goethe doch schon lange tot ist und, wenn er aus Frankfurt stammt, offenbar ein Jud war! Auf seine allgemeinen Sätze und Sprüche, das macht uns Graf immer wieder klar, sollen wir uns nicht verlassen – so wenig wie auf die Allgemeinplätze, die sonst überall im Schwange sind.

Graf bleibt mit seiner antitheoretischen Haltung auf die meisten von ihm aufgeworfenen Fragen die Antwort schuldig. Er bringt uns nicht recht weiter, weder philosophisch und lebenskundlich noch politisch. Er verstärkt nur noch die Dringlichkeit, die Schwierigkeiten, die Präsenz und Unausweichlichkeit des Lebens, in dem wir sowieso stehen. Er macht uns damit aber auch Mut und Lust, uns diesem Leben zu stellen. Er vertraut wie die älteren Schriftsteller darauf, daß die Leser irgendwelche Lebenslösungen sich doch nicht aus Büchern holen, sondern sie, von den Büchern nur angekratzt, »beraten« oder verunsichert, sich selber suchen müssen. Sein Freund Ernst Waldinger sah es so:

> »In einer Zeit, die dem Erzählen abhold,
> Den Weltzusammenhang verleugnet, brachtest
> Aus kleinem Dasein du die Welt zusammen«.

V.
KAMPFJAHRE IM EXIL
1933-1940

Die Nationalsozialisten hatten plötzlich, für viele überraschend, gesiegt. Sie haben sehr rasch, nachdem Hitler einmal das Sagen hatte, ihre Herrschaft zu einer allumfassenden ausgebaut. Ihre Gegner: die organisierten Arbeiter, die Demokraten, Pazifisten, Humanisten, viele Christen, die meisten Juden, die fortschrittlichen Intellektuellen – sie waren fast ausnahmslos überrumpelt. Sie begriffen erst langsam, was mit diesem Wechsel der Regierungsgewalt wirklich geschehen war. Noch länger brauchten sie, sich auch praktisch auf die Zustände in diesem »neuen Reich« einzustellen oder gar mit ihren schwachen, zersplitterten Kräften ihm etwas entgegenzusetzen.

Viele Politiker und Intellektuelle, zu denen im Laufe der ersten sechs Jahre immer mehr Juden stießen, merkten immerhin, daß sie in diesem Land unter dieser Herrschaft nicht bleiben konnten. Sie fanden sich früher oder später, vorsorglich oder nach brutalen Zusammenstößen mit den neuen Machthabern, im Ausland ein. Nicht selten »fanden« sie sich dort erst »wieder«: Sie hatten Hals über Kopf abreisen müssen, z. T. ohne Paß, ohne Geld; sie fingen erst draußen an zu begreifen, worauf sie sich eingelassen hatten. Keiner von ihnen rechnete damit, daß ihr Exil lange, schließlich mehr als zwölf Jahre, für die Mehrzahl der unfreiwilligen Emigranten lebenslänglich dauern würde.

Nichts war vorbereitet oder organisiert. Außer einzelnen »Schwarzsehern«, die von den anderen wenig ernstgenommen wurden – unter den Organisationen waren es nur einige der kleinen links-sozialistischen Gruppierungen –, hatte keiner mit einer solchen Entwicklung gerechnet. Für das Überleben und die illegale Arbeit im Reich – das der Hauptkampfplatz blieb, auch wenn die NS-Gegner nicht offen kämpfen konnten – bestanden nur veraltete, untaugliche Organisationsvorstellungen. Erst mühsam und spontan setzten sich die neuen Erfahrungen, eine neue Bescheidenheit, eine leidvolle, leise Kommunikation durch. Der kleine, aber wichtige Nebenschauplatz Exil – während des ganzen Dritten Reiches konnte weniger als ein Prozent der Bevölkerung auswandern oder flüchten – war ebenso auf Improvisation, auf selbständige Beiträge von lauter einzelnen angewiesen. »Die Emigration« als eine einheitliche Situation oder Reaktionsform gab es nicht. Es gab nur das, was ein paar tausend aktive und viele Tausende von sich rettenden (zumeist sich assimilierenden) Emigranten aus ihrer gemeinsamen und ganz persönlichen Situation gemacht haben.

Unter den intellektuellen, in ihrer Mehrheit linken, zunehmend politisierten und politisierenden Emigranten, war und wurde Graf eine herausragende Figur. Er hat etwas aus seinem Exil gemacht. Der Zwang, sein Land zu verlassen, traf ihn in seinem besten Alter (38 Jahre), bei voll entwickelten Kräften, bei kräftig ausgebildetem Selbstbewußtsein. Manchmal bedankte er sich spöttisch bei den Hitler-Leuten, einen so seßhaften Mann wie ihn so weit in der Welt herumgebracht zu haben. Das ist nur richtig zu verstehen, wenn wir die Kehrseite mitlesen, was die Nazis ihm und nicht nur ihm geraubt, was sie an Leben und geistigen Schöpfungen erstickt haben. Trotzdem ist die Erwägung, was er seiner Vertreibung aus Deutschland »verdankt«, nicht bloß ironisch. Was aus ihm und seinem Werk geworden »wäre«, wenn er sein Lebtag in München geblieben wäre und so ähnlich weitergeschrieben hätte, läßt sich nur spekulieren. Die bedeutenden Neuansätze jedenfalls und auch die gelungene Fortsetzung und Überbietung seiner bisherigen Produktion (wie ANTON SITTINGER, LEBEN MEINER MUTTER, UNRUHE UM EINEN FRIEDFERTIGEN) waren ohne die gewaltsame Unterbrechung der »Provinzschriftstellerei«, ohne die Nötigung zur Neubesinnung schwerlich denkbar. Bei allen Widrigkeiten bot das Exil eine Fülle von produktiven Herausforderungen. »Die beste Schule für Dialektik ist die Emigration«. Graf hat diese »Schule« gut genutzt. Wodurch war er, der eingefleischte Bayer, dazu fähig und dafür bereit?

Graf war ein spontaner und entschiedener Internationalist. So wie er sich im Leben und Schreiben um genaues Verständnis für die »Wohlhäbigen« wie für die »Notigen« und ganz Armen, für die strotzend Gesunden wie für die Mickrigen, Bresthaften, Versehrten und Sterbenden bemühte, so entwickelte er auch ein freies Verhalten zu den Menschen der verschiedensten Nationalitäten. »Gerechte wie Ungerechte nimmt unser Bund auf«, hieß es schon im mittelalterlichen »Bundeslied der Vaganten«, »Kriegerische [!], Friedliebende, Sanfte und Verrückte, Böhmen, Deutsche, Slaven und Welsche [Romanos]«. Italiener, Tschechen, Russen, Franzosen, Amerikaner u.a. hatte Graf schon in seiner Münchner Zeit getroffen. Mit zwei jungen tschechischen Genossen u.a. hatte er politisch zusammengearbeitet. Mit einem etwas scheuen jungen Engländer war er gut befreundet: dem »tschechow-ähnlichen« Maler und Artikelschreiber Harold Tooby, aus dem er dann den

DICHTER WIDER WILLEN machte. Bei seiner ersten Auslandsreise 1913 war Graf als der vorlaute Deutsche noch durchgefallen. Ein lächelndes Fräulein von der Schweizer Post hatte ihm nach seinem Wutausbruch über eine postalische Schlamperei klargemacht: »Herr Graf, die Deutschen sind alle so im Ausland, als müßte alles nach ihnen gehen! ... Das ist ein großer Fehler«. Später wurde er toleranter. Als es Ernst wurde und er ständig im Ausland lebte, immerhin die letzten 34 Jahre seines Lebens, entwickelte er sehr positive Einstellungen zu seinen drei oder – mit der Sowjetunion – vier Gastländern. Immer noch drängte er sich vor, aber dann als dieser besondere Schriftsteller aus München, der gern mit anderen trank, gern sang und rezitierte, in Lederhosen herumlief, dagegen gar nicht mehr als ein Deutscher, der der übrigen Welt die Zivilisation beizubringen hätte.

Manchmal deklarierte sich Graf als Weltbürger, der überall zu Hause sein könne. Er fand überall »seinesgleichen«, ja er fand sich selbst in vielen fremden Menschen wieder. »Den Sowjetmenschen« fand er »optimistisch und heiter, merkwürdig geheimnislos und dennoch tief skurril« (!). Als altem Anarchisten kam ihm der mit Begeisterung besetzte Nationalismus der Zeit einfach barbarisch vor. In vielen Reden und Briefen äußert er seinen Abscheu davor. »Die Grenzen sind da, damit man die Menschen auseinanderkennt«. In DIE ERBEN DES UNTERGANGS suchte er eine Zukunftslösung dieses Problems und rang lange damit – vor allem weil die Weltentwicklung völlig andere Wege ging. Anders als die meisten nichtjüdischen Exilierten entwickelte Graf eine besonders aufmerksame, solidarische Haltung gegenüber denen, die von den Nazis als Juden behandelt wurden (und die oft gar keine mehr hatten sein wollen). Er betonte immer wieder: DIE JUDEN STEHEN NICHT ALLEIN. Er sprach sich aber auch gegen den erstarkenden jüdischen Nationalismus aus; er konnte darin nur eine unkluge Reaktionsform sehen.

Graf konnte und lernte keine Sprachen. Er fand überall andere, die ihm das Wichtigste übersetzten. Mirjam konnte Englisch, Französisch und Italienisch, sie eignete sich in Brünn etwas Tschechisch an. Er half sich in Geschäften mit lautem Reden und wilder Gestikulation. Wenn er Zufallsbekannten auf der Straße oder in Wirtschaften etwas klarmachen wollte, griff er zu den gleichen Mitteln und erlebte, daß es irgendwann »zündete«. Sympathie, stellte er fest, äußert sich international sehr ähnlich. Was er dabei an Mißverständnissen heraufbeschwor und an Verletzungen der nationalen Kommunikationsgewohnheiten beging, war er bereit auszubaden.

Wie weit er seine Heimat vermißt hat, ist eine heikle Frage und war großen Schwankungen ausgesetzt. Das Weggehen von Deutschland machte ihm anscheinend nichts aus. Er konnte Mirjam nicht begreifen, die als deutsche Jüdin »ihr« Land nicht verlassen mochte und Furcht vor dem Exil äußerte, wo sie »überall nur geduldet, wie danebengestellt« sein würde. In der Tat blieb Mirjam 16 Tage länger als Oskar, um – noch einmal zu wählen, und um die Wohnung aufzulösen. In VERBRENNT MICH! kommt schon ein Ton des Bedauerns über das erzwungene Weggehen auf. »Ich habe also mein Heim, meine Arbeit und – was vielleicht am schlimmsten ist – die heimatliche Erde verlassen müssen, um dem Konzentrationslager zu entgehen«. Später äußerte Graf sowohl völlige Verzichtserklärungen wie sporadisch wilde Sehnsucht nach seinem Bayern oder Deutschland. Er fühlte sich »zu Hause« in seiner Arbeit, vor allem in seinem Umgang mit der deutschen Sprache und Tradition (sehr viel Literatur), unter seinen Freunden, an den Stammtischen, die er überall fand oder gründete. Aber es war ein erdachtes, projiziertes Zuhause; er merkte natürlich, daß ihm etwas fehlte. In den ersten sieben Jahren seines Exils überspielte er die Bedenklichkeit oder Trauer mit der Stimmung seines energischen Kampfes für das bessere oder »richtige« Deutschland, für das Leben seiner Mitemigranten und für ihre gemeinsamen Rechte.

So wenig die Emigration eine einheitliche Erfahrung war, für Graf bildeten die Emigranten etwas wie eine Familie. Er gehörte zur zweiten Rate der Ausgebürgerten (vom 24. März 1934). 37 »Reichsangehörigen« wurde damals die Staatsbürgerschaft abgesprochen, »weil sie durch ein Verhalten, das gegen die Pflicht zur Treue gegen Reich und Volk verstößt, die deutschen Belange geschädigt haben«. Über den Nachsatz, daß auch ihr Vermögen beschlagnahmt sei, konnte Graf nur feixen. Johannes R. Becher, Albert Einstein, Waldtraud Hölz, Theodor Plivier, der sozialdemokratische Reichstagsabgeordnete Kurt Rosenfeld und die Sozialistin Toni Sender waren dabei. Mit mindestens acht der 36 unfreiwilligen Gefährten hatte oder bekam Graf persönlich zu tun: als Schriftstellerkollegen in Moskau oder anderswo, als Helfern bei seiner Übersiedlung nach Amerika, als Bittstellern, für die er seinerseits ein Wort einlegen konnte. Die Exilierten wurden, ob sie wollten oder nicht, durch die vielerlei Bewährungsproben im Ausland auf die unvorhergesehenste Weise zusammengeführt und zusammengeschweißt.

Gast der österreichischen Sozialdemokratie

Schon vor 1933 hatte Graf mehrere Vortragstournees durch Österreich gemacht und bei dem zumeist aus Arbeitern bestehenden Publikum seiner Lesungen große – vermutlich gegenseitige – Sympathie gewonnen. Die Reisen waren organisiert von der »sozialistischen Bildungszentrale« in Wien (Leiter: Josef Luitpold Stern). Der Bildungszentrale verdankte er nun eine neue Einladung, der er sofort (am 24. Februar 1933) folgte. Die österreichischen Genossen, vermutlich durch den Abstand etwas gewitzter, mußten ihm erst klarmachen, daß er nicht wieder zurück konnte und Mirjam so schnell wie möglich nachkommen lassen mußte.

Die Einladung war keine nur schützende Geste gegenüber den Behörden im beginnenden NS-Staat (der im Februar 1933 in Bayern noch nicht das Kommando übernommen hatte). Graf wurde wirklich Gast der österreichischen Sozialdemokraten und ihrer Bildungseinrichtungen, ein sehr tätiger, d.h. vor allem redender Gast. Er sprach von hundert Vorträgen (sowohl politische Reden wie Lesungen aus seinen Werken), die er in dem einen Jahr gehalten habe. Einem Wiener »Kriminaler« versicherte er, seine Vorlesungen seien »ganz unpolitisch und bloß lustig«. Einer seiner Vorträge (über Dimitroff) wurde als »rein politisch« verboten. Graf schrieb später, er habe »die österreichische Sozialdemokratie in fast allen Städten und Orten« kennengelernt. Obgleich er nur am Anfang in der Bildungszentrale wohnte (danach mit Mirjam in einem »billigen Mittelstands-Hotel«, dann in »zwei schäbigen Plüschzimmern im VII. Bezirk«), gab er sie stets als seine Postadresse an. Er war mit den österreichischen Arbeitern und ihrem Kampf sehr verbunden. Wie selbstverständlich begrüßte er (fast) jedermann mit »Freundschaft!«. Er staunte, wie weit »die Partei« in den verschiedensten Schichten der Gesellschaft verankert war. Er bewunderte die große Einigkeit im Gegensatz zu den sich immer noch gegenseitig zerfleischenden Linksparteien in Deutschland. Zur Redaktion der »Arbeiterzeitung« in Wien, vor allem dem Chefredakteur Oskar Pollak und seiner Frau Marianne, hatte er gute Beziehungen. Seinen flammenden Protest VERBRENNT MICH! veröffentlichte er dort zuerst. Er war durch einen vorangegangenen Artikel der Zeitung (kurz vor der Bücherverbrennung) überhaupt erst auf die Schmach, daß seine Bücher auf der »Weißen Liste« im

Reich standen, aufmerksam gemacht und zu einer Reaktion aufgefordert worden. Er wurde aktives Mitglied der »Vereinigung sozialistischer Schriftsteller«.

Graf konnte sich in seiner unbeherrschten Art aber auch unbeliebt machen. Eine Veranstaltung zum zehnjährigen Amtsjubiläum von Karl Seitz als Bürgermeister und Landeshauptmann von Wien (13. November 1933) suchte er auf seine Weise zu beleben. Nach seiner eigenen Darstellung bestieg er (angetrunken) die Bühne und rief: »Der Lehrer ist gegangen, die Kinder dürfen sich wieder unanständig benehmen« – ohne dabei zu wissen, daß Seitz wirklich Lehrer war. Der Erinnerung der Genossen hat sich der Vorfall noch weit negativer eingeprägt. Graf habe »herumgepöbelt« und schließlich provozierend zu den Pollaks (?) gesagt: »Was stehts denn rum, gehts doch vögeln!« Otto Bauer sei seitdem auf Dauer verärgert gewesen, Adelheid Popp äußerst pikiert.

Bei aller Sympathie mit den österreichischen Arbeitern, die bis in seine späten Lebensjahre anhielt, machte sich Graf auch Sorge über den Zustand der SDAP (SPÖ). Unter ihren Jugendlichen herrsche in Folge der erfolgreichen Abstinenzlerbewegung »ein unnatürlicher Puritanismus« – für Graf ein fatales Zeichen der Schwäche. Vor allem habe die Jugend in der Partei nichts zu sagen. Die Politik der Partei»veteranen« war ein ewiges Zurückweichen vor dem »Austrofaschismus« der Dollfuß-Regierung mit ihren Heimwehren. Graf lernte von den ungeduldigen Genossen bald das Wort »Packeln« für die illusionären Hoffnungen auf Verhandlungen aus einer Position der Schwäche heraus. Wie weit er sich in Parteifragen eingemischt hat, ist ungewiß; vermutlich schwankte er zwischen spontanem Zureden und Zurückhaltung. Er wurde radikaler in seinen Ansichten und riet zur Radikalität. Entgegen seinen eigenen Grundsätzen der Einheitsfront über die trennende Parteizugehörigkeit hinweg, wie er sie auch in DER ABGRUND gestaltet, fragte er z.B. die unzufriedenen »Proleten in der Provinz«: »Warum – wenn ihr schon dagegen seid – geht ihr nicht zu den Kommunisten? Ihr seid's doch schon«. Er mußte dann erleben, daß die Unentschiedenheit der Führer trotz großer Kampfbereitschaft vieler einfacher Arbeiter zur Niederlage im Februaraufstand 1934 führte. Er selbst mußte unmittelbar nach dem Aufstand mit Mirjam das Land verlassen.

»Das goldene Wien« – so begann Graf seine Aufzeichnungen zur Fortsetzung seiner Autobiographie. Er hätte manches Heitere zu erzählen gehabt: »Essen in der ›VÖK‹ « (= WÖK, Wiener öffentli-

Graf mit Bertolt Brecht
1946 in seinem
Stammlokal im New
Yorker Stadtteil York-
ville.

Graf in der Rolle, die
er so gern spielte: die
des trinkfesten und
lebenslustigen bayeri-
schen Mannsbilds
(1950 in New York
aufgenommen).

»So schaut Dein Opa aus, liebe Ricarda«, schrieb Graf auf dieses Foto mit Mirjam, das er 1954, anläßlich seines 60. Geburtstages, an seine Enkelin, heute Ricarda Glas, schickte.

Bei seinem Freund Hein Kirchmeier in Midvale/New Jersey, war Oskar Maria Graf häufig zu Besuch. Im Bild mit Kirchmeiers Tochter Eva und dem Neffen Konrad beim Baden im Jahr 1954.

Graf und die »Prinzessin«, wie er die Journalistin Lisa Hoffman nannte, in dem deutschen Lokal »An der schönen blauen Donau« in New York.

Oben links:
Dr. Gisela Blauner, ab Mitte 1962 Grafs dritte Ehefrau, die seit Grafs Tod mit unermüdlicher Kraft sich für das Werk ihres Mannes einsetzt.

Oben rechts:
Porträt Grafs aus dem Jahre 1960.

Graf an seiner Schreibmaschine in seinem Arbeitszimmer in der Hillside Avenue 34, New York.

Bei seiner ersten Europa-Reise 1958 las Oskar Maria Graf in
Lederhose und Janker im Cuvilliés-Rokoko-Theater in München.

Graf 1958 in Berg am Starnberger See bei seiner Tochter
Annemarie Koch.

Graf war ein exzellenter Selbstdarsteller und Stegreif-Erzähler,
was dieser Schnappschuß mit Vetter und Base 1964 in Bad
Reichenhall beweist.

Graf mit seiner Frau Gisela 1964 auf einem Waldspaziergang in seiner Heimat am Starnberger See.

Graf im Jahre 1966, ein Jahr vor seinem Tode, bei einer
Theodor-Czokor-Lesung im Austrian Institute in New York.

che Küchen), »Ausflüge an die Donau mit Genossen«, Treffen »mit Literaten« im Café Herrenhof. Der »Völkische Beobachter« sah ihn so: »In Lederhosen und mit dem bayrischen Gebirgshut auf dem Kopf bildet er die Attraktion der Wiener Nachtcafés und schimpft heute mehr denn je auf die ›Saupreußen‹.« Materiell ging es ihm besser als in München, nur daß er noch mehr kleine Sachen »fabrizieren« mußte und wenig zur Arbeit an »großem Zeug« kam. »Man hat ja schließlich auch keine Sammlung dazu« – trotzdem begann er am DER ABGRUND wie am ANTON SITTINGER energisch zu arbeiten. Das »Anfangskapital im Exil« verdankte er einer mutigen Münchnerin, die einen Teil seiner beschlagnahmten Sachen, auch etliche Manuskripte »und vor allem die Schreibmaschine«, von der (damals noch »regulären«) Polizei freikämpfte und teils nachschickte, teils für ihn verkaufte. Im Rückblick betont Graf aber weniger seine Erfolge, auch nicht seine gelungene Assimilation an das erste, naheliegende, deutschsprechende Asylland. Er findet an der ganzen Zeit und seinem Verhalten »etwas Gespenstisches«. »Alles was wir dachten und taten, geschah mechanisch«, und das wohl nicht nur der schwierigen Eingewöhnung wegen, die er anführt. Die Nachrichten aus dem Reich waren fürchterlich. Graf litt sehr darunter.

Bestürzte Blicke in die nahe Heimat

»Gesicht nach Deutschland« wurde eine Parole der antifaschistischen Schriftsteller im Exil. Es verstand sich in ihrer Situation, daß sie sich intensiv um die Vorgänge im Dritten Reich kümmerten. Sofern sie Organisationskontakte hatten, suchten sie auch ihre Meinung irgendwie im Reich anzubringen.

Graf saß nahe daran und hatte viele Kontakte. Er war ungeheuer aufgewühlt besonders von den Vorgängen des ersten Jahres, danach mehr vom eingerissenen Zustand und seiner weiteren Verschlimmerung. Mit besonderem Fleiß verfolgte er alle kritischen oder dramatischen, also hoffnungweckenden Zuspitzungen. Im ersten halben Jahr konnte er noch offen, ohne Gefährdung seiner Partner im Reich korrespondieren. Vom Herbst 1933 an wurde ihm (u.a. über Italien) bedeutet, daß sich jeder verdächtig machte, der mit einem Emigranten korrespondierte. Der Bruder Maurus schrieb ihm am 6. Dezember 1933: »Ich kann nur sagen, daß ich von Deiner politischen Tätigkeit sehr leide«. Er warnte ihn wohlmeinend: »Lasse die Finger davon, ich bitte Dich«. Er schrieb ihm aber sporadisch weiter, die Schwester Resl auch, später auch die Tochter Annamirl. (Sie blieb in Berg, auch nach dem Tod der Großmutter.) Am meisten freute sich Graf über die ungelenken Sätze seiner Mutter, die die Trennung offen beklagte und die sich auch darein schickte: »so hab ich imer Kumer bis ins Grab«.

Im Vordergrund von Grafs Aufmerksamkeit standen, wie 1919, die verfolgten und ermordeten Genossen. Er sprach sehr herzlich von ihnen, mit persönlicher Bewunderung, auch wenn er ihnen politisch weniger nahe stand. Er schreibt, daß er sich wie erschlagen fühlte; eine Zentnerlast auf der Brust quälte ihn alle Tage, hinderte ihn am Einschlafen, drückte ihn im Traum. Für eine geplante Rede notierte er: »Während ich euch zum Teil erheiterte [in seinen Lesungen], barst mir schier das Herz vor Geschlagensein«. Er plante eine »Dachauer Chronik« und machte sich Notizen über die ersten 41 Toten des Lagers. Er warnte davor, aus der Behandlung der »Vorzeigegefangenen« des neuen Regimes in den Konzentrationslagern, nämlich Thälmann, Renn, Ossietzky oder Torgler, falsche Schlüsse zu ziehen. Ihm lag daran, den Blick der internationalen Öffentlichkeit auf die vielen unbekannten Genossen zu richten, die gefoltert oder zu Tode gefoltert wurden. Bei der Erwähnung der Namen knüpfte er sogleich die Frage an: »Wer hat jemals etwas über das Schicksal Mühsams erfahren?«

Ein für Graf persönlich wunder Punkt war der Gedanke an die Genossen, denen er seine Wohnung in der Hohenzollernstraße überlassen hatte. Sepp Götz: Schlosser, Betriebsrat, Landessekretär und Landtagsabgeordneter der KPD, Gründungsmitglied der Roten Hilfe, ein volkstümlicher Redner, und Fritz Dressel: Zimmermann, Organisationssekretär der KPD, ebenfalls Landtagsabgeordneter, wurden (entweder zusammen, am 30. März, oder mit einem Monat Abstand) verhaftet, Graf vermutete: in seiner Wohnung, und im Mai 1933 in Dachau ermordet. Grafs Gedanken kreisten um die hinterlassene Zuflucht, die möglicherweise zur Falle geworden war. »Unser Schuster soll sie verraten haben«. Vermutlich als ein Selbstgericht über die Unfruchtbarkeit seiner Gedanken von außen gestaltete er die Obsession, mit der der alte Hochegger in DER ABGRUND an die aufgegebene Wohnung denkt und wenigstens einem Nazi noch einen Streich damit spielt.

Die herausgeschmuggelten Nachrichten über die Verfolgung im Reich waren meist zutreffend und erschreckend detailliert. Die Urteile über die Stimmung der Bevölkerung steckten voll von Illusionen und Spekulationen. Graf hat sich lange, bis zur Mitte des Krieges, an den Prognosen beteiligt, daß die an kleinen Anzeichen wahrnehmbare Unzufriedenheit mit dem neuen Regime »ausbrechen« oder wenigstens immer stärker werden würde. Im Sommer 1933 fand er die »Anti-Hitlerstimmung« schon »nicht mehr verschweigbar«. »Die ganze Stadt [München] geriet in Aufruhr«, nämlich angesichts der Mißhandlung von Teilnehmern eines »Katholischen Gesellentags«. Er ging soweit, daß er von »dem Altbayern« als solchem, dem er vorher aufgrund genauer Kenntnis schon alle möglichen, aber nicht unbedingt demokratische Fähigkeiten zugeschrieben hatte, jetzt schlichtweg behauptete, er sei »seit ewiger Zeit fast blutsmäßig katholisch-demokratisch«. In seinen Geschichten (s. u.) suchte er geschickter nach geringen, gut versteckten vordemokratischen Fähigkeiten zum Widerstand in der Stadt- wie in der Landbevölkerung.

Politisierung und Unduldsamkeit

Die Situation im Exil polarisierte und radikalisierte viele Schriftsteller in ihren politischen Auffassungen, auch wenn sie ihrer Herkunft nach zurückhaltender waren als Graf. »Für oder gegen den Faschismus« wurde die Scheidelinie, an der sich alle messen lassen mußten, oft sehr rasch, z. T. ohne genauere Kenntnis der Entscheidungssituationen im Reich.

Graf wurde ein kämpferischer, gar nicht mehr bequemer, auch für manche anderen unbequemer Antifaschist. Ein Teil seiner politischen »Wachsamkeit« allerdings bestand darin, andere zu verdächtigen und zu verurteilen. Von seinem alten Freund Schrimpf, von dem er es wahrhaftig besser hätte wissen müssen, erfuhr er, daß er eine Berufung nach Berlin bekommen hatte, und schloß: »Wenn dem wirklich so ist, dann muß Schrimpf sich zu Hitler bekannt haben«. Vom getreuen Politz (der auch in der schlimmsten Zeit der Verdächtigungen immer noch Grafs Familie in Berg aufsuchte) glaubte Graf »durch die Luft« zu fühlen, daß er »mindestens sehr schwankend« geworden sei. Von Steinberger nahm er einfach an: »Sicher zum Nazi geworden«. Selbst in öffentlichen Äußerungen schreckte er nicht vor ähnlichen Verdächtigungen z. B. seiner mitemigrierten Schriftstellerkollegen zurück. Im »Gegenangriff« vom 15. Juni 1933 griff er »alle diese feigen Schriftsteller« an, die sich vom Dritten Reich nicht rasch und deutlich genug distanzierten. Er nannte Leonhard Frank, Döblin, Stefan Zweig und Horváth beim Namen und verlangte eine »schwarze Liste« zu einem Boykott gegen ihre Bücher.

Zum Teil waren das spontane, aus dem Zorn geborene Übertreibungen, die Graf später wieder gutzumachen suchte. Die zwei Jahre später politisch klüger gewordene »Rote Fahne« stellte im Sommer 1935 Grafs Verhalten als (überwundene) »Unduldsamkeit und Rechthaberei« heraus. Zum Teil beharrte Graf aber auch auf den Feindbegriffen, die er sich einmal von anderen, insbesondere von früheren Freunden, gebildet hatte, was in einem Fall zu einer geradezu persönlichen Tragödie führte. Der jüngere, sehr an ihm hängende Wilhelm Lukas Kristl schrieb ihm auf einer offenen Postkarte im Sommer 1933 einen übermütigen, etwas grantelnden Satz über die bequemen Soziführer im Exil. Graf verstand das als Bekundung des reinsten Nazismus. Er warnte seitdem alle Freunde vor diesem Überläufer. Als Kristl nach langer Arbeitslosigkeit aus Berufsgründen nach Spanien ging, denunzierte ihn Graf an die kämpfenden Freunde auf der Seite der Republikaner als einen verkappten Mann der Legion Condor. Nach 1945 suchte er die Münchner Freunde gegen ihn als einen renitenten Nazi aufzuhetzen und seine Anstellung bei Zeitungen zu hintertreiben. Kristl fühlte sich deshalb, solange Graf lebte, von ihm regelrecht verfolgt. Er war bis zu seinem Tod so schlecht auf ihn zu sprechen, daß er selbst die positive Erinnerung an die gemeinsamen Aktionen mit Graf vor 1933 in sich begraben hatte.

Abrechnung in Briefen mit den neuen Machthabern

Klare Verhältnisse schaffen, den triumphierenden Herren des neuen Reiches unmißverständlich die Meinung sagen, das machte Graf zu seiner vordringlichen Aufgabe. Er erfüllte sie in zahlreichen politischen Reden und einigen Artikeln, am wirkungsvollsten in mehreren Offenen Briefen an Institutionen, die im Reich Hitlers etwas zu sagen hatten.
Der beste dieser Texte war sein Protestbrief VERBRENNT MICH!, der durch die Weltpresse ging. Er brachte nicht nur ihm weite Beachtung – vermutlich wurde er sein meistgelesenes »Werk« –, er schuf auch ein publizistisches Gegengewicht zu den zwei Tagen zuvor gemeldeten Bücherverbrennungen: Die verfemten Autoren waren nicht bloß Opfer der neuen, schamlos-öffentlichen Kulturbarbarei, sie wichen vor den Ausrottungsdrohungen nicht zurück, gingen mit dem schwachen Mittel von starken, festen Worten in die Offensive. Graf, in dem sich die neuen Herren getäuscht hatten, dessen Werke sie zu Unrecht zur ihnen dienlichen Literatur ge-

Unter Vorzensur

Arbeiter=Zeitung

Zentralorgan der Sozialdemokratie Deutschösterreichs

Erscheint täglich um 6 Uhr morgens, Montag um 1 Uhr mittags

frei im Einzelverkauf
Groschen
von Evans u. Herrengassen
30 Groschen

Bezugspreis
für die Bundesländer:
Monatlich . . . . . S . .
für das Ausland:

Schriftleitung
Verwaltung
I., Rechte Wienzeile 97
Telephon:
B 29-5-10 Serie

Anzeigenannahme:
„Annoncen"

Nr. 130   Wien, Freitag, 12. Mai 1933   46. Jahrgang

Die deutsche Literatur auf dem Scheiterhaufen

Notverordnungen und Verfassung.

Die Feuersprüche.

Verbrennt mich!

(Ein Protest von Oskar Maria Graf.)

Erste Seite der »Arbeiter-Zeitung« in Wien vom 12. Mai 1933 mit Grafs berühmtem Protest VERBRENNT MICH!, an die Nazis gerichtet, die ihn laut »Berliner Börsencourier« auf die »weiße« Autorenliste des »neuen Deutschlands« gesetzt hatten.

245

zählt hatten, verzichtete auf diese Ehre und die Verkaufsförderung. Er stellte sich gewissermaßen freiwillig auf die Seite der Verfolgten. Er tat noch mehr: Er nutzte die Aufmerksamkeit, die der Schlag der Nazis gegen die Intellektuellen gefunden hatte, um über die jetzt im Vordergrund stehenden »Geistigen« hinaus die prinzipielle Kampfstellung der Nazis aufzudecken und an seine »aufrechten sozialistischen Freunde« zu erinnern, die »verfolgt, eingekerkert, gefoltert, ermordet oder aus Verzweiflung in den Freitod getrieben« wurden. »Zornbeflügelt« nannte ihn Brecht in seinem Gedicht »Die Bücherverbrennung« (1938). Schon hier setzte Graf dem barbarischen Nationalismus der Nazis ein davon nicht kompromittiertes »Deutschsein« entgegen, das er später konkretisierte. Er lieferte in wenigen Sätzen, ohne etwas noch nie Dagewesenes zu schreiben, sein antifaschistisches Grundsatzprogramm, einen Markstein der Auseinandersetzung. Großhut charakterisierte die Bedeutung dieses Dokuments zutreffend, als er (1954) von »der Tat eines Ulrich von Hutten« sprach.

Graf hatte die Genugtuung, daß die Behörden im Reich seinen Protest zur Kenntnis nehmen, ihn sogar auf ihre Weise bekanntmachen mußten. Die »Bayrische Hochschulzeitung« suchte Grafs Absage zu einer Verhöhnung seines Werkes auszuschlachten: man habe ihn bisher »abgesehen von gewissen edelkommunistischen Tendenzen und urderben Schweinigeleien für viel zu unbedeutend gehalten«, aber, »wenn es der Herr Dichter durchaus will« – »hinein mit ihm ins Feuer!« Die »Münchner Zeitung« berichtete am 2. Juni 1933 über Grafs Offenen Brief und zitierte sogar daraus. Grafs Bücher wurden in einer eigenen Veranstaltung im Innenhof der Münchner Universität verbrannt. In Meyers Lexikon, das von 1936 bis 1942 in neuer Bearbeitung erschien, figurierte Graf nur noch als »kommunistischer Literat«, der – welch ein Delikt! – »sich selber als Kriegsdienstverweigerer bezeichnet«.

In weiteren Briefen an NS-Kulturbehörden entwickelte Graf die ausgespielte Diskrepanz zwischen ihrem beibehaltenen geistigen Anspruch und ihrer braunen Realität zu einer eigenen polemischen Lust, einer Abfuhr seines politischen Zorns. Den Sekretär des gleichgeschalteten deutschen PEN-Clubs fragt er inmitten lauter ironischer Wendungen unvermutet-direkt: »Wo leben Sie eigentlich, wenn ich fragen darf?« Die »hochnotpeinlichen Herren« von der »Reichsstelle zur Förderung des deutschen Schrifttums«, der Zensurstelle des Dritten Reiches, suchte er zum Durchgreifen gegen seine Verlage zu reizen, die immer noch seine verfemten (und zwei unverfemte) Bücher im In- und Ausland verkauften. Er wird anzüglich, er sucht sie bei ihrer Zensorenehre zu packen. Ob denn das Amt nur »eine Attrappe« sei, nur aus »überheizten Büros und fleißigen Lesern ›anrüchiger, zersetzender Literatur‹ « bestünde? Diese Herren, die u. a. die Geschäfte deckten, die mit den verbotenen Büchern immer noch gemacht wurden, vor allem durch Verramschen im Ausland, womit sie manchen Schriftsteller in den Ruin trieben, diese Puppen und Watschenmänner konnte Graf mit all seinen Schmähreden nicht dazu bringen, die Konsequenz aus ihrem staatlich-propagandistischen Auftrag zu ziehen. Er mußte zwei weitere Jahre darum kämpfen, gestützt auf einen guten Anwalt in Brünn und auf den § 306 des BGB (»Ein auf eine unmögliche Leistung gerichteter Vertrag ist nichtig«), ehe er seine alten Bücher frei bekam. Er verstand das dann als Erfolg für alle exilierten Schriftsteller und veröffentlichte das Ergebnis mit einem eindringlichen Plädoyer an die Schriftstellerkollegen, sich mehr für ihre materiellen Rechte einzusetzen. Heinrich Mann und Emil Ludwig schlossen sich seiner Klage an. »Heine und Börne, Victor Hugo und Gorki konnten selbst als Emigranten immer noch in ihrer Heimat ihre Werke veröffentlichen. Wir nicht.«

Die Analyse, was den Faschismus ausmachte und wie seine Herrschaft in Deutschland möglich geworden war, wurde durch die Polemiken nicht eigentlich vorangebracht. Graf überließ diese Analyse befugteren Theoretikern. Er wußte, warum er gegen die neuen Herren war; er kam mit praktischen Begriffen und der Anschauung dieses Gegners aus. Bemerkenswert scheint mir sein eher atmosphärischer, geschichts-induktiver Umgang mit der politischen Reaktion. Er gibt dem Satz (ungenannter Herkunft) recht, »daß eine wiederkehrende Reaktion weit blutrünstiger sei als eine stabile«. Für die erschreckende Rachsucht im ersten halben Jahr der »nationalen Erhebung« hat er damit etwas Wichtiges erfaßt. Als die »wiederkehrende Reaktion« jedoch zu einer stabilen wurde, versagte diese Einschätzung nicht weniger als die meisten Prognosen der Linken im Reich und späteren Emigranten.

Die eigene Marke sucht sich ihren Markt

Das Politisieren wurde zum geistigen Rückgrat mancher Emigranten und sicherlich Grafs in seinen ersten Exiljahren. Das Publizieren baute er zur materiellen Grundlage seiner Existenz aus. Noch nie und nie wieder hat Graf so viele Geschichten in Zeitungen untergebracht wie in dem einen Jahr in Wien. Die österreichischen Zeitungen waren sehr aufgeschlossen für die Beiträge dieses namhaften, angesehenen Autors. Außer der »Arbeiterzeitung« brachten »Der Abend«, »Das Tagblatt«, »Der Wiener Tag«, »Das kleine Blatt« eine Reihe seiner Erzählungen. »Die Frau« veröffentlichte die Vorarbeit zu Grafs Mutter-Buch: DAS SINNVOLLSTE BEISPIEL. Die Witz-Zeitung »Der Götz von Berlichingen« richtete ihm eine ständige Kolumne ein und brachte ein halbes Jahr lang fast jede Woche eine kurze Geschichte von Graf. Allmählich setzte die Gründung eigener Zeitschriften der Exilierten ein, die nach dem Februaraufstand, als der lukrative österreichische Markt für Graf schlagartig wegfiel, sein wichtigster Publikationsort und zeitweilig seine einzige spärliche Einnahmequelle wurden.

88 Veröffentlichungen zählt Helmut F. Pfanner aus diesem einen Jahr, ohne die (im Exil wieder ernstgenommenen) Gedichte und die politischen Artikel. Die Hälfte davon sind Wiederabdrucke von früheren Geschichten: meist unverändert, z.T. unter einem neuen Titel, z.T. gekürzt, manche mit oberflächlichen Zusätzen über die politische Situation. Einige neugeschriebene Geschichten brachte Graf bei mehreren Zeitungen an. Von den fast 40 neuen Geschichten entfällt gut die Hälfte auf die Unterhaltungsproduktion für den »Götz«: ziemlich harmlose, z.T. läppische Storys über dörflichen Schabernack und Überraschungen des Alltags. Graf stilisierte sich als Humorist. Er dachte erneut über den bayrischen Humor nach, im Kontrast zum jetzt erlebten »feineren« Wiener Humor. Er brachte die schon in München angefangenen liebevollen Erinnerungen an liebenswürdige Menschen aus seiner Heimat jetzt, vor allem am Beispiel des IMSINGER-GIRGL, SELIG zu einer sonderbaren Fortsetzung: Sympathisch ist er, auf seine Weise, aber matt, gleichsam geschlagen. Dieser Vertreter der »Kleinen« und Absichtslosen vermag nichts mehr ernstzunehmen, auch den eigenen Tod nicht.

Die Naziherrschaft bildet in den zumeist lustigen Geschichten nur den Hintergrund für allerlei dörfliche oder allgemein-menschliche Vorgänge. Heimlich ist sie ihr Hauptthema; das wurde auch von den Lesern so verstanden. Graf unterstreicht das Treiben der neuen Herren mit einer kräftigen, in den Details offen übertreibenden Schwarz-Weiß-Zeichnung. Die Postenjägerei der »alten Kämpfer« und vieler neuer Mitläufer wird so verallgemeinert, als ob niemand mehr ein Geschäft machen oder einen Handschlag verrichten könnte, der nicht in der Partei wäre. In einem BRIEF AUS

DER HEIMAT wird ein gewöhnlicher Rechtshandel zum Politikum. Ein Bauer wollte sich umsonst kurieren lassen und bekam, weil er von Anfang an darauf bestanden hatte, sogar Recht vor Gericht. Der Arzt ging daraufhin zur Hitler-Partei, aber der Bauer »hat gesagt, er is auch schon lang ein Hitler«. Also konnte der »damische« Doktor wieder nichts machen, »und alle in der Pfarrei stehn auf dem Leixner seiner Seitn«. Die Nazi-Propaganda nahm laut Grafs Geschichten ein solches Ausmaß an, daß bereits im April 1933 alle Herrgottsschnitzer von Oberammergau nur noch Hitler-Köpfe in allen Größen produzierten.

Der Terror der SA wird am schärfsten in der EPISODE VON TROGLBERG herausgestellt. Die Bauern dieser ebenso »reichen« wie »verschlafenen« Gegend nutzen die Fastnacht als Ventil für ihren Ärger über die neuesten politischen Veränderungen. Sie karikieren in phantastischen Masken Hitler ebenso wie Eisner und beschimpfen unter größter Gaudi diese landfremden Prätendenten, »a Bähm« (Böhme) der eine, »Saujud'« der andere. Sie werden von einer durch den Reichstagsbrand entflammten SA-Horde mit Schüssen aufgehalten. In einem furchtbaren Gefecht im Halbdunkel, man hört nur überall »Bellen«, »Krachen« und »Gebrüll«, bleiben die Bauern Sieger, aber drei von ihnen liegen tot da, darunter der Darsteller des Hitler.

Von Widerstand ist nicht die Rede. Graf verzeichnet nur viel Unwillen und Widerspruch, in verdeckten, brummigen Worten oder

Titelvignette zu den Graf-Veröffentlichungen von bayerischen Geschichten in der Wiener Zeitung »Der Götz von Berlichingen« im August 1933

Oskar Maria Graf erzählt:

Pfui Teufel, Hitler!

Bayrische Dorfszene

in den heimlichen Gedanken der Leute. Sie lassen sich das Schimpfen auf »den Ausländer« Hitler, der deshalb nicht so viel vom deutschem Nationalismus faseln sollte, nicht nehmen, auch wenn ihr Pfarrer dafür schon verhaftet ist (PFUI TEUFEL, HITLER!). Eine Marktfrau verunsichert ganz München, indem sie aus Ärger über eine Geschäftsschädigung den Ausruf »Drei Liter« statt »Heil Hitler« in Umlauf bringt. Die gegen jede Abweichung allergischen Nazis müssen daraufhin die gesamte grüßende Bevölkerung auf ihre Aussprache kontrollieren. Meist sind es Rückständigkeit, Verteidigung des Althergebrachten, Fremdenfeindlichkeit – jetzt gegen die Preußen und Österreicher zusammen –, weshalb Bauern und Städter die neuen Herren und ihre neuen Methoden ablehnen. Der »unbelehrbare« alte Haunigl verteidigt gegen einen neumodischen Arzt, der den Bauern im Namen Hitlers Enthaltsamkeit beibringen will, nichts als die Freiheit, sich zu Tode zu saufen. Da ihm die zweifelhafte Diagnose völlige Erblindung durch Alkoholgenuß androht: » ›ja, wissen S' Herr Doktor, g'sehn hob i meiner Lebtog scho g'nua (genug), aber g'suffa noch net!‹ « Die »Finsternis«, die Graf schon früh in den Beziehungen wie in den Köpfen seiner Landsleute bemerkenswert gefunden hat, wird jetzt zu einer uneinnehmbaren, obgleich dadurch nicht positiven Qualität dieser Landsleute. »Nein, nein, ganz durch die bayrische Finsternis kommt auch der allgewaltige Hitler nicht, niemand kommt da durch!«

Ein einsamer Höhepunkt in dieser Massenproduktion von »schnellen kleinen Sachen« ist, abgesehen von den Vorstudien zu LEBEN MEINER MUTTER und ANTON SITTINGER, die Abrechnung mit dem eigenen Dorf: FÜR UND WIDER DEN FREMDENVERKEHR, woraus 1936 ENZHOFEN – EINST UND JETZT und später BILD UND GESCHICHTE EINES BAYRISCHEN DORFES wurde. Graf überbot noch seine früheren grimmigen Enthüllungen des Landlebens und den eigenen Sarkasmus in der Darstellung. Er übt hier eine Art von »Erzählen mit steinernem Gesicht«. Die Enzhofener – hinter Enzhofen schimmert Berg kaum verhüllt hervor – sind »gegen jegliche Art von Leid einfach verständnislos«, »oder besser, uninteressiert«. Man soll sie nicht gleich roh nennen, sie sind nur – »schier unglaublich gesund«. In früheren Zeiten haben sie nach Graf furchtbare Proben davon gegeben. Die Brandschatzungen der Schweden, die Greueltaten der Panduren aus der österreichischen Strafaktion 1705 gegen Bayern – noch bis ins zwanzigste Jahrhundert war »Pandur« im Bayrischen eins der schlimmsten Schimpfwörter – werden selbst nicht dargestellt, las-

sen sich aber aus der Rachsucht der Enzhofener Bauern erschließen. Sie bekommen versprengte Schweden und Panduren zu fassen und toben ihre Wut an ihnen aus. Die einen werden bis zum
Hals eingegraben, dann rollen die Bauern mit Eisenkugeln auf ihre
Köpfe wie beim Kegeln, bis »nichts mehr davon übrig« ist, und
hocken sich über die geköpften Feinde und scheißen auf sie. Den
anderen werden erst die Hände, dann die Zungen abgeschnitten,
und weil sie immer noch jemanden herführen könnten, schlägt
der Schmied »jedem den Kopf ein«. Ebenso erschreckend wie die
scheußlichen Todesarten ist die Lustigkeit der Dorfbevölkerung
dabei. »Männer, Weiber und Kinder« tragen mit Jauchzen einander überbietend zu der blutigen Gaudi bei. In der bis heute weiter-
gepflegten Erinnerung können »diese gelungenen Heldentaten einen echten Enzhofener jedesmal wieder bis zum Bersten erhei-
tern«. Hier endet das Fensterln für einen Ortsfremden nicht nur,
wie in den harmloseren Geschichten Grafs, in der Jauchegrube,
sondern der Unglückliche erstickt auch darin, d. h. er findet »einen
vielbelachten Tod«. Die Gegenwart ist ziviler, aber der spezifische
»Menschenschlag« dieser Gegend bleibt ebenso herzlos und auf
nichts als seinen Vorteil gerichtet. »›Besieg' ich dich nicht, alsdann
betrüg ich dich‹«. Die streng eingehaltenen Bräuche sind nur dazu
da, diese Einstellung zu verstecken, für den Kundigen aber lassen
sie sie klar hervortreten. »Es kommt oft vor [bei Beerdigungen],
daß etliche Weiber weinen, obgleich sie mit dem Hingeschiedenen
nicht verwandt sind. Und nie wird man etwas Schlechtes oder Hä-
misches über den Verstorbenen von einem Enzhofener zu hören
bekommen. Schon deswegen nicht, weil ein teilnehmendes Verhalten bei Trauerfällen jedem gut ansteht, weiter keine Umstände
macht und nichts kostet.« Unter allen gewagten, harten und ungerührt tückischen Bauerngeschichten Grafs bildet diese Abrechnung einen Extremfall. Es muß uns zu denken geben, daß Graf sie
im GROSSEN BAUERNSPIEGEL an den Schluß gesetzt hat, wie sein letztes
Wort über diese finstere Welt, die ihm nach wie vor fest anhaftete.
»Wer schreibt, handelt«. Mit diesem programmatischen Satz begann im September 1933 die erste Nummer der »Neuen Deutschen
Blätter«, einer zwei Jahre lang sehr erfolgreichen literarischen Mo-
natsschrift der Exilierten, herausgegeben von Anna Seghers, Graf,
Wieland Herzfelde und einem ungenannten, im Untergrund in
Berlin lebenden Arbeiterschriftsteller (Jan Petersen). Das Geleit-
wort und dieser erste alles zusammenfassende Satz stammt vermutlich von Herzfelde. In diesem Grundsatz waren sich alle vier

Herausgeber einig. Die vier sind zwar niemals alle zusammengetroffen; Graf kannte z. B. Seghers nur aus ihren Büchern und Petersen faktisch gar nicht. Aber alle vier suchten mit ihren Möglichkeiten die Waffe des gedruckten Wortes gegen die Nazis einzusetzen. Sie schufen eine strikt antifaschistische Zeitschrift auf der Linie der literarischen Volksfront, an der sich ein ansehnliches Spektrum der exilierten Schriftsteller beteiligte. Graf mußte jetzt wieder – wie im Büro der »Neuen Bühne« in München – massenhaft Manuskripte durchsehen. Er war für die Schweiz, Österreich und Ungarn zuständig. »*Welches Zeug!*« betonte er im November 1933. Aber er fand mehr geeignete Sachen als damals. Er lernte weitere Kollegen kennen, ermutigte manche zum Schreiben oder zum Weiterschreiben, suchte sie zu fördern. Er war laut Johannes R. Becher, der als starker Antrieb hinter der Zeitschriftgründung stand, in einer »begeisterten Arbeitsstimmung«. Schon im Sommer 1933 hatte er, anscheinend noch allein, eine Zeitschrift geplant: »Literarischer Beobachter«. Im Entwurf zum Vorwort heißt es: »Denn das Deutschland, in dem wir geboren wurden, ist und bleibt unsere Heimat. Wir lieben es mehr denn je.«

Mut fassen, andere dadurch ermutigen, war eine verbreitete Maxime unter den exilierten Schriftstellern, und nicht die schlechteste. Nur in wenigen Texten Grafs kommen auch Stimmen des Zweifels, der Irritation oder Verzagtheit auf. Ein postum veröffentlichtes Gedicht VERDROSSENER ARBEITER überrascht zunächst mit leisen Tönen, die eher an Kästner oder Tucholsky denken lassen: »Da hat man nun – als Mensch kaum mehr vorhanden – gewerkelt für wen anders und nie aufgemuckt.«

Mit einer echt Grafschen Wendung wird die Stimmung der Verdrossenheit abgeschüttelt:

»[…] auf das nicht hören, was die Klugen sagen
und einfach einmal wird und unverhofft
die ganze Welt in tausend Scherben schlagen«.

Der Schluß ist weder verzagt noch mutig. Er stellt den Arbeitergenossen wie den vertriebenen Autor in den Prozeß des unbarmherzig weitergehenden Lebens:

»Stoß an, Genosse! Was liegt schon d[a]ran,
wenn man die Bitternisse niedersäuft!
Wenn wir krepieren, kommen andre dran
und können zusehn, wie der Schwindel läuft …«

Arm und glücklich in einem bedrohten Refugium

Am Februaraufstand der österreichischen Arbeiter nahm Graf nur
mit einer glühenden Erwartung und Sympathie, aber nicht praktisch teil. Obgleich er die Aussichtslosigkeit dieses Kampfs bald
begriff und eine unübersehbare Anschauung von der Kopflosig-
keit und Zersplitterung der Aktionen bekam, fand er selbst den
zum Scheitern verurteilten Versuch eines Aufstands »richtiger«
als die kampflose Niederlage der Arbeiter im Reich. Ein Gedicht
»Aufruf«, während des Aufstands verfaßt, beginnt er mit den
Worten:

>»Besinnt Euch nicht, nun ladet das Gewehr!
>Es fängt der letzte Krieg sein Wesen an«.

Noch lange teilte er die österreichischen Genossen danach ein,
wer wirklich gekämpft und wer abseits gestanden oder nur andere
zum Aufstand beredet hatte.
Er selbst wurde in den Verfolgungsjagden der Heimwehren und
der Polizei nicht gesucht, aber er fühlte sich nicht mehr sicher. Die
österreichische Regierung bedrohte mißliebige Emigranten mit
der Auslieferung an die deutschen Behörden. Schon 1933 waren
einige Sozialisten und Kommunisten, u.a. Grafs Freund Holy von
der Roten Hilfe, über die Grenzen »zurücküberstellt« worden.
Max Holy verbrachte dann fünf Jahre unter der Naziherrschaft im
KZ Dachau. Auch die beginnende »Dollfußgleichschaltung«, wie
Graf sie nennt, verleidete ihm dieses erste Exilland. »In Österreich
ist natürlich ein anderer, viel schlampigerer und auch hilfloserer
Faschismus, aber man kotzt doch auf dieses scheinheilig blutrüns-
tige Katholische eines Innitzers und hat einen Haß wie nie auf
Dollfuß und Fey«.
Graf und Mirjam verließen Österreich zwei Tage nach dem Zusammenbruch des Aufstands. Sie trafen mit Scharen von Schutzbündlern in der Tschechoslowakei ein und hielten guten Kontakt
mit ihnen – »die kennen und lieben mich ja alle«. Grafs fanden
bald in Brünn eine gute, erschwingliche Wohnung, zum einzigen
Mal in ihrem Leben eine Wohnung im Grünen, eine halbe Stunde
(mit dem Bus 10 Minuten) von der Stadtmitte. In Wien hatten sie in
ihren »Plüschzimmern« gleichsam nur zu Gast gewohnt; hier
konnten sie sich heimisch machen. Mirjam konnte wieder selbst

kochen. Sie mußten viel bescheidener leben als in München und Wien. Die Honorare von tschechischen Zeitungen waren »grauenhaft niedrig«. Graf standen viel weniger Zeitungen offen als in Wien. Die meisten seiner Veröffentlichungen erschienen in diesen vier Jahren in der Sowjetunion. In Moskau hatte er reichlich Geld auf seinem Konto, aber davon bekam er nur wenig heraus. Tretjakow wollte ihm Anfang 1936 von seinem Geld aus Moskau Lebensmittelpakete schicken; das scheint nicht geklappt zu haben. Wegen eines Betrags von 50 Rubel von der »Internationalen Literatur« schrieb Graf mindestens fünf Briefe. Selbst das Porto erschien ihm oft »unerschwinglich«, besonders wenn er Geschichten einschickte und nicht wußte, ob sie angenommen würden. Wenn man die Summe von Grafs Publikationen in diesen Jahren ansieht und sich die schwachen Finanzen der Exilverlage vergegenwärtigt, muß man sich fragen, wovon Grafs in Brünn überhaupt gelebt haben. »Nun, es gibt hier in Brünn immerhin sehr gute Menschen, die mir ab und zu helfen«. Graf war bald bekannt mit deutschsprechenden Ärzten, Architekten, Rechtsanwälten, hier auch mit Fabrikanten, die ihren unterhaltsamen Freund nicht verhungern ließen. Er vertrat die Ansicht, daß die gute Gesellschaft in ihrem eigenen Interesse verpflichtet sei, »für ihre Dichter, Clowns und Unterhalter aufzukommen«. »Rein äußerlich ist er ein Phlegmatiker und Faultier, ein Feind von Notizbüchern«, so wirkte er z. B. auf seinen Freund Tretjakow. Ab Februar 1938 bekam dann Graf zum erstenmal seit zwanzig Jahren wieder ein Stipendium, um an seinen Werken (jetzt vor allem seinem Mutter-Buch) schreiben zu können: 30 Dollar monatlich von der American Guild for German Cultural Freedom, auf Fürsprache von Thomas Mann.

Graf fühlte sich in Brünn ausgesprochen wohl. Später nannte er diese Zeit die glücklichste seines Lebens. Die Tschechoslowakei unter Masaryk und Benesch war ihm das liebste seiner Exilländer. Auch andere Emigranten, die mehr Überblick hatten, nannten die Tschechoslowakei das demokratischste Land des damaligen Europa und beklagten die »Gemeinheit«, daß es »unterging« oder von den Appeasement-Politikern »geopfert« wurde. Nicht nur die politische Liberalität und eine relativ großzügige Behandlung der Immigranten machten das Land zu einem angenehmen Exil,[1] auch der Umgang der Menschen miteinander muß ganz nach Grafs Herzen gewesen sein. Da gab es – lauter Beispiele, die die Freunde berichtet haben – einen Senator, der stolz auf seine bäuerliche Mutter war, einen Major, der selber den Kinderwagen schob, Soldaten, die in der Straßenbahn den Offizieren nicht ihren Platz überließen. Hier lief Graf auch meistens in seiner bayrischen Tracht herum – Trachten waren in der Provinzhauptstadt Brünn üblich, aber seine Tracht gehörte auch zum Habitus der Henlein-Faschisten!

Allerdings war das Land scharf zwischen Tschechen und Deutschen polarisiert. Der nationale Gegensatz wurde mit großer Bitterkeit ausgetragen. Alle Parteien, außer den Kommunisten, die Theater, die Schulen, Hochschulen und Volkshochschulen gab es doppelt: für Tschechen und für Deutsche. In persönlichen Begegnungen aber spielte der nationale Gegensatz eine geringe oder gar keine Rolle – außer im fanatisierten Sudetengebiet, und in der Erregung des Frühjahrs und Sommers 1938 überall. Die deutschsprechenden Kreise und Organisationen, in denen sich Graf schon der Sprache wegen fast ausschließlich bewegte, waren jedenfalls in Brünn frei von aller Frontmentalität »gegen« andere.

In Brünn, einer blühenden Industriestadt vor allem mit Textilfabriken, »das tschechische Manchester« genannt, waren Oberschicht und Intellektuelle überwiegend deutsch, zusammen mit den deutschsprechenden Juden über zwanzig Prozent der Bevölkerung. Hier waren aber auch die fast ausschließlich tschechoslowakischen Arbeiter nicht so schlecht daran wie in den Elendsgebieten der Sudeten. Die meisten hatten ein kleines Haus mit Garten; ihren Unternehmern traten sie selbstbewußt und hochorganisiert (aber in mehrfach gespaltenen Gewerkschaften) gegenüber. In der Arbeiterbewegung spielten die Kommunisten eine größere Rolle, als das in Österreich der Fall gewesen war; sie übten einen ähnlich starken kulturellen Einfluß aus wie in Deutschland zur Zeit der Weimarer Republik. Sie standen aber den Sozialdemokraten nicht so schroff gegenüber, waren weniger diszipliniert, liebten keine militärischen Formen. Für die österreichischen Schutzbündler wie für die Emigranten aus dem Reich muß in der Bevölkerung beträchtliche Sympathie geherrscht haben. Harry Asher, der den »sehr provinzlerischen« Zustand der Stadt vor 1934 aus eigenem Erleben kannte, spricht von einer großen Bereicherung durch den Zustrom von neuen, interessanten Menschen, einem »Kulturaufschwung«. Ähnlich sah es Professor Iltis, der Leiter der deutschen Volkshochschule Brünns. Er gewann die Zugezogenen zu Vorträgen und laufenden Veranstaltungen und nutzte das anwachsende Interesse, um weitere Emigranten wie Thomas, Heinrich und Klaus Mann, Max Brod, Franz Werfel, Ludwig Renn, den Rüstungsforscher Lehmann-Russbüldt u. a. (Feuchtwanger dagegen durfte bereits 1937 nicht mehr einreisen) und andere auswärtige Gäste einzuladen, darunter durch Grafs Vermittlung Sergej Tretjakow und Ilja Ehrenburg.

Graf lebte hier sehr neugierig, wie zur Probe, sehr intensiv im Bewußtsein, daß nichts garantiert oder verläßlich war. Er wurde zum ersten Mal dankbar gegenüber einem Gemeinwesen und einem Staat.

Neue Freunde und eine neue Herzlichkeit

Wenn Graf von den »glücklichen« Jahren in Brünn sprach, dachte er in erster Linie an seine Freunde. Außer ein paar Schutzbündlern, wenigen Mitemigranten[2] und dann und wann einem »Kurier«, der ihn besuchte, hatte er lauter neue Freunde. Er entwickelte einen überaus herzlichen, überströmenden, mitunter berauschenden und fesselnden Umgang mit anderen Menschen. Er war nicht mehr von einzelnen so abhängig wie in seinen Lehrjahren von Jung, Schrimpf und vielleicht Mühsam. Er entschied rasch und absolut, oft beim ersten Ansehen, mit wem er gut freund war. Er hing sich aber mit der gleichen Unbedingtheit und fordernden Sympathie jetzt an die jeweiligen neuen Freunde, einzelne oder ganze Gruppen, Deutsche, Österreicher, deutschsprechende Tschechen oder Russen. Er hatte sie nötig. Er mußte mit ihnen reden und streiten können, mußte mit ihnen trinken, schwärmen, sie und sich selbst geistig entblößen, sie frotzeln und – das wurde jetzt ein fester Begriff – sie »umschlingen«. Der Wert der Sentimentalität wurde ihm immer bewußter. Später machte er so etwas wie seine Philosophie daraus.

Grafs Freundschaftskult – im IMSINGER-GIRGL prägte er den Spezialausdruck dafür: »die gute Speziellität« – ist aber mehr als Rührseligkeit und Kompensation für seine Heimatlosigkeit. Sein Schrekken über den Menschen und die Verarbeitung dieses Schreckens gehören auch dazu. »Ich mag alle Menschen gern, leider aber – wirklich lieben kann ich fast keinen«. Graf grübelt, warum: Vielleicht schaut er »zu viel und zu gründlich zu«, »besessen von einer rein egoistischen Neugier«. Oft sieht er durch sein Gegenüber hindurch und sieht schon den Toten in ihm. Darauf führt er seinen »Humor« und seine »Ungläubigkeit« zurück, aber auch seinen unersättlichen »Hunger nach immer wieder neuen Menschen«. So blieben selbst seine großen herzlichen Freundschaften nicht frei von Zweifel, aber er überspielte diese Zweifel immer wieder. Seine

Freundschaften waren Tätigkeiten, nicht einfach gegebene Zustände. Ich weiß nicht, ob Graf Gottfried Kellers kühle Einschätzung je gelesen hat: »Es mag eine Zeit gegeben haben, wo die großen leidenschaftlichen und idealen Freundschaften gerechtfertigt [!] waren; jetzt aber, glaube ich, sind sie es nicht mehr«. Sicher hätte Graf ihm unrecht gegeben. Seine intensiven Bemühungen um Freunde und Freundschaften wirken so, als suche er eine derart destruktive Auffassung für seine noch viel bedrohtere Zeit mit allen Mitteln zu dementieren.

Graf bewegte sich zumeist in einem linksorientierten politisierten Umfeld; selbst seine Freundschaften hatten in dieser Zeit einen dezidiert politischen Kern. Sie stärkten durch gegenseitige Bekräftigung die Absage an die Naziherrschaft und die NS-Methoden, sie unterstrichen den Glauben an die Freiheit und Gleichheit der Menschen und elementare Hoffnungen auf einen Fortschritt in der Geschichte. Aber Graf hielt sich nicht an Bekenntnisse oder gar Parteibücher. Mit großer Impulsivität und mancher Ungerechtigkeit im einzelnen bestimmte er, wer in seinen Augen ein »richtiger«, ein lebendiger, innerlich produktiver Mensch und wer ein Dogmatiker oder Fanatiker, ein »Katechet« war, sei es auch ein Katechet des Kommunismus. Geradezu als Echo auf diese Einteilung schrieb ihm Tretjakow: »Du bist ein richtiger Mensch«. Kisch war ihm so sympathisch, weil er sich wie Graf selbst auf das Sprücheklopfen der marxistischen »Gelehrten« – »es klang wie das Brevierbeten eines katholischen Priesters« – nicht einließ, sondern verständlich redete und in seinen Büchern so schrieb, daß die Proleten sie lesen und auf sich beziehen können. Wenn ihm jedoch einer von Herzen unsympathisch war wie manche allzu beflissenen Genossen in Moskau und insbesondere der arme Ernst Ottwalt, dann konnte er von ihm ohne Bedenken glauben, er sei »als faschistischer Spitzel« verhaftet, also die Sprachregelung der stalinistischen Säuberung für bare Münze nehmen. Über die schroffe Zweiteilung in »Richtige« und »Falsche« hinaus hatte er ein breites, gewissermaßen schmunzelndes Verständnis für vielerlei Menschentypen, insbesondere für die liebenswert Ungemütlichen oder Ungeschickten. Den »Raunzer« Adam Scharrer, den »Misanthropen« Ehrenstein, den schönen, alerten, übereifrigen Toller hat er auf seine Weise ebenfalls gemocht.[3] Jedenfalls hielt er sich nicht nur an die, die ihm lagen. Er verhielt sich persönlich und drastisch-unerbittlich zu allen, die seine weiten (verglichen mit anderen nicht besonders verschlungenen) Wege im Exil kreuzten.

»Mitmenschen« waren für ihn, auch über die Freunde und Genossen hinaus, eine bevorzugte Aufgabe. Dabei blieb er auch in Brünn »der Mann mit den unflätigsten Ausdrücken«.

Ein Zentrum von Grafs geselligem Umgang in Brünn, aber auch von hitzigen Diskussionen war der »Stammtisch«, der im Café Biber zusammenkam. Hier traf er fast jede Woche Else und Gustav Fischer, ein Fabrikantenehepaar, das ihn sehr beeindruckte und in den für ihn tristen späten vierziger und ganzen fünfziger Jahren – inzwischen nach England ausgewandert – Partner seines offenherzigsten Briefwechsels wurde. Insbesondere Else Fischer hat er sehr verehrt. Sie war Fotografin und sowohl als Person wie als Quelle von Einfällen sehr attraktiv. Tretjakow, der nur kurz in Brünn war, hat trotz seiner sowjetischen und modernistischen Diszipliniertheit regelrecht von ihr geschwärmt. Sie dürfte wohl die einzige Fabrikantengattin sein, die während eines harten Streiks in einer anderen Branche, nämlich bei den Kohlearbeitern, unter den übrigen Textilfabrikanten für die Streikkasse gesammelt hat. Hier traf er den beliebten Arzt, Psychoanalytiker und großen Helfer Heinrich Frischauer (»Frischetz«). Dieser starb später im KZ; es hieß, er habe bei der Zusammenstellung des Transports freiwillig die Stelle seines Bruders eingenommen. Hier traf er den Anwalt Emanuel Stern, der – ohne Honorar – den wichtigsten Musterprozeß zur Freigabe seiner Bücher gegen die Verlage im Reich durchfocht. Ein zuverlässiger Freund, pfiffig, kritisch und sehr kameradschaftlich, war Eduard Erdelyi, Elektroingenieur und aktiver Kommunist. Weitere Juristen und Intellektuelle aus einem anderen Kreis im Café Esplanade nennt Recknagel aufgrund seiner Recherchen in Brünn. Eine Reihe der Freunde kam im KZ um, wenige kamen zurück, einige konnten emigrieren.

Auf der eigenen Terrasse und bei anderen traf Graf sich oft mit Freunden, zum Reden, zum Trinken und zum Bauerntarock, oft halbe Nächte lang. Mirjam, die von den 14 Tagen allein in der Münchner Wohnung eine Platzangst davongetragen hatte, ging fast nie aus und ließ keinen Trubel in ihrem Haus zu. Der junge Harry Asher war meistens dabei, der Graf heute noch – in New York – die einflußreichste Person in seinem Leben nennt und in dessen Haus in Brünn Graf wieder seine ersten Lesungen hielt. Asher verdankte ihm viel. Er blieb ihm sein Leben lang anhänglich (in DIE FLUCHT INS MITTELMÄSSIGE porträtierte ihn Graf als Lings »ältesten Freund« Charlie) und hielt schließlich vor allen Freunden 1967 die Totenrede auf Graf. Der Journalist Richard Teclaw aus

Danzig war in Brünn mit von der Partie, der mit dem aus Heilbronn stammenden Journalisten und Musikkritiker Will Schaber, ebenfalls einem guten Freund Grafs, einen Pressedienst mit Nachrichten aus dem Reich herausgab und der nach Aussage seiner Frau im Exil »lebte wie die Spatzen«. Andere nannten ihn einen »Zauberkünstler«. Anfangs gehörte noch Gustl Jellinek dazu, Angestellter einer Textilfabrik, politisch engagiert, sonst ohne Beziehungen zur Publizistik, der aber zum »Herausgeber« der »Neuen Weltbühne« gemacht wurde, weil das nach dem Pressegesetz des Landes ein tschechoslowakischer Staatsbürger sein mußte. Vier Monate blieb Karl Holoubek, einer der führenden Köpfe der illegal arbeitenden österreichischen Sozialdemokratie (inzwischen in der RSÖ) in Brünn und dachte danach in einem Brief aus dem Gefängnis wehmütig an Grafs Altane, an Mirjams guten Kaffee und sogar ihren »Wasserzwieback« zurück.

Die überraschendsten, beglückendsten neuen Freunde fand Graf unter einigen sowjetischen Schriftstellern. In Moskau, wunderte er sich, kam ihm noch mehr als anderswo »jeder Mensch – ganz gleichgültig, wer er war und ob er deutsch konnte – als vertrauter Genosse« vor. Er habe sich mit vielen, er schreibt mit »jedem«, unausgesprochen und »geradezu schrankenlos« verstanden.

Gorki, den einflußreichsten, anerkanntesten Schriftsteller des neuen Rußland, hatte Graf seit langem verehrt. Er fand seine Inthronisierung zu einem großen Weisen, einem Lehrer der Sowjetunion ganz selbstverständlich. In seinem Reisebericht betont er aber vor allem die schlichte, nahezu wortlose gegenseitige Sympathie. In seiner langen Rede ZU MAXIM GORKIS TOD (1936) hebt er hervor, daß Gorki mehr als jeder andere »unser« war: weil er von ganz unten kam, weil er von der Not gezwungen wurde, »viel, scharf und unbarmherzig zu denken«. Er verweilt bei den Zügen, in denen er sich Gorki ähnlich fühlen konnte. »Gorki trat hart geschlagen, plump, ohne Hoffnung und tief vereinsamt in die Welt«. Im Gegensatz zu dem erhabenen »Volk« der »Volkstümler« (Narodniki) schilderte Gorki die »Zimmerleute, Lastträger, Maurer«, wie er sie kannte, und blieb selbst als (vorübergehender) Widersacher der Bolschewiki »bei den Massen, bei allen Leidenden seinesgleichen«.

Grafs sprühendster, umgänglichster Freund wurde Sergej Tretjakow, der mit seiner Frau die Reisegruppe von Schriftstellern durch den Süden der Sowjetunion geleitete, ihn später in Brünn besuchte und sich in seinem Lebensgefühl wie seiner Ausdrucksweise (bis in seinen deutschen Wortschatz hinein) von Graf ungeheuer beeindrucken ließ. Ein herzliches Verhältnis gewann Graf auch zu Pasternak. Sie liebten sich gegenseitig wegen ihres nahen Verhältnisses zu Rilke (Pasternak hatte Rilke übersetzt). Ebenso verstand er sich mit Isaak Babel, denn er fand in ihm »den ersten Menschen, der Tolstoi begriff« (»Tolstoi war ein Genie … und hat nichts geglaubt«). Als Toller ihn warnen wollte, Pasternak sei momentan suspekt und außerdem überholt wie Rilke, lachte Graf ihn nur aus: »Quatsch! Die leben länger als wir alle«. Die Degradierung von Menschen aufgrund einer politischen wie einer gelenkten literarischen Konjunktur war ihm gleichermaßen zuwider. Seine Freundschaften waren ihrerseits sicher willkürlich, auch mit der Zeit veränderlich, aber frei von Kalkül.

Ob Graf zu Frauen in dieser Phase seines Lebens ein neues, sublimierteres Verhältnis entwickelt hat, können wir nur vermuten, einige Briefstellen klingen so. In fast jedem Brief an Bredel erwähnte er die liebe Genossin Scheinina. Ihre Augen hätten es ihm angetan, sie sei »ein echter Kamerad«. Fast ebenso oft dachte er an die liebe Vera Toper, die Übersetzerin in Moskau, die ihm zu seinem Leidwesen nie schrieb. Er wurde »seltsam sanft und träumerisch«, wenn er an die beiden dachte – ein neuer Ton bei Graf. Mit der Leningrader Übersetzerin Isabella Grünberg wechselte er sehr herzliche Briefe per »Sie«. In den späteren Briefen an Fischers schrieb er immer »lieber Gustav« und »geliebte Else«. Sein Freundschaftskult nahm mitunter selbst Züge von Verliebtheit an, auch wenn es sich um eine Runde von überwiegend oder nur Männern handelte. »Gebt mir Millionen, bietet mir alle Herrlichkeiten der Welt – nichts wiegt das bezaubernde Glück dieser undefinierbaren Verbundenheit auf« – nämlich das Glück, in Moskau mit den alten Bekannten, »intellektuellen Revolutionären aller Schattierungen«, zusammenzusitzen, »einander mit schonungslosem Sarkasmus verspottend, wortfindig und witzgewandt«.

Für Graf gehörte zur Freundschaft untrennbar, daß er für andere eintrat, materiell ebenso wie geistig oder atmosphärisch. Er muß es großartig verstanden haben, Geld, Unterkunft, Lebensmöglichkeiten und Rechte für die Flüchtlinge, die nach ihm kamen – seit dem Herbst 1935 strömten sie geradezu aus dem Reich – zusammenzubetteln oder zu ertrotzen. Er war bekannt dafür, auch bei den tschechoslowakischen Behörden. Vermutlich deshalb blieb er lange ohne Aufenthaltsbewilligung, nachdem sein Paß abgelaufen war. Er wurde als Vorstand in das Brünner Büro des »Volksbundes«, einer Emigrantenhilfe, gewählt. Im Rückblick schrieb er ebenso stolz wie untertreibend, er habe »an allen Hilfsaktionen für die deutschen und österreichischen Emigranten – sagen wir – sehr sichtbar und hörbar« teilgenommen. »Du machst auch in Comitees, hab' ich gehört«, schrieb ihm Becher (1936). Graf setzte sich so persönlich und energisch wie möglich für die Mitemigranten ein. Mit seinem »Ruf« und seiner »Person« verbürgte er sich z.B. für Karl. O. Paetel.[4]

Weniger erfolgreich, aber eine nicht aufzugebende Verpflichtung war der Kampf um die verhafteten Genossen im Reich. Graf hatte wie alle anderen nichts als Worte zur Verfügung, die Worte aber hatten sich den herrschenden Faschisten gegenüber als ohnmächtig erwiesen. Die Freilassung Dimitroffs und die Würdigung Ossietzkys durch den Nobelpreis waren die einzigen kleinen Erfolge (die Emigranten in Frankreich zählten noch die Freilassung des ins Reich verschleppten Berthold Jacob dazu). Grafs Sprache spiegelt seine Erfahrung wider, daß Worte in diesem Kampf nichts ausrichten. »Unsere Rastlosigkeit in diesem Kampf muß verhundertfacht werden!«, schrieb er in einem Appell für die Freilassung Thälmanns, nach der Ermordung von Edgar André. Er überschrieb seinen Aufruf: GEGEN DIE TRÄGHEIT DES HERZENS. Er stand in einem fortwährenden Kampf, aber er war schon hier, was Herzfelde ihm zu seinem 50. Geburtstag bescheinigte, gar keine »Kämpfernatur«, vielmehr »zutiefst friedliebend, beinahe idyllisch veranlagt«.

Ein Teil seiner neuen Herzlichkeit richtete sich nicht an bestimmte Personen, sondern bildete ein allgemeines Fluidum. Graf sprach es z.T. in Gedichten aus. Er knüpfte an seine alte expressionistische Lyrik an. Er erzählte z.B. Pasternak von seinen frühen Dichtungen und fragte 1937 an, ob er sie ihm (evtl. zum Übersetzen) schicken dürfe. Er schrieb jetzt aber einfacher, mit reduziertem Pathos, in nachdenklichen, besinnlichen Wendungen. Sich selbst und anderen Mut zu machen, war die praktische Absicht bei dieser nur noch nebenbei betriebenen Kunstübung. ZURUF heißt eins dieser Trostgedichte. In einem anderen wird die Vorstellung vom Aufbruch »aus Urtiefen und geheimnisvollen Räumen« aus Grafs frühester Lyrik aufgenommen und in eine tiefsinnig-bescheidene Geste verändert, ebenso fest in der Haltung wie resigniert im Inhalt:

> »In der Tiefe sind wir laut geworden,
> und die Tiefe macht uns stumm«

Die vorbildliche, beflügelnde
und undurchdringliche Sowjetunion

Neun Wochen war Graf im Spätsommer 34 Gast der Sowjetunion. Er war einer der deutschen Delegierten beim ersten Allunionskongreß des neugegründeten einheitlichen Schriftstellerverbands der Union, ohne einen eigenen Beitrag zu den ohnehin sehr vielen Reden zu liefern. Er wollte etwas zur Verteidigung des Dialekts in der Dichtung sagen, den Gorki angegriffen hatte. Das unterblieb jedoch – entweder weil er seine Ausführungen nicht vorab aufschreiben und den führenden Genossen vorlegen wollte oder weil Tretjakow sich nicht zutraute, ihn aus dem Stegreif zu übersetzen. Er lernte Moskau im Bauboom des 2. Fünfjahrplans kennen und genoß besonders eine Reise mit einer zehnköpfigen Gruppe von Delegierten in den Süden der UdSSR, bis in den Kaukasus.

Diese neun Wochen sind die bestdokumentierte Spanne in Grafs Exilzeit, da er Vorträge darüber gehalten und einen langen Reisebericht hinterlassen hat und da einige Gefährten wie Tretjakow, Balder Olden, Klaus Mann, Gustav Regler aus ihrer Sicht darüber geschrieben haben. Das Land und die Menschen, denen er begegnete, gewannen großes Gewicht in seinem Leben. Er bildete seinen Begriff von der Sowjetunion aber nicht erst jetzt und nicht nur als Tourist. Von der Oktoberrevolution an bis in die ersten Jahre seines amerikanischen Exils setzte er sich intensiv mit der Entwicklung im ersten Arbeiter- und Bauernstaat der Welt auseinander. Die gelungene Revolution beflügelte ihn wie die meisten seiner Freunde. Der Hunger in und nach dem Bürgerkrieg rief wie selbstverständlich seinen praktischen Einsatz hervor. Der wirtschaftliche Aufbau im großen Maßstab mit Millionen neuen Arbeitsplätzen – zu einer Zeit, als der Westen in die tiefste Wirtschaftskrise der bisherigen Geschichte versank – verlangte ihm nicht nur Respekt und Bewunderung ab, sondern machte ihn zuversichtlich für die Weiterentwicklung der Menschheit überhaupt. Auch im antifaschistischen Kampf sah er in der Sowjetunion DAS BEISPIEL FÜR MILLIONEN VERZAGTER. Über die sowjetische Verfassung von 1936 äußerte er sich hingerissen und so, als glaubte er in diesem Fall bedingungslos, was auf dem Papier stand. »Was seid Ihr Sowjetmenschen doch für glückliche Leute! Wirklich, man kann Euch beneiden«.

Auf der Reise wollte Graf sich selbst überzeugen, daß das Glück der dort lebenden Menschen und die Verheißung für die Zukunft der Menschheit wirklich gegeben waren. Die meisten Eindrücke bestätigten ihn in seinem Optimismus. Manche waren noch gewaltiger, als er es erwartet hatte. Von den materiellen Aufbauleistungen war er sehr angetan, ließ sich davon jedoch nicht so verblüffen wie manche seiner Gefährten, die hier den besten Stahl oder die glücklichsten Rindviecher der Welt wahrnahmen. Graf konnte rechnen und kannte das Vieh zu Hause. Stärker beeindruckt war er von dem ungeheuren Optimismus und der Einsatzfreudigkeit der Menschen, die er auf den vielen Baustellen sah. Ihre »tätige Neugier« in Konsum und Mode lobte er nicht minder als ihre »kindliche Wildheit und übertriebenen Amerikanismus«. Diese Begeisterung verallgemeinerte er rasch auf »alle« Sowjetmenschen. Trotzdem verblendete er sich nicht mit einem solchen Einheitsbegriff. Die Verschiedenheit der Menschen und der Völkerschaften in dem riesigen Land, die überwältigende Vielfalt ihres materiellen, gesellschaftlichen, kulturellen Lebens und daneben ihrer religiösen Gebräuche war das entscheidende Erlebnis

Während Grafs
Aufenthalt im Sommer
1934 in der Sowjetunion
anläßlich des
1. Allunionskongresses
der sowjetischen
Schriftsteller erschien in
der »Iswestija« am
30. August diese Karikatur
von Oskar Maria Graf.

Оскар Мария Граф.

seiner Reise in den Süden. Sie hat ihn offensichtlich so gepackt, daß er sich unter den fremden, ernsten, lachenden und feiernden Menschen wie in einem ständigen leichten Rausch bewegte und auch seinen Bericht noch wie berauscht abfaßte. Diese Vielfalt war in den ersten 10 Jahren unter Stalin viel pfleglicher behandelt worden als in seiner späteren Regierungszeit. Sie stellte sich offenbar mit großem Selbstbewußtsein dar. Natürlich wurden für die regierungsoffizielle Reiseroute besonders fortschrittliche Kader und Kolchosen ausgewählt, aber auch sehr urtümliche Bergdörfer und eine keineswegs sozialistisch-vorbildliche Siedlung von deutschen Einwanderern.

Graf unterschied zwischen den Revolutionären, die auch für die weitergehende Veränderung der Gesellschaft, der Gewohnheiten und des Denkens dringend erforderlich waren, und den Bürokraten, die das alles erschwerten, es womöglich zum Stillstand bringen würden. Nichts ergrimmte ihn so wie der Anblick des einbalsamierten Lenin. Das Gesicht selbst faszinierte ihn. Er beschrieb es mitleidslos und mit großer Beteiligung, nahezu Identifikation: » – ein erschreckend gescheites Gesicht voll nüchterner Dämonie, nackt, scharf, unverblüffbar [!], ohne jede Eitelkeit und voll besessener Energie!« Aber nun lag Lenin da »wie eine Wachspuppe in einem gläsernen Sarg!«, »herabgewürdigt zum pfäffischen Kult!« »Nein, das ist nicht mein Lenin!« Angesteckt von der Suche nach Schuldigen fällt ihm Sinowjew ein, der diese Einbalsamierung »erdacht« habe, inzwischen aber selbst abgesetzt sei. Grafs Reflexion über die Veränderung hat hier nichts Revolutionäres mehr. Er zitiert Börne: » ›Nichts ist dauernd als der Wechsel, nichts beständig als der Tod ...‹ «.

Mindestens zweideutig klingt es, wenn Graf die Sowjetunion als ein »ordentliches« Land lobt, in dem die Polizei ausgezeichnet funktioniert. (Vom politischen Einsatz der Polizei bekamen die ausländischen Gäste damals nichts mit). Die dagegengesetzte Hoffnung auf die Zukunft verknüpfte er impulsiv mit den »Besprisorni«: herumstreunenden bettelnden Jungen, die sich der staatlichen Fürsorge entzogen und der Polizei geschickt auswichen. Einer dieser Buben, »verschlampt«, aber kühn und frisch, erinnerte die ganze Gesellschaft an Gorkis harte Jugend. Graf fragt sich, ob der gehetzte Junge, »von einem wilden Leben kühn- und hartgeworden«, auf irgendeiner Landstraße verkommen werde oder ob er » – weiß Gott, nichts auf der Welt hält ewig und bleibt *das*, was es am Anfang war! – am Ende gar einmal mithelfen würde, den bis

dahin vielleicht schon starr und unfruchtbar gewordenen Sowjet-
staat zu erneuern«.

Sich selbst stilisierte Graf im Verhältnis zu diesem widerspruchsvollen Gastland als einen Sympathisierenden, der aber zu bequem
war, gleichsam auf der Strecke des Fortschritts am Wege stehen-
blieb, »skeptisch, aber humorvoll«. »Wir sind Mittelstand ... Wir
gehen nicht unter!«, tröstete er sich zusammen mit Balder Olden.
»Wir lieben die Genüsse des Lebens und sind für den Fortschritt,
basta!« Einmal nennt er sich mit all seinen deutschen Kollegen:
»wir Abenteurer im Geist und heimlichen Spießbürger im Leben«.
Graf lebte üppig, pries den »Talonkommunismus« (die Gäste wurden reichlich mit Gutscheinen versehen) und gab reichliche Trinkgelder, jeder sozialistischen Moral zum Trotz. Er kaufte massenhaft ein und brachte die Sachen mit unaufhörlichen Reden und
schließlich Drohungen über die Grenze. »Ein Falstaff, und liebt
den Don Quijote«, staunte Tretjakow. Graf hielt sich an die »kleinen Leute« und an seinesgleichen, aber er verstand sich auch blen-
dend mit Kolzow, dem hochrangigen Funktionär unter den
Schriftstellern. Bei einem Gelage in Gorkis Landhaus küßte er sich
mit der halben dort erschienenen Sowjetregierung (ohne Stalin).

Als Interessent und Kenner nahm Graf zu der kulturellen Entwicklung, zu der überwältigenden Leselust der Sowjetbürger und zu
den Proklamationen des Schriftstellerkongresses Stellung. Er erlebte eine günstige Phase, eine weitreichende Liberalisierung, als
die harsche Vorherrschaft der RAPP[5] abgelöst und der später so
einschnürende »Sozialistische Realismus« eben erst ausgerufen
wurde. »Zeit der Hoffnung damals, Zeit der Unschuld sozusagen,
Traumzeit, Zeit der Illusionen?« (Horst Krüger). Graf nahm die Parole des »Sozialistischen Humanismus«, die durch viele Reden
hindurchging, sehr ernst. Bucharins »hinreißend gescheite, fast
sechsstündige Grundsatzerklärung«, in der die klassische Literatur wieder zu Ehren gebracht und eine zeitgemäße (Graf schreibt:
»sinngerechte«) Fortsetzung gefordert wurde, war Graf aus dem
Herzen gesprochen. Er mokierte sich über die geringe Kenntnis
seiner Kollegen von der Weltliteratur – als wären sie auf der Stufe
der Expressionisten stehengeblieben. Die »schönste Rede« fand er
die von Ilja Ehrenburg (»ein überzeugter, etwas grämlich ausse-
hender Mensch«). Ehrenburg sprach selbstkritisch und mit offenen, nicht schon vorentschiedenen Forderungen: »Bei uns man-
gelt es an vielem: an Meisterschaft wie an Papier«. »Wir haben die
Wahrheit zu zeigen, die überall zu erfühlen und doch nur schwer

zu bestimmen ist – sie ist wie die Bläue des in Wirklichkeit farblosen Himmels«. Graf nahm nicht alles wahr, was auch auf diesem Kongreß an Drohungen gegen eine zu weit gehende Selbständigkeit der Schriftsteller geäußert wurde. Die Verheißungen imponierten ihm, er suchte sie weiterhin beim Wort zu nehmen. DIE INNIGE VERBINDUNG DES SCHRIFTSTELLERS MIT DER MASSE beeindruckte ihn am meisten, unter dieser Überschrift veröffentlichte er seinen Kongreßbericht. Später brachte er seine anwachsende Kritik an der Sowjetunion auf die Formel, sie haben die Ideen von Tolstoi nicht verwirklicht.[6]

Wie verhielt sich Graf zu den peinlichen, nach 1934 immer grausiger werdenden Auswüchsen des »Stalinismus«, zur Verfolgung von Tausenden und schließlich Millionen von Arbeitern, Kadern, Intellektuellen? Er wurde sehr nah davon betroffen. Sein »bester Freund« Erich Müller wurde 1935, nach fünf Jahren Aufenthalt in Moskau und nachdem er sich gegen anfängliche Skrupel zum »bewußten Sowjetbürger« entwickelt hatte, verhaftet und in ein Arbeitslager im Pektora-Gebirge deportiert. Im Frühjahr 34 hatte Müller noch den Kampf gegen »Abweichungen« zwar »pedantisch und plump«, aber doch »richtig und notwendig« genannt und Graf »zu uns« zu bekehren versucht. In Moskau hatte er Graf das einzige Exemplar des langen Manuskripts mitgegeben, in dem er seine anfängliche Schwärmerei und »Verworrenheit« gegenüber der sowjetischen Realität und seine erfolgreiche »nüchterne und unsentimentale Arbeit« an sich selbst dargelegt hatte. Graf äußerte sich entrüstet über die »Mundtotmachung«, noch dazu mit »derartiger Geheimnistuerei«. »Es scheint dort auch so eine finstere Angst zu sein vor jedem, der nicht 100prozentig schwenkt, wie sie es wollen«. Er schrieb in seinen Briefen oft darüber, sprach auch Bredel darauf an, der ihn besuchte, aber erfuhr von ihm, »wie gleichgültig und furchtsam die Leute sind«. In seiner begeisterten verbalen Zustimmung zum Weg der Sowjetunion machte es ihn nicht irre, allerdings schliefen seine Pläne zu einem weiteren Besuch des Landes allmählich ein. Anfang 1937 erfuhr er, daß Erich Müller dem wahrscheinlichen Untergang in den »Pektora-Höllen« eine geduckte Existenz im Dritten Reich vorgezogen hatte und durch die Deutsche Botschaft repatriiert worden war. Das sprach nach Graf mehr gegen Müller als gegen die Lager. (Besonders verübelte er ihm ein »Heil Hitler« unter einer Rezension über das Buch eines anderen über die Lager). Wann Graf von der Verhaftung Tretjakows und Babels erfahren hat, ist unsicher. 1945 hoffte er noch auf ein Lebenszeichen von Tretjakow.

Seit der Abreise von Europa verschob sich Grafs Verhältnis zur Sowjetunion allmählich und zwangsläufig. Ein Jahr lang schickte er noch Berichte an die »Internationale Literatur« in Moskau. Den deutsch-russischen Pakt betrachtete er nüchtern als ein Erfordernis der Machtsituation, wollte sich aber nicht von antikommunistischen Eiferern zu einer moralischen Verurteilung pressen lassen. Im Krieg freute er sich über die Widerstandskraft und schließlich den Sieg der Roten Armee noch mehr als über die späten Erfolge der anderen Alliierten. Erst als die Sowjetunion die militärisch wie ideologisch dominierende Vormacht in den osteuropäischen Ländern wurde, äußerte er sich immer enttäuschter und mitunter sehr bitter über ihre Politik. Aus dem »Beispiel« und Rückhalt für alle kämpfenden Antifaschisten war eine Großmacht, ein Staat unter anderen geworden, zu dem sich Graf nur noch »außenpolitisch« (und mit der Reserve des Anarchisten gegenüber jedem Staat) verhalten konnte. Das konnte einen deutschsprechenden Denunzianten (Name dem FBI bekannt) nicht davon abhalten, Graf noch 1950 als »einen der deutsch-kommunistischen und internationalen Komintern-Führer« anzuschwärzen.

Kampf um die Einheitsfront

Graf entwickelte sich »zum bewußten Kritiker seiner Zeit, der die reaktionären Kräfte bekämpfte, ohne jedoch zu einer klaren sozialistischen Position zu gelangen«. In solchen und ähnlichen Formeln wird Grafs politisches Credo bis heute von denen eingeordnet, die sich zur Definition des Sozialismus für einzig kompetent erklären. Graf sah das etwas anders. Er wollte den Sozialismus keiner Partei als ihr Monopol überlassen.

Ziemlich versöhnlich, unpolemisch drückte Graf seine Selbsteinschätzung im letzten Satz seiner Rede ZU MAXIM GORKIS TOD aus: »Wir, die Generation, die nach dem Ersten Weltkrieg alle Illusionen verlor und einfach durch die Umstände ins Soziale einmündete, sind alle Kinder seines Geistes«. Mit großer Energie setzte er sich für einheitliche Aktionen der emigrierten Intellektuellen und Politiker über ihre Parteigrenzen hinweg ein. Die Einheitsfront- und Volksfrontpolitik der Kommunisten unterstützte er mit vollster Überzeugung. Mit den verschiedentlichen Rückfällen, deren sich auch seine Schriftstellerkollegen schuldig machten, ging er scharf ins Gericht.

Graf sagte »Wir« und »Genossen«, wenn er sich an die Kommuni-

Ausschnitt aus einem Brief von Grafs Freund Karl Holoubek aus einem
österreichischen Gefängnis, an Graf 1935 nach Brünn gesandt,
geschrieben auf einer Buchseite aus den KALENDERGESCHICHTEN.

sten wandte, aber er tat es immer bewußter von der Position eines unabhängigen Sozialisten aus. Er wurde zunehmend als solcher anerkannt. Kuriere und Verantwortliche beider Arbeiterparteien suchten das Gespräch mit ihm. Der Kontakt mit dem blonden »Michael« (Waldemar von Knoeringen), der in der illegalen Arbeit der SPD eine wichtige Rolle spielte, muß intensiv gewesen sein. Die Schutzbündler, die nach Brünn gekommen waren, traf Graf oft, ihre Führer und ihre jetzige Organisation (die »ALÖS«) mied er. Asher bekennt, daß Graf ihn durch seine praktische politische Vernunft, seine vermittelnde Position, ohne viele Debatten von dem rabiaten Kommunismus seiner Jugendjahre abgebracht habe (etwa 1935). In einem langen, verhalten leidenschaftlichen Brief an Becher blickt Graf auf die »Neuen deutschen Blätter« zurück, die er auch nach ihrem »kläglichen« Ende für die wirkungsvollere Zeitschrift im Sinne der Einheitsfront hält als die »Internationale Literatur« und die man »mit Findigkeit und mit einem gewissen heiteren Sinn ruhig zu Tode geschulmeistert« habe. Hier spricht er einmal aus, was er als das Mindeste von einer Einheitsfront erwartet: »die unbedingte Kameradschaft!« Er versprach sich viel von denen, die »weder SP noch KP« sind, von den kleinen linkssozialistischen Gruppierungen wie »Neu beginnen« und ihren betont selbständigen Kämpfern oder Theoretikern. Paul Hagen alias Karl Frank empfahl er seinem Freund Kurt Rosenwald in New York in den verheißungsvollsten Tönen. Er sei »was ganz Besonderes«, »einer der wichtigsten Menschen, die wir haben«. Rosenwald solle alles für ihn aufbieten: »Du hilfst damit einer ganz großen Sache, die jetzt noch so klein aussieht und doch einst unsere Zukunft wird«.

Für die Bayerische Politische Polizei galt Graf damals als eine ebenso wichtige wie gefährliche Figur der Volksfront. In einem Bericht über die Emigrantenbewegung unter dem Punkt »Grenzsekretäre der SPD« steht, was ihre Spitzel im Ausland über ihn herausgefunden hatten: »Die Kommunisten wollen bei einer evtl. Bildung einer Volksfront im Osten (Tschechei) für die Öffentlichkeit einen Mann in Erscheinung treten lassen, der die propagandistische Rolle übernehmen soll, die Heinrich Mann im Westen spielt«. »Allerdings machen sich auch gegen Graf aus den verschiedensten Kreisen Widerstände geltend, da er keine gerade Linie einschlägt«. Graf scheint eine Weile gezögert zu haben, ob er eine solche Rolle (»sozusagen den Vorsitzenden dieser Volksfront abgeben – und dafür plädieren –«) übernehmen solle. Vermutlich aus

Verärgerung, wie sein Manuskript DER ABGRUND in Moskau behandelt wurde, hat er es bleiben lassen. In der Literaturpolitik trat er nur einmal in einer solchen repräsentativen Funktion auf[7]: beim PEN-Kongreß 1938 in Prag, unmittelbar vor seiner Abreise aus der ČSR. Er bildete zusammen mit Wieland Herzfelde die deutsche Delegation. Heinrich Mann empfahl ihn sehr dafür. »Die treffende Rede« müsse einer halten, der »gerade hinlänglich geladen ist und keine Angst hat«. Im Vergleich mit Klaus Mann werde Graf »statt einer geistesscharfen eine kernige Sprache führen, und seine Erscheinung muß dem Kongreß unbedingt vorgeführt werden. So sehen die volksfremden Intellektuellen aus«. Den erforderlichen Smoking für sein Auftreten hier bekam Graf nach einer grotesken Jagd auf ein solches Kleidungsstück für seinen Körperbau schließlich von Jan Werich, dem Mitbegründer des sehr populären, viel zu wenig gewürdigten »Befreiten Theaters« (Osvobozeni Divadlo).

Literarischer Kampf um die Einheitsfront

Im ersten Jahr in Brünn schrieb Graf sein »politischstes« Buch: DER ABGRUND. EIN ZEITROMAN. Er ging der jüngsten Vergangenheit so unnachsichtig zu Leibe, daß die Ursachen der Katastrophe (in seiner Sicht) deutlich hervortraten. Er setzte sich und seinen Lesern aus den verscherzten Möglichkeiten, den Ansätzen zu einer kräftigen, volkstümlichen Abwehr des Unheils einen Weg in eine bessere Zukunft zusammen. Die politischen Urteile sind hier tendenziöser, direkter auf ein Eingreifen in die Geschichte gerichtet als in all seinen früheren und künftigen Werken. Aber da sich im Roman wie in der Geschichte die niederschmetternde Erfahrung der deutschen Arbeiter am österreichischen Beispiel ein Jahr darauf ganz ähnlich wiederholt, wird dem Optimismus des Lernens und Bessermachens ein empfindlicher Stoß versetzt.

»Das war Deutschland« ist der erste »Torso« des Romans überschrieben. Der Sieg der Nationalsozialisten wird als Untergang der bisher bekannten Zivilisation erfaßt. Schuld sind die Großindustriellen, einige Militärs und die paar tausend unverständlich mächtigen Junker, die sich alle in ihrem »Werkzeug« Hitler gewaltig täuschen, aber ohne ihn nicht mehr hätten weiterherrschen können. Schuld ist die Ahnungslosigkeit der »Bürger«, die sich die blutigsten Radaubrüder als »reell« aufschwatzen lassen, wenn diese wieder ein wenig Erfolg oder Geld vorweisen können. Die größte Schuld haben die Sozialdemokraten mit ihrer historisch katastrophalen Verblendung auf sich geladen. Von ihnen konnte man etwas anderes erwarten und haben ihre Anhänger dringend etwas anderes erwartet. Die Illusion vom friedlichen Hineinwachsen in den Staat rächte sich furchtbar, als der Staat zu einer immer feindseligeren, schließlich vernichtenden Maschinerie wurde. Die Hoffnungen der organisierten Arbeiter, ihre Führer, ihre Kassenwarte, ihre Satzungen, ihre Vorstellungen von Recht und Billigkeit waren auf diesen Staat fixiert. Sie hatten das dringend erforderliche – unter dem Sozialistengesetz einmal gründlich ausgebaute – Vertrauen auf die eigene Kraft weitgehend verlernt. »Jetzt war man der Staat«, läßt Graf den alten Hochegger schwärmen, als die Weimarer Republik anfing. »Groß und sichtbar strahlte die Macht. Unerschütterlich funktionierte der Apparat der Organisation.« In ihrer Selbstgefälligkeit, ihrer subalternen Korrektheit und Vorliebe für die »Ordnung« jeglicher Art sind sie »Die guten Knechte«. Ein rechter, intrigenreicher, persönlich mutiger Reichstagsabgeordneter der SPD (Gleiber) verhält sich im Roman zur anwachsenden Nazi-Bewegung wie ein Gesundbeter. Er spricht »wie ein selbstbewußter Kaufmann, der auf die Unerschütterlichkeit seiner alteingesessenen Firma schwört«. Indem die eingelernte unbedingte Loyalität dem vergreisten Militaristen Hindenburg entgegengebracht wird, indem der notdürftige Erhalt der »Ordnung« mit immer teureren Zugeständnissen an Brüning und Papen erkauft werden muß, nimmt diese historisch ganz verständliche Haltung den Charakter des offenen Verrats an. »Immer zurückgehen, immer ausweichen, nur um Gotteswillen sich nie wehren!«, das ist die Strategie der Parteioberen. In der gleichen Haltung versagen sich noch am 30. Januar 1933 die Partei, die Gewerkschaften, das Reichsbanner allen Vorstößen zum gemeinsamen Widerstand und Generalstreik.

Becher hatte Graf bereits 1927 nahegelegt, einen Roman über »Die zweite Internationale« zu schreiben. Jetzt fand es Graf an der Zeit und machte eine gewaltige Abrechnung daraus. Kein Wunder, daß er diejenigen Sozialdemokraten, die nicht schon aus der Niederlage gelernt hatten, eher erboste als bekehrte. Graf schrieb aber nicht als Besserwisser. Er ging mit Illusionen und Haltungen ins Gericht, die er selbst mindestens zeitweilig geteilt hatte. Er wählte mit dem alten Hochegger eine Identifikationsfigur, zu der man trotz ihrer Kläglichkeit Sympathie gewinnt. Er dehnte das Selbstgericht weiter aus, als die organisierte Sozialdemokratie reichte. Den körperlich wie gesellschaftlich »mächtigen« Abgeordneten

Heinrich Gleiber läßt er im Kloster Zuflucht suchen. Jetzt sieht er in ihm ein Bild des »Urbayern im Guten und im Schlechten«. Er gehöre zu den »geborenen, humorvollen Nihilisten«, »aus einem fast blutsmäßigen Wissen um die Vergänglichkeit alles Irdischen«. »Sie bezweifelten auch den Zweifel noch [!] und blieben dabei absolut nüchtern, amüsant und heiter-genießlerisch«; sie »liebten nichts als sich«. Wozu sich Graf bei seiner Hinwendung zu den Bauerngeschichten selbst ermahnt hatte, wovon er sich als provozierend ungläubiger Katholik und Alltagsmaterialist eine positive Wendung zur Nüchternheit versprochen hatte, das wird in dieser Abrechnung ein Faktor des Versagens vor dem faschistischen Feind.

Unseligerweise versprechen die Kommunisten einen Ausweg auch nur in Worten und nicht in der historischen Wirklichkeit. Sie erscheinen als die treibende Kraft des Kampfes gegen die braunen Terrorbanden; sie kritisieren die Duckmäuserei der Sozialdemokratie mit vollem Recht. Aber sie verblenden sich ihrerseits durch Rechthaberei. Sie stellen ihren Parteinutzen oder die langfristige »Perspektive« über die vordringliche historische Aufgabe, z. B. einen Generalstreik gegen Hitler auch ohne die Sozialdemokratie anzufangen – die sozialdemokratischen Arbeiter würden ihn nach Grafs Einschätzung schon mitgemacht haben. Sie unternehmen nichts ohne eine Direktive ihres ZK, und das ZK beschließt nichts außer papiernen Proklamationen.

Angesichts dieser beklemmenden Situation wird Graf radikal. Sein Pazifismus ist – wenigstens im Roman – vergessen; seine Bequemlichkeit wird überwunden oder an den Rand gedrängt. Der junge Joseph Hochegger, die zweite, aber strahlende Identifikationsfigur, ruft offen nach Bewaffnung und wünscht sich »den Bürgerkrieg«. »Nur endlich, endlich kämpfen!« Sein bester Freund ist ein proletarischer Draufgänger mit einem gewaltigen Schlagring, der sich um die Politik wenig kümmert, aber sich auf die Gaudi handgreiflicher Auseinandersetzungen freut, eine kurzschlüssige Umsetzung von Grafs alter Parole »Losgehen«. Joseph selbst läuft mit einem Revolver herum und wäre bereit, ihn zu gebrauchen; er möchte lieber im Kampf fallen als sich abschlachten zu lassen; das bleibt ihm aber erspart. Er würde sogar seinen Bruder, der zu den Nazis gegangen ist »abstechen«, wenn es zu bewaffneten Auseinandersetzungen käme. »Beim Klassenfeind hören so familiäre Sentimentalitäten auf«. Hier bringt allerdings Graf eine leise Distanzierung an: »›sowas wär ein interessantes Problem für einen Romandichter‹«. Beim Februaraufstand in Wien bekommt Joseph, obgleich Reichsdeutscher, ein Gewehr in die Hand. Schwer verwundet wird er heimlich in die Tschechoslowakei gebracht.

Auch sonst sind die jungen Leute im Roman voll von Radikalismen, »positive Helden« im verheißungsvollen wie im bedenklichen Sinne der neuen sowjetischen Theorien. »Nichts mehr gilt, als der Nutzen für die Klasse! Alles andere muß raus aus uns!« »Wir müssen überhaupt nicht mehr verstehen, daß wir *nicht* Recht haben könnten«. »Auch wir werden unseren Lenin und Stalin haben, verlaß dich drauf«. Sie behandeln die Alten ausgesprochen brüsk. Sie selbst sind aus der Kirche ausgetreten – Grafs weitestes Zugeständnis an die »Freidenker«, die er sonst als Organisation eher von der komischen Seite nahm – und ertragen nicht einmal einen Weihnachtsbaum im Zimmer der Alten. (Gegen die sonstigen Geschenke haben sie nichts.) »Das Sattwerden, Mensch, – das Sattsein ist das Furchtbarste!« – das schreibt der Materialist Graf! Joseph hat eine emanzipierte Genossin geheiratet, die ihn an Kampfesmut noch übertrifft. »Emanzipiert« aber heißt bei Graf, daß sie »mit einem fast männlichen Selbstbewußtsein« ausgestattet ist und im Kampf »hart« wird. Einer anderen Genossin tut's leid, daß sie kein Mann ist. An sexuellen Regungen wird zwar mitten in den Aktionen mehr zugelassen als in den spartanischen »proletarisch-revolutionären Romanen«, die für den kämpferischen Strang des Romans Pate gestanden haben. Einzig ausgespielt aber wird eine Schlafzimmerszene zwischen Joseph und seiner zutiefst bürgerlichen Stiefmutter – und dieser Vorfall wird hier, zum ersten und einzigen Mal in Grafs Werk, heftig verurteilt, politisch wie moralisch.

Außer der ungewohnten Härte gibt Graf dem jugendlichen Helden seine ganze Sorge um die Einheit der Arbeiter mit. Die Jungen müssen sie zuwege bringen, die Alten gelten als erstarrt in ihrem Organisationsfetischismus. Joseph neigt sich den Kommunisten zu, macht ihre »richtigen«, d. h. ihn überzeugenden Aktionen mit, arbeitet wie Graf aktiv in der Roten Hilfe, bleibt aber lange (innerlich immer) Sozialdemokrat. »Unklar und ein wenig überschwenglich, glaubte er an die Macht der Massen«.[8] Immer wenn er »Einheit« sagt, setzen ihm seine Freunde die revolutionäre »Klarheit« im Sinne der Kommunisten entgegen. Er aber bleibt ein »Versöhnler«. »Zuletzt ging es ihm immer um das rätselhafte Herz des unvorbereiteten, instinktiv reagierenden Proleten, um den

Trieb der Massen zur Einigung!« Er beklagt das Fehlen der »natürlichen Kameradschaft«, die einmal die Stärke der proletarischen
Bewegung war und die jetzt die Nazis für sich ausbeuten. Die
österreichischen Versöhnler und den »asketischen« »Obe« (Otto
Bauer) liebt er überhaupt nicht, respektiert sie aber, weil er sieht,
wie beliebt sie bei den einfachen Proleten sind. Sein Vorbild sieht
er darin, wie die Genossen im Reich – »Die Arbeiter sind ja einig«
dort – sich halten und ihre politische Arbeit fortführen: jeder »ganz
allein auf seinem Posten«, »mit sicherem Instinkt initiativ«, »mit
einer gewiegten Kaltblütigkeit« imstande, »jede Möglichkeit, jede
Veränderung auszunutzen«, ohne doch »das große revolutionäre
Ziel« aus den Augen zu lassen. Er selbst fährt mit einem doppelten
Auftrag, von den Sozialdemokraten wie den Kommunisten, auf
einen Horchposten im Gebirge, von dem aus er die Verbindung
mit den Illegalen jeglicher Parteizugehörigkeit sucht.
Grafs intensives Plädoyer zum Praktischwerden aus einer schwer
errungenen Einigkeit heraus wird jedoch im Roman selbst nicht
praktisch. Die jungen Leute müssen sich lange, in nervenzehren-
dem Umgang mit zwei Dutzend weiteren Emigranten, in Wien
herumdrücken, ehe sie zu ihrem begehrten politischen Einsatz
kommen. Und dieser Einsatz bringt mehr ein Erlebnis für ihr revolutionäres Bewußtsein als eine antifaschistische Tat. Auf einer
Spitze des Karwendelgebirges mit Blick in das versperrte Deutschland lassen sie sich von der Sonne dunkelviolett rösten, lesen Zeitungen, geben Informationen von Genossen an andere Genossen
weiter und enttarnen einen Spitzel, einen »umgedrehten« ehemaligen Genossen, der gegen sie angesetzt war. Sonst erfahren wir
nichts, wozu ihr mit viel Pfadfindergeschick vorbereiteter Aufenthalt auf diesem »Horchposten« (den Nazis »ein Dorn im Auge«)
gut war. Sie bleiben da oben wie zuvor in Wien abgeschnitten vom
Feind, dem sie zusetzen wollen.
Übrig bleibt eine allgemein gehaltene Hoffnung auf die Jungen,
weil sie so jung sind. »Jetzt wird's erst schön«, fand Joseph schon,
als die Auseinandersetzungen mit den Nazis richtig losgingen.
Trotz der Tyrannei oder sogar dank der Tyrannei der dann an die
Macht gehievten »braunen Banden« wächst die Opposition an.
»Ein Mensch, der kein Hakenkreuz trug, war nur mehr wert, zer-
treten zu werden. Das bringt keine Anhänger, das züchtet nur
Feinde, wenn auch nur zitternde, versteckte, aber um so verbisse-
nere«. Bewirken können selbst die aktivsten Hitler-Gegner äußerst wenig. Daß sie hart im Nehmen werden, sich zur Abwehr

fest zusammenschweißen, persönlich ebenso wie politisch, das ist bereits ihre antifaschistische Betätigung. Manche entwickeln einen unglaublichen Galgenhumor. »Mein Arsch wäre widerstandsfähiger gewesen, aber ausgerechnet auf meinen Saukopf haben's die Lumpen abgesehen gehabt«. Einer spielt buchstäblich unterm Galgen noch den ungebrochenen Witzbold. Doch über Sprüche und Haltungen hinaus ging der Kampf nicht voran, konnte nicht vorangehen. Graf war bei aller Zuneigung zu den kämpfenden Genossen vor allem Realist.

Im Laufe des Romans verändert sich seine Perspektive. Wenn es den entschiedenen Kampf so gäbe, wie die Aktivsten ihn sich wünschen, wären die Alten, die Wehleidigen und Egoisten nichts als verächtlich. Da es diesen Kampf aber offensichtlich so nicht gibt, wird der Zusammenhalt unter den zusammengewürfelten Emigranten eine eigene Aufgabe. Die Jungen entschuldigen sich (zu spät), daß sie »so roh« zu ihrem Vater waren. Die Leser müssen den alten Hochegger gegen Ende ein wenig ernster nehmen. Er war unentschuldbar feig gewesen, er hat mit seiner Angst nur sich selbst gelähmt und niemandem genützt – aber hat er in seinen »wahnsinnigen« Ängsten vor den Nazis nicht genau deren wahres Vorgehen vorausgesehen, richtiger als alle zuversichtlichen Genossen? Er macht am Schluß eine Wendung zur großen »Gleichgültigkeit« durch wie der gealterte Bolwieser. »Er war frei von Angst und Furcht und ausgeglichen wie noch nie«. In dieser Haltung stirbt er, von einer Kugel der Heimwehr getroffen. Seine reformistische Ader wird im Exil nochmals wichtig. Sein Steckenpferd, Arbeiterwohnungen zu erschwinglichen Preisen zu bauen, wurde im ersten Teil des Buches trotz der verzeichneten Erfolge nur (bestenfalls) belächelt. Die Gemeindebauten der Wiener Arbeiter dagegen, ein viel umfassenderes reformistisches Programm, werden uneingeschränkt verherrlicht. Hochegger gibt vielen Mitemigranten freigiebig von seinem aus dem Reich herausgeretteten, ersparten Geld und sammelt erfolgreich für die Emigrantenhilfe, »der reine Emigrantenvater«.

Die meiste Zeit im Exil können die Jungen wie die Alten nichts tun, als sich die Schrecken im Reich vorstellen und einander mitteilen. »Und dann drückte wieder der Stein in die Herzgrube: ›Und wir? ... Und was tun die Sozialisten der Welt?‹« Der alte Hochegger kann die furchtbaren Fakten nur brutal wiederholen. »Jede neue deutsche Schreckensnachricht bellte er gleichsam schlagwortartig aus sich heraus«. Daß das die Jugend nervt, ist verständlich.

Warum aber die aktiven Jungen ein Recht zur Trauer haben sollen und der nur schimpfende Alte keins, wird nicht ganz plausibel. Die polemische Struktur des Buches schwächt ein wenig seine Überzeugungskraft. Der relativ wohlwollende sozialdemokratische Kritiker Zerfaß sieht auf der einen Seite Karikaturen, auf der anderen »fehlerlose Idealisten und Helden«. Feuchtwanger mit seinem kritischen Sinn für die Wirklichkeit des Gedichteten dreht den Spieß um und stellt fest, Graf sei »in einer Atmosphäre der Romantik« nicht so zu Hause wie in »der Wirklichkeit des alten Hochegger«.

Im Laufe des zweiten Teils setzt sich immer mehr Realismus in der Darstellung wie in den eigenen Gedanken der heldenhaften Aktivisten durch. Der Spitzel mit einem Gesicht wie ein Totenkopf, der sie im Auftrag der Gestapo auf ihrem Horchposten ausschalten sollte und sich nach seiner Entlarvung selbst richtet, ist mehr als ein Zeugnis dafür, wie die Nazis gute Genossen zurichten. Er setzt die im Dunkeln bleibenden Beziehungen zum Reich, die Genossen dort einem verstärkten Mißtrauen aus. Joseph arbeitet weiter, ihm wird aber unbehaglicher. Das Elend, das er in mehreren Baracken voll Emigranten in Prag wahrnimmt, schaudert und erbarmt ihn jetzt nicht weniger als seinen Vater seit Beginn des Exils. Er ist mindestens berührt davon, daß andere Selbstmord begehen, daß ein Genosse, gegen den »nichts vorliegt«, ins Reich zurückkehrt. Er verspürt auch »das gegenseitige Überdrüssigwerden, jene schleichende Emigrantenkrankheit, vor der sich niemand schützen kann«. Seiner Frau kommt die politische Arbeit im Exil einmal vor, »wie wenn da ein riesiger Felsstein liegt, und wir paar täten immer an ihm kratzen ...«.

Der zweite »Torso« hat die Überschrift: »Auf Sand gebaut«. Aber er beginnt mit dem Kapitel »Vorwärts und nicht vergessen!« Er endet mit dem zusammenfassenden Bild: »Die Emigration ist eine erbarmungslose Dreschmaschine. Der Staub verfliegt, die Körner bleiben, und ein Korn wird hundert«. Balder Olden konstatiert: »Wir haben das alles miterlebt. OMG kann uns nichts Neues erzählen – aber herzzerreißend wirkt das Alte, wie er es erzählt«.

Der »Zeitroman« DER ABGRUND unterscheidet sich darin von den übrigen Romanen Grafs, daß er viele Vorgänge der Zeitgeschichte direkt wiedergibt, jenseits der Perspektive der handelnden Figuren. Ein zeitgenössischer Kritiker, der den Roman offenbar als Drama nimmt, schreibt: » – nicht mehr vor dämmrigen Hintergründen, flatternd beleuchtet, agiert der Held, der Hintergrund selbst bricht

Der von John Heartfield entworfene Schutzumschlag zur Erstausgabe von
Grafs Zeitroman DER ABGRUND, 1936 im Londoner Malik-Verlag erschienen.

vor und spielt sein hinreißendes Schauspiel vor unseren registrierenden [?] Augen ab«. Graf geht der erfolgreichen Infiltration des deutschen Faschismus und der Dollfuß-Politik, die er als hausgemachten österreichischen Faschismus begreift, in viele gesellschaftliche Bereiche von ganz oben bis weit unten nach. Er zitiert viel aus Zeitungen und mündlichen Berichten anderer. Er arbeitet Ehrenburgs Darstellung des Februaraufstands ein, die ihrerseits auf lauter Interviews mit geflohenen Schutzbündlern beruht. Grafs Präsentation der herrschenden Kreise wie der ausführenden Politiker ist von ehrlichem Zorn gezeichnet. Durch den Zweikampf zwischen Arbeiterbewegung und Bürgerlichen mit der vermittelnden Sozialdemokratie dazwischen hat er ein Instrument, mit dem er viele Vorgänge in beiden Republiken, obgleich nicht alle, anschaulich fassen kann.[9]

Manche Figuren von Politikern bleiben blaß oder gewaltsam konstruiert. Kleine boshafte persönliche Charakterisierungen gelingen Graf gut, etwa Papen unter den Blicken Herriots in Lausanne: »alles nur eitle Attrappe!«, oder Dollfuß als der ewig »kellnerkulant« lächelnde Winzling. Manchen Schlußfolgerungen der Kolportage, und sei es der kommunistischen oder gewerkschaftlichen Kolportage, verleiht Graf historische Wirklichkeit. Er teilt die Vorstellungen des »Braunbuchs« und der Kommunisten, daß die Nazis den Reichstag selbst angesteckt hätten.[10] Er macht sich die Difamierung des mutigen, obgleich sinnlos draufgängerischen Anarchisten van der Lubbe als »Werkzeug« Görings zu eigen. Er schildert, als wäre er dabeigewesen, ein Komplott zwischen Röhm und zwölf Kumpanen, die »Quatschbude« abzubrennen – hier wird seine sonst exakte Geschichtsphantasie ziemlich fragwürdig. Er verzeichnet aber nicht nur mit Begeisterung den Sieg Dimitroffs vor dem Reichsgericht, sondern er geht anders als die meisten begeisterten Genossen auf die Einebnung dieses raren Erfolgs in den Alltagsmythen des Dritten Reiches ein: »Der deutsche Spießbürger sagte sich gerührten Herzens [nach dem Freispruch Dimitroffs]: ›Unser guter Adolf! Da, die ganze Welt schreit immer, bei uns geht's ungerecht zu, und unsere Regierung ist doch so gut!‹«
Graf personifiziert und konzentriert nicht nur, er läßt auch immer wieder die Zeitstimmung, die materiellen Grundlagen der politischen Kultur durchschimmern. »Eine verdrossene Lethargie breitete sich allenthalben unter den Massen aus, entmachtet zerfielen sie wieder in verängstigte Einzelne. Jeder wurde wieder sich selber der Nächste«.

Erich Müller begrüßte von Moskau aus Grafs Plan, sich einmal in einem Buch der Hauptsache, der Arbeiterbewegung anzunehmen. Er fürchtete aber gleich, »daß Deine Einsicht in die Geschehnisse und ihre Gesetze allzu eigenbrötlerisch und borstig ist«. Graf mußte fast zwei Jahre lang kämpfen – und zwar mit den deutschen kommunistischen Literaturmentoren in Moskau, denen er in diesem Werk näher kam als jemals sonst –, bis sein Buch gedruckt wurde.

Der Phlegmatiker und Verräter in uns

Bereits ein Jahr nach der Veröffentlichung von DER ABGRUND fand Graf den Roman »nicht ganz gelungen«. Das »Ganze« sei »dadurch, daß es zuviel ›Zeit‹ unverarbeitet aufnahm, bröcklig«. Den neuen Roman ANTON SITTINGER dagegen, den er im folgenden Jahr (1937) veröffentlichte, hielt er »für wirklich rund und gelungen«. Das Projekt ist viel kleiner und die Intensität größer, die epische

Zu dem 1937 im Malik-Verlag erschienenen Roman ANTON SITTINGER zeichnete Graf selbst für den Umschlag diesen Sittinger.

wie die politische Intensität. An einer einzigen Figur führt Graf
vor, wie das beschränkte Verhalten des Biedermanns, des Klein-
bürgers, dem gefürchteten Nationalsozialismus zum Sieg verhilft.
Unter den zahlreichen Egoisten in Grafs Werk ist der pensionierte
Postinspektor Anton Sittinger vielleicht der exstremste, der konse-
quenteste, und sicher der widerwärtigste. Nichts gilt ihm etwas
außer der eigenen Haut. Gegen ihn war Stirner ein hochkultivier-
ter, idealistischer Philosoph. Sittinger geht es schlicht um sein
Geld und um seinen Leib; seinen beträchtlichen Verstand gebraucht er allein dazu. Er hat jede Spur der Teilnahme an anderen
ausgelöscht. Er beobachtet die Menschen um ihn wie die politischen Vorgänge sehr genau, aber einzig, um sich vor ihnen zu
schützen. Er ist kein Stoiker, er liebt das gute Essen, geht gern zum
Saufen und liebt die karge Behaglichkeit zu Hause; er ist für Natur-
eindrücke sogar empfänglicher als die meisten seiner Mitge-
schöpfe aus Grafs Schreibmaschine. Aber ebenso wenig ist er ein
Lebemann. Viel mehr als jeder Lustgewinn treibt ihn die Abwendung von drohenden Gefahren für seine kostbare Person um. Er
ist eben ein Egoist in modernen, d.h. harten Zeiten. Ähnlich wie
Kafkas Tiere, die ihr ganzes Leben auf den Schutz ihres Lebens
verwenden müssen, hat er sich ein lauerndes, witterndes Verhalten angewöhnt. Im Unterschied zu berühmten Egoisten aus besseren Zeiten ist Sittinger fast völlig frei von Eitelkeit. Jedes Warten
auf Bestätigung von anderen würde ihn nur von diesen anderen
abhängig machen. Vermutlich aus einer ähnlichen Einstellung ist
seine Sexualität (zu Beginn des Buches ist er 40, gegen Ende 56)
einfach versiegt. Er kompensiert das, indem er seine Frau gut kochen läßt, zum Gehorchen zwingt, sie ständig quält und sie seine
einsame, unverstandene Überlegenheit fühlen läßt. Die äußere Erscheinung unterstreicht die Ekelhaftigkeit dieses finsteren Pa-
trons. Der Inspektor ist nicht nur dick (2 1/2 Zentner), sondern
»auseinandergelaufen«; alles an ihm »quillt« und »sackt«. »Wie
eine riesige Qualle breitete sich sein Körper übers halbe Kanapee
aus«. Er »watschelt« mehr als er geht; er knurrt, raunzt, »bellt«
und poltert wie eine Kollektion von Quälgeistern. In einer Situation der Wut (faktisch über sich selbst) reißt er einer gerade er-
wischten Fliege »nach und nach« alle Beine aus, betrachtet den
hilflos zuckenden Körper, gesteht sich »verzweifelt«: »So, ganz
genau so bin ich jetzt, pfui Teufel!« und zertritt den Rest.
In anderen Zeiten wäre eine solche Figur vielleicht nur unangenehm und harmlos. In der brisanten Phase der deutschen Ge-

schichte vom Ersten Weltkrieg bis zum Dritten Reich wird sie zum aktiven Konterrevolutionär und Streikbrecher, zum Mitläufer der Nazis und zum Denunzianten. Sittinger ist »unpolitisch« und feig – diese Mischung reicht, um ihn Schritt für Schritt in die Politik, die die anderen machen, zu verstricken. Er kann die Nazis noch weniger leiden als alle anderen störenden Politiker. Er sagt es manchmal laut, im Mut des Suffs oder vor einzelnen Vertrauten. Aus Angst, das könnten die wie die Disteln emporschießenden Nazis erfahren und gegen ihn verwenden, kuscht er um so mehr, überbietet sich in Loyalität und Nationalismus (der ihm persönlich zuwider ist). Sein Lavieren führt ihn dazu, daß er die erste Hakenkreuzfahne im Dorf heraushängt. Selbst das bringt ihn bei einem Stimmungsumschwung im Dorf in Schwierigkeiten. Um sich eine gute Nummer bei der jetzt gebietenden Nazigröße des Dorfes zu machen, verrät er einen gut getarnten »Roten«, vor dem er sich wegen einer früheren Unbesonnenheit fürchtet.

Am fatalsten zieht ihn seine Frau, die er stets unterschätzt hat – »jedes Weib ist im Grunde genommen ein Haustier, weiter nichts!« –, in die neue Bewegung und die Politik hinein. Malwine ist lebendiger als er, fähig zum Mitleid wie zur Begeisterung. Viel jünger als er, überträgt sie ihre Sinnlichkeit und Schwärmerei, die bei ihm wahrhaftig nicht auf ihre Kosten kommen können, auf einen »geckenhaften« nationalistischen Rabauken und bald auf die Hitler-Bewegung. Hinter seinem Rücken hat sie ihn schon als Mitglied der Partei angemeldet – am Ende macht er Gebrauch davon als Rückversicherung. Bis dahin führen die beiden einen langgedehnten Kampf, den Malwine dank des Verlaufs der deutschen Geschichte gewinnt und den Sittinger wenigstens in einen Triumph der Erkenntnis ummünzt: Politik ist eigentlich eine Ehe (denn er investiert sein gesamtes politisches Vermögen in seinen Ehekrieg). »Nur der hartgesottenste, abgebrühteste Ehemann kann mit ihr [der Politik] umgehen«.[11]

Selbst die »besseren« Anlagen und Einsichten Sittingers bewahren ihn nicht davor, den verhaßten Nazis zu dienen. Machen sie diesen Schluß vielleicht nur noch zwingender und ausweglos? Sittinger ist Philosoph. Er liest, wie er sagt, »nur die schwersten Philosophen mit absoluter Substanz«. Romane, Erzählungen und dergleichen »romantischen Krimskrams« verachtet er. Was er den geliebten Philosophen abgewinnt, vergrößert seine Verbarrikadierung in sich selbst. Schopenhauer bestätigt ihn darin, daß der Mensch sich nie ändert, sich also auch nicht ändern soll oder muß – hier zieht Graf unter seine lange Beschäftigung mit Schopenhauer einen bitteren Schlußstrich. Aus Seneca gewinnt Sittinger einen kompletten Ekel vor dem Alltagsleben und seinem hohlen, unwürdigen Trott. Spinoza, »ein schlauer Fuchs« und dabei »ein waschechter Jud«, erhebt ihn bis zur »Seelenheiterkeit« angesichts der restlos eitlen Welt, nachdem Sittingers private Philosophie schon zur besoffenen Brümmelei über das »Jammertal« Welt abgesunken war. Mit Machiavelli höhnt er auf »Charakter« und »Überzeugung« und betet ihm geradezu nach: »Sich immer als Freund geben«, alle täuschen und »natürlich sofort verraten oder umbringen, wenn's das Interesse verlangt«. Aus Kant sucht er sich die Verachtung des »gedankenlosen großen Haufens« und die Absage an jede Revolution heraus. Nietzsche hat ihm zuviel »Kraftmeierisches, Herausgeschmettertes«, doch Nietzsches Verdikt über die »Anarchistenhunde« und ihre »tölpelhaften« zahmen Brüder, »welche sich Sozialisten nennen«, gefällt ihm sehr.[12] Die Philosophie wird in dieser Anwendung auf den Hund gebracht – oder die Anwendung zeigt, was für verdächtige Potenzen in der so hochgeschätzten, angeblich selbstlosen und praxisfernen Disziplin »Philosophie« stecken.

Die richtigen Erkenntnisse Sittingers über die Nazis, diese »hohlköpfigen, frechen Friedensstörer« und »Schwindler«, kranken daran, daß sie vor jeder praktischen Umsetzung geschützt sind. Sittinger will etwas sehr Vernünftiges, was damals wie zu jeder gefährdeten Zeit dringend notwendig war und ist. »Warum wehrte sich niemand dagegen?« Er haßt den Hauptmann, der die Bauernburschen drillt und in der SA organisiert. »Man müßt von Haus zu Haus gehen und vor ihm warnen ... Glatt aus dem Dorf gehört er hinausgetrieben.« Aber die gleiche Bequemlichkeit, um deretwillen er das fordert, verhindert, daß er etwas dazu tut. Die »rechtschaffene Bürgerschaft«, der er es in die Hände geben will, und »andere, besonnenere Parteien«, die aufklären sollten, bleiben taub gegen seinen Wunsch; sie erfahren seine Warnungen nicht einmal. Nach dem ersten großen Wahlerfolg der NSDAP »kläfft« er, aus Haß gegen Malwine und ihren Triumph: »Das nächstemal wähl ich pfeilgrad kommunistisch!« Das aber ist für ihn identisch mit dem zornigen Wunsch: »Soll nur alles zugrund gehen!«

Ein solcher Typ, der in der historisch entscheidenden Situation dermaßen versagt – und selbst »versagt« ist geschmeichelt: Wäre je etwas Besseres von ihm zu erwarten gewesen? –, zwingt natürlich die Leser »fortwährend zum belustigenden, kopfschüttelnden, zornigen, haßerfüllten Abstandnehmen«. Woher aber rührt unser Interesse an ihm? Graf macht klar, daß ein solcher Typ nicht zu retten, nicht bündnispolitisch zu »gewinnen« ist, wie es damals für die Kleinbürger als ganze Schicht diskutiert wurde. »Sie sind die plumpsten und verheerendsten Nihilisten unter der Sonne«. »Alle Gescheitheit und List, aller Unglaube und alle Erbärmlichkeit einer untergehenden Schicht ist in ihnen vereinigt«. Graf fügt aber hinzu: »In manchen Zeiten heißen sie ›du‹ und ›ich‹.« Er stellt diesen Satz als Anleitung zum genauen Hinsehen dem ganzen Roman voran. Seinem Freund Rosenwald schrieb er: »Man *soll* sich übrigens, wenn man ANTON SITTINGER liest, schämen! Für den Sittinger und für sich selbst« Die Verurteilung dieses Typus, die Anprangerung seiner historischen Schuld wurden gut verstanden und in den Besprechungen oft wiederholt. »Der Vater aller Zwingherrn und Tyrannen ist der Pöbel«. Was bedeutet aber seine Identifizierung als »du« und »ich«?

Die Nähe der Figur zu Grafs früheren Positionen ist unübersehbar, aber die Identifikation ist nirgends so gering wie hier. Graf scheint seinen gern zur Schau getragenen Egoismus, seine Bequemlichkeit, seine Ungläubigkeit wie in einem epischen Akt der Katharsis in einem abstoßenden Exempel zu verabsolutieren und sich damit davon loszusagen. Weiningers Erkenntnis hat ihm sehr eingeleuchtet: »Man haßt und verabscheut im anderen nur das, was man in sich selber verabscheut und haßt«. Die Anzeichen von Sympathie und Nähe zu seiner abstoßenden Figur sind minimal: kleine Bemerkungen über den eigenen Tod (»und das war – das war dann alles«), über die Vergänglichkeit überhaupt (»Steine« sind wir und werden im Flußbett kleingemahlen), die öfters wiederholte Grafsche Familienphilosophie »Es kommt nichts Besseres nach«. Sittinger ist außerdem ein hartgesottener »Zivilist«. Er lobt die Tiere, weil sie anders als die Menschen »friedlich« seien, »von Grund auf natürlich«, ohne Herrschsucht, ohne Gemeinheit und »fixe Ideen«. An Sittinger verwirklicht Graf etwas, was er sich sein Leben lang nie gestattete: er läßt ihn sich aufs Land verkriechen. Natürlich ist es mit dem Frieden dann nicht weit her, weil der hinterhältigste »sogenannte liebe Gott« auf einem Baumstumpf, der die schönste Aussicht bietet, zugleich Ameisen angesiedelt hat – und weil die Einsamkeit des Landlebens den Boden für alle möglichen »Massenverrücktheiten« wie das Soldatenspielen und die NS-Bewegung abgibt. Eine späte Betrachtung verrät, daß Grafs Kampf mit dem Kleinbürger in sich selbst lebenslänglich anhielt.

»Übrigens, das Kleinbürgerlich-Vergeltungssüchtige, das sich in Hitler bis zur teuflisch-pedantischen Rachsucht auswuchs – jäh erschreckt und bestürzt merke ich manchmal, daß auch in meinem Charakter allerhand davon vorhanden ist. Dem Herr zu werden ist ungemein schwer, es sei denn, daß mir dabei das niederreißende Hohngelächter aus dem Unsichtbaren entgegenhallt, von dem ich einst geträumt habe. Merkwürdigerweise wirkt das am hilfreichsten«.

Ob die Leser sich wirklich in diesem Negativbild ertappt fühlen? Als ganze Gestalt ist der boshafte, teilnahmslose Inspektor zu garstig, als daß man ernsthaft »ich« zu ihm sagen könnte. All seine einzelnen Regungen sind nicht outriert, sondern nachvollziehbar. Sie werden uns als Versuchungen, in denen wir uns immer wieder befinden, vor Augen gerückt. »Wir können ihn weder achten noch lieben, und doch wird er uns vertraut«, schrieb Weiskopf in seiner Besprechung »Meisterporträt eines Raunzers«. »Bisweilen erkennt der Leser im Sittinger die Gedanken, Gefühle und Regungen seines schlechteren Selbst«. Sittinger hat, obgleich ein unverwüstlicher Egoist, bisweilen Schwierigkeiten, »ich« zu sagen, und da kommt er heutigen Lesern ziemlich nahe. Am Schluß erfährt er von dem führenden Nazi des Dorfes, daß er als »der einzige verläßliche Mann« von Aubichl zum provisorischen Postmeister vorgesehen ist.« ›I-ich? … Tja-a …‹ brachte Sittinger endlich heraus, und er ärgerte sich schon, daß er dieses Wörtlein ›ich‹ so verräterisch staunend gesagt hatte«.

Am Schluß tritt aber Sittinger, um den sich der ganze Roman gedreht hat, auffällig zurück. Der Terror der Nazis auf dem Lande, die Opfer und Gegner dieses Terrors rücken in den Vordergrund. Die EPISODE VON TROGLBERG wird einmontiert: Die nur in einem Fastnachtsspiel aufsässigen Bauern des Nachbardorfs werden von der SA überfallen, verwundet, eingeschüchtert, aber auch zu unversöhnlichen Feinden der NS-Herrschaft gemacht. Die heimliche Arbeit von wenigen »Roten« auf dem Dorf wird mit sympathischen Kniffen wie in ER NANNTE SICH BANSCHO, mit einer einzelnen Rettungsaktion wie in DIE SIEDLER vergegenwärtigt. Erstmals wird ein »brüderliches« Verhältnis zwischen einem politisch Erfahrenen und einem elfjährigen Buben gestaltet, an den politische Grundvorstellungen und Kampfesregeln weitergegeben werden, wodurch sie im Lande bleiben. Grafs Ideal einer »konkreten« Agitation wird in einer Musterszene ausgeführt: Sie setzt an genau benannten Vorfällen im Dorf an und führt zur entschiedensten Anklage gegen die Schuldigen, sie ist den meisten Dorfbewohnern aus dem Herzen gesprochen und geht ihnen zu Herzen, eine echte Konkurrenz zum Sermon der Kirche.[13]

Nicht in einer vielleicht denkbaren, aber innerlich unmöglichen Veränderung des Typus Sittinger wird die Rettung gesucht, sondern in der Abstoßung von ihm und seinen Lastern. Der Faschismus herrscht jetzt, den er durch seine Duckmäuserei mit herbeigeführt hat. Er verlangt ein aktiveres Verhalten als die Nabelschau, sei es auch die Nabelschau der Gewissenserforschung und Ursachenforschung. Die Bewegung vom antifaschistischen Heldentum zur Bedenklichkeit, die sich aus DER ABGRUND herauslesen ließ, wird im ANTON SITTINGER umgedreht, aber nur in Andeutungen. Die positiven Helden haben nicht die Bühne für sich. Es gibt sie nur in Spuren, ihre Aufgaben aber sind unermeßlich. Die Leser von ANTON SITTINGER auf dieses Kampffeld zu führen, auch ohne weitere Anleitung, schien Graf offenbar die beste Widerlegung des Phlegmatikers und Opportunisten.

»Literarisch stark im Aufstieg begriffen«

So bezeichnete Alfred Döblin Graf in seinem Überblick über die aus Deutschland vertriebenen Schriftsteller. In der Tat läßt sich eine kräftige intellektuelle und literarische Weiterentwicklung in Grafs ersten Exiljahren verzeichnen. Nach den vielen kleinen Sachen in Wien produzierte er in Brünn Werke von großem epischen Atem und hoher Relevanz. Frida Rubiner nannte DER ABGRUND das »bisher beste Werk« der deutschen Emigrationsliteratur, M. Živov fand ANTON SITTINGER »das beste antifaschistische Buch« überhaupt. Zudem schrieb Graf intensiv an dem Buch über seine Mutter, das er als sein Hauptwerk betrachtete. »Einer unserer besten Erzähler und Beobachter«, schrieb Kurt Kersten, und »einer der erfrischendsten, offensten, beherztesten Kameraden auf dem Weg, den wir außerhalb der Grenzen des Dritten Reiches zu gehen haben«. Brecht prägte in seinem Gedicht »Die Bücherverbrennung« die seitdem oft zitierte Formel »ein verjagter Dichter, einer der besten«.

Graf freute sich an der Anerkennung von anderen Könnern und Kennern, mehr als an dem zweideutigen Ruhm, den er in München genossen hatte. Als er nach Moskau eingeladen wurde, kam er sich »als sehr begehrte Persönlichkeit vor, auf die man etwas gibt«. Der Exil-SDS hatte einen Heinrich-Heine-Preis gestiftet, und Graf saß mit vielen emigrierten Kollegen im Auswahlausschuß und mußte wieder einmal Schicksal für andere spielen. Dem 1938 neugebildeten Präsidium des SDS gehörte Graf zusammen mit Brecht, Anna Seghers, Arnold Zweig u.a. an, freilich ohne diese Kollegen zu treffen; es war eine Art Ehrenpräsidium. Diplomatisch, im Ausdruck aber wie sein alter Schullehrer, nannte Graf die zahlreichen Beiträge zur »Expressionismus-Debatte« im »Wort« »im allgemeinen gut«.[14] Aber so fachmännisch und kompetent er jetzt auftrat, den argwöhnischen Blick auf dieses Metier und die Konfrontation mit den einfachen, elementar-produzierenden Menschen hat er sich nie abgewöhnt. Er notierte in Brünn wie später in New York eine Menge Aphorismen, vorerst für die Schublade. Einer davon lautet: »Arbeiter und Narren! Nur *sie* sind wert geliebt zu werden! Die einen machen unsere Welt fruchtbar und erschaffen die Annehmlichkeiten des Lebens, die andern sorgen für die Unterhaltung. Alle anderen Menschen sind lächerliche Schwachköpfe oder Schwindler, die die Dinge der Welt und des Lebens weit überschätzen. Brno 1937, in einer Saufnacht.«

Sprecher der Mitemigranten in der Neuen Welt

Graf war bisher überall als Privatperson aufgetreten und hatte außerdem in verschiedenen Organisationen (nur keiner Partei) Aufgaben der materiellen oder publizistischen Hilfe und mitunter offizielle Verantwortung übernommen. In den ersten zwei Jahren in New York wurde er zum Organisator einer wichtigen Emigrantenvereinigung, zum Repräsentanten und Sprecher seiner Schriftstellerkollegen. Sein Selbstbewußtsein wurde dadurch nicht wesentlich verändert. Er blieb auch als Präsident des Schriftstellerverbands der impulsive, herzliche Freund und Grantler oder Polterer; anscheinend traten nur seine »unflätigen Ausdrücke« ein wenig zurück. Er hat sich in dieser Zeit, besonders so lange es um die Rettung der in den bestzten Ländern zurückgebliebenen Kollegen ging, energischer und kontinuierlicher engagiert als je vorher. Als auch diese Organisation an den politischen Querelen der von der großen Politik abgeschnürten Emigranten zerbrach, war sein Glaube an Organisationen jeder Art erschüttert.

Zuflucht für dauernd

Seit der Einverleibung Österreichs in Hitlers Großdeutsches Reich, seitdem auch die Henlein-Faschisten im Sudentengebiet immer heftiger provozierten und Vorwände für ein Eingreifen in die ČSR produzierten, wußte Graf wie die meisten Emigranten, daß der so geliebte tschechoslowakische Staat keine dauernde Zuflucht bieten würde. Die Mobilisierung der ČSR im Mai 1938, der beeindruckend starke und einheitliche Aufbruch des ganzen Volkes gegen die drohende Besetzung, vertiefte noch Grafs Liebe zu diesem Volk, schuf aber keine politische Sicherheit.

Graf bemühte sich um Einreiseerlaubnis in ein drittes Exilland. Für die Schweiz erhielt er sie nicht. Norwegen oder Schweden zog er anscheinend nur als Durchgangsstation in die USA in Betracht, das erübrigte sich dann. Wie ernsthaft er an Großbritannien dachte, wird nicht ganz klar. Schließlich verließ er sich auf seine Familientradition, setzte ganz auf die USA und bekam Affidavits (Bürgschaften für Einwanderer) von Nanndl und Lenz. Bei den Weiterwanderungsplänen wurde zum erstenmal sein Zusammenleben mit Mirjam ein Problem. Rudolf Olden in London riet ihm,

1938, kurz vor der Überfahrt Grafs nach den USA, erschien in der Reihe »Kleine Volksbücherei« bei Meshdunarodnaja Kniga in Moskau Grafs Erzählung DER QUASTERL.

er solle sie als seine Verlobte ausgeben – leben dürfe er mit ihr, wo er wolle, »wie man hier schön sagt: ›in sin‹ = in Sünden«. Im Juli 1938, vierzehn Tage nach dem PEN-Kongreß in Prag, flogen Graf und Mirjam über Deutschland hinweg in die Niederlande und fuhren mit dem Schiff in getrennten Kabinen nach New York. In New York, wo sich Kurt Rosenwald und andere Freunde ihrer annahmen, fanden sie bald eine billige Wohnung im Nordwest-Zipfel von Manhattan, die Grafs Domizil bis zu seinem Tod blieb (und in der seine Witwe heute noch lebt). In der dortigen Neubaugegend waren viele deutsche Emigranten zusammengekommen; manchmal wurde die Gegend »das Vierte Reich« genannt. Graf fand in nächster Nachbarschaft die ehemalige Freundin von Politz wieder, die er oft besuchte. Sie hatte der Nürnberger Gesetze wegen den geliebten Politz nicht heiraten können, hatte noch einige Zeit in Angst und Heimlichkeit mit ihm gelebt, dann einen anderen Mann geheiratet und mit ihm rechtzeitig das Land verlassen. Von den Prominenten wohnten u. a. Carl Zuckmayer und Fritz von Unruh hier. Grafs Wohnung ist Teil eines sechs Stock hohen langgestreckten Wohnkomplexes mit 184 Wohnungen, mit Blick auf einen Hügel, der damals noch unbebaut war. Graf und Mirjam konnten sich 1938 die Wohnung noch aussuchen und wählten eine im obersten Stock, was sie später bereuten. (Graf mochte es angeblich nicht, daß jemand über ihm herumtrampelte.) Es stellte sich heraus, daß sie im Winter kalt und zugig, im Sommer aber heiß war. Erst in den fünfziger Jahren konnte sich Graf, zunächst nur für sein Zimmer, eine Klimaanlage leisten. Das Haus war auch ziemlich unsolide gebaut und wie alle dort mit Blech und Teer gedeckt. Einmal regnete es durch, einmal fielen große Placken Verputz in die Zimmer. Trotzdem war es vorerst eine ruhige Bleibe, im Lauf der Jahre wurde es eine richtige Wohnhöhle und Grafs »Burg«.

Die Grafs mußten in den Anfangsjahren in New York sehr bescheiden leben. Er verdiente wenig, vor allem mit Vorträgen, kaum noch mit Artikeln und Geschichten. Oft waren die 30 Dollar von der »Guild« die einzige verläßliche Monatseinnahme. Graf beteiligte sich mit dem ersten Teil von DAS LEBEN MEINER MUTTER an einem Preisausschreiben der Guild und hoffte sehr auf einen Preis, vergeblich. Im Sommer 1940 bekam er ein Stipendium in der Künstlerkolonie Yaddo und konnte sein neues Buch über die Mutter in Ruhe zu Ende schreiben. Brandl vom »Volksecho« sprach von einer »wilden Hausse auf Graf-Werte«, die bereits 1939 im Osten der

Vereinigten Staaten erzeugt worden sei, aber auf das Finanzielle kann sich diese Hausse kaum beziehen. Auf eine sichere, obgleich immer noch bescheidene Grundlage wurde der Grafsche Haushalt erst gestellt, seitdem Mirjam als Sekretärin ihres Halbbruders Manfred George in der Redaktion des »Aufbau«, der deutschsprachigen jüdischen Wochenzeitung in New York, arbeitete. Das bessere oder schlechtere Auskommen wurde aber in diesen aufwühlenden Jahren wenigstens vorübergehend nicht so wichtig genommen, denn für andere ging es zur gleichen Zeit um Leben oder Tod. »Wir sitzen den ganzen Tag am Radio und verfolgen die Zeitungen fieberhaft«, schrieb Graf im September 1938, »wir denken und fühlen mit allen Freunden im Dritten Reich und in der ČSR«. Graf lebte jetzt sehr mit dem Gesicht nach Europa.

Grafs wichtigste Bezugsgruppe waren zunächst die anderen Emigranten, Intellektuelle und andere, Deutsche wie Österreicher und Tschechen. Mit Ferdinand Bruckner, Ernst Waldinger, Walter Schönstedt, Kurt Rosenwald (der ihn später noch von Washington aus oft besuchte und ihm Bücher aus der Library of Congress brachte), Harry Slochower (der schon 25 Jahre in den Staaten lebte, schon etabliert war und die geschätzten Emigranten öfters in sein Landhaus einlud); mit den später eintreffenden Herzfelde, Alexan, Asher, Schaber hatte Graf oft persönlich wie gesellschaftlich zu tun, mit Toller, Viertel, Bloch u. a. mehr beruflich und bei Veranstaltungen. Sehr bald aber suchte er diese ›Inzucht‹ zu überwinden. Er wandte sich mit zunehmenden Erfolgen an die Deutschamerikaner, die schon während des Kaiserreichs oder zur Zeit der Republik ausgewandert waren und in vielen Berufen teils irgendwo vereinzelt, teils in ganzen Siedlungen anzutreffen waren. Viele von ihnen, vor allem die in Yorkville, dem »deutschen« Stadtteil von New York, waren unpolitisch oder traditionell-monarchistisch. Viele waren beeindruckt von Hitlers »Erfolgen« oder waren vehemente Nazis. Es gab aber auch demokratische und sozialistische Siedlungen und Organisationen unter den Deutschamerikanern an der Ostküste wie im Mittleren Westen.[15] Graf fand die Arbeit unter ihnen, auch mit den unpolitischen »Sauerkrautdeutschen«, fruchtbarer als die Streitigkeiten unter den ohnehin »politisch bewußten«, aber ständig gegeneinander arbeitenden Emigranten. Er wurde unter den Deutschamerikanern sehr populär, laut Herzfelde bekannter als die großen, international anerkannten Schriftsteller wie Franz Werfel und Thomas Mann.

1938 war eine große Zahl von deutschen Schriftstellern in die USA gekommen, vor allem an die Ostküste, die meisten nach New York. Einige waren schon länger hier; bis 1940 kamen noch viele weitere. Da sie gegenüber den amerikanischen Behörden und dem amerikanischen Buchmarkt in einer schwachen Position waren, lag es nahe, daß sie sich eine Organisation zur Vertretung ihrer Interessen schufen. Einen älteren, ganz inaktiven Schriftstellerverband gab es schon, die German American Writers Association (GAWA). Sie wurde jetzt faktisch neu gegründet als Verband der Exilierten, mit der Aufgabenstellung eines SDS für Deutsch-Amerikaner (deshalb hieß sie auch SDAS), außerdem dem Internationalen PEN-Club angeschlossen. Anfang Oktober 1938 war die Gründungsversammlung. Graf wurde zum Vorsitzenden gewählt, Ferdinand Bruckner zum Vizepräsidenten, Manfred George zum Sekretär, Thomas Mann zum Ehrenpräsidenten. Später wurde Bruno Frank zum Vizepräsidenten für die Westküste ernannt. Nach einem halben Jahr hatte die GAWA 140, später 180 Mitglieder; die meisten prominenten Schriftsteller und Publizisten gehörten ihr an. Sie veranstaltete Vorträge, Lesungen, Diskussionen, Konzerte und Theaterabende, gab einen wichtigen Pressedienst als Gegengewicht gegen die auch in den Staaten rührige NS-Propaganda heraus, hatte dreimal wöchentlich eine halbe Stunde in einer Rundfunkanstalt (WCNW) für Berichte über Hitler-Deutschland und für Lesungen zur Verfügung. Was Graf besonders am Herzen lag: Sie beriet öffentliche und Schul- und Hochschulbibliotheken bei ihren Anschaffungen, da diese einer massiven Infiltration von NS-Literatur ausgesetzt waren, sie stellte die Pflege und Erhaltung der deutschen Sprache als eine wichtige Aufgabe heraus, sie versprach zumindest in ihrem Programm »ausgezeichnete Übersetzungen« von Werken ihrer Mitglieder ins Englische. Von einem abenteuerlichen, natürlich nicht verwirklichten Vorschlag berichtete Graf erst nach der Auflösung der GAWA: Er habe sie zu einer Zensurstelle machen wollen, die »sämtliche deutschsprachige Literatur zu überwachen« gehabt hätte.

Die wichtigste Aufgabe wurde in den fast zwei Jahren, in denen die neue GAWA bestand, die Rettung von Kollegen aus den bedrohten und besetzten Ländern Europas. Graf bemühte sich mit einem kleinen Stab von Helfern um Affidavits und Geld für die

Überfahrt. Seine Fähigkeit, andere zu etwas Notwendigem, in diesem Fall Lebensrettenden zu veranlassen, verdoppelte und verdreifachte sich unter der enormen Beanspruchung, als Hitlers Wehrmacht immer mehr Länder eroberte. Als Graf davor stand, »mit reichen Negern!« ein New Yorker Affidavit-Komitee zustandezubringen, war er richtig ein »bißl stolz« darauf. Das kleine Büro der GAWA wurde von manchen als »rettender Hafen« empfunden. Manche konnten erst in letzter Minute vor dem Zugriff der Gestapo bewahrt werden, aber »das Kind ist ja auch froh, wenn es noch aus dem Brunnen gezogen wird«. Viele wandten sich flehend, beschwörend an ihn, und auch wenn sie es hochfahrend taten oder beiläufig wie Ehrenstein: »Schicken Sie mir alsdann, bitte, bald so einen Wisch« – es stand immer die gleiche Zwangslage dahinter. Immer wieder mußte es Graf erleben, daß seine Hilfe oder die aller Gutwilligen zu spät kam. Er berührte sich in seiner Hilfstätigkeit mit vielen, die von ihren Kontakten und Möglichkeiten aus (z. T. viel weiterreichenden und »höher« angesetzten, z. B. in Zusammenarbeit mit Eleanor Roosevelt, der Frau des Präsidenten) die gleiche Not der in die Falle geratenen Flüchtlinge abzuwenden suchten: mit Thomas Mann als dem »Kaiser der Emigranten«, mit Hermann Kesten, der sehr viel tat, mit den beiden Franks (Bruno und Liesl), mit Ernst Toller, der seit seiner Hilfsaktion für das hungernde Spanien großes Ansehen genoß, mit dem unermüdlichen Organisator Hubertus Prinz zu Loewenstein von der Guild, der sich zu Recht als einen »Botschafter ohne Auftrag« begriff. Thomas Mann dankte Graf einmal ausdrücklich für seine »hingebungsvolle kameradschaftliche Tätigkeit« für die ČSR-Flüchtlinge. Bis Ende 1940 hatte Graf es geschafft, 92 Affidavits für Gefährdete in Europa zu besorgen.

Zur Organisation der Lebensrettung gehörte das Große wie das Kleine, die Lebensberechtigung in einem Land außerhalb der Reichweite von Hitlers Armeen und der Lebensunterhalt. Graf mußte pathetisch oder persönlich-eindringlich reden und mußte sich um hunderterlei Kleinigkeiten kümmern. Harry Asher erinnert sich, daß sie beim Abschied in Prag ausgemacht hatten, jeder müsse immer vom anderen die neueste Telefonnummer erfahren, um sich in Gefahr an ihn wenden zu können. Er weiß Grafs Nummer heute noch auf Deutsch auswendig, alle weiteren Nummern hat er auf Englisch gelernt. Er erinnert sich ebenso gut, daß Graf ihn beim Eintreffen in New York mit 70 zusammengesammelten Dollars empfing und ihm einen Teil der Kleider gab, die Toller bei seinem Selbstmord hinterlassen hatte und über die jetzt die GAWA in Notfällen verfügte. Graf war es manchmal leid, ständig »für andere herumzurennen und [zu] schreiben und sorgen«. Es wurde ihm selten gedankt. Aber seine Hilfsbereitschaft hatte einen einfachen Grund: Er konnte die Gefährdung nicht vergessen, der er selbst entkommen war. Ebenso hatte er noch in Erinnerung, wie der Hunger in einem Menschen nagt, wie der Magen rumort, »als verdorre er«. Er vergegenwärtigte sich und seinen Hörern (bei einer Würdigung von Tollers Spanienhilfe) den Mundgeruch der Hungernden, der jeden ekelt, am meisten die Betroffenen selbst, und das fiebrige Gefühl, »als kröchen fortwährend unsichtbare Käfer über die Haut«. Er rief vor Augen, wie die Widerstandskraft erlahmt, eine unsagbare Gleichgültigkeit einsetzt und schließlich der Mensch herabsinkt »bis zur rettungslos verlorenen Kreatur«. Als Vorsitzender seines Verbands muß Graf recht kurz angebunden, ja rigoros gewesen sein. Es kam ihm auf größtmögliche Effizienz an; die hunderterlei Empfindlichkeiten der Mitglieder untereinander und gegen ihn gingen ihm nur auf die Nerven. Manfred George schickte er Anfang 1939 auf eine Geldbeschaffungstour in den Westen der Vereinigten Staaten. Diesem seinem Sekretär und Schwager gegenüber schrieb er Klartext, wie er sich z.B. die Umbildung des Vorstandes vorstellte: »Heym raus, ev. auch Walter (Schönstedt) raus (der ja doch mitarbeitet!), dann Seger stellen und ev. auch raus, Erika Mann aktivieren oder raus«. »Brüning rein, Bruno Frank rein (rede mit ihm), Schaber rein«. »Keinesfalls KP-Leute, eher Gumpert und solche Puppen, die uns nicht stören«. Thomas Mann »vollkommen in Ruhe lassen«, aber »noch besser – wenn ich so sagen darf – ›über ihn hinauszuwachsen‹ «. »Loewenstein soll ruhig in unseren Vorstand. Meinetwegen sogar Ehrenmänner […]«. »Politisch sieht es ja doch so aus, daß zunächst auch hier ein ziemlicher Ruck in die Mittellinie (bürgerliche Demokratie) einsetzen wird, wir werden alles versuchen müssen, um uns ›dabeizubehalten‹ und doch die anderen nicht abzustoßen«.

Dieses politische Lavieren ging fast ein Jahr lang gut. Kleinere, atmosphärisch wichtige Verstimmungen Thomas Manns, den die GAWA z.B. als Adressaten ihres Spendenaufrufs eingesetzt hatte, ließen sich auflösen[16]; im Juni 1939 sprach Mann vor dem Congress of American Writers im Namen der GAWA. Zum Bruch mußte es kommen, als der Hitler-Stalin-Pakt die Spannungen auch unter den Emigranten bis zum Platzen verschärfte. Die strikt antikommunistische Fraktion vor allem von Sozialdemokraten um den ehemaligen Reichstagsabgeordneten Gerhart Seger trat mit einem Eklat im September 1939 aus, die Liberalen um Hermann Kesten und Klaus Mann Ende Juni 1940, wobei sie sich um weniger Geräusch bemühten. Thomas Mann, der Ehrenpräsident, konnte mit Mühe davon abgehalten werden, auszutreten, denn das hätte, wie Bruno Frank ihm klarmachte, die verbleibenden Mitglieder insgesamt als Kommunisten denunziert. Anfang Mai 1940 hatte Graf noch auf einer Mitgliederversammlung die stolze Bilanz gezogen, der Verband habe seit den Austritten von Seger u.a. an Mitgliedern, an Aktivitäten und an Ansehen in der amerikanischen Öffentlichkeit gewonnen. Anfang Juli beschloß der Vorstand selbst, den von solchen Spannungen zerrissenen, nicht mehr arbeitsfähigen Verband aufzulösen. Einen Monat später kommentierte Graf bitter, von den 180 Mitgliedern hätten sich fünf gerührt und über die Auflösung aufgeregt. Mit solchen »›Kämpfern‹« habe er nichts mehr zu tun.

Graf selbst gab trotz des Hitler-Stalin-Pakts die Hoffnung nicht auf, daß die Sowjetunion, sei es auch nach einer Ruhepause, den offenen Kampf gegen den Hitler-Faschismus wieder aufnehmen werde. Er konterte die Aufforderung, den Pakt zu verurteilen, indem er als »unwissender Katholik mit zwar schwer erarbeiteten, aber sicher noch sehr mangelhaften sozialen Einsichten« die ewigen Besserwisser, »kategorischen« Klarseher und bei jeder historischen Wendung hundertprozentig Entschiedenen für sich stehen ließ.

Graf war nicht so vergrämt, daß er sich von allen Organisationen ferngehalten hätte. Er beteiligte sich als Mitglied und »Sponsor« an der »Nachfolgeorganisation« der GAWA, der German American Emergency Conference (die jetzt eine strikt antikommunistische Konkurrenzorganisation, GACD, neben sich hatte). Er unterstützte drei Jahre lang Alexans »Tribüne«, die die Veranstaltungsaufgaben der GAWA ohne deren politischen und Einigungsanspruch weiterführte. Er wäre bereit gewesen, einem 1943 neuzugründenden »Schutzverband« beizutreten, aber ohne jede »maßgebende« Mitarbeit. »Diese Absage hat nichts mit Beleidigtsein oder eventueller Eitelkeit zu tun – ich möchte nur nie wieder in die Lage kommen, mich für meine ganzen Kollegen schämen zu müssen«.

An der wirkungsvollsten Gründung der Exilierten, der Zeitschrift »Aufbau« des jüdischen »New World Club«, nahm Graf nur aus der Entfernung Anteil. Sein Schwager Manfred George hatte dieses bis 1938 bedeutungslose Vereinsblatt zur zentralen, einzig verbindenden Zeitung der deutschsprachigen Emigration gemacht, die in alle Kontinente versandt wurde, wo vertriebene Juden saßen, und sich durch politische Kommentare wie durch praktische, juristische, geschäftliche Ratschläge für die Immigranten unentbehrlich machte. Später war Graf der Zeitung durch Mirjam und durch zahlreiche eigene Artikel kräftig verbunden. Zehn Jahre später charakterisierte er sie als »eine Mischung von ehemaliger BZ am Mittag und Weltbühne und jüdischen Gemeindenachrichten aus aller Welt. Jeder liest sie, jeder schimpft drüber, aber wehe, wenn sie einmal einen Tag nicht rauskommt!«[17] Graf schimpfte selbst nicht wenig auf die Zeitung, nicht zuletzt der miserablen Löhne wegen, die sie ihren Mitarbeitern wie Mirjam zahlte. Er hielt ihr aber die Treue; es gab faktisch keine Alternative. Hilde Marx sagt vom damaligen »Aufbau« heute noch, er sei »eine Weltanschauung« gewesen. »Jeder, der da war, hat sich aufgeopfert«.

Vertrauen aufs Wort

In den ersten sechs Jahren in den USA hielt Graf viele Reden, Vorträge und Lesungen, in New York wie in Nachbarstaaten und im Raum von Chicago (Cleveland, Detroit, Milwaukee). Er sprach mit beträchtlichem Erfolg, beim Publikum wie bei der Presse. Allerdings bekam er oft nur 30 oder 50 Dollar dafür, während Thomas Mann – und bei nicht-karitativen Veranstaltungen auch Toller – pro Abend 1000 Dollar verlangte. Er erschien dem neuen Publikum als »abgeschlossene in sich ruhende Persönlichkeit«. Eben dadurch wirke er »eindringlich« und seine Reden oft »erschütternd«.

»Glaube an Deutschland« war der Titel einer beliebten Rede, die Graf 1939 mehrmals hielt. Graf warnte vor der Verteufelung aller Deutschen, mit der die spätere Morgenthau-Politik und die ungeschickte Durchführung der Entnazifizierung (vor allem an kleinen Mitläufern statt an den politisch und wirtschaftlich Verantwortlichen) vorbereitet wurde. Graf erkannte in einer solchen Einstellung einen Triumph Hitlers auch in der Politik der späteren Alliierten. Sein Optimismus war noch nicht erloschen. Die »New York Times« berichtete über eine Rede in Baltimore (21.11.38), bei der Graf von starken Untergrundbewegungen in Deutschland und sogar von der Stärkung ihrer »Organisation« gesprochen habe. Sie setzte als Überschrift darüber: ›Sagt eine Erhebung im Reich voraus‹. Je stärker diese Hoffnung auf eine sichtbare Bewegung im Reich von der Wirklichkeit widerlegt wurde, desto verbissener baute Graf seine Zuversicht aus, die Arbeiter würden aus ihrer »letzten«, schlimmsten Niederlage endgültig lernen, ja sie wüßten schon »ihren Weg«, den nur die »siebengescheiten« Intellektuellen und »›freiheitlichen‹ Leute« nicht verstünden. Daß die Arbeiter »sich nicht gewehrt« haben, erklärte er sich jetzt so: sie haben so oft für andere Ziele als ihre eigenen gekämpft, jetzt warten sie. »Dieses Warten ist für sie schrecklich, zugegeben, aber es stählt sie, und – das ist diesmal keine Phrase [?] – sicher werden dann *ihre* Opfer nicht umsonst gewesen sein. Jene durchtriebenen Schaumschläger, die heute in der sicheren Emigration sitzen [!] und Programme ausgeben, werden einmal erkennen, daß der Arbeiter seinen eigenen Weg gegangen ist, der mit diesen Burschen nicht das mindeste zu tun hat.« Selbst noch, als seine Illusionen gebrochen waren, hielt er den Glauben an »die Arbeiter« aufrecht. Über Bemühungen um eine »Ersatzauslandsregierung des zukünftigen Deutschlands« konnte er nur lächeln – »Ich summe dabei immer voller Zuversicht die Strophen: ›Tragt über den Erdball, tragt über die Meere die Fahne der Arbeitermacht!‹ vor mich hin und weiß, *so* wird es sein und nicht anders!«

Seit seiner Übersiedlung nach Amerika verabschiedete Graf die Illusion, ein Emigrant könne von außen nach Deutschland hineinwirken. »Hier müssen und können wir gegen Hitler und faschistische Einmischungen wirken, *hier* können wir zeigen, daß es ein anderes, ein wahres, ein durchaus weltwürdiges, freies Deutschtum gibt« (nämlich ein Deutschtum frei von Nationalismus). Die Nachrichten aus Europa brachten ihn oft der Verzweiflung nahe. Als Emigrant aber, sagte er sich und anderen, sei er zum Ausharren verpflichtet. Noch seiner Totenrede für Ernst Toller, der die Serie der Niederlagen noch vor dem Krieg nicht ausgehalten hatte, gab Graf eine aktivistische Wendung. Er zitierte eine Entgegensetzung aus der Zeit der Revolution: »Er war niedergeschmettert und sagte: ›Ich möchte sterben!‹ Ich sagte: ›Wir müssen lernen‹«.

Notgedrungen, manchmal wider besseres Wissen, mußte sich Graf auf die Kraft des Wortes verlassen. Er hatte nichts Besseres. In Brünn, in einer Einführungsrede für seinen Freund Fritz Brügel, hatte er mit zunächst suchenden Worten eine dann doch sehr weitreichende Überzeugung aufgebaut: daß es auf das dichterische Wort entscheidend ankomme. Es stehe im Kampf mit der

Zeit, besonders der eben erlebten Zeit, »die geradezu gefährlich geistfeindlich und wortverächterisch ist«. Es könne uns wie nichts sonst »aus dem starren Schweigen erlösen«, denn »das Schweigen hält uns in der unsicheren Furcht und in der lähmenden Bedrükkung«. In der Gründungsversammlung der GAWA sprach Graf die Versammelten an (und sich selbst mit) als »Erhalter der deutschen Sprache, Repräsentanten deutscher Kultur und Verbreiter des unvergänglichen deutschen Geistes«. Er mahnte die Kollegen, »nicht kleingläubig und ein wenig *stolzer*« zu sein. Er fand in ihren Köpfen einen kräftigen, womöglich überlegenen Widerpart gegen die »stiernackigen« Machthaber des Dritten Reiches: »unsere mächtige, unvergängliche Sprache«.

In manchen von Grafs Reden liefen die Worte leer. Er übersteigerte die Anklagen oder wich vor politisch verbindlichen Begriffen in vage Formeln aus, die niemanden überzeugen konnten. Er sprach von der »unmöglichen Tyrannei Hitlers«, von »gewissenlosen Unmenschen«. Er wiederholte noch nach dem Kriegsbeginn, was er seit sechs Jahren gesagt hatte, und es wirkte jetzt geradezu ausgeleiert. »Das Recht muß an die Stelle der Gewalt gebracht werden«, wünschte er sich und überschrieb seinen Artikel: UNVERSÖHN-LICHER HASS DER TYRANNEI HITLERS. Nicht jedes beliebige Wort hat die Gewalt, das lähmende Schweigen (oder das zerfließende Gerede) zu brechen. »Man redet nichts weg, man zerredet dabei sogar noch die aktive Empörung, die im Einzelnen verblieben ist«. Nur das im Innern lange herumgetragene, vom ganzen Prozeß der Emotionen gespeiste Wort hat diese notwendige Wirkung.

Graf blieb ebenso impulsiv wie aktiv. Er reagierte auf die Tagesereignisse mit vielen raschen, beweglichen, z.T. kurzschlüssigen Sätzen und mit manchen lange bedachten Erwägungen. Nach einer Besinnungspause und intensiver literarischer Arbeit präsentierte er wieder ein ausgereiftes, ein monumentales Werk: DAS LEBEN MEINER MUTTER.

Das allzu selbstverständliche Leben einer Mutter

Graf hatte schon in manchen Geschichten von Menschen seines Dorfes und seiner Verwandtschaft erzählt. Die unscheinbaren wie die Magd Leni, der Schmalzer-Hans, das Basl Marei wurden ihm immer wichtiger. In Brünn schrieb er das Leben seines Vetters »Quasterl« auf, eines haltlos im Leben hin- und herschwankenden Menschen, der alles nur mit sich geschehen läßt. Er suchte intensiv, ohne Erfolg, aber mit anrührenden offenen Fragen nach dem bewegenden Zentrum eines solchen im Passiv gelebten Lebens. Der Gleichmut in einem Menschen, der ›von Rechts wegen‹ mit nichts in seinem Leben zufrieden sein konnte (und sollte), beunruhigte Graf immer mehr.

»Geschichten von meiner Mutter« wollte er schon seit den zwanziger Jahren schreiben. In den Ruhestunden während seiner Kampfjahre im Exil führte er den Plan aus. Jetzt wurde sein dickstes Buch daraus, nach Auffassung etlicher Kritiker sein schönstes. Mit keinem seiner Werke hat er sich später so identifiziert. In keinem anderen (außer UNRUHE UM EINEN FRIEDFERTIGEN) kommt seine schriftstellerische Eigenart so mächtig heraus.

Rund 900 Seiten (so viele hatte die »ungefüge« erste deutsche Ausgabe) für nichts als das alltägliche Leben einer Bauerntochter und Bäckersfrau auf dem Dorf: Das erforderte eine besondere, besonders intensive Darstellungsweise. Es vermittelt ein eigentümliches Verständnis dafür, was groß und was klein heißen kann.

Natürlich dreht sich nicht alles in diesem Buch um die Mutter. Sie trat in ihrem Leben nirgends in den Vordergrund und tut das auch in dem Buch nicht, das ihrem Leben gewidmet ist. »Nicht zu Unrecht ist die Bäuerin als die Seele der bäuerlichen Familie und des bäuerlichen Hauswesens gerühmt worden« – Therese Heimrath ist nur bedingt, nur passiv und in subalterner Werkelei die »Seele« des Ganzen. Nur als Betroffene, Anteilnehmende, die nicht alles versteht und fast nie urteilt, ist sie an den Vorgängen ihrer Zeit beteiligt. Aber die halbe Welt und eine ausschlaggebende Strecke der deutschen Geschichte erscheinen im Brennpunkt dieses Lebens und der dazugehörigen Familie. Das soziale Gefüge der vom Kapitalismus längst eroberten, aber noch tauschwirtschaftlich, subsistenzwirtschaftlich denkenden Dorfgemeinschaft wird eindringlich entfaltet. Der Zusammenhang zwischen materiellen Verhältnissen, Arbeit, Gedanken, Gewohnheiten, Moral und Glaubenssätzen oder Alltagssprüchen, von dem Graf in seinen früheren Geschichten einzelne prägnante Verknüpfungen erfaßt hatte, zeigt sich jetzt in einem tief gestaffelten Ensemble.

Die »große« Geschichte erscheint in diesem Buch plakativer, einliniger als in den scharf polarisierten Einsprengseln in früheren Werken bis zu DER ABGRUND. Nur hier bleibt der Mythos von der guten alten Zeit nahezu unangekratzt bestehen. Die eigentlich liberale und solide Zeit für die Dörfler seiner Heimat war die Zeit Bismarcks (»Leben und leben lassen«). Bismarck selbst wird in der

The Life of
My Mother

OSKAR MARIA GRAF
AUTHOR OF ''PRISONERS ALL''

Originalumschlag zu der 1940 bei Howell & Soskin in New York
herausgekommenen englischsprachigen Ausgabe seines großen Romans
DAS LEBEN MEINER MUTTER.

Verklärung durch Grafs Vater ein Muster des »reellen Menschen«, »fest und offen«, »durch und durch kein Kriecher«. Danach begann die große Unfriedlichkeit. Der allseits geschätzte Jud, der Garant der guten Geschäfte und des gegenseitigen Vorteils, wurde umgebracht. Der Krieg wurde vorbereitet; in die Familien zog der Geist des Militärs, der Unterdrückung ein. Der unglückliche Ludwig II. bekommt ein eigenes Kapitel (»Ein ungelöstes Rätsel«). Die Spannung zwischen Anmaßung, Verschwendung und Volkstümlichkeit in diesem Sonderling, zwischen seinem Haß auf »alles Blutvergießen und Kriegerische« und seiner Eitelkeit und Menschenscheu nimmt mehr Raum ein als die Gründe und der Verlauf des Krieges, in den er sein Land hineinziehen ließ. Die Kräfte der geschichtlichen Entwicklungswellen werden mehr »unten«, in den Einstellungen oder Zugeständnissen der einfachen Leute als in den Machinationen der »Großen« aufgesucht. Natur und Interessen, Gewöhnung, Druck der Gemeinde, versinnlicht im Gerede oder Neidgefühl von Nachbarn, bestimmen das Leben mehr als alle Politik. »Ich bin ein einfacher Mensch«, redet sich der Bäckermeister Graf heraus, als ihm der Titel eines »Hoflieferanten« angetragen wird. »Andere Leut' sind auch tüchtig ... Ich will keinen Neid und keine Feindschaft, Euer Gnaden«.

Die Mutter ist ein Muster des Verhaltens – DAS SINNVOLLSTE BEISPIEL hatte Graf sie in einer Vorstudie genannt –, weil sie vollkommen natürlich ist. Ihr sind alle Menschen gleich, denn alle sind nichts als Natur, eingespannt in einen ebenso harten und kargen wie befriedigenden Kreislauf des Lebens. Für sie wie für ihre Familie gab es nichts als »Geborenwerden, Aufwachsen, unermüdliche Arbeit, demütige Gottesgläubigkeit und Sterben«. Daß jeder Mensch durch seinen Körper bestimmt wird, sich in seinem Körper auslebt und ausdrückt, galt zu ihrer Zeit, in ihrer Umgebung als Selbstverständlichkeit. Den Städtern, den meisten Lesern, so würde ich vermuten, gingen die »Weisheiten des Leibes« verloren. Wenn auch heute die Nachfrage danach wieder ansteigt, sind sie nicht mehr in der gleichen Materialität, derselben (z. T. abergläubisch fixierten) Gewißheit und einer auch nur vergleichbaren Detailgenauigkeit gegenwärtig. Schon allein deshalb wäre das Buch nützlich zu lesen.[18]

Die Menschen sind nicht nur zu Hause in ihrem Leib, sie lesen auch den begegnenden Menschen an ihrem Äußeren ab, wie sie objektiv dran sind und wie sie sich fühlen. Selbst Größe und Besonderheit wollen sie im Äußeren wahrnehmen. Vom Papst ist die

Mutter enttäuscht: er ist nur »ein mitterner Mensch«, längst nicht so stattlich wie etwa der König Ludwig. »Zum Papst sollten's doch schon ein festes Mannsbild 'rausgesucht haben«. Dem Widerwillen gegen die städtischen Ärzte, dem Zutrauen zu den einheimischen Quacksalbern liegt die Überzeugung zugrunde, daß die Menschen die ihnen zustoßenden Krankheiten und Unfälle nur aus eigener Kraft bezwingen können. Wenn einer »es durchreißt«, sich aus einer lebensgefährlichen Erkrankung herausreißt, wie die Mutter mehrmals, wird das mit Bewunderung verzeichnet. Selbst vor dem Tod suchen sich diese unglaublich hartgesottenen Menschen durch unaufhörliches Aufdenbeinenbleiben zu schützen. Sich krank ins Bett zu legen, war der Mutter unerträglich – das wäre schon »der Anfang vom Sterben«. »An ihrer unfaßbaren, schmerzgewohnten Mitleidlosigkeit gegen sich selbst prallte jede Erniedrigung und Beleidigung ab, wurde klein und lächerlich, ja belustigte sie sogar«. Im Großen wie im Kleinsten setzt sich die arglos-brutale Gewißheit durch, daß der Mensch aus Erde gemacht ist und wieder zu Erde wird.[19]

»Zu was sind wir denn auf der Welt als zum Arbeiten!« Die Arbeit ist nicht nur der unerschöpfliche Inhalt ihres Lebens: von morgens um fünf bis in die Nacht, früher, auf dem Hof ihrer Eltern, im Sommer von morgens um zwei bis in die Nacht. Sie gilt auch als selbstverständliche Grundlage jedes rechten Besitzes, der »Wohlhäbigkeit« auf dem Land, der Solidität von handwerklich-bürgerlichen Betrieben. Die Arbeit liefert die zentrale Rechtfertigung des Lebens, seine Festigkeit und Sicherheit. In DER ABGRUND hatte Graf den »unaufhörlichen Trott der Betätigung« in Frage gestellt, in dem der knechtselige, reformistische alte Hochegger sich verzehrt. »Man sagt: Die Arbeit hält einen Menschen in der Wirklichkeit. Falsch!« Die Arbeit der Mutter ist weniger betäubend. Sie lenkt sich nicht von irgendwelchen politischen Hauptaufgaben ab – sie hat keine solchen Aufgaben. Es sieht so aus, als wolle Graf das »Falsch« hier widerrufen. Die Mutter schickt sich in jegliche Arbeit. Sie findet sich mit allem ab, was kommt. »... unser Herrgott wird's schon wissen«, sagt sie. »Stoisch und arglos klang es. So, als sei das nun einmal das ewige Los aller Mütter«. Die jüngere Generation setzt hinter diese »arglose« Sicherheit ein Fragezeichen. Maurus und Oskar sind sich darin einmal einig, aber ratlos: »Manchmal mein ich, unsre Mutter ist wie ein Tier oder ein Baum. Sie lebt eben dahin, ob das Sinn hat oder nicht, darüber denkt sie nie nach«; » – sie hat gar nie richtig gelebt wie ein andrer Mensch ...«.

In der Bewertung dieses Lebens und seines »Sinns« ist das so einfach aussehende Buch tief gespalten. Es bietet zwei entgegengesetzte Lesarten an, und vermutlich sind beide vom Autor beabsichtigt. Er macht an vielen Situationen klar, was für ein beschränktes, subalternes, uneigenes Leben (H. A. Walter fügt hinzu: unemanzipiertes und alternativloses Leben) seine Mutter geführt hat. Und er bewundert zugleich diese Genügsamkeit. »Du lebst nur, wie der Augenblick dich braucht ...«. »Vielleicht bist du sogar wirklich glücklich ... Wir haben Nerven und haben lauter so fixe Ideen vom Leben [...] Du lebst einfach und weiter gar nichts!« Was ihre Person, ihr Frausein, ihr Selbstbewußtsein angeht, dafür läßt der harte materielle Zusammenhang ihres Lebens keinen Platz. »Der Mensch war nichts anderes als das Tier«. Die Resl wird geheiratet, weil der Bäcker Graf ein Weib, ein Roß und zwei Küh braucht. Die rüde Habgier auf die vermögliche Bauerntochter, die zugleich ein »ordentliches, fleißiges Weibsbild« ist, wird in der Darstellung schwach gemildert durch die Gelassenheit beim Einfädeln dieser Hochzeit. Für Maxl vollzieht sich alles »unglaublich reizvoll und leicht« (!), für Resl heißt es: »Heiraten muß jede einmal«. Er solle die Mutter fragen, erwidert sie auf seine Werbung, und: »Meinetwegen, mir ist's gleich«. Als das selbst der Mutter zu gleichgültig klingt, fügt sie noch hinzu: »Ich hab' doch gar nichts dagegen!« Die Frage nach irgendwelchen Gefühlen fällt aus zwischen der gefaßten Nüchternheit aller Beteiligten und dem sachlichen Zeremoniell der Familie. »Mutter und Tochter seufzten kurz ...«. Als die Kinder sie viel später fragen, ob sie den Vater denn geliebt habe, lächelt sie »dünn und verlegen« und sagt: »Ich hab' schon müssen«. Sie führt kein unterdrücktes Leben, obgleich sie gegen den Mann mit seinen dauernden Plänen und gegen ihren tyrannischen Ältesten nicht aufkommt. Sie ist nicht unterwürfig, außer in konventionell-religiösen Fragen oder Floskeln. Sie war in ihrer Jugend ein »lustiges Luder«; sie findet auch in ihrem fast 30 Jahren langen Leben als Witwe immer wieder etwas zu schmunzeln und sich »diebisch« zu freuen. »Mönchische Kasteiung war gegen ihre ganze Natur«. Ihrem Mann aber ist sie »zu brav«, zu demütig. »Es war ihm, als habe die Resl sich freudlos in ein notgedrungenes Geschick gefunden wie etwa eine verkaufte Sklavin [!].« »Grad ist's, als ob sie mit dem Herrgott und nicht mit mir verheiratet ist!« Vermutlich um die kargen Kompensationen ihres Alters zu verstärken, erfand Graf die Geschichte mit den Hühnern, die sie aus purer Lust der Nachbarin stibitzt und für den eigenen

Kochtopf rupft – eine nach Annemarie Koch unmögliche Geschichte, die zum Charakter ihrer Großmutter überhaupt nicht paßt.

Die Menschen zu lieben (im Sinne von pflegen, versorgen, bestätigen) – das ist schließlich der Sinn dieses großen unscheinbaren Lebens. Die Mutter braucht immer Leben um sich herum, vor allem Kinder. »Unsere Mutter wußte es tiefer als alle, daß kein Mensch ›was Rechtes wird‹, wenn er in der Kindheit nicht geliebt wird«. Auch »Wehmut«, »Zärtlichkeit« wird ihr im Alter zugeschrieben, aber kein Selbstbewußtsein. Vom Vater wird wenigstens noch die Suche nach einem persönlichen Freund berichtet, der ihm fehlt, nach dem sein »gepeinigtes« Herz »tief beunruhigt« verlangt. Für die Mutter stellt sich diese Frage gar nicht. Oskars unerträglicher Bruder Max wird hier ein einziges Mal als Mensch, als »verpfuschter Mensch!«, vorgestellt und »einen Huscher lang« mit Mitleid bedacht – da er nämlich aus Enttäuschung über seine verfehlte Ehe einmal ins Bett der guten Magd Leni wollte. Die Mutter weist jedes Verständnis für eine solche »Sünde« von sich – obgleich sie sie berichtenswert findet und obgleich sie es glücklicher gefunden hätte, wenn der Max die Leni geheiratet hätte. Auf ihr Ich bedacht ist sie nur in ihrem engsten Spielraum. »Nur einmal« sei sie wütend geworden: als die fürsorglichen Familienmitglieder sie im Bett festbanden, damit sie nicht wieder zu früh vom Krankenlager aufstand. Keinen Menschen zwingen, sich selbst nicht zwingen lassen, das ist das äußerste an »politischem« Vorbild, was sie ihren Kindern mitgibt.

Ist DAS LEBEN MEINER MUTTER also ein konservatives Buch? Hat sich Graf innerlich, unter all seinen Aktivitäten für den Fortschritt, zu einem Konservativen entwickelt?

Auffällig ist die Absage an die großen, vor allem die gewaltsamen Veränderungsprogramme, die in diesen Jahren oft herauskommt. Als sich Graf in seinem Bericht über die Sowjetunion das bewohnte, von den Menschen durchdrungene weite Land im Süden vergegenwärtigte, notierte er bewußt »ketzerisch«: »das ändert kein Lenin, kein Stalin, kein Hitler, das bleibt immer gleich«. Ebenso heißt es in DAS LEBEN MEINER MUTTER ständig, daß alles bleibt, wie es ist. »Es kommt nichts Besseres nach« – das gilt selbst bei Hitler, gegenüber seinen trügerischen Versprechungen und seinem vielleicht unausweichlichen Heraufkommen. Die »Kleinen« ermöglichen die Herren, »die Macher oben«, bis zu einem Hitler, aber sie überdauern sie auch. Sie sind mehr und beständiger als alle ungeduldigen Herrscher und Weltverbesserer, bei denen selten Verbesserungen herauskommen. Graf setzt seine Mutter mit »dem Volk« gleich, das aber heißt, daß er das »stumpfe, geduldige Volk« betont, dem seit Jahrhunderten (u. a. durch »Intellektuelle« wie Luther) die Revolution ausgetrieben wurde. Selbst an der Novemberrevolution erkennt er hier nur die eine nicht sehr weitreichende Triebfeder: »Das Volk ist bloß müd«. Sich von der Geschichte überrollen lassen, selbst die plündernden, übermütigen Soldaten, die immer wieder heraufziehen und wegströmen, ruhig ertragen, das wird zur Überlebensregel. Ebenso betont Graf in einer Rede zum »Deutschen Tag« in New York im Widerspruch gegen jede angemaßte Führerrolle (besonders der altgedienten Sozialdemokraten), aus der Geschichte sei nicht viel mehr zu lernen, als »daß die Geschichte über uns hinweggeht und daß die Dinge sich *ohne uns* entwickeln«. Die Mutter lehnt jedes Eingreifen, jede Verantwortung für etwas außerhalb ihres Hauses ab. Als der Streit in ihrer eigenen Familie immer wüster wird, ist sie ganz zermürbt, »zerbrochen«. In dieser Zeit vergeht ihr sogar das Beten.

Die fast heidnische, durch und durch natürliche, kein bißchen »geistliche« Frömmigkeit verstärkt noch den konservativen Zug der dargestellten Zustände und des Buches selbst. Ein »heller Kopf« aus dem Vilz (der Moorgegend südlich der Gemeinde Berg) spricht einmal offen den Grund aus, warum »das Pfäffische« unter den Dickschädeln von Bauern so angesehen ist: »Weil's so uralt ist wie nichts auf der Welt, und weil's nie gewechselt hat!«[20] In der Schilderung des beliebten Pfarrers Jost greift Graf jetzt zu den höchsten Tönen. »Was für ein heiterer, wunderbar weitherziger Pfarrer, was für ein kluger, lebenstrotzender Katholik«! Sein angeblicher Fehltritt (s. o. S. 42) beglaubigt ihn erst richtig als Menschen. Dagegen wird die modern-anonym-hygienische Lösung, die der junge Kooperator vorschlägt, bis in die Sprache hinein als verdächtig, verlogen bloßgestellt: »Wenn man sowas als geistlicher Herr durchaus braucht, da zieht man doch die Tracht aus und fährt im Zivilgewand in die Stadt!« Die richtigen katholischen Pfarrherren verstehen sich auf den Menschen, wie er war und immer ist. Sie sind durch ihr Verständnis unschlagbar beliebt. Anscheinend rechnete Graf in dieser Zeit verstärkt mit dem Katholizismus als einer politischen Kraft. Eine Rede in Milwaukee wurde unter der Überschrift wiedergegeben, nach Hitler könnten seiner Meinung nach »die Katholiken« drankommen.

Nach herkömmlichen politischen Begriffen ist der Ton ebenso wie die Botschaft dieses Buches konservativ. Graf aber stellt mit seinem Werk gerade diese herkömmlichen Begriffe in Frage. Er wendet sich gegen eine kurzatmige, idealistische Festlegung dessen, was historischer Fortschritt sein soll. Mit Vorbedacht verknüpft er am Schluß die zusammengefaßten Erinnerungen an seine Mutter mit den Reiseeindrücken aus der Sowjetunion, aus Tiflis, wo die Union für ihn am schönsten, am wimmelndsten, voll unbeendbarer lebendiger Widersprüche war. Er hielt an der Verknüpfung auch fest, als ihretwegen zur Zeit des Kalten Krieges kein westdeutscher Verleger das Buch neu auflegen wollte. Er kommt immer wieder auf eine Vorstellung vom »Volk« zurück, das weniger auf dem Weg des Fortschritts als in einer intensiven inneren Bewegung begriffen ist. »Vielleicht bringt man's auch weiter, aber zuerst muß man es lieben«. In einer bei ihm ziemlich seltenen Selbstauslegung schreibt er, es sei ihm in diesem Buch vor allem um »die Arbeit« gegangen und er habe sie »von allem Klassenkämpferischen« loslösen wollen. Wie in einem Vorgriff auf heutige Diskussionen wendet er sich gegen die Festlegung des Politischen auf das »›Väterliche‹«. »Ich wollte zeigen, daß Arbeit und Volk etwas durchaus Mütterliches, Bauendes, Schöpferisches ist, während das ewige Planen, dasjenige, was die Ideologien in die Menschen bringt, keineswegs so wichtig ist, wie man allgemein annimmt«. Unter den ziemlich »gewagten« Aphorismen aus dieser Zeit über Frauen findet sich einer, der die Grundlagen der bisherigen Herrschaftseinteilung in Frage stellt: »Warum kommt man nicht einmal auf den Gedanken, die Frauen ans Ruder zu lassen. Sie würden die Politik sicher viel konkreter und praktischer machen, weil sie viel weniger von fixen Ideen besessen sind als wir.« Das Leben der Mutter oder »der Kleinen« überhaupt ist kein Garant des Fortschritts. Es ist vielleicht sträflich abgekehrt von den geschichtsbestimmenden Kräften, die dann auch über dieses Leben hinfahren. Aber es soll eine gewisse Unverwirrbarkeit des Urteils gewährleisten, was auch immer ihm zugefügt wird. »Ihretwegen brauchte es weder Könige, Kaiser noch Kriege zu geben«. Mit ihrem großartigsten Spruch, den Graf immer wieder zitiert, hat sie nach seiner Überzeugung »mehr gesagt als die weitschweifigen Philosophen und Moralisten in ihren Büchern«: »Die Schlechtigkeit ist nicht umzubringen [auf der Welt], bloß *wir* dürfen nicht schlecht sein«. Nichts hat Bestand als der Gang des Lebens selbst. Keiner sieht und erträgt diesen Gang richtig als die, die sich als klein begreifen, die auf allen Stolz, selbst auf die Anmaßung des Urteils verzichten, die nichts sein wollen als Menschen aus dem Volk. Als Graf mit der Niederschrift dieser Bücher begann, notierte er so etwas wie seine fatalistische Poetik: »Der Realist in der Dichtung ist ein Zerstörer jeder eingebildeten Menschengröße. Er erkennt die Fragwürdigkeit und Vergänglichkeit alles Seienden zu scharf und landet am Schlusse bei der grausamen Wahrheit, daß der Mensch in jeder Zeit und in jeder Gesellschaftsordnung stets unverändert bleibt. Realismus und Skepsis verhalten sich zueinander wie Bruder und Schwester: Der eine gibt das entschleierte Bild des Menschenlebens wider, die Schwester lächelt melancholisch darüber, als möchte sie fragen: ›Und weswegen nun eigentlich die vergebliche Mühe?‹.«

VI.
BESINNUNG
1940-1948

Graf fand sich im wesentlichen auf sich selbst zurückgeworfen, als die von ihm so propagierte, immer nur notdürftig erreichte Einigkeit der politisch aktiven Kollegen zerbrochen und »sein« Verband gescheitert war. Weder die revolutionäre Begeisterung seiner jungen Jahre noch die proletarische Solidarität noch die politische Gemeinsamkeit mit »Gleichstrebenden« trug ihn mehr. Er mußte selber, obgleich nicht immer allein, ausarbeiten, was er der furchtbaren Zeit des Krieges und der armseligen der ersten Aufbaujahre entgegenzusetzen hatte. Er besann sich immer stärker auf das, was er aus seiner Heimat innerlich mitgenommen hatte. Er ließ in seinem utopischen Roman seinen Wünschen nach einer friedlichen und doch unzerknirschten Menschheit freieren Lauf als je sonst. Er kam in seinem gelungensten, geschlossensten Roman UNRUHE UM EINEN FRIEDFERTIGEN seinem Ideal eines »gerechten« Urteils über sein armes Land so nahe wie nie zuvor.

»Wir haben verloren«

Mitten im Krieg kam Bertolt Brecht für eine Weile an die Ostküste und traf sich auch mit Graf. Auf dem bekannten Foto wirken die beiden, als seien sie aus zwei verschiedenen Welten zusammengetroffen. Brecht schrieb danach in sein »Arbeitsjournal«: »Graf, der kein wort englisch gelernt hat, ist etwas vereinsmeierisch, dick, hinterfotzig und glaubt an jahrzehntelange reaktionsperiode«.
Harry Asher, der in diesen Jahren oft mit Graf zusammenkam und ihm in vielem widersprach, nennt im Rückblick zwei Grundsätze, die er völlig mit Graf geteilt habe: »1. Wir haben verloren, wir sind nicht gefragt« – nämlich zu irgendeinem politischen Rat an das von der NS-Herrschaft verwüstete Europa. »2. Es gibt nichts Widerwärtigeres als Emigrantenpolitik«.
In der Urfassung von DIE ERBEN DES UNTERGANGS bescheinigt Graf den Emigranten, auch den lautersten, sie hätten versagt und würden nicht mehr gebraucht, denn sie verständen sich nicht mehr auf ihre Länder und Völker.
Graf wirkte in dieser Zeit defätistischer, sprach enttäuschter und deshalb sarkastischer von der Politik als in den Anfangsjahren des Exils. Er sprach aber auch bescheidener, er blieb näher an der eigenen Erfahrungsgrundlage. Er wurde kritischer und selbstkritischer. Er ließ die überschwenglichen Prognosen weg, mit denen er die Reden und Artikel seiner Kampfjahre hatte (zumindest) aus-

klingen lassen. Er verlor einiges von seiner Aktivität und Unbedingtheit. Sein Optimismus verschob sich auf fernere Zeiten, in denen das Gift des Nationalismus und die Folgen der Kriege sowie der Atomrüstung überwunden sein würden. Graf gewann aber an Intensität und Vorstellungskraft, sogar nochmals an Gestaltungskraft. Er machte aus der Besinnlichkeit, aus dem Sichabschminken der großen politischen Hoffnungen selbst eine (kleine) produktive Stärke.

»Die Fremde wächst«

Graf war oft entsetzt über den Krieg, über Hitlers Eroberungen, die Greueltaten der deutschen Besatzungsarmeen und des Luftkriegs gegen England. Er war aber von Anfang an gewiß, »daß mit dem Beginn des Krieges auch Hitlers Ende beginnt«. Manchmal äußerte er seine Genugtuung über die Erfolge der Alliierten. Wie einen Stoßseufzer der Erleichterung schreibt er über die sowjetische Kriegsführung: »Endlich verteidigte sich das überrollte Land«, und bespricht den amerikanischen Kriegsfilm »Battle of Russia« sehr zustimmend. Vor allem begrüßte er die beginnende Waffenbrüderschaft zwischen Ost und West. Er blieb aber zurückhaltend, solange es um Waffen ging. Die Begeisterung etwa Heinrich Manns und Feuchtwangers für diejenigen »Humanisten«, die zu reiten und zuzuschlagen verstehen, teilte Graf nicht oder nur in Momenten der Selbstüberredung. Sein Dilemma, als Pazifist auf einen Sieg im Kriege hoffen zu müssen, verarbeitete er in einer späteren Auseinandersetzung mit Tolstoi. Unfaßbare Vorstellung: Tolstoi, der unerbittlichste Kriegsgegner und schärfste Verneiner alles Vaterländisch-Nationalistischen [...] – ausgerechnet er inspirierte den ›Vaterländischen Krieg‹ Stalins und entflammte jeden Russen dafür.« Graf macht trotzdem nicht Tolstoi für die »widerlich blutrünstigen, fanatisch deutschfeindlichen Romane« etwa seines früheren Freundes Ehrenburg verantwortlich. In DIE ERBEN DES UNTERGANGS hat er sein Dilemma weiter ausgeführt.
Über den Krieg selbst schrieb Graf wenig. In mehreren Gestaltungsversuchen zu zwei Erzählungen setzte er sich immer resignierter mit dem Problem auseinander, daß die deutschen Soldaten eben nicht desertierten oder die Gewehre umdrehten, sondern ihre Befehle ausführten. Allenfalls bekamen sie einen »Koller«, der aber kostete nicht ihre Vorgesetzten, nur selten sie selbst, schon eher ihre russischen Kriegsgefangenen das Leben. In DIE FLUCHT INS MITTELMÄSSIGE gestaltet er einen Traum, in dem seinem

zweiten Ich Ling bei einem Patrouillengang mit englischen Soldaten in Norwegen plötzlich unbehaglich auffällt, daß »er als einziger unter seinen Begleitern Zivilkleider trug und keine Waffe hatte«.

Die Politik der Emigranten wurde Graf, seitdem er nicht mehr verantwortlich daran teil hatte, immer undurchsichtiger, widerwärtiger. Er mokierte sich über ihre Spaltungen – allein die Österreicher in New York hatten sechs verschiedene politische Organisationen – und beklagte das überwiegende Gegeneinander statt Miteinander. »Niemand weiß, was dieses sinnlose Sich-Bekriegen für ein Ende nimmt«. Er hatte unter Denunziationen zu leiden, die seine Akte beim FBI anschwellen ließen und die er nur indirekt, an ihren Auswirkungen erfuhr.

Die Aktionen der praktischen Hilfe stockten seit dem Kriegseintritt der Vereinigten Staaten im Dezember 1941. Jeder mußte dort, wo er gelandet war, selber sehen, wie er überlebte. Grafs Freund Kurt Kersten war nicht weiter gekommen als bis zur Durchgangsstation Martinique. Er blieb dort sitzen, drei Jahre mit einem Kameraden, drei Jahre allein, auf einer südländisch-heißen Insel unter Tausenden von französischen Kolonialsoldaten, das begehrte amerikanische Festland vor sich und doch unerreichbar. Graf, der schon gut hundert Gestrandeten weitergeholfen hatte, war in Kerstens Fall ebenso machtlos wie die anderen Freunde. Er schrieb ihm lange tröstende Briefe und konnte selbst nicht glauben, daß das den anderen trösten würde.[1] Grafs Selbstbewußtsein wurde von dieser und vielen weiteren Niederlagen geprägt. Er sprach (etwa 1943) noch von der »Kampfleistung der deutschen antifaschistischen Schriftsteller«, zählte aber als ihre kämpferischen Leistungen nur solche aus der Revolution und einige aus der Zeit der Republik auf. Danach sah er nur Opfer, eine »lange ruhmreiche Totenliste«.

Die »Fremde« wuchs auch noch, als Hitler-Deutschland endlich besiegt war. Graf sah klar voraus, daß der »Geist« der Nazis nicht mit ihrer militärischen Niederlage verschwunden sein würde. Er verfolgte teils freudig und teils abgestoßen, was in Bayern und den anderen Besatzungsgebieten geschah. Er entwickelte auch großen Argwohn, steigerte sich mitunter in Verdächtigungen hinein.[2] Er wurde anfangs fast stürmisch, danach ruhiger und immer skeptischer von seinen Freunden zurückerwartet.[3] Er sah aber immer neue Gründe, die ihn abhielten, nach Deutschland zurückzukehren. Zunächst hungerten die Landsleute, waren selbst auf Hilfe angewiesen. Dann mißtraute er der politischen Entwicklung, die anders verlief, als die emigrierten Antifaschisten sie sich erhofft hatten. Die Teilung Deutschlands empfand er als einen schweren Fehler und war sich seitdem nicht sicher, in welchen Teil er gehören würde. Mirjams meiste Angehörige waren deportiert und umgebracht worden, wie hätte sie sich in diesem Land je wieder »zu Hause« fühlen können? Schließlich wollten die Grafs, nach so langer Abwesenheit, nicht auf Gedeih und Verderb zurückgehen, sondern sich erst einmal orientieren. Dazu hätte er ein Re-enterpermit in die USA gebraucht, das ihm als einem denunzierten Linken verweigert wurde. Erst als eingebürgerter Amerikaner, von 1958 an, und endgültig nur besuchsweise kam er nach Deutschland zurück.

Statt heimzukehren, schickte er Pakete. Er hatte von Anfang an seinen Glauben an das »andere Deutschland« hochgehalten. Sowie die Post wieder ging, und vorher bereits durch die Vermittlung von amerikanischen Soldaten, versorgte er 30 KZ-Häftlinge aus München und 18 »Intellektuelle, die sich sehr tapfer hielten«, sowie einige persönliche Freunde mit Care-Paketen. »Es ist doch augenblicklich so, daß wir nicht mit allzu viel ›Politik‹ auftreten können, wenn das Volk, das schrecklich darniederliegt, hungert und friert. In solchen Situationen hört sich auch der Marx auf«. Da er selbst natürlich nicht das Geld dafür hatte, gründete er mit Mitgliedern seines Stammtischs, vor allem dem Maler Josef Scharl und dem Rechtsanwalt Eugen Schmidt aus München (früher im Reichsbanner und einige Zeit im Untergrund), eine »Kleine Bayernhilfe für antifaschistische Hitleropfer« (nicht incorporated trotz eines Antrags) und sammelte bei Bessergestellten dafür, durch Besuch oder in Briefen. In Stoßzeiten verbrachte er zwei Tage in der Woche damit. Noch Anfang 1950 bemühte er sich um Spenden, gegen die überhandnehmende Meinung, nun ginge es den Deutschen wieder gut. Wollte er damit auch vor sich selbst einen Ersatz für sein Wegbleiben schaffen? Er nahm es unverblüfft, aber doch als merkwürdig hin, daß man sich in der Heimat die Emigranten »als so eine Art Hitler-Frischler vorstellte«.

Nach ein wenig Zögern bezog Graf auch seine Verwandten in die Hilfssendungen ein. Er hatte sie anfangs, vor allem die Schwester Resl, als Nazis, wenn auch als Zwangsnazis, empfunden und innerlich abgeschrieben. Relativ früh jedoch, mindestens seit 1940, anerkannte er eine stille »Innere Emigration« im Reich. Nach den ersten Briefen des Bruders Maurus nach der Befreiung gewann er einen hohen Begriff von ihm wie von seiner Heimatgemeinde überhaupt. Er tippte die Briefe ab, schickte sie herum als Beweis, daß doch auch ganz schlichte Menschen »fest« geblieben seien; im Herbst 1945 wollte er eine Reihe solcher Briefe herausgeben.[4] Er blieb aber schwankend in seinem Urteil. Er konnte sowohl den Opportunismus wie die gleichsam »natürliche« Anständigkeit des einfachen Volkes hervorheben. Am Beispiel, das Karl Valentin gegeben hatte, gewann Graf auch gegenüber solch heiklen Fragen seinen Humor zurück. Er zitierte Valentins Begründung, warum er nie in die Nazipartei eingetreten sei: weil sie zu ihm gar nicht kamen – sonst wäre er es, »weil ich eben Angst gehabt hätt«. Graf lobt Valentin als »stärksten Selbstdarsteller menschlicher Unzulänglichkeiten«, der nichts »darstellte« als »die Wahrheit«. Den ehemals Organisierten dagegen, besonders den Intellektuellen unter ihnen, gestand er keine solche Entschuldigung zu. Mit seinem Freund Erich Müller machte er in einer Art von Abrechnung Schluß, in der dieser nur die typische »Unduldsamkeit« des Emigranten sehen konnte. »Verlaßt euch mehr auf die Menschen als auf die Fragebogen«, erwiderte ihm Müller.

Auf den einzelnen kommt es an, betonte Graf jetzt immer wieder, nicht auf Organisationen oder Programme. Aus eigenem Entschluß sei er emigriert und habe VERBRENNT MICH! geschrieben. »Herr Stalin gab mir damals keinen Wink!« Wie mit erhobenem Zeigefinger stellt er »die einzig richtige Lösung« auf: »Es ist ja wahr, die und die Regierungen, die und die Mächte oder die und die Personen begehen Fehler, sie tun uns unrecht, sie handeln auch dumm, aber *ich* kann nicht warten darauf, bis sie es recht machen! *Ich*, von mir aus, darf da nicht mittun, ich muß danach trachten, das Rechte zu tun«. »Bei Dir und bei mir« müsse der politische und zugleich persönliche »Klärungsprozeß« anfangen. Was gelte, sei »unser ganz simples, eigenes Beispiel, das wir stündlich, täglich und immerzu geben müssen«. Selbst diese Worte (in einem Brief an die Jugend) kamen ihm sogleich vermessen »belehrend« vor, während er doch nur seine »rein persönliche Ansicht« habe hinstellen wollen. Bescheiden werden, sich selbst zurücknehmen ist für einen Mann des Wortes ein langwieriger Prozeß. Graf arbeitete ernsthaft daran.

Überlebensstrategien

Graf schrieb eifrig während des Krieges und danach. Er konnte aber fast nichts veröffentlichen. Der amerikanische Markt blieb ihm so gut wie verschlossen, obgleich er sich der amerikanischen Gepflogenheit beugte und seine Erzählungen und Romane in den vierziger Jahren einem Literaturagenten anvertraute, der sie an Zeitschriften und Verlage zu vermitteln suchte. DAS LEBEN MEINER MUTTER erschien zuerst auf Englisch (1940, in einem kleinen New Yorker Verlag), wurde von den Kritikern gelobt, wenig gekauft; der Verlag ging bald darauf pleite. Sophie Wilkins, die als Studentin bei Slochower Graf kennenlernte und einiges von ihm übersetzte, die ihn persönlich schätzte, aber nach ihren eigenen Worten »in Oskars kosmischer Existenz nicht mehr als einen Fliegenschmeiß« bildete, benennt aus ihrer Sicht die Widerstände, die einer literarischen Einbürgerung Grafs im Wege standen. »Ich fand ihn grobschlächtig, holpernd, wortarm, ohne Grazie. Verglichen mit den dichterischen Verführungskünsten der Großen [vor allem Kafka und Thomas Mann] war Oskar ein ›erzwungener‹ Schriftsteller, ein Mann, der die Hosen fallen läßt und sich anbietet (zu stark gesagt, ich hoffe, Sie verstehen), und vor allem: *langweilig* zu lesen«.

Ein deutschsprachiger Buchmarkt war zu Grafs Leidwesen in Amerika nie entwickelt worden, trotz der sonstigen Tüchtigkeit der Deutschamerikaner. Der Verlag »Aurora«, 1943 gegründet, u.a. im Hinblick auf die Tausende von Kriegsgefangenen im Lande und vielleicht »mit Unterstützung der amerikanischen Regierung«, blieb der einzige. Er war relativ erfolgreich, aber kurzlebig; er wurde von Anfang an als Teil der »Kommunistenfront in New York« diffamiert. Er brachte alle Bücher in einer Auflage von 2.000 Exemplaren heraus, was Joachim Radkau eine relativ hohe Zahl nennt. Er zahlte Graf für UNRUHE UM EINEN FRIEDFERTIGEN und LEBEN MEINER MUTTER (letzteres erschien dann unter dem Signum des »Aurora-Verlages 1948 im Aufbau-Verlag) 1000 Dollar. Graf wurde sein eigener Verleger und Buchhändler. Er ließ sich seit 1939 auf Subskription und für geliehenes Geld (das er den Freunden in kleinen Raten zurückzahlte) von seinem BAYERISCHEN DEKAMERON, seinem ANTON SITTINGER und der englischen Ausgabe von WIR SIND GEFANGENE lithographische Nachdrucke machen, je 1100 Stück, und vertrieb sie unter den Deutschamerikanern in New York, in Midvale und bei seinen Vortragsreisen. Auch dem stockenden Verkauf von THE LIFE OF MY MOTHER half er auf diese Weise auf und rühmte sich bei seinem Verleger als fähiger, erfolgreicher Verkäufer. Er inspirierte Freunde dazu, »Nachfragekolonnen« zu bilden und so die Buchhandlungen dazu zu bringen, seine Bücher zu nehmen. Das sei der Hauptinhalt der »Oskar-Maria-Graf-Clubs«. Diesen ›Rummel‹ für die eigenen Bücher rechtfertigte er damit, daß er ein Stück praktischer antifaschistischer Arbeit und Widerstand gegen die vordringende Naziliteratur sei. Er mokierte sich über sein Auftreten als »fahrender Scholar«, der die eigenen geistigen Erzeugnisse »stets verkaufsbereit« bei sich trug. Er litt manchmal darunter, fand es aber dann auch wieder ganz lustig. Er habe einen »sehr lebendigen Kontakt« zu seinen Lesern gewonnen und habe »auch schriftstellerisch dabei manches gelernt«. An seinem BAYRISCHEN DEKAMERON verdiente er in drei Jahren 650 Dollar. Die Arbeit der »Tribüne« fand er, je länger sie dauerte und je mehr Alexan dazuzahlen mußte, immer prekärer: Sie warf nichts ab, und dort konnte er nicht einmal seine Bücher verkaufen!

Um in dieser ebenso finsteren wie für ihn kärglichen Zeit existieren zu können, wurden ihm die Freunde immer unentbehrlicher. »Unsereins hat kein Vaterland mehr, nur noch Freunde«. Harry Slochower hebt heute noch die »warme«, »einnehmende« Atmosphäre um Graf hervor. Nur durch seine Persönlichkeit, durch seinen Körper (denn er »sprach« auch mit dem Körper) habe er die Leute zusammengehalten. Graf selbst schreibt diese Kraft dem Humor überhaupt, nicht nur seinem, zu. »Der Humor entschleiert und klärt und zwingt schließlich zur Einsicht. Er ist etwas, das die Menschen *zusammenführt*«. Graf brach allerdings auch etliche Freundschaften abrupt ab, oft wegen Kleinigkeiten oder momentaner Verstimmung. Er grübelte über die eigene Unfähigkeit zur Freundschaft. »Mir blieben Menschen immer nur Gestalten«. Manchmal wurde ihm die Vorstellung von Freunden, der innere oder briefliche Dialog mit ihnen wichtiger als der Umgang mit den erreichbaren Freunden. Das Briefeschreiben wurde ihm allmählich ein Lebenselixier, jedoch mit eigenen Irritationen. In der Freundschaft wie im Briefverkehr konnte er »den größten Betrug«

OSKAR MARIA GRAF

LORRAINE 7-0852

34 HILLSIDE AVENUE
NEW YORK 34, N. Y.

Grafs Visitenkarte aus der Hillside Avenue in New York.

entdecken. Er schenkte gern, machte sehr gern Überraschungen, gab immer »unerhörte« Trinkgelder. Putzhilfen und Briefträger haben ihn laut Gisela Graf »vergöttert«.

1943 gründeten Graf und Asher den »Stammtisch«, der sich jeden Mittwoch (später Donnerstag) in einem (ein paarmal gewechselten) deutschen Lokal in Yorkville traf und noch bis 1985 fortgeführt wurde. Graf betont die bunte, fast internationale Zusammensetzung: »Bayern, Österreicher, Preußen, Hamburger und Russen«. Er bestand darauf, daß es »ganz unprominente Menschen mit ordentlichen Berufen, oft recht harten und nüchternen«, waren, daß aber viele davon »die deutsche Literatur, die Literatur überhaupt« liebten. Bei den Treffen wurde vor allem diskutiert und gelacht. Der Spott aller über alle bildete eine Hauptattraktion des Kreises, in feinen wie in sehr unzarten Formen. Hier brach die Lust an der gegenseitigen Entblößung, an der Reduktion auf den wirklichen Kern einer Person wieder durch, die Graf vor allem von Jung gelernt hatte. Graf führte das Motto ein: »Wir sind für alle und alles«. Nach Matulay, der später in diesen Kreis kam, mußte jeder erst »eine Prüfung bestehen, etwas aushalten und sich zeigen« und wurde dann enweder zu den »Schurken« oder zu den »echten« gezählt. Graf dominierte offensichtlich, doch zog er darum auch immer wieder andere an, die sich mit ihm maßen und ihm Paroli boten. Von einem (Nußbaum) heißt es, er habe nach Jahresfrist den Kreis verlassen, weil er sich mißachtet fühlte: Graf habe ihn nie zum Gegenstand seine Spottes gemacht. Um Literatur ging es selten, doch oft kam Graf ins Erzählen, sang zu später Stunde oder rezitierte Gedichte. Laut Asher konnte er »gewaltig« lesen. Matulay betont mehr die Innigkeit, die innere Stimmigkeit der Lesungen – er sah darin Grafs »eigentliches Ich« hervorbrechen. Graf sei hungrig nach dem Applaus der Freunde gewesen, habe davon gelebt, im Bewußtsein jedoch, daß dieser Applaus nichts als eine schöne Illusion war. Mit seinem Erzählen verstand es Graf, auch Leute zu fesseln, die wenig oder gar nicht lasen. Oft beeindruckte er, in Amerika wie einst in der Sowjetunion, Anderssprachige, die gar nicht verstanden, was er las, die aber seine Hingabe spürten und bewunderten. Seine Lesungen zur Erprobung der gerade entstehenden Werke hielt er in den Wohnungen der treuesten Stammtischfreunde: bei Fenja und Marc Ginzberg, einem reichen russischen, gut deutsch sprechenden Ehepaar, bei den Ashers, bei Blauners, später bei den Wolfs u. a. Der Stammtisch wurde seine Heimat, natürlich nur eine »nachgemachte«

Heimat, aber eine andere stand ihm nicht zur Verfügung. Er war ein »Speicher von Ideen, Echo, Prüfungsort für neue Gedanken und Ort freier, glücklicher, unbeschwerter Unterhaltung«. »Es war Schwabing in New York«.

Ein verläßliches Refugium in dieser bitteren Zeit war Midvale in New Jersey, etwa eine Autostunde von Manhatten: das Naturfreundecamp und das Haus des »außerordentlich sonderbaren« Freundes Hein Kirchmeier. Manche alten Freunde sagen heute noch, es sei eine »Lebensrettung« für den manchmal verzweifelten Graf gewesen.

Graf liebte unter den Deutschamerikanern vor allem die, die ihren Zusammenhalt pflegten – das war die gegebene Möglichkeit, in der amerikanischen Gesellschaft noch irgendwie politisch zu wirken und die politische Entwicklung zu diskutieren. Er besuchte gern die deutschen Naturfreunde, Sänger, Turner, Mitglieder der Krankenkasse, der Gewerkschaften und des Kulturverbands. Die Naturfreunde waren ihm besonders sympathisch, da sie 1. eine selbstverständliche Einheitsfront von ehemaligen Sozialdemokraten und Kommunisten bildeten, 2. tüchtig waren und etwas aufbauten. Er war stolz darauf, als er zum 50. Geburtstag Ehrenmitglied der »Naturfreunde« von Midvale wurde.

Noch mehr als die dort verwirklichte »Freiheit«, der schwärmende oder streitende Umgang mit der Jugend, lockte ihn die Familie eines Urbayern vom Chiemsee nach Midvale: Hein Kirchmeier, Kunsttischler, Autodidakt und sehr belesen, mit großer Weltkenntnis, mit seinen eigenen Ansichten über die meisten Dinge und großem Verständnis für den eigensinnigen Oskar[5]; seine Frau Resl, eine wunderbare Köchin und neben Mirjam die einzige Frau, auf die Oskar unbedingt hörte; dazu drei Mädchen und ein Bub, an deren Heranwachsen Oskar großen Anteil nahm, mehr als etwa an dem seiner eigenen Tochter[6]; außerdem ein sehr offenes Haus, in dem Graf meist noch weitere Gäste vorfand (oder mitbrachte). Hier lebte er richtig auf. Er fühlte sich verstanden, er fand eine andere Resonanz für seine Sorgen und seine entstehenden Bücher als in der Stadt. Hier soll er manchmal wieder gejodelt haben. Er half beim Betonmischen, als das Haus umgebaut wurde. Er ließ sich auf Heins Motorrad bei den Nachbarn herumfahren und verkaufte seine Bücher. Er wollte bei Kirchmeiers mit vielen Freunden eine improvisierte Komödie aufführen, »König Ludwigs zweiter Tod in New Jersey«, dargestellt durch die »Wandertheatertruppe Hamlet im Birkenwald«.[7] Laut Asher wollte Graf ein

Buch über Midvale und die Kirchmeiers schreiben. Das ließ er bleiben, aber in seinem »Helden« Banscho hat er nach einhelliger Meinung der Freunde seinen kompetenten Helfer Hein porträtiert; später widmete er BANSCHO beiden Kirchmeiers. Oskars Glück da draußen, die empfangene und erwiderte Herzlichkeit sind mir bei einem Besuch dort sehr plausibel geworden. Vom Naturfreundecamp ist nur der Platz noch zu sehen. Die Familie Kirchmeier aber lebt heute noch vollzählig, ähnlich ausstrahlend wie damals.

Im Oktober 1944 teilte Graf den Freunden mit, daß er und Mirjam »nach 26jähriger Probezeit« geheiratet hatten.[8]

Drei Romane für die Schublade und ein Meisterwerk

Mit zwei Romanplänen in dieser Zeit quälte sich Graf furchtbar herum. Erstens wollte er das Problem des Emigranten und zugleich des modernen, glaubenslosen, persönlich verunsicherten Menschen darstellen. In vielen Ansätzen schrieb er unter Titeln wie: »In der Sackgasse«, »Dämmerung, Nacht und Morgengrauen«, »Die Letzten« schließlich zwei Bände voll, mußte den Stoff aber unvollendbar liegen lassen. Einige Handlungsstränge nahm er in DIE FLUCHT INS MITTELMÄSSIGE auf. Zweitens suchte er in einer Utopie eine vom Nationalismus befreite Menschheit nach dem Krieg, schließlich nach einem in der Vorstellung vorweggenommenen Atomkrieg erzählerisch zu gestalten. Er wurde damit fertig, im Krieg und in einer zweiten Version nach dem Krieg, er erlebte später zwei Auflagen und die zwiespältigste Reaktion des Publikums und der Kritik. Er fühlte sich aber beim Schreiben regelrecht überfordert. »Ein Problem, das mich ganz und gar malträtierte«, schrieb er nach dem ersten Abschluß. Der Roman habe ihm »rein alles genommen, Kraft und Sammlung«. Gleichsam zur Erholung schrieb er dazwischen den Roman ER NANNTE SICH BANSCHO, in dem er seine zusammengefaßten und durch fremde erweiterten Lausbubenstreiche zu einem ernsten Zweck, zu Nadelstichen gegen die Reaktion und die Nazis umfunktionierte. Der Roman, den Graf von Anfang an als einen Zeitvertreib ansah, ist mit diesem beschränkten Ziel und seinen bescheidenen literarischen Mitteln gelungen. Er blieb jedoch ein Zwitter. Dem furiosen Schluß, der den Naziterror auf dem Land entfaltet, weiß der Leser, auf den Ton des kindlichen Schabernacks eingestimmt, nicht recht zu begegnen, und dennoch soll der Schluß die Kindereien davor nicht desavouieren. Sie werden in das Licht eines unausrottbaren, obgleich unwirksamen Widerstands gehoben. Auch ein lang ausgespielter subversiver Dienst bei den Feinden als »Daniel in der Löwengrube«, eine politische Weiterentwicklung der Clownsrolle, bleibt folgenlos. Der Roman wurde durch die in jeder Hinsicht größere Gestaltung der gleichen historischen Konstellation in UNRUHE UM EINEN FRIEDFERTIGEN überboten.

Graf mußte es erleben, daß seine neuen Romane (ehe er an UNRUHE ging) nach den Erfahrungen seines literarischen Agenten »untauglich in jeder Hinsicht« waren. Mit dem BANSCHO mußte er zwanzig Jahre auf die Veröffentlichung warten. Mit UNRUHE hatte er keine solchen Probleme. Er war sich des Stoffes wie seiner Behandlung sicher. Er empfand das Werk schon beim Schreiben als »gelingend«, danach als »völlig gelungen«, und das zu Recht.

Ob die Menschheit aus Katastrophen lernt?

In einem seiner frühen Märchen, DIE WORTE, hatte Graf schon einen simplen, gleichsam zwangsläufigen Zusammenhang von Feindschaft, Katastrophe und utopischem Glück hergestellt. In seiner ausgestalteten Utopie, »Die Entdeckung der Welt« oder »Die Eroberung der Welt«, schließlich etwas passender, aber auch nicht ganz treffend DIE ERBEN DES UNTERGANGS genannt, läßt Graf mit der gleichen Zwangsläufigkeit aus der atomaren Vernichtung von neun Zehnteln der Erdbevölkerung einen absoluten Willen zum Frieden und Aufbau folgen. Hier soll die Lehre aus der erlebten Zerstörung so nachhaltig wirken, daß der Rest der Menschen nicht in die fatalen tödlichen Verhaltensweisen zurückfällt. Hier wird ein letztes Aufflackern des Nationalismus wirkungsvoll bekämpft und eine geradezu ideale Gesellschaftsordnung aufgebaut.

Graf fehlen die Worte, um die neueste Überbietung des militärischen Wahnsinns angemessen darzustellen: den Atomkrieg, den die Amerikaner soeben mit der Auslöschung zweier japanischer Großstädte durch zwei von heute aus betrachtet »kleine« Atombomben »ausprobiert« hatten. »Dieser neue Losbruch war kein Menschenkrieg mehr«. Was dem Kriegsgegner Graf sein Leben lang als das Gegenteil von Vernunft und Menschlichkeit erschienen war, sämtliche Kriege bis zum entsetzlichen Zweiten Weltkrieg, erscheint gegenüber dem neuen Schrecken als überschaubar und fast vertraut: Es war immerhin jedesmal noch ein »Menschenkrieg«! Trotz dieser furchtbaren Erfahrung begegnet Graf der Bedrohung der gesamten Menschheit mit Optimismus. Sein »realistischer« oder »zu großer« Optimismus frappiert die Rezensenten am meisten. Er selbst aber »setzte alles daran«, »ein möglichst nicht-utopisches, sondern ein durchaus realistisches Buch zustande zu bringen«.

Die Grundlage des Überlebens ist ein unausrottbarer Lebenswille. Sobald die Übriggebliebenen wieder einen fruchtbaren Grund unter den Füßen haben, stimmen sie einen »Jubel des unüberwindlichen Lebens« an. Sie äußern ihren Lebensdrang in betont primitiven, ja rohen Formen, auch sexuell roh und »ungeniert«. Sie haben eine unbesiegliche Lust am Dasein, am Essen, am Arbeiten. Bei einem »ungeheuren Massenessen« »vermeinte man ein gigantisches Schmatzen zu hören. Es war gleichsam, als schmatze die Erde mit«. Richtig wohl ist es Graf erst bei den Massenszenen, die er mit einer Üppigkeit wie Rabelais (nur pauschaler) ausgestaltet. Einen wahren »Büffel«, der sich »laut und effektvoll in Szene zu setzen« versteht, »gradlinig und grobschlächtig«, in seinen Gedanken, zeichnet Graf sichtlich als ein Selbstporträt oder ein Wunschbild von sich selbst (»Wunschbild« deshalb, weil er persönlich nicht mehr so »strotzend gesund« war). »Er vermengte stets Persönliches mit seinem öffentlichen Wirken, und das geschah ganz unbewußt und blieb echt«.

Damit aber das Leben Raum, Unterhalt und Ruhe findet, sind große Anstrengungen der überlebenden Politiker und Techniker nötig. Sie sind alle außer einem Klüngel von Unbelehrbaren, die über halb Asien ein Regime des eng nationalistischen Wahns und Terrors errichten, dem Fortschritt ergeben. Das Richtige gilt als etwas Selbstverständliches. Wer von den Repräsentanten von früher: aus der untergegangenen UNO, aus den Regierungen einzelner Nationen, aus der Gewerkschaftsbewegung, an Fachleuten, eben übriggeblieben ist, trägt selbstlos zum Aufbau einer funktionierenden Weltordnung und überreichen Weltwirtschaft bei. »Ansichten und Meinungen waren dabei völlig zwecklos, Kenntnisse alles«. Die politischen Könner sind allesamt »Menschen mit einem nüchternen, praktischen Hausverstand«. Sie haben zum Glück in ihren Reihen »kein politisches Genie«, also nur wenig Eitelkeit und Diktaturgelüste. Graf mußte sich nachsagen lassen, er sei »ein Genie des gesunden Menschenverstands«.

Die ideale Weltverfassung ist deshalb so simpel, weil es keine ernsthaften Interessengegensätze mehr gibt. Der private Kapitalismus ist mit der großen Vernichtung erloschen, die Reste von Privateigentum schmelzen dahin. (In der Urfassung von 1942 hatte das mehr Anstrengung gekostet. Darin waren die politischen Gegebenheiten aus der Zeit des Weltkriegs noch deutlicher vorausgesetzt und nicht so frei ›übersprungen‹). Die Arbeitsleistung eines jeden ist das einzige, was zählt. Die Gewerkschaften sind integriert, die Produktion verstaatlicht. Die einzigen Parteien, die sich neu formiert haben, die »Futuristen« und deren radikale Abspaltung »Ultristen« (etwa nach dem Vorbild einer idealen Sozialdemokratie und KP gezeichnet), haben bei der Durchsetzung des Vernünftigen eine treibende Rolle, verlieren aber seitdem an Bedeutung. Ein »Hoher Rat«, nicht anders legitimiert als durch seine bloße Existenz und seine bunte Zusammensetzung (mit starkem Übergewicht von Europäern und einem erdrückenden Übergewicht von Männern), ordnet an, was für das Weltsystem eben notwendig ist. Die Politik des Rates geht ordentlich, ziemlich durchsichtig, ein wenig altväterisch-diplomatisch und mit wenig Tricks vor sich. Sein führender Kopf ist »ein eingefleischter Zivilist«.

Als Gegengewicht gegen die pure Verwaltungslösung verordnet Graf der befreiten Menschheit strikte Dezentralisation und in den unteren Einheiten leise Züge einer Räteregierung.[9] Die produktiven Einheiten sind die Großkommunen oder »Agrostädte«. Sie wählen ihre »Friedensrichter«, und diese sollen, in anderer Weise als die Bürokraten alten Stils mit ihren Gemeinden verbunden, für ihre Anordnungen persönlich haftbar sein. Verurteilen die Richter jemanden zum Tode, müssen sie den Delinquenten selber erschießen – die Todesurteile gehen dank dieser weisen Vorschrift bald zurück. Es gibt keine Hauptstadt, kein Ziel für ein Aufstiegsstreben. Der zufällige Sitz des Hohen Rates ist eine muffige amerikanische Mittelstadt, jetzt »Peacetown« genannt. (In der Urfassung war es Washington). Zur völligen Angleichung sollen auch die Namen der Regionen durch Nummern ersetzt werden; das läßt sich jedoch nicht einmal im Roman konsequent durchführen. Rassen und Nationen wurden schon durch die Katastrophe durcheinander gewirbelt und werden jetzt planmäßig ausgetauscht. Die Welthymne wird schließlich, einfach genug: »Unsere Heimat ist rundum die Welt!«

Was die schlichten Politiker noch ungelöst lassen, erledigt ein ungeheurer, geradezu galoppierender technischer Fortschritt. Die Aufbruchs- und Veränderungsstimmung der Sowjets aus der Zeit der ersten Fünfjahrpläne wird hier noch mit amerikanischem Knowhow versehen und auf die ganze Welt ausgedehnt. Graf glaubte in dieser Zeit – und bis an sein Lebensende – sehr an die Technik und interessierte sich für alles Neue. [10] Wo aber die Technik der Natur Gewalt antut, wie im umgebauten, ständig klimatisierten Peacetown, da verbündet sich Graf wieder mit der Natur. »Alles starb ab. Die Natur ließ sich nicht vergewaltigen«.

Graf zeichnet eine relativ friedliche Welt, nach den grausamen Zerstörungen des Anfangs ganz erholsam, mit einer Fülle von besorgten, leichtsinnigen, liebevollen, beschränkten, draufgängerischen Charakteren nebeneinander. In DER ABGRUND hatte er angefangen, mit Kurzcharakteristiken von Politikern zu experimentieren: »der rundgesichtige, bebrillte Hermann Müller«, »der kantigmassige Otto Wels«, »der nacktköpfige Otto Braun« usw. Jetzt bekommen die wichtigsten Figuren in je zwei oder drei Zeilen ihre »bullenhafte« oder »flachbrüstige« Statur, ihren Seehundsbart, wulstige o. ä. Lippen und eine große Variation von immer wieder hellen, scharfen, »unverblüffbaren« Augen zugeteilt – eine zupackende Charakterisierungskunst immer noch, aber ein wenig freigiebig aus der Retorte herumgestreut. Trotz der vielfältigen Abwandlung der einzelnen Fähigkeiten wirkt das Ensemble blaß. [11] Intrigen und Detektivgeschichten beleben den Ablauf nur oberflächlich. Der Aufstand der Nationalisten wird nur in einer Strafaktion gegen einen äußeren, auch aus der Darstellung ausgegrenzten Feind unschädlich gemacht. Die überlegene Technik tritt an die Stelle der Politik. Die Jungen bedienen sich ihrer ohne Zaudern, auch wenn das noch einmal, zum letzten Mal in der Menschheitsgeschichte (?), Millionen von Menschen das Leben kostet. Die Älteren haben Skrupel und leiden, können aber nichts dagegensetzen. Die Kontroverse bleibt ungelöst. Eine »tragische« Stimmung kommt trotzdem nicht recht auf, weil der drive des Fortschritts, des alternativlos »Notwendigen« die leisen Warnungen hinwegschwemmt.

Bei aller rasanten Veränderung gilt »das Recht« als unwandelbar: ein »altmodischer«, aber unentbehrlicher Schutz gegen alle Diktatur. Auch glauben dürfen die Menschen, was sie wollen – nur daß »im Drange des harten Aufbaus« und durch die erreichte »Behaglichkeit« der religiöse Sinn stark zurückgeht. Die Liebe ist immer noch nicht planbar, gehorcht weder dem Vorteil noch der Gewöhnung. Sie überfällt die Menschen, diese können nichts dagegen ausrichten, und das wird sich nicht ändern.

Die Zukunftslösung für eine befreite Menschheit ist in der langen Tradition utopischer Schriften nicht sonderlich originell. Neuartig

und interessant sind »die Stillen«. Sie werden eingeführt wie eine Sekte, unterscheiden sich aber fundamental von allen bisherigen Sekten.[11a] Andere »glauben an das Gute«, die Stillen halten »nichts für gut und nichts für schlecht. Sie sagen, man muß das Leben ertragen«. Sie sind nichts als »demütige, brüderliche Menschen«. Sie verwirklichen miteinander, was Graf am unscheinbaren, unverstandenen Leben seiner Mutter unter allen Menschen so fasziniert hatte. Nach den turbulenten Ereignissen verkörpern sie die endlich eintretende Ruhe und eine Zufriedenheit, die mehr sein soll als die Sättigung an den reichlichen Gütern. »Uchod« ist ihr Geheimwort, etwas wie Ausweg, Weggehen, eine ähnlich »totale« Negation wie »Nirwana«. Dennoch gehen sie nicht den Weg der Askese – Graf hält an dieser Kritik an Tolstois Vorstellungen fest. Eins ihrer Bücher ist Thomas a Kempis, den Jung so geliebt hat. Der Spruch der ersten Nummer der »Freien Straße« wird hier wiederholt: »Was suchst du Ruhe, der du zur Unruhe geboren bist«. Die Stillen leben »in sich«, ohne Kirchen, ohne Andacht, anscheinend wie die modernen Menschen überhaupt ohne Sinn »für das ungreifbar Überirdische wie für das scheinbar zwecklose Geistige an sich«. Sie lassen alles »Äußerliche« mit sich geschehen, kühl, ohne Neugier und Engagement – das ist ihre Stärke. Sie streiten nicht, widersprechen nie, sind immer guter Laune und bleiben sich gleich. »Man kann sich an sie halten. Nichts wächst ihnen über den Kopf...« Mit den »Stillen im Land«, wie sich die »Inneren Emigranten« im Dritten Reich gern nannten, haben sie nicht viel gemein. Sowohl deren Leisetreterei wie die Aufbauschung der realen Ohnmacht zu einem vorzeigbaren Konzept lehnen sie ab. In der Haltung der Geduld jedoch, im Verstummen, im Aushalten widriger materieller Bedingungen als Bewährungsprobe zum Besten der Allgemeinheit berühren sich die innerlich freien Menschen in Grafs Projektion mit dem, was manche »Stillen im Lande« gewollt haben. Selbst der Papst, ein sehr fortschrittlicher Papst ohne alle Herrschsucht, wird den Stillen immer ähnlicher und macht am Ende das gleiche wie sie.
Die Bewegung des Buches führt von der staatspolitischen Lösung zum Bild eines besseren Menschseins, von den Politikern und Technikern zu den Stillen. Aber auch die Stillen sind nicht Grafs Ideal. Sie können der Menschheit zu denken geben, sie können sie aber nicht fortführen. Sie leben so sehr »in sich«, daß sie keine Kinder brauchen. Der Kindersegen der weniger weisen, einfachen Menschen eröffnet eine haltbarere Perspektive. Die befreite, ver-

besserte, bewohnbare Erde bietet am Schluß Raum für eine unermeßlich große und glückliche Bevölkerung. »Der Mensch ist frei, und sein Feld ist die Welt!«

Aus Utopia, dem Niemandsland, sei in Grafs Roman ein »Jedermannland«, geworden, fand Pinthus: Menschen von heute, ebensolche wie wir, würden hier in eine mögliche neue Welt gestellt. Graf selbst stellte die Forderung auf: »Gute Epik soll ein Wall gegen Hysterie sein«. Er meint damit nicht das bloße Schreiben, er meint den zugrundeliegenden Lebenswillen und die Reflexion darüber. Aber die Form, durch die er seinen Zukunftshoffnungen Überzeugungskraft verleiht, ist eben die episch-fiktionale. »Konstruktiven Einfallsreichtum« und »eine mögliche Lösung« bescheinigte ihm Hermann Strenger und rühmte Grafs »frische, griffige, auch grimmige Sprache«, die die Leser zu packen vermöge. Gegen diese positiven Würdigungen steht jedoch die zwiespältige Reaktion der Rezensenten wie der Leser auf die Bedingungen, unter denen es zu dem ausgemalten Glück der Menschheit überhaupt kommt. Graf riet selbst später, wenn er den Roman ins Gespräch bringen wollte, man solle sich von den ersten düsteren Kapiteln nicht abschrecken lassen. Aber diese sind weder wegzulassen noch leicht zu schlucken. Sie bahnen den Weg aus der von Katastrophen bedrohten Wirklichkeit in die Utopie, und wie sie die Katastrophe verarbeiten, ist fatal fatalistisch. Der Aufbau-Verlag lehnte das Manuskript mit der Begründung ab, der Leser sei versucht zu schlußfolgern, »die Vernichtung aller materiellen und geistigen Werte im Atomkrieg sei die Voraussetzung für jene Weltordnung, in der der Mensch frei leben kann«. Bachmair, Grafs erster Verleger, schrieb Graf zum 65. Geburtstag, ein Schriftsteller »sollte nicht darstellen, was ein paar strahlenverseuchte ›Erben des Untergangs‹ nach der unausdenkbar entsetzlichen Katastrophe beginnen würden – sondern dafür kämpfen, daß es niemals zu einem solchen satanischen Unterfangen überhaupt kommt«.

Der Niedertracht entrinnst du nicht

»Einer der seltenen Romane, denen man mit Vertrauen folgt«, schrieb Heinrich Mann über Grafs UNRUHE UM EINEN FRIEDFERTIGEN. Er fand sich bei der Lektüre »in der – nicht mehr häufigen – Kunst der Meister«.

Wie die meisten »großen« Romane ist auch dieser ausgesprochen einfach. Ein kleiner Jude sucht in einem oberbayerischen Dorf, so unauffällig wie möglich, zurückgezogen und von keinem gekannt, zu leben. Aber das gelingt ihm nicht. Sein Versuch wird in dem Buch mit großer Anteilnahme verfolgt. Er selbst wird mit stiller, tiefer Sympathie geschildert, die Verhältnisse und sein Scheitern aber mit epischer Härte. In einem früheren Gestaltungsversuch des gleichen Stoffes, einem Filmexposé aus den frühen vierziger Jahren, hat Graf noch eine ›politisch progressive‹ Lösung erwogen. Er zeichnet einen jüdischen Schuster Albert Kraus, der sich aus allem heraushält, ganz mit dem Land und den Leuten verwächst. Überleben durch Abstandnehmen ist hier schon die Devise. »Ich hab's auch nicht mit solchen Neuigkeiten … Meistens kommt nichts Gutes dabei raus!« Der Film sollte heißen »David gegen Goliath oder Stärker als Hitler«. Derlei Illusionen hat Graf dann in UNRUHE UM EINEN FRIEDFERTIGEN gründlich verabschiedet. Man folgt als Leser den rührenden, verzweifelten, opferreichen Bemühungen des Juden um einen Unterschlupf mit umso größerer Beklemmung, als aus dem Ton des Erzählers wie der Kenntnis der Geschichte »Die große Vergeblichkeit« (so überschreibt Graf den letzten Teil) von Anfang an hervorgeht.

»›Mach dich nicht mausig, dann frißt dich keine Katz'‹, pflegte der Kraus zu sagen«. Er selbst macht sich so klein, wie er kann. Er tarnt sich als gewöhnlich, gleichgültig, unfähig zu irgendwelchen Urteilen über die Geschichte. Er verlernt tatsächlich das Interesse an allem, was über seine Häuslichkeit und seine Familie hinausgeht (allerdings nicht die Fähigkeit zu klaren Geschichtsurteilen). Wenn er schon etwas sagen muß, hält er sich an irgendeine »nichtssagende Bermerkung«, die »jedem recht« ist. »Solche Redensarten erhalten das Vertrauen und bringen einem Menschen keinen Unfrieden ein.« Daneben entwickelt er noch drastischere Mittel, das Interesse »abzulenken« und sich selbst als eins mit den anderen, als bloße Natur darzustellen. Er fängt Fliegen mit der Hand und ißt sie. »›Ist auch Fleisch!‹ sagte der Schuster lustig: ›Heutzutage [das ist im Ersten Weltkrieg] muß man keinen Bissen hinten lassen!‹ Das erheiterte alle …«.

Als die Revolution selbst die Menschen in dem abgelegenen Dorf Auffing aufregt – die einen mit Hoffnung und Begeisterung, die anderen mit Wut, die meisten mit irgendeinem Geschäftsinteresse – sieht Kraus schon ihr Scheitern voraus. Er nimmt einen Pferdefuß dieser aufgeregten Zeiten wahr, über den alle anderen hinwegsehen: es geht gegen Minderheiten, gegen die Unerregten, in Ausdrücken des vorigen Romans DIE ERBEN DES UNTERGANGS gegen die

»Stillen«. »Neunundneunzig vom Hundert wollen mehr haben und mehr sein als alle anderen, und ein Prozent, die wollen gar nichts ... Die möchten bloß ihre Ruh' und ihren Frieden ... Aber die zählen nicht ...«. »Die mag man auch nicht ...«.[12] In einer anderen Vorstellung faßt er die Gruppe der »Kleinen« viel weiter und kommt durch seine interessante Bezeichnung geradezu in die Offensive. Er führt einen Privatbegriff ein, »das A-bopa«, und meint damit »alles, was einem rechtschaffenen Menschen das Leben verbittern kann ... Mit einem Wort die ganzen Widerwärtigkeiten vom Staat, von den Ämtern, vom Gericht und der Polizei«. Die Herkunft des Wortes bleibt im Dunkeln, absichtlich, das erhöht seine Attraktion.[13] In seiner zusammenfassenden, schimpfenden, fast bannenden Bedeutung leuchtet das Wort den Bauern spontan ein. Dank ihrer eigenen schlechten Erfahrung mit allerlei Ämtern sind sie sich völlig einig mit dem Kraus: »Auf sowas muß man sich nicht einlassen«. Faktisch aber gewinnt »das A-bopa« immer mehr Gewalt. Es bleibt nicht an die traditionell-verschlafene Praxis von Amtsstuben gebunden, die einer zur Not meiden kann. Es nimmt die modernen, ausgreifenden Formen des Militarismus, der Politik, mancher gewagter Geschäftsbeziehungen, schließlich des Nationalsozialismus an, der niemanden und nichts mehr in Ruhe läßt. »Alles verschlang das hemmungslos entfesselte ›A-bopa‹« heißt der vorletzte Satz des Buches. Die Beschwörungsformel ist ebenso unwirksam wie alle realen Anstrengungen, sich der Geschichte und ihren Gefahren zu entziehen.

»Unsereinem geht auch alles schief. Alles!« Pech zu haben gehört nicht weniger zur Existenz des »kleinen Mannes« als seine Versuche, sich zu ducken und sich gegen das nächste Pech zu »wappnen«. Kraus fürchtet alle möglichen Kalamitäten, und er gerät gerade dadurch in Kalamitäten. Er sucht mit allen Nachbarn auszukommen, redet ihnen nach dem Munde, weicht allen Parteiungen aus. Weil es aber unter ihnen immer Streitigkeiten gibt, verfeindet er sich auf lange mit seinem nächsten, wichtigsten Nachbarn. Er rackert und sorgt sein Lebtag, gönnt sich wenig Ausrasten, ist »mitleidlos« gegen sich – wie Grafs Mutter es war. Er kann aber die Güter des Lebens nie richtig genießen, und wenn er sich an einem plötzlich einsetzenden Segen einen Zahn ausbeißt.

Besonders unfrei, von Selbstvorwürfen geplagt ist er gegenüber seinem Sohn, der ein Taugenichts wird, ihn bestiehlt, nach Amerika auswandert und nichts mehr von sich hören läßt, außer daß er einmal Geld braucht. Der alte Kraus sucht den Gedanken an ihn

»aus seinem Leben wegzuwischen«, aber das geht nicht, trotz seiner »fast übermenschlichen Überwindung«. Nichts hört auf, was jemals ein Menschenleben bestimmt hat. Vor allem durch diesen Kampf mit sich selbst erfährt er, daß er von innen heraus, nicht nur durch äußere Turbulenzen zur »Unruhe« bestimmt ist. Materialisiert wird die nicht aufhörende Beunruhigung in einer riesigen Erbschaft. Der verschollene Sohn hat zwar das gestohlene Geld durchgebracht und hat es viele Jahre in Amerika zu nichts gebracht. In seinen letzten acht Jahren aber hat er ein Vermögen angehäuft (der gnädige Erzähler führt die Methoden nicht aus) und hinterläßt es dem ahnungslosen Vater. Diesen hat damit »sein« Geld, das Familienvermögen, wieder eingeholt. In seinen jungen Jahren in Odessa, als er bei einem Pogrom als einziger seiner Familie davongekommen war, hatte er den Schmuck der Familie unter der Leiche seiner Mutter hervorbuddeln müssen. Gegen Ende der Inflation auf den einzigen Hilferuf seines Sohn hin hatte er die restlichen Schätze verkauft und ihm die erlösten Dollar als Startkapital geschickt. Bei dieser Transaktion erfuhr zum ersten Mal ein Fremder seine jüdische Identität. Jetzt wird er Erbe von mehr als einer Million Dollar; seine Herkunft wird dabei aktenkundig. Aber er kann mit der Erbschaft nichts anfangen, sie stört ihn nur in seinem gewohnten Leben.[14] Er verschenkt sie. Von jetzt an steht er fest auf der Liste der Nazis, die ihn als Reichen schröpfen und als Juden vernichten wollen.

Die Politik der »Hakenkreuzler« erscheint im Roman als höchste Steigerungsstufe einer seit dem Krieg eingerissenen Verwilderung, einer politischen wie moralischen Verwilderung. Der Anführer der Nazis auf dem Dorf, lange Zeit der einzige Nazi, der Heingeiger-Silvan, ist innerlich, als Person, in seiner Lust und seinem dunklen Geschäftsgebaren nichts als ein militanter Krieger. Statt heimzukehren, avanciert er bei den Freikorps zum Leutnant und hilft bis in die Stabilisierungsphase hinein, »Russen und Pollacken« zu vertreiben. Den Resonanzboden für sein großspuriges Auftreten bietet die außer Rand und Band geratene Mentalität der Bauernburschen aus der Inflationszeit. Während die Alten sich bereichern, den Wert ihrer Höfe steigern und nebenbei arg protzen, werden die Jungen (oder einige von ihnen) nur ziellos-unruhig und übermütig. Ihre neugewonnene Mobilität, auf Motorrädern, scheint sie lediglich haltlos zu machen. Dem anderen Geschlecht begegnen sie so gemein, wie das in Grafs Welt noch nicht vorgekommen ist. Da muß »einfach jeden Sonntag Fleisch her«. Auf ein

Verhältnis zu den heimgesuchten Frauen legen sie gar keinen Wert, sind anscheinend unfähig dazu. Sie belügen sie kalt, bringen auch die solideren Anschauungen ihrer jeweiligen Partnerinnen ins Wanken (zwei besonders Ausgepichte dadurch, daß sie immer zu zweit bei einer einzigen ankommen), lassen in brenzligen Fällen »so eine ›tragende Kuh‹ wieder herrichten, ohne daß es wer merkte«.

Als Silvan aus seinen militärischen Abenteuern zurückkehrt, verbündet er sich mit den beiden übelbeleumdetsten Burschen. Ein kalt geplantes Verbrechen ist die Frucht ihrer Kooperation. Silvan gibt seine Schwester, die er aus dem Haus haben will, einem hündisch unterlegenen Knecht preis, d.h. stiftet ihn dazu an, sie zu notzüchtigen. Anders als in früheren, kürzer angebundenen Geschichten ist das nichts, was sich in den sonstigen elenden Lauf der Welt einfügt oder gar mit Resolutheit gekontert werden könnte. Die Elies erhängt sich, nachdem sie vor ihren Verwandten und vor Gericht über das nicht zu Fassende hatte reden müssen. Der Knecht wird verurteilt und bald nach seiner Freilassung (nach einigen Erpressungserfolgen) ermordet. Silvan macht vor der Dorföffentlichkeit eine gute Figur; es wird nichts bekannt. Nur objektiv wird seine Untat Gestalt: »Er redete und redete und zerredete das Furchtbare, das in der Kuchel-Luft hing; er tappte wieder hin und her, immer irgendwohin auf den Boden schauend, schüttelte hin und wieder den Kopf, und alles klang blechern wie auf einem Kasernenhof«.

Mit der Logik des Verbrechens wird die Einschüchterung, Verfolgung und Auslöschung des Juden organisiert. Die treibende Kraft ist Silvan, der ihn ausspioniert, einkreist, für »seine« Aktion aufspart – so als ginge es um eine persönliche »Vendetta«, ein Pogrom, das direkt auf den Besitz des Ausgeschalteten zielt. »Die Politik« hat seit dem Ausgang des Krieges auch auf das Dorf ausgegriffen. Sie beherrscht es gegen Ende der Republik. Der Schein des ländlichen Friedens verdeckt eine zerrissene Gesellschaft, die durch die alte bäuerliche Habgier und durch vielerlei moderne Eifersüchtelei, Kränkung, Verfeindung, Rachsucht und gegeneinander spielende Projekte vergiftet ist.

Es fehlt nicht an Gegenkräften gegen das Regime des Schreckens. Eine ähnliche Gruppierung von Jungen, Linken, dem Abenteuer Aufgeschlossenen wie im ANTON SITTINGER und ER NANNTE SICH BANSCHO ist hier sogar besser in die Dorfgemeinschaft integriert. Silvan hat von Anfang an einen Gegenspieler, der seinesgleichen und ihm doch überlegen ist (allerdings sehr unbeherrscht). Dieser Ludwig kämpft und agitiert an der Seite der Roten, bekommt fünf Jahre Festung dafür, will danach als unabhängiger Sozialist auf dem Land wirken, wo er die politische Arbeit nötiger findet als unter den Genossen und Arbeitslosen in der Stadt. Ihm übergibt der Schuster seine Millionenerbschaft, unterstützt also damit die politische Arbeit der Linken (genauer: der kleinen Gruppen, die an der Einheitsfront arbeiten) – diese Freundschaft wird als dünn, vielleicht nur zufällig, aber historisch bedeutsam gezeichnet. Die guten Vorsätze Ludwigs können aber nicht mehr praktisch werden. Er verzettelt sich in Gruselgeschichten um eine Höhle im Wald: Trotz seiner Millionen bleibt er ein Sozialist mit Indianerinstinkten. Wie einen Trost, fast schon wie einen Grabspruch bekommt er von den anderen Gutwilligen zu hören: »Eins haben die Roten, da muß jeder zustimmen. Sie sind für Gerechtigkeit und gegenseitige Hilfe«. Der »Schutz«, den er dem Juden wie selbstverständlich versprochen hat, wird unmöglich. Er selbst wird in einer verwegenen Aktion von verkleideten Genossen aus dem Krankenhaus geholt und über die Grenze gebracht.[15]

Auch die geistlichen Herren, die Jesuiten, haben dem Juden ihren Schutz zugesagt. Sie entfalten große Betriebsamkeit in einem Kloster mit bedeutungsvoller Vorgeschichte: Es war einst eine Ritterburg, dann ein Sanatorium für Nervenkranke, eine Schule für Schwererziehbare und ein Restaurant gewesen (Vorbild: die Rottmannshöhe bei Berg). In der zweiten Hälfte der Republik bilden die Jesuiten eine gewisse Macht, vor allem weil sie Geld unter die Leute bringen. Tief in die Köpfe hinein reicht ihr Einfluß nicht. Sie predigen jedoch »humorvoll« und überbieten damit sogar ihren »Lehrmeister« Jesus. In der höchsten Gefahr, als die Nazis die Macht schon an sich gebracht haben, sucht Ludwig die Klosterbrüder zu einem politischen, antifaschistischen Bündnis zu bewegen, vergeblich. Sie setzen dieser Versuchung ihr »Liebe deine Feinde« und »Nur durch Liebe bezwingt man« entgegen, also fast eine Position der »Stillen«, die alles, was die Politiker über sie verhängen, zu überdauern hoffen (und die sich im utopischen Roman auch darauf verlassen können). Ludwig muß trotz seiner Enttäuschung zugeben: »Die in Weylarn haben was, da kommt man nicht durch!« Direkt in die historische Situation und zumal in die vom Faschismus beherrschte Phase der Geschichte übertragen ist diese gutklingende Haltung fatal unangebracht und rührend unpraktisch. Am Schluß werden die Jesuiten trotz ihrer »überlegenen

Klugheit« und »streng religiösen Abgrenzung« von dem gleichen »hemmungslos entfesselten ›A-bopa‹« verschlungen.

»Das ganze Dorf« hätte Kraus auf seiner Seite, versichert ihm Ludwig, als Silvans SA allmählich zu einer Drohung anwächst. Die Dorfleute gelten in ihrer Mehrheit als gutmütig und »gerecht«. Sie wenden ihre Sympathie rasch, in Kleinigkeiten sogar praktisch denen zu, denen Unrecht geschieht. »Das ganze Dorf« aber gibt es fast nie als tätige Gruppe – außer einmal vor der Landwirtschafts-Genossenschaftskasse, als es um die stockende Herausgabe der Geldeinlagen geht.

Kraus ist wohlgelitten in der Dorfgemeinschaft, aber dadurch ist er nicht seines Lebens sicher. Wie wenig zuverlässig selbst die nachbarschaftliche Sympathie ist, wird am alten Heingeiger vorgeführt: ein Familientyrann mit Herz, politisch verführbar, wo es um seinen Vorteil geht, zermürbt vom Unfrieden und Leid in der eigenen Familie, »wutnüchtern«, bei alledem noch der Bürgermeister des Dorfes – ein solcher Nachbar braucht schließlich selbst mehr Trost, als daß er dem Juden ein Trost oder Halt wäre. Das Dorf selbst hatte Kraus zu seinem Versteck gemacht, innerhalb des Dorfes aber kann er sich nie verstecken (so wie eine ganze Anzahl von Juden es in der Anonymität der Großstädte, vor allem in Berlin, konnte). Daß er sich einen Hund zulegt, daß er anfängt, seine Tür abzusperren, wirkt wie eine Parodie auf seine tatsächliche Schutzlosigkeit. Später läßt er seine jüdische Herkunft in die Zeitung setzen und läßt die Tür wieder offen.

Diese Preisgegebenheit in all ihren Wendungen zu verfolgen, ist das eigentliche Projekt des Romans und bildet seine epische Stärke. Der Schuster ist voll kleiner und großer Angst. Er verschließt sich in sich, wird »unergründlich« für die anderen. Er trocknet aus. Manchmal sieht er drein, »als sähe sein Inneres genauso aus wie die schweigende Ödnis draußen«. Er richtet sich aber auch ein in seiner kleinen, entleerten Existenz. Er tröstet sich mit seiner Arbeit, mit kleinen Bosheiten (vor allem gegen die Patres), mit einem weisen oder grimmigen oder schadenfrohen Beobachten der Kalamitäten der anderen. Schließlich entwickelt er eine Unberührbarkeit und Heiterkeit, mit der er den Fährmann Bolwieser und den alten Hochegger noch übertrifft. Er entwickelt sogar – das ist neu unter Grafs Gestalten – einen Sinn für Lyrik oder wenigstens für deren Gebrauchswert. Ein Kalendervers über die dämpfende, beruhigende »Schönheit« des Alters (aus einem Gedicht von Ferdinand von Saar) macht ihm den Tag richtig »behaglich«. Er erkennt im »Geschenk« seiner späten Tage »hundert kleine, gelassene Annehmlichkeiten«. Er kann aber auch über sein »dreckiges Leben« herziehen. Das Resultat allen Nachdenkens ist für ihn, »daß unser ganzes Leben eine hohle Nuß gewesen ist«. In den letzten Augenblicken seines Lebens, gejagt und geschlagen von Silvans SA-Kolonne, denkt er »ruhig«, »ins Ungefähre«: »›Gott? ... Gott hat keine Einsicht. Das machen sich alle bloß später zurecht ... viel später‹.« Er stirbt als Opfer des Terrors, elend – und selbst dabei legt Graf Wert darauf, daß er mehr unter seinem rumorenden Bauch leidet als unter den tödlichen Schlägen der SA-Männer. Gemäß seiner permanenten Einstellung zur Flucht empfindet er aber den Tod wie eine Erlösung. Die Szene der Jagd auf ihn wird außerdem zum Fanal – nicht mehr für die Mitspieler, aber vor dem geistigen Auge der Leser. Dem Zug der braunen Horde mit dem blutenden Kraus und einem weiteren geprügelten Bauern voran, quer durch die verschneiten Wiesen, gefolgt von den klagenden, betenden Dorfbewohnern, begegnet ein zweiter, ein »schwarzer« Zug mit dem Pfarrer und einem kreuztragenden Ministranten an der Spitze. Beide Züge werden, ehe sie aufeinandertreffen, aufgehalten durch den Anblick des brennenden Heingeiger-Hofs, den der alte Bauer aus Verzweiflung über seinen Sohn angesteckt hat.

Die Naturszenen im Buch sind von eindringlicher Kraft. Graf hatte die Bildeinlagen seiner Geschichten und früheren Romane, nämlich Bilder der gleichmäßigen Arbeit und der umgebenden Natur, zu einer eigenen Kunst ausgebaut[16]; in UNRUHE UM EINEN FRIEDFERTIGEN bietet er davon die vollendetsten Beispiele. Gegen die formale Verselbständigung dieser Szenen aber und gegen ihre sentimentale Verselbständigung im Lesegenuß wird einiges an Widerhaken eingebaut. Sie stoßen zusammen mit den Sorgen und Geschäftigkeiten der Menschen, die keine rechte Ruhe für die schöne Natur haben. Sie sind in sich voll Spannungen, denn der Betrachtungs- und Erholungsgegenstand der Rastenden ist zugleich der Arbeitsraum und das Produktionsmittel der Bauern, abhängig von den Besitzverhältnissen, die eine unterschiedlich harte Plackerei mit sich bringen. »Die Natur« ist eine seit vielen Generationen bearbeitete, bewirtschaftete, eingeteilte, bevorratete, »veredelte«, gezähmte und eingesperrte Natur. Von weit weg, etwa vom fahrenden Zug aus, sieht ein Dorfleben ganz idyllisch aus: »Alles half einträchtig zusammen«. Das bleibt aber ein Bild; bei näherem Zusehen ist weder die Natur noch das Arbeitsleben der Bauern allzu

friedlich. Wo die Natur mit ihrem mächtigen Gang etwas aus-
gleicht oder verwischt, bleibt immer auch etwas Wesentliches, für
die Menschen Erforderliches auf der Strecke. »Das laute Reden«
der schließlich davonfahrenden Revolutionäre (1919) »blieb im
feuchtkalten, dunklen Nebel hängen und verflüchtigte sich nach
und nach«. Die Sicherheit des Naturlaufs liefert dem Dorfmen-
schen die falsche Sicherheit, alles abzuwarten und nichts zu tun.
»Der Staat, die Regierung, kurz das ›A-bopa‹« – das glich alles
»dem Schnee, der auch nur den Boden bedeckte, aber nicht tiefer
ins innere Erdreich drang«.

Das Auf und Ab der Natur und ihre »Ruhe« wird mit nicht ge-
ringerer Sympathie geschildert als der Drang des beunruhigten
Schusters, sich irgendwo zu verkriechen. Eine Lösung bietet die
eine so wenig wie die andere. Eine Lösung zeichnet sich jedoch
nirgendwo ab. Das Liebenswerte, in seiner Gewöhnlichkeit und
Kläglichkeit tief Berechtigte ist zugleich das Fatale. Es kann sich
nicht halten; es wäre dennoch schön gewesen. Erscheint es nur
deshalb so schön, weil es dem Untergang entgegengeht?

Anpassung?

Gelassenheit, innere »Stille«, desinteressiertes Zuschauen – wie
verträgt sich eine solche Haltung und ihre positive Zeichnung in
den neuen Romanen mit dem Autor, der sich einst zu Münchens
»lautestem Schriftsteller« stilisiert hatte? Dem in den ersten Jahren
seines Exils alles Abseitsstehen und Abwarten ein Greuel war?
War Graf nicht nur konservativ geworden – in einem sehr eigenen,
eigenwilligen Verständnis davon, wie an LEBEN MEINER MUTTER zu beobachten –, war er nun auch müde geworden? Fand er sich ab mit
seinem Los, seiner Stellung, mit dem Land, in das er zuletzt und
endgültig verschlagen war?

Ruhe, Skepsis, Privatheit

Vor und nach seinem 50. Geburtstag finden sich immer mehr Äußerungen Grafs, daß er alt geworden sei. Er denkt über seine eigene Reife, über den Zustand seiner Generation nach. Er nennt
sein Leben »biedermeierlich« und knüpft an das Altwerden ganz
unpolemisch das »Zufriedensein«. »Du hast schon recht, lieber
Gustav, *uns* wird wohl nicht mehr viel anderes bleiben als der

Traum und eine kurze Spanne Zeit, in der wir nachdenken, wie alles war und wie wirs gerne gewollt hätten«. »Wir sind sozusagen Zwischenmenschen geworden, zu alt, zu reif, zu sekptisch und ungläubig wie unsere ganze Generation, um das Neue auch nur vorstellbar zu ahnen!«

»Wir schworen blind auf große Thesen./ Sie sind wie Wind ins Nichts zerblasen.« In diesem Ton dichtete er sechs bittere Strophen unter der Überschrift »Die verlorene Generation«. Und in der gleichen Zeit, in der er die »Sentimentalität« aufwertete und sich die geliebten Freunde durch seine quantitativ wie emotional anschwellenden Briefe in die eigenen vier Wände holte, mahnte er sich zum ruhigen, illusionsfreien Leben. Er bemerkt, »wieviel Hirngespinste man mit sich rumschleppt, statt ruhig und unverschroben zu leben«. Nach der Beendigung von DIE ERBEN DES UNTERGANGS (zweimal) und von UNRUHE UM EINEN FRIEDFERTIGEN genehmigte er sich lange Ruhepausen.

Graf wurde nicht nur zum Hausmann, seitdem Mirjam wieder das Geld verdiente. Er wurde auch ausgesprochen häuslich. Er kochte gern und gut. Ihm als gelernten Bäcker fiel es leicht, und ihm machte es wenig aus, es als seine Hauptbeschäftigung zu betreiben. Er legte großen Wert auf Sauberkeit und Ordnung, seitdem er sie selbst herstellen mußte. Trotz der Ordnung fand er allerdings längst nicht alles wieder, was er weggeräumt hatte. Er bastelte sich seine Regale und manche Komforts in der Wohnung selbst. Die Wohnung wurde allmählich seine »Burg«, und diese Wohnung war nun kein Atelier mehr, nicht geeignet für größeren Besuch oder Diskussionsrunden. Es zog ihn auch seltener hinaus, zum Saufen meistens nur noch einmal in der Woche. Selbst das observierende FBI fand ihn zu »still« und häuslich, als daß es ihm führende Betätigung für den Kommunismus zugetraut hätte. Grafs Geschmack an Menschen und an Menschenansammlungen änderte sich. In München konnte ihm nichts voll und verknäult genug sein – je gedrängter, schwitzender und wirbelnder eine Fete, umso besser. In New York entdeckte er die Segnungen der Privatheit und einer gewissen Intimsphäre der Person. Der »Strom animalisch tobender, schwitzender Menschenleiber« verekelte ihm die Freibäder auf Long Island. Lieber verzichtete er aufs Schwimmen. Er wanderte mit Mirjam durch die schöne hügelige Gegend im Norden von New York City, stundenlang, und bewunderte Mirjam für ihre Fähigkeit, die Karten zu lesen und die Wanderwege zu finden. Er konnte sich immer mehr für die schöne Natur begeistern – vielleicht deshalb, so überlegt er, »weil man langsam herausbekommt, daß dies ja das Unvergängliche ist und bleibt, und weil man sich früher durch allzuviel Nichtiges ablenken hat lassen«. Sein großes Gefallen an Stifter, besonders wenn er ihn »mit ausgeruhtem Kopf, etwa in den frühen Morgenstunden« las, hat sicher mit diesem wiedererwachten Sinn für die Schönheit der Natur zu tun.

Freilich machten diese Momente des Behagens nicht Grafs ganze Existenz aus, dafür war die Zeit zu furchtbar. Er selbst war zu aufgeschlossen und engagiert, als daß er sich hätte ganz zurückziehen können. Die Freunde sprechen von einer ungeheuren Unruhe, die ihn in den ersten Jahren des Krieges umgetrieben habe. Etwa ein Jahr lang sei er jeden Abend weggegangen, oft die ganze Nacht nicht zurückgekommen. Die Bekundung des inneren Friedens, des Abstands von früheren Geschäftigkeiten und »Wichtigkeiten« ist häufig auch eine Selbstüberredung. Direkt als Beruhigungformel zitiert Graf eine Gedichtzeile von Bruno Frank, die ihm aus dem Herzen gesprochen war: »Du sing dein Lied und bange nicht«.

Ein Intellektueller unter vielen

»Durch Wälder von Unwissenheit« hatte sich Graf »durchgeschlagen« und hatte deshalb alle »feindliche« Bildung von sich fernhalten müssen. Nun stand er gewissermaßen im Freien. Er hatte von seinen Jugendjahren an viel gelesen und intensiv in den literarischen Fiktionen seiner Vorgänger und Zeitgenossen gelebt. Jetzt nahm er sich die Zeit, Tolstoi zum dritten und vierten Mal, Stendhal zum zweiten Mal, Thoma von vorn bis hinten, den ganzen Fontane, alle zwanzig Bände Auerbach und viele andere zu lesen. Sein Begriff von »Bildung« erweiterte sich, die von ihm anerkannte Bildungstradition wurde immer länger und reichhaltiger. Als jungem kritischem Geist bei der »Neuen Bühne« war ihm unerfindlich gewesen, wie jemand ausgerechnet für Mörike schwärmen konnte. Inzwischen liebte er selber Mörike ungemein, konnte viel von ihm auswendig und rezitierte ihn in seinen angekündigten Lesungen oder spontan. Die längeren Ruhepausen zu Hause, in denen er nicht schrieb, sondern »an sich arbeitete«, und die Fahrten in der U-Bahn, in der er lange unterwegs war, nutzte er dazu, noch mehr zu lesen als früher. Später nennt er sich einen, »dem Lesen das halbe Leben bedeutete«, und findet es bemerkenswert, daß es keinen »Katzenjammer des Lesens« gibt. Er rezensierte viel (bis 1953, fast alles für den »Aufbau«), und seine Rezensionen waren jetzt nicht mehr »frech«, kaum noch polemisch, sondern ziemlich fachmännisch, informativ und engagiert. Wie er etwa das Prinzip der epischen Steigerung bei Dreiser erfaßt: »umständlich«, »eigensinnig«, »nicht gefällig« – »dann aber bricht es doch aus ihm wie ein Sturzbach – und das überwältigt, das bleibt einem haften auf Lebenszeit«: das ist mit der ganzen Kompetenz der persönlichen, produktiven Anteilnahme beschrieben. Durch solche präzisen Einsichten versteht er jetzt auch pompöse Urteile zu untermauern und glaubhaft zu machen: »Amerika verdankt ihm [Dreiser] eine moderne, frei gewordene Literatur, die weltgültig geworden ist«.

In den ersten zwei Jahren nach dem Krieg überlegte sich Graf, was er seinen Landsleuten vortragen würde, wenn er nach Hause käme. Er wollte von der Leistung der Schriftsteller reden – von jeher und jetzt wieder im jüngsten Exil: DIE DEUTSCHE LITERATUR IST UNTEILBAR. Er spricht in den Notizen dazu mit Stolz von dem, was er und was eine große Zahl namentlich genannter Kollegen geschaffen haben. »Damals [während des Zweiten Weltkriegs] waren ja faktisch nur noch *wir* allein das Deutschland, dem man das Vertrauen und den höchsten Respekt nicht versagen konnte«. Er leitet freilich aus der hohen Leistung noch keine reale Wirksamkeit ab; er stimmt in die konventionelle Klage über die Geistfeindlichkeit der meisten Deutschen ein. »Über mangelnde Verständnislosigkeit hat sich bei uns noch nie ein bedeutender Mensch zu beklagen brauchen«. Im Krieg hatte er noch mit dem Gedanken an eine direkt politische Wirkung der Literatur gespielt und auf Produkte der Intellektuellen und Schriftsteller gehofft, »die vielleicht wirksamer gewesen wären als Maginotlinien« – aber auch das nur im Konjunktiv.

Graf sprach mit persönlicher Begeisterung von dem, was seine Kollegen hervorgebracht haben, aber er wurde auch streng in seinen Anforderungen an alles, was sich dem würdigen Kontinuum »unsere Literatur« zuzählen wollte. »Wenn das so weitergeht, daß jeder zum Teil nach Verfilmungs- oder zum Teil nach Übersetzungmöglichkeiten schielt, dann versaut unsere ganze Literatur«. »Nein, das geht nun wirklich nicht mehr«, stellte er von Johannes R. Bechers »diesmaligen deutschen Bardengesängen« (»Deutschland ruft«) fest. Daß er sich zu Thomas Mann immer mehr hingezogen, an ihn »gebunden« fühlte, obgleich ihn doch »geistig« (so vornehm drückte er sich jetzt aus) vieles von ihm trennte, würde ich auf Grafs anwachsende Hochachtung vor der Sphäre von Literatur und Intellektualität überhaupt zurückführen, die er nirgends so mächtig verkörpert fand wie in Thomas Mann.[17] Graf, der sein Leben lang alle Inhaber von stabilen Weltanschauungsgebäuden mit seinem Spott überzog, fand es jetzt »gut, wenn man sich endlich ein festes Weltbild schafft«, um den Stürmen seiner »schrecklich wirren Zeit« trotzen zu können. Es blieb aber bei dem Wunsch – ich würde sagen: zu seinem und unserem Glück.

Immer noch wollte Graf selber nicht »prominent« sein. Bei einem internationalen Treffen der Bayerischen Jugend im Jahr 1947, wo auch André Gide und andere Berühmtheiten auftraten, und zu dem Graf eine Absage schicken mußte, wäre er sehr gerne dabei gewesen, aber »ganz unbeachtet in ihren Zuhörer-Reihen als einer, der nicht besser oder gescheiter ist als sie«. Er freute sich überhaupt an jungen Menschen. Der Preisträger eines Kurzgeschichtenwettbewerbs der »Tribüne«, Fritz Zorn, unorganisiert und nicht eigentlich ein Intellektueller, war für ihn ein erfreuliches Beispiel einer Jugend, die »nicht untergeht«. An den literarischen Könnern, Tolstoi vor allem, hob er als Grundlage ihrer Meisterschaft ihre Verständlichkeit, ja eine Verwirklichung von »Volkskunst« hervor: »Das Kennzeichen eines wahrhaft Gebildeten ist sein völliges Freisein von jeder eitlen Überheblichkeit. Er ist demütig. Emerson, dessen pastorale Hausbackenheit oft recht langweilt, findet dafür einmal den erstaunlichen Satz: ›Der Mensch ist nur halb er selbst, die andere Hälfte ist sein Ausdruck‹. Das ist's!« Sein Ideal war eine »dienende Kunst«, etwa nach dem Vorbild des »Volksschauspielers« Karl Valentin: »›Ich bin fürs Publikum da und nicht das Publikum für mich, verstehn S'?‹«

Im Spiegel der anderen, in der anerkennenden Betrachtung ihrer Werke wurde er sich klar über sein eigenes Wollen und Produzieren. An Ludwig Thoma hebt er hervor, daß sein Schreiben nie säuberlich von seinem Lebensprozeß abgetrennt ist. »In der Vollkraft seines Lebens und seiner Schöpferlust dachte er nicht daran, das Wesentliche vom Unwesentlichen zu scheiden«. »Ihm wurde alles zu einer Art ›Geschichte‹«. Statt »So ist's!« oder »So muß es sein!« begann Thoma mit dem »Drum und Dran«, mit der Atmosphäre der Vorkommnisse. Auch Lincoln blieb insofern »ein Stück Volk«, als er Ratschläge und Meinungen kaum je direkt von sich gab, sondern meist »in Form einer Anekdote«, und dadurch gerade »einleuchtend«. Graf hatte die Genugtuung, daß Mirjam ihn gerade in diesem Punkt gut verstand. Sie schrieb 1943 bis 1946 eine Reihe von Besprechungen für den »Aufbau«, meist von amerikanischen Büchern. Die Unauflösbarkeit von Erzählungen (allerdings raffinierterer Natur als die von Thoma oder Graf) und die Vielfalt, die Unverrechenbarkeit von Figuren verfolgt sie mit Zuneigung, ja »Liebe«. »Die Technik des Buches«, schreibt sie z. B. über T. G. Turners »Turn Off the Sunshine«, »ist jene Pointenlosigkeit, die Tschechow in höchster Vollendung angewendet hat (keine Erfindung von James Joyce, wie manche glauben); d. h. die einzelne Geschichte selbst, das Milieu, das sie zeichnet, die Stimmung, die sie vermittelt, ist Pointe im höheren Sinne, die keines Knalleffekts mehr bedarf«.

Neu ist bei Graf, daß er ausdrücklich »von der Gestaltung der reinen Erinnerung loskommen« und nicht mehr »ins Autobiographische abgleiten« wollte. So überzeugt er vom Wert der Literatur überhaupt und zumeist auch vom Wert seines eigenen Schreibens war, schrieb er doch in einem sehr persönlichen Gedicht: »Wenn in das Nichts verwich,/was ich erschuf, ist's gut«.

Amerika, neu entdeckt

New York oder die USA überhaupt wurden Graf keine vollständige neue Heimat, obgleich er sie in manchen späteren Äußerungen auch direkt als »Heimat« bezeichnen konnte. Sie waren aber mehr als eine beliebige Zuflucht. Er wollte das Gute an ihnen entdecken. Er fand nicht wenig, was ihm das Land erträglich machte und ihm Hoffnung machte.

Die amerikanische Mischung von Toleranz und Hilfsbereitschaft sagte ihm zu, auch in der New Yorker Ausprägung, in der die Anonymität, die Fremdheit gegeneinander überwog. Er fand die Amerikaner »gute Nachbarn«, weil sie sich wenig um andere kümmerten. Die verwirklichte Gleichheit, das Nebeneinander oder die Vermischung der heterogensten Herkünfte imponierte ihm. »Eine aufgeweckte, gesunde Masse«, »wirklichkeitsnäher als wir vollgeladenen Europäer«, so kamen ihm die Amerikaner vor – ganz ähnlich wie die so geliebten und viel kürzer wahrgenommenen Sowjetmenschen. Um die »weltweite und tief demokratische«, »durchaus realistische« und praktische Mentalität der Amerikaner könnten die Europäer sie beneiden. Selbst auf die harte Geschäftlichkeit im Umgang miteinander konnte er sich als Geschäftsmann und Sprößling eines Geschäftshaushalts gut einstellen.[18] Er war stets angetan von Bauplätzen, neuen Gebäuden, Autostraßen,

technischen Erfindungen. Auch an der amerikanischen Geschichte, an früheren politischen und Geisteshelden bewunderte
er ihre Frische, Unkompliziertheit, die Haltung von Selbsthelfern
im Kleinen wie im Großen.[19] Später schrieb er eine richtig feiernde
ODE AN NEW YORK, lobte die brutal zerhämmernde und verjüngende
Kraft, rühmte das Hoffnungsbild der geeinten Welt, das UNO-Ge-
bäude. In FLUCHT INS MITTELMÄSSIGE bringt er noch einmal eine Hymne
in Prosa auf die rasende, summende Riesenstadt »ohne Helden
und Führer«. »Das einzelne verliert sich stets, bloß das Ganze
packt mich immer wieder«.

Amerika wie zuvor die Sowjetunion sah Graf als ein Modell des
Weltbürgertums, eine Bestätigung seiner Hoffnung, daß die Na-
tionalität immer unwichtiger werde, sich allmählich ganz abschlei-
fen werde. Aus den eingewanderten Europäern habe sich »ein
merkwürdig geglücktes Amalgam von gewachsener Demokratie
und wildem Individualismus entwickelt«. Auf der Weltausstel-
lung in New York schrieb er ins Gästebuch des sowjetischen Pavil-
lons: »Amerika und Rußland – das ergibt die Zukunft!« Die Pferde-
füße dieses Weltmodells und die Weltmachtaspirationen nahm er
nur sporadisch wahr. In der »Restauration der Staatsgebilde«, der
Abwehr der »europäischen Revolution« sah er 1943 den Keim »zur
Verlängerung, ja geradezu zur Fortführung dieses Krieges«.[20] Zumeist betonte Graf, solange der sehr verehrte Roosevelt lebte,
seine Zustimmung zur amerikanischen Politik. Als nach dem
Kriegsende die massiven außen- und innenpolitischen Repressio-
nen einsetzten, äußerte er sich bedeutend kritischer.

Graf gewöhnte sich an das neue Land. Dazu gehörte auch, daß er
sich anpaßte, jedenfalls an vieles. Er lernte sogar etwas Englisch,
jedenfalls so viel, daß er das meiste lesen, daß Nötigste verstehen
und sich notdürftig ausdrücken konnte. Wenn er getrunken hatte,
konnte er zur Überraschung seiner Freunde plötzlich einem inter-
venierenden Polizisten sagen: »Be a little more emotional«. Gleichzeitig sträubte er sich, die englische Sprache gründlich zu lernen.
Den Privatunterricht bei einer Englischlehrerin (1943) brach er ab,
weil er 1. nicht die erforderlichen formalen Grammatikkenntnisse
mitbrachte, 2. nicht wollte und 3. beleidigt war, weil Mirjam ihn
einmal in seinen unbeholfenen Bemühungen ausgelacht hatte. Er
stellte sich sein Leben lang mit Erfolg so an, als könne er keinen
ganzen Satz auf Englisch herausbringen. Er lehnte es auch aus Berufsgründen ab, er wollte sein Handwerkszeug, sein Deutsch, von
den nicht hineinpassenden, nachlässig wirkenden fremden Ein-

flüssen freihalten. Sprachliche Schludereien seiner Kollegen mit amerikanischen Brocken in deutschen Sätzen rügte er scharf. Er war aber selbst nicht frei davon, wenigstens in der Umgangssprache und in Briefen.[21]

Mit einer gewissen Bitterkeit zog er im Sommer 1947 einen (vorläufigen) Schlußstrich unter die Erwägung: Heimreisen oder Dableiben. Für ihn als staatenloses Individuum gelte nur der Satz: »›Bleibe da, wo man dich duldet, und verhalte dich entsprechend‹«. Sein Bruder Lenz hatte ihm seinerzeit, als er ihm sein Affidavit schickte, auch die landesübliche Begeisterung für das Land vermitteln wollen: »In Amerika ist jeder ein freier Mensch«. »Von da geht keiner mehr weg, hier bleibt man«. Oskar konnte sich manchmal ähnlich emphatisch ausdrücken. Er arbeitete in mehrern Etappen die alten guten Beziehungen zwischen seiner Familie und Amerika aus. Er legte großen Wert auf die Legende, daß Thomas Jefferson die Unabhängigkeitserklärung im Haus eines Uronkels der Familie Graf, der durch die Waldenservertreibungen nach Amerika verschlagen worden sei, ausgearbeitet haben könnte. Sich selbst aber fügt er in diesen Zusammenhang nur wortkarg, beinahe widerwillig ein. »Von dem, wie ich nach Amerika gekommen bin, will ich nicht reden. Das ist unfreiwillig gekommen. Ein letzter Ausweg des Emigranten war es«.

VII.
WOFÜR SCHREIBEN?
WOZU NOCH LEBEN?
1948-1959

»Was hilft alles Schreiben, wenn der Mensch sich dadurch nicht ändert?« Schon früher war sich Graf nicht immer sicher, wozu er als dieser Skribent, Vorleser, Unterhalter gut sei. In seinen erfolgreichen Zeiten wurden diese Selbstzweifel übertönt von seinem krachlauten Auftreten oder seinem hingebungsvollen oder verbissenen Einsatz für die »wahre«, der Gleichschaltung entgegengesetzte deutsche Literatur. In dem Jahrzehnt, als sein Exil immer mehr in eine beständige »Diaspora« überging – gut die Hälfte seiner Schriftstellerkollegen war in die eine oder andere Besatzungszone Deutschlands zurückgekehrt[1], und er war unwillig, anfangs ungeduldig zurückgeblieben –, dominierte die Skepsis und wurde er immer bitterer.

Diese Epoche war die düsterste in Grafs Leben, trübseliger als die harten Jahre, in denen der Naziterror und der Krieg wüteten – denn damals hatte ihm noch eine Besserung vor Augen gestanden. Nie hat Graf soviel geklagt, mit der Welt und den Freunden gehadert wie in den fünfziger Jahren. Er war viel krank, oft lustlos und mutlos. Seine Produktion stockte. Die noch entstehenden Geschichten, Gedichte und Romankapitel zeichneten seine Verunsicherung, ja Haltlosigkeit und viel innere Bedrückung. Er wurde leiser und noch privater. Er hatte anscheinend weniger zu sagen als früher, und er litt darunter.

Trotzdem blieb er interessiert und interessant, äußerst lebendig, sehr genau und manchmal frappierend in seinen Reaktionen auf die Zeit mit ihren restaurativen Tendenzen.

Wie er litt, auch wie er sich tröstete, wie er seinen Leidenszustand und die Abfindung mit kleinen Tröstungen zur Diskussion stellte, das ergab eine neue, weniger fulminante, doch nicht weniger provokative Strategie seines Lebens und Schreibens als seine früheren Entwürfe. Manche alten Hoffnungen widerrief er, ausdrücklich oder stillschweigend. Andere Intentionen seines von Anfang an widerspruchsvollen Lebensprogramms, vor allem die »Gewöhnlichkeit« jedes noch so besonderen Menschen und Denkers, die »Gleichgültigkeit«, baute er zu mächtigen, zuweilen schockierenden Bildern aus.

Wie zum Trotz aber, aller Enttäuschung zum Trotz, behielt Graf seinen Glauben an »das Volk« wie an »die Natur«, die beide selbst nach den größten Katastrophen wieder aufstehen. »Der Acker bleibt! Und niemals sterben Wälder, Berge, Hügel!« Ebenso wird »das Volk« alle »Knechtschaft und Verrat und böse Zeiten« überdauern. »Denn Volk ist wie Gott oder Zeit – etwas für den abstrakt

Denkenden Unfaßbares, Amorphes; Volk ist die plumpe Wirklichkeit ohne den geringsten Untergrund einer Idee«.

Abseits und ausgesperrt

In der Weimarer Republik war Graf mit seinem Werk »in« gewesen. Er hatte sich zwar seit seinem Bruch mit dem Expressionismus nicht mehr an den Experimenten irgendeiner Avantgarde beteiligt, aber er gehörte zum Literaturbetrieb, an seiner Stelle sogar führend. Keiner konnte wissen, was für einen Platz diese Schriftstellerei noch einmal einnehmen würde. Unter den Mitemigranten war er geachtet und erlangte mit seinen Romanen bis zu DAS LEBEN MEINER MUTTER sowie mit UNRUHE UM EINEN FRIEDFERTIGEN noch große Beachtung. Danach war er »out« und blieb es für mehr als ein Jahrzehnt. »Wir Erledigten« schrieb er an Karl O. Paetel. Das zerstörte, geteilte, langsam wieder aufgebaute Deutschland, das sich zu zwei verschiedenen geistigen Identitäten entwickelte, nahm wenig Notiz davon, was ein alter Emigrant früher einmal und inzwischen draußen geschrieben hatte oder wie er sich eine gerechte Zukunftsordnung dachte. Graf war zu weit weg, vielleicht zu altmodisch. Die literarischen Prioritäten und Appetite im Nachkriegsdeutschland waren zu sehr verändert, als daß sich sein Werk von selbst empfohlen hätte. Er aber war nicht da, konnte sich nicht durchsetzen wie früher. Recknagel erinnert an Tucholskys bittere Einschätzung aus seinem letzten Lebensjahr: »Ich bin ein aufgehörter Schriftsteller«. Graf hörte jedoch nicht auf. »O ihr in die Welt gesäten starken Einzelnen«, so bricht er einmal aus, ebenso schwärmerisch wie hilflos, »wo seid ihr, damit ich euch die Hand drücken kann und Mut zuspreche«.

Trübe Nachrichten und ein skeptischer Beobachter

Die »jahrzehntelange Reaktionsperiode«, die Graf im Krieg vorausgesehen hatte, war eingetreten. Kalter Krieg beherrschte die Weltpolitik, kaum daß der heiße Krieg gegen das eine Weltunrecht siegreich beendet war. Die einstigen Verbündeten standen sich in ihren »Blöcken«, zu Supermächten der Welt aufgestiegen, feindselig und mit immer scheußlicheren Waffen gegenüber. An den Rändern ihrer Macht, in ihren »Einflußzonen« stießen sie zusammen. In Korea, in Ägypten, um Israel, in Vietnam und an vielen weniger beachteten Stellen wurde wieder blutig gekämpft. Graf schreibt 1951 vom »ganzen schauerlichen Zustand der Weltfäule«. In diesen Zeiten noch irgendwelche »Glückwünsche« (zu Neujahr) zu verschicken, findet er »direkt blasphemisch«. Ein Jahr vor seiner Einbürgerung schrieb er: »Ich bin und bleibe ›Staatenloser, weil ich egoistischerweise für mich wenigstens darin jenen Status sehe, den man für die Schweinereien irgendwelcher Staaten nicht mehr verantwortlich machen kann«. Er verfolgte aber auch manche Weiterentwicklung in der Dritten Welt mit Hoffnung, vor allem das, was in der westlichen Öffentlichkeit als Aufbau einer neuen, dezentralen Wirtschaft im befreiten China dargestellt wurde.

Die innenpolitische Verdüsterung der einstmals so demokratischen Vereinigten Staaten machte ihm zu schaffen. Als er sich zum zweitenmal um seine Einbürgerung bemühte, wurde er sieben Stunden lang verhört, zwar »in ganz urbanen Formen«, aber was er gefragt wurde, erinnerte ihn an die schlimmsten Schilderungen von Gestapo und GPU. »Alte Beiträge in sozialistischen und kommunistischen deutschen Zeitungen aus den Jahren 1924 bis 1930« wurden ihm vorgehalten, Stellungnahmen »zugunsten der Befreiung Niemöllers, Thälmanns und anderer« (!) – er war ziemlich bestürzt. »Diese merkwürdige Verbundenheit der Polizeien auf der ganzen Welt erinnert mich stets an – ich kann mir nicht helfen – Prostitution«. Das FBI hatte genaue Informationen über das, was bei Grafs Lesungen diskutiert wurde. Der Kreis faßte einen gewissen Verdacht, konnte jedoch den Informanten nie feststellen. Graf fing an, ein Blatt vor den Mund zu nehmen. Er wollte das letzte Refugium, in dem er als Staatenloser geduldet wurde, nicht verlieren. Als der Aufbau-Verlag unter seinen Autoren eine Sammlung zugunsten der notleidenden (nord-)koreanischen Bevölkerung veranstaltete, ließ Graf ausrichten, er wolle sich mit 500 Mark beteiligen, wolle aber keinesfalls genannt werden, da er sich als staatenloser Emigrant »zurückhalten« müsse. Er hielt sich aber nie allzu streng an Vorsichtsmaßregeln. Seinen Briefen wie seinen Werken läßt sich seine Stellungnahme zu den Zuständen z. Zt. McCarthys und danach deutlich entnehmen. Am meisten erregte er sich darüber, mit welcher Brutalität, welchem alltäglichen Zynismus im Land der formalen Gleichheit die Schwarzen behandelt wurden.

Graf erlebte jedoch von den amerikanischen Behörden auch etwas Erstaunliches: Der Apparat gab nach und respektierte in seinem

Fall den hartnäckigen Willen eines Unangepaßten. Graf hatte mehrmals die Einbürgerung beantragt, aber sich standhaft geweigert, den vorgeschriebenen Eid abzulegen, der ihn zur Verteidigung des Landes »gegen jeden äußeren und inneren Feind« (!) verpflichtet hätte. Ende 1957, als Graf 63 Jahre alt und jeder Gedanke an seinen Beitrag zum Kriegsdienst hinfällig war, erließ man ihm diesen Teil der Einbürgerungsformel und ließ ihn zum Bürger der USA werden. Graf stellte danach fest, daß er »der amerikanischen Demokratie einigen Respekt entgegenbringt«.

Was Graf vom Aufbau Deutschlands in zwei getrennten Staaten hörte, konnte ihn selten trösten. Er war von der importierten Demokratie im westlichen Teil so wenig überzeugt wie vom verordneten Sozialismus im östlichen. Er sträubte sich, die Zweiteilung anzuerkennen. An das Wort »Bundesrepublik« gewöhnte er sich schließlich, aber nur unter dem Zwang der Verständigung, manchmal mit Knurren. »DDR« ging ihm noch schwerer über die Lippen. Bis in die sechziger Jahre hinein schrieb er »Ostzone«, anscheinend ohne daß er die Überheblichkeit der Bundesrepublikaner beim Gebrauch dieser Formel wahrnahm, oder manchmal »Ostrepublik«. Die Verhältnisse im einen wie im anderen Teil sah er mit wenig Enthusiasmus. Seinem Freund R.A. Dietrich, der gerade eine grundlose Verhaftung in der Sowjetischen Besatzungszone hinter sich hatte, riet er, sich »weiter nach der Westzone zu bewegen«, eventuell nach München zu gehen. »Dort sind zwar die Pfaffen, aber immerhin ist man gegen Spitzel und plötzliche Verhaftung gefeit«.

Graf informierte sich gründlich über das, was in beiden deutschen Staaten los war. Er las regelmäßig mindestens drei Zeitungen[2]; er gewöhnte sich an, auch die unausgesprochene Stimmung und ihre Veränderung herauszulesen. Das Aufkommen neofaschistischer Strömungen hat ihn besonders beunruhigt. Noch mehr empörte er sich über die Ungerührtheit, mit der die neuen und z.T. alten Politiker, die alten Wirtschaftsführer und später die Militärs über die Gräßlichkeiten des gewesenen Dritten Reiches hinweg zur Tagesordnung übergingen. Bei seinem ersten Besuch in Deutschland fühlte er sich besonders »out«. Er erwartete als Emigrant, dreizehn Jahre nach der Befreiung, irgendwelche Anzeichen, daß die Deutschen sich zuverlässig von dem abgewandt hatten, was ihn aus dem Land getrieben hatte. Er fand überwiegend laue, unentschiedene Reaktionen. Von alten Bekannten wie von Unbekannten, die etwas von ihm wollten, verlangte er Auskünfte, was sie während des Dritten Reiches gemacht hatten – eine rundum peinliche Frage. An einigen alten Freunden und von nun an auch an seiner Tochter und deren Kindern freute er sich, aber München »haßte« er geradezu, vom übrigen Deutschland war er tief enttäuscht. »Satt, arrogant und von einer literarischen und politischen Frechheit, die ankotzt«. Er wurde nicht verstanden, er konnte seine Landsleute nicht recht verstehen. Er hat die Freunde, die mit ihm das KZ Dachau besuchten und bei allem ganz ruhig blieben, tief bewundert und »– vielleicht auch nicht mehr verstanden«. In Deutschland galt er wegen seiner politischen Distanz als »deutschfeindlich«, in Amerika wegen seiner Bemühung um ein Verständnis der Mitläufer als »nationalistisch«.

Graf fluchte und klagte viel. Er nahm seinen alten Spruch wieder auf: »Scheiß die Welt an«. Manchmal wehrte er sich auch gegen den Ton dieser Raunzerei. »Die Welt ist durchaus kein Jammertal!« Er fühlte sich und alle in New York »atomisiert« durch diese Stadt. Er verkroch sich in seine Arbeit[3], in Erinnerungen, aber selbst wenn er sich »Zufluchten« ins »Schöne und Humane« suchte, merkte er: »Es ist eine sehr enge Welt für uns geworden, rundherum braust und kläfft was anderes«. Als Paetel Grafs Stammtischbelustigungen einen »Gespensterreigen« nannte, mahnte ihn Graf zu bedenken, »daß auch *wir beide* Gespenster geworden sind. Was soll man Gespenstern übel nehmen, wenn sie sich lustig machen und da herumkramen, wo sie stehen geblieben sind?« Auch diese Auseinandersetzung führte zum Bruch. In gespenstischer Form meldete sich das alte Gefühl der Verpflichtung zum politischen Engagement wieder: Graf schrieb einen Traum auf, in dem Stalin ihn an eine fällige Rede als »Delegierter« mahnt, selbst aber vom Saal ferngehalten wird und schließlich Graf, der ihn darüber informiert, erschießen will.[4]

In seinem Gedicht ALTER EMIGRANT gestaltet Graf einen innerlich »ausgedorrten« Menschen.

>»Der Tag läuft weg, zerrinnt vertan, zerschwätzt,
>und Mensch und Ding und was sich sonst begibt,
>bleibt schattenlos aus jedem Sinn verbannt.
>In einer großen Leere bin ich ausgesetzt
>und weiß nicht mehr, was Haß ist, wie man liebt,
>als hätt' ich das im Leben nie gekannt. –«

Dieser »alte Emigrant« schließt mit der Zeile:

>»Oft riecht der Tod mich an. Er mag mich nicht. –«

Die Rückkehr des exilierten Autors auf den deutschen Buchmarkt ließ sich zunächst hoffnungsvoll an. Desch in München brachte 1946 DAS LEBEN MEINER MUTTER heraus, Freitag in München 1947 ANTON SITTINGER, der Aufbau-Verlag in Ostberlin 1948 UNRUHE UM EINEN FRIED-FERTIGEN und WIR SIND GEFANGENE. Graf hoffte, nach und nach seine Hauptwerke neu vorlegen zu können. Aber das Nebeneinander eines west- und eines ostdeutschen Marktes irritierte ihn. Er fand die Leser dadurch betrogen und spürte allmählich, daß es für die Autoren ein schlechtes Geschäft war. Anfang 1949 erfuhr er, daß die Ausgabe von WIR SIND GEFANGENE aus dem Aufbau-Verlag für die britische Zone »verboten« sei.

Seit der Gründung zweier deutscher Staaten und ihrer Verhärtung gegeneinander auch in Fragen der Kultur fand sich Graf plötzlich als ostdeutscher Autor eingeordnet. In der DDR erschien eine Reihe seiner früheren Werke und die neue Geschichten-Sammlung MITMENSCHEN; alles in hohen Auflagen. Er wurde viel gelesen. Immer wieder erfuhr Graf, daß ein Werk ausverkauft war. Dann drängte er auf eine Neuauflage, die sich meist – wegen Papiermangel oder aus anderen Gründen – lange verzögerte. Er bekam viel Resonanz von Lesern, die ihm ihre Zustimmung ausdrückten. Ein junger Lehrer, der sich allmählich zum Autor entwickelte, Wulf Kirsten aus Leipzig, später Weimar, befreundete sich mit Graf über den Ozean weg. Er fühlte sich trotz der Aufbaujahre in der DDR kulturell recht einsam und betonte, wieviel ihm Grafs Werke und seine herzlichen, ermutigenden Briefe bedeuteten. Finanziell hatte Graf nicht viel von dieser Verbreitung seiner Werke. Von seinem hohen Konto etwas nach New York zu transferieren, war mindestens so schwierig, wie einst von Moskau nach Brünn. Auf dem westdeutschen Markt aber schadete ihm die Abstempelung zum »Ostautor«. Auch für Autoren galt eine Art von »Hallstein-Doktrin«, ein Unvereinbarkeitsanspruch. Die »Freiheitlichkeit« aller Kunstproduzenten wurde in erster Linie daran gemessen, daß sie sich aller Kontakte in den Ostblock enthielten. Außer dem neuen Werk ERBEN DES UNTERGANGS erschienen im Westen nur zwei bescheidene Auflagen des BAYRISCHEN DEKAMERON und des BOLWIESER – sonst nichts in den ersten zehn Jahren der Bundesrepublik. Erst auf seiner ersten Deutschlandreise im Jahr 1958 gelang es Graf, bessere Bedingungen für den Druck seiner Bücher im Westen zu schaffen. Er blieb aber dabei, daß er weder in den einen noch in den anderen Teil Deutschlands ausschließlich gehöre. Gerade als Exilierter empfand er sich als gesamtdeutscher Autor. »Mir ist das wurscht, was die Idiotie der Politiker mit der unseligen Zerteilung Deutschlands angerichtet hat, ich schreibe für alle Deutschen!« Er wurde von der Akademie der Künste in Berlin (West) und von der Akademie der Künste der DDR zum Mitglied gewählt (1956 und 1964). Politische Eingriffe in seine Werke und Suggestionen in diese Richtung wies er zurück. »Wo, bin ich versucht zu fragen, wird eigentlich im heutigen Deutschland nicht zensiert am Schriftsteller?«

Graf lernte warten, das fiel ihm allerdings schwer. Als sein Buch DAS LEBEN MEINER MUTTER auf Jahre im »Ramschgrab« lag, dachte er an seinen »großen literarischen Meister« Gotthelf, »der heute noch nicht nach Gebühr eingeschätzt und gelesen wird«, und schämte sich seiner Ungeduld. Am Münchner Volkshochschulprogramm vermißte er weniger einen Kurs über seine Werke als einen über seine Vorgänger: Thoma, Ruederer, Lena Christ. Er hing immer mehr an seinen Manuskripten. »An so einem Manuskript, da riecht man noch alle Schmerzen und alle Lüste, die man gehabt hat, als man es verfertigte«. Die fertigen Bücher dagegen ließen ihn kalt oder seien ihm sogar zuwider. Manchmal hatte er das Gefühl, mit seinen Sachen veraltet zu sein. »Gefallen wird das sicher niemandem mehr«, nämlich die Arbeit über Tolstoi, die er jahrzehntelang vor sich herschob. In dem Gedicht VORLESENDER DICHTER kommt seine ganze Verletzbarkeit in seiner Dichterrolle zum Ausdruck. Ungewiß, schwankend zwischen Trunkenheit, Schreck und einem »bösen, sehr faden Hochmut«, so erscheint ihm der Dichter, der etwas von seinem Inneren laut preisgibt. Vor dem Publikum ist er verlegen, linkisch, »blind« und sucht in sich selbst zurückzuflüchten. Graf konnte sich aber auch wie früher als der robuste, unbedarfte »Schriftstellereibesitzer« hinstellen.

Im Schreiben wie in der Einstellung zu dem, was er geschrieben hatte, zehrte Graf immer mehr von dem, was gewesen war. Er verschlang die Briefe aus der Heimat, ließ sich Fotos von Berg und Umgebung schicken, ließ sich beim ersten Besuch zu Hause weit herumfahren, um seine Erinnerung aufzufrischen. Eine neue Zusammenstellung seiner Erzählungen wollte er »Glanz der Heimat« nennen. Er knüpfte wieder an seine Bauerngeschichten an und schrieb ein paar neue: durchweg arglos-gemeine, in denen die Bauern als dumm oder grausam oder beides erscheinen. Er nahm seinen gemütlichen und anzüglichen Erzählton wieder auf und konnte ihm die gleichen zupackenden Effekte abgewinnen wie früher. »– lieber Leser, du tätest es doch auch! –« fügt er in den spannendsten Moment einer neuen DEKAMERON-Geschichte ein. Für die Neuauflagen suchte er seine Werke zu modernisieren. »Das Überholte« (!) strich er rigoros: aus Erzählsammlungen, aus dem Gang einzelner Erzählungen und Romane, am eingreifendsten aus seinem politischen Roman DER ABGRUND, den er nach der Bearbeitung und mit einem neuen Schluß versehen nun DIE GEZÄHLTEN JAHRE betitelte, um seine Distanz zu den Ereignissen zwischen 1932 und 1934 zu betonen. Manches konkrete oder typische Vorkommnis »erhob« er ins Allgemeine oder gab einen Kommentar des Menschenkenners oder »Weltweisen« dazu. Manche hintergründigen Manipulationen seiner Figuren hob er stärker ans Licht. »Weil jeder Mensch inwendig und ganz versteckt ein kleineres oder größeres Quantum von schlechtem Gewissen hat« – damit wird die »angstvolle Spannung« des letzten übrig gebliebenen »Siedlers« ganz gut erklärt, aber auch stärker gelöst als früher; sie macht die Leser nicht mehr so betroffen. Mir scheinen die meisten »Verbesserungen« der späten Jahre mit soviel Preisgabe der früheren charakteristischen Unbeherrschtheit oder Unbeholfenheit erkauft, daß ich in ihnen keine wirklichen Verbesserungen sehen kann. Graf setzte seine Werke dem Anspruch einer »Modernität« aus, die er nicht voll überblickte und die nicht auf die beste Entfaltung seiner Eigenart zugeschnitten war. Er war aber auch bei den Veränderungen von einem kraftvollen Bewußtsein des Wesentlichen seiner Leistung durchdrungen.

Immer wieder betonte Graf die Kontinuität seines Denkens und Schreibens. Sie hielt ihn aufrecht. Sie wurde aber auch strapaziert; manche Selbsteinschätzungen klingen wie Nachrufe auf ihn selbst. »Ein unerbittlich rechtlicher Mensch«, lobte er sich selbst, »der stets ohne Rücksicht auf persönliche Konsequenzen für das eintrat, was seinem innersten Gewissen entsprach«. Für die endgültige Fassung dieser laudatio (mit der seine Freunde den Münchner Magistrat bestürmen sollten, ihn zur 800-Jahr-Feier einzuladen) wählte er die Reihenfolge: »Realitätssinn, Rechtlichkeit, Menschenliebe, Mitleiden, Rebellentum, Leidenschaft seiner Vernunft, Standhaftigkeit«. Wie ein Nachruf klingt auch die anerkennende Formel von seinem Schwager Manfred George in einem gereimten Geburtstagsbrief zu seinem Sechzigsten: »Und unter Deiner Schreibmaschine hat oft die Welt gebebt«. Thomas Mann bescheinigte ihm »Festigkeit und Milde«. Friedrich Grosshut nannte ihn »eine Art bayrischer Florian Geyer«. Für die Zeitschrift »konkret« wurde er, ausgerechnet in einer Besprechung seines raffiniertesten Romans FLUCHT INS MITTELMÄSSIGE, der »einzige lebende Arbeiterdichter« im Westen.

Zum Zeichen, daß er sich selbst treu geblieben war, erschien Graf bei seinem ersten Deutschlandbesuch auf dem Flughafen und bei weiteren Gelegenheiten in seiner kurzen Krachledernen. Er bestand, zur Verärgerung weiter Teile der Münchner Kulturszene, inclusive Erich Kästners, darauf, in Lederhose und Janker im ehrwürdigen restaurierten Cuvilliéstheater aufzutreten. Er mußte erleben, daß dieses Skandälchen in Dimensionen berichtet und kommentiert wurde wie bisher einzig sein Brief VERBRENNT MICH! – und daß die Inhalte der Lesung, der Hinweis auf sein Werk dahinter weit zurücktraten. Er konnte mit aller Treue zu sich selbst nichts dagegen machen, daß sich die Gewohnheiten in seiner Heimat geändert hatten: Er blieb unter allen Ehrengästen der einzige, der mit kurzen Hosen in München herumlief. Wichtiger als die erfolgreiche Provokation war, daß er schließlich doch nach München eingeladen wurde. Es hatte dort, wie er erfuhr, beträchtliche Widerstände dagegen gegeben, »hauptsächlich die Befürchtung, daß Du zu krakeelen anfängst und die Einlader blamierst«.

Auffrischungen, aber das Alte ist stärker

Je älter und weiser Graf wurde, um so intensiver bezog er sich auf junge Menschen. Mit Kindern konnte er immer mehr anfangen. Er respektierte ihre Kindereien, ja bestärkte sie darin, er selbst aber sprach mit ihnen, als könnten sie alles verstehen, was ihm durch den Kopf ging. Beim Anblick von Kindern, die im Schnee herumtollten, schrieb er in einem Gedicht, »schlägt unser schweres, altes Herz geschwinder, / als hörten wir ihr starkes Echo im erfrischten Blut«.

An Konrad Kirchmeier, dem jungen Neffen der Freunde in Midvale, der wiederholt in die Staaten kam und seinen Platz in der Welt noch suchte, nahm Graf großen Anteil. Er fachsimpelte mit ihm über Konrads Liebesgeschichten, sein Fernweh, seine unklaren Wünsche, »etwas« zu werden – vor allem über die schwärmerische Vermischung von all dem. Er bezog vieles auf sich, auf seine Altersphilosophie wie seine Jugenderfahrungen; er spiegelte sich in dem Jungen. Er besprach seine Veröffentlichungspläne mit ihm, vertraute ihm wichtige Manuskripte für Deutschland an. Um so mehr war er entsetzt, als der gute Junge sich freiwillig zur Bundeswehr meldete und Offizier wurde.

Grafs eigene Eskapaden nahmen in diesen Altersjahren wieder großen Raum ein. Er dachte mehr darüber nach, kritischer, manchmal selbstkritischer. Seine verschiedenen Partnerinnen neben Mirjam blieben nicht mehr so anonym wie in München oder Brünn. Anscheinend mußte er sie als Person jetzt stärker zur Kenntnis nehmen. Zwar brachte er seine Einstellung zu den »Mädchen«, die ihm »keine Ruh ließen«, jetzt erst auf ihre drastischste Formel: »Man soll sie so wie einen Radioapparat benutzen können: Einschalten, wenn man Lust hat und abdrehn wenns lästig wird – so egoistisch macht die Arbeit«.[5] Aber das war nur eine verbale Reaktion darauf, daß sie sich in Wirklichkeit nicht nach seiner Lust oder seinen Arbeitspausen an- und abstellen ließen. Graf hatte es jetzt durchweg mit selbstbewußten, berufstätigen, nicht mehr so sehr jungen Frauen zu tun.

Eine von ihnen, von Graf und vom Stammtisch »die Prinzessin« genannt, ist jetzt bereit, über ihre Beziehung zu Oskar freimütig zu sprechen. Sie hat auch Grafs Briefe an sie der Forschung zur Verfügung gestellt. Lisa Hoffman, Journalistin und Fotografin, sehr stattlich, mütterlich, als einzige aus ihrer Familie dem Dritten Reich und seinen Judenverfolgungen entkommen, muß Graf beträchtlich angezogen haben. Sie ihrerseits fand ihn gar nicht ihren Typ. Sie wollte nicht (was er verlangte) »nur um ihn kreisen«. Sie »nahm ihn als Spielding«, hatte ihren festen Freund neben ihm. Sie war aber für ihn da, wenn er sie z. B. nachts anrief, sie müsse ihn retten. »Retten« hieß vor allem: kommen, sich vor den anderen mit ihm zeigen (nach seinen Wünschen in einem schwarzseidenen Kleid), dann ihn erst einmal in ein Café bringen, damit er wieder zu sich kam. Graf schrieb seiner »Lebensretterin« zum Dank Liliencrons Gedicht »Einer Toten« (!) ab, das er sehr liebte. Die »idiosynkratische Figur« Oskar, sagte mir auch Paul W. Freedman, brauchte immer auch Hilfe und forderte sie durch ihr Dasein heraus.

Grafs Liebe zu der »Prinzessin«, wie sie sich in seinen Briefen (vom Frühjahr 1955) darstellt, war vor allem »fleischlich« – eine ebenso lang ausgesponnene wie ausgekostete Selbstillusionierung. Er malt sich, entfernt von ihr auf einer Vortragsreise, ihren begehrten Körper aus und denkt vor allem an die Accessoires, das schwarze Korsett mit den entsprechenden Spitzenhöschen, die er ihr geschenkt hat, und ihren Duft. »Liebe ist, mein Kind, den Augenblick in die wildeste Gier verwandeln, daß man darein versinkt wie in blinden Tod und süße Ewigkeit«. Er nennt sich einen »alten Lüstling«; sein Gedicht an sie ist ganz auf diesen Ton gestimmt. Er findet sie deshalb so anziehend, weil sie »so reizend belehrsam und fleischlich ordinär« sei. Mitten im Gedanken an sein Glück und die kurzbemessene Zeit dafür schreibt er: »Vielleicht sind wir in einem Monat schon Staub und Asche, nachdem Herr Dulles abgelehnt hat, überhaupt mit den Russen und Chinesen irgendwie zu verhandeln. Ach, wenn sie doch alle die Hölle verschlänge, diese Tiere ohne Sinn für das Heitersein und für das Leben!« Vor dem Stammtisch kokettierte er mit seiner Liebschaft, vor Mirjam suchte er sie geheimzuhalten. Als er im Sommer 1955 abgekühlter und launischer reagierte, schrieb Lisa ihm: »Du sagst immer, Du wolltest nichts Besonderes sein, nimmst Dir aber alle die Freiheiten, die man evtl. nur einem Genie – und dann widerwillig – zubilligen kann«. Seine »zufällige Gabe, schreiben zu können«, gebe ihm nicht das Recht, »auf den Seelen Deiner Mitmenschen herumzutrampeln«. Er erwiderte abgeklärt, mit großen Selbstzweifeln als »impotenter Greis«: »Das Leben macht merkwürdige Sprünge mit uns«. Er wünschte ihr: »Laß Dir Dein Selbstbewußtsein nicht rauben von solchen Leuten wie ich, denn die werden mit dem zunehmenden Alter immer glaubensloser und unberechenbarer«. Dabei blieb es dann.

Wesentlich folgenreicher, ernst von beiden Seiten wurde Grafs Beziehung zu dem »Häschen«, dem er schließlich FLUCHT INS MITTELMÄSSIGE widmete. Für Gisela Blauner, Dr. jur. aus Leipzig, aus einer frommen jüdischen Familie stammend, in New York allround-Helferin für Erich Fromm, dann Angestellte bei der UNO, gestützt auf ihren Bruder, der als Psychoanalytiker ein »Wunderknabe« in ihren Augen war – für sie war Oskar von Anfang an »der Märchenprinz« ihres Lebens. Sie kann heute noch schwärmen, wenn sie von dem sensiblen, für alles aufgeschlossenen, ungemein liebevollen, überströmenden Menschen spricht. Er fand in ihr sichtlich eine Quelle seiner Inspiration, die er brauchte, und seiner Lebenslust. Er scheint sie nicht gleich beachtet zu haben, als er sie bei ihrem Bruder, mit dem er sich nicht so gut verstand[6], kennen lernte. Im Laufe der fünfziger Jahre wurde er mit ihr näher bekannt. Ihretwegen geriet er sogar in Lebensgefahr. Ihr letzter Freund vor Oskar, Sepp Breitenbach, Fotograf, als Mensch anscheinend das Gegenteil von sensibel, machte Oskar nicht nur in Worten eine große Szene, daß er ihr »das Madl weggenommen« hatte, er stellte ihm auch nach. Als angeblicher Telegrammbote verschaffte er sich Zutritt in Grafs Wohnung, als Graf aus dem Bad kam und halb oder ganz nackt war. Er fing bayrisch-drastisch mit ihm zu raufen an. Er verlor seine Brille, und Oskar, der wußte, daß Breitenbach ohne Brille nichts machen konnte, gab sie ihm wieder. Dieser kämpfte ungerührt weiter und fuhr Oskar so brutal mit beiden Daumen in den Hals, daß er ihn schwer verletzte. In FLUCHT INS MITTELMÄSSIGE läßt Graf den armen Laschi an dieser Verletzung sterben. In der Wirklichkeit kam er mit einem Klinikaufenthalt davon. Die Beziehung zu »Gisa« wurde immer enger. Sie machte er zu seiner »Retterin«, als er nach der langen depressiven Phase nach Mirjams Tod wieder unter Menschen ging. Sie wurde seine dritte Frau.

Und Mirjam? Sein Zusammenleben mit ihr war nicht so harmonisch und von gegenseitiger Toleranz getragen, wie er es in GELÄCHTER VON AUSSEN für die stabilen Jahre in München zeichnet. Es muß aber auch in gegenseitigen Vorwürfen und Anfeindungen intensiver gewesen sein, als es in Oskars beschönigenden Äußerungen (in Briefen an nahe Freunde) erscheint. Mirjams Leben und der »Zusammenstand« beider wird für diese späten Jahre deutlicher als für die drei Jahrzehnte davor, in denen sie sich gewissermaßen nur als »Supplement seiner Existenz« begriffen hatte.

Mirjam, seit ihrer Studentenzeit eine emanzipierte Frau, emanzipierte sich in Amerika auch immer mehr von dem Mann, dem sie sich auf Verderb und Gedeih ergeben hatte. Sie war die Woche hindurch von früh bis sehr spät in ihrer Redaktion. Obgleich sie im »Aufbau« mit untergeordneten Arbeiten beschäftigt war, identifizierte sie sich sehr mit ihrer Tätigkeit. Sie wurde in der Redaktion unentbehrlich. Manche empfanden sie als die »Seele des Büros«, fast alle liebten sie in ihrer Art als die »unermüdliche Mary« oder »das Mariechen«.[7] Selbständige Beiträge, Besprechungen und Filmkritiken, lieferte sie nur in der Mitte der vierziger Jahre, danach wuchsen die Routine-Arbeiten so an, daß sie zu nichts anderem kam. Drei der fünf Wochentage verbrachte sie mit der Erstellung des laufenden Archivs, eine »Viechsarbeit« jedesmal (denn der »Aufbau« hatte in seinen Glanzzeiten 48 Seiten), die sie nach dem Zeugnis ihres damaligen Arbeitgebers so gut machte, daß jede andere Zeitung den »Aufbau« um sein Archiv beneiden konnte. Als wichtiges Instrument der Verständigung unter den Überlebenden der Nazigreuel redigierte sie mit ihrer Kollegin Anne Polzer regelmäßige Listen der Geretteten. Sie muß auch in der Redaktion ihre dezidierten Ansichten, persönliche wie politische, sehr gradlinig, unmißverständlich, oft undiplomatisch und als »kodderige Berlinerin« ausgesprochen haben. Ihren Stiefbruder Manfred George schätzte sie sehr, ja »vergötterte« ihn laut Anne Polzer, ebenso wie er sie.[8] Er fürchtete sie aber auch. Sie stritt sich sehr prinzipiell mit ihm, brüllte ihn an, wenn er sich journalistisch »durchzuschlängeln« suchte, statt offen zur Sache zu schreiben. Sie war gegen den Zionismus, wie George ihn vertrat, sie wollte mit Israel als Staatsgebilde nichts zu tun haben. Sie war für die Juden als die Verfolgten, wie sie für alle underdogs eintrat, aus Gerechtigkeitsgefühl, in der Redaktion z. B. für die kleinen Angestellten gegen den Chefredakteur.

Mirjam lebte sonst sehr still, geduldig, zurückgezogen, sie gab sich auffallend ernst. Sie war auch mit ihren grauen Haaren noch schön. Sie ging seit den Kriegsjahren mit einem Stock, aber das war mehr psychisch bedingt. Sie lebte, so Oskar, »wie ein Eremit« mit ihren Büchern, ihrem Radio, ihrer Katze. Er fand in ihr »etwas wie eine Mutter, meine Geborgenheit, das Einzige, dem ich völlig vertraue«. Er fragte sich, »ob das nun die wahre Liebe ist oder mehr oder weniger«. »›Aushalten‹ tut sie's bei mir noch recht gut«, schrieb er Ende 1948. Das aber wurde im letzten Jahrzehnt ihres Lebens immer fraglicher.

Sie ertrug ihn mit seinen störenden Eigenheiten immer schwerer. Oskars Wendung zu mehr Häuslichkeit und zur Anerkennung von intellektuellen Autoritäten war ihr anscheinend lieb. Als Thomas Mann Graf auf einer offenen Postkarte mit »Lieber Oskar Maria, prächtiger Mann!« anredete, sagte Mirjam monatelang nur »prächtiger Mann« zu ihm. Sie war unglücklich über den ausbleibenden Erfolg seiner Schriftstellerei, doch das nahm sie als ein unter Emigranten gewöhnliches Schicksal hin. Schlimmer war, daß sie auch an seiner Arbeit immer mehr zweifelte. Er solle seine Sachen alleine lesen, erwiderte sie immer häufiger, wenn er sie zu Lesungen vor anderen mitnehmen wollte. Sie reizte ihn auch immer weniger als Frau, sie konnte mit seinen jüngeren Freundinnen jetzt nicht mehr so konkurrieren. Das traf sie schwer, denn sie blieb bei all ihrer Härte doch auch eine leidenschaftliche Frau. Im Sommer 1955 wurde ihr eine vom Krebs befallene Brust abgenommen. Sie litt sehr unter dieser Verunstaltung und bekam schwere Depressionen. In den letzten Jahren nahm sie etwas ein, was Oskar ihre »Glückseligkeitspillen« nannte. Alles sei doch für die Katz oder die Atombombe, schrieb sie im vorletzten Jahr ihres Lebens. Oskar bekam ein schlechtes Gewissen, aber er änderte sich nicht,

obwohl er es sicher versuchte. Seinem Freund Asher klagte er
manchmal die ganze Nacht lang vor, was für ein schlechter Kerl er
sei. Dann kam er wieder mit großen Illusionen zu Mirjam, versprach sich etwas von einer Aussprache zu dritt. Nach dem Zeugnis seiner Freunde überlegte er sich sogar in diesen letzten Jahren
mit Mirjam, sie zu verlassen. Resl Kirchmeier machte ihm aber unmißverständlich klar, daß das nicht ging.
In den letzten Jahren müssen Oskar und Mirjam viel gestritten haben. Mirjam drückte ihm gelegentlich ihre Verachtung aus – und
hing doch an ihm. Sie sprach von gegenseitigem Haß, was er für
seine Person dementierte. Er redete ihr »vernünftig« zu, fühlte
sich aber völlig unverstanden, ungetröstet und degradiert. Sie
schrieb, mehr für sich selbst als für ihn, in einem »schlechten Gedicht am Ende eines schlechten Lebens«:

> »Ich hatte einen Mann, das heißt, ich habe ihn noch,
> nein, ich habe ihn nicht mehr, ich meine: er ist noch am Leben.
> Er hält sich für einen ausgezeichneten Koch
> und meint, ich müßte ihm dieserhalb viel vergeben [...]«.

Graf wußte mit diesem Leid nicht richtig fertigzuwerden, d.h. in
seinem alltäglichen Leben nicht. Literarisch konnte er es bis zu einem gewissen Grad beantworten. In einem Gedicht MANNESRAT BEIM
EHESTREIT reagierte er als »kluger Mann«: alles von ihr anhören, sich
nicht wehren, vor allem bei ihr bleiben! Selbst in ihrem Zorn und
ihrer »bitteren Heftigkeit« erkennt er eine Gewähr für den be-
schimpften Mann, wie nahe er ihr »im letzten Grunde« sei. In seinem Roman FLUCHT INS MITTELMÄSSIGE gestaltet er an seinem dritten
Ich Neuberger die »Hölle« eines intensiven Ehelebens zwischen
einem fragwürdigen, dem Trunk ergebenen Genie und einer preu-
ßisch-jüdischen »Gouvernante«, die sich vor ihm ekelt, sein Laut-
sein und seine Freßlust, seinen Husten, sein Schwitzen, ja ihn
selbst abscheulich findet und lieber ihre Katze küßt als ihn. »Haß
ist das gar nicht, es ist viel schlimmer. Keiner kann mehr er selber
sein, und allein kann er erst recht nicht mehr sein«. Und von ihr
aus: »In so einem Alter begreift man erst, wie anstrengend die
Liebe ist, daß sie Arbeit, Arbeit und nichts als Arbeit ist! Und damit
hab' ich mein Leben aufgebraucht!«
Mirjam starb langsam und qualvoll an Krebs. Von August bis November 1959 pflegte sie Graf aufopfernd, meist allein, oft Tag und
Nacht an ihrem Bett sitzend, er selbst »halbtot« und völlig »menschenscheu«. Nach ihrem Tod war er wochenlang verstört, kaum

ansprechbar, tief geschlagen. Er vergrub sich in Arbeit und biß sich allmählich durch, er kam aber noch jahrelang nicht von Mirjam los.

Menschen als Sinnbilder

In diesen persönlich wie zeitgeschichtlich aufregenden Jahren, in denen Graf sich stärker gebeutelt fühlte als während seiner Flucht von einem Exilland ins andere, gewannen Betrachtungen und Reflexionen eine noch größere Bedeutung als bisher. Graf entwickelte einen feststellenden, zuweilen geradezu emblematischen Stil. Er suchte Verhältnisse, Verhaltensweisen auf ihre Formel zu bringen, manchmal hoffte er: auf ihre »endgültige« Formel. Seine Figuren dienten ihm nach wie vor zu vielerlei Experimenten und Provokationen, doch in der Darstellung wollte er ihre bleibende Bedeutung ergründen, ja festklopfen. Seine Mutter hatte er als »sinnvollstes Beispiel« hingestellt, aber durch die hingegebene Aufzeichnung ihrer Lebendigkeit sie davor bewahrt, ein pures Sinnbild zu werden. Jetzt machte er aus seinem alten Lehrer, seinen Freunden von früher, seinen eigenen fragwürdigsten Charakterzügen solche Sinnbilder, geheimnisvoll, »merk«würdig und »tief sonderbar«.

Das Schreiben wurde dadurch mit noch mehr Gewicht beladen. Graf wurde immer mehr davon überzeugt, »daß es weder ein Recht noch eine Gerechtigkeit im Leben der Völker und Menschen gibt, daß dieses Recht und diese Gerechtigkeit nur in der reinen erzählenden Epik liegt, im klaren dichterischen Bericht ohne Zuhilfenahme von Philosophie und Gescheitheit«.

Manchmal nannte Graf selbst seine Darstellungsweise »barock«, etwa sein Porträt von seinem alten Freund Schrimpf. Das Barock hatte einst die Hochflut der Emblemata hervorgebracht. Anders aber als die stolzen, mit Gewalt verfestigten, oft starren Sinn-Bilder des Barock und die »kongeniale« Modernisierung dieser Kunst bei den Symbolisten bis zu Stefan George und Hofmannsthal bleiben Grafs Gestaltungen dieser Art unvollkommen. Sie sind voller Widersprüche in sich selbst. Sie werden trotz einer momentanen Erstarrung zum Bild der Erosion durch das Leben und all seine Zweifel ausgesetzt. »Zurechtgedachtes wird immer vom Lebendigen zerkrümelt«. Wenn bei Graf schon einmal Barockengel vorkommen, dann müssen sie »freilich bäuerlich derb oder sogar scheinheilig frömmelnd« sein: »als wären es Firmlinge, die mit gieriger Lust und hemmungsloser Wucht saftige Weißwürste bampfen«.

Graf schrieb immer mehr »Betrachtungen über irgendwelche Begriffe und Erscheinungen, die mich seit Jahrzehnten beschäftigen«: über »Bildung«, über »Katholizismus, Freidenker und Freigeist«, zur Charakteristik des »phantasievollen Menschen«, über den Snob, später direkter politischer über den »Moralisten« u. a. Er mußte »schrecklich schwer« daran arbeiten; er las sie dann seinem Stammtisch oder anderen Kreisen vor. Er wunderte sich über sich selbst, daß er »so logisch« geworden war. Er brachte aber auch seine verstärkte lyrische Produktion mit dieser betrachtenden Haltung in Verbindung. Immer mehr rührten ihn »so nebensächliche Dinge, die gar nichts mit dem wilden Literatur- und Politik-Getrieb [!] zu tun haben«.

Graf nahm die Begriffe, die Vergegenständlichung eines Lebensprozesses ernster als in seinen jungen Jahren, in denen er sich darüber mokiert oder auf die lastende Einschachtelung des Lebens geflucht hatte. In seinem Zimmer »verewigte« er sich immer mehr. Die vollständige »Burg« für ihn wurde das Zimmer erst dadurch, daß er seine Lieben und die Zeugnisse seiner Tätigkeit, später auch sein Doktordiplom und den Orden eines New Yorker Karnevalvereins gerahmt an der Wand um sich hatte. In einem Gedicht MEIN ZIMMER potenziert er diese Vergegenständlichung noch in Worten: Wenn er nach Worten ringt, konzentriert er sich auf so ein Bild, ein Menschenleben. »Und wenn es sich zutiefst entblättert und entschält, / erglänzt es als ein Gleichnis aller Menschenmühen«. In einem Landstrich aus der Heimat an seiner Wand, gemalt von einem emigrierten Freund (Walter Marcuse, später auch Laszlo Matulay zugeschrieben), findet er »unbändig jene Urkraft, die den Tod verlacht«. Graf schrieb einen schmalen Band DER EWIGE KALENDER ohne ein einziges Wort über Politik und Gegenwart. Er grübelt darin über die »Ordnung der Zeit« und kommt hier Stifters »sanftem Gesetz« näher als je sonst. Er spricht als der Naturverbundene, der der Natur unterworfen ist, sie in sich fühlt und doch nie eins mit ihr ist. Er war in seinen Gedichten überwiegend zum Reim zurückgekehrt und reimte mitunter abenteuerlich.

Das Erlebte, jetzt immer häufiger unter der Formel »das Erlittene«, bildete nach wie vor den wichtigsten Bezugspunkt seines Schreibens. Er konnte aber distanzierter darüber verfügen. In einem vorausgesehenen WUNSCH FÜR DIE STERBESTUNDE nennt er das gewesene

Leben »den ganzen schönen Irrtum«.[9] Obgleich er mit noch mehr Hingabe und »Spürsinn« las als früher, merkte er, daß diese Besessenheit und selbst das reine Glück (wie beim Lesen von Rilke) seinem Schreiben nicht gut tat. »Man muß sich immer erst wieder abkühlen, um nicht pathetisch, sondern substantiell zu werden«. Er setzte in der Poetik wie in der Lebenshaltung seiner späten Jahre auf das Kleine, Gewöhnliche. Einen Erzählungstext »Entscheidende Kleinigkeiten« leitete er mit einer Betrachtung ein, die auf das Leben und das Schreiben zugleich zielt: Das Schreckliche prägt uns nicht, es lähmt uns nur, geht aber vorbei. Zufällige Kleinigkeiten dagegen »begegnen uns fast absichtslos«. »Unvermutet blitzt ihre Pointe auf und schmeichelt sich sacht in unser Herz, wir freuen uns über ihre natürliche Anmut und können uns ungehindert den Betrachtungen darüber hingeben«. Manchmal wird Er-

Zu seinem 60. Geburtstag im Jahre 1954 versandte Graf an seine Freunde den im Selbstverlag herausgegebenen lyrischen Jahresspiegel DER EWIGE KALENDER, für den sich Albert Einstein mit diesem Brief beim Autor bedankt hat.

kenntnis daraus. Das viele Kleine wächst zusammen, wie Ziegelsteine beim Hausbau, während aus einem einzigen Steinblock noch nie ein Haus entstanden ist,»höchstenfalls ein Denkmal oder sonst so eine pathetische Angelegenheit«.

In der jetzt dominierenden besinnlichen und distanzierten Haltung schrieb Graf ziemlich nachgiebige, auch rührselige, darum auch rasch veraltete Texte oder Textpassagen. Mitten darunter finden sich aber plötzliche Brüche, Eruptionen, Absagen an alle und alles. Das pure Weggehen eines Aussteigers ohne sichtbaren Grund macht Graf zum Gegenstand seiner Geschichte »Bill sagt nein«. Vielleicht ist er nichts als ein Narr, rätseln die Zurückgebliebenen. »Ja, meinetwegen ein Narr, aber wollte Gott, es gäbe mehr solche Narren!« »In den Wind gesprochen« wollte Graf in den frühen fünfziger Jahren seine Gedichtsammlung nennen.

Mitmenschen

»Menschen seinesgleichen brauchte er! Menschen, die alle das gleiche spezifische Fluidum ausströmten, Menschen, die man gleicherzeit haßte und liebte, deren Gegner man zeitlebens sein konnte, aber nie deren Feind!«

Die »Kraft der wissenden Menschenliebe«, die Graf als das Kunstprinzip seines Freundes Josef Scharl hervorhob, hatte auch ihm selbst schon, in kleinen wie in großen Werken (vom BASL MAREI bis zum QUASTERL und zur UNRUHE UM EINEN FRIEDFERTIGEN) die Feder geführt. Er entwickelte die Fähigkeit des liebevollen Durchschauens: Je schärfer er hinsah, umso mehr mußte er die Gestalten lieben, und je unbedingter seine Sympathie zu ihnen wurde, umso ›selbstverständlicher‹ erschloß sich ihm ihre Motivation, ja ihre gesamte Existenz. Das brauchte bei ihm seine Zeit. Er konnte es nicht im direkten Zugriff, nicht mit den Mitteln der Reportage oder des »Biointerviews« schaffen wie seine Freunde Kisch oder Tretjakow. Er mußte die Gestalten lange »in sich tragen«, die »wissende Liebe« zu ihnen erst ausbilden. Vom QUASTERL und LEHRER MÄNNER betonte er (mit etwas Übertreibung), er habe sie erst nach 40 und 50 Jahren schreiben können. Durch die lange Inkubationszeit wird ihm sein Lehrer Männer geradezu eins mit dem Präsidenten Masaryk, und zwar nicht nur als »Idol« von Lauterkeit und »beispielgebender Menschenwürde«, sondern bis in sein Aussehen, seine Gesten, seinen Stimmfall hinein.

Da es um Graf geht, dürfen wir uns die »wissende Menschenliebe« nicht zu harmonisch vorstellen. Seinen alten Lehrer z. B. liebt er nicht eigentlich, er grübelt nur über ihn nach, so wie er in seiner Jugend dem sonderbaren, verschlossenen Menschen nachspioniert hatte. Dabei kam und kommt nichts heraus als die Potenzierung der Fremdheit. »Rätselhaft – dieser Mensch hatte gar kein Geheimnis!« Aber: »So eine eisige Einsamkeit erträgt niemand, das Herz gefriert dabei, oder es flammt noch einmal auf, es brennt so stark, daß die eisigen Krusten zerschmelzen – und sei's auch nur für einen ureinzigen Tag« (in der Liebe zur Literatur und zu Schiller). »Nur der Staunende liebt!« stellt Graf an seinem alten Freund Schrimpf fest. »Ganz jäh entdeckt er im kleinsten, im Lächerlichsten oft die Weite, das undefinierbar Große!« Das gilt genauso für seine literarische Darstellung des Freundes. In der »tief skurrilen Naivität« des Malers (den Graf jetzt vom Expressionismus ins Biedermeier zurückdatiert), in seinen »fixen Ideen«, die ihn trotz oder wegen seiner Stirner-Lektüre ständig antreiben, erkennt Graf eine Liebenswürdigkeit, die weit über den abgeblaßten Sinn dieses Wortes hinausreicht. Er ›verewigt‹ ihn in einer unbequemen, schiefen und gerade darum ungemein charakteristischen Geste. Graf hatte sich gegen die blechernen, faden, »windigen« mit ihrem Zeigefinger dozierenden Hausierer aller möglichen politischen Absichten oft genug verwahrt. Er hatte Sittingers erhobenen Zeigefinger in der Luft stehen lassen. Schrimpf dagegen reckt seinen Zeigefinger nie gerade in die Höhe, er »krümmt« ihn nur »halb hoch«. (Der reale Grund war: Schrimpf hatte schwere Arthritis in allen Gelenken.) »Der Finger blieb die ganze Zeit halb gekrümmt, gleichsam zögernd«. In dieser Positur und in diesem Geist unternimmt er seine unvergeßlichen Belehrungsversuche: »Das ist nämlich so!«

Wie schon sein Buch DAS LEBEN MEINER MUTTER, so bekommen die Porträts solcher »Mitmenschen« immer mehr den Charakter von Nachrufen. Graf mußte in den fünfziger Jahren immer mehr Zeitgenossen zu Grabe begleiten, Grabreden auf sie halten oder Nachrufe schreiben. Dadurch war er gezwungen, den tief in ihm sitzenden Begriff von diesen Freunden und Verehrten aus seinem Inneren loszulösen, ihn vorzeigbar zu machen. Oft gelang ihm das nur unvollkommen. An dem präsentierten Bild der Mitmenschen blieb gleichsam ein Stück seines Umgangs mit ihnen haften. Bei der Trauerfeier für Thomas Mann in New York wurde er durch seine eigenen Worte so erschüttert, daß er laut aufstampfte, in Tränen ausbrach und weglief. »Nun, da er tot ist, spüre ich erst, wie verwaist ich bin«. Als er einen Nachruf auf Martin Andersen Nexö schrieb, fühlte er die »schwere fleischerne Kugel« wieder in seiner Kehle, die er in früheren Texten bei sich und vielen ihm nahestehenden Gestalten in allen Situationen des Versagens verzeichnet hat. Er »zitterte« um die, die »ganz meines Geistes« sind wie Einstein. »Bei Gandhis Tod war ich eine ganze Woche unbrauchbar«. »›Und da du nicht mehr lebst, streichelt jeden Tag und jede Nacht dein Staub meine Wangen‹«, zitiert er in seiner Totenrede für den Malerfreund Josef Scharl.[10]

So erlitten und abgenötigt die vielen Nachrufe waren, die Haltung des Nachrufs kam Graf geradezu entgegen bei seiner Bemühung, einen Mitmenschen in der größten Intensität seines Lebens und seiner Beziehungen zu anderen zu erfassen. Über den nach wie vor faszinierenden Franz Jung, mit dem er in den frühen fünfziger Jahren wieder öfter zusammensaß und ganze Nächte philosophierte und stritt, schrieb er eine Grabrede, als Jung noch sehr zäh und verbissen am Leben war. Er las sie ihm vor und bot sie (vergeblich) Verlagen an. Jung fand das gar nicht witzig, er konnte nur Grafs »Eitelkeit« darin erkennen. Eitel war es aber nicht. Es war die schärfste, rücksichtsloseste Auseinandersetzung mit sich selbst wie mit dem Freund, wie unter den Augen eines letzten Gerichts.

In diesem »Nekrolog für einen Freund« legt Graf zwar unter den großen Verschüttungen der Gegenwart den anfänglichen Impuls ihrer Kameradschaft frei: im Widerspruch gegen die Hybris der Modernen (kurz mit Nietzsches »Übermensch« gleichgesetzt) die Suche nach einem Menschen, »der sich mit argloser Vernunft und unverstellter Menschlichkeit in die große Kameradschaft der Menschen einfügte«. Wichtiger aber ist ihm, was Jung mit seiner »abgrundtiefen Mitleidlosigkeit gegen sich« angefangen hat. Er hat sich selbst zerstört. Das begründet keine Abkehr, sondern in dem unbekümmerten, ziellosen Leben, in Jungs innerer wie äußerer »Verwahrlosung«, im Aushalten des »kindlich-komischen Auf und Ab der sich jagenden Zufälle« findet der Betrachter Graf das, was ihn selbst und andere angeht. »›Ganz im Dreck‹« zitiert er. »›Bis zum Hals in der Scheiße, vielleicht brauchen wir das‹«. Die unerbittliche, sprunghafte Intelligenz des Freundes ließ ihn nicht »zu jener dummen Zuversicht« kommen, »welche jeder Künstler braucht, um überhaupt ein Werk zu vollenden« – bis zuletzt scheint Jungs Kritik am Schreiben noch dem gefestigten Schriftsteller Graf zuzusetzen. Vielleicht sei die Trauer um seinen Tod, den Graf makaber vorwegnimmt, nur »ein Traurigsein über uns selbst, weil wir so wenig von seinem Mut besitzen«. In einem Gedicht der intensiven Anteilnahme ohne einen konkreten Gegenstand der Anteilnahme (UND DOCH) macht er sich Jungs Vorstellung von einer allgemeinen, primären Selbstzerstörung wenigstens vorübergehend zu eigen:

> »Wir sehen uns von allen Seiten
> umstellt, wenn wir uns bang erinnern,
> wie sich der Mensch aus Nichtigkeiten
> den Feind nur selbst erfand«.

In seiner langen Auseinandersetzung mit den negativen Folgen der Aufklärung und des Moralismus in der europäischen Geschichte, »Der Moralist als Wurzel der Diktatur«, läßt Graf eine feste Grundlage seines Widerstands gegen jede Diktatur erkennen: Alle politischen oder kulturellen Programmatiker suchen die unangepaßten Kleinen, die Einzelgänger und Querköpfe gleichzuschalten oder auszuschalten. Graf aber arbeitet mit allen Kräften daran, die Eigenarten, die Sonderbarkeiten von vielen einzelnen, ihre Abweichung von jedem Muster festzuhalten. Das war in seinen späten Jahren bereits ein verzweifelter und rührender Kampf gegen übermächtige Trends seiner Gegenwart. Nach noch einmal dreißig Jahren des fortschreitenden Drucks zur Normierung schlägt das damalige Lächeln über ein solches Rückzugsgefecht in immer mehr Bewunderung um. Heute können wir sehen, daß Graf etwas Unaufgebbares, Lebensnotwendiges mit starken Fäusten und Worten verteidigt hat.

»Alles rutscht uns weg«

»Der mißlungene Roman« oder auch »Das große Geschwätz«, so nannte Graf seinen großen New Yorker Roman, so lange er sich daran abmühte, und das war sehr lange. Von 1953 bis 1959 brach er immer wieder ab und setzte neu an; mindestens fünfmal schrieb er ihn um; 1959 erschien er endlich unter dem Titel DIE FLUCHT INS MITTELMÄSSIGE. Sieben Jahre später, als er ihn zum zweitenmal las, »wagte« er Andersch zu »gestehen, daß es ein guter, ein wichtiger, und wahrscheinlich einer der wenigen Romane ist, die über Mentalität und Wesen von Emigranten gültig berichten«.

»Ein wirklich übles Buch«, stellte Jung lakonisch fest. »Ein professioneller Kritiker sprach von »verchromtem Edelkitsch«. Andere sahen darin Grafs »großen Wurf«, bemerkten das »unrasierte

Deutsch«, die Mischung von grob und fein. »Konkret« lobte: »Ein
Roman von Balzac'scher Erzähltiefe und E.T.A. Hoffmann'schen
Einfällen«, der seine Kraft aus »dem Epischen« statt modernistisch
aus dem Unbewußten zog. Ein sehr kritischer Kritiker fand den
»mißlungenen Versuch« in seiner Art doch Achtung gebietend:
»Das rührende Bild eines Mannes, der es unternimmt, uns von der
tödlichen Einsamkeit des Ausgestoßenen zu berichten und dabei
die Lederhosen zu tragen, die ihm einst so gut standen«.

Graf prahlte damit, daß er sich auf Partys oder im Suff von seinen
Freunden »all ihre üblen Geheimnisse« erzählen ließ und darüber
schrieb. Er wollte die Rücksichtslosigkeit – gegen alle – auf die
Spitze treiben. Die betroffenen Freunde konnten z.T. nichts als
boshafte Indiskretionen darin erkennen. Graf stellte eine tiefe
stille Liebe zwischen zwei Mitgliedern seines Freundeskreises als
bekanntes Faktum hin, und die Ehepartner der Betroffenen erfuhr-
en es erst aus seinem Manuskript. Die meisten Freunde waren
über die Zerrbilder oder allzu treffenden Bilder von ihnen tief verletzt. Manche verziehen es ihm nie.

Interessanter für den Leser ist freilich, wie Graf mit sich selbst um-
springt. Er stellt einen alternden Emigranten dar, der hinreißend
zu erzählen versteht, der ein mittelmäßiger, aber überaus erfolgreicher Schriftsteller wird und dem seine Lieblosigkeit gegen alle
zu schaffen macht. Die politische und die Emigrationsbiographie
dieses Martin Ling berührt sich in markanten Einzelheiten mit
Grafs eigener. Der Autor läßt den erdachten Autor sogar im Alter,
als er märchenhaft plötzlich zu Geld kommt, in die gleiche Jagd
nach Waren und Vornehmheit verfallen, mit der Graf in München
die ersten ansehnlichen Buchhonorare durchgebracht hat. Gründlich anders wird Ling in seinen persönlichen Bindungen geschildert: er hat faktisch keine. Sein Bruder (Landkonditor) und seine
Tochter in der fernen Heimat bedeuten ihm nichts. Seine Frau ist
vor langer Zeit gestorben, darüber war er nur erleichtert. Seine
Freunde können sich nicht einmal vorstellen, daß er jemals verheiratet war. Als er reich und übermütig wird, gewinnt er die verheiratete Tochter seiner Wirtsleute (aus der Gegend von Midvale) als
Geliebte, wird ihrer aber schon überdrüssig, ehe sie auf einer Au-
tofahrt zu ihm umkommt. Immer wieder denkt er, erst höhnisch,
dann spielerisch, dann mit wachsender Sehnsucht an Lisawetha,
der Graf die Biographie und die Bruderbindung von Gisa, den Namen und die Statur von Lisa zuteilt. Sie kommt schließlich zu Ling,
als er eine ruhige Existenz auf dem Lande versucht. Ling erlebt ein

spätes kurzes Glück. Als er sein ganzes amerikanisches Leben aufgibt, verläßt er auch sie ohne Vorwarnung, mit derselben Wendung, mit der sich Graf von Lisa verabschiedete.

Graf hatte früher schon wiederholt Züge eines asozialen Charakters, geradezu wölfische Verhaltensweisen an sich selbst aufgedeckt. In EINER GEGEN ALLE (englische Übersetzung: THE WOLF) hatte er sie zur kältesten Rücksichtslosigkeit eines fiktiven Verbrechers verabsolutiert. In Ling paart sich die Kälte mit einer gewissen Gutmütigkeit, Ängstlichkeit und intellektueller Interessiertheit. Die Figur macht den Eindruck eines kompletten, sogar sehr komplexen Menschen, und dennoch fehlte Graf etwas an diesem Zerrbild seiner selbst. Einem weiteren schwachen Helden, Neuberger, verleiht er das unlösbare, immer bitterer gewordene Verhältnis zu seiner Frau. Eine andere Figur, Laschi, mit einem realen klar erkennbaren Vorbild, ist im Roman von unendlichem Selbstzweifel im Verhältnis zu jeder Frau gezeichnet und wird zu Anfang einer ersten glücklichen Beziehung zu einer wahren Traumfrau von seinem Nebenbuhler umgebracht. Lings Verhältnis zu diesen weiteren Spiegelungen Grafs ist prekär. Neuberger ist Erfolgsschriftsteller wie er, wird von Ling übertroffen, aber übertrifft ihn seinerseits noch nach dem Tod. Einer ist des anderen Teufel und wirft ihm die unbarmherzigsten Wahrheiten an den Kopf. Sie kennen einander zu gut, sie sind eigentlich eins. »Du bist ich und ich bin du«. Sie sind es aber nicht irgendwie geheimnisvoll wie Hoffmann'sche Figuren mit ihren Doppelgängern, eher so, wie Graf und Jung sich in der unerbittlichen Hingabe an die Erkenntnis als eins fühlten. Auch zwischen dem Saufen und der Ehrlichkeit vor sich selbst wird die gleiche Kausalität hergestellt. Als Ling seinen schriftstellerischen Ehrgeiz aufgibt, verbrennt er sein mißlungenes Romanskript und Neubergers erfolgreichen, obszön-intimen Roman in der gleichen Flamme. Laschi, Literaturprofessor, ein großer Betrachtender und Enttäuschter, der schließlich nicht länger »gelebt werden« will, weiß theoretisch immer am genauesten über Lings Innenleben Bescheid. In seinem langen Abschiedsbrief an Ling, merkt dieser, steht »viel von mir selbst«. Mit den Identitäten, Spiegelungen und Abstoßungen wird ein sonderbares, etwas anrüchiges Spiel entfaltet. Graf treibt die Schamlosigkeit so weit, daß er Mirjams ehemalige Lieblingswendung über ihr eigenes Verhältnis zu ihm einem zynisch daherredenden, uferlos verständnisvollen Barkeeper in den Mund legt: »Die Liebe ist wie der Tau, fällt bald auf die Rose, bald auf die Sau«.

»Wer verliert, muß in einem fort erklären«, erklärt Laschi und meint damit sich selbst, die Emigranten insgesamt und alle, die die Katastrophe durch den deutschen Faschismus so ernst nehmen, daß sie danach nicht mehr »normal« oder selbstverständlich leben können. Die »Diaspora«, eine unaufhaltsame Entleerung des Lebens und die Fragwürdigkeit jeder intellektuellen Anstrengung werden im Roman als eng verbunden, fast als ein und dasselbe dargestellt. Pinthus sieht Grafs Roman gegenüber anderen Werken über das Exil dadurch ausgezeichnet, daß hier das »Massen-Erlebnis« des Exils erfaßt sei. Wie weit Grafs Darstellung sich wirklich verallgemeinern läßt, ist jedoch umstritten. Die beiden Wolfs fanden, daß zwar die Details stimmen, daß aber gerade kein Bild »der« Emigranten, sondern höchstens Grafs Sicht von ihnen herauskomme. Lings Gefährten sind lauter Emigranten, die aus politischen Gründen oder als Juden Deutschland haben verlassen müssen und die stärker von ihrer Vergangenheit als von der Gegenwart bestimmt sind. Manche haben es in New York wieder zu angesehenen Positionen gebracht, alle aber sind unassimiliert oder nicht vollständig assimiliert. »Menschen, die weder europäisch geblieben noch amerikanisch geworden waren, die – wie der Laschi gesagt hatte – ›überall in der Welt in Enklaven lebten‹«. Die »Diasporiten« können sich mit ihrem übriggebliebenen Leben nicht abfinden. Sie wollen »etwas Besonderes« sein, das ist ihr Pech ebenso wie ihre Anmaßung, es treibt sie nur »sinn- und ziellos umher«. Als Ling schließlich nach Deutschland zurückkehrt (nicht nach Bayern, sondern nach Hamburg, »weil diese Stadt ihn noch am ehesten an New York erinnerte«!), ist auch das nur eine »Flucht in eine neue Diaspora«.

Manche dieser Emigranten haben intensiv gegen die Nazis gearbeitet, manche wurden jahrelang im KZ gequält. Ling hat die Linken ebenso solidarisch wie ungläubig unterstützt, hat sich provokativ zum »Spießbürger« erklärt und »bei den Roten gestanden«. Jetzt erzählt »zuweilen« einer von jenen Erlebnissen. Aber er tut es »unerregt und fast gemütlich«. Die anderen schütteln den Kopf, es wirkt schließlich so, »als begreife der Erzählende das Durchgestandene selbst nicht mehr«. Das Erlebte wird zum Film. Es unterscheidet sich kaum von dem, was die Wochenschau während des Krieges aus dem fernen Europa brachte, und das bewirkte nichts, als daß die Kinobesucher seufzten, sich »angegruselt« schüttelten und sich aufatmend dem Hauptfilm zuwandten. Einer, der die frühere politische Arbeit fortsetzen will, ein äußerst kompetenter

Organisator einer linkssozialistischen Gruppierung, deshalb »Lenin zwo« genannt (evtl. ist Paul Hagen gemeint), von Ling aus Enttäuschung geradezu allergisch gehaßt, vom Autor übel behandelt, hält es trotz Erfolgen weder in Europa noch in Amerika aus und bringt sich um. »So ein Typ bleibt immerfort der Gefangene seiner Vergangenheit«. Die anderen blicken nur noch zurück auf die Politik, die sie einst aktiv betrieben haben. Sie distanzieren sich z.T. leidenschaftlich von sozialistischen Aspirationen. Sie haben aber keine neue Identität, es sei denn die der Haltlosigkeit. »Alles rutscht uns weg und rinnt aus uns. Bloß Worte, bloß Geschwätz bleibt noch«. Nichts lohnt mehr. Nichts ist es wert, ernstgenommen zu werden. »Keiner gehört mehr zum andern. Jeder ist ein Leerlauf für sich«. Die Figuren fliehen in zynische, sarkastische Wendungen, praktisch und vor allem in Worten: gegen die Freunde, gegen Frauen im allgemeinen oder im einzelnen, gegen sich selbst. Ling stellt fest, daß er seine »überströmende Zutraulichkeit« nur spielt. Er traut deshalb auch der Sympathie nicht, die die anderen ihm entgegenbringen. »Was war's denn eigentlich damit, was denn?« »Der bittere Preis« des Ruhms, schrieb Graf in einem Gedicht, besteht in der Unfähigkeit, sich zu vergessen und zu verschenken:

»Drum setze eine Maske auf, wenn du zu Menschen gehst,
und laß dir auch nicht von der Liebe in das Innere blicken,
denn dir ist auferlegt, sehr wahr zu sein im Lügen.«

Graf macht sein Spiegelbild Ling zum vollkommenen Egoisten, aber ohne Ruhe, mit minimalen Befriedigungen. In einer Vorstudie nannte er den Roman: »Mir geht nichts über mich. Aufzeichnungen eines Nihilisten«. In der Gier, im Zorn, im Ekel reduziert Ling die Frauen auf nichts als »Fleisch«. »Die Weiber?! Ausgetobt bei ihnen und fort damit!« Die Erlebnisse taugen nichts, weil die Menschen sich selbst für nichts Lohnendes halten können. Ling lebt zwar ausschweifend und wild, aber er fühlt sich als Versager, innerlich hohl. Wie ein aufgeputztes Nichts kommt er sich vor. »Geziefer wie du und ich«, wirft ihm Neuberger an den Kopf. »Alle zusammen stinken wir gleich«.

Das Schreiben und sein Erfolg bieten im Roman nur einen trügerischen Ersatz für ein Lebensziel. In Wirklichkeit potenzieren sie nur die Leere des Lebens. In der Reflexion auf die Bedingungen des Erzählens, auf die geistig-moralische Möglichkeit (meistens Unmöglichkeit) dieses Metiers, auf die Lebensform des Schriftstellers, seine inneren Hemmnisse, seine Korrumpierbarkeit durch den Markt ist Grafs Roman FLUCHT INS MITTELMÄSSIGE sein modernstes Werk. Aber die Auslieferung an den Betrieb wird als komplett und nicht zu durchbrechen geschildert. Die größte Ehrlichkeit erreicht Ling in der Einsicht in sein Versagen. So etwas gestalten wie seine Erleichterung beim Tod seiner Frau, das könnten nur »ganz Große«, Tolstoi oder Flaubert vielleicht. Ein wenig davon gestaltet aber Graf in seinem Roman. Er zeigt uns, wie Ling, eben vom Krankenhaus zurück, das Bild schwebender Nymphen, das seine Frau ihm einst »abgerungen« hatte, herunterreißt und zu Boden wirft, »daß das Glas krachend und splitternd auseinanderzischte. Der Knall tat ihm ungeheuer wohl«. Die Kunst des Plagiats wird an einer längst bekannten, von Ling neu erzählten und dafür preisgekrönten Geschichte durchgespielt. Pikanterweise stammt diese Geschichte nicht von Graf, sondern von Lisa. Graf hat sie sich angeeignet, ohne sie zu fragen – sie verübelt ihm das heute noch. Neubergers Roman, in dem er Lings Entwicklung tückisch im voraus erfaßt, heißt »Der krumme Weg ins Nichts«.

Fast das gesamte psychische und geistige Elend, das dieser Roman zeichnet, hängt ursächlich mit der Emigration zusammen. Es sagt aber etwas über alle Menschen, über die Gegenwart insgesamt aus.[11] Die Menschen überhaupt sind in der Zeit nach Hitler oder in der länger bemessenen »Moderne« einander »fremd« geworden. »Es muß was nicht ganz stimmen mit uns Menschen auf der Welt und mit der Ehe schon gar nicht!« »Wir sind in eine falsche Zeit geraten. Mut haben wir nicht gelernt, nur Rücksichten… Über Menschen wie wir werden immer die Hitlers siegen! –«. Das allgemeine »Zerbröckeln und Zerbröseln« wird aufs Alter geschoben oder auf unheimliche, in Träumen wieder hochkommende Belastungen in der Jugend. In einer wüsten Selbstanklage setzt Ling sich in seinem »Gemisch von Minderwertigkeit und Größenwahn« Hitler gleich: derselbe Narzißmus, die Rachsucht, der Haß gegen das Gewöhnliche, der feige Charakter des »Zukurzgekommenen«. »Burschen wie mich, die sollte man ins Irrenhaus sperren oder wegräumen«. Bereits auf der ersten Seite des Romans wird die »unbarmherzige, grausame Enge« des Schlechtbezahlten und Alleinstehenden in New York auf die Formel gebracht, die in Grafs Werk schon Tradition hat: »»Friß oder werde gefressen‹«.

FLUCHT INS MITTELMÄSSIGE ist Grafs trostlosestes Buch. Die literarische Anerkennung, die Sympathie von einzelnen, das späte, wehmütige Verständnis in seinem alten Kreis kann Ling, den Entwurzelten, nicht halten, erst recht nicht sein leeres Leben ausfüllen.

Kleine Gesten des Einverständnisses, auch ein hier ziemlich überraschendes Wort wie »Menschenkameradschaft« bleiben dünn, abstrakt, unterstreichen eher die »eisige Einsamkeit«. Dagegen scheint mir die ausgehaltene Trostlosigkeit selbst eine Lebensfestigkeit herzugeben. Neubergers Roman wirkt bei all seiner Brutalität auf Ling »zuletzt wie ein mitleidender Menschenschrei«; ähnlich soll nach Grafs Absicht sein eigener Roman wirken. Grafs Freund Ehrenstein gelangte schon früher in einem wüsten Text zu dem packenden Schluß: »Um fettes Erbarmen bitten unsere Sünden, unsere Wohltaten krümmen sich auf leerem Teller«.

Gleichmut, Mittelmaß, Sentiment

Feuchtwanger veröffentlichte 1950 eine irritierende Erzählung, »Odysseus und die Schweine«, in der er den Mythos vom vorbildlichen, andere mitreißenden Dulder und Erfolgsmenschen entscheidend korrigiert. Odysseus' Gefährten sind alle Abenteuer leid. Sie wollen Schweine bleiben (im Stall der Circe). Nur einen kann er überreden und zurückverwandeln, und der fällt sich zugleich zu Tode. Diese bittere Wahrheit aber geht unter. Odysseus selbst vergißt sie. Vor der Nachwelt setzt sich der Sänger durch mit seiner heroischen Fassung der Vorgänge.

In Grafs Altersroman und vielen seiner Texte aus dieser Zeit nimmt das Herabsinken in eine spannungslose Existenz (manchmal auch zu »Schweinen«) noch größere Ausmaße an. Hier gibt es keine Führerfigur, die sich dem entgegenstellt. Und es erscheint viel ambivalenter: Das Verständnis dafür überwiegt die Verurteilung. Die »Mittelmäßigkeit«, die große »Gleichgültigkeit« wird in diesen Jahren eine Art von Lebensprogramm, allerdings mit Vorbehalten. Unter dieser »Mittelmäßigkeit« verbirgt sich ein ganzer Komplex von Einsichten:

1. Graf wurde im Alter bescheidener. Sein Appetit auf die Welt verringerte sich. »Vergeßt, vergeßt! Freunde, vergeßt!!« forderte er in einem Gedicht und kam zu dem Schluß: »Was ist denn groß? Nur das Kleine ist groß«. In vielen Briefen äußerte er einen veränderten Anspruch an sich und die Adressaten: nur noch im kleinen Kreis und auf wenige wirken, durch langen persönlichen Umgang mit ihnen. Die Wendung aus den vierziger Jahren hin zum Beispiel der eigenen Person radikalisierte sich noch: Graf wollte oft gar kein »Beispiel« mehr sein. »Leben, leben muß man, meine ich, leben und sonst nichts. So einfach klingt das und keiner kann's!«

2. Graf lernte der eigenen Empfindlichkeit, der tiefsitzenden Selbstliebe eins auswischen. Er konnte in einem Gedicht die Schramme auf seiner Lippe und sein »Mopsgesicht« bloßstellen. Er wurde auch in seinem Selbstbewußtsein als Schriftsteller bescheidener. Weil er keinen Erfolg hatte, tröstete er sich, er sei »endlich wieder in die glückliche, fast anonyme Atmosphäre eines gleichgültigen Menschen hineingekommen, der tun kann, was er will«. Er schlug vor, einen »Verein mittelmäßiger Schriftsteller« zu gründen, und nahm die Absetzung von den »armen« großen Menschen, die unter ihrer Berühmtheit leiden, aus den wilden zwanziger Jahren jetzt ernsthafter wieder auf. »Besser, du lebst, als du giltst was…«. Wie ein früherer Provokateur, Diderots junger Rameau, die Größen seiner Zeit herunterzuzerren suchte: Racine hätte lieber Händler oder Apotheker werden und sein Leben genießen sollen, alles andere habe »sich nicht ausgezahlt«, so wandte sich Graf gegen die künstlerischen »Snobisten«, ja sogar gegen die »›Außenseiter und Provokateure‹« und forderte von den Intellektuellen: »sich demütig und bescheiden einfügen ins Leben«. Wenn alte Freunde ihn als den berühmten Schriftsteller siezen wollten, konnte er sehr grantig werden: »Keiner von uns ist mehr als der Andere, jeder muß sterben und ist zuletzt ein ›Haufen Dreck‹, wie meine selige Mutter immer gesagt hat«. Natürlich verrät auch seine Inszenierung von Bescheidenheit noch seinen Stolz auf sich. Über eine Ehrung im Mittleren Westen schreibt er: »Der ›Trunkenbold‹ wird universitätsfähig, pfui!«

3. Die auffällige Anerkennung der Intellektuellen als solcher in den vierziger Jahren wurde in den Fünfzigern erneut in Frage gestellt. Die Wertungen erscheinen geradezu umgedreht. Der »göttliche Durchschnitt« wird verherrlicht – eine »uramerikanische Idee« laut Pfanner, wie bei Whitman und Emerson, aber in Grafs Ausführung ziemlich unamerikanisch. Ling im Roman ist begeistert und »verjüngt«, als er sich in einer gutbesuchten Wirtschaft die vielen Körper um ihn als »Leute, ›People‹, Volk« vorstellt, aber er wird dadurch nicht einer unter ihnen. Es drängt ihn, »wie der Riese im Märchen seine Arme weit auszubreiten und diese ewig lebendige Stadt zu umschlingen«. Er schwärmt für alle, ist aber nie wie alle. Für Graf selbst wurden Feste, Faschingfeiern u. ä. zur Beglaubigung seiner Einheits- und Gleichheitsvorstellungen. »Darbietungen nur aus dem Publikum«, schrieb er auf ein Einladungsplakat zu einem Künstlerball. Im Begleitbrief an die Frankfurter Rundschau schlug er der UNO nach dem gleichen Modell ein

»Fest der Völkerverständigung« vor und scherzte sarkastisch: »der Friede ist dann gesichert«.[12]

4. Das Einfache, Natürliche, Richtige ist überhaupt nicht selbstverständlich. Es wäre »eigentlich« von allen gefordert, aber so wie die Menschen, die Massen in ihrer Anfälligkeit für den »›starken Mann‹«, die Staaten mit ihrer »Politik und Propaganda« beschaffen sind, reicht diese Erkenntnis nur zu einem Vorwurf. Graf findet es »grotesk«, daß Albert Schweitzer überall als »etwas ganz Einmaliges und Großes« angesehen wird – »nur, weil uns gar nicht in den Sinn kommt, daß *wir* ja eigentlich *alle* so sein und so handeln müßten. Ein einzelner ganzer Mensch bestürzt plötzlich alle, weil er nichts weiter tut als das Natürlichste von der Welt: Gutes und Menschliches! Toll!!«

5. Ling hat, ehe die Anfechtung seines Reichtums dazwischen kam, die Mittelmäßigkeit geradezu »gepredigt«. Er hat behauptet, »bloß im Kommunismus gibt's keine Ausnahmemenschen mehr, da ist wirkliche Demokratie«. An vielen Stellen wirkt die Einfügung ins Mittelmaß wie eine altersgemäße Weiterentwicklung von Grafs sozialem Engagement und seinen sozialistischen Hoffnungen. Er betont die Sicht nach unten, den hilflosen, aber entsetzten Blick auf das Elend der ganz Armen. An einem ziemlich überflüssigen Buch über Tolstoi hat ihn nur der Ausruf des Sterbenden erschüttert: »›Aber wie sterben denn die Bauern, die Bauern!‹« Im Roman werden die geduldigen, »unbeachteten« Menschen gerühmt, die alles (auch Hitler und den Krieg) überstehen und »die Welt in Gang halten«. In einem Gedicht, das in der späteren Sammlung das erste der Abteilung »Empörung und Hoffnung« wird, nennt Graf »größer« als alle tüchtigen, wuchernden und leidenden Menschen den trivialen Hund.

> »Dieser dumme, unergriffene Hund, der dort in den Rinnstein pißt
> und weitertrippelt, mit dem Schwanze wedelt,
> bellt, wenn's ihm gefällt, frißt, wo etwas liegt,
> und weder Zeit noch Gott, noch Vaterland
> noch sonst was achtet. –
> Ach, ein Hund sein! Nur ein Hund auf einer Straße! –«

Graf war weniger radikal als sein Freund Jung, aber auch er stellte den Bogen seines Lebens am liebsten als einen »Weg nach unten« dar.

6. Am Schluß des Romans erscheint die Einsicht in die eigene

Durchschnittlichkeit wie das Ziel einer Bekehrung. »Leben will ich wie jeder andere, wie einer vom Haufen!« Allerdings wird jedes Pathos, das eine solche dramatische Wendung auf sich zieht, wieder zerstört. Als Botschaft für andere taugt diese Erkenntnis nicht. Bei den alten Gefährten ruft sie nur Rätseln, beginnendes Begreifen und Eingeständnis des Nichtvermögens hervor. »»Warum muß denn das Leben so schwer sein? Es ist doch nur Leben!‹« »›Einfach da sein und leben‹. – ›Ja, aber wie macht man denn das? Wie denn?‹« Auch die Lehre von der Einfachheit ist etwas, was die Intellektuellen, die enttäuschten Emigranten sich ausgedacht haben. »Zurechtgedachtes wird immer vom Lebendigen zerkrümelt«.

VIII.
PROVOZIEREN BIS ZULETZT
1960-1967

Als Dichter eines kräftigen, lebensmächtigen Materialismus verhielt sich Graf auch zu den eigenen Lebensumständen ausgesprochen faktisch-materiell. Er hatte das selbstverständliche und immer wieder peinigende Faktum, daß alle Menschen sterben müssen, oft genug in passenden wie in unpassenden Zusammenhängen ausgedrückt, unnachgiebig und doch nicht unbarmherzig. Er hatte in dem »Dreck«, aus dem wir alle gemacht sind und zu dem wir wieder werden, einen sonderbaren Trost, jedenfalls einen unwiderleglichen Einwand gegen alle Überhebung erkannt. Nun, da es ihn selbst treffen sollte, wie die nicht abreißenden Krankheiten seiner letzten Jahre ihm vor Augen hielten, stellte er sich »ungeschmerzt und ungeschreckt« auf sein Ende ein. Je weniger Zeit ihm blieb, umso mehr suchte er der davonlaufenden Lebenszeit abzugewinnen. Nicht nur Lust und Arbeit, vor allem Erkenntnis, rücksichtslose Wahrheit sollten die ihm noch verbleibenden Jahre hergeben. Er hatte »keine Zeit« mehr, sich zu verstecken oder drumherum zu reden, das betonte er oft. Sein Alter drängte ihn, die noch ausstehenden Einsichten, die Lösung der offengebliebenen Probleme – und genaubetrachtet war alles an seinem Leben und Schreiben problematisch geblieben – jetzt endlich und endgültig, radikal, oft mit unzureichenden Begriffen zu suchen. Befremden und Anstößigkeit scheute er noch weniger als in seinen früheren Verlautbarungen. »Was wahr ist, schaut oft recht seltsam grob aus«.

An schriftstellerischen Werken waren die letzten Jahre weniger produktiv als die früheren Epochen. Sie brachten aber immer noch überraschende Erkenntnisse, Skrupel, auch denkwürdige Vereinfachungen. So schwer und mühsam diese letzten Lebenjahre waren, Graf hat sie mit einer Intensität gelebt, die unseren Respekt bis zuletzt herausfordern würde – wenn nicht »Respekt« gerade das wäre, worauf er lebenslänglich am meisten pfiff.

Noch viel zu tun

Medizinisch gesehen hatte Graf kein schönes Alter. Asthmaanfälle bannten ihn viele Tage ins Zimmer, besonders im Winter und bei Wind. Ischias und Hexenschüsse legten ihn lahm, krümmten ihn zusammen; manchmal mußte er sich in ein Auto oder aus dem Flugzeug tragen lassen. Gallen- und Leberkoliken vergällten ihm seine Reisen wie sein Dasein zu Hause. Dazu kamen mehrere

Herzliche Grüße
vom Provinzschriftsteller

OSKAR MARIA GRAF, Dr. h. c.

Nachdem ihm 1960 von der Wayne State University of Detroit/Michigan die Ehrendoktorwürde verliehen wurde, warb Graf mit diesem Prospekt für seine auf der Rückseite aufgeführten lieferbaren Bücher.

Lungeninfektionen, eine Rippenfellentzündung, Darmblutungen, Verdacht auf Magenkrebs, eine Rauchvergiftung, eine Medikamentenvergiftung und verschiedene Neuralgien, zeitweilig so schmerzhaft, daß er es nur mit täglich 8-12 Togal-Tabletten aushielt. Die Krankheit wurde allmählich die »aufdringliche Allbeherrscherin« seiner Tage. Aber so sehr er gezwungen war, sich mit ihr zu beschäftigen – seine späten Briefe sind voll von Klagen und Selbstverhöhnungen –, noch mehr dachte er an das, was er noch zu tun hatte. »Jede gesunde Minute« wollte er ausnützen. Er lernte, »sehr ökonomisch« mit seiner verminderten Arbeitskraft umzugehen. Das Altwerden und die Krankheitsattacken trafen ihn vor allem deshalb so schwer, »weil ich noch soviel will und tausend Pläne habe«.

Ein kleines Comeback

Aus der Verzweiflung, in die Graf durch den Verlust Mirjams gestürzt war, riß ihn eine erstaunlich vielfältige Hilfe aus Deutschland sowie eine unerwartete Ehrung aus Amerika heraus. Er hatte für Mirjams Pflege hohe Schulden machen müssen; er hatte sich deshalb an Hugo Hartung und wenige Getreue gewandt; jetzt bekam er von der Westberliner Akademie der Künste, vom Bayerischen Rundfunk, vom Südwestfunk und von anderen Stellen, z. T. wider Erwarten, beträchtliche Summen, damit er nicht in Not geriet. Von der Wayne State University in Detroit, an der die erste Dissertation über ihn entstanden war, wurde er zum Ehrendoktor ernannt und wurde unter allen Ehrendoktoren besonders beklatscht. »Ich muß also doch ein bißl bekannt und geschätzt sein in der Welt, ob durch meine Bücher oder wegen meiner Haltung weiß ich nicht«.
Seine Bücher fanden nicht den gleichen Erfolg, doch eine allmählich anwachsende Aufmerksamkeit. Die Deutsch-Professoren in Detroit wollten gleich eine Gesamtausgabe seiner Werke zustande bringen, in Deutsch und später in Englisch. Davon wurde nichts verwirklicht, nur den Anstoß, seine Essays zu veröffentlichen, verfolgte Graf selbst weiter. Auf dem westdeutschen Markt aber erhöhten sich in den sechziger Jahren seine Chancen. Graf nutzte sie nach Kräften. Er wollte sein gesamtes Werk wieder präsentieren. Seit 1960 schickte er seine Münchner Freunde in den Antiquariaten herum, ihm seine alten Bücher in mehreren Exemplaren neu zu besorgen. (1933 hatte er die wenigsten seiner Werke ins Exil mitgenommen). Er war froh, daß vor allem seine »Hauptwerke«

WIR SIND GEFANGENE und DAS LEBEN MEINER MUTTER wieder erschienen. Er legte eine neue Sammlung seiner ländlichen Geschichten vor, den GROSSEN BAUERNSPIEGEL, der außer bei Desch auch als Taschenbuch und in der Büchergilde Gutenberg erschien. Die Pläne für eine neue Zusammenstellung seiner KALENDERGESCHICHTEN, für die umfassende sozialkritische Erzählsammlung »JEDERMANNS GESCHICHTEN«, für einen Band Märchen stammen ebenfalls aus den Jahren 1962-1964. Seine Lausbubenstreiche (1932 unter dem Titel DORFBANDITEN) erschienen in einer neuen Zusammenstellung (GRÖSSTENTEILS SCHIMPFLICH). Seine Essays aus dem Exil (AN MANCHEN TAGEN) und seine anonym veröffentlichten Gedichte aus dem Exil (ALTMODISCHE GEDICHTE EINES DUTZENDMENSCHEN) dokumentierten die Vielseitigkeit seiner Produktion. In den langen Vorworten präsentiert er sie wie eine Ernte aus seinem reichen Leben. Er hätte gern sein gesamtes Werk bei einem Verlag zusammengefaßt. Ein »Generalvertrag« kam allerdings nur für neun Werke und erst 1966 mit dem Desch-Verlag zustande. Für manche Titel holte Graf seine Rechte jetzt von DDR-Verlagen zurück, wo sie ihm zu lange »auf Eis« lagen. Prinzipiell aber wollte er weiter im Osten wie im Westen erscheinen.

So sehr er bei seiner ersten Reise nach München auf seinen Lederhosen bestanden hatte, für sein literarisches Comeback suchte er jetzt das Image des »Seppl«, zu korrigieren. Er konnte sich zwar noch ähnlich provozierend wie früher »firmieren«, z. B. als »behäbiger, stockiger Bayer«, der von Weltliteratur nicht viel verstände. In einer selbstironischen Anpreisung seiner Werke, die er seit 1963 seinen vielen Sendungen an Zeitungen beilegte, nennt er sich: »Dr. h. c., Provinzschriftsteller. Spezialität: Anfertigung von Drucktexten lyrischer, satirischer und belletristischer Art in jeder gewünschten politischen Tendenz«.[1] Aber er bestand auf dem Ernst auch im Spaß, er entwickelte einen gewissen Stolz auf sein Werk. Die »Verantwortung« des Schriftstellers wurde jetzt sein zweites Wort, wann immer er über Literatur sprach. In der Einleitung zur Neuausgabe von WIR SIND GEFANGENE stilisiert er sich zum »Wortführer« seiner Generation. Wo er in Sendungen und Artikeln übergangen wurde, konnte er sehr pikiert reagieren. Weil die Offiziellen seiner Heimatstadt ihn zu wenig ästimierten, verstieg er sich gegenüber Freunden zu der Behauptung, er sei »eben der einzige Bayer, der schließlich in der Welt bekannt ist (und ich wage fast zu sagen, mit einigem Recht!)«. Den »Förderungspreis für einen Dichter«, den sie ihm statt des begehrten Kulturpreises zuerkannten, fand er »geradezu eine Beleidigung«–»Denn bei mir ist nichts mehr zu fördern«.

Das persönliche Comeback bei den vier Besuchsreisen nach Deutschland (1958, 1960, 1964, 1965) war lockerer, weniger mühsam, manchmal begeisternd. Es war aber ebenfalls nicht ohne Irritationen. Mit den jungen Leuten, Studenten und anderen, diskutierte er manchmal ganze Nächte lang. Von »konkret« versprach er sich viel und gewann zu einigen seiner Radakteure eine herzliche Beziehung; ebenso zum Redakteur der bei Desch verlegten Zeitschrift »Die Kultur«, Hans Dollinger. Dennoch meinte er im ersten Entwurf eines Vorworts für seine »Jedermanns Geschichten«, sie richteten sich an die 40-80jährigen. Die Jugend könne er mit diesen Geschichten nicht mehr erreichen, sie würden höchstens darüber lachen. Seine Verbindung zu den »Halbstarken« der sechziger Jahre, in denen er ebensolche »jugendlichen Verbrecher« sieht, wie er als »Dorfbandit« einer gewesen sei, blieben sehr ungefähr. Die Erinnerungen, die er mit alten Freunden austauschte, waren verklärt. Er glänzte im Erinnerungsbild seiner Freunde. Beim späten Besucher und alten Mann mischte sich mit dem Glanz auch gelegentlich Enttäuschung. Beides verstand er aber auszukosten.

Rückblick in Zorn und Lust

Graf letztes großes Werk, GELÄCHTER VON AUSSEN, ist ein weiterer Teil seiner Autobiographie und unterscheidet sich fundamental von seinen autobiographischen Schriften bis zum LEBEN MEINER MUTTER. Es ist ähnlich radikal in der Selbstentblößung, noch gehässiger im Umgang mit der eigenen täppischen oder verlogenen Person. Aber das Verhältnis zu dieser Person, die er einmal gewesen ist, hat in dem Spätwerk fast alle Emotionalität und Pathetik verloren. Es ist nicht wirklich »gelassen«, wie Graf behauptete und wie manche Kritiker ihm nachsprachen. Es ist vor allem fremd, manchmal bestürzend und beißend fremd.

»›Unser Leben ist nichts anderes als ein Geschwätz und ein Gelächter‹, habe ich mir früherszeiten einmal, wie ich noch Gedichte verfaßt habe, als Anfang einer Verszeile ausgedacht«. Gerhart Haug fand schon an FRÜHZEIT: »Das ganze Buch wirkt wie ein unmäßiges Gelächter auf diese unsere Zeit«. Im Alterswerk wird das Lachen vollends »niederreißend«, nicht nur »kutschergroß« und unreparierbar respektlos, sondern auch ausgesprochen ätzend. Graf beruft sich auf die »vernichtenden« Satiriker von Rabelais bis Heine. Er findet bei ihnen wie in seinem Spätwerk den Hohn deshalb so umfassend, weil dieser angeblich nicht vom Autor ausgeht und sich nicht durch eine freundlichere Auffassung vom Leben überwinden ließe. Das Hohngelächter schallt »aus dem Unsichtbaren«, von »oben und unten«, jedenfalls »von außen«. Es zerrüttet ihn, füllt seinen Körper »mit einer unbeschreiblichen Fadheit«. Es verwandelt unser ganzes Leben in »eine einzige graue Riesentrivialität«. Das einzige Mittel, das Gelächter über ihn zum Verstummen zu bringen, sieht er schließlich im eigenen Lachen – sofern er lachen kann, d. h. wenn aus dem übriggebliebenen »Bündel« von Erinnerungen einzelne überströmend lustige »aufleuchten« und ihn »befreien«. Ebenso zweideutig, wie sich zur Zeit von FLUCHT INS MITTELMÄSSIGE die tröstende und schauerliche »Mittelmäßigkeit« dargestellt hatte, wirkt jetzt die totale Lächerlichkeit, ja Verächtlichkeit des Lebens. Graf wird von Einsichten in die Entwertung allen Lebens, nicht nur seines eigenen, schockartig getroffen. Er muß sich mühsam dagegen behaupten. Aber er ist es zugleich, der als Schriftsteller diese Einsichten hervorruft und intensiv ausgestaltet.

Die alten, den Lesern z. T. schon bekannten Menschen und Situationen werden verzerrt, sie werden manchmal grotesk und makaber. Dieser fremde Blick scheint mir wichtiger, energischer, für den alten Graf bezeichnender als die fortgesetzte Hingabe an sein bewegtes früheres Leben. Graf entstellt seine eigene Geschichte. Er verallgemeinert sie, streckt sie mitunter, um sein Bild von der Geschichte der Weimarer Republik und von den daran Beteiligten so beißend wie möglich und unausweichlich zu machen. »Um eine erleichternde Rechtfertigung zu finden, frage ich dann meistens, ob so ein sinistrer Zug [seine »schadenfrohe Vergeltungssucht«, jene geradezu hitlerische Rachsucht in mir«] nicht eine allgemeine menschliche Charaktereigenschaft ist«. Aus dem Provinzschriftsteller war unwiderruflich ein Universalschriftsteller geworden. Graf rückt die Revolution in ein so ungünstiges Licht wie noch nie in seinem Werk. Der gute, »muntere« Genosse Seppi, der gegen die »Hundskapitalisten« etwas »Praktisches« machen will, indem er nämlich noch gerissener schiebt als sie, und der dabei plötzlich laut zu singen anfängt: »›Dem Karel Liebknecht haben wir's geschworen‹« – er bildet einen grausigen, vernichtenden Abgesang auf Grafs einstige ebenso gutmütige wie verworrene Hingabe an die Sache der Revolution. In einer früheren Fassung hatte dieses Kapitel die Überschrift »Hoppla – alles kommt ins Rutschen«, mit einem Wort von Toller und einer Vorstellung, wie Graf sie in FLUCHT INS MITTELMÄSSIGE ausgeführt hatte.

Die Hitler-Bewegung wird ebenfalls verlacht, doch mit etwas beklemmendem Lachen. Hitler in seiner Schmierigkeit, seiner »Behendigkeit«, »rüpelhaft-rücksichtslos«, changiert zwischen der im Nachhinein ernstzunehmenden historischen Figur und einem faden ›alten Bekannten‹. Graf läßt ihn regelrecht zappeln, in seinem historischen Auftritt beim Novemberputsch wie in den eigenen (möglicherweise frei komponierten) Zusammenstößen mit ihm. Als entscheidendes Erfolgsgeheimnis der Nazis arbeitet er neben der Militarisierung der Politik und der geschickten Ausnutzung des anwachsenden Elends heraus: die gestohlene Volkstümlichkeit. Hitler habe es verstanden, an den Biertischen, unter den Spießern und grantelnden Münchnern wie »einer von ihnen« zu schimpfen – das habe ihn hoch gebracht. Aus der Erinnerung heraus feiert Graf noch einmal (und übertreibt noch) die Lächerlichkeit der völkischen Bewegung. Im Bewußtsein, was danach kam, fügt er aber auch eine durchgehende Ahnung der Gefährlichkeit ein. Den »deutschen Blick«, das blitzschnelle Umschauen nach Spitzeln, verlegt er aus der Hitlerzeit vor in die Monate des Weißen Terrors 1919. Als dann die Nazis auch bei Papa Steinicke Stinkbomben warfen, will Graf in seiner alten »Narrenlust« die wahre Bedeutung ausgesprochen haben: »Immer noch besser als der Ludergeruch der Revolution!«. Er habe hellsichtig hinzugefügt: »Vielleicht stinkt's bald immer so!« Die wilde Lebenslust, ja Toberei aus den Jahren der Republik wird ebenso wild, furios, unbeherrscht wiedergegeben. Sie bekommt in der späten Darstellung etwas Hektisches, Hybrides. Die Lüste von damals werden mehr zu Kraftakten gesteigert als lustvoll nachgeschmeckt. Manchmal werden sie in Wortmonstren erledigt wie in der Zusammenfassung »Vergewaltigungslust«. Die moralische Rechtfertigung der gelebten und frei dargebotenen »Unmoral« (sie sei am wirkungsvollsten »pazifistisch« und könne, auf alle verallgemeinert, jeden Krieg verhindern) wird als recht dubios hingestellt. An den Erlebnissen mit der »Neuen Bühne« können wir einmal die relativ spontane, zeitlich nahe Wiedergabe (in WUNDERBARE MENSCHEN) direkt mit der abgeklärten und sarkastischen aus weitem Abstand vergleichen. Von der Lustigkeit ist einiges, von dem damals so wichtigen Mut fast nichts übrig geblieben. Was Graf aber damals nicht recht wahrgenommen hatte, das Anwachsen des Nationalismus, während die geschlagene Arbeiterbewegung stillhielt und angeblich Kräfte sammelte, das trägt er aus dem späten Bescheidwissen nach. »›Es deutschelt und deutschelt, wo du hinschaust und hinhörst . . .‹«

Graf empfand sein »Riesenbuch« im Schreiben als »etwas Endgültiges, das mich vollkommen aufzehrt«. Er wollte, daß es »peinlich« empfunden wird, »weil es buchstäblich mit der letzten groben Lapidarität abgefaßt ist«. Nach eigener Erkenntnis ist ihm das nicht oder nur teilweise gelungen. Dabei müssen wir berücksichtigen, daß es ein Torso geblieben ist. Die Darstellung der Exilzeit, wie er sie im Kopf hatte, sollte an Umfang wie an inneren Ergebnissen noch gewaltiger werden als der vorliegende Teil über die Jahre der Republik. Aber Graf verschiebt die Aufmerksamkeit vom gelebten Leben auf die Erinnerungs- und Literaturproduktion und deren Bedingungen: das stand einer Erfüllung seines Ideals der äußersten »Lapidarität« im Wege. Manchmal glaubte er »fast«, »alles Gelebte sei einzig und allein nur dieser Erinnerungen wegen geschehen«. Ursprünglich wollte er sich von den Lesern dieses Bandes verabschieden, indem er wieder einmal an den alten Bauern aus dem »Simplicissimus« mit seinem Spruch erinnert: »›Ha, lachen tät' ich, wenn wir einen falschen Glauben hätten!‹«, und nun in eigener Person hinzufügt: »›Lachen tät' ich, wenn jetzt alles erstunken und erlogen wär' . . .‹«.

An vielen Stellen in GELÄCHTER VON AUSSEN stellt Graf fest, daß er das Geschehene nicht wirklich fassen kann. »Mir selber kam zeitweise alles fast unwirklich, traumhaft und gespenstisch vor.« Die Diskrepanz zwischen der wirklich ablaufenden Geschichte und dem persönlichen Fassungsvermögen wird zu einem Darstellungsprinzip gemacht. Die Erlebenden, sofern sie ehrlich sind und sich nicht selbst verblenden (mit Theorien oder womit auch immer), bleiben fassungslos. Sie können sich nur ihre Ohnmacht eingestehen. Der Autor ist nicht dazu da, das nachträglich zu bessern. Die schonungslose Ehrlichkeit, um die sich Graf von seinen frühen autobiographischen Schriften an bemüht hatte, bekommt hier eine neue strenge, nicht direkt praktische, aber in jedem Sinne moralische Wendung. Die Schuld an der Krise – am damaligen Versagen, an den weiterwirkenden Verlogenheiten und Kläglichkeiten im Zustand der Gesellschaft – sieht Graf jetzt darin, daß die Menschen die Schuld bei anderen suchen, auf andere ablenken, mit Rachsucht reagieren statt mit der Erkenntnis: »›Du bist die Schuld und das Gericht‹«. »Dieses Nichterkennen, daß wir alle – der einzelne und die Völker – schuldig sind, die Feigheit, daß keiner mit sich selbst zu Gericht geht und bis ins Letzte ausdenkt, warum und wieso es dazu gekommen ist, daß er sich in diese Schuld hineinreißen ließ – daß *ist's*, woran wir in dieser Zeit alle kranken.«

»Dichten ohne zu trachten?«

Als die Erfolge in kleinem Umfang sich wieder einstellten, wurde unser Autor auch wieder selbstbewußter und lauter als in den bedrückenden fünfziger Jahren. In seiner Poetik aber setzte sich die Wendung zur Bescheidenheit fort. Sie wurde bis zur Abdankung des planenden Subjekts weitergeführt. Der alternde Dichter entwickelte eine ausgesprochen anheimstellende, ja kontemplative Position. Er hörte nicht auf zu provozieren, aber er sprach und schrieb selbst dabei toleranter als je zuvor. »Ich dichte, ohne zu trachten«, hatte Ehrenstein geschrieben. Graf bemühte sich um das gleiche.

Otto Koch, der erst 1961 als junger Emigrant zu Grafs Stammtisch gestoßen war, schilderte mir seinen Eindruck von dieser faszinierenden Persönlichkeit: vor allem geduldig, reif, dabei gar nicht abgeklärt, oft unberechenbar, aber doch durchdacht, eine selbstverständliche Autorität. Gegen die »schauerliche Zeit« und gegen jedes äußere »Muß« setzte Graf jetzt nichts als das unverfälschte Ausleben der eigenen Individualität. Das hieß z. B.: »Jene tiefe Heiterkeit und Einsicht zu erwerben, daß einen nichts mehr anficht, daß man endlich so lebt, wie es einem in den *Sinn* gegeben wird«. Ihm komme es nur noch aufs Verstehen an, schrieb er in einem Manuskript »Gedanken«. »Der Verstehende richtet nicht mehr«. Ein alter Mensch schreibt nicht mehr, um gedruckt zu werden, »er will diskutieren, ja meditieren, monologisieren, er spricht nicht mehr zu anderen, sondern nur noch mit sich«. Selbst die Altersform des Aphorismus wurde ihm wieder fragwürdig. Aphorismen »klingen meist etwas befehlsmäßig, sind ganz auf den Ton ›So und nicht anders ist es‹ abgestellt«.

Ich hab' dies Haus gebaut
für mich und meine Kinder.
Was sie einst tun,
ich kann es nicht verhindern. –«.

Indem Graf immer ruhiger, ja intentionsloser schrieb – viele Gedichte und gedankliche Einfälle enden mit einem »Vielleicht«–, konnten sinnliche Eindrücke wieder (fast) ungehemmt dominieren. »Was einem ganz und gar gelungen, das spürt man körperlich!«, schrieb er an Günter Grass. In den wenigen Geschichten, die er für den GROSSEN BAUERNSPIEGEL noch neu verfaßte, trieb er sein altes Prinzip der Pointen- und »Sinnlosigkeit« auf die Spitze. Er

komponierte Storys aus verqueren Motivationen und Handlungsketten, die sich selbst lähmen. Von guter Prosa verlangt er nur: »daß jeder Satz eine logische Aktivität besitzen muß, um den folgenden zu aktivieren«.[2]
Graf trat als Autor weit zurück hinter dem Geschriebenen. Er blieb aber ein fordernder, aufgeregter, angesichts der politischen Entwicklung vor allem ein furchtbar leidender Mensch.

Der »Weltbürger« und sein politisches Testament

Die Sorge um den Frieden steht für den alten Graf im Mittelpunkt seines Denkens. Der Zweite Weltkrieg als Koalitionskrieg gegen Hitler hatte sein müssen,[3] der Krieg der Amerikaner in Vietnam durfte nicht sein. »Dieser gemeinste, niederträchtigste aller Kriege«, schreibt Graf. »Diesen Krieg wird die ganze Welt noch einmal schwer zu büßen haben«.

In seiner Ohnmacht, irgend etwas Wirkungsvolles gegen den Krieg zu unternehmen, schrieb Graf einen Offenen Brief an den Papst. Er schrieb konzilianter, ja »flehender« schmeichelnder, als je, aber er verlangte, der Papst solle sofort alle exkommunizieren, die Kriege verantworten oder an ihnen teilnehmen oder Atomwaffen entwickeln und herstellen. Er hatte keinen Erfolg und nur ein relativ schwaches Echo. Er schrieb monatelang an Redaktionen und an einzelne, die ihm, meist zweifelnd, auf seinen Aufruf geschrieben hatten. Er rang um die Wirkung der Geste. Auch ein deutliches Wort des Papstes zur Beendigung des Krieges würde wahrscheinlich erfolglos bleiben – »aber es würde in das *Bewußtsein* der Krieger eindringen und sie – wenn ich so sagen darf – unfeindlicher, unkriegerischer und tief skeptisch machen in bezug auf ihr sinnloses Morden«. Graf schrieb aus verstreuten Erinnerungen Friedensgeschichten zusammen, darin den unmöglichen und doch in seiner Intention wegweisenden Satz: »Ich hatte damit als machtloser einzelner den Krieg besiegt«. Er plante zu seinem siebzigsten Geburtstag einen eindringlich-düsteren Band »Die Hunde heulen – der Todesengel ist angekommen«. Er radikalisierte auch den Anarchismus aus seiner Jugendzeit noch: Nicht nur der Staat muß abgeschafft werden, sondern in uns selber muß das »ausgerottet« werden, womit man uns niederhalten kann: »Moral, Anständigkeit, Ehre, Vaterland, Gott, Religion und wie der ganze Mist sonst heißt«. Junge Menschen in die Welt zu schicken, fand er »das beste Mittel gegen Kriege«.

Seine jungen Schriftstellerkollegen mahnte Graf unerbittlich zur öffentlichen Verantwortung, die er jetzt immer stärker von den Intellektuellen verlangte. Er las in den frühen sechziger Jahren ausgiebig, was in der Bundesrepublik Geltung hatte. Er korrespondierte mit einigen (Böll, Grass, Andersch, Jens, Hochhuth, dessen »Stellvertreter« er am überschwenglichsten lobt) und notierte sein wahres Urteil über sie – meist boshaft, selten anerkennend – für sich.[4] Er befragte sie und klopfte ihre Werke draufhin ab, was standhielte, wenn eine neue Krise käme »oder gar Krieg, bei dem ja sowieso nichts mehr zu fragen ist«. Er rang mit ihnen, daß sie, so lange die USA in Vietnam Krieg führten, sich nicht in dieses Land einladen ließen, als ob nichts wäre. Nach einem Vortrag von Grass in New York meldete er sich aus dem Publikum zu Wort: lange, schwer verständlich, um Atem ringend, aber nicht zu unterbrechen – eine Autorität selbst im nutzlosen Protest. Immer wieder stellte er fest, daß die Intellektuellen leider Nietzsche gefolgt seien und nicht Tolstoi. Das wurde zum Stereotyp, er selbst wurde mitunter zum Raunzer. Seine Einmischungen bekamen einen querulantenhaften Ton. Er bekam es zu spüren, er konnte sich aber nicht anders helfen, als das längst Bekannte noch und nochmal zu sagen. Er wollte unbequem bleiben. Er irrte sich auch mitunter wie etwa in der »Moralischen Aufrüstung«, die er (wohl des schönklingenden Namens wegen) unbesehen, direkt neben Martin Luther King zu den Erben Tolstois zählte. Aber er behielt auch im Alter einen klaren Blick auf die Welt. Er war oft entsetzt. Er wurde stumm oder wurde schrill vor Entsetzen. Er ließ sich aber selbst davon nicht lähmen.

Milde und tückisch im Alter

Arbeit, Hingabe, Verantwortung – das nennt Graf, so oft er über die Nutzung der ihm verbliebenen Zeit ausdrücklich reflektiert. Er wäre aber nicht er, wenn sein Leben in derlei bierernsten Beschäftigungen aufginge. Im Alter hat er nicht weniger als in seinen Jugendjahren der Unbeherrschtheit, der Durchbrechung des Gewohnten das Wort geredet. Und gerade in diesen letzten Jahren kamen wieder starke Momente von Behagen und Vergnügen hinzu.

»Gewachsener Nihilismus«

»Ich provoziere stets, wenn ichs für richtig finde, manchmal freilich aus reiner Lust, um den Haufen der Witzlosen und Voreinge-
nommenen zu schockieren«. Das offizielle München schwieg ihn
zwar seit dem Eklat mit der Lederhose tot, aber Graf hatte die Genugtuung, daß er »die Gschwollgeschädelten im Rathaus damals«
ordentlich geärgert hatte. Er verdarb es sich mit den Honoratioren
ebenso wie mit persönlichen Bekannten und früheren Freunden,
aber er konnte das Provozieren nicht lassen.
Sagen, was ist oder was ihm durch den Kopf geht, auch ganz sinnlos wie in seiner Jugend, das machte ihm immer noch Spaß. Bei
Lina Haag im Garten sagte er mitten im Gespräch, laut, so daß es
die Nachbarsfrauen furchtbar schockierte: »Früher haben wir ona-
niert, und jetzt fahren wir VW!« Immer provozieren, auf jegliche
Art! Er konnte es noch schneidend scharf und er konnte es in seiner unnachahmlichen bayrisch-weltmännischen Gemütlichkeit.
Kaum hat er sich über »dieses vollgefressene Bundesdeutschland«
erregt, »wo die Herren Nazis schon wieder obenauf [sind] und
rentenempfängerisch-protzig [sich] herumtummeln«, fügt er wie
ertappt und doch leger hinzu: »Ganz unter uns, Herr Nachbar, a
Rentn hob ja i aa, dös is ganz guat«. Das Motto seines ersten Buches (REVOLUTIONÄRE), Whitmans stolzen Spruch »Ich und die meini-
gen überzeugen nicht durch Gleichnisse oder Reime, wir überzeu-

Unter den zahlreichen hinterlassenen, handgeschriebenen Aphorismen
von Graf befand sich auch dieser mit dem Wortlaut: »›Gottesfurcht‹?
Was für ein schreckliches Wort, was muß das für ein Gott sein, den man
dauernd fürchtet!«

gen durch unsere Gegenwart«, schrieb er den Kirchmeiers als Widmung in seinen GROSSEN BAUERNSPIEGEL und übersetzte es ins Bayrische: »*Mir* san *mir* und schreibn tean ma um *üns*!« Kultur definierte er als Protest, als Dagegensein und Dagegendenken.[5] Selbst dringende Bildungsaufgaben wollte er durch Provokation beflügeln. Heinrich Mann z. B. müsse »in die Sattheit der Bundesrepublik hineinprovoziert« werden. Den »sauberen Herrn« Strauß sollte man weniger wichtig nehmen, lieber »ordinär« auslachen.

In dieser Phase emanzipierte sich Graf von Franz Jung, dem »Selbstquäler«. Er zog ihm jetzt in der Erinnerung den tolpatschiggutmütigen Karl Wähmann vor, »diesen gewachsenen Nihilisten«. Bei allem »gewachsenen Nihilismus« nannte sich Graf in den späten Jahren, wenn er sich ernsthaft nach seiner Weltanschauung gefragt fühlte, »religiöser Sozialist«. Er bekannte sich bis zum Schluß zum Sozialismus. Auch das freilich auf seine Weise, betrachtend, im Rückblick, mit Aufwand vor allem an Stimme. Weil er so gut vortragen könne, bot er noch sieben Wochen vor seinem Tod der Genossin Inge Gabert vom Verlag »Die Brücke« an, Brechts Solidaritätslied (zu singen?) und ein Dutzend sozialistische Gedichte von Herwegh bis heute auf Band zu lesen, damit der Verlag eine Platte daraus herstellen könne ...

Lebenslust und eine große Hilfe

Noch ein Jahr nach Mirjams Tod schrieb Graf, er könne aufheulen, wenn er das Schränkchen mit ihrer Urne sah. Dieses Leid wurde allmählich zurückgedrängt. Er fand Trost, er ließ sich trösten von »Gisa«. Ihr verdankte er einen großen Teil seiner Kraft in den letzten Lebensjahren. Daß er nach dem Tiefpunkt der späten fünziger Jahre wieder an sich und an den Wert seines Schreibens glaubte, führte er selbst und führten seine Freunde vor allem auf den Einfluß der jüngeren, lebenslustigen Kameradin zurück. »Gisa macht mich jung und glücklich«, sagte er einmal zu Gerda Schaber. Er konnte die Beziehung aber auch drastisch-utilitaristisch einschätzen: »Ich brauche immer einen etwas resoluteren Menschen, der das Automatische für mich macht, sonst bin ich hilflos«. »Hilflos« bezieht sich hier vor allem auf seine englischsprechende Umgebung, mit der er allein eben nur atmosphärisch, nicht amtlich und geschäftlich voll zurechtkam. Gisa erledigte an den Wochenenden (denn sie behielt weiter ihre Stellung bei der UNO, anfangs auch ihre eigene Wohnung) seine englische Post »und sonstige Angelegenheiten«. »Dann fahren wir mit ihrem Auto irgendwo aufs Land«. »Die ›Leute‹ natürlich rümpften die Nase und redeten, als ich nun mit Gisa zusammenging, aber was wollte ich in diesem bitteren amerikanischen Menschendschungel schon machen?« Die Beziehung nicht, aber die Ehe (seit Juni 1962) hielten sie aus einer Art von Trotzreaktion vor den meisten Freunden geheim. Manche erfuhren erst bei seiner Beerdigung, daß Gisa mit ihm regelrecht verheiratet gewesen war.

Gisela Graf, laut Marta Feuchtwanger »die charmanteste Frau«, die sie seit langem getroffen hatte, brachte Bewegung auch in Oskars äußeres Leben. Sie redete ihm zu, daß er in den Wintermonaten das bei seinem Asthma unerträgliche New York verließ und sich mit ihr in Arizona erholte. Sie begleitete ihn auf den beiden letzten Europareisen 1964 und 1965. Sie hielt ihm manche Leute vom Halse und hielt wichtige Kontakte aufrecht, wenn er selbst wegen Krankheit oder Überlastung nicht schreiben oder mit Besuchern reden konnte. Sie hat sich dann, einige Jahre nach seinem Tod und unermüdlich bis heute, für die Neuauflagen, die weit fortgeschrittenen Werkausgaben und die nicht mehr abreißende öffentliche Erinnerung an Graf ebenso geschickt wie hartnäckig eingesetzt. Als ausgesprochen aufmunternd und belebend wirkte und wirkt sie auf viele Zeitgenossen. Grafs Tochter nennt sie bis heute »unser Taifunerl«.

Graf kam dank dieser Lebenshilfe auch mit den letzten schwierigen Jahren seines Lebens zurecht und hat diese Jahre immer noch genossen, manchmal mit einer massiven, dick aufgetragenen Lustigkeit, die für Außenstehende teils ansteckend, teils erschütternd wirkte. Seine alten Genüsse wurden spärlicher. Er mußte das Rauchen einschränken, durfte immer weniger trinken, konnte seltener ausgehen, zuletzt gar nicht mehr allein. Er klammerte sich an die Sexualität, die er sein Lebtag mit solcher Begeisterung erlebt und gefeiert hatte. Nach seinen Äußerungen behielt er seine Begeisterung dafür, verallgemeinerte sie noch, verlagerte sie nur immer mehr ins Nachdenken darüber. »Dieses hinreißende Körpergeschenk« nennt er das sexuelle Verlangen im Widerspruch gegen alles verlogene Gerede darüber. Er zitiert aber auch Nanndls Urteil nach ihrer ersten Erfahrung: »›Ganz schön. Aber ein tierischer Akt ist's doch‹«. Er besteht darauf, daß wir alle »nutzungs- und triebgefangene arme Luder« seien. Der existenzialistischen Deutung als »Pfahl im Fleisch« setzt er den leger-katholischen Umgang mit der »Unkeuschheit« entgegen, »zu der es uns ja mehr oder weniger immer wieder hinzieht«: Man kann es ja wieder beichten, dann ist die Sünde weg, und schön ist es doch gewesen.

Bis zuletzt blieb Graf der gute, hingebungsvolle Freund und sehr angewiesen auf Freunde. »Solche Menschen« wie den längst nach Wien zurückgekehrten Josef Luitpold Stern »sollte man sich ins eigene Leben einverleiben«, schrieb er einem jüngeren Freund in Wien. Asher erwähnt in seiner Abschiedsrede zu Grafs Einäscherung, daß Oskar gern und häufig jemanden einen »wunderbaren Menschen« genannt habe. Nicht unbedingt Zustimmung oder Bewunderung habe er damit ausgedrückt, sondern daß er ihn so (so »echt«) gelten lassen wollte, wie er war. Nachträglich fügte Asher hinzu, daß ein »wunderbarer Mensch« in Grafs Sicht immer auch einer war, der die genaue Beobachtung und literarische Darstellung lohnte.

»Am Ende eines rücksichtslos gelebten Lebens«

Graf erlebte sein Altwerden ausgesprochen sorgfältig. Trotz der Altersbeschwerden gefiel er sich als alter Mann. Sein Ende führte er mit Ruhe im Munde. Als alter Emigrant faßt er es in die Worte, »daß unsere Aufenthaltsbewilligung auf dieser Welt bald abgelaufen sein wird«. Seine Tochter mahnt er, sie solle an ihre Gesundheit denken. »Ich merk wie ich in Deinen Jahren Raubbau an meiner Gesundheit getrieben habe – dennoch, unter uns, bedauern tu ich's doch nicht, denn ich habe auch dementsprechend gelebt«. »Gelebt hab ich mir genug«, schrieb er in seinem vorletzten Jahr. Gleichzeitig »lauerte« er darauf, noch einmal nach Europa zu fahren und es sich gründlich anzusehen. Nach GELÄCHTER VON AUSSEN fühlte er sich »abgetakelt und nicht mehr viel wert«. Je älter er werde, umso weniger wollte er noch »literarisch schreiben und gewertet werden«. »Ein lustiger Wirtshausunterhalter« wolle er werden, »sonst nichts«.

Mindestens für seine Gedichte verwirklichte er sich jetzt einen Jugendwunsch: daß geistige Produkte anonym erscheinen sollten. Er ließ seine seit vielen Jahren vorbereitete, immer wieder geänderte Gedichtsammlung schließlich als ALTMODISCHE GEDICHTE EINES DUTZENDMENSCHEN erscheinen, ohne Verfasserangabe. Die meisten Rezensenten und Käufer und viele der etwa hundert Leser, denen Graf das Buch auf seine Kosten schicken ließ, erkannten den Autor nicht. Mit etwas durchsichtigerer Verkleidung stellte er seine eigenen Gedichte vor, wenn er eins davon unter vielen Gedichten von anderen vorlas: »von einem ungenannten Dichter«. Graf wollte wenn nicht faktisch, so doch wenigstens zeichenhaft zurücktreten in ein Kollektiv von Produzenten, in dem es auf die Produktion und ihre Eigenart sehr, auf die zufällige Person des Autors aber nicht ankommen sollte.

Im Schutz des Alters, dem herkömmlicherweise eine Wiederanknüpfung an die früheste Jugend zugebilligt wird, propagierte Graf die »Sentimentalität«. In seinem Gedichtband und dem langen Vorwort dazu behandelt er die »Konfession« als den unzerstörbaren Hauptantrieb zum Dichten. »Herz« ebenso wie »Spürsinn« kennzeichnet sein Verhältnis zu den Gedichten anderer. Er bekennt sich dazu, »geliebte Gedichte als nie abstumpfende Herzenserwärmer und zum Nachdenken anregende Gemütserfrischer« in der Erinnerung zu bewahren. Von seinen Lyrik-Lesungen sind leider nur aus den letzten Jahren einige Proben aufgezeichnet. Mit welcher Inbrunst er gelesen, wie er die Höhen und Tiefen der geliebten Gedichte ausgekostet hat mit seinem Stimmraum, seiner Vorstellung, auch mit etwas Humor, doch ohne Lachen, das ist, selbst auf den bloßen Klang reduziert, noch beeindruckend und gibt eine Ahnung vom ernsthaften Sinn wie vom reichlichen, legeren Gebrauch seiner Alters»sentimentalität«. Graf wollte noch im letzten Jahr (zusammen mit Fritz Bergammer, Otto Koch u.a.) eine Anthologie seiner Lieblingsgedichte herausgeben: »Was wir liebten und noch lieben«. Ein ziemlich vollständiger Plan ist im Nachlaß erhalten. Der Schwerpunkt liegt auf gefühlvollen, formal »altmodischen« Gedichten. Graf präsentiert sie in sehr ähnlichen Abteilungen wie seine eigenen ALTMODISCHEN GEDICHTE, z.T. unter konventionellen Rubriken, wie sie in jeder Anthologie zum Schulgebrauch üblich sind, z.T. mit spezifisch Grafschen Zuordnungen wie »Leid und Empörung«, »Hingabe«, jetzt auch »Ruhe, Erinnerung, Versöhnung«. Im Vorwort dazu, ZURÜCK ZUR SENTIMENTALITÄT!, dem letzten theoretischen Text, den er veröffentlicht hat, begründet er, warum er so entschieden für die alte, verachtete »Sentimentalität« eintrat. Sentimentalität in Grafs Sinne ist »absolute Ehrlichkeit zu sich selbst«, das »untrügliche Kennzeichen des Freimütigen«. Die »Dichter für Dichter« wirkten nicht, Grass könne niemanden »ergreifen«, weil er selbst nicht ergriffen sei. »Nur der Sentimentale ist fähig, seinen Mitmenschen so anzusprechen, daß er zum tätigen Menschen*bruder* wird!« Die »allmächtige Sentimentalität« sei freilich nicht schon als solche eine positive Kraft, vielmehr eine »dämonische«. Hitler habe die Kunst der ergreifenden Rede, wie in Trance, in unheimlicher Weise beherrscht. Dennoch solle die »traumfeindliche, rein tüchtigkeitsbesessene Intelligenz« nicht in ihrer Ferne vom Volk verharren, sondern sich dieser dämonischen Kraft anvertrauen, »die alle Dichtung erzeugt und erfüllt«.

Sicherlich enthält die »Sentimentalität«, wie der alte Graf sie propagiert hat, ein Gutteil Rührseligkeit. Graf scheute auch die Berührung mit dem Kitsch nicht.[6] Er war sich bewußt, etwas nicht Gefragtes, ja Anstößiges in die Debatte zu werfen. Die Sentimentalität enthielt aber auch einen Virus der Unruhe, sie konnte sich in keinerlei Behagen erfüllen. Dichten ziele auf etwas in sich »Unmögliches«, schrieb Graf in einer anderen Notiz. Jeder Schriftsteller strebe danach, »das Geschriebene irgendeinmal mit seinem Leben in Einklang zu bringen«. Aus diesem Bestreben entspringe alle »Lust« des Schreibens, die Unerfüllbarkeit aber produziere die »dunkle Sehnsucht«, »berserkerische Selbstverhöhnung« und den »verzweifelten Versuch des Glaubenwollens an das ›Reine‹ und ›Gute‹ im Menschen.« Grafs letztes Wort angesichts des unlösbaren Widerspruchs ist seine Feststellung der schriftstellerischen »Eitelkeit«.

Heimgeholt?

In den letzten drei Jahren seines Lebens bemühten sich die Freunde, Graf nach München zurückzuholen. Der damalige Oberbürgermeiser Hans-Jochen Vogel und ein zu diesem Zweck gegründeter »Arbeitskreis Oskar Maria Graf« setzten sich redlich dafür ein. Sie hatten aber wenig Mittel zur Verfügung; Graf wurde über die »Schäbigkeit« der Angebote zunehmend verärgert. Er wollte trotzdem zurück. Er hatte sich sogar schon für eine Wohnung entschieden und machte Pläne zum Transport seiner Sachen, da vereitelte eine weitere Steigerung seines Asthmas den letzten Europabesuch und schließlich alle Pläne. Seine Asche kehrte nach Deutschland zurück. Sie wurde ein Jahr nach seinem Tod auf dem Bogenhauser Friedhof in München in Anwesenheit der Witwe Gisela Graf und des Oberbürgermeisters feierlich bestattet.

Sein »langjähriges monologistisches Eremitentum in New York« war ihm schließlich leid geworden; dennoch blieb es dabei. Von Deutschland aus wurde er nur als weit entfernt wahrgenommen, räumlich wie zeitlich. »Ein Urbayer, der irgendwo um 1933 [!] ins

Nichts oder All entschwand [!]«. Selbst manche lobenden Erwähnungen werden mit einem solchen Verhau von Mißverständnissen umstellt, als lebe der Autor in einer anderen Welt. So war z.B. im »Spiegel« die Rede von einem »linksvitalen Bayern«, einem »Voralpen-Gorki« und »kernig-radikalen Bürgerschreck«. Im Vorspann zu seiner letzten Veröffentlichung wurde er zu einem sozialdemokratischen Schriftsteller ernannt und auf zwei aktuelle Autoren bezogen, die ihm so fern standen wie nur denkbar.

Als geistige Potenz, mit seinem literarischen Werk wurde Graf denn doch schließlich nach Deutschland zurückgeholt, in seinen letzten Lebensjahren und zunehmend nach seinem Tod. Wie er sich sein Lebtag dort zu Hause gefühlt hat, wo deutsch gesprochen (und gelesen!) wird, so darf er heute als wiedereingebürgert gelten. Schließlich wurde er sogar in seiner Heimatgemeinde Berg wieder zu Ehren gebracht. In New York lebt er nach im Gedächtnis einer immer noch großen Zahl von Freunden. In Deutschland dagegen, z.Zt. vor allem in der Bundesrepublik, wo seine Werke gelesen, vorgelesen, diskutiert und erforscht werden, da lebt er. »Das ganze Deutschland soll es sein!« schrieb Ludwig Marcuse zu Grafs Tod. Er ist wieder präsent, aber er ist anders präsent als die, die immer hier gelebt haben. Seine Emigration, sein Weltbürgertum und die bittere Diaspora seiner letzten Jahre haben ihn wie sein Werk wie dessen Geltung hierzulande gezeichnet, ich hoffe: nicht nur negativ. Er selbst konnte sich überraschend optimistisch und selbstbewußt zu der Entfernung von seiner Heimat verhalten. »›Wir sind die Diaspora, das Salz der Erde‹, pflegte er zu sagen«. Es käme darauf an, ihn so vollständig wie möglich heimzuholen und sich das nicht zu billig zu machen – nicht so, als ob ›nichts gewesen wäre‹.

Der bayerische Bäckerssohn in New York, porträtiert Anfang der achtziger
Jahre von dem Nürnberger Maler Matthias M. Prechtl.

DIE SUMME EINES LEBENS UND VIELER BÜCHER

»Voll Lärm und voll Gelächter, doch zuletzt
Verschämt vielleicht, verborgen von dir selbst«.

Was ist schließlich aus diesem Leben, aus Grafs intensivem Beobachten und Schreiben ›herausgekommen‹? Was davon wäre zu behalten?
Die Frage nach dem ›Eigentlichen‹ am Ende eines solchen Lebensgangs ist ebenso naheliegend wie täuschend. Graf selbst hat in vielen Erzählungen die Frage zugespitzt, was das Eigentliche oder Bleibende an einem Menschenleben ist, und er bleibt uns mit seiner strikt objektivistischen oder offen sarkastischen Darstellung die Antwort demonstrativ schuldig. Sein eigenes hartes, wildes, aufwendiges und absichtlich ›fragwürdiges‹, vielen Fragen ausgesetztes Leben sträubt sich gegen jede theoretische Summierung und Vereinheitlichung. Die persönliche, die geistige Leistung dieses ungebärdigen Schriftstellers läßt sich gleichwohl umschreiben. Josef Luitpold Stern hat zu Grafs 70. Geburtstag eine treffende Formel für den Menschen und Autor gefunden: »Dem Mann der Wahrheit, dem Freund der Völker, dem Meister der Erzählung«. Mir scheint es jedoch noch nötiger, uns die Essenz seines Denkens und Wollens in ihren einzelnen, durchaus problematischen Zügen anzusehen.
Graf blieb sich sein Leben lang treu und hat dabei doch seine Meinungen, selbst seine Grundauffassungen vom Menschen und der Gesellschaft sehr geändert. Seine Entwicklung ist durchdacht, konsequent, von der harten miterlebten Geschichte erzwungen. Daher kommen alle frühen Erlebnisse und Positionen auch im Alterswerk wieder vor, bewahrt, aber auch überformt, ins »Mittelmäßige« eingeordnet, bis zur Lächerlichkeit oder »Sentimentalität« entstellt. Diese Weiterarbeit und auch die schonungslose Destruktion von Illusionen ist eine Leistung für sich. Dennoch sträuben wir uns als Leser, die Verschiebung und Entwertung in jedem Fall mitzumachen. Wir wollen uns in den achtziger Jahren die Bemühungen der zwanziger und dreißiger Jahre nicht unbedingt durch die Brille der sechziger (oder fünfziger) Jahre aneignen. Wir sind noch weiter entfernt, verhalten uns historischer zu ihnen, wollen sie deshalb aber auch ursprünglicher, authentischer gewahrwerden. Wir wollen ihre Illusionen nicht auslassen oder entschuldigen, sondern besser verstehen. Grafs frühe Geschichten

behalten ihren eigenen Sinn und Pfiff, oft einen kräftigeren als die »verbesserten« Fassungen aus der Zeit, als er mehr Geschmack und Kunst gelernt hatte.

Wir sind Gefangene; wir suchen unser Leben lang uns zu befreien. Graf rückt uns unsere Eingesperrtheit, auch da, wo wir uns ziemlich frei vorkommen, unerbittlich vor Augen, und er läßt uns in diesem Zustand keine Ruhe. Durchweg hat er es mit »kleinen« Leuten zu tun, mit »Mittelmäßigen« und ihren bescheidenen Lebenswünschen. Die Menschen, wie er sie zeichnet, neigen zur Anpassung – das ist ihre kleine Seligkeit und die große Falle für sie. Graf läßt sie diesen ebenso begreiflichen wie fatalen Hang nie einfach ausleben. Kein Ich, keine Intimität, keine Autonomie oder Kompetenz im eigenen engen Lebensbereich bleibt so bestehen, wie sie angelegt waren. Von FINSTERNIS und WIR SIND GEFANGENE an bis zur UNRUHE UM EINEN FRIEDFERTIGEN und noch in den zerrissenen Produkten des Alterswerks kommt das Ich und sein Glück nur als das geknickte, gekränkte vor, das von den wütenden Kräften der Geschichte beschädigt oder vernichtet wird. »Verbirg dich nicht in dir. Dort finden sie dich am leichtesten« (Lec).

Anders als die meisten schreibenden Zeitgenossen traute Graf auch den Sicherheiten des Denkens und der allmählichen Aufklärung nicht sehr. Der alte Bauer, der sinniert, was denn wäre, »wenn wir den falschen Glauben hätten«, ist ihm lieber als alle Besserwisser und Sendungsbewußten. Grafs Ausweg steckt gerade in seiner Programmlosigkeit. Alle offiziellen Doktrinen und Richtigkeiten haben sich in der Geschichte, die er miterlebt hat, als höchst fatal erwiesen. Gemessen an den Forderungen von Zeit- und Gesellschaftskritikern hatte er zumeist das »falsche« Bewußtsein. Er harrte darin aus und gewann ihm wenigstens kleine persönlich beglaubigte, überschaubare, also auch kritisierbare Positionen ab. Das war nicht sehr konstruktiv. Zum prinzipiellen Neinsagen und zum konkreten, eingreifenden Widerspruch reichte es aus.

Graf war auf Erkenntnis aus, radikal. Aber er setzte noch stärker auf den Lebensprozeß, dem er eine eigene heimliche Erkenntniskraft zutraute. »Denn: In allem ist Leben, auch in der Lüge«. Das sagte Sepp Bierbichler in seiner zornigen Ansprache im Postsaal von Aufkirchen zu Grafs 90. Geburtstag und fügte sogleich hinzu: »Sein Schreiben war Kampf gegen die Lüge, um das Leben zu finden«. Ebenso widersprüchlich war seine Einschätzung, wie Graf heute wirkt und wer ihn beerbt. Er zitierte Benjamin: »»Auch die

Toten werden vor dem Feind, wenn er siegt, nicht sicher sein. Und dieser Feind hat zu siegen nicht aufgehört«. Und er sprach mit einem sichtlichen Triumphgefühl aus dem Glauben an die Lebenswahrheit Grafs, die sich durchsetzen werde. Mit keinem seiner starken Sätze kam er Graf so nah wie mit diesem offen hingestellten Selbstwiderspruch.

Sein Leben lang entdeckte, demonstrierte und propagierte Graf die Gleichheit der Menschen. Die Einheit der Menschennatur in regierenden Staatsmännern wie in Lumpen und Tagedieben galt ihm mehr als ihre horrenden und sehr realen Unterschiede, mehr selbst als ihre Macht oder Machtlosigkeit. Das Selbstverständliche machte er sichtbar, aussprechbar. Er hatte den Mut, ein dickes Buch über das unscheinbare Leben seiner Mutter zu schreiben. Doch nie erkaufte er die so gewünschte Einheit mit Gleichförmigkeit. Haben die Chinesen zur Zeit Maos postuliert: »Laßt hundert Blumen blühen ...«, so hieße die Forderung in Grafs bayrisch-universaler Vorstellungswelt: Laßt hundert Misthaufen duften! Nicht einmal das Glücksstreben eines jeden, »the persuit of happiness«, diese gewaltige Grundlage eines weltweit gewordenen Kampfes um Menschenrechte, dürfen wir allzu normhaft oder ideal verstehen. Es gibt bei Graf eine Art von Lebenslust gerade in schiefen, peinlichen, widerwärtigen Situationen; sie verlangt, als solche, ohne Trost und Auflösung, ernst genommen zu werden. Der Mensch ist vor allem labil.

Am berühmtesten wurde Graf durch seine Schonungslosigkeit im Leben wie im Schreiben. Verblaßt sie mit der Zeit? »Die Sprengmeister fingern an den Zündern seiner Bücher – sie entschärfen ihn, indem sie von seiner Brisanz reden«. Loben wir also seine Sprengkraft nicht zu sehr! Fragen wir lieber, ob er vielleicht noch nicht garstig (»bösartig« im Sinne Feuchtwangers) und provokatorisch genug gewesen ist! Graf hatte für nützliche Dinge, für friedliche Produktion, für die Produktivität jedes Menschen viel übrig – und er liebte die Wildheit, er durchbrach gern jede Routine (vor allem der anderen), er verhöhnte alle allzu vollständige Zweckmäßigkeit. Er hatte »eine geheime Liebe für alles Großzügige, alles Großräumige, sei es nun der Katholizismus oder Sozialismus, oder sei es ein Land wie Amerika«. Er übertrieb und verzerrte gern, aber nicht aus Lust an der Entstellung, sondern aus Liebe zu den Menschen, die er in ihrem ›normalen‹ Leben entstellt fand. Seine Provokationen sind (meist) konkret und gezielt. Manchmal sollen sie uns auf die Methode des Anderssehens, des Andersdenkens bringen. Aber sie reißen nur eine kleine Lücke in die Gewohnheiten, sie stürzen nichts um. Graf war Nonkonformist, im Herzen Revolutionär, er wirkte aber nicht revolutionär. Gegenüber der inhumanen und nicht umzuwerfenden politischen Wirklichkeit seiner Zeit verhielt er sich auch leichtfertig, manchmal müde, schließlich sarkastisch und resigniert. Er revolutionierte nicht einmal sein eigenes Metier, auch nicht die Prosa seiner Zeit. Er erzwang bei seinen Lesern keine ganz neue Wahrnehmung der Wirklichkeit, begründete keine Schule des kritisch-sarkastischen Schreibens. Er war kein Lehrer, kein Prediger, kein Vorbild. Er war nur ein einzelner; nach seiner Vorstellung hat noch nie einer eine Revolution gemacht, auch nicht in geistigen Dingen. In optimistischen Augenblicken sah er sich als einen unter vielen und vertraute auf die Kraft des gemeinsamen Willens gegen jede Gängelung. Seine Texte strahlen bis heute den Impuls aus, sich mit ihm in diesem Willen zu vereinen.

»Die Welt – liebe Freunde – ist die Frage und der Mensch ist die Antwort«. Graf hat nur in seinen Jugendjahren noch ruhige Zeiten erlebt – und selbst diese entpuppten sich nachträglich als stille Vorbereitung von vielerlei Aggressionen. Seit seinem zwanzigsten Geburtstag lebte er in »finsteren Zeiten«. Seit dem Ersten Weltkrieg erlebte er keinen richtigen Frieden mehr. Fünfzig Jahre lang suchte er die entscheidende Erfahrung seines Lebens zu verarbeiten: daß die Revolution in Deutschland gescheitert war, daß die Konterrevolution auf der ganzen Linie gesiegt hatte. Seine Bücher sprechen in vielen Tönen davon. Der Gang seines Lebens ist zutiefst dadurch gezeichnet. Er selbst mit seinen Hoffnungen, seinen Narben, seinem gar nicht so lustigen »Humor« war und ist heute noch ein lebendiges Zeugnis dafür. Ein »Rebell«, ein »lebenslänglicher Anti-Opportunist«, das war er nicht nur im kritischen Aufspüren von Beherrschung und Überwältigung aller Art. Er war es vor allem im Verhältnis zu denen, die ebenso beherrscht und abhängig waren wie er. Ihre Rachsucht, ihre Unverträglichkeit oder Unehrlichkeit ist nicht weniger fatal als ihre Unterwürfigkeit, die der Herrschsucht der Oberen genau in die Hand arbeitet. Keine bequeme Hinnahme und Anpassung, keine Seligkeit in ihren Geschäften ließ er ihnen, d. h. uns, durchgehen. Auch die Ausrede mit unserer Ohnmacht nimmt er uns. Auf uns kommt es an, wir sollen die Schuld nicht auf andere, nicht auf die Verhältnisse, auch nicht auf die Herrschenden, die Klassenfeinde oder sonstige Feinde schieben. »Es gibt ja keinen Feind als sich selbst«, hatte ihm Jung schon früh und immer wieder klarmachen wollen. Das vertrug sich schlecht mit der polemischen Struktur von Grafs Erlebnissen und Erzählungen, aber es drang immer tiefer in ihn ein. In einer späten Notiz nennt er seine eigene »These«, das Wichtigste, was er zu sagen hat: »Es gibt keinen Feind«.

Graf selber überwältigt nicht, er sucht seine Leser nicht einmal zu packen. Aber er läßt uns nicht los und nicht ruhig. Er schreibt so, »daß das Herz bewegt ist, aber der Kopf klar bleibt«. »Wenn wir heute ein ›Volk‹ hätten, das Volkserzähler sucht – hier wäre einer«. Friedensfreunde und unruhige Geister aller Art, Demokraten und Sozialisten, Grüne, Alternative und Konservative haben Gewinn davon, ihn zu lesen, Bayern ebenso wie Nichtbayern, Menschen aus beiden deutschen Staaten, aus Österreich und der Schweiz. Er wirkt auch in Übersetzungen. (Vor wenigen Jahren ist eine gekürzte Fassung von WIR SIND GEFANGENE sogar auf Japanisch gedruckt worden). Er selbst hat sein Leben lang mit Mühe und mit Lust seine Bücher unter die Leute gebracht. Er ließ sich aber auch mit Genugtuung versichern: »»Wenn Sie von Menschen schreiben, werden sich auch die Menschen für Ihre Bücher finden‹«

Da haben wir also seine Werke in großer Zahl und Vielfalt. Üppig, streng und leger, geheimnislos und äußerst merkwürdig; alltäglich; skandalös. Im Kern »wie das Leben selbst«, aber deutlicher in ihren unbefriedigenden, unhaltbaren Zuständen und Abläufen. Die erstaunlichsten Vorgänge sind darin zu finden, für vielerlei (aber auch nicht für jeden) Geschmack erzählt. Sie erhöhen unseren Lebensmut. Sie sprechen frei von der Lust und rücksichtslos von den Kosten und Umständen der Lust. Wenn dieses Buch dazu beiträgt, daß noch mehr Menschen zu seinen Büchern greifen, hat es seine Hauptaufgabe erfüllt.

ANHANG

Abkürzungssschlüssel zum Werk Grafs

im folgenden:
SV. = Süddeutscher Verlag, München
BG. = Büchergilde Gutenberg, Frankfurt/M.

A DER ABGRUND, BG. 1981.

AA AMEN UND ANFANG, München (Bachmair) 1919.

AG ALTMODISCHE GEDICHTE EINES DUTZENDMENSCHEN, Frankfurt (Nest) 1962.

B DIE EHE DES HERRN BOLWIESER, SV. 1976.

BA ER NANNTE SICH BANSCHO, BG. 1982.

Br. OSKAR MARIA GRAF IN SEINEN BRIEFEN, hg. G. Bauer u. H.F. Pfanner, SV. 1984.

C DIE CHRONIK VON FLECHTING, SV. 1975.

D DAS BAYRISCHE DEKAMERON, SV. 1977.

DB DORFBANDITEN, Berlin (Drei Masken) 1932.

E DIE ERBEN DES UNTERGANGS, SV. 1985.

EA (DER HARTE HANDEL und) EINER GEGEN ALLE, BG. 1982.

F DIE FLUCHT INS MITTELMÄSSIGE, SV 1976.

FE ZUR FREUNDLICHEN ERINNERUNG, Berlin (Malik) 1922.

FI FINSTERNIS, München (Drei Masken) 1926.

FZ FRÜHZEIT, Berlin (Malik) 1922.

G GELÄCHTER VON AUSSEN, SV. 1980.

GB DER GROSSE BAUERNSPIEGEL, SV. 1982.

GJ DIE GEZÄHLTEN JAHRE, SV. 1976.

GS GRÖSSTENTEILS SCHIMPFLICH, München (Feder) 1962.

H DER HARTE HANDEL, SV. 1978.

HS DIE HEIMSUCHUNG, Bonn (Verlag der Buchgemeinde) 1925.

K KALENDERGESCHICHTEN, SV. 1975.

K I u. K II = KALENDERGESCHICHTEN Bd. I u II, München und Berlin (Drei Masken) 1929.

L BAYRISCHES LESEBÜCHERL, I = München (Langes) 1924.
II = Hannover (Fackelträger) 1966.

LS LICHT UND SCHATTEN, Berlin (Verlag der Neuen Gesellschaft) 1927.

M DAS LEBEN MEINER MUTTER, SV. 1978 ([2]1981).

MM MITMENSCHEN, Berlin (Aufbau) 1950.

N NOTIZBUCH DES PROVINZSCHRIFTSTELLERS OSKAR MARIA GRAF, 1932, Basel, Leipzig und Wien (Zinnen-Verlag) 1932.

n. Graf-Nachlaß in der Bayerischen Staatsbibliothek München.

n. 3/2 heißt: in box 3, folder 2 des Nachlasses.

Pf. Helmut F. Pfanner, OSKAR MARIA GRAF. EINE KRITISCHE BIBLIOGRAPHIE. Bern und München 1976 (zitiert nach Nummern). Zur Orientierung unter den häufigen Angaben mit Pf.: Ab Pf. 292 sind einzelne veröffentlichte Erzählungen verzeichnet, ab Pf. 1457 Manuskripte aus dem Nachlaß (von denen ich nur die unveröffentlichten angebe), ab Pf. 2229 Literatur über Graf.

Q DER QUASTERL UND ANDERE ERZÄHLUNGEN, New York (Aurora) 1945.

S ANTON SITTINGER, SV. 1979.

SU REISE IN DIE SOWJETUNION 1934, hg. H.A. Walter, Darmstadt und Neuwied (Luchterhand) 1974.

T AN MANCHEN TAGEN, SV. 1985.

U UNRUHE UM EINEN FRIEDFERTIGEN, SV. 1975.

V. Oskar Maria Graf, BESCHREIBUNG EINES VOLKSSCHRIFTSTELLERS, Hg. W. Dietz und H.F.
Pfanner, München 1974.

W WIR SIND GEFANGENE, SV. 1978.

WM WUNDERBARE MENSCHEN, Stuttgart (Engelhorn) 1927.

WL IM WINKEL DES LEBENS, Berlin (BG.) 1927.

Anmerkungen

KAPITEL I:

[1] Womöglich hatte der Großvater schon entscheidende Vorarbeit geleistet. Er wird in allen Büchern Grafs nur als zugewanderter armer Rechenmeister vorgestellt. Auf dem Grabstein dagegen, den der stolze Sohn Max (Oskars Vater) ihm setzte, wird er »Bäckermeister von Berg« genannt.

[2] Dankbare Erinnerung von Annemarie Koch. Sie wurde bei dieser Großmutter zu nichts gezwungen, durfte essen, was sie wollte.

[3] In autobiographischen Texten spricht Graf von einem Zweizentnersack (M 394 u.ö.), in der frühesten fiktiven Verarbeitung des Vorfalls (Pf. 312) von einem Zentnersack, was wahrscheinlicher ist.

[4] Graf datiert das später gern vor, auf das Alter von 10 oder 11 Jahren (E 437 und Br. 297).

[5] Graf behandelte, so oft er über den beliebten Pfarrer (Jost) schrieb, die Beschuldigung gegen ihn als zutreffend. Vor der Dorföffentlichkeit wurde der Fehltritt aber nicht nur selbstverständlich verziehen, sondern viel später auch in nichts aufgelöst. Ein anderer soll auf dem Sterbebett bekannt haben, Vater des Kindes zu sein, das den Pfarrer seine Stelle gekostet hatte (Mitteilung von Annemarie Koch, Kempfenhausen).

[6] Aus früheren Zeiten des Vaters fügte Graf (ebenfalls erst im Alter) noch einen überlieferten schwerwiegenden Ausspruch hinzu: »Ob ünser Herrgott der richtige ist, dös stellt sich ja doch erst 'raus, wann wir in die Ewigkeit müassen ...« (T 331).

KAPITEL II:

[1] Nach wiederholten schlechten Erfahrungen nahmen auch diese Hoffnungen eine verdinglichte, fetischartige Gestalt an. Aus der Keksfabrik stahl er Zucker, Mehl und Kekse. »Ich wollte möglichst viel ergattern und mich in einem Berg von Eßbarem einmauern« (W 223).

[2] bis 1917 – danach überwogen bereits die Manöver, vor der harten Arbeit auszuweichen.

[3] Die Gruppe »Tat« München des »Sozialistischen Bundes« wurde 1909 von Mühsam und seinem Jünger Nohl, einem Philosophie- und Theologiestudenten, gegründet und bestand bis 1912, u.a. »dank häufiger Aufmunterung Landauers«. Ihr gehörten anfangs »lauter gebildete Leute« an, »denen um wirklich sozialistische Arbeit zu tun« war: Studenten, Künstler, ein Arzt, Karl Otten schon vor Schrimpf, Graf und Jung. Heinrich Mann, Wolfskehl, Kurt Martens, Ret Marut kamen manchmal zu ihren Sitzungen. Den Hauptbestandteil bildete aber allmählich das Lumpenproletariat, dessen Organisierung Mühsam besonders am Herzen lag. Viele der namentlich bekannten Teilnehmer (zumeist durch Spitzel- und Polizeiberichte bekannt) wurden in der Münchner Revolution und Räterepublik aktiv – s.U. Linse, Organisierter Anarchismus im Deutschen Kaiserreich von 1871, Berlin 1969, S. 92 ff. u. passim. Graf benennt in einem seiner Rückblicke ebenfalls die äußerst

heterogene Zusammensetzung, hebt aber vor allem den persönlichen Einsatz von Pazifisten, Antimilitaristen und syndikalistischen Arbeitern hervor, s. »Nekrolog für einen Freund« (Pf. 1747, S. 5.).

4 Ob diese Tätigkeit wirklich, wie in WIR SIND GEFANGENE beschrieben, zu seiner Enttäuschung unbezahlt blieb, ist nicht sicher. 1964 berichtete Graf Hans F. Nöhbauer, er habe an jedem Heft zu 10 Pfennig die Hälfte verdient (»Abendzeitung«, München, 2./3. 1. 1965).

5 Was Jung seinerseits an Graf gefunden hat, wird sich wohl nicht mehr aufhellen lassen. In seiner Autobiographie (erst später geschrieben) kommt Graf nicht vor; in seinen späten Briefen schimpft er nur über ihn. In einer frühen Erzählung (Gnadenreiche, unsere Königin, 1918) kommt gerade ein Satz über den jung und unglücklich verheirateten Graf vor, und zwar ausgesprochen deplaziert, in Gesprächsfetzen am Bett eines Insassen einer Heilanstalt: »Graf braucht Ehescheidung« (S. 19).

6 Später gab er einen ernsthaften Grund zum Weglaufen an: Er habe sich der Vormerkung entziehen wollen, die 1 Jahr vor der Aushebung zum Militär, also zu seinem 19. Geburtstag fällig war (MM 187). Er kam jedoch vermutlich im April, spätestens im Frühjahr 1913 wieder zurück.

7 Daß er als Dorfbandit mit dem Tesching (leichtes kleinkalibriges Gewehr) gut umgehen konnte, womöglich auch selbst einmal den »Jägerpreis« erhalten hat (W 19), scheint ganz vergessen oder verdrängt. Trotzdem muß ihn der Umgang mit dem militärischen Gewehr nachhaltig beeindruckt haben. 37 Jahre später schreibt er einem Bekannten (einem Psychoanalytiker) einen Traum auf, in dem er umgebracht werden soll, und zwar mit genau dem Typ von Karabiner, an dem sie in der Trainkaserne geübt haben (15.3.52 an J. Blauner).

8 Der Weg nach unten, Darmstadt 1961, S. 95. Graf schrieb dazu an den Rand: »unwahr – freiwillig gemeldet«.

9 Mit Dokumenten dargestellt bei H. Hug, Erich Mühsam. Untersuchungen zu Leben und Werk, Glashütten 1974, S. 34-42. Vgl. die Eintragung in Mühsams Kriegstagebuch unter dem 3./4. August 1914: »Ich ertappe mich irgendwie ergriffen von dem allgemeinen Taumel, entfacht von zorniger Leidenschaft, wenn auch nicht gegen etwelche ›Feinde‹, aber erfüllt von dem glühend heißen Wunsch, daß ›wir‹ uns vor ihnen retten! Nur: wer sind sie – wer ist ›wir‹?« (in: Sinn und Form 1984, H. 6, S. 1129. Die Auszüge bis 1916 dokumentieren einiges von seiner weiteren Entwicklung).

10 Grafs Position klingt stark an die von Max Scheler an, der z. B. in seinem Buch »Zur Phänomenologie und Theorie der Sympathiegefühle und von Liebe und Haß« (1913) schreibt: »Die echte Menschenliebe unterscheidet nicht zwischen Volksgenossen und Fremden, Verbrecher und Gutem, zwischen Rassenwert und Rassenunwert [!], Bildung und Unbildung, auch nicht zwischen Gut und Schlecht usw. Alle Menschen umfaßt sie, genau wie das Mitgefühl, nur weil sie Menschen sind« (zitiert nach der 2. Auflage, Wesen und Formen der Sympathie, Bonn 1923, S. 115f.). Ob Graf Scheler schon vor 1915 kennengelernt hat, ist nicht belegt. Im Kreis um Hoboken ab 1917 hat er ihn sicher getroffen.

11 Die Hinderungsgründe, die selbst einsichtsvolle Soldaten von jedem Akt der Abweichung, erst recht von offener Widersetzlichkeit abhalten, sind sehr gründlich ausgelotet in Arnold Zweigs »Streit um den Sergeanten Grischa« (1927).

[12] »Halb ist er irr, halb stellt er sich irr«, schreibt Manfred Georg (der den Autor selbst gut kannte) in einer frühen Rezension über den Helden von WIR SIND GEFANGENE (Pf. 6083). Im LEBEN MEINER MUTTER stilisiert Graf sein Verhalten zu einer zielstrebigen Aktion und bloßen Simulation, »vom ersten Tag meines Soldatendaseins an« und mit »instinktsicherer abgebrühter Energie« (M 433, 442).

[13] Die »Allgemeine Rundschau«, München, veröffentlichte noch am 9.11.1918, zwei Tage nach der Ausrufung der Republik in Bayern, einen Aufruf zur 9. Kriegsanleihe.

[14] Die heftige, für die Leser/innen überraschende Wendung zum anderen Geschlecht erst im zweiten Teil von WIR SIND GEFANGENE, ab 1917, erklärt sich aus der Entstehung des Buches. Bei der Abfassung von FRÜHZEIT (1920) standen andere Probleme im Vordergrund oder mochte Graf über seine eigene Sexualität, so frei er sonst über das sexuelle Begehren im allgemeinen dichtete, (noch) nichts schreiben. So bleibt die einzige Frau, die er im ganzen Buch begehrt, seine stille gute Jugendliebe, die Magd Leni. Bei der Neufassung 1927 läßt Graf den ersten Teil so stehen, fügt lediglich im Epilog eine frühe Szene (aus seinem ersten Jahr in München) mit einer Prostituierten an, die er momentan und heiß, stellvertretend für alle Frauen, geliebt habe, sofort habe heiraten wollen und die ihn ebenso erschrocken wie verständnislos abgewiesen haben (W 521f.). Im zweiten Teil trägt er massiv nach, was er im ersten ausgespart hat.

[15] Grafs Freund Jung propagierte gleichzeitig (während er sich von seiner Frau schuldbewußt verhöhnen ließ und sich manchmal mit ihr schlug) »die gänzliche Befreiung der Frau«: sie sei »gewissermaßen als eine Sache [sic], die der Staat zu erhalten habe«, zu betrachten (W 235f.). In seiner Autobiographie dagegen bescheidet sich Jung mit dem Eingeständnis seiner Ratlosigkeit: »Ich habe das Wesen der Frau nicht verstanden, und ich verstehe die Frauen nicht«. »Die gegenwärtige Form der gesellschaftlichen Tabus läßt ein gegenseitiges Verständnis nicht zu, noch nicht ...« (Fr. Jung, Der Weg nach unten, Darmstadt 1961, S. 76f, in Grafs Exemplar des Buches doppelt angestrichen).

[16] O. Starke, Was mein Leben anlangt. Erinnerungen, Berlin 1956, S. 84. Starke gibt als weitere Mitglieder des Kreises um Hoboken an: den Maler Rudolf Levy, Max Scheler, Franz Blei, den Schriftsteller Fred (Friedrich) Eisenlohr, den Kunsthändler Caspari, den Buchhändler Heinz Tiedemann, ein »braves Ehe- und Tanzpaar Erry und Merry«, Trude Hesterberg. Er selbst gehörte lose auch dazu.

[17] Hoboken war Anfang 1919 aus Schwabing in eine für ihn gebaute Villa im (abgelegenen, damals noch kaum besiedelten) Stadtteil Nymphenburg umgezogen. Graf war im Frühjahr und Sommer 1919 dort polizeilich gemeldet.

[18] In den ersten Stellungnahmen überwog allerdings noch die Rechtfertigung und ein Ton des langfristigen Heroismus. »Auch die siegreiche Gegenrevolution und die Militärdiktatur sind ein Fortschritt in der Revolution«, denn: »Sie bringen den Klassengegensatz klar und schroff zum Ausdruck«, P. Werner (= Paul Frölich), Die Bayrische Räterepublik. Tatsachen und Kritik. Leipzig [1920], S. 64.

[19] Leider schreibt er nicht, ob er beim tagelangen Verbrennen der Polizeiakten zugegen war. Nach dem Zeugnis von Beteiligten (u.a. Karl Retzlaw, s. taz 7.4.1984) muß diese Aktion wie ein Volksfest gefeiert worden sein und die Münchner Revolutionäre, die sonst nicht viel zu lachen hatten, am meisten glücklich gemacht haben.

[20] Graf nahm dazu ausgerechnet den großen Saal der Mathäser-Brauerei, in dem seit

dem Januarstreik viele wichtige Betriebsversammlungen stattgefunden hatten und in dem am Abend des 7. November der Arbeiter- und Soldatenrat zu seiner entscheidenden Sitzung zur Übernahme der kommenden Aktionen zusammengetreten war.

[21] Mirjam veranlaßte Rilke und Professor Woerner zu Entlastungsschreiben solchen Inhalts (beide am 19.5.1919 an RA Seidenberger). Rilke bekundet seinen Eindruck von Graf, »daß er, aller politischer Tätigung abgeneigt, in seinen künstlerischen Arbeiten lebe« und hebt die »Wichtigkeit« hervor, die er Grafs »künstlerischer Produktion« zuschreibt.

[22] »Grundtendenz aller Hefte«, schreibt Paul Raabe in seiner Charakterisierung der Zeitschrift, »ist die Suche nach der Erkenntnis eigenen Wesens in philosophischen Betrachtungen, dichterischen Gestaltungen oder künstlerischen Umschreibungen« (P. Raabe, Die Zeitschriften und Sammlungen des literarischen Expressionismus. Stuttgart 1964, S. 60). Bezeichnend für alle Folgen ist das Motto der ersten Folge: »Was suchst du Ruhe, da du zur Unruhe geboren bist?« [Thomas a Kempis]. Laut Raoul Hausmann hatte die »Freie Straße« eine Pionierrolle für den Berliner DADA.

[23] In den Münchner Neuesten Nachrichten vom 30.3.1917 (Br. 34-36). Ein »Künstler« sehnt sich hier aus dem Krieg ins zivile Leben zurück. »[...] noch nicht ganz verrostet, trotzdem der Lehm auf meiner Uniform zu einer ziemlich starren Kruste geworden ist«.

[24] Graf nennt später in autobiographischen Notizen außer den Kreisen um Rilke, Wolfskehl und Michael Georg Conrad, mit denen er nachweislich zu tun hatte, auch die Kreise um George, Franziska von Reventlow und Wedekind.

[25] Bei dem komplexen Naturell Grafs und seiner schauspielerhaften Anwandlung von vielerlei Rollen als Rollen (auch Schramm attestiert dem jungen Graf ein »angeborenes Schauspielertalent«, S. 67f., A. Pfoser nennt »Verstellung und Pathos« die »zwei Gesichter« Grafs, in: Salzburger Nachrichten, 18./19.8.1984) würde ich nicht ausschließen, daß er sich vielleicht schon beim Dichten oder zwischen den einzelnen Dichtungen über diese frechen Produkte auch lustig gemacht hat. Dem jungen Doktoranden Dabringhaus erzählte er später, er habe eine ganz frühe Gedichtsammlung »Mein Thalm« genannt, nach einer Verballhornung von »meinethalben«, die in den Familiengesprächen bei Grafs Friedrich von Preußen zugeschrieben wurde (Dabringhaus S. 3).

[26] obgleich auch simple Verkürzungen und sprachliche Schludereien vorkommen wie der »lerchdurchsungne Himmel« u. dgl. (AN DIE STRASSEN, 1918).

KAPITEL III:

[1] Allerdings nicht die »Wahrheit« selbst: sie gilt hier als »ewig«.

[2] Vgl. dazu die Deutung von M. Rohrwasser: Grafs Identifikation im Elternhaus mit der Armut, seine Verbrüderung in München mit den »Gefangenen« »scheint weniger ein opportunistisches Zugeständnis an eine proletarische Literatur zu sein als der Anker des Fortgerissenen, der sich immer wieder tief mißtraut«, Die Wiederentdeckung O.M. Grafs, in: Frankfurter Hefte 10, 1984, S. 63.

[3] Eine aparte Deutung, warum München zum Einsatz nationalsozialistischen

»Machtwillens« durch Kriegszeit und Nachkriegserfahrung »besonders vorbereitet« war, gibt Theodor Heuss in seiner historisch-politischen Studie »Hitlers Weg«, 1932, S. 152ff. »Die tragische Groteske Kurt Eisners [!] war nur hier möglich gewesen; ihre düstere Entwicklung zu dem Zwischenspiel der Räterepublik konnte nicht ohne seelischen Rückschlag bleiben. Als der Schock vorüber, schämte sich der Münchner, daß gerade seine Stadt der Raub eines ihrem Geiste so fremden Willens geworden war. Dieser Scham gab Hitler eine Ableitung [...]«.

4 Graf spricht diese späte Einsicht nicht im eigenen Namen aus, sondern formuliert in einer langen Auseinandersetzung mit Thomas Mann, wie dieser sich zu der »schüchternen deutschen Republik« hätte verhalten sollen. Weil Graf jedoch diesen Brief, an einige Mitemigranten adressiert, nicht einmal abgeschickt hat, richtet sich seine Mahnung faktisch doch an ihn selbst, s. Br. 146-152.

5 Brecht meinte damit eine Absage an die »großen Kraftanstrengungen« à la Kaiser und eine beginnende Bewunderung der »gestalteten Idee«, 17.6.1921, in: Ges. Werke Bd. 15, S. 57f. – Graf hatte im Büro der »Neuen Bühne« sein erstes Zusammentreffen mit dem damals noch ganz unbekannten Brecht. Er lehnte Brechts Stück »Trommeln in der Nacht« ab, weil es zu viele Personen enthielt (G 152-54). Brecht scheint das weniger berührt zu haben als diese eine Aufführung, die er neidlos und doch prinzipienkritisch verfolgte.

6 18 Jahre später, als Graf ein Förderungsgutachten über den Dramaturgen Kurt Hellmer abgeben sollte, betonte er, »von Theater, Bühnenbearbeitungen und vom Drama« verstünde er zu wenig, um zu urteilen, er sei aber überzeugt, daß Hellmer »ein sehr aufrechter Mensch« sei und daß es ihm ungemein schlecht gehe (20.6.1939 an die American Guild for German Cultural Freedom). Vielleicht verdankte Graf seine Anstellung einer ähnlichen Einschätzung seiner Person.

7 Wer und was für den Niedergang der »Neuen Bühne« verantwortlich war, ist umstritten. Hermann Esswein kehrt in der »Münchener Post« vom 14.10.1927 Grafs Schuldzuweisung (an den Vorstand der »Freien Volksbühne«) genau um und wünscht ihm nachträglich, Felber hätte »die ominöse Stricknadel gegen das revolutionäre Hinterteil seines famosen Dramaturgen und Conferenciers« häufiger gehandhabt.

8 Am Anfang von ABLAUF (FE 102) entwickelt Graf eine quasi naturgesetzliche (nicht auf ihn bezogene) Begründung für inneren Aufruhr und »Zerrüttung«. Gegen Ende der zwanziger Jahre eines Lebens (damals war die midlife crisis noch nicht erfunden) fangen »Reibungen an zwischen natürlichem Denken und dunklem Trieb«. »Über die Dämme, die die Erziehung notdürftig aufgebaut hat, bricht das Blut«. Hier nennt er diejenigen (und sich selbst sicher mit) glücklich, die durch »Menschen, Bücher, Winke, Erfahrungen und Anleitungen« den Erschütterungen nicht wehrlos ausgeliefert sind, geht aber mit umso mehr Sympathie auf »die arglosen, unvorbereiteten Herzen« ein.

9 FRÜHZEIT (1922) hatte er in seinem Manuskript betitelt: »Aus der Frühzeit eines Proleten«. Bei der Veröffentlichung blieb das weg.

10 Einen beiläufigen Witz aus einer Alltagssituation berichtet Eggebrecht. Er blieb in einem altmodischen Fahrstuhl mit zwei kleinen Mädchen samt Gouvernante und einem vierschrötigen bayrisch sprechenden Fremden stecken – vermutlich weil der Dicke zu schwer war, der sich im letzten Moment hineingezwängt hatte. Dieser schimpfte: »Wann's scho kan anständigen Lift bauen können in Berlin, sollten's

an Lokus einbauen! Wenn ma hier 'leicht stundenlang eigsperrt bleiben, garantier i für nix!« Schließlich oben, beim Malik-Verlag, entpuppte er sich unter Hallo als »Freund des Hauses«, OMG. (A. Eggebrecht, Der halbe Weg. Zwischenbilanz einer Epoche, Hamburg 1975, S. 131).

[11] Das schrieb mir Hilde Claassen, die auch Schramms Charakterisierung des Graf-Kreises entstellend findet und ihrerseits vielmehr die Solidarität, die Gleichgestelltheit aller und die gemeinsame Begeisterung hervorhebt.

[12] Seine damalige Freundin charakterisierte ihn im Rückblick als einen vielseitig begabten, außergewöhnlichen Menschen, grundverschieden von Graf – »jeder suchte im anderen, was er nicht hatte« (Interview mit Liesl Kaumheimer, geb. Gutmann, New York, März 1985).

[13] Allerdings zeigt gerade diese starke Erzählung, die der »Simplizissimus« in seiner Ehren-Nr. zu Thomas Tod (Nr. 25, 14.9.1921) noch einmal abdruckte, auch unübersehbar dessen begütigende Erzählhaltung. Das ganze Leben zieht noch einmal an dem Sterbenden vorbei und war gut. Grafs Kranken und Hinterbliebenen geht es weniger gut, dafür wirken sie eher aus dem Leben als aus dem Bilderbuch genommen.

[14] Bei Thoma, z. B. in: »Jozef Filsers Briefwexel«, fand Graf die bayrisch-katholische Religion regelrecht definiert dadurch, daß sie die Geschlechtsteile und die Gedanken daran verbergen hilft, aber auch für die unvermeidlichen Durchbrechungen dieser äußerst äußerlichen Disziplin sämtliche Mittel des Trostes, der Vergebung und der Ableugnung bereit hält.

[15] Anders als Sheila Johnson (169) würde ich in dieser Charakterisierung keine Abwertung oder gar Verurteilung von Grafs Geschichten sehen.

[16] s. Bing: »Der frohgemute OMG [im Gegensatz zu dem »schweren leicht gekränkten« Thoma] verharrt unverdrossen, unbewegt [?], während ringsum Finsternis qualmt: was ist, ist eben, und der Dichter dazu da, es auszusprechen« (Pf. 5369).

[17] »Wie lange noch?« hieß ein Theaterstück von Jung, das Piscator 1921 aufführte. Die Formel »Wie lange noch?« spielte auch in der sozialistischen Opposition gegen den Nationalsozialismus eine Rolle. Die »Gruppe Herbert Baum« verbreitete gegen das NS-Ausstellung »Das Sowjetparadies« 1942 einen Klebezettel über das Nazi-Paradies: »Krieg Hunger Lüge Gestapo/Wie lange noch?« Der verurteilende Richter schäumte besonders über die »Perfidie dieser Frage (M. Pikarski, Sie bleiben unvergessen: Widerstandsgruppe Herbert Baum, Berlin 1968, S. 45), vgl. Kl. Lehmann, Widerstandsgruppe Schulze-Boysen. Berlin, 1948, S. 13.

[18] In einer unveröffentlichten Künstlergeschichte »Das Unglück« z. B. (vermutlich aus den frühen zwanziger Jahren) trägt Graf in die Lebensumstände seines Bäckerkollegen Schrimpf die Sicht aus dem (vergitterten) Kellerfenster auf die draußen vorbeihuschenden Mädchen und ihre Beine nach, wie sie Gorki in seiner Autobiographie und seiner Erzählung »Sechsundzwanzig und eine« gestaltet hat.

[19] In einer ungezeichneten Rezension in den Münchner Neuesten Nachrichten (20.12.1926, Pf. 5374) wird Graf zum »berufenen Erben« Thomas erklärt. Zu Thomas 60. Geburtstag hielt Graf ihm eine laut Bing »wahrhaft kongeniale« Gedächtnisrede (Frankfurter Zeitung 20.3.1927, s. Pf. 1043f).

[20] Ich will außerdem nicht verkennen, daß es Leser gibt wie den Kritiker in der Deutschen Zeitung (Köln, 2./3.6.1962), dem Ludwig Thoma einfach »der größere Dichter« war, »genialisch und kernig zugleich« (Johnson, S. 467f.).

²¹ »Es ist gerade das Nichtwissen, was die Ausdruckskraft Tolstois bedingt«. Mit dieser Charakterisierung (von H. Th. Lehmann in dem von ihm herausgegebenen Band Beiträge zu einer materialistischen Theorie der Literatur, Frankfurt 1977, S. 30) wäre Graf sicher völlig einverstanden gewesen. Dem gleichen Zusammenhang zwischen Nichtwissen, »Finsternis« und Ausdruckskraft vertraute er in seinen stärksten Geschichten.

²² »Vor einer langen Weile hatte er sich entschlossen, alles vollkommen genau zu beobachten, damit er nicht irgendwie auf Umwegen, von hinten her, von oben herab überrascht werden könne«, Kafka, Das Urteil, in: Die Erzählungen, Frankfurt/M. 1961, S. 36.

²³ »Glücklich war der alte Förg-Michl – selig hab ihn Gott! – gestorben. Man hatte diese Last los [...]«, FI 151, ebenso GB 141.

²⁴ Komplett aufgenommen nur in FINSTERNIS. In der Neufassung in GB (354) tilgt Graf dieses Kernstück der Geschichte, vermutlich weil er die Sache mit dem ermordeten Juden Schlesinger inzwischen in DAS LEBEN MEINER MUTTER und anderswo wiederholt gebracht hatte, vielleicht auch, weil er das Problem im Nachkriegsdeutschland nicht mehr so vordringlich fand. Davor oder später baute er die Geschichte zu einem »kleinen Roman aus der Zeit kurz vor der braunen Diktatur« aus und führte sie bis zur Überwindung des Fremdenhasses (aus Geschäftsinteresse) weiter.

²⁵ In der CHRONIK VON FLECHTING kauft und verkauft der Jud Schlesinger (tief im 19. Jahrhundert) außer Vieh auch ganze Ernten (C 91) und hilft der Familie Farg, ihr Haus zu verkaufen (C 195, 201). Der kurze Text IN SACHEN »KÖNIG LUDWIG II.« (1926, Pf. 408) trägt die Feindschaft eines christlichen Metzgers nach, dem Schlesinger das Vieh »von der Nase wegkauft«. Im erweiterten QUASTERL, in MITMENSCHEN und einer Reihe von Zeitschriftenveröffentlichungen wird aus dem Mord, jetzt auf Betreiben von christlichen Konkurrenten, die im Nachbarhaus von Grafs ihr Standquartier hatten, eine selbständige Geschichte (DES PUDELS KERN u. a. Titel, s. Pf. 652). In Grafs »bescheidenen«, erstaunlich optimistischen Bemerkungen von 1932 zum Antisemitismus (Pf. 1077) und in DAS LEBEN MEINER MUTTER (291-95) integrierte er die Story in seine Jugendgeschichte (ich konnte nicht feststellen, ob es einen Vorfall dieser Art in dieser Gegend gab). In DIE SIEDLER (K II 356) taucht der gleiche Viehhändler Schlesinger noch zur Revolutionszeit auf, ebenso im ANTON SITTINGER (288) der »langmütige jüdische Viehhändler Schlesinger« im Jahre 1932, als wollte Graf ihn zu einem ewigen Juden machen. Dem Schuster Kraus in UNRUHE UM EINEN FRIEDFERTIGEN gab er wichtige Züge dieser Gestalt und seine Verbindung nach Amerika.

²⁶ In anderen Geschichten verweist Graf explizit auf die Judenfeindschaft der Kirche. Der öfter auftauchende patriotische Pfarrer Mayr behauptet in einem Kraftspruch zu einer KRIEGERDENKMALS-ENTHÜLLUNG (1923, L I 89), die Juden hätten den Verstorbenen Landesherrn ins Grab gebracht.

KAPITEL IV:

¹ Am 12.12.1954 schrieb Graf an Lotte Branz, er habe vor 1933 durch seinen Generalvertrag mit dem Drei Masken Verlag und durch Mitarbeit an »den Ullsteinzeitschriften« sowie an »Simplizissimus«, »Jugend« u. a. Blättern »oft monatlich bis zu 3000,— DM [Reichsmark]« verdient. Manfred George, der in jenen Jahren Redakteur bei Mosse und Ullstein gewesen war, schätzte in einer eidesstattlichen Erklä-

rung vom 6.2.1954 (in Grafs Wiedergutmachungssache) Grafs damaliges Einkommen auf monatlich 2-3000 Mark.

[2] HugoHartungam 19.2.1947anGraf:»[...]undDuhastdiesehrfeinenOffiziellenam oberen Ende durch Deine beherzten Reden durcheinander gebracht«. Vgl. V. 209.

[3] So wurde Graf vorgestellt von Scher und Sinsheimer in ihrem »Buch von München«, 1928, mit der weiteren Charakterisierung:»Freude an Protesten, Versammlungen, Dichterpreisen, Volksliedern und Gelagen«.

[4] In einem langen Brief an Waldemar von Knoeringen nimmt er, obgleich er den Preis jetzt auch finanziell nötig hätte, nun in eigener Person die Argumentation aus DER RUHM TRÜGT auf: Er will ihn nicht für sich erbetteln, »es handelt sich dabei vielmehr um das Prestige Münchens« (31.10.64, Br. 326f.).

[5] »Und nochmal: Also gut, die Kathi!« (K 215). Bobrowski liebte später solche Wendungen und baute sie virtuos zu einem ganzen Geflecht über seinen eigentlichen Geschichten aus.

[6] Der anonyme Schreiber des Artikels nahm Grafs einleitende Vorstellung:»bin ein reeller Mensch geworden und lobe bei Gelegenheit die Regierung« einfach wörtlich, »Bayerische Staatszeitung« 10.12.1930. Ähnlich lobend äußerte sich am gleichen Tag die »Augsburger Postzeitung« dazu:»wunderbar, wie sich in dieser zerfahrenen und zuchtlosen Existenz jetzt auf einmal Form und Dichtung sammeln«.

[6a] Auf den physiologisch starken Sinn des Lachens bei Graf (nicht nur subversiv, sondern prinzipiell »unbeherrscht«) geht jetzt Stollmann ein (in: Oskar Maria Graf. Sonderband Text und Kritik, S. 44-57). Er führt philosophische und praktische Weiterungen des Lachens an und verweist auf die Verwandtschaft mit Insubordination, Ausrasten, Suff, Streik, Blauem Montag, Karneval, Irrsinn.

[7] Aus dieser offenbar tief bayrischen Vorstellung machte dann Marieluise Fleißer einen Spezialausdruck, um das »Etwas zwischen Männern und Frauen« kritisch zu beleuchten.

[8] Roda-Roda lernte ihn zunächst als »Boten« kennen, der mit zwei Resolutionen zu ihm kam und sich mit keinem Wort als »der berühmte bayrische Dichter« verriet, in: Roda-Roda und die 40 Schurken, Berlin, Wien, Leipzig 1932, S. 50sf. Roda-Roda schrieb Graf noch kurz vor seinem Tod (20.4.44 [?]):»Sie haben für mich seit Ihrem ersten Auftauchen zu den erfreulichsten Gestalten dieser – im übrigen so verdammten – Zeit gehört.« In einem langen Brief von 1940 über sein Verhältnis zu Thomas Mann läßt Graf einfließen:»Wie schwer mußte man diesen großen Dichter mitunter bedrängen, um seine Unterschrift für eine Aktion gegen ein offenbares Unrecht zu erhalten, das die dickhäutigen Leiter der Republik zuließen« (Br. 148).

[9] 1.10.47 an Kurt Rosenwald. Das klingt fast wörtlich an die Begründung an, warum der in allen Solidaritätsfragen führende Kumpel in Anna Seghers' Arbeitslosenroman »Die Rettung« unbedingt parteilos bleiben will: »Solange ich nirgends drin bin, da bin ich bei allen. Wenn ich bei euch [den Kommunisten] drin bin, bin ich bloß bei euch drin. Ihr aber streitet euch um alles« (Werke in 10 Bdn., Bd. 3, Darmstadt und Neuwied 1977, S. 37). Ich konnte nicht feststellen, ob Graf in New York den Roman gelesen hat. Es handelte sich jedenfalls um eine sehr verbreitete Haltung.

[10] Nachträglich war ihm König dankbar für diese Entscheidung: Er saß dadurch bei Machtantritt der Nazis im Gefängnis, wurde als »Systemgegner« amnestiert und blieb, obgleich er weiter politisch gegen die neuen Herren arbeitete, ein paar Mo-

nate lang von ihnen unbehelligt. (Gespräch mit Hannes König im August 1983).

[11] Ein unerbittlicher Dogmatiker in der Geschichte DIE SIEDLER macht aus einer praktischen Frage (eine »sozialistische« Siedlung gründen oder nicht) eine Abstimmung zwischen Freunden und Feinden »des Proletariats« und fordert sofortigen »Handhub« (K II 367). Allerdings wird hier die dagegengesetzte vage Einigkeit aller, ungeachtet ihrer Klassenerfahrung, ebenfalls karikiert: »Wir sind alle Sozialisten, basta!« (352).

[12] G 489. Graf muß aber auch hier nicht nur getobt haben. In einer Erinnerung von 1944 schrieb er, der Dr. Hesse aus der Runde von Wähmann habe ihn tagelang »von Dorf zu Dorf« herumgefahren, und er sei in die Häuser gegangen und habe gegen die Nationalsozialisten geredet (Pf. 641).

[13] Hegel, Ästhetik, Bd. I, Berlin und Weimar 1965, S. 586f. W. Röcke, Die Freude am Bösen. Studien zu einer Poetik des deutschen Schwankromans im Spätmittelalter, Habil. Berlin 1984. Röcke sieht aber auch einen Pferdefuß dieses freieren Umgangs mit dem Bösen in den Schwänken. Aus der »Entübelung des Übels«, die sie versuchen (S. 362ff.), folgt mehr Einfügung in die trotz ihrer Entwertung weiter bestehenden Ordnungen als Infragestellung oder Durchbrechung der Ordnungen.

[14] Daher kann er z. B. die Christnacht auf dem Dorf ungeniert um alle Vorwürfe von Sentimentalität breit und kinderselig ausführen (F 272-75 u. ö.) oder das Backen als ein Gewerbe unter dem besonderen Schutz Gottes darstellen (DAS MÄRCHEN VOM NOTWENDIGEN BÄCKER, Diamalt-Buch 1929, S. 29, vgl. Pf. 1483).

[15] Das Handbuch der bayrischen Geschichte (Bd. IV, 2, S. 759f.) verzeichnet schon seit dem 19. Jahrhundert in Bayern eine Entwicklung zu vielen Nebenerwerbsstellen und intensive soziale Spannungen zwischen solchen Dorfbewohnern und den Vollbauern.

[16] J. Gotthelf, Der Geltstag, in: Ausgewählte Werke, Bd. 6, Zürich 1978, S. 126. A. Seghers gestaltet in ihrem »Kopflohn« (1933) einen Bauern, der tatsächlich seine Frau durch Bosheit wie durch Schinderei bei der Arbeit in den Tod treibt (Darmstadt und Neuwied 1967, S. 48).

[17] In GELÄCHTER VON AUSSEN wird die Geschichte mit mehr biographischen und autobiographischen Details neu erzählt, doch die Frau selbst, um die sich das alles dreht (Katja Schall), kommt noch schlechter weg (G 353-370). Die Vorgänge selbst müssen unter den Intellektuellen der Weimarer Republik Furore gemacht haben. W. v. Schramm widmet ihnen eine elegische Partie seines Buches »Die Bücherkiste« (München und Wien 1979, S. 73-88). Ludwig Marcuse nimmt sie als Beispiel für das damalige »chaotische« Leben der Intellektuellen »innerhalb einer uralten Ordnung« (Mein 20. Jahrhundert, München 1960, S. 61).

[18] Später spinnt er die Exempel zu selbständigen Geschichten und die frozzelnde Beantwortung von politisch indiskreten (vor allem Zuordnungs-) Fragen zu seinem BRIEF AN DEN VERLAG und anderen Stücken des NOTIZBUCHS aus. Hinter dem Doktor rer. pol. verbirgt sich womöglich Erich Müller, gegen dessen politischen Stil Graf (bei weitgehender Übereinstimmung in der Linie) seine Vorbehalte anmelden wollte.

[19] O. Poppinga sieht in seiner Studie »Bauern und Politik« (Frankfurt und Köln 1975, S. 134ff. u. passim) die Bauern als doppelt isoliert: durch ihre Wirtschaftsform und ihre Lebensform. Sie hätten als arbeitende Menschen Solidarität nötig, konkurrierten aber miteinander als Verkäufer der gleichen Produkte und seien gegenüber

dem undurchschaubaren Markt wiederum Leidensgefährten. (In der Praxis sind Zusammenhalt und Konkurrenz noch komplexer miteinander verwoben.) Er erinnert an eine der vielen Bauernregeln: »Wer drei Bauern unter einen Hut bringen will, muß zwei totschlagen« (S. 146). J. Blum geht in seinem umfassenden Band »Die bäuerliche Welt« (Frankfurt und Wien 1982, S. 21-23 u. passim) noch weiter zurück. Er leitet aus dem Arbeitszwang und der harten Funktionalisierung aller, auch schon der Kinder, die grundsätzliche Härte, Entmenschlichung, Unerbittlichkeit, Vernachlässigung der Emotionen im Leben auf dem Lande und eine vielfältige Rivalität ab. Selbst die berühmte ländliche Großfamilie »zerbrach in der Regel« in der dritten Generation.

[20] Graf stellte die Geschichte als ein Muster seiner Erzählkunst heraus: 1929 als letzte der »Geschichten vom Land« (K I 371), für die Neuausgabe der KALENDERGESCHICHTEN (1957 und postum) als erste von allen (K 7).

[21] Wie er es vielleicht von C. F. Meyers historischen Novellen gelernt hat.

[22] Überdies stellt diese (vermutlich erfundene) Figur eine Verbindung zwischen dem oberösterreichischen Bauernkrieg von 1626 und der Wiederaufnahme der Unruhen im Innviertel her.

[23] Ein Mechanismus, den Tolstoi sehr breit und tief in »Krieg und Frieden« (III. Buch, Kap. 26) dargestellt hat.

[24] In der Ausgabe 1957 ließ Graf die Geschichte weg. Für die Neuauflage der KALENDERGESCHICHTEN griff er eine in der ersten Fassung nur kurz angedeutete Hoffnung auf einen praktischen Nutzen auf und führte sie gründlich (in den Mitteln ähnlich wie im BANSCHO) aus: Der erworbene Bauernhof soll wenigstens als Versteck für verfolgte Revolutionäre, im Ergebnis dann für einen der ihrigen dienen. Diesem wird wirklich das Leben gerettet, aber mit einem tückischen Nebenzweck: Er muß seinen Teil der Rechte am Hof dem letzten verbliebenen (gut getarnten) Siedler abtreten, der sich jetzt ganz zu einem nutzbewußten Bauern weiterentwickelt (K 422).

[25] In einem Manuskript aus dieser Zeit (»Staatsmann Haunschild«, zwei Fassungen, Pf. 1777) suchte Graf auch einen Minister und politischen Könner in seinem Werdegang zu verfolgen. Aber dieser bleibt in seinem Erfolg ganz ideal und schemenhaft. Lediglich die Gründe seines Scheiterns und sein Rückzug ins Privatleben (immer noch eine Stufe zu nobel für Grafs Gestaltungskraft) werden wenigstens so anschaulich, daß der Leser sich etwas vorstellen kann.

KAPITEL V:

[1] »Relativ« muß betont werden: Auch hier gab es Zensur und eine zunehmende Nachgiebigkeit der Behörden gegenüber den immer unverschämteren Forderungen des nahen, mächtigen Deutschen Reichs. Nur wenige wurden ausgewiesen, aber mindestens ein politischer Immigrant, der Philosoph Theodor Lessing, fiel dem direkt ins Land hineinreichenden Arm des NS-Regimes zum Opfer.

[2] Von den Bekannten aus München saß nur Th. Th. Heine, der Zeichner des »Simplizissimus«, mit in Brünn. Mit ihm vertrug sich Graf nicht immer.

[3] Der »Erinnerung an einen vielgeliebten Raunzer« (unveröffentlicht) gibt Graf einen »letzten Schnörkel« (wie seiner CHRONIK VON FLECHTING) und drückt darin seine leichte Wehmut beim Gedanken an Scharrer, seinen Dank für die »Erheiterung in jenen glücklichen Wochen« in der SU aus (n. 13/26).

[4] Am 9.5.1938 an die American Guild. Die Guild hatte ihn, kaum daß er selbst ihre Unterstützung genoß, zu einem ihrer auswärtigen »Senatoren« ernannt. Er mußte Gutachten über die Würdigkeit und Bedürftigkeit von Kollegen für eine Arbeitsbeihilfe anfertigen und tat das in vielen Fällen mit großem Einsatz, s. Br. 120.

[5] der Vereinigung der russischen Schriftsteller unter proletarischem Vorzeichen, die Graf nur als »parteimäßige Diktatur« über »die gesamte kommunistische Literatur der Welt« gelten läßt, unter der »kein starkes dichterisches Werk mehr« entstanden sei, SU 48.

[6] E. Dabringhaus behauptet sogar, aufgrund von Gesprächen mit Graf in den fünfziger Jahren, deshalb sei Graf »ganz enttäuscht« in die ČSR zurückgekehrt (E.D., The Works of O.M. Graf..., Diss. Univ. of Michigan [Ann Arbor] 1957, S. 59). Dem stehen die früheren zustimmenden und nur partiell spöttischen Reiseberichte entgegen sowie Grafs Bemühung, Russisch zu lernen (Br. 88), um erneut und mit mehr Nutzen durch die Sowjetunion reisen zu können.

[7] da er zu den großen Schriftstellerkongressen in Paris und in Spanien wegen verweigerter Visa oder gefährdeter Rückreisemöglichkeiten nicht fahren konnte.

[8] A 48, in GJ gestrichen. In der politisch-literarischen Funktion sind diese Sätze sehr ähnlich Feuchtwangers Grundüberzeugung in den (ebenfalls sehr rasch niedergeschriebenen) »Geschwister Oppermann«: »Das Volk ist gut« – es ist nur mit atavistischen Trieben behaftet (1933 – in »Erfolg« von 1930 klang es differenzierter). Graf sieht aber die Massen viel widersprüchlicher, unzuverlässiger, in Spannung mit der »Klasse«, zu der sie sich eigentlich organisieren sollten. Er greift auch zu ätzenden, beleidigenden Bildern: »Wie Hackfleisch aus einer Fleischmaschine rannen die Massen aus dem Stadion...«, nämlich nach einer gekonnt abwiegelnden Maifeier in Wien (A 322).

[9] Die historische Reichweite von Grafs Urteil ist sehr gut in Sigrid Schneiders umfassender Interpretation des Romans erfaßt, in: S. Schneider, Das Ende Weimars im Exilroman, München 1980. Sie vermerkt auch (S. 235) die Verzeichnung des Charakters der Republik und die Vergrößerung der sozialdemokratischen Verantwortlichkeit, indem Graf die bürgerlichen Kabinette zwischen 1923 und 1928 einfach übergeht.

[10] Wer den Reichstag angezündet hat, ist auch nach über 50 Jahren in der Forschung heftig umstritten. Vgl. einerseits Fr. Tobias, Der Reichstagsbrand, 1962, andererseits z.B. G. Badia, Feu au Reichstag, Paris 1983, dazu als Quellenwerk: Der Reichstagsbrandprozeß und Georgi Dimitroff. Dokumente, Bd. 1, Berlin (DDR) 1982. Unbestritten ist lediglich, daß van der Lubbe im brennenden Reichstag festgenommen wurde. Wer die Motivation dieses idealistischen Attentäters, seine politische Entwicklung und seine Zeiteinteilung vor der Tat sorgfältig verfolgt, findet keinen Anhaltspunkt, daß seine Tat von anderen bestellt oder gelenkt sein könnte oder anderen zur Mitwirkung bekannt geworden wäre. Nachträglich freilich schlachteten die Nazis sie völlig für sich aus. Sie verhielten sich auch ganz so, als ob sie etwas zu verbergen hätten. (Göring noch im Nürnberger Prozeß: »Konnte ich denn wissen, ob nicht ein anderer von uns...?«) Die Auffassung, daß sie es selbst gemacht hätten, galt als der entschiedenste Widerspruch gegen ihre Lügen. Sie wurde von vielen Emigranten, nach 1945 auch zunächst von der westlichen und bis heute von der östlichen öffentlichen Meinung geteilt.

[11] Die Finessen und Pointen dieses Kampfes sind sehr scharf, in ihrer grundsätzlich-

politischen Bedeutung (und ein wenig spitzfindig) herausgearbeitet von R. Stollmann: Der Faschismus und das Private. Eine Analyse des ANTON SITTINGER von
OMG, in: Brecht-Jahrbuch 1979, S. 82-99. Stollmanns Deutung, daß »das Mon-
strum Politik in der Gestalt des Faschismus« wesentlich aus der zerstörten Ehe, aus
den »entfremdet geäußerten, deformierten Bedürfnissen« emporwachse und lebe,
finde ich zwar durch den Haupthandlungsstrang des Romans nahegelegt, aber
trotzdem eine Verzeichnung von Grafs politischer Einschätzung.

[12] Durchweg rezipiert Sittinger lediglich die Philosophie der anderen, der Autoritäten. Zuweilen schreibt er auch seine eigenen Gedanken (des gleichen Kalibers) auf.
Malwine glaubt »fast«, er könnte »dichten« (S. 97).

[13] S. 292-98. Hier hat Graf an einem fiktiven Beispiel ausgeführt, was er den Genossen
im »Gegenangriff« (Nr. 28, 1935) ins Stammbuch geschrieben hat: »diejenigen
Schichten, die wir [für »unsere Einheitsfront«] gewinnen wollen, in allen ihren derzeitigen Gebundenheiten studieren: psychologisch, wirtschaftlich und politisch«.
Er leistet sich eine positive vorübergehend erfolgreiche Erfüllung dessen, was
Anna Seghers im »Kopflohn« (Darmstadt und Neuwied 1976, S. 84f.) nur als unerfüllten Auftrag notieren konnte: »Um die Menschen dahin zu bringen, wo sie hin-
gebracht werden müssen, mußt du so oder so mit ihnen reden können, versteckt
und offen, und du mußt manchmal auf sie schlagen können und manchmal sachte
mit ihnen reden können wie mit kranken Kindern.«

[14] Er erwartete nur, daß die historischen Grundlagen des Expressionismus stärker berücksichtigt würden, 25. 10. 1937 an Erpenbeck.

[15] Cazden charakterisiert die Deutschamerikaner als durchweg sehr traditionell und
wenig politisiert. Nur ein schmaler Rand von ihnen auf der rechten wie der linken
Seite sei überhaupt an Europa interessiert. Nach einer Beobachtung von George N.
Shuster gingen die Uhren der Bibliotheken des Landes in Bezug auf deutsche Lite-
ratur um 10 bis 20 Jahre nach, Gegenwartsliteratur sei einfach nicht präsent (R. E.
Cazden, German Exile Literature in America 1933-50, Chicago 1970, S. 19).

[16] Die gegenseitige Einbeziehung in Hilfsorganisationen war z. T. selbstverständlich.
So informierte Erika Mann Graf am 28. 11. 1938, daß sie ihn mit als »sponsor« auf die
Liste für ein kleines Hilfskomitee zur Unterstützung der deutschen und österreichischen Spanienkämpfer in Frankreich (Chairman: Thomas Mann) gesetzt
habe.

[17] 21. 1. 48 an Scherpenbach. Vgl. über den »Aufbau« die sehr ausgiebige Beschreibung bei H. A. Walter, Deutsche Exilliteratur, Bd. 4, Stuttgart 1978, S. 543-678. Von
späteren Mitarbeitern des »Aufbau« wird die Darstellung in vielen Punkten angegriffen, doch wenigstens der Grundsachverhalt, daß die Zeitschrift die Assimilation, nicht das politische Exil propagierte, scheint unbestreitbar. In der massiven
Unterstützung der Kriegsanstrengungen der USA würde ich nicht nur (wie Walter)
einen »Loyalitätsbeweis« sehen, sondern wenigstens auch ein Zeichen der Verbundenheit mit den Deutschen, die nur durch diesen Krieg von Hitler befreit werden konnten. Nach dem Krieg spielte der »Aufbau« u. a. durch intensive juristische
Expertisen (meist vom Inhaber Alfred Prager selbst) für die Verantwortlichen der
Bundesrepublik eine ausschlaggebende Rolle beim Zustandekommen der Wieder-
gutmachungsgesetze.

[18] Fürs Französische sind die »Weisheiten des Leibes« – Sprichwörter und Regeln
über den Leib, sein Befinden und seine Krankheiten – sehr schön katalogisiert in

der Sammlung von Fr. Loux und Ph. Richard, Les sagesses du corps. La santé et la maladie dans les proverbes Français (Paris 1978). Für die deutsche Tradition, die ebenso ergiebig sein dürfte, habe ich eine vergleichbare Sammlung vergeblich gesucht. Einen kleinen Vorgeschmack bieten die Kapitel über Gesundheit und Tod in: Fr. Seiler, Deutsche Sprichwörterkunde, München 1967 (¹1922), z. B.: »Das Maul ist des Leibes Henker und Arzt«, »Der Bauch läßt sich nichts vorlügen«, »Was geboren ist, ist vom Tod geworben«, S. 407ff.

[19] In einer »Erinnerung für Bäcker« (7.8.64) trug Graf eine Familienanekdote nach, die er in seinem MUTTER-Buch nicht verwandt hatte. Zur Einweihung der Votivkapelle für den ertrunkenen Ludwig II. habe die Mutter dem Prinzregenten eine Torte anbieten sollen. Vor Zittern habe sie sie fallengelassen, aber tapfer vom Boden aufgeklaubt, sie ihm erneut angeboten und, als er ablehnte, ungeschmerzt erklärt: »Sonst iß' halt i«.

[20] Fünf Jahre später schreibt Graf in einem Glückwunsch zu Kischs 60. Geburtstag, er sei bei der Floskel »Gott sei Dank« geblieben, statt die Neuerung seiner »rrrrrevolutionären« Freunde aus den jungfräulichen Revolutionsjahren »Marx sei Dank« mitzumachen. Er habe »im Lauf der Jahre erlebt, daß sich so alte, reelle Dinge immer wieder als stabil erweisen« (nicht in den gedruckten Geburtstagsartikel [Pf. 1157] aufgenommen).

KAPITEL VI:

[1] Br. 143, 162, 168, 177 (und sechs weitere Briefe). Anna Seghers, die selbst über Martinique (nach Mexiko) eingereist war, schrieb ihm wesentlich härter: Ihm sei »sicher herzlich mies«, sie dagegen denke »oft mit Schmerzen dorthin«, nämlich der »abgeschlossenen« Lebenswelten der Antillen wegen, die sie sich noch gewaltiger vorstellt als die Renaissance-Stadtstaaten Italiens (20.2.46 an Kersten, im Nachlaß Kerstens im Leo-Baeck-Institut, New York).

[2] Wenn ein Paket von ihm nicht pünktlich ankam, schimpfte er gleich auf Schieber und Diebe und witterte eine anhaltende »Zerrüttung« der Deutschen durch die Hitler-Herrschaft (z.B. 2.1.48 an Adele Scheuer).

[3] Wilhelm Hoegner schrieb ihm bald nach seiner eigenen Rückkehr nach Bayern einen Brief, den Graf so auffaßte, als solle er »den Vorsitz der KZ-Häftlinge in München übernehmen«. (So schrieb Graf Ende Oktober 45 an Kirchmeiers; Hoegners Brief an ihn ist nicht erhalten).

[4] Paul Huber wies darauf hin, daß die Gemeinde Berg vor den schlimmsten Ausschreitungen der Nazis geschützt gewesen war, da der Innenminister Frick in Kempfenhausen (seit 1937 eingemeindet) wohnte und an seinem Wohnort Ruhe haben wollte. Frick habe sich auch für den einzigen Kommunisten der Gemeinde eingesetzt, seine Freilassung aus Dachau erreicht und danach Spaziergänge mit ihm gemacht.

[5] Harry Asher fand, Hein sähe aus »wie eine Figur von Riemenschneider«.

[6] Aus Kindern machte Graf einen zusätzlichen persönlichen Hoffnungsschimmer am Ende von DIE ERBEN DES UNTERGANGS, darunter einer »Eva oder ›Ivaschka‹«. So hieß und so nannte er in seinem Ferienglück Kirchmeiers Zweitälteste, die als Kind und als Teenager sehr an ihm hing.

[7] Datiert: 16.6.42. Die Einstudierung wurde erst erschwert, weil vom Kriegseintritt

der USA an mindestens in der ersten Hälfte 1942 allen deutschen Staatsangehörigen der freie Reiseverkehr untersagt wurde und die Freunde sogar zu einem Ausflug nach New Jersey ein spezielles Permit brauchten. Im Herbst 1947 suchte Graf den Plan wiederzubeleben und setzte eine Aufführung zugunsten der Pakethilfe des Stammtischs »Blaue Donau« an, die aber nach der Erinnerung der Familie Kirchmeier ebenfalls nicht zustande kam.

8 Die Ehe wurde am 2.10.44 geschlossen. Am 14.9.44 war Graf von seiner ersten Frau Lina ohne deren Einwilligung geschieden worden – er hatte beim Standesamt von Manhattan zu Protokoll gegeben, daß er des Glaubens sei, sie sei tot. Lina ihrerseits hat das vermutlich nie erfahren. Sie wurde (1947) offiziell als »Karoline Graf« beerdigt.

9 Die Rezensenten fanden anarchistisches Gedankengut darin (J. 385), Bollenbeck Spuren der gründlichen Lektüre von Landauers »Aufruf zum Sozialismus« in Grafs Jugend. Die anarchistischen Impulse sind aber sehr frei fabulierend verarbeitet, in einer vor allem durch Technik und Überfluß bestimmten Gesellschaft.

10 Wie weit Graf praktisch an technischen Neuerungen teilgenommen hat, ist widersprüchlich. Überwiegend tat er es passiv oder beobachtend. Graf ist auch nie am Steuer eines Autos gesessen, er ließ sich fahren.

11 Gustav Fischer gegenüber gibt Graf zu, daß er zu keiner Figur (mit einzelnen Ausnahmen) »eine richtige Liebe« habe. Es gehe aber in einer solchen Katastrophe nicht mehr um den Menschen als Einzelwesen (1.2.50 an Fischers). In der Urfassung hatte er die Figuren stärker nach politischen Verdiensten charakterisiert.

11a Wolfgang Düver leitet die »Stillen« von den Duchoborzen im Süden der Sowjetunion ab, die Graf sicher von Tolstoi kannte und vielleicht bei seiner Reise in den Kaukasus 1934 aufgesucht hat, s. Oskar Maria Graf. Sonderband Text + Kritik, S. 93-103.

12 Die Juden machten fast ein Prozent der Bevölkerung des Deutschen Reiches aus. In der Reflexion des Schusters sind sicher mit dem einen Prozent nicht die Juden gemeint, sondern eine vage, gar nicht in Erscheinung tretende Gemeinschaft nach der benannten inneren Einstellung. Er wird jedoch nach seinen Erfahrungen viele Juden dazugezählt haben und hat die Vorstellung der abgesonderten, von der Mehrheit wenig geliebten kleinen Gruppe sichtlich nach seiner Kenntnis von der jüdischen Existenz gebildet.

13 Nach Wolfgang Düver (Brief an mich vom 2.4.85) könnte es auf eine in Süddeutschland zu Anfang dieses Jahrhunderts geläufige Verballhornung von »Embonpoint« zurückgehen. Das würde zu Grafs sonstiger Vorstellung von den »bauchigen Herren« gut passen, die mit dem »kleinen Mann« alles machen können. Laut Harry Asher (Cassette vom Dez. 85) hat Graf öfters »Embonpoint« gar nicht im Sinne des französischen Wortes, sondern als allgemeinen Hinweis auf »die Unklarheit oder Bedrohlichkeit des Lebens und der Welt« gebraucht. Das Wort soll auch im Roman nicht durch seine Erklärung, sondern durch seine Fremdartigkeit wirken, so wie der »exotisch« klingende Name Banscho, der »beweist, daß der Kerl was von Reklame versteht« (BA 227), oder das Kennwort »Uchod« der »Stillen« (E 106 u. ö.).

14 Erbschaften und plötzliche Gewinne sind in Grafs Werk häufig. Sie bringen von MICHAEL JÜRGERT an (FE 42) nichts als Unheil.

15 Graf hatte die legendäre Befreiung Beimlers aus Dachau in der Version vernom-

men, daß verkleidete Genossen in SA-Uniformen, zwei Lastwagen voll, ihn herausgeholt hätten. Nach diesem Vorbild gestaltet er die Befreiung seines Helden.

[16] Eine Naturszene aus dem BANSCHO hatte Graf auch als selbständiges Prosastück unter einer eigenen Überschrift (»Sommerlicher Tagesanbruch auf dem Dorf«, Pf. 1772) angeboten, nur erfolglos. Er war anscheinend stolz selbst auf solche erzkonservativen Vorstellungen, »als rede der trächtige Erdboden selber von den einfachen, ewigen Dingen, die er Jahr für Jahr hergibt« (BA 274f.). Auch in UNRUHE UM EINEN FRIEDFERTIGEN kommt die »ewig trächtige Erde« vor, aber daß sie dem Himmel »geruhig zulächelte«, ist nur Schein (U 153).

[17] 15.8.46 an Thomas Mann. Grafs gescheiterter Roman »Dämmerung, Nacht und Morgengrauen« steht unter einem Motto aus Manns »Betrachtungen« und ist streckenweise nichts als eine Auseinandersetzung mit Thomas Mann. Auf der Seite der Kontrahenten gegen den Autor Mann wird eine »seltsam giftige Feindseligkeit gegen alles Intellektuelle« angemerkt (in einer Bleistiftnotiz, dann wieder gestrichen). Die Fortsetzung, FLUCHT INS MITTELMÄSSIGE, steckt voll von Anspielungen auf »Doktor Faustus«, s. Johnson, S. 420-24.

[18] Großhut redet er z. B. zu, die »Getroffenheit« fahren zu lassen, die hier doch keiner verstehe, die angebotene Bezahlung zu nehmen und mehr zu verlangen. »Dieses Land verlangt eine gewisse, nicht von deutschen Minderwertigkeitskomplexen gehemmte innere Robustheit«, 14. 5. 50 an Fr. S. Großhut.

[19] Jefferson z. B. lobt er als »klugen und weitsichtigen und echt demokratischen Menschen und Staatsmann« – in dieser Reihenfolge (Besprechung einer Auswahl aus Jeffersons Schriften im »Aufbau«, 11.1.46, S. 10).

[20] 26.7.43 an Kirchmeiers. Andere sahen diese Verschiebung der Kriegsziele deutlicher, Otto Zoff etwa: »Offizielle Erklärung des Gouvernements: Amerika baue die größte Armee der Welt auf, um zwei Ziele erreichen zu können: die Niederwerfung des Faschismus und die Niederwerfung revolutionärer Bewegungen im Post-War-Europa. Das ist deutlich« (O. Zoff, Tagebücher aus der Emigration, Heidelberg 1968, S. 195, 8.1.43).

[21] »I hop so« u. ä. Formulierungen finden sich seit 1941 in seine deutschen Sätze eingestreut. »Downtown« beherrscht er, das Gegenteil schreibt er »Aptown«. »Ich misse ihn sehr«, schreibt er etwa über einen verstorbenen hilfsbereiten Menschen und Arzt. Aus dem schwarzen Geistlichen (englisch: »reverend«) Martin Luther King macht er: »der berühmte Negerreferent« (F 506). Seine Frauengeschichten nennt er im Alter: »meine verschiedenen ›Troubles‹«.

KAPITEL VII:

[1] Von den elf Gründungsmitgliedern des Aurora-Verlags allein sieben.

[2] Er hielt ständig die »Staatszeitung (New York), den »Aufbau«, den »Spiegel« und etwas wechselnd eine Zeitung aus München oder Bayern, zeitweise auch die »Frankfurter Rundschau« oder die »Stuttgarter Zeitung«.

[3] Im Haus eines Nachbarn von Kirchmeiers in Midvale ließ er sich eine »Klause«, ein Arbeitszimmer ausbauen, in das er sich völlig zurückziehen konnte. Er erwähnte oft die Vorbereitung, nie den Erfolg; in mindestens einem Sommer hat er es eine Weile genutzt.

[4] mitgeteilt im Brief an J. Blauner, 23.3.52. Graf hat sonst selten geträumt und noch

seltener ein Aufheben davon gemacht. Von großer phantastischer Kraft ist sein BAYRISCHER KÖNIGSTRAUM aus glücklicheren Zeiten, über Karl Valentin (N 85).

[5] Br. 245. Laut Gisela Graf sagte er das etwa wörtlich so auch den Geliebten selbst. Ebenso drückt sich sein Spiegelbild Ling in FLUCHT INS MITTELMÄSSIGE aus, und zwar »sarkastisch« und mit »häßlichem Grinsen« (F 396).

[6] Seinen »Freundfeind« nennt er ihn einmal, 1.11.1949 an Jack Blauner. In FLUCHT INS MITTELMÄSSIGE, porträtiert er ihn etwas säuerlich als Victor Nagel.

[7] Die meisten Auskünfte und Verständnishilfen verdanke ich Anne Polzer, Mirjams langjähriger Kollegin in der »Aufbau«-Redaktion. Sie ergreift (und ergriff damals) offen Partei für Mirjam gegen Oskar, für Kersten gegen George, und immer noch mehr für George als für Graf.

[8] Anne Polzer vertraute sie auch an, daß sie einst in Berlin, vor ihren Begegnungen mit Rilke und mit Graf, mit Manfred George verlobt gewesen sei.

[9] AG 147. Luise Rinser protestierte in einem Dankschreiben für die Zusendung der Gedichte gegen diesen Ausdruck, s. Br. 320.

[10] T 281. Bald nach Scharl mußte er Eugen Schmidt, dem dritten Organisator der gemeinsamen Pakethilfe, die Totenrede halten. In intensiven Trauerbriefen ging er auf den Tod von Eugen Claassen, Gottfried Kölwel, Weiskopf, Brecht u.a. ein. Selbst Benns Tod »bestürzt« ihn, obgleich ihm Benn immer fremd geblieben war. Von George Grosz schreibt er etwas rätselhaft, vielleicht sei er »sogar zur rechten Zeit gestorben« (7.7.59 an Hartung) – vermutlich meinte er damit eine Erlösung durch den Tod wie im letzten Satz von UNRUHE UM EINEN FRIEDFERTIGEN.

[11] Einen Beitrag »zur Seelengeschichte der entwurzelten Intellektuellen unserer Zeit« fand ein Rezensent darin (Pf. 5412).

[12] Br. 234; Veranstaltung vom 9.3.1951. Eine ganze Philosophie des Festes entwickelt Graf in einer Stammtischrede (vermutlich frühe fünfziger Jahre), s. Pf. 1916.

KAPITEL VIII:

[1] Graf führte das weiter, indem er in »pardon« eine Zeitschrift »Jenachdem« vorschlug, die jeweils für die Interessen der Meistbietenden eintritt (Pf. 1247).

[2] Ganz ähnlich klingt Gorkis späte poetologische Reflexion (als Antwort auf eine Umfrage 1930): »Das Schwerste ist der Anfang, und zwar der erste Satz. Er gibt ebenso wie in der Musik dem ganzen Werk den Ton, und meistens sucht man ihn sehr lange« (M. Gorki, Über Literatur, Berlin und Weimar 1968, S. 260).

[3] Jedenfalls von den Alliierten aus, während die Deutschen es versäumt haben, die Aufrüstung, die schon während der Republik betrieben wurde, energisch genug zu bekämpfen. Graf bedauert es nachträglich, daß die Linke sich in der Kampagne gegen den ersten Panzerkreuzer der unglücklich-legalistischen SPD-Regierung verausgabte und die stillschweigend betriebene Aufrüstung im Großen unter den letzten Regierungen der Republik viel ruhiger hinnahm (G 441).

[4] Der Nachlaß ist voll von Zetteln, auf denen er die derzeit Vielgerühmten auf eine Formel zu bringen oder zu ›erledigen‹ sucht. Zu Günter Grass z.B. notierte er: »Die Rache für Hitler: Ein Kaschube macht deutsche Weltliteratur« (n. 24/11).

[5] Als Titel zur Fortsetzung der eingestellten Zeitschrift »Die Kultur« schlägt er vor: 1. Der Gegengrund (oder Widerspruch), 2. Von links wegen (6.7.1962 an Hans Dollinger).

⁶ Er wünschte sich z.B. viele möglichst kitschige Postkarten vom Anfang des Jahrhunderts (1. 5. 1962 an Annemarie Koch), und er postulierte: »Der Kitsch ist gesund und schön« (n. 24/8). Sogar »verklärt« wurde im Alterswerk, in einer Kindheitserinnerung DIE CHRISTMETTE, ein positives Wort (GS 234-37).

Zeittafel

Nur wenige Daten ließen sich amtlich verifizieren, manche aus Zeitungsberichten belegen. Viele beruhen auf Grafs eigenen Aussagen sowie Zeugnissen von Zeitgenossen, und Graf irrte sich oft in Zeitangaben (selbst beim Datum von Briefen) oder widersprach sich selbst. Bei merklich ungewissen Angaben und bei Datierungen aus weitem Zeitabstand habe ich ein Fragezeichen beigefügt.

1881   16.5.: Heirat Max Graf und Therese Heimrath in Aufkirchen, Pfarrort der Gemeinde Berg am Starnberger See.

1894   22.7.: Oskar Graf als neuntes von elf Kindern geboren.

1900   1.5.: Beginn der Schulzeit.

1905   März (?): Rückkehr des Bruders Max vom Militär; Mitarbeit Oskars in der Konditorei.

1906   28.4.: Tod des Vaters.

1907   16.4.: Entlassung aus der Werktagsschule; Bäckerlehrling beim Bruder Max.

1910 [?] Preis des Reclam-Verlags für eine Besprechung von Turgenjews »Gedichten in Prosa«.

1911   27.9. (?): Flucht nach München.

1912   Wechselnde Hilfsarbeiter-Jobs. Literarische Bemühungen, Aphorismen.
Freundschaft mit Schrimpf und Jung. Schriftführer der Gruppe »Tat« des Sozialistischen Bundes.

1913   Februar bis Frühjahr (?): Reise mit Schrimpf nach Ascona.
1.5. (oder 1912): Beteiligung an verbotener Maidemonstration.
Existenz zwischen Hilfsarbeiter und Bohemien in Schwabing.
Lehrjahre in Expressionismus.

1914   Winter bis 16.8.: Aufenthalt in Berlin. Erste zwei Gedichte in der »Aktion« gedruckt.
1.12.: Nach Rückkehr nach München Einberufung zum Militär. Grundausbildung in der »Train-Kaserne« München.

1915   Februar (?): Einsatz an der Ostfront.
April: Lazarettaufenthalt in Deining und München.
Mai – Dezember: Einsatz in der Etappe in Marggrabowa, Lötzen, Kowno, Wilna, Lida. Beiträge zu Jungs Zeitschrift »Die freie Straße«.
28.5.: Tod des Bruders Max an der Westfront.

1916   Januar: Befehlsverweigerung, Kriegslazarett Lida.
Februar – März: Irrenanstalt Görden bei Brandenburg.
April – Dezember: Irrenanstalt Haar bei München, mit Ausgang und Ernteurlaub.
4.12.: Entlassung aus dem Militär als »dienstunbrauchbar«.

1917   Anfang April: Neuer Künstlername »Oskar Maria Graf«.
26.5.: Heirat mit Karoline Bretting.
30.8.: Tod der Schwester Emma.
Mai – November: Rezensionen für die München-Augsburger Abendzeitung.
Expressionistische Gedichte und Manifeste. Schnurren. Erzählungen.

1918   19.1.: Verhaftung mit Schrimpf und Pegu wg. Lichnowksy-Denkschrift.

Stipendium von Prof. Roman Woerner, Ende 1918 von Hertha König. Bekanntschaft mit Rilke u.a.

13.6.: Tochter Annemarie geboren.

Gelderwerb als Schieber. Unterhalter im Kreis von Hoboken.

1. Gedichtband DIE REVOLUTIONÄRE veröffentlicht.

7.11.: Beteiligung am Marsch von der Theresienwiese zu den Kasernen, Beginn der Bayrischen Revolution.

3.12.: Verunglückte Veranstaltung im Mathäser »Gegen den Terror«.

1919   14.1.: Zweite (?) Dichterlesung im eigenen Atelier.

7.4.-1.5.: Bayrische Räterepublik. Sporadische Beteiligung Grafs als Hilfszensor.

14.-26.5.: Verhaftung. Entlassung auf Fürsprache Rilkes und Woerners.

23.5.: Hausdurchsuchung, Beschlagnahmung seiner Manuskripte. Lebensgemeinschaft mit Mirjam Sachs.

2. Gedichtband AMEN UND ANFANG veröffentlicht.

1920   März – Herbst 21 (?):»Dramaturg« an der »Neuen Bühne« eines Arbeitertheatervereins, erste Begegnung mit Bertolt Brecht.

bis 1923 (?): Atelierfeste auf Bestellung reicher Geschäftsleute.

1922   Erste Autobiographie FRÜHZEIT und erster Erzählungsband ZUR FREUNDLICHEN ERINNERUNG veröffentlicht.

Sommer: Schwester Nanndl zu ihrer Einschiffung nach Amerika bis Hamburg begleitet.

1923   9.11.: Neugier, Witzelei und Angsttraum beim Hitler-Putsch in München. Buch über GEORG SCHRIMPF veröffentlicht.

1924   Erste erfolgreiche Lesungen in München. Veröffentlichung von BAYERISCHES LESEBÜCHERL und DIE TRAUMDEUTER.

1925   Veröffentlichung der ersten beiden Romane DIE HEIMSUCHUNG und DIE CHRONIK VON FLECHTING.

1926   »Jung-Münchner-Kulturbund« unter Vorsitz von Graf gegründet. Kulturpolitische und politische Veranstaltungen, Artikel, Solidaritätsarbeit. Veröffentlichung von FINSTERNIS.

1927   April: WIR SIND GEFANGENE veröffentlicht. Durchbruch zum literarischen Erfolg. Weitere Veröffentlichungen: LICHT UND SCHATTEN, WUNDERBARE MENSCHEN, IM WINKEL DES LEBENS.

1928   April: DAS BAYRISCHE DEKAMERON veröffentlicht. Durchbruch zum literarischen Geschäft.

1929 (bis 1932) Fahrten mit Freunden zum Maler Wähmann nach Wasserburg.

Juni: Bruder Eugen zu Besuch in Berg.

September: Schwester Nanndl zu Besuch in Berg.

November: KALENDERGESCHICHTEN veröffentlicht.

1930   18. oder 19.11.: Lesung vor dem Bund proletarisch-revolutionärer Schriftsteller in Berlin.

6.12.: Lesung vor dem Schutzverband deutscher Schriftsteller in München.

1931   18.3.: Umzug aus dem Atelierhaus Barerstraße 37 in die »gutbürgerliche Wohnung« Hohenzollernstraße 23, III.

10.9.: BOLWIESER. ROMAN EINES EHEMANNES veröffentlicht. Rastlosigkeit, Ungeduld, politische Angst, Ohnmacht. Übermut unter Freunden.

26.10.: EINER GEGEN ALLE veröffentlicht. Außerdem: DORFBANDITEN und NOTIZ-BUCH DES PROVINZSCHRIFTSTELLERS OMG 1932.

1933   24.2.: Fahrt nach Wien zu einer Vortragsreise. Beginn des Exils.

12.5.: Offener Brief VERBRENNT MICH! in der »Arbeiterzeitung«, Wien, veröffentlicht.

28.5.: Kundgebung für OMG im Saal »Zum Auge Gottes«, Wien.

September – August 1935: Mitherausgeber der »Neuen deutschen Blätter«, Prag.

20.9.: 1 Tag vor Prozeßbeginn, Vortrag in Wien: DER REICHSTAGSBRAND-PROZESS (oder: WER SCHWEIGT, MACHT SICH MITSCHULDIG)

24.11.: Vortrag in Wien: DIMITROW [!] KLAGT AN!

1934   4.2.: (1.) Jahresversammlung der »Vereinigung sozialistischer Schriftsteller«, Wien. Graf zum Obmannstellvertreter gewählt.

vor 7.2.: Lesung in Innsbruck.

16.2.: Zwei Tage nach Scheitern des Februar-Aufstands Ausreise aus Österreich nach Bratislawa und Brünn.

1.3.: Neue Wohnung in der Zelena 6 in Brünn.

24.3.: Ausbürgerung zusammen mit Albert Einstein und weiteren 35 Reichsangehörigen.

August – Oktober: Reise nach Moskau zum 1. Allunionskongreß der sowjetischen Schriftsteller (18.8.-1.9.) und durch den Süden der Sowjetunion.

7.9.: Lesung vor österreichischen Schutzbündlern in Moskau.

27.9.: Tod der Mutter.

10. oder 11.12.: Vortrag über die Sowjetunion im Dopz-Saal, Brünn, für die Volkshochschule, etwa 1000 Zuhörer.

1935   13.3.: Vortrag über die Sowjetunion in Bratislawa.

Oktober: Tretjakow, Kolzow u.a. sowjetische Schriftsteller zu Besuch in Brünn.

13.12.: Einführung zur Lesung von Ilja Ehrenburg in Brünn.

Veröffentlichung von DER HARTE HANDEL in Amsterdam.

1936   20.2.: Lesung vorm Handwerkerverein (Bert-Brecht-Club) in Prag.

23. oder 25.6.: Rede zu Gorkis Tod (gest. 18.6.).

Oktober: DER ABGRUND. EIN ZEITROMAN in London und Moskau veröffentlicht.

21.11.: Festrede zum 19. Jahrestag der Sowjetunion in Prag.

1937   16.4.: Einführung zum Vortrag von Klaus Mann in Brünn.

24.-30.4.: Meldung zweimal täglich auf dem Polizeirevier in Brünn.

Mai – Juni: Drohende Ausweisung aufs Land, durch hartnäckige Verhandlungen abgewendet.

August oder September: ANTON SITTINGER. EIN SATIRISCHER ROMAN in London veröffentlicht.

1938   26.-30.6.: Vertreter der deutschen Delegation beim Internationalen PEN-Kongreß in Prag.

Veröffentlichung von DER QUASTERL in Moskau.

14.7.: Flug über Deutschland nach Holland.

17.-26.7.: Überfahrt mit der »Veendam« von Rotterdam nach New York.

August: Gast bei Rosenwalds, New York.

September: Übersiedlung in die bleibende Wohnung Hillside Avenue 34, E 6.

7. 10.: Gründung der GAWA (German American Writers Association) unter Vorsitz von Graf.

16.-23. 11.: Erste Vortragsreise nach Philadelphia, Cleveland, Baltimore, Detroit, Chicago.

1939   12. 1.: Einführung zu Toller-Abend mit Lesung aus »Pastor Hall«.

6. 6.: Trauerrede für ErnstToller (Freitod 22. 5.).

Anfang Juli: Vortrag über Sowjetunion vor den Naturfreunden, Midvale, New Jersey.

Sommer (?): Beginn der Freundschaft mit Kirchmeiers in Midvale, New Jersey.

4. 12.: Rede in New York zum »Deutschen Tag«, für die GAWA.

1940   9. 5.: Rede vorm German-Jewish-Club, New York: DIE JUDEN STEHEN NICHT ALLEIN.

Juni – August: Stipendiat in Yaddo, Beendigung von DAS LEBEN MEINER MUTTER (veröffentlicht Anfang November in englischer Sprache).

Anfang Juli: Auflösung der GAWA.

1941   September – April 1942: Arbeit an ER NANNTE SICH BANSCHO (veröffentlicht erst 1964 in Ost-Berlin).

Dezember – Herbst 1942: Reiseerschwernis für Deutsche in den Staaten nach der Kriegserklärung Deutschlands an die USA (11. 12.).

1942   Erste Fassung von ERBEN DES UNTERGANGS (»Das Kommende Recht«).

1943   16. 2.: Hausdurchsuchung durch FBI, kein Belastungsmaterial gefunden.

Januar oder Februar – 9. 6.: Privatunterricht in Englisch, abgebrochen.

Gründung des Stammtischs in »German Town« auf der Ostseite Manhattans.

Juli: Universitätsanstellung durch Denunziation von »Freunden« verhindert.

1944   26. 2.: Vortrag in Chicago DAS DEUTSCHE VOLK UND HITLERS KRIEG (1. Teil).

3. 4.: »Aurora«, Gemeinschaftsverlag von elf Autoren, erhält Lizenz.

September – Mai 1945: Arbeit an UNRUHE UM EINEN FRIEDFERTIGEN (veröffentlicht 1947 in New York).

2. 10.: Heirat mit Mirjam Sachs, nach einseitiger Scheidung von Karoline am 14. 9. 44.

1945   Mai: Erste Briefe aus München, Berg u. a. Orten Deutschlands.

Oktober – Anfang 1951: Pakethilfe für bayrische Nazi-Opfer.

1946   1. 4.: Regulärer Briefverkehr mit Deutschland.

2. 5.: Reguläre Paketpost an Privatpersonen in Deutschland.

Juli: Die ersten 20 Pakete per Post abgeschickt.

Dezember (?): DAS LEBEN MEINER MUTTER erscheint auf deutsch (in München).

Bis 1952 wiederholte scheiternde Pläne, nach Deutschland zurückzukehren.

1947   27. 1.: Tod von Grafs erster Frau Karoline.

1948   September – Dezember: Arbeit an MITMENSCHEN (veröffentlicht 1950 in Ost-Berlin).

Anfang November: Besuch der Schwester Nanndl in New York.

1949   November: EROBERUNG DER WELT in München veröffentlicht (in 2. Auflage = DIE ERBEN DES UNTERGANGS).

1950   Juli – November: Arbeit an Essays und Betrachtungen.

1951   Januar: Rede zum Rilke-Abend des »Aufbau«.

        August – Dezember: Arbeit am Essay »Der Moralist als Wurzel der Diktatur«.

1952   15.3.: Traum von Stalins Tod.

        Sommer: »Fade Trauer«, Niedergeschlagenheit, Melancholie, Gereiztheit...

        Sommer – April 1953: Arbeit am EWIGEN KALENDER (veröffentlicht 1954 im
        Selbstverlag in New York).

1953   ab 1.11.: Wiedergutmachungsrente wg. beruflicher Schäden.

        November – April 1959: Arbeit an DIE FLUCHT INS MITTELMÄSSIGE.

1954   10.12.: Grabrede für Josef Scharl.

1955   April – 4.6.: Neufassung der KALENDERGESCHICHTEN (veröffentlicht 1957 in Ru-
        dolstadt).

        29.10.: Nachruf auf Thomas Mann am Hunter College (gest. 12.8.).

1956   März – August: Umarbeitung von DER ABGRUND (veröffentlicht unter dem
        neuen Titel DIE GEZÄHLTEN JAHRE 1976).

        25.4.: Wiedergutmachung für Verlust seiner Bibliothek.

        29.8.: Wiedergutmachung für Verlust seiner Gemälde.

1957   Januar: Wegen heftiger Asthmaanfälle Rauchen verboten, Graf kann aber
        ohne Rauchen nicht arbeiten.

        Mitte Dezember: Vereidigung als amerikanischer Staatsbürger.

1958   April: Mitten in Romanarbeit Ausarbeitung eines Essays über Heidegger.

        30.6.-25.10.: 1. Europareise: München, Berg, Frankfurt, Berlin, Wien, Zü-
        rich, Montagnola, Nervi, Genua, London.

        22.8.: Lesung (in Lederhose) im Cuvilliés-Theater, München.

        29.8.: Grundsteinlegung zur Akademie der Wissenschaften in West-Berlin.

1959   März – April: Mirjam in Israel.

        Juli: DIE FLUCHT INS MITTELMÄSSIGE veröffentlicht (in Frankfurt/Main).

        August – November: Krankenpflege an Mirjams Bett.

        11.11.: Tod von Grafs 2. Frau Mirjam.

1960   4.2.: Ehrendoktor der Wayne State University, Detroit.

        6.6.-10.10.: 2. Europareise: Frankfurt, Berlin (Eröffnung der Akademie und
        Lesung dort), Hamburg, München, Dachau (Eröffnung des Museums), Mur-
        alto, Locarno.

1961   März: AN MANCHEN TAGEN veröffentlicht (in Frankfurt/Main).

        Juni: Wilde Arbeit in seiner »Arbeitsklause« bei Freunden in New Jersey.

        Dezember – November 1965: Arbeit an GELÄCHTER VON AUSSEN (1966 in Mün-
        chen veröffentlicht).

1962   April – Januar 1963: Arbeit an zwei Bänden »Jedermanns Geschichten«.

        28.6.: Heirat mit Dr. Gisela Blauner.

        Veröffentlichung von DER GROSSE BAUERNSPIEGEL und GRÖSSTENTEILS SCHIMPFLICH
        in München sowie ALTMODISCHE GEDICHTE EINES DUTZENDMENSCHEN in Frankfurt/
        Main.

1963   22.1.-4.5.: Erster Erholungsaufenthalt in Arizona.

        Ende November: 10 Tage in Bozeman/Montana beim Bruder Eugen, Treffen
        mit dem Bruder Lenz.

1964   5.6.-15. (?) 10.: 3. Europareise. Lesungen in Berlin (u.a. in Urania, Bücher-
        gilde, Sozialdemokratischem Verein), Diskussionsabende mit Studenten,
        mit südamerikanischen Dichtern, Besuch Ost-Berlins und Ernennung zum

korrespondierenden Mitglied der Akademie der Künste der DDR, Lesung in München, beim Deutschlandsender, Ehrung durch Gemeinde Berg, durch Bäckerinnung, (2.) Ehrengabe und Goldmedaille der Stadt München, Kur in Bad Reichenhall.

1965   14.6.-1.10. (?): Letzte Europareise: Frankfurt, München, Reichenhall, Wien, Zürich, Ascona.

1966   März: GELÄCHTER VON AUSSEN veröffentlicht (in München).

        3.6.: Offener Brief an Papst Paul VI.

        Juli – November: Asthmaanfälle, innere Blutungen, zehn Tage Klinikaufenthalt, dann meist bettlägerig.

        31.12.: Lesung seiner Lieblingsgedichte am Stammtisch.

1967   6.3.: Dach (seit Herbst 66) undicht, es regnet durch.

        11.4.: Letzte Arbeit ZURÜCK ZUR SENTIMENTALITÄT! fertig und an »Süddeutsche Zeitung« geschickt.

        Mai: Wegen ständiger Schmerzanfälle und unzumutbarer medizinischer Manipulationen »verkriecht sich« Graf immer mehr.

        28.6.: Tod in New York.

1968   28.6.: Beisetzung der Urne auf dem Bogenhauser Friedhof in München.

1974   Recknagels Graf-Biographie »Ein Bayer in Amerika« erschienen.

        Dietz/Pfanners »Beschreibung eines Volksschriftstellers« erschienen.

        REISE IN DIE SOWJETUNION 1934 in Darmstadt erschienen.

1975   Beginn der Gesammelten Werke in Einzelausgaben im Süddeutschen Verlag (bis 1987 17 Bände).

1976   Helmut F. Pfanners »Kritische Bibliographie« über OMG in Bern erschienen.

1977   Beginn der Verfilmungen von Grafs Werken (mit Fassbinders »Bolwieser«).

1981   Beginn der Werkausgabe in der Büchergilde Gutenberg.

1984   7.-22.7.: Symposion der Stadt München zu Feuchtwangers 100. und Grafs 90. Geburtstag, ursprünglich unter dem Motto »Zwei verjagte Dichter, zwei der besten«.

Literaturverzeichnis

Da die bis 1974 erschienene Literatur in großer Vollständigkeit bei Pfanner verzeichnet ist, gebe ich hier nur die für meine Arbeit wichtigsten Titel ab 1975 sowie einige Grundlagenliteratur an. Spezialuntersuchungen habe ich meist nur im Text oder in den Anmerkungen verzeichnet.

C. Amery, Der Ungleichzeitige. Zum Problem Oskar Maria Graf. Vortrag zur OMG-Ausstellung an der Akademie der Künste. Berlin-West, 7.9.1979.

H. Arens, Unsterbliches München, 3 Bde., München 1976.

S. Barck, »Linksgerichtet, entschieden sozialistisch«. Zum Exilroman OMGs in den 30er Jahren, in: Wer schreibt, handelt. Strategien und Verfahren literarischer Arbeit vor und nach 1933, hg. S. Schlenstedt, Berlin und Weimar 1983, S. 279-310.

D. Bellmann, W. Hein, W. Trapp, G. Zang, »Provinz« als politisches Problem, in: Kursbuch 39, 1975.

E. Bloch, Hebel, Gotthelf und Bäurisches Tao, in: E.B., Gesamtausgabe Bd. 9, Frankfurt/M. 1977, S. 365-84.

J. Blum, Die bäuerliche Welt, Frankfurt und Wien 1982.

G. Bollenbeck, Oskar Maria Graf (Rowohlt Monographie 337), Reinbek 1985.

Der deutsche PEN-Club im Exil 1933-48, Frankfurt/M. 1980.

H. Dollinger, Oskar Maria Graf, der Dichter und Rebell aus Bayern. In: Gregor-Dellin/ Langenbucher/Schlöndorff, Das andere Bayern. Lesebuch zu einem Freistaat. München, 1976.

Exil und Asyl. Antifaschistische deutsche Literatur in der Tschechoslowakei 1933-38, Berlin (DDR) 1981.

W. Fähnders, M. Rector, Linksradikalismus und Literatur. Untersuchungen zur Geschichte der sozialistischen Literatur in der Weimarer Republik, 2 Bde., Reinbek 1974.

P. Fischer, Destruktion der Provinz. Der Erzähler OMG, Radio-Skript (Bayrischer Rundfunk?; Abtlg. Kulturkritik), 2. Programm, 2.11.1968.

W. Frühwald, Kunst als Tat und Leben. Über den Anteil deutscher Schriftsteller an der Revolution in München 1918/19, in: Sprache und Bekenntnis. Festschrift für H. Kunisch, Berlin 1971, S. 361-98.

P. Gay, Die Republik der Außenseiter. Geist und Kultur in der Weimarer Zeit: 1918-33, Frankfurt/M. 1970.

Oskar Maria Graf. Sonderband Text + Kritik. Hg. v. H.L. Arnold, München 1986.

Handbuch der bayrischen Geschichte, IV. Bd., hg. M. Spindler, München 1974-75.

J. Hein, Dorfgeschichte, Stuttgart 1976.

W. Hoegner, Der politische Radikalismus in Deutschland 1919-33, München 1966.

Sh. Johnson, OMG: The Critical Reception of his Prose Fiction, Bonn 1979.

U. Kaufmann, Krieg und Nachkrieg in den autobiographischen Büchern OMGs, in: Lubelskie Materiały Neofilologiczne 1979, S. 37-48.

A. Klein, Im Auftrag ihrer Klasse. Weg und Leistung der deutschen Arbeiterschriftsteller 1918-33, Berlin und Weimar 1972.

G.P. Knapp, Die Literatur des deutschen Expressionismus. Einführung – Bestandsaufnahme – Kritik, München 1979.

E. Kolinsky, Engagierter Expressionismus. Politik und Literatur zwischen Weltkrieg und Weimarer Republik. Eine Analyse expressionistischer Zeitschriften, Stuttgart 1970.

H. Kreuzer, Die Bohème, Stuttgart 1968.

Kunst und Literatur im antifaschistischen Exil 1933-45, Bd. 3 und Bd. 5, Leipzig 1980 und 81 (USA und Tschechoslowakei).

U. Linse, Organisierter Anarchismus im deutschen Kaiserreich von 1871, Berlin, 1969.

Literaten an der Wand. Die Münchner Räterepublik und die Schriftsteller, hg. v. H. Viesel, Frankfurt/M. 1980.

Literarische und politische Texte aus dem deutschen Exil 1933-34, hg. E. Loewy, Stuttgart 1979.

G. Mersmann, »Eine neurasthenische Angst vor dem Stillstand.« OMG, die Provinz und die Anarchie, in: »Die Aktion« Nr. 4, 1984, S. 377-80.

Morgenröte. Ein Lesebuch, hg. von den Gründern des Aurora-Verlages, Frankfurt/ M. 1982 (New York 1947).

Die Münchener Räterepublik, hg. v. T. Dorst, Frankfurt/M. 1966.

H.F. Pfanner, Die Provinzliteratur der 20er Jahre, in: Die deutsche Literatur der Weimarer Republik, hg. W. Rothe, Stuttgart 1974, S. 237-54.

H.F. Pfanner, OMG. Eine kritische Bibliographie, Bern und München 1976.

D. Pike, Deutsche Schriftsteller im sowjetischen Exil 1933-45, Frankfurt/M. 1981.

O. Poppinga, Bauern und Politik, Frankfurt/M. 1975.

Proletarisch-revolutionäre Literatur 1918 bis 33. Ein Abriß, Berlin (DDR) 1970.

J. Radau, Die deutsche Emigration in den USA, Düsseldorf 1971.

R. Recknagel, Ein Bayer in Amerika. OMG. Leben und Werk, Berlin (DDR) [3]1984 ([1]1974).

Revolution und Räterepublik in München 1918/19 in Augenzeugenberichten, hg. G. Schmolze, Düsseldorf 1969.

L. Rohner, Kalendergeschichten und Kalender, Wiesbaden 1978.

M. Rohrwasser, Die Wiederentdeckung OMGs, in: Frankfurter Hefte 10/1984, S. 50-56.

A. Rosenberg, Geschichte der Weimarer Republik, hg. K. Kesten, Frankfurt/M. 1961 ([1]1935).

W. Ruge, Weimar – Republik auf Zeit, Berlin (DDR) 1969.

S. Schneider, Das Ende Weimars im Exilroman, München 1980.

W.F. Schoeller, Spezialität: Ländliche Sachen. Notizen zum Heimatschriftsteller OMG, in: Literaturmagazin 14, 1981, S. 62-77.

P. Sloterdijk, Literatur und Organisation von Lebenserfahrungen. Gattungstheorie und Gattungsgeschichte der Autobiographie in der Weimarer Republik, 1978.

R. Stollmann, Der Faschismus und das Private. Eine Analyse des »Anton Sittinger« von OMG, in: Brecht-Jahrbuch 1979, S. 82-99.

W. Storch, Georg Schrimpf und Maria Uhden. Leben und Werk, Berlin 1985.

W. Tormin, Die Weimarer Republik, Hannover [19]1980.

H.A. Walter, Deutsche Exilliteratur, Bd. 1, 2, 7, Darmstadt und Neuwied 1972-74, Bd. 4, Stuttgart 1978.

E. Wolfheim, In dieser großen Zeit: Deutsche Schriftsteller im Ersten Weltkrieg, in: Zeitschrift für Kultur und Politik, H. 7/1981, S. 36-44.

P. Zimmermann, Der Bauernroman. Antifeudalismus – Konservatismus – Faschismus, Stuttgart 1975.

Die Zahlen verweisen auf Seite/Zeile dieser Arbeit:

13/27 M. Guttenbrunner, 12.4.1966 an Graf; 14/8 31.5.1936, zit. in: M. Wiznitzer, Arnold Zweig. Das Leben eines deutsch-jüdischen Schriftstellers, Königstein 1983, S. 89; 15/7 Angaben im Literaturverzeichnis am Schluß, S. 428 f; 19/33 Truman Capote, The Glass Harp, New York 1951, S. 13. Reiner Kunze nimmt das Zitat als Motto und Überschrift seiner provokativen Momentbilder von Jugendlichen in der DDR der siebziger Jahre, »Die wunderbaren Jahre«, Frankfurt 1976, S. 26; 21/36 MM 95; 22/30 GS 224-26; 23/10 W 27; 23/12 W 40; 23/22 MM 95; 26/24 M 327-29; 27/6 M 331 f; 27/18 W 284; 27/33 DB 127; 28/7 DB 9f; 28/20 DB 10-16; 28/24 DB 17; 29/32 GS 12; 30/1 Das versicherte mir Paul Huber, der Sohn des früheren Bürgermeisters (Schatzl); 31/12 DB 46 u.ö.; 30/17 FZ 9; 30/18 W 26; 30/27 M 366; 30/34 DB 66; 30/40 DB 30-38; 31/26 WM 9f; 31/33 W 21; 31/38 DB 78; 31/40 DB 66f; 32/3 W 32; 33/7 DB 83; 33/34 M 329; 33/37 M 433; 35/4 W 15; 35/16 MM 42f; 35/20 MM 41; 35/41; an Stefl, 10. 3. 1946; 36/1 »Der Stärkere«, Pf. 1778, S. 13; 36/5 GS 142; 36/14 DB 45; 37/9 Tolstoi: vermutlich der Artikel zum 80. Geburtstag, in der Nr. vom 3. 9. 1908 – allerdings zeigt er ein anderes Bild als das von Graf genannte, s. M 334; 37/35 W 33; 38/3 M 332; 38/13 Br. 199; 38/22 W 36; 38/27 W 521; 38/35 K 295; 39/3 W 26, 33; 39/17 W 37; 39/28 W 24; 39/33 W 38; 40/10 W 38; 40/17 M 353; 40/36 W 22f; 42/3 H. Noë, Bayerisches Seenbuch; 42/23 M 351; 43/23 DB 68; 43/33 L I 69; 43/38 GS 181 f; 44/21 M 387-91; 44/32 W 34; 44/35 W 35; M

395f.; 45/20 L I 68; 45/22 GS 288 f.; 45/31 GS 229-32; 45/34 MM 41 f; 46/4 W 518 ff; 46/16 DB 83 ff; 46/36 FZ 25; W 42; 47/2 GS 185; 47/22 W 26; 47/34 W 286; 48/7 G 240; 48/10 MM 100; 49/1 14. 6. 1962 an E. und G. Fischer; 49/22 DB 73 f; 49/29 BS 451 f; 49/35 MM 95, 102; 50/8 W 213; 50/22 in Kleists Aufsatz »Über das Marionettentheater«; 50/34 W 333; 51/5 DB 7, GS 181-84; 51/17 E. Toller, Eine Jugend in Deutschland, = Gesammelte Werke, Bd. 4, München 1978, S. 15; 55/1 Br. 21; 55/31 E. Kästner, »Jahrgang 1899«; 56/7 H. Günther charakterisiert den jungen Graf (noch vor seiner Dichterkarriere) mit Betonung der Widersprüchlichkeit als einen »sonderbaren, ungeschlacht-feinnervigen Menschen« (Pf. 2847); 56/28 FZ 43, W 73 f; 56/30 W 215; 56/36 W 77; 57/19 Br. 21; 57/26 W 81-85, zumeist neu gegenüber FZ; 57/37 FZ 56 f, W 94; 58/29 so nennt sie Balder Olden, in: Paradiese des Teufels. Biographisches und Autobiographisches, Berlin 1977, S. 246; 59/22 Franz Jung, Proletarier – eine Erzählung von 1921, in der Jung »das Zuwenig und das Nochnicht des Proletariers« schonungslos herausstellt, in: F. J., Der tolle Nikolaus. Prosa, Briefe, Leipzig 1980, S. 124, 109; 59/37 W 219-21; 60/7 W 97; 60/14 W 220; 60/32 ausgestellt am 22. 11. 1911 (Pf. 2846); 60/34 er bietet es am 17. 8. 1931 Herbert Günther an: Ein Zeugnis stammt »sage und schreibe« vom Bäckermeister Scharnagl, dem derzeitigen Oberbürgermeister! 61/14 W 79; 61/23 W 79 f; 61/32 G. Landauer, Aufruf zum Sozialismus, Berlin 1911, S. 2 f; 62/19 W 101; 62/24 n. 26/36; 63/4 W 89; 63/17 Fr. Jung, Der Weg nach unten, Darmstadt 1961, S. 77; 63/37 W 61, 72, 104 u.ö.;

64/8 W 73; 64/10 M 421; 64/20 U.
Linse, Organisierter Anarchismus im
Deutschen Kaiserreich von 1971, Berlin
1969, S. 112; 64/28 vgl. den ausführlichen Katalogband von W. Storch, Georg
Schrimpf und Maria Uhden. Leben und
Werk, Berlin 1985; 65/7 M 417; 65/32
G 293; 65/38 A. Imhof, Franz Jung. Leben. Werk. Wirkung, Bonn 1974, S. 17 f;
66/1 E. J. Aufricht, Erzähle, damit du
dein Recht erweist, Berlin 1966, S. 129;
66/4 Fr. Mierau, in: Franz Jung, Der
tolle Nikolaus. Prosa, Briefe, Leipzig
1980, S. 428 f; 66/16 W 140; 66/19 G
421 f; 66/36 Grabrede für einen
Freund, 1953, Pf. 1747, S. 6; 66/40 Die
entscheidenden Auskünfte und Deu-
tungsversuche über die Person Jungs
wie über das Verhältnis der beiden
Freunde verdanke ich Sieglinde und
Fritz Mierau in Berlin (DDR); 67/20 E.
Mühsam, Namen und Menschen. Un-
politische Erinnerungen, Berlin 1949, S.
110 f; 68/2 Fr. v. Reventlow, Herrn Da-
mes Aufzeichnungen oder Begebenheiten aus einem merkwürdigen Stadtteil,
München 1913, S. 5, S. 12. Vgl. das Lo-
blied auf Schwabing, als »seligen Zustand«, »geistig gesteigertes Sein und
Leben«, in: Marietta di Monaco, Ich kam
– ich geh, München 1962, S. 112 f; 68/
19 SU 211; 68/29 P. Sloterdijk, Literatur und Organisation von Lebenserfahrungen, 1978, S. 215 f, unter Berufung
auf H. Kreuzer; 68/36 E. Mühsam,
ebd., S. 160; 69/9 W 114; 69/21 W 42,
44; 69/23 W 96; 69/27 W 107; 69/33
W 125; 69/35 W 118; 69/36 W 113; 69/
39 E. Mühsam, Ascona, Locarno 1905,
²Berlin 1973; 70/13 W 135-38; 70/24
Fr. Jung, Der Weg nach unten, Darmstadt 1961, S. 69; 71/21 Pf. 185 [1929 statt
1931], S. 4; 74/4 W 167; 74/15 Br. 22,
21. 8. 1914; 74/24 Br. 23; 74/28 W
151; 75/7 Br. 24; 75/24 W 197; 76/6
C. Flaischlen, Kopf-oben-auf Die Hand
am Knauf Mein deutsches Volk Sonn'

auf!, Berlin ⁷1918 ('1915), S. 36; 77/5 s.
A. Imhof, Franz Jung. Leben. Werk.
Wirkung, Bonn 1974, S. 20 f; 77/26 E.
Mühsam, Namen und Menschen, S.
334; 77/36 MM 201; 78/12 W 170; 78/
18 Br. 29; 79/9 A. Scharrer, Vaterlandslose Gesellen, Berlin (West) o.J.
(ca. 1972), ('1929), S. 45-47, 52, 67, 74-78
u. ö.; 80/3 Br. 30; 80/7 Br. 31; 80/9
Br. 28; 80/11 Br. 26; 80/15 Br. 24; 80/
29 Br. 31; 80/31 Br. 23 f, 32, vgl. W
183; 80/41 Br. 29 f; 81/11 Br. 23; 81/
27 W 153-56; 81/30 W 161, nicht in
FZ; 81/33 W 166 f, nicht in FZ; 82/5
W 183, nicht in FZ; 82/8 W 185; 82/12
K II 151-63; 82/30 W 185, 201; 82/33
W 207; 82/36 W 178, 183; 83/3 W 157,
170, 176, M 434; 83/35 E. Toller, Eine
Jugend in Deutschland ('1933), Gesammelte Werke, Bd. 4, München 1978, S.
107; 85/24 Angaben bei Bollenbeck, O
M G, Reinbek 1985, S. 51; 85/26 B. Hu-
bensteiner, Bayerische Geschichte,
München ⁷1977, S. 459; 85/29 Vgl.
Mühsams Brief an den Kurt-Wolf-Ver-
lag v. 30. 7. 1919, veröffentlicht im
Nachdruck von »Brennende Erde«,
1978, S. 97; 85/35 Das Bild hat Ulrich
Dittmann auf der Auer Dult entdeckt
und mir geschenkt; 86/1 Zehn Jahre
Münchner Hilfstätigkeit. Ein Kapitel vaterländischen Opfersinns in Kriegs- und
Nachkriegszeit. Denkschrift für den
Hilfsbund der Münchner Einwohnerschaft, München 1924, S. 95 u. ö.; 86/
6 H. Gilardone, Der Hias, Berlin und
München 1917; 86/12 W 211-13; 87/7
W 288; 87/9 W 227; 87/19 W 371; 87/
26 Die Zwanzigjährigen, in: Gedichte
eines unbekannten jungen Mannes, o.
J., Pf. 1469; 88/8 Pf. 1012; 88/17 W
258; 88/29 W 231; 88/32 W 224 f; 89/
2 Pf. 313; 89/10 Grabrede für einen
Freund, Pf. 1747, längere Fassung, S. 6;
89/15 MM 189 ff; 89/19 W 267; 89/
23 W 237; 89/32 27. 9. 1919 an Oskar;
89/33 16. 8. 1933 an Oskar; 90/7 W

276 f; 90/12 W 381; 90/14 W 379; 90/ 26 F 176-84; 90/29 W 401, 91/21 W 319; 91/25 W 316, 389; 91/27 W 334; 91/28 W 404; 91/29 Erinnerung von Hilde Claassen (Brief vom 24. 2. 1985); 91/31 Pf. 1011, Januar 1919; 91/37 W 394; 92/7 W 398; 92/19 W 177; 92/ 20 W 326; 92/26 W 327-31; 92/29 W 341; 92/37 W 335; 92/41 W 357; 93/ 35 Akte Nr. 2668 der Zentral-Polizeistelle Bayern, jetzt im Bayerischen Hauptstaatsarchiv unter Nr. M I nn 66. 283; 94/8 W 395; 94/17 W 474-80; 94/ 25 W 495 f; 94/27 W 513; 94/30 W 388; 94/32 W 450; 95/31 Pf. 312; 95/ 36 FE 101; 96/6 E. Mühsam, Namen und Menschen, S. 208; 96/15 W 273; 96/20 datiert »April 1918«, in: Marietta di Monaco, Ich kam – ich geh. Reisebilder – Erinnerungen – Portraits, München 1962, S. 23 f; 97/7 E. Toller, Eine Jugend in Deutschland, Gesammelte Werke, Bd. 4, München 1978; 97/9 E. Mühsam, Von Eisner bis Leviné, 1929; dazu ist ganz nützlich die Zusammenstellung der Aktionen von Landauer und Mühsam und des Beitrags der Anarchisten zur Münchner Revolution bei U. Linse, Organisierter Anarchismus im Deutschen Kaiserreich von 1871, Berlin 1969, S. 346-76; 97/11 wiedergegeben u. a. in: R. Meyer-Leviné, Leviné. Leben und Tod eines Revolutionärs. Erinnerungen. Frankfurt 1974; 97/32 W 415 f; 97/40 W 488 f; 98/4 W 409; 98/ 23 W 501; 98/33 W 496; 99/4 W 424, 318, 386 u. ö. 99/11 W 425-28; 99/17 s. Bayerischer Kurier und Münchner Fremdenblatt [Zentrum], 4. 12. 1918; kürzer und mit der Überschrift »Versammlungsskandale«, mit der ironischen Schlußwendung »Wenn's nur eine ›Hetz‹ gibt« in der [sozialdemokratischen] »Münchner Post«, 5. 12. 1918; 99/41 Pf. 1013; 100/2 W 94; 100/36 Die ausführlichste Erinnerung an diese Keimzelle zusammen mit einem Nach-

klang ihres unglaublich haltbaren revolutionären Potentials findet sich in Karl-Heinz Jacobs' biographisch-romanhafter Verarbeitung in: Das endlose Jahr. Begegnungen mit Mäd, Düsseldorf 1983, S. 26-28 u. ff; 101/5 s. Zurück, o Mensch, zur Mutter Erde. Landkommunen in Deutschland 1890-1933, hg. U. Linse, München 1983, S. 126 ff; 101/20 Gespräch mit Hans Koch in Meinerzhagen, August 1983. »Eine bequeme Art von loskaufen« nennt Graf diese Einstellung (K 425); 101/40 M. Beckmann, Schöpferische Konfession, 1918; 102/ 12 Pf. 124; 102/22 Traven/Marut, Der Ziegelbrenner, H. 35/40, 21. 12. 1921, S. 18; 103/3 W 352; 103/11 Zeitung der USPD, München, am 1. 7. 1919; 103/ 18 W 438; 103/28 Br. 37; 103/30 G 285, 428; 103/35 W 283; 104/1 W 291; 104/4 W 163; 104/9 Pf. 1344; 104/16 Pf. 1315-43; 104/21 N 137; 104/32 W 293; 105/27 Brief an Hanna Romacker o. D. [Ende 1915]; 106/10 W 292 f, G 34-38; 106/24 Rilke an Graf, 15. 1. 1919 (vgl. W 430 f). Immerhin legte Rilke soviel Wert auf das Versäumte, daß er Graf um das Manuskript bat; 106/35 W 45; 106/38 W 50 f; 107/2 W 242 f, 251, G 269; 108/10 M 436; 108/26 Br. 21; 108/ 39 W 68; 109/1 W 300; 109/11 W 318; 109/15 Pf. 1008; 109/18 AA 41; 109/20 Pf. 2827; 109/32 Pf. 150; 110/ 3 Pf. 120; 110/7 Pf. 1069, vgl. W 258; 110/14 Pf. 151; 110/23 W 380; 110/ 28 Pf. 134, AA 17; 110/34 Pf. 1017; 111/4 W 303 f, 323; 111/23 AA 19; 111/25 Pf. 132; 111/30 Pf. 138, AA 14; 111/34 Pf. 139; 111/36 Chr. Eykmann, Zur Sozialphilosophie des Expressionismus, in: Begriffsbestimmung des literarischen Expressionismus, hg. H. G. Rötzer, Darmstadt 1976, S. 447; 112/2 G 21; 112/10 Pf. 156; 112/13 Recknagel S. 162-65; 113/18 W 289; 113/23 W 330; 113/30 W 62; 113/32 In der »Münchner Illustrirten Zeitung«,

23. 6. 1912, gez. O.G.i.M.; 113/36
Nachdenkliches, 1917, Pf. 1005; 113/
37 Aphorismen, 1917, Pf. 1006; 114/
5 1917, Pf. 297; 114/14 1918, Pf. 302;
114/17 1917, Pf. 299; 114/22 Pf. 309;
114/33 Pf. 304; 115/7 Pf. 308; 115/19,
15. 11. 1913 an H. F. S. Bachmair; 115/
25 Pf. 305; 115/32 Pf. 296; 115/35
Pf. 298; 116/14 Pf. 300; 116/15 erschienen erst am 15. 11. und
14. 12. 1918 (in: Menschen), geschrieben mit Sicherheit noch vor dem Ende
des Krieges; 117/29 veröffentlicht
1917, in: Wieland 3. Jg., H. 3, geschrieben schon 1915, s. Br. 31; 117/39 Pf.
311; 121/13 Pf. 1023; 122/23 O. M.
Graf, Erich Mühsam: ›Brennende Erde‹,
in: Neue Zeitung 12. 10. 1920;
vgl. Mühsams Erwiderung ebd.,
13. 11. 1920, beide abgedruckt in: Literaten an der Wand. Die Münchner Räterepublik und die Schriftsteller, hg. H.
Viesel, Frankfurt/M. 1980, S. 146-49;
123/23 G 21; 123/26 G 26 u. ö.; 123/
28 G 411; 125/20 W 521; 125/21 W
72; 125/27 W 70; 125/32 W 518-20, s.
o.; 125/34 G 298; 126/14 M. Foucault,
Sexualität und Wahrheit, 1. Bd., Frank-
furt/M. 1979, S. 77-80; 126/34 W. Kolbenhoff, Schellingstr. 48, Frankfurt/M.
1984, S. 15; 126/40 A. M. Frey an Graf,
6. 5. 1927; 127/8 Pf. 6163; 127/10 P.
Sloterdijk, Literatur und Organisation
von Lebenserfahrungen. Gattungstheorie und Gattungsgeschichte der Auto-
biographik der Weimarer Republik,
1978, S. 113; 127/30 W 365; 128/11 W
295; 128/27 FE 45; 129/7 Fr. Jung,
»Feinde ringsum«, in: »Die Freie Straße«
Nr. 1, 1915 jetzt in: Werke I/1; 129/11
129/10 A. Pfoser, »Das Wissen um den
Menschen vermehren« [Besprechung
des Briefbandes], in: Salzburger Nachrichten 18./19. 8. 1984; W 498; 130/1
W 524 f; 130/16 W 226 f; 130/33 WM
31; 131/40 W 358; 132/8 E. Toller, erstes Motto von: Gedichte der Gefange-

nen. Ein Sonettenkreis, München 1921;
132/18 Pf. 3538; 132/33 Georg Kaiser
an Otto Liebscher, 17. 5. 1919; 133/8
EHRE SEI GOTT IN DER HÖHE, 1923, Pf. 347
und 349, aufgenommen in KALENDERGE-
SCHICHTEN, Bd. II (1929) unter dem Titel
URSULA PESCHL; 133/12 G 412; 133/20
W 389; 133/24 W 396; 133/26 W 449;
133/30 W 481; 133/33 Pf. 413, vgl. N
77, G 64, 72-75; 134/7 W. Hoegner, Der
politische Radikalismus in Deutschland
1919-1933, München 1966; 134/31 Simplizissimus, 3. 12. 1923, Zeichnung von
Karl Arnold; 135/2 EA 220; 135/7 M
495; 135/9 G 23 f, 118-123, 352 f; 137/
8 W. L. Kristl, mündlich, vgl. auch seinen Artikel über die »Neue Bühne« in
der Süddeutschen Zeitung vom
20. 8. 1982; 137/13 Münchner Neueste Nachrichten, 13. 11. 1920; 137/
19 Münchner Neueste Nachrichten,
20. 9. 1920, gez. hs.; 137/24 WM 60;
137/38 WM 67; 138/6 WM 165; 138/
21 G 126; 138/29 WM 44 und WM
121; 139/2 WM 170-76; 139/22 Roda-
Roda, Schwabylon oder der sturmfreie
Junggeselle, München 1922, S. 11; 139/
24 G 194-203; 139/36 H. Brandenburg, Im Feuer unserer Liebe. Erlebte
Schicksale einer Stadt, München 1956,
S. 141; 139/41 G 325 f; 140/9 G 200;
140/26 M. Feuchtwanger, Nur eine
Frau. Jahre. Tage. Stunden, München
1983, S. 136; 141/20 Erinnerungen von
Joseph Tietz und seiner Frau (die damals
in »seinem« Verlag, dem Drei Masken
Verlag, gearbeitet hat) und von W. L.
Kristl. Vgl. den Artikel von Tietz,
Komm wieder nach München, Oskar
Maria Graf, in: Vorwärts, Beilage Die
Südpost, vom 20. 7. 1954; 141/25 Br.
47-49; 141/39 gefunden im Stadtar-
chiv, ohne Quellenangabe, datierbar
auf 1925; 143/7 L. Marcuse, Mein
20. Jahrhundert. Auf dem Weg zu einer
Autobiographie, München 1960, S. 60 f;
143/15 Hermann Esswein in: Münch-

ner Post, 20. 6. 1924; 143/30 W. v. Schramm, Die Bücherkiste. Das literarische München 1919-1924, München und Wien 1979, S. 69 f; 144/11 R. Seewald, Die Zeit befiehlts, wir sind ihr untertan, Freiburg 1977, S. 81; 144/14 G 207 f; 144/25 WM 110 f, N 107; 144/31 N 99; 144/32 N 109f; 144/33 N 116; 145/11 n. 22/2, S. 48f; 145/12 Auf dem Höhepunkt der Kampagne für die beiden zu Unrecht verurteilten Anarchisten sollten Graf und Peter Scher in München reden; die Veranstaltung wurde jedoch vom Polizeipräsidenten verboten, s. Neue Zeitung vom 29.7.1927; 145/20 s. Br. 43f; 145/23 Ein allgemein gehaltenes Schreiben in diesem Sinne vom 1.9.1926 ging vermutlich an eine ganze Reihe von Schriftstellern und Publizisten. Aufgefunden ist bislang nur das an Franz Jung; 145/28 G 347-49; 146/24 M. Sachs an Anni Vessar, Karte vom 23.10.1920, i. Nachlaß Graf; 147/2 »Nähe«, für R. (Rilke), von Mary Sachs, neben DIE ENTFLAMMTEN , von OMG, in: Der Weg, August/September 1919, S. 14; 147/8 L. Marcuse, Mein 20. Jahrhundert, München 1960, S. 60; 148/6 G 324f; 148/12 L. Feuchtwanger, Centum opuscula. Eine Auswahl, Rudolstadt 1956, S. 531f; 148/15 WM 8; 149/39 GB 267; 150/4 GB 16; 150/10 GB 222; 150/14 W. Benjamin, Der Erzähler, in: Ges. Werke, Bd. II, 2, S. 450; 150/16 HS 233; 150/17 JOSEPH LEIBERER SELIGEN ANGEDENKENS, 1923, in Varianten immer neu zusammengestellt, zuletzt in GB 165; 150/28 GB 223; 150/31 WL 22; 150/32 W 296f; 150/38 W 300; 151/11 FI 177, getilgt in GB; 151/28 z.B. GB 229; 151/40 L I 109f.; 152/6 L I 111f; 152/16 Pf. 1031f; 153/4 C 34; 153/6 K 73; 154/20 W 146f; 154/27 L I 10; 154/38 L I 14; 155/2 W. Benjamin, Oskar Maria Graf als Erzähler, 1931, in: Gesammelte Schriften, Bd. III,

F. 72, S. 309-11; 155/18 GB 141; 155/23 Pf. 331; 155/27 s. z.B. DAS EREIGNIS, 1923, dreimal veröffentlicht und in keine Sammlung aufgenommen, Pf. 322; 155/34 FE 52; 155/39 Johnson, S. 23; 157/20 FE 128; 157/23 GB 282; 157/27 FE 8; 157/30 FE 24; 157/32 FE 41; 157/35 FE 128; 158/19 G 385-85; 160/3 G 19f; 160/6 A. Kuh, Juden und Deutsche. Ein Resumé, Berlin (1921); 160/13 Br. 172; 161/1 V. 158; 162/6 FE 31; 162/21 WM 33; 162/24 z.B. DER ÜBERFALL, Pf. 390; 162/30 WL 33; 162/35 Münchner Illustrirte Zeitung, 23.6.1912; 163/3 ZWÖLF JAHRE ZUCHTHAUS, FE 7; 163/17 FE 102; 164/1 G 199; 164/17 Pf. 1; 164/24 tr., Ein neuer Bayerischer Dichter, in: Allgemeine Zeitung (München) 18.6.1924. »Köstlich«, schrieb der Kollege (Hermann Esswein) von der Münchner Post, 20.6.1924; 164/26 Der Drei Masken Verlag zitierte es als Reklame in der zweiten Auflage des BAYRISCHEN LESEBÜCHERL, 1925, S. 126; 165/10 K I 202; 165/13 FI 74; 165/25 GB 258; 167/14 GB 211; 167/17 WL 147f; 167/39 K 274-78; 167/41 FE 57; 168/14 HS 180; 168/16 K 256; 168/19 L I 92f; 168/36 C 101; 169/6 C 194 u.ö.; 169/9 GB 239; 169/12 IN SACHEN »KÖNIG LUDWIG II.« (1926, Pf. 408); BAYRISCHE FEME; 169/31 FI 61f; 170/8 FRAU MARIA KRÜMEL, in: WL, vgl. K 510, auf der Grundlage von Grafs Erinnerungen an seine Tante Kathl, in QUASTERL und MUTTER; vgl. die »heitere Selbstmördergeschichte«, Pf. 379, und »Die Höchtlin«, Pf. 1708; 170/12 Pf. 5198; 170/17 WL 155; 170/24 GB 291; 170/30 C 232; 170/41 Pf. 1077; 171/14 FI 53-55; 171/15 FI 84f; 171/19 FI 93-95; 171/24 FI 123; 171/38 FI 219; 172/14 FE 58; 172/18 C 136; 172/22 FE 29; 172/35 FE 108f; 173/8 H.v. Hofmannsthal, Prosa, Bd. IV, Frankfurt/M. 1955, S. 412; 173/26 FI 165; 173/29 Pf. 1037; 178/5 G 343;

178/24 Pf. 3566; 178/32 Br. 58; 178/39 M 523; 179/7 N 230f; 179/13 N 212 und N 222; 179/26 K II 65; 179/36 K II 123, 131; 180/1 K II 83; 180/7 Welt am Sonntag, 15.5.1927; 180/11 Pf. 4037; 180/13 Pf. 2876; 180/19 Das bayerische Vaterland, 3.4.1934; 180/23 Vortrag zum Feuchtwanger-Graf-Symposion, 7.-22. 7. 1984; 180/41 Pf. 2546; 181/12 D 120; 181/27 D 119; 181/28 K 306; 181/31 Pf. 1046; 182/6 D 204; 182/8 HH 98; 182/12 DB 100; 182/16 D 150; 182/18 D 181; 182/36 Pf. 3506; 183/2 Pf. 5746; 183/10 K II 266; 183/14 K II 143; 183/19 K 103; 183/27 EA 168f; 183/35 N 170; 184/7 Pf. 1061; 184/9 D 14, N 54 u.ö.; 184/22 G 416; 184/29 Pf. 6346; 184/34 N 180; 184/40P. Hille, Ich bin, also ist Schönheit, Leipzig 1975, S. 158; 185/12 T 63; 185/18 N 50f; 185/31 N 74; 185/35 Pf. 483; 186/5 T 265; 186/6 Pf. 2607; 186/8 Pf. 1077; 186/12 Heine, Zur Geschichte der Religion und Philosophie in Deutschland, Werke und Briefe, Bd. 5, Berlin 1961, S. 193; 186/27 L I 109; 186/28 N 234-36; 187/5 E. Penzoldt, Causerien, Frankfurt/M. 1949, S. 307f; 187/20 K I 259, verändert in K 319. Noch im Exil plante Graf, seine »Kaslmaier-Studien« fortzuführen. In gewisser Hinsicht ist die äußerst bissige Abrechnung mit dem eigenen Dorf, BILD UND GESCHICHTE EINES BAYRISCHEN DORFES; GB 442, eine Weiterführung jener milderen, ein bißchen läppischen Karikatur; 187/26 K I 285-87 – in der Bearbeitung für den BAUERNSPIEGEL machte Graf aus »bauchig«: »selbstsicher«; 187/35 G 360; 187/38 veröffentlicht in der Berliner Volkszeitung, Beilage »Ulk«, am 24.1.1930, in etwas milderer, gefälligerer Form in N 167; 188/22 A. Kuh, Luftlinien, Feuilleton, Essays, Publizistik, hg. R. Greuner, Wien 1981, S. 307; 188/33 DB 42; 188/35 L I 123; 189/1 K I 259; 189/22 Ludwig Thoma in sei-

ner Verteidigung von Queris »Kraftbayrisch«, zitiert in: Bayerische Bibliothek Bd. 5, München 1981, S. 769; 189/30 B 102; 189/38 K I 141; 190/1 D 70; 190/14 L I 89, s.o.; 190/16 D 23f; 190/23 D 156 f; 190/36 D 196; 191/3 z.B. D 105-7; 191/16 D 98f. Das Gerippe der Story stammt aus Queris »Kraftbayrisch. Ein Wörterbuch der erotischen Redensarten des Altbayrischen«, München 1912, S. 126, als eins der vielen Beispiele für »Coire« und seine Umschreibungen; 191/20 D 83; 193/17 Pf. 49/82; 193/19 Johnson, S. 205; 193/22 B 43; 193/28 Grafs Brief an Frey ist nicht erhalten. Frey zitiert diesen Satz und die abschätzige Charakterisierung »private Exzesse« in seinem Antwortbrief vom 6.5.1927; 193/31 D 197; 193/37 Pf. 510; 194/1 D 7; 194/11 Typisch dafür ist etwa der Band von H. Franz, Münch-'ner Schnurren. Lustige Geschichten aus München und dem Oberland, München 1918; 194/16 B 166; 195/31 A. Kurella, Die Organisierung der revolutionären Literatur (1930/31), in: Zur Tradition der sozialistischen Literatur in Deutschland, Berlin und Weimar 1967, S. 305; 195/32 Das proletarische Schicksal. Ein Querschnitt durch die Arbeiterdichtung in der Gegenwart, hg. H. Mühle, Gotha 1929, S. 220. Grafs Beitrag zu diesem Band besteht nur aus frühen, zumeist expressionistischen Gedichten; 195/38 G 282f; 196/21 Pf. 1063; 196/38 G 466-74; 197/32 G 496, 504-6; 197/37 mündlich von Erwin und Luise Oehl, München, Juli 1984; 198/13 M 533, G 413; 198/15 G 461f, verallgemeinert auf viele Arbeitslose: M 540f; 198/25 G 466-68; 198/28 Pf. 496, 503; 198/34 Pf. 508; 200/6 G 474ff; 201/4 Der Ausdruck und die Vorstellung stammt von W. Schnapp aus seiner »Philosophie der Geschichten«, Leer 1959; 201/9 »Die Höchtlin«, unveröffentlichtes Manuskript, entstanden

etwa zur Zeit des BOLWIESER (vor 1929), S.
5; 201/26 Eins seiner Märchen zeichnete er sogar als Autor »Karos Farg«, Pf.
356; 202/12 K I 261; 202/20 H 117;
202/23 K II 253-55; 202/29 K I 73. In
der Umarbeitung zur späteren Wieder-
auflage ließ Graf die Verknüpfung weg
(K 152); 202/38 FI 23; 203/10 GB 231;
203/16 T 82 u.ö.; 203/21 K 273; 203/
30 Chr. Wolf, Nachdenken über Christa T., Darmstadt und Neuwied 1979, S.
144; 203/39 L I 113; 205/17 K II 136;
205/18 K II 256; 205/20 U 90; 207/34
Pf. 1708; 208/38 K 377; 209/6 K I 139;
209/22 K 100; 209/26 K 222; 210/22
K I 357; 210/34 K I 40, nicht in K; 211/
4 »Und ganz dahinten – unsichtbar –
irgendwo – da lag die große Spinne. Das
sakrische München« (R. Stratz, Der
Bauer in der Au, Berlin [Scherl-Verlag]
1932, S. 139); 211/15 EA 244f; 211/34
K I 264; 212/2 K II 123; 212/5 D 82;
212/8 K I 342, nicht in K; 212/14 K
294; 212/24 K I 239; 212/28 Er habe
stattdessen nur mit Literaten verkehrt
und »durch ein festgeschraubtes Fern-
rohr nur in östliche Richtung« gestarrt,
Pf. 2529; 213/9 K I 195; 213/11 so
noch in: DIE HOHLE NUSS, K 47; 213/22 K
297; 213/31 K 152; 214/11 L. Thoma,
Der Wittiber, München 1919, S. 129;
214/15 GB 45; 214/31 L. Christ, Die
Rumpelhanni, München 1945 (¹1916), S.
137; 214/40 D 145; 215/3 K 153; 215/
10 H 136; 215/14 D 136; 215/15 D 53
und D 181; 215/25 H 53-60; 215/40 K
II 121; 216/8 D 58; 216/9 B 39, 66; 216/
11 K 255; 216/25 Pf. 5765, 5654; 216/
29 Br. 50f u.ö.; 217/8 K I 349-52; 217/
26 K II 133; 217/29 Pf. 475; 217/41
Johnson, S. 205-8; 218/6 B 232; 218/
16 K I 319; 218/20 H 14; 218/27 K II
7, s. Recknagel S. 170-72; 218/38 K II
315; 219/13 J. Hofmiller, Zeitgenossen, München 1910, S. 221, 226; 219/21
Br. 54; 219/33 Das gestand er später G.
Starzmann, s. Johnson, S. 366; 219/35

O. Angelus 7.4.1961 an Graf; 219/37
Feuchtwanger am 10.10.1937 an Graf,
mit Bezug auf die KALENDERGESCHICHTEN;
221/23 Pf. 5641; 221/28 Pf. 5795; 221/
38 K II 340; 222/5 Pf. 4985; 222/11
B 236; 222/17 Gorki, Meine Universitäten, üs. A. Scholz, Frankfurt/M. 1964, S.
158; 222/30 1927, Pf. 1042; 222/39 K II
209; 223/6 W 142, 158; 223/8 K II 165;
223/12 K II 70; 223/25 K 368; 223/38
K I 194; 224/16 U 6; 224/36 K II 324;
225/1 K II 223; 225/8 K II 14 u.ö.; 225/
14 im Rückblick auf 1919, EA 180; 225/
17 K II 14; 225/24 K II 336; 225/27 K
II 23; 226/6 H 109; 226/10 Pf. 498;
226/13 Br. 60; 226/32 K 16; 227/5 K
II 135; 227/12 K II 347; 227/36 EA 157;
228/8 EA 206; 228/12 EA 169, 213;
228/25 EA 312; 228/29 Br. 63; 229/3
A.J. Lippl, Ein Sprichwort im Mund
wiegt hundert Pfund, München 1958, S.
74; 230/8 B 198; 230/18 B 15; 231/6
Pf. 480; 231/11 Pf. 496; 231/29 Pf.
6346; 236/23 Brecht, Flüchtlingsge-
spräche, XI, Bd. 14, S. 1462; 236/33
Carmen Buranum 219, in: Vaganten-
dichtung, lateinisch und deutsch, hg.
und üs. K. Langosch, Leipzig 1984, S.
124; 236/41 N 183; 237/2 W 119 f;
237/17 SU 63; 237/22 SU 12; 237/29 V
102; 238/7 G 515; 238/11 T 14; 239/
20 n. 27/47; 239/21 n. 40/27, 239/23
V 75; 240/5 mitgeteilt von H. Asher
und einem anonymen ehemaligen Angestellten der Bildungszentrale; 240/
18 Br. 78; 240/33 V 76; 241/2 Zei-
tungsausschnitt, von Graf vermutlich
als curiosum aufgehoben, ohne Da-
tumsangabe; 241/8 Br. 71; 241/10
Graf am 21. 1. 1948 an Scherpenbach;
242/5 Therese Graf am 24. 9. 1933 an
Oskar; 242/12 Nicht gehaltene Rede,
Beginn: »Als ich (...)«, etwa April 1933;
242/31 K. Heiden gab an: am gleichen
Tag ermordet (K. H., Die Geburt des
Dritten Reiches, Zürich 1934, S. 238);
242/33 G 519, vorletzter Satz des Bu-

ches; 242/34 A 302-4, 342 f; 243/5 V 53-56; 243/7 V 61; 243/25 Alles in: Br. 77; 244/3 Angaben in: Exil in der Tschechoslowakei, in Großbritannien, Skandinavien und in Palästina, = Kunst und Literatur im antifaschistischen Exil, Bd. 5, Frankfurt/M 1981, S. 59; 244/30 T 14; 246/15 Pf. 3511; 246/37 Br. 69; 246/38 Br. 72-76; 247/15 Pf. 1101; 247/18 n. 23/30; 247/28 V 62; 248/14 Pf. 510-97; 248/28 Pf. 518, sehr oft nachgedruckt; 248/41 Pf. 546; 249/8 Pf. 511; 249/11 K 501; 250/3 Pf. 545; 250/8 Pf. 593; 250/15 Pf. 525; 250/24 Pf. 550 – es folgt ein Stücklein über zwei eisenbahnscheue, nur halb alphabetisierte alte Leute; 250/31 GB 442; 250/34 So nennt er es in einem Vorwort zu dieser Geschichte, im Greifen-Almanach 1954, S. 132. Parallel zu der zunehmenden Verdichtung und epischen Objektivierung der Zustände untersuchte Graf auch im Klartext, mit den richtigen Namen, die Herrschafts- und Besitzverhältnisse seines Dorfes, so in der unvollendeten und unveröffentlichten Studie »Die Straße«, im Nachlaß; 251/1 z. B. für einen störrischen Ochsen, so L. Christ, Rumpelhanni, München 1945 ('1916), S. 16; 251/36 Das sagte mir Herzfelde selbst, aber erst Ende 1983, als er sich auf sein Gedächtnis nicht mehr sicher verlassen konnte. Die sonst sehr gründliche Bibliographie der Zeitschrift (von H. Praschek, Berlin und Weimar 1973) geht auf diese Frage nicht ein; 252/7 Dies bescheinigt ihnen der in dieser Frage sehr strenge H. A. Walter im 7. Teil seiner »Deutschen Exilliteratur 1933-50« (Exilpresse I), Darmstadt und Neuwied 1974, S. 582; 252/12 Br. 78; 252/15 Zitiert in: Zur Tradition der sozialistischen Literatur in Deutschland, Berlin und Weimar ²1967, S. 582; 252/18 Nur zwei Fassungen des Entwurfs zum Vorwort sind erhalten: n. 21/29; 252/24 so in: »Der alte Dichter«,

Pf. 582; 252/26 Datiert: Wien, 16. Juli 1933, veröffentlicht in: Wespennest, 33, 1978, S. 5; 253/10 Pf. 1870; 253/26 Br. 81 F.; 253/34 Br. 82; 254/16 15. 5. 1937 an Isabella Grünberg; 254/20 So stellte er es z. B. seinem jungen Freund Harry Asher dar, dem das aufgrund seiner ähnlichen Einstellung sehr einleuchtete; 255/2 Pf. 1839; 256/29 K 132; 257/3 G. Keller 11. 12. 1848 an Johanna Kapp, in: Gesammelte Briefe, hg. C. Helbing, Bern 1950-54, Bd. 2, S. 29; 257/12 Br. 79 u. ö.; 257/20 SU 30; 257/22 10. 11. 1935 an Graf; leider müssen Grafs Gegenbriefe aus dem offensichtlich fulminanten brieflichen Dialog mit Tretjakow als verloren gelten; 257/24 Br. 90 f; 257/30 SU 96; 258/3 So erlebte ihn ein damals junger Brünner, Fritz Beer von »Leva Fronta«; 258/26 Recknagel S. 222 f; 259/6 Jellinek wurde mit seiner Frau nach Theresienstadt verschleppt, konnte 7 Monate Auschwitz noch überleben, starb aber vor Entkräftung in Bergen-Belsen; 259/17 SU 48; 259/27 T 142-48, 159; 259/38 s. Tretjakows Artikel über Graf in »Menschen eines Scheiterhaufens«, jetzt in: S. Tr., Gesichter der Avantgarde, Berlin und Weimar 1985, S. 269-308; 260/8 SU 92 f; 260/9 »Augenblicke mit Pasternak«, unveröffentlichtes Manuskript (in drei Fassungen), im Nachlaß; 260/17 An Bredel 22. 10. 1937; 260/20 SU 98; 260/27 SU 26 f: 260/41 Graf an Rosenwald, 16. 12. 1935, vgl. 20. 10. 35; 261/1 V 99; 261/20 Pf. 1111; 261/22 W. Herzfelde, Zur Sache geschrieben und gesprochen zwischen 18 und 80, Berlin und Weimar 1976, S. 182; 261/33 Pf. 192; 261/35 Pf. 120; 261/39 AG 63; 262/33 Pf. 1113; 262/34 Br. 107; 263/10 n. 27/27; 264/16 SU 35 f; 264/30 SU 71; 264/35 SU 73-76; 265/4 SU 5 f, u. ö.; 265/6 SU 156; 265/10 SU 26; 265/27 Horst Krüger in: FAZ

10. 1. 1975; vgl. H. A. Walters Nachwort zu Grafs REISE; 265/28 In seiner Einführung für Tretjakow in Brünn (24. 10. 1935) begrüßte Graf den Freund als einen Vertreter desjenigen Staates, der den Sozialistischen Humanismus nicht nur propagiere, sondern auch verwirkliche; 265/30 SU 48-55; 266/5 Recknagel S. 215; 266/26 Br. 98; 266/30 Br. 100; 266/37 Br. 116; 266/40 Br. 188; 267/5 Br. 139; 267/21 Biographisches Lexikon zur deutschen Literatur, Berlin (DDR) 1970, S. 238; 267/28 T 161; 267/34 im Band Exil und Asyl. Antifaschistische deutsche Literatur in der Tschechoslowakei 1933-38 (Berlin/DDR, 1981) sind die verschiedenen zumeist verbalen Aktionen verzeichnet, an denen Graf sich beteiligte; 267/36 Br. 92 u. ö.; 269/12 Br. 101 ff; 269/22 Br. 111; 270/1 Brief an Becher vom 2. 7. 1936, zitiert bei D. Pike, Deutsche Schriftsteller im sowjetischen Exil 1933-45, Frankfurt/M 1981, S. 313 f; vgl. Br. 318; 270/8 H. Mann 28. 4. 1938 an R. Olden, zitiert in: Der deutsche PEN-Club im Exil 1933-45, Frankfurt/M 1980, S. 268 f. »Volksfremde Intellektuelle« war eine Diffamierungsvokabel der NS-Propaganda gegen regimefeindliche Schriftsteller und Emigranten überhaupt; 270/12 mitgeteilt von H. Asher; 271/18 A 65; 271/20 A 191-94, 235 u. ö.; 271/25 A 171; 271/27 A 230-34; 272/2 A 392 f; 272/17 A 186 f u. ö.; 272/29 A 251; 272/40 A 95 f; 273/7 A 294; 273/9 A 387; 273/10 A 389 – dieser Satz muß bei den Parteikommunisten übel vermerkt worden sein, s. Br. 97; 273/16 A 236; 273/19 A 307; 273/21 A 451, in GJ 277 auch Josefs Frau; 273/40 A 395, in GJ gestrichen; 274/1 A 95 -in der späteren Bearbeitung präzisiert Graf diese ziemlich verkürzte Gegenüberstellung statt in zwei Sätzen auf einer ganzen Seite, GJ 95 f; 274/3 Ganz ähnlich argumentiert Graf gegenüber

Ruth und Ernst Fischer und gegenüber Friedrich Wolfs Drama »Floridsdorf«, das er einen Schlag ins Gesicht »jeder Einheitsbewegung« nennt, Br. 85, 92; 274/6 A 311, 339; 274/33 A 109; 274/37 A 240, in GJ gestrichen; 275/3 A 210; 275/5 A 456, vgl. 423; 275/15 A 437; 275/23 A 349; 275/37 A 279; 276/4 Pf. 4721; 276/6 Pf. 4694 f; 276/24 A 333; 276/26 A 282, in GJ gestrichen; 276/31 A 462, in GJ gestrichen; 276/33 Pf. 4709, neu in: B. Olden, Paradiese des Teufels. Biographisches und Autobiographisches. Schriften und Briefe aus dem Exil, Berlin 1977, S. 311; 276/39 Johnson, S. 263; 278/17 A 206; 278/26 A 240; 278/32 A 418 f; 278/38 A 71; 279/1 10. 7. 1934 an Graf; 279/5 Der Streit um die Veröffentlichung ist bisher am ausführlichsten dargestellt von Simone Barck in: Wer schreibt, handelt. Strategien und Verfahren literarischer Arbeit vor und nach 1933, hg. S. Schlenstedt, Berlin und Weimar 1983, S. 103-6. Vgl. auch S. Schneider, a. a. O.; 279/11 Br. 115; 280/32 S 44; 280/35 S 176; 281/31 S 262; 281/37 S 12; 281/38 Durchweg rezipiert Sittinger lediglich die Philosophie der anderen, der Autoritäten. Zuweilen schreibt er auch seine eigenen Gedanken (des gleichen Kalibers) auf. Malwine glaubt »fast«, er könnte »dichten« (S 97); 282/26 S 129, 141, 170; 282/34 S 194; 282/41 s. R. Stollmann in Anm. 11 zu Kap. V; 283/8 S 195; 283/10 Br. 116; 283/12 Johnson, S. 271 ff; 283/14 Pf. 4948; 283/22 Br. 223; 283/26 S 26; 283/30 S 137; 283/35 S. 56 f, 114 f; 283/40 G 274 f; 284/14 Pf. 4909 f; 284/35 S. 300 f; 285/19 Pf. 2487; 285/24 Pf. 4712; 285/25 Pf. 4923; 285/28 Pf. 4702; 285/37 SU 5; 286/1 Auskunft Grafs vom 22. 9. 1940 an B. W. Huebsch; 286/3 s. Exil in Frankreich. Kunst und Literatur im antifaschistischen Exil 1933-45, Bd. 7, Leipzig 1981, S. 362; 286/7 Er erwartete nur, daß die historischen Grundlagen des Expressionismus stärker berücksichtigt würden, 25. 10. 1937 an Erpenbeck; 286/13 vgl. Br. 173 f; 287/19 1. 4. 1938 an Graf; 288/40 J. Radkau, Die deutsche Emigration in den USA, Düsseldorf 1971, S. 172; 289/10 Br. 127 f; 289/39 Pf. 3484; 290/32 V 73 f; 291/4 23. 1. 1939 an M. George: 291/6 so von G. F. Alexan, Pf. 4225; 291/9 B. Menne an Graf, 12. 4. 1939; 291/26 1. 11. 1938 an Graf; 291/28 Graf an Bernfeld, 26.1.1941; 292/3 Br. 133; 292/8 Einführung zu einer Lesung von Tollers »Pastor Hall«, 12. 1. 1939, im Nachlaß; 292/20 23. 1. 1939 an M. George; 293/3 s. die Begründung aus Klaus Manns Sicht in seinem Lebensbericht »Der Wendepunkt«, Frankfurt/M 1952, S. 425 f. – Einer der Informanten des FBI wußte zu berichten, daß Graf von Anfang an »von den Kommunisten als Strohmann zum Präsidenten« der GAWA gemacht worden sei, s. S. Schneider in: Oskar Maria Graf. Sonderband Text und Kritik, München 1986, S. 144; 293/5 H. A. Walter in einem Radiofeature vom 8. 4. 1980, Manuskript S. 21, Graf notierte in dieser Zeit einmal, im Widerspruch zu seinen sonst ziemlich dankbaren Äußerungen, heftige Vorbehalte gegen Thomas Mann, s. Br. 146-52; 293/14 14. 8.1940 an M. George; 293/28 J. Radkau, Die deutsche Emigration in den USA, Düsseldorf 1971, S. 173; W. Jeske, P. Zahn, Lion Feuchtwanger oder Der arge Weg der Erkenntnis. Eine Biographie, Stuttgart 1984, S. 256 f; 293/34 Br. 178; 294/25 Volksfront, Chicago, 3. 12. 1938. Die Detroiter Freunde druckten auf die Einladungskärtchen: »Die Objectivitaet des Vortragenden hat immer bei allen Seiten große Anerkennung gefunden«, zur Veranstaltung am 22. 11. 1938 (Eintritt 25 c); 294/34 Rede zu Washingtons Ge-

burtstag, 22. 2. .1939, s. Pf. 3481; 295/4 Zwei Seiten im Nachlaß, datiert 29. 3. 1940, n. 24/6. In der NOVEMBERREDE (von 1938, Pf. 1127) sah er im »Schweigen« und »völligen Unsichtbarmachen« der Illegalen noch eine Strategie und verwies auf die optimistisch gestimmte Darstellung dieser »neuen Kampfmethoden« in Brügels »Flüsterlied«; 295/18 18. 1. 1942 an Otto und Lil Karsch; 295/25 V 111; 295/33 Pf. 1282; 295/38 V 84 f; 296/5 Pf. 1128; 296/19 Pf. 1138; 296/23 Pf. 1128; 297/20 Handbuch der bayerischen Geschichte, IV, 2, S. 771; 297/36 M 464 u. ö.; 297/41 M 270; 299/6 M 37; 299/18 M 250, 269; 299/22 T 364; 299/26 M 12; 299/41 M 531f; 300/13 M 476; 300/21 M 19 u. ö.; 300/27 A 22, in GJ gestrichen; 300/38 M 509; 301/5 M 577f; 301/7 M 477; 301/13 M 54; 301/18 M 161, 195, 217; 301/25 M 204; 301/26 M 360; 301/34 M 334, zu einem Bild von Tolstoi; 301/36 M 231f; 302/7 M 474; 302/10 M 114, vgl. den Abgesang auf diese Hoffnung: 199; 302/13 M 431; 302/34 SU 107; 302/37 M 491; 303/7 M 452, 459; 303/11 am 4. 12. 1939; 303/17 M 363; 303/22 M 52; 303/31 M 349; 303/39 30. 11. 1938, Pf. 2985; 304/14 M 426; 304/20 Br. 178 f; 304/25 n. 24/9; 304/38 T 368 f; 305/4 Im Nachlaß, n. 24/12. Notiz darauf (handschriftlich): »Brno, als ich ›Die Mutter‹ 1938 (übermalt aus 1937) begann«; 309/20 B. Brecht, Arbeitsjournal, hg. W. Hecht, Frankfurt 1973, Bd. 2, S. 568 (märz, april, mai 1943); 309/25 Interviews mit Harry Asher im März 1985; 310/9 B. Viertel, Der Fall von Paris (14. Juni 1940), in B. V., Daß ich in dieser sprache schreibe. Gesammelte Gedichte, hg. G. Fetzer, München 1981, S. 77. Auf jede Zeile wie z. B. »Wir sind es müde, noch zu klagen«, folgt der Kehrreim »Die Fremde wächst«. Das Gedicht endet: »Und alles, was wir lebten, liegt geschlagen./Die Fremde wächst«; 310/12 Br. 128, September 1938; 310/18 Pf. 1361, Br. 160 f; 310/20 H. Mann, Henri Quatre I und II, immer wieder; wie ein Echo darauf formuliert Feuchtwanger die Wirkung des Philosophen Rousseaus auf die revolutionären Volksmassen: »sie *waren* marschiert, und sie *hatten* zugeschlagen« (Narrenweisheit oder Tod und Verklärung des Jean-Jacques Rousseau, Frankfurt/M 1984, S. 458); 310/29 T 162; 310/33 1.: »Einer macht den Krieg nicht mit« und Varianten (Pf. 1668, etwa 1940), weiter entwickelt in: »Einer erwacht . . .!« und Varianten (Pf. 1666, etwa 1942 oder 43). 2.: DIE FEUER-TAUFE (Pf. 639, 1944), mit verschiedenen Schlußversionen im Nachlaß (Pf. 1685); 310/40 F 412; 311/10 Rede zum »Deutschen Tag«, New York, n. 21/19; 311/11 Eine lange Reihe von Denunziationen von 1943 bis 64 belegt S. Schneider aus freigegebenen Teilen der FBI-Akte, in: Oskar Maria Graf. Sonderband Text und Kritik, S. 131-50; 311/27 Pf. 1883, abgedruckt im Anhang zu Recknagels Ausgabe von Grafs Reise nach Sowjetrußland, Berlin 1979, S. 181; 311/33 s. Br. 179; 312/19 Br. 193; 312/30 Br. 226. Die Endabrechnung der Pakethilfe von RA. Schmidt datiert vom 10. 10. 1951; 312/33 An Wilhelm Hoegner, 2. 3. 1946; 312/39 Pf. 1141; 313/9 T 353 f; 313/17 5. 6. 1947 an Graf, s. Br. 201-3. Auch Graf kam von der früheren Freundschaft nicht so schnell los. Er ging auf zwei dicht beschriebenen Seiten an Rosenwald am 1. 10. 1947 weiter darauf ein. 313/21 Rede zum »Deutschen Tag«, New York, n. 21/19; 313/24 Br. 204; 313/32 Br. 208 f; 314/12 25. 4. 1985 in einem Brief an mich; 314/23 Das schrieb Graf 20 Jahre später, 22. 8. 1964 an H. Waldmüller; 314/27 J. Radkau, Die deutsche Emigration in den USA, Düsseldorf 1971, S. 173; Graf an Hein Kirchmeier, Ende Oktober

1945; 314/38 8. 12. 1941 an Howell, Soskin & Co. (ins Englische übersetzt); 314/40 14. 12. 1940 an S. Bernfeld; 315/2 2. 1. 1941 an S. Bernfeld, s. Br. 12 f; 315/7 T 37 f; 315/10 3. 5. 1943 an L. und O. Karsch; 315/16 Das hatte Else Fischer geschrieben, und Graf bestätigt es überzeugt, 16. 1. 1949 an Fischers, vgl. 24. 4. 1951 an H. Hartung und Br. 257; 315/17 Telefongespräch mit Harry Slochower 24. 3. 1985; 315/21 T 65; 315/25 AG 156, vgl. Pf. 1584; 315/30 Br. 11; 316/9 Br. 229; 316/41 Pf. 3602; 317/1 W. Schaber, Pf. 4662; 317/14 Pf. 3484; 317/20 Graf an E. und R. Teclaw, etwa Anfang 1946; 318/26 18. 5. 1943 an Fischers; 318/33 Vgl. die Einschätzung, als das Werk schließlich erschien: »nur so nebenher was Lustiges, nichts sehr Erhebliches«, 19. 4. 1964 an Fischers; 319/9 25. 9. 1943 an B. Viertel; 319/16 LS 30; 319/33 E 16; 320/1 Johnson, S. 390 u. ö.; 320/3 17. 1. 1943 an K. Kersten; 320/8 E 91; 320/12 E 351; 320/20 E 344; 320/33 E 181; 320/36 E 55; 320/37 Johnson, S. 387; 321/17 E 303; 321/24 E 93; 322/2 E 229; 322/10 A 18 f, vgl. 120, 209; 322/34 E 204; 322/38 E 346 f, 353 f; 323/3 E 110, 395; E 395; 323/16 E 354; 323/17 E 204; 323/21 E 433; 324/4 Pf. 5307; 324/7 zit. von Großhut in: Jüdische Wochenschau, Buenos Aires 28. 4. 1950, S. 20; 324/11 Pf. 5322; 324/23 C. Caspar vom Aufbau-Verlag an Graf 21. 5. 1958; 324/27 Pf. 3678; 324/34 Pf. 5979-82; 325/5 n. 9 A/1; 325/20 U 7; 325/29 U 37; 326/1 U 97; 326/8 U 15; 326/26 U 203; 326/36 U 476; 327/2 U 190, 391; 327/39 U 192 f, 252; 328/13 s. o. s. 168 und S. 190; 328/21 U 261; 329/14 U 509; 329/27 U 313; 329/37 U 447-51; 330/16 U 462; 330/30 U 211; 331/1 U 501; 331/38 U 153; 332/3 U 79; 332/8 U 497; 332/33 19. 6. 1945 an Fischers; 332/35 Br. 179; 333/2 Br. 170;

440

333/6 Pf. 1473; 333/12 16. 1. 1946 an Kirchmeiers; 333/35 1. 6. 1948 an Fischers; 339/39; 21.1.1948 an Scherpenbach; 334/1; 18.5.1943 an Fischers; 334/5 Br. 216; 334/13 Die Erinnerungen daran sind ungenau. Die schriftlichen Zeugnisse gehen nicht so darauf ein, daß sich diese Zeit datieren ließe. Nach Asher fiel das eine Jahr des völligen Ausrastens erst in die fünfziger Jahre; 334/18 Br. 211 und in weiteren Briefen; T 46 f; 334/21 Sophie Wilkins, brieflich; 334/31 WM 91; 334/33 14. 7. 1943 an Kersten; 334/38 T 295; 334/40 n. 24/6; 335/3 T 283; 335/16 T 18; 335/19 T 44; 335/25 T 44; 335/26 V 70; 335/34 Br. 180, über einen »kitschigen« Roman von Bruno Frank; 335/37 Pf. 1384; 336/5 10. 6. 1944 an Kersten, bei der Ausarbeitung seines ausufernden Vortrags »Das deutsche Volk und Hitlers Krieg«; 336/9 Br. 207-09; 336/21 T 137; 336/27 T 352; 336/32 T 49; 336/37 T 59 f; 337/5 Im »Aufbau« vom 22. 1. 1943; 337/12 Br. 168, 165; 337/16 »Letzter Wunsch«, für Mirjam, 7.-20. 4. 1942, unveröffentlicht; 337/30 Br. 163 f; 337/34 V 116; 338/4 AG 161; 338/7 F 73; 338/14 T 25; 338/16 Br. 164; 338/32 etwa: ›Zeigen Sie sich doch mal als ein fühlender Mensch!‹ (Bericht von Lisa Hoffman, 11. 3. 1985); 339/8 15. 8. 1947 an den Schutzverband Deutscher Autoren, Pf. 1171; 339/15 T 343; 343/1 28. 12. 1954 an Robert Warnecke; 343/38 AG 142; 343/41 n. 24/8; 344/13 4. 3. 1954, vgl. Br. 247-51; 344/24 in dem unveröffentlichten Mammutaufsatz »Der Moralist als Wurzel der Diktatur«, Pf. 1895, S. 93; 345/1 28. 4. 1951 an Fischers; 345/3 7. 12. 1951 an Waldinger; 345/5 Br. 274; 345/11 Brief von W. Kiewert an den Aufbau-Verlag, 15. 6. 1951; 345/18 Br. 236; 346/4 V 13; 346/8 Br. 283; 346/21 24. 1. 1950 an R. A. Dietrich; 347/5 Br. 287; 347/

7 9. 5. 1961 an M. Valentin; 347/13 8. 9. 1955 an Konrad Kirchmeier u. ö.; 347/15 Damit beschließt er einen Brief an Kersten, 22. 5. 1952; 347/16 Br. 239, 248; 347/19 Br. 277; 347/20 Br. 250; 347/31 AG 150; 348/10 5. 3. 1949 an Fischers; 349/2 14. 7. 1959 an J. L. Stern; 349/8 Br. 276; 349/11 15. 7. 1954 an Lissner; 349/15 22. 5. 1958 an Berta Waldherr; 349/18 7. 8. 1954 an Hartung; 349/22 9. 12. 1950 an R. A. Dietrich; 349/24 AG 101; 349/30 Br. 246; 349/36 9. 12. 1948 an H. Günther; 349/39 DIE ZWILLINGE, DAS SCHIEFE MAUL, WAS TOT IST, BLEIBT TOT, WART NO u. a.; 350/2 D 179; 350/14 K 476; 350/30 14. 4. und 5. 5. 1958 an Großhut; 350/40 Pf. 3526; 350/41 Pf. 2845; 351/1 Pf. 5460; 351/10 s. Pf. 3563-3576; 351/19 Sepp (Nachname nicht ermittelt) auf einer Postkarte an Graf vom 31. 5. 1958, im Nachlaß; 351/27 AG 80; 352/1 Br. 243-73; im Nachlaß sind 13 Briefe an K. Kirchmeier erhalten; 352/19 Jetzt im Nachlaß, Briefe von März bis Juli 1955; 353/3 Pf. 1549; 353/26 Angaben über ihre Biographie und ihr Lebensgefühl im Alter unter der Überschrift »Überleben wurde zum Kunststück« in dem Band von H. J. Hempel (hg.), »Wenn ich schon ein Fremder sein muß...«. Deutsch-jüdische Emigranten in New York, Frankfurt, Berlin, Wien 1984, S. 118-41, außerdem aus vielen Gesprächen; 355/18 Br. 256; 355/19 2. 12. 1948 an Fischers; 355/26 Br. 231; 355/39 15. 9. 1958 an Fischers; 356/13 undatiert, mit einem längeren Erwiderungsbrief von Oskar im Besitz von Gisela Graf; 356/22 AG 91; 356/32 F 342-52; 356/34 F 437-40; 357/21 Br. 245 f; 357/27 MM 183; 337/35 F 342; 357/36 T 80; 358/11 21. 11. 1950 an Fischers; 358/24 AG 102; 358/26 AG 75; 358/34 z. B. AG 108; 359/3 26. 12. 1950 an Fischers; 359/6 Pf.

1672; 360/9 Pf. 1649; 360/16 F 361; 360/20 T 231; 360/32 4. 8. 1959 an Badenhop; 361/6 MM 54, 61; 361/10 MM 313; 361/22 S 9; 361/23 MM 184; 361/38 Br. 261; n. 24/8; die Rede selbst trägt deutliche Spuren des »Erleidens«, T 301; 362/1 T 286; 362/6 vor dem 21. 12. 1954 an Hein Kirchmeier; 362/18 Franz an Cläre Jung, 21. 11. 1954, in: Franz Jung, Schriften und Briefe, Frankfurt/Main 1981, Bd. II, S. 994; 362/22 Pf. 1747; 363/1 Pf. 234, vgl. AG 143; 363/10 Pf. 1895. G. Meersmann nimmt die Ausführungen über den »Moralisten« als Zentralstück von Grafs »individual-anarchistischer« Botschaft an seine und unsere Zeit: »Eine neurasthenische Angst vor dem Stillstand«. OMG, die Provinz und die Anarchie, in: Die Aktion, Nr. 4, 1984; 363/32 Br. 347; 363/36 Franz an Cläre Jung 10. 2. 1959, in: Fr. Jung, Schriften und Briefe, Bd. II, S. 1089 f; 363/37 Johnson, S. 455; 363/38 Pf. 5400, 5429 und Johnson, S. 443, 441; 364/1 Pf. 5460; 364/4 Johnson, S. 457; 365/14 lt. Asher ist Laschi deutlich nach dem Gast von Grafs Stammtisch Fred Wolinsky gezeichnet; 365/35 F 538; 365/40 F 266; 366/1 F 13; 366/8 Pf. 3709; 366/11 Interview mit Margot und Dieter Wolf, 19. 3. 1985. Die beiden waren 1948 emigriert und kamen seit 1954 regelmäßig zu Grafs Stammtisch. 366/19 F 361; 366/24 F 503 f; 366/27 F 568, vgl. 33; 366/34 F 21; 366/37 F 26; 367/5 F 115; 367/7 F 32 f u. ö.; 367/10 F 64; 367/12 F 346; 367/18 F 153; 367/19 AG 122; 367/27 Pf. 1732; 367/28 F 327, 334 u. ö.; 367/29 F 174; 367/34 F 258; 368/7 F 184; 368/23 F 438; 368/24 F 538 f; 368/33 F 392 f; 368/36 vgl. W 523; 369/1 F 530; 369/6 F 551; 369/9 A. Ehrenstein, Gedichte und Prosa, hg. K. Otten, Neuwied und Berlin 1961, S. 216; 369/31 Pf. 1590; 369/38 Br. 228 f; 370/2 AG 116; 370/8 T

361-63; 370/12 Diderot, Oeuvres, Paris 1951, S. 401 f; 370/16 Br. 275; 370/20 22. 12. 1958 an Anni Weitzer; 370/24 24. 3. 1955 an L. Hoffman; 370/28 F 74 u. ö.; 370/34 F 212; 370/36 F 311, 406 f; 371/7 Br. 337 f; 371/15 F 391; 371/21 Br. 219; 371/24 F 219, 331, 440 u. ö.; 371/26 AG 131; 372/1 F 546; 372/6 F 548; 372/11 F 342; 375/23 n. 26/31; 377/5 19. 1. 1967 an Fischers; 377/9 1. 7. 1962 an A. Koch; 5. 10. 1965 an den Berliner Rundfunk; 15. 12. 1965 an W. Kirsten u. ö.; 377/11 8. 9. 1960 an Schaals; 377/20 Br. 295 f; 377/26 Br. 298; 378/21 G 106 u. ö.; 378/23 Br. 250; 378/32 W 8-11; 378/36 20. 9. 1962 an Hartung; 378/39 21. 9. 1962 an Pinthus; 379/13 GS 18; 379/16 Bericht von Rosl Politz, mündlich, Juli 1985; 379/29 Johnson, S. 494 u. a.; 379/32 n. 27/48; 379/35 in: Münchner Post, 5. 5. 1924; 379/39 G 11; 380/6 G 14 f; 380/25 G 277; 380/32 G 72-87; 381/17 G 96; 381/19 G 442 f; 381/27 G 333, vgl. 81 f; 381/30 G 316 f; 381/40 G 189; 382/1 3. 5. 1965 an Desch; 382/2 14. 12. 1961 an Fischers; 382/4 Graf machte sich geradezu eilfertig die ziemlich harsche Kritik von Vesper-Triangel zu eigen, 24. 7. 1966 an Kaltenbrunner im Desch-Verlag; 382/12 G 14; 382/14 n. 26/23; 382/21 nach dem Hitlerputsch 1923, G 259; 382/24 n. 26/14; 383/10 A. Ehrenstein, Wie bin ich vorgespannt dem Kohlenwagen meiner Trauer, München 1977, S. 145; 383/18 Br. 305; 383/21 n. 24/3; 383/26 n. 24/6; 383/29 AG 43; 383/36 Br. 316; 384/1 GB 32, 156, 214; 384/2 G 19; 384/12 29. 12. 1965 an Franz Müller. An diesem Jahreswechsel schloß er fast alle persönlichen Briefe mit einer Bemerkung zum Vietnamkrieg; 384/13 24. 7. 1966 an Kirsten; 384/16 Br. 337; 384/25 28. 9. 1966 an Lotte Paepcke; 384/28 »Dreimalige Mahnung«, Pf. 863; 384/31 10. 5. 1963 an Desch; 384/33   G 61, eine Äußerung von Schrimpf; 384/38   Br. 305; 385/9   Br. 322; 385/12   Erinnerung von Sophie Wilkins, mündlich, März 1985; 385/21   T 167; 386/5   19. 12. 1962 an Georg Bretting; 386/11   Erinnerung von Lina Haag, mündlich, Juli 1984; 386/20   26. 2. 1963 an Schaals; 387/6   Br. 331; 387/7   Br. 310 f; 387/17   5. 5. 1967 an Inge Gabert, Verlag »Die Brücke«; 387/23   19. 11. 1960 an Fischers; 387/33   5. 7. 1964 an Pinthus; 388/2   9. 5. 1961 an Magda Valentin; 388/9   M. Feuchtwanger 9. 7. 1966 an Graf; 388/34   G 200; 388/36   G 209; 388/38   G 283 u. ö.; 388/40   T 104; 389/4   27. 1. 1966 an Guttenbrunner; 389/11   H. Asher, Kassette vom Dez. 1985; 389/18   G 14; 389/20   15. 12. 1966 an A. Koch; 389/24   8. 8. 1986 an M. Feuchtwanger; 389/25   19. 9. 1966 an Guttenbrunner; 389/26   27. 1. 1966 an Guttenbrunner; 389/29   Br. 336; 390/1   Vgl. T 212; 390/11

AG 18, 10; 390/23   n. 2/18; 390/31   Pf. 1272; 391/11   V 24; 391/36   1. 11. 1963 an Robert Neumann; 391/39   Walter Dirks in einer von der Redaktion bestellten Erwiderung auf Grafs Offenen Brief an den Papst in: Frankfurter Hefte, Dezember 1966, S. 836; 392/3   Pf. 5606; 392/5   Pf. 1272;, s. Br. 351; 392/18   Pf. 4250 ff; 392/26   Pf. 4276; 395/2   Ernst Waldinger, In memoriam Oskar Maria Graf, Pf. 6346; 395/17   J. L. Stern 20. 7. 1964 an Graf (Postkarte); 396/18   St. J. Lec, Neue unfrisierte Gedanken, München 1964, S. 27; 396/36   zit. in: Süddeutsche Zeitung, 24. 7. 1984; 397/26   M. Rohrwasser in: Schlapperklang 1975 oder 76, S. 8; 397/35   H. Dollinger, Pf. 3566; 398/17   V 109; 398/29   So charakterisierte ihn Hans Wallenberg; 399/4   n. 28/3; 399/7   E. Schütte, 20. 5. 1966 an Graf; 399/8   H. Günther, Pf. 2847; 399/18   T 24.

Werkregister mit Entstehungsdaten

In einigen Fällen konnte ich die Daten nicht ermitteln. Bei Kritikern und Forschern habe ich sie, wie üblich, weggelassen.

Achenbach, Ado von: 94, 144
ACHMANN, JOSEF, 1885-1958: 105
Alexan, Friedrich (eigtl. F. George): 289, 293, 315
Andersch, Alfred, 1914-1980: 363, 385
Andersen Nexö, Martin, 1869-1954: 148, 362
André, Edgar, 1894-1936: 261
Arnold, Karl, 1883-1953: 220
Asher, George (Harry) *1907: 15, 255, 258, 269, 289, 291, 309, 316, 356, 389, 417 f.
Auerbach, Berthold, 1812-1882: 334
Augustinus, Aurelius, 354-430: 125

Baader, Franz von, 1765-1841: 67
Babel, Isaak, 1884-1941: 260, 266
Bachmair, H. F., 1889-1960: 107, 115, 324
Bakunin, Michail A., 1814-1876: 38
Balzac, Honoré, 1799-1850: 38, 103, 203 f., 364
Bauer, Otto (»Obe«), 1882-1938: 240, 274
Baum, Herbert, 1912-1942: 410
Bebel, August, 1840-1913: 61
Becher, Johannes R., 1891-1958: 126, 145, 238, 252, 261, 269, 271, 335
Beckmann, Max, 1884-1950: 101
Beethoven, Ludwig van, 1770-1827: 40
Beimler, Hans, 1895-1936: 418
Benesch, Eduard, 1884-1948: 254
Benjamin, Walter, 1892-1940: 150, 155, 396, 420
Bergammer, Fritz (eig. Friedrich Glückselig), 1919-1981: 390
Bierbichler, Sepp, *1948: 396
Bing, Siegmund: 410
Bismarck, Otto Fürst von, 1815-1898: 26, 297
Björnson, Björnstjerne, 1832-1910: 38
Blauner, Jack, 1901-1958: 316, 353, 419 f.

Blei, Franz, 1871-1942: 407
Bloch, Ernst, 1885-1977: 197, 289
Blum, Jerome: 414
Bobrowski, Johannes, 1917-1965: 412
Böll, Heinrich, 1917-1985: 385
Börne, Ludwig, 1786-1837: 247, 264
Bollenbeck, Georg: 15, 418
Brandenburg, Hans, 1885-1968: 180
Brandl, Rudolf, 1884-1957: 288
Branz, Lotte, *1903: 411
Braun, Otto, 1872-1955: 322
Brecht, Bertolt, 1898-1956: 136, 188, 228, 246, 285 f, 387, 409, 420, 424
Bredel, Willi, 1901-1964: 260
Breitenbach, Sepp (Josef), *1896: 353 f.
Britting, Georg, 1891-1956: 105
Brod, Max, 1884-1968: 255
Bruckner, Ferdinand (eigtl. Theodor Tagger), 1891-1958: 289, 290
Brügel, Fritz, 1897-1955: 295
Brueghel, Pieter d. Ä., um 1525/30-1569: 216
Brüning, Heinrich, 1885-1970: 224, 271, 292
Bucharin, Nikolai I., 1888-1938: 265
Büchner, Georg, 1813-1837: 149, 221
Busch, Wilhelm, 1832-1908: 106

Capote, Truman, 1924-1984: 19
Carossa, Hans, 1878-1956: 180
Carpenter, Edward, 1844-1929: 88
Caspari: 407
Cazden, R. E.: 416
Cervantes, Miguel de, 1547-1616: 37, 161
Christ, Lena, 1881-1920: 159, 214, 349
Claassen, Eugen, 1895-1955: 143, 420
Claassen, Hilde, *1897: 15, 106, 143, 410
Conrad, Michael Georg, 1846-1927: 408

Dabringhaus, Erhard, *1917: 408, 415
Davringhausen, Heinrich, *1894-1970: 95, 152
Dehmel, Richard, 1863-1920: 74
Diderot, Denis, 1713-1784: 370

Dietrich, Rudolf Adrian, 1894-1969: 346

Dimitroff, Georgi, 1882-1949: 239, 261, 278, 415

Döblin, Alfred, 1878-1957: 218, 228, 243, 285

Dolbin, Benedikt Fred, 1883-1971: 230

Dollfuß, Engelbert, 1892-1935: 240, 253, 278

Dollinger, Hans, *1929: 15, 178, 379, 420

Dostojewski, Fedor M., 1821-1881: 38, 160

Dreiser, Theodore, 1871-1945: 335

Dressel, Fritz, 1896-1933: 242

Düver, Wolfgang: 418

Dulles, John Foster, 1888-1959: 353

Eggebrecht, Axel, *1899: 409

Ehrenburg, Ilja, 1891-1967: 256, 265, 278, 310, 424

Ehrenstein, Albert, 1886-1950: 257, 291, 369, 383

Einstein, Albert, 1879-1955: 283, 359, 362, 424

Eisenlohr, Friedrich: 407

Eisner, Kurt, 1867-1919: 91, 93, 99, 249, 409

Elster, Hans Martin, 1888-1983: 126

Emerson, Ralph Waldo, 1803-1882: 336, 370

Engert, Ernst Moritz, 1892-1986: 194

Erdelyi, Eduard, 1908-1980: 258

Erpenbeck, Fritz, 1897-1975: 416

Esswein, Hermann (1877-?): 409

Fassbinder, Rainer Werner, 1945-1982: 427

Felber, Eugen, um 1875-1946: 136 f, 409

Feuchtwanger, Lion, 1884-1958: 148, 182, 219, 276, 310, 369, 397, 427

Feuchtwanger, Marta, *1891: 140, 388

Fey, Emil, 1886-1938: 253

Fischer, Else, *1897: 15, 258

Fischer, Gustav, 1891-1975: 258, 260, 332, 418

Fischer, Peter: 109

Fischer, Willy: 145

Flaischlen, Caesar, 1864-1920: 76, 89

Flaubert, Gustave, 1821-1880: 38, 368

Fleißer, Marieluise, 1901-1974: 412

Förster, Friedrich-Wilhelm, 1869-1966: 93

Fontane, Theodor, 1819-1898: 334

Foucault, Michel, 1926-1984: 126

Frank, Bruno, 1887-1945: 126, 290-293, 334

Frank, Karl (siehe Hagen, Paul)

Frank, Liesl, 1903-1979: 243, 291

Freedman, Paul W.: 352

Freiligrath, Ferdinand, 1810-1876: 37

Freud, Sigmund, 1856-1939: 14

Frey, Alexander Moritz, 1881-1957: 126 f., 193 f.

Frick, Wilhelm, 1877-1946: 417

Friedrich II. von Preußen, 1712-1786: 408

Frischauer, Heinrich (»Frischetz«), 1877-1942: 258

Fromm, Erich, 1892-1961: 353

Gandhi, Mahatma, 1869-1948: 362

Gandorfer, Ludwig: 91

Ganghofer, Ludwig, 1855-1920: 208

George, Heinrich, 1893-1946: 179

George, Manfred (eigtl. Georg, M.), 1893-1965: 289-294, 350, 355, 407, 411, 420

George, Stefan, 1868-1933: 106, 144, 179, 357, 408

Gide, André, 1896-1951: 336

Ginzberg, Marc, 1903-1955: 316

Ginzberg, Fenja: 316

Göring, Hermann, 1893-1946: 278, 415

Goethe, Johann Wolfgang, 1749-1832: 37, 231

Götz, Sepp, 1895-1933: 242

Gogol, Nikolai, 1809-1852: 38, 160

Gorki, Maxim, 1868-1936: 37 f., 51, 126, 136, 160, 222, 247, 259, 262, 264 f., 392, 410, 420, 424

Gotthelf, Jeremias, 1797-1854: 160, 167, 181, 214, 349

Grabbe, Christian Dietrich, 1801-1836: 37

Graf, Anna (»Nanndl«), O.s Schwe-

448

449

450

Sachregister

456

457

Bildnachweis

Asher, Harry, New York: Nr. 13

Bittner-Simmet, Magda, München: Nr. 10

Bretting, Georg, München: Nr. 4, 5, 8, 17, 18, 19

Fischer, Else, London: Frontispiz, Nr. 15

Hoffman, Lisa, New York: Nr. 25

Kirchmeier, Hein, Midvale/N. J.: Nr. 21

Moses, Stefan, Hamburg: Nr. 29

Schaal, Eric, New York: Nr. 24

Schoenlank, Hans W., New York: Nr. 22

Stein, Fred, New York: Nr. 30

Timpe, Felicitas, München: Nr. 26

Alle anderen Fotos aus dem Nachlaß des Dichters oder von privater Seite.